# HISTOIRE

DES

## ARTS INDUSTRIELS

AU MOYEN AGE

ET A L'ÉPOQUE DE LA RENAISSANCE

L'auteur et l'éditeur déclarent réserver leurs droits de reproduction à l'étranger.

# HISTOIRE
### DES
# ARTS INDUSTRIELS
### AU MOYEN AGE
### ET A L'ÉPOQUE DE LA RENAISSANCE

PAR

## JULES LABARTE
MEMBRE DE L'INSTITUT

---

### DEUXIÈME ÉDITION

#### TOME DEUXIÈME.

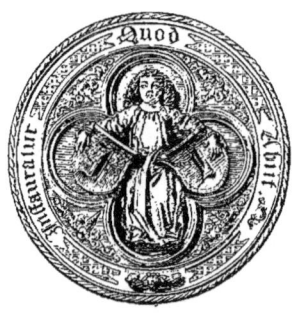

### PARIS
V<sup>e</sup> A. MOREL & C<sup>ie</sup>, LIBRAIRES-ÉDITEURS
RUE BONAPARTE, 13

M DCCC LXXIII

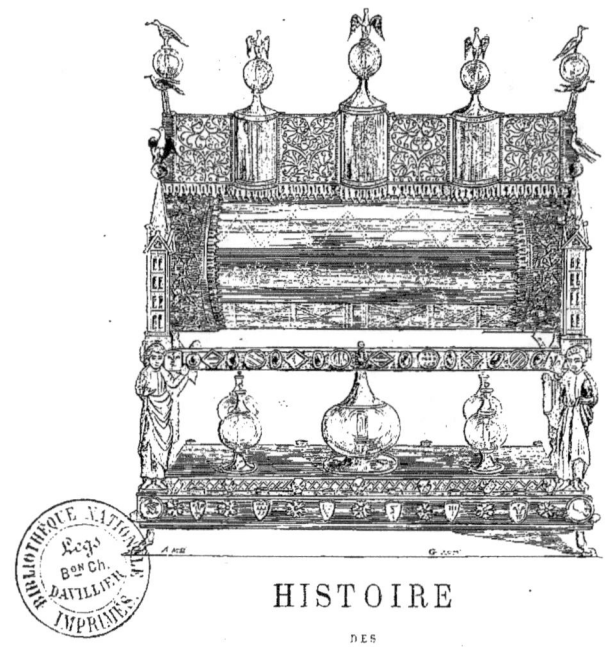

# HISTOIRE
DES
## ARTS INDUSTRIELS AU MOYEN AGE
ET
### A L'ÉPOQUE DE LA RENAISSANCE

## ORFÉVRERIE

#### CHAPITRE V
L'ORFEVRERIE A L'ÉPOQUE OGIVALE

§ I

TREIZIÈME, QUATORZIÈME ET QUINZIÈME SIÈCLES EN ALLEMAGNE, EN FRANCE ET DANS LE NORD DE L'EUROPE.

I

*Treizième siècle.*

Durant l'époque ogivale, l'orfévrerie, influencée par l'architecture dans la conception des sujets, suivit dans leur exécution les progrès et les tendances de la sculpture; elle marcha d'un pas à peu près égal et fut soumise aux mêmes influences en Allemagne, en France et dans le nord de l'Europe : nous pouvons donc réunir sous le même paragraphe l'historique de l'orfévrerie dans ces différents pays, en nous réservant de traiter à part ce qui se rapporte à l'orfévrerie en Italie, où la renaissance de l'art s'était produite non-seulement par l'imitation de la nature, mais encore par l'étude des monuments de l'antiquité et par un retour vers les procédés des anciens.

Le siècle de saint Louis fut un siècle profondément religieux, et le talent des artistes laïques, comme celui des moines artistes, fut presque exclusivement appliqué à l'exécution des vases sacrés, des châsses, des reliquaires et des retables que les souverains, les évêques et les riches monastères, tant en France qu'en Allemagne et en Angleterre, firent faire à l'envi pour des églises. Ces travaux d'orfévrerie, qui surpassèrent sous le rapport de l'art tout ce qu'on avait fait dans les siècles précédents, subsistent encore en grand nombre. Nous aurons donc rarement recours aux textes anciens pour faire connaître l'orfévrerie du treizième siècle, puisque nous avons des monuments à signaler à nos lecteurs. Nous ne pourrons faire mention de tous, et nous nous bornerons à décrire les plus importants. Nous ferons connaître cependant quelques-uns de ceux qui ont disparu, lorsque leur reproduction par la gravure, ou les descriptions qui en sont restées dans d'anciens titres, pourront fournir des éclaircissements, soit sur l'historique, soit sur la technique de l'orfévrerie à l'époque dont nous allons nous occuper.

Comme on l'a vu, l'Allemagne était, à la fin du douzième siècle, à la tête du mouvement artistique; l'école rhénane, que nous pourrions appeler l'école de Cologne, conserva sa prééminence dans les premières années du treizième. C'est en effet le trésor de la cathédrale d'Aix-la-Chapelle qui va nous offrir les premiers et les plus beaux spécimens de l'orfévrerie de cette époque. La châsse qui renferme le corps de Charlemagne mérite à tous égards le premier rang.

Cette châsse, d'argent doré, a près de 2 mètres de longueur (1); elle est, comme la plupart des grandes châsses du douzième siècle, dans la forme d'un sarcophage composé d'un long coffre rectangulaire élevé au-dessus d'un soubassement et surmonté d'un toit à deux versants; les deux petits côtés du monument présentent ainsi des pignons aigus. Huit arcades plein cintre, soutenues par des colonnettes accouplées, se déploient sur chacun des grands côtés du sarcophage; elles abritent des statuettes assises reproduisant les plus célèbres des empereurs successeurs de Charlemagne. Dans l'un des petits côtés, l'artiste a placé un groupe de la Vierge avec deux anges; dans l'autre, Charlemagne entre le pape Léon III et un évêque : ces figures, dont le modelé laisse peu à désirer, sont remarquables par leur beau caractère. Les tympans triangulaires qui existent au-dessus des colonnettes, entre les arcades, sont remplis par des figures d'anges en buste. Les deux versants de la toiture, divisés en larges encadrements carrés, renferment des bas-reliefs exécutés au repoussé; ces bas-reliefs reproduisent des faits de l'expédition de Charlemagne en Espagne, d'après la légende de Turpin. Les personnages sont revêtus des costumes et portent les armes en usage au douzième siècle. Le soubassement de la châsse, les colonnettes, les arcs plein cintre qu'elles supportent, et toutes les bandes de métal qui forment l'ossature du monument, sont enrichis de petites plaques de filigranes enchâssant des pierres fines, et

---

(1) Voici les dimensions exactes : longueur à la base, 1$^m$,994; largeur, 0$^m$,589; hauteur jusqu'à la crête, 0$^m$,79; hauteur de la crête, 0$^m$,073.

d'émaux où se trouvent épargnés sur le fond d'or, des rinceaux, des ornements, des figures en buste, des oiseaux et des animaux, parmi lesquels on remarque des dragons affrontés et des dragons attachés l'un à l'autre par la queue (1). Le faîtage est décoré d'une crête élégamment découpée et de cinq boules, dont quatre sont de métal émaillé. C'est un magnifique ouvrage, dont aucune description ne peut faire connaître toutes les beautés. Nous en avons fait exécuter un dessin très-fidèle, dont nous avons donné la reproduction dans la planche XLVII de notre album (2).

La châsse de Charlemagne était autrefois exposée derrière l'autel du chapitre, au fond du chœur de l'église; elle est aujourd'hui renfermée dans une armoire de la sacristie. Le corps de Charlemagne dans une armoire, quelle profanation ! Mais aussi quel souci veut-on que prenne la Prusse, qui possède Aix, on ne sait pourquoi, des restes du grand homme qui a dompté les barbares habitants des bords de l'Elbe et de la Sprée ? Ces reliques vénérées ne devraient-elles pas être confiées, soit à l'Autriche, dont les empereurs se prétendent les successeurs de Charlemagne, soit plutôt à la France, qui formait le noyau vital de l'empire fondé par ce héros et d'où sont sorties les vaillantes légions qui, sous sa conduite, ont vaincu les ancêtres des possesseurs actuels de ses restes glorieux ? On attribue généralement à Frédéric Barberousse (1152 † 1190) le don de la châsse. Il est probable en effet que ce prince en a ordonné l'exécution lorsqu'il retira les restes de Charlemagne du tombeau; mais elle n'a dû être terminée que postérieurement à sa mort, sous Frédéric II son petit-fils, avant que celui-ci eût été couronné empereur (1220) et lorsqu'il n'avait encore que le titre de roi des Romains et de Sicile. En effet, on trouve, parmi les statuettes qui enrichissent les longs côtés du sarcophage, celles de deux successeurs de Frédéric Barberousse : Henri VI, son fils, et Othon IV, qui tous deux, dès lors, ont dû régner avant que la châsse eût été terminée; puis, dans la dernière des arcades à droite, on voit la figure d'un jeune souverain imberbe, et au-dessus de la tête cette inscription : FREDERICUS REX ROM. ET SICILIE. Frédéric, fils de Henri VI, né en Italie en 1194, avait été élevé dans le royaume de Naples, que cet empereur avait réuni à l'Empire. Frédéric, du vivant même de son père, avait été reconnu roi des Romains; malgré cela, âgé seulement de trois ans à la mort de celui-ci, il ne fut pas admis à succéder au titre d'empereur, et Othon de Brunswick, élu à Cologne, se fit sacrer à Rome. Othon IV voulut, en 1212, s'emparer de la Pouille et enlever à Frédéric la dernière part de son héritage. Mais le jeune roi de Sicile, âgé seulement alors de dix-sept ans, réussit à chasser son adversaire de l'Italie, et vint à Aix-la-Chapelle se faire élire empereur. Ce fut bien certainement à cette époque qu'il ordonna de terminer la châsse de Charlemagne. Le titre de roi des Romains et de Sicile qui lui est donné dans l'inscription gravée au-dessus de sa statuette prouve évidemment que cette statuette a dû être placée dans sa niche avant que Frédéric eût pris le titre d'empereur. Or, depuis l'année 1212 jusqu'à l'année 1220, qu'il alla se faire sacrer à Rome par le pape, ses édits le désignent seulement comme roi des Romains et roi de Sicile, *Romanorum rex et rex Siciliæ;* mais après

---

(1) Le R. P. ARTHUR MARTIN a reproduit en couleur quelques-uns de ces émaux dans ses *Mélanges d'archéologie*, t. I, pl. XLIII.

(2) Cette châsse a été reproduite par M. l'abbé BOCK, *Karl's des grossen Pfalzkapelle und ihre Kunstschätze*, Aachen, 1866, p. 100 et 102, et par M. le docteur AUS'M WEERTH, *Kunstdenkmäler des christl. Mittelalters in den Rheinlanden*, pl. XXXVII.

1220, Frédéric se proclama empereur, *Fredericus*, *divina favente clementia*, *Romanorum imperator*, *semper augustus* (1). Les faits historiques démontrent donc positivement que la châsse a dû être terminée de 1212 à 1220 et avant le sacre de Frédéric II à Rome. Si cette belle châsse peut être revendiquée par le treizième siècle à cause de ses sculptures, qui n'ont dû être faites que sous Frédéric II, elle appartient au douzième par la simplicité de sa forme.

Au treizième siècle, les orfévres, plus habiles, voulurent rivaliser avec les architectes; au lieu d'un sarcophage décoré d'arcades, motif conservé de l'art des catacombes, on voit apparaître un édifice : le tombeau se change en sanctuaire. De même que toutes les églises furent construites à cette époque sur un plan semblable et dans un style identique, de même les châsses offrirent entre elles une grande analogie, quel que fût le lieu de leur exécution. La forme adoptée par les artistes du treizième siècle est presque toujours celle d'un petit édifice. Les figures qui y sont représentées sont ordinairement le Christ, la Vierge et les apôtres, personnages qu'on retrouve sur les façades et dans les porches des grandes églises. Leurs figures sculptées aux magnifiques portails de Chartres, d'Amiens, de Reims, sont reproduites sur les châsses contemporaines de ces édifices dans la même attitude et avec les mêmes attributs. L'analogie entre les églises et les châsses ne se borne pas aux sujets représentés, elle s'étend aussi aux formes architectoniques et aux ornements. Ce que l'architecte a exécuté sur une vaste échelle, l'orfévre le reproduit avec une émulation rivale; si l'un obtient des effets plus grands et qui provoquent tout d'abord l'admiration, l'autre la conquiert par l'excellente perfection de son œuvre.

C'est encore au dôme d'Aix-la-Chapelle que nous allons emprunter un exemple. Cette église possède en effet le plus beau spécimen de ces châsses en forme d'édifice dans celle dite de Notre-Dame ou des grandes reliques. On travaillait à cette magnifique châsse, par les ordres de ce même Frédéric II, dès avant 1220; elle ne fut terminée que vers 1237. Bien que l'empereur eût contribué sans aucun doute pour de fortes sommes à l'exécution de ce monument, les fidèles qui de toutes parts venaient en foule en pèlerinage pour rendre hommage aux grandes reliques, furent appelés à y concourir. Un édit de Frédéric prescrivit que la totalité des offrandes que l'on déposerait dans le tronc placé devant le parvis serait appliquée à l'église tant que la châsse de Notre-Dame n'aurait pas été terminée (2). C'est à l'aide de ces immenses ressources que fut exécutée la plus belle pièce d'orfévrerie religieuse qui ait survécu. La châsse, qui n'a pas moins de 2$^m$,10 de longueur, offre l'aspect d'un édifice religieux composé d'une longue nef et de deux transsepts, ce qui lui donne la forme d'une croix; elle est surmontée d'un toit à deux versants. Des façades à pignon décorent les extrémités de la nef et des transsepts qui s'élèvent au milieu des flancs. La plinthe sur laquelle repose le corps du monument est décorée de plaques d'émail, alternant avec des filigranes qui enchâssent des pierres précieuses. Les parois, dans les deux faces latérales, sont occupées, de chaque côté des transsepts, par trois pignons reposant sur des colonnettes accouplées. Ces douze pignons ainsi distribués sur les grandes faces du monument abritent les statues des apôtres. Des statues plus hautes, représentant

---

(1) Frederici II imp. *Constitutiones*, ap. Pertz, *Monum. Germ. historica*, t. IV, leg., t. II, p. 223 et seq.
(2) *Geschichte der Stadt Aachen*, II, Cod. diplom., v. 95.

le Christ, la Vierge, le pape saint Léon et Charlemagne, garnissent les quatre grandes façades; elles sont placées sous une riche arcade trilobée, que surmonte un pignon aigu. Des bas-reliefs disposés sous des arcatures trilobées décorent les versants du toit, que surmonte un ornement de faîtage découpé à jour. Les filigranes aux gracieux rinceaux, les émaux cloisonnés diaprés de brillantes couleurs, enrichissent toutes les parties de ce splendide monument. Des planches seules peuvent en faire connaître toute la beauté; nos lecteurs en trouveront d'excellentes dans le premier volume des *Mélanges d'archéologie*, où le R. P. Arthur Martin a donné une description détaillée de cette châsse (1).

La châsse de Charlemagne, de même que celle des trois Rois, appartenait par sa construction au style roman; dans la châsse des grandes reliques, le style ogival commence à se montrer dans les ogives aiguës des arcades trilobées des grands pignons : mais nous pouvons citer un très-beau monument de l'école d'orfévrerie rhénane, postérieur d'environ trente années à la châsse des grandes reliques, dans lequel le style ogival devient dominant, bien que l'artiste ait encore conservé dans ses ornements des traditions du style roman. C'est la châsse de saint Éleuthère que possède la cathédrale de Tournay; elle fut exécutée en 1247, ainsi que le constate un des actes du chapitre (2). C'est un petit édifice rectangulaire surmonté d'une toiture à deux versants inclinés. Les petits côtés sont enrichis d'un pignon élégant; chacun des grands côtés est divisé, tant dans le corps de l'édifice que dans la toiture, en quatre arcades trilobées à ogive aiguë, qui sont portées sur des colonnettes dont les chapiteaux à crochets sont d'une rare élégance. Ces arcades sont composées d'un triple rang d'archivoltes et d'une crête disposée en rinceaux à jour. Chaque trilobe présente une riche variété de filigranes, de pierreries et d'émaux disposés symétriquement. La longueur de la châsse est de 1$^m$,15, sa largeur de 0$^m$,52, et sa hauteur d'environ 0$^m$,87. Le faîtage et le rampant sont décorés d'une crête découpée à jour. Dans l'arcade de l'un des pignons est représenté saint Éleuthère assis, revêtu des habits pontificaux et portant dans la main gauche la cathédrale aux cinq clochers. Dans l'autre pignon, on voit la figure du Christ assis et foulant aux pieds le dragon et le lion. Les arcades du corps de l'édifice renferment les figures assises de saint Pierre, de saint Paul, de saint André, de saint Jean, de saint Barnabé, de saint Jacques le Mineur, de saint Barthélemy et de saint Jacques le Majeur. Les statuettes des pignons ont environ 0$^m$,40 de hauteur et les autres 0$^m$,32. Les arcades de la toiture présentent, exécutées en haut-relief, les figures de l'Église et de la Synagogue personnifiées; celles de la Vierge et de l'ange tenant un rouleau où sont gravés les premiers mots de la Salutation angélique, et celles de saint Jean-Baptiste, de saint Mathieu, de saint Thomas et de saint Philippe. La pureté du modelé, la justesse des proportions, des mouvements et des attitudes, sont très-remarquables. Les vêtements, élégamment disposés, suivent avec souplesse les mouvements du corps; tout, en un mot, dans ces sculptures, annonce un style plein de caractère et offre le témoignage d'un art très-élevé.

Nous n'avons cité jusqu'à présent que des châsses, parce qu'elles sont la plus haute expression de l'art de l'orfévrerie; mais les orfévres allemands produisirent des calices,

---

(1) *Mélanges d'archéologie*. Paris, 1847-1849, t. I, p. 1, et pl. I à IX.
(2) Elle est reproduite dans les *Annales archéologiques*, t. XIII, p. 113, et t. XIV, p. 114.

des ciboires, des croix, des couronnes, des reliquaires exécutés dans des proportions plus restreintes avec non moins d'art et de finesse. Les reliquaires se présentent souvent sous la forme de bustes, de bras, de mains; ils sont, de même que dans le siècle précédent, enrichis de pierres fines et d'émaux.

Il existe encore beaucoup d'objets religieux du treizième siècle dans les églises catholiques d'Allemagne (1). Un très-grand nombre de ces monuments furent enrichis, au treizième siècle comme au douzième, d'émaux incrustés; nous aurons à en signaler plusieurs très-remarquables, lorsque nous nous occuperons de l'émaillerie. Les pièces d'orfévrerie religieuse sont à peu près les seules qui aient échappé, grâce à leur destination, aux caprices de la mode; nous pouvons cependant citer une précieuse couronne que possède le trésor du roi de Bavière : on l'attribue à l'empereur Henri II, mais elle ne peut avoir appartenu à ce prince; sa forme, le style de son ornementation et la monture à griffes des pierres fines dont elle est enrichie, la classent parmi les œuvres de la seconde moitié du treizième siècle. Nous en avons donné la reproduction dans la planche XLVIII de notre album.

Les artistes allemands qui ont produit de si belles œuvres sont peu connus. Ils avaient cependant acquis une grande réputation, même à l'étranger. Lorenzo Ghiberti, à qui l'on doit le premier essai d'une histoire de l'art, parle, sans le nommer, d'un célèbre orfévre de Cologne qui avait été amené en Italie par le duc d'Anjou, frère de saint Louis, pour lequel il exécuta une grande quantité de beaux ouvrages d'or. Ghiberti signale surtout un bas-relief très-remarquable. Cet artiste traitait les têtes et les nus avec une telle correction, que Ghiberti compare ses travaux à ceux des statuaires de l'antiquité (2). On doit encore classer parmi les artistes de l'école rhénane le moine Hugo, de l'abbaye d'Ognies, située près de Namur. Le trésor de cette abbaye a passé dans les mains des religieuses de Notre-Dame de Namur, et nous avons déjà eu l'occasion de citer la belle croix byzantine qui en fait partie. M. Léon Cahier, notre habile orfévre, qui a lui-même exécuté de très-belles pièces d'orfévrerie religieuse, a cru reconnaître dans le trésor des religieuses de Notre-Dame, provenant d'Ognies, seize ou dix-huit pièces sorties des mains du moine Hugo. Trois de ces pièces sont signées de lui. La première est un petit calice orné de ciselures et de nielles; la seconde est un évangéliaire recouvert fort richement en vermeil repoussé et bordé d'ornements ciselés alternant avec des nielles. La pièce la plus remarquable est une monstrance d'argent doré, qui renferme une côte de saint Pierre. La forme en est assez étrange : c'est un croissant disposé les pointes en haut sur une tige élégante qui est portée par un pied circulaire que soutiennent trois animaux fantastiques. Une tour de cristal, flanquée de tourelles, s'élève du centre du croissant au-dessus de la tige. C'est dans cette tour qu'est renfermée la relique, enveloppée dans une riche étoffe de soie. Ce qui distingue ce reliquaire sous le rapport de l'art, ce sont les délicieuses

---

(1) M. le docteur Aus'm Weerth a fourni la gravure de beaucoup d'objets religieux dans *Kunstdenkmäler des christl. Mittelalters in den Rheinlanden*; et M. l'abbé Bock en a reproduit plusieurs dans *Das heilige Köln*, Leipzig, 1858. — M. Viollet-le-Duc a donné, dans le *Dictionnaire du mobilier français*, pl. VII, la gravure du beau buste de saint Oswald, appartenant à la cathédrale d'Hildesheim.

(2) L'essai de Ghiberti sur l'histoire de l'art a été publié par Cicognara, *Storia della scultura*, t. II, p. 99, et par M. Léop. Léclanché, dans sa traduction de Vasari, t. II, p. 88.

ciselures dont il est enrichi. La face du croissant est couverte de rinceaux élégants dont les feuillages rappellent exactement ceux de la croix de Clairmarais dont nous avons parlé. Ils renferment de petites figures de chasseurs sonnant de la trompe et excitant des chiens contre des cerfs. Des pierres fines sont en outre serties au milieu des rinceaux. Dans les huit médaillons ovales qui décorent le pied, l'artiste a reproduit en relief quatre fois la figure de la Vierge et celles des protecteurs de l'abbaye d'Ognies : saint Lambert de Liége, saint Servais de Maestricht, saint Augustin, l'auteur de la règle des chanoines, et saint Nicolas, le patron de l'église du monastère. Au-dessous et dans les angles formés par les médaillons, on voit, au milieu de charmants feuillages, des chiens poursuivant des lièvres. Les compositions du moine Hugo sont du meilleur goût; les ciselures se font remarquer par la netteté et la correction du dessin, l'habileté du modelé et le fini de l'exécution. L'opposition de couleur entre les nielles de l'argent et la ciselure de l'or est du meilleur effet. Une inscription gravée en onciale cursive sur la tranche du pied de la monstrance fait connaître le nom de son auteur et la date de son exécution : RELIQE ISTE FUERUNT HIC RECODITE ANNO DOMINI MCCXX OCT. FRAT. HUGO VAS ISTUD OPUS EST. ORATE PRO EO. Le révérend père Arthur Martin a donné dans les *Mélanges d'archéologie* (1) une excellente reproduction de ce monument, qui suffirait à lui seul pour donner une grande idée des orfévres de l'école rhénane du commencement du treizième siècle. Cette école avait acquis une si grande réputation, qu'un calice d'or de la cathédrale de Cologne ayant été mis en vente, en 1216, pour satisfaire aux besoins de cette église, fut acheté par le chapitre de Notre-Dame au prix de trois cent soixante livres parisis, bien qu'il existât alors à Paris de très-bons orfévres, comme on va le voir. Ce calice pesait dix-neuf marcs d'or et était enrichi de pierres précieuses (2).

Nous devions la priorité à l'Allemagne, qui, dès la fin du dixième siècle, avait été la promotrice du mouvement artistique qui se prononça dans toute l'Europe au onzième. Mais la France ne resta pas longtemps en arrière, comme on a pu s'en convaincre par les grands travaux d'orfévrerie qui furent exécutés dans toutes les provinces pendant la seconde moitié du douzième siècle. L'art y était en progrès dès le commencement du treizième : aussi les pièces artistiques se rencontrent-elles très-fréquemment parmi les travaux des orfévres.

A la fin du douzième siècle ou dans les premières années du treizième, Philippe-Auguste (1180 † 1223) avait donné à l'abbaye de Saint-Denis un riche reliquaire d'argent doré renfermant une quantité considérable de reliques de différents saints. Ce reliquaire, dont Félibien a donné la gravure (3), avait la forme d'une petite église à deux pignons flanqués de tourelles et recouverte d'une toiture à imbrications. L'une des faces longitudinales de la nef était divisée en dix-huit compartiments carrés par des bandes de métal chargées de pierreries et d'émaux cloisonnés sur or. L'orfévre, dans cette face où les reliques étaient exposées, avait sacrifié à l'ancien goût par l'amoncellement des pierres précieuses; mais sur l'autre face, que Félibien ne nous fait pas connaître, il s'était montré à la hauteur des

---

(1) Paris, 1847-1849, t, I. p. 118, pl. XXIII.
(2) *Cartularium Eccl. Parisiensis*, dans la *Collection des cartulaires* publiée par Guérard, t. II, p. 424, et t. IV, p. 207.
(3) Dom Félibien, *Hist. de l'abbaye de Saint-Denis*, p. 526, pl. I.

à donner à l'orfévrerie un caractère véritablement artistique. Tous les sculpteurs de talent et les ciseleurs les plus adroits s'adonnèrent à cet art, qui produisit, au treizième siècle, des œuvres d'une grande élégance, d'un goût parfait et d'une exécution irréprochable. La seule condition imposée aux orfévres parisiens fut d'employer l'or et l'argent le plus pur. « Nus orféyre ne puet ouvrer d'or à Paris qu'il ne soit à la touche de Paris ou mieudres » (meilleur), la quele touche passe tous les ors de quoi on oevre en nule terre. — Nus » orfévre ne puet ouvrer à Paris d'argent qu'il ne soit aussi bons come estelins ou » mieudres (1). » Ainsi, à cette époque, la France excellait pour la pureté de l'or qu'elle employait dans les œuvres d'orfévrerie, et l'Angleterre pour celle de l'argent. A la fin du treizième siècle, Paris comptait plus de cent seize orfévres, ainsi qu'il résulte du rôle de la taille de l'année 1292 (2). Dépourvu d'indications sur le mérite et la nature de leurs travaux, ce document donne seulement leurs noms, qu'il est sans utilité de connaître (3). Les orfévres étaient exempts du guet et de divers impôts; leurs trois prud'hommes exerçaient la police sur tout le corps de métier, sur la qualité des matières employées et sur les ouvrages de tous les membres de la corporation, qui s'intitulait *confrérie de saint Éloi*. Le sceau qu'elle fit graver, et qui se trouve attaché à quelques anciennes chartes, fut évidemment exécuté du temps de saint Louis : il a tous les caractères de la monnaie de ce règne. Il est rond et représente saint Éloi debout en habits pontificaux et mitré; le saint patron, placé sous une décoration architecturale dans le style de cette époque, tient sa crosse de la main gauche, et de la droite un marteau. La légende qui fait bordure porte : S. (*sigillum*) CONFRARIE S. (*sancti*) ELIGII AURIFABRORUM, « Sceau de la confrérie des Orfévres de saint Éloi » (4).

C'est aux orfévres de Paris, qui avaient acquis alors une grande réputation, qu'on peut attribuer les belles pièces d'orfévrerie religieuse d'or et d'argent dont furent dotées l'église Notre-Dame et la sainte Chapelle du Palais, qui fut terminée par le célèbre architecte Pierre de Montereau en 1245 (5). La pièce la plus importante sous le rapport de l'art que nous puissions citer est la châsse de saint Marcel, qui s'élevait derrière le grand autel de Notre-Dame sur quatre colonnes de cuivre doré de quinze pieds de haut. Elle avait été exécutée en 1262 (6). Les inventaires du trésor de Notre-Dame qui ont été conservés nous permettent de faire la restitution de cette précieuse pièce d'orfévrerie. Ce monument, d'argent doré, avait la forme d'une église composée d'une nef à deux portiques et de deux bas côtés. La toiture était décorée d'une crête découpée à jour. Au milieu s'élevait un clocher cantonné de quatre pyramides ornées de statuettes. Autant qu'on peut en juger

---

(1) *Règlement sur les arts et métiers de Paris*, connu sous le nom de *Livre des métiers d'Estienne Boileau*, publié par DEPPING. Paris, 1837, p. 38. L'estelin, le sterling, était l'étalon d'argent anglais.

(2) *Paris sous Philippe le Bel*, publié par GÉRAUD. Paris, 1837, p. 526.

(3) On possède et l'on a publié beaucoup de listes d'orfévres du moyen âge; la connaissance de ces noms est sans intérêt lorsque aucune œuvre ne s'y rattache. A l'avenir, nous ne citerons que les orfévres dont la position auprès des souverains et des princes indique assez le mérite, et ceux dont nous pourrons signaler des œuvres remarquables.

(4) P. LEROY, *Statuts et priviléges du corps des marchands orfévres-joailliers de Paris*. Paris, 1759, p. 4.

(5) *Obituarium Eccles. Parisiensis*, dans la *Collect. des cartulaires* publiée par GUÉRARD, t. IV, p. 72, 107, 109, 178, 184 et 207. — *Invent. de sanctuariis et jocalibus ad reg. Capellam Paris. pertinentibus*, anno 1340. Ms. Archives nationales, J. 155, n° 14.

(6) SAUVAL, *Antiquités de Paris*, t. I, p. 373.

par cette description succincte, l'orfévre avait eu l'intention de reproduire l'église Notre-Dame elle-même, moins les tours. Dans le portique principal dont le fond était d'or, on voyait saint Marcel mitré, la crosse à la main, et accompagné de deux anges portant des chandeliers et de six saints. Toutes ces statuettes étaient d'or. Au-dessus était une rose richement découpée dans un trèfle. Autour du monument, sur les bas côtés, on avait placé les statuettes d'or des douze apôtres et celles de deux saints; le surplus du champ était couvert de fleurs de lis ciselées dans des compartiments en losange. Le corps de l'édifice, la nef, était enrichi de bas-reliefs dans lesquels on avait reproduit les principaux traits de la vie du saint évêque (1). Cette riche châsse tirait, comme on le voit, son principal mérite des nombreuses sculptures de ronde bosse et des bas-reliefs dont elle était décorée.

Saint Louis († 1270) avait recommandé par son testament une extrême simplicité dans sa sépulture, et il fut d'abord inhumé dans un cercueil de pierre derrière l'autel de la Trinité, dans l'église abbatiale de Saint-Denis (2); mais bientôt ce modeste mausolée fut couvert, par ordre de Philippe le Hardi, de bas-reliefs d'argent dont la beauté charmait à ce point, que Guillaume de Nangis, qui les avait sous les yeux, n'hésite pas à dire qu'ils surpassaient tout ce qui avait été produit de plus accompli (3). Il y a évidemment exagération de la part du chroniqueur; mais à cette époque, où l'art était fort avancé, le savant moine de Saint-Denis, qui connaissait bien certainement les beaux ouvrages de sculpture dont les cathédrales de Paris, d'Amiens, de Reims, étaient enrichies, et les belles statues des rois de France, couchées sur des tombes, que saint Louis avait fait exécuter dans l'église même de Saint-Denis, devait savoir apprécier les œuvres artistiques, et n'aurait pas fait éclater ses sentiments en termes aussi absolus, si ces bas-reliefs d'argent n'avaient pas excité l'admiration de tous les connaisseurs. Guillaume de Nangis ne nous apprend pas le nom de l'artiste qui les avait exécutés; mais ne doit-on pas regarder comme étant leur auteur Raoul, orfévre en titre de saint Louis, dont Philippe le Hardi honora le talent par des lettres de noblesse datées de 1270, premier exemple, dit le président Hénault, de ce genre d'anoblissement?

Dans le dernier tiers du treizième siècle, les orfévres étaient devenus des sculpteurs si habiles, que les châsses en forme de tombe ou d'église furent à peu près abandonnées, et qu'on en vint à préférer pour les reliquaires la statue ou le buste du saint dont les reliques étaient conservées. Si les reliques étaient d'un petit volume, elles étaient renfermées dans un cylindre de cristal ou dans un coffret qui était porté par plusieurs figures de ronde bosse. Ainsi, lorsque par une bulle datée du 11 août 1297, Boniface VIII eut mis Louis IX au rang des saints, le tombeau du roi fut ouvert par Philippe le Bel, son petit-fils (4), et la distribution de quelques-uns de ses ossements à différentes églises donna lieu à l'exécution de magnifiques reliquaires. La tête et l'omoplate furent attribuées à la sainte Chapelle du Palais. La tête fut renfermée dans un buste d'or reproduisant l'effigie du saint roi. L'énumération des pierres précieuses qui garnissaient la couronne et le manteau n'occupe pas moins de dix pages dans l'inventaire de la sainte Chapelle dressé en 1573. A en juger par

(1) *Inventaire des joyaux et reliquaires de l'Église de Paris*, de 1626, 1648 et 1695. Archives nationales, L. 509³.
(2) FÉLIBIEN, *Histoire de l'abbaye de Saint-Denis*, p. 251.
(3) *Gesta Philippi tertii*, ap. DUCHESNE, *Hist. Franc. script.*, t. V, p. 626.
(4) DOM FÉLIBIEN, *Histoire de l'abbaye de Saint-Denis*, p. 259.

une bonne gravure de ce buste publiée par du Cange dans l'*Histoire de saint Louis* du sire de Joinville (1), c'était une œuvre de sculpture d'un grand mérite. « Le dict chef mons
» sainct Loys (porte l'inventaire) est soustenu par quatre grands angelz d'argent doré,
» portant le dict chef en un chéf d'or, desquels angelz l'un porte en sa main ung grant
» baston d'argent doré, au bout d'en haut duquel il y a ung sceptre, et l'autre des d. angelz,
» qui est en la partie de devant de l'autre costé, tient ung petit tuyau de long de quatre
» doigts ou environ, d'argent doré, à sa main senestre. Icelluy chef assis sur un grant
» entablement soubzbassement ou entre-pied porté par quatre léonceaulx, à doubles pilliers
» par les encognures, et dix pilliers d'areste par voye, semé, entre pilliers, de fleurs à quatre
» pampes garnies de leurs esmaulx esquels sont figurés les rois de France, et dessoubz,
» deux lignes d'escripture en tringles esmaillez d'azur. » La première ligne de l'inscription
apprenait que ce bel ouvrage avait été fait sous le règne de Philippe le Bel par Guillaume,
orfévre de ce prince, et donnait la date de mai 1306. La seconde contenait les noms des rois
de France depuis Clovis. La plate-forme d'argent doré sur laquelle les anges étaient posés,
s'appuyait sur six pieds émaillés où l'on voyait les armes de France et celles de Navarre,
qui étaient celles du roi régnant. Le tout pesait soixante-dix-neuf marcs et demi (2).

L'omoplate fut placée dans un reliquaire que tenait une statue du saint roi d'argent doré.
Elle est ainsi désignée dans l'inventaire de 1340 (3) : « Imago beati Ludovici regis cum
» osse spatule ejusdem, in cujus imago corona. » L'inventaire de 1573 donne plus de
détails : « Ung grant ymage de monsieur saint Loys de deux pieds de hault ou environ,
» comprins le pied qui est porté sur trois lyons ; tenant un reliquaire de cristal, de l'espaule
» du dict sainct Loys, le tout d'argent doré. »

La mâchoire d'en bas de saint Louis avait été donnée à l'abbaye de Saint-Denis. Aussitôt
que Gilles Ier eut été élu abbé (1304), il s'empressa de faire exécuter un reliquaire d'argent
doré enrichi de pierres fines et d'émaux pour renfermer la relique. Comme tous les autres,
ce reliquaire a passé dans le creuset révolutionnaire ; mais dom Félibien nous en a conservé
la gravure et en a fourni une courte description que l'inventaire du quinzième siècle nous
permet de compléter (4). Sur un socle assez élevé, de forme oblongue, dont le centre
faisait avant-corps et qui était décoré sur son pourtour de vingt fenêtres ogivales séparées
par des piliers, s'élevaient deux statuettes de rois couronnés et vêtus d'une longue tunique
talaire, qui était recouverte d'un ample manteau agrafé sur l'épaule droite. Ils se faisaient
face et soutenaient de leurs deux mains un reliquaire en forme de nef d'église à deux
clochers, dont les grands côtés, de cristal, laissaient voir la relique. En avant, se trouvait
la figure de l'abbé Gilles à genoux. Il était mitré et vêtu d'une ample chasuble retroussée
sur les bras ; il portait dans les mains un petit reliquaire renfermant l'un des ossements
du saint roi. Des inscriptions faisaient connaître le nom des deux rois, qui étaient Philippe
le Hardi et Philippe le Bel, fils et petit-fils de Louis IX. Au-dessous de la figure de Philippe
le Hardi, on voyait en émail les armes de France et celles de ses deux femmes Isabelle

---

(1) 1678, in-folio. M. Viollet-le-Duc a reproduit cette gravure dans le *Dictionnaire du mobilier français*, p. 218.
(2) *Inventaire des reliquaires, des livres et des ornements de la sainte Chapelle de Paris*, dressé en 1573, publié par M. Douët d'Arcq, *Revue archéologique*, t. V, p. 201.
(3) *Invent. de sanct. jocalibus et rebus ad reg. Capellam pertin.*, anno 1340. Ms., Archives nationales, J. 155, n° 14.
(4) *Histoire de l'abbaye de Saint-Denis*. Paris, 1706, p. 540, pl. III. — *Inventaire de l'abbaye de Saint-Denis*, Archives nationales, LL, n° 1327, fol. 73.

d'Aragon et Marie de Brabant; au-dessous de Philippe le Bel, les armes de France et celles de sa femme Jeanne de Navarre. Le monument était porté sur le dos de huit lions. Cette inscription : ÆGIDIUS ABBAS SANCTI DIONYSII QUI IN HONOREM BEATI LUDOVICI PRÆSENS VAS FIERI FECIT, QUOD EJUS SACRIS ISTIS RELIQUIIS DECENTER ORNAVIT, qui était gravée sur le soubassement, en arrière de la figure d'abbé, ne laissait aucun doute sur le donateur de cet objet d'art, et par conséquent sur la date de son exécution.

Le Musée du Louvre possède encore une statuette de la Vierge qui faisait partie du trésor de Saint-Denis et qui se trouve reproduite dans les gravures que dom Félibien a jointes à son histoire de cette abbaye. On peut par la comparaison apprécier le mérite de Simonneau et de Guérard qui les ont faites, et reconnaître que ces artistes ont su conserver leur véritable caractère aux monuments qu'ils ont dessinés et gravés. Jugeant donc du reliquaire de saint Louis par la gravure qu'en a donnée Félibien, on reconnaîtra un style noble, sévère et élégant dans la composition du groupe, un modelé correct, de la justesse dans les attitudes, de l'expression dans les figures, de l'ampleur et beaucoup d'art dans la disposition des draperies. Ce monument d'orfévrerie devait être certainement une œuvre de sculpture très-remarquable. L'inventaire donne le poids de l'argent, qui s'élevait à soixante-cinq marcs et demi, et ne fait pas connaître la hauteur des figures; mais, à en juger par certaines données, les figures des deux rois devaient avoir environ quarante centimètres de hauteur.

Ainsi on avait renoncé, pour la conservation des fragments d'os qui furent tirés de la tombe de saint Louis, aux monstrances élevées sur un pied qui étaient antérieurement en usage, et l'on fit exécuter de véritables objets d'art : un buste d'or de grandeur naturelle, une statue presque de demi-nature et un beau groupe de figures de ronde bosse, d'une assez grande proportion.

Félibien nous a encore fourni la gravure d'une autre belle pièce d'orfévrerie exécutée au treizième siècle pour le trésor de l'abbaye de Saint-Denis. C'était un buste d'or du saint apôtre des Gaules, qu'avait fait faire l'abbé Matthieu de Vendôme sous le règne de Philippe le Hardi. La tête était coiffée d'une mitre couverte de pierres fines, d'émaux cloisonnés « et » de deux grands cristaux ronds sous lesquels apparaissoit le chef de monsieur saint » Denis ». Le buste était porté par deux figures d'anges agenouillés, de ronde bosse, exécutées en argent doré. En avant de ce groupe, un ange plus petit, à genoux, tenait « un » fermillet d'or à fond d'argent doré, à six demi compas, et dedans iceluy, sous un cristal, » partie de la mantibulle (la mâchoire) de monsieur saint Denis ». Ces figures étaient assises sur « un entablement d'argent doré, à quatre pans à claire-voye à jour à l'entour, » portés sur six lyons d'argent doré ».

Lors du récolement, fait en 1634, des inventaires dressés antérieurement, les religieux e Saint-Denis déclarèrent aux commissaires du roi que « durant la Ligue fut osté du dit » chef le soubassement et les dits quatre lyons, et deux anges de cinquante et un marcs » deux onces..., et qu'en l'année 1617 ils firent refaire les dits grands angels et le dit pied » de cuivre par Jacques Lijart, orfèvre (1). » Aussi la gravure donnée par dom Félibien témoigne-t-elle d'une grande différence entre le style des grands anges de 1617 et celui du buste d'or de saint Denis, et surtout entre ces anges et les figures du reliquaire de la

(1) FÉLIBIEN, *Hist. de l'abbaye de Saint-Denis*, p. 540, pl. III. — *Inventaire de Saint-Denis* déjà cité, fol. 191.

mâchoire de saint Louis. L'orfévre Lijart, du dix-septième siècle, était resté bien inférieur à ses confrères du treizième.

L'estime dont jouissaient en Europe les œuvres de l'orfévrerie française de cette époque est constatée par l'envoi que les rois de France en faisaient, à titre de présents, aux souverains étrangers. Ainsi, dans l'inventaire si curieux qui fut fait, en 1295, par les ordres de Boniface VIII, du trésor du saint-siége apostolique, on voit figurer des pièces importantes qui provenaient des rois de France, et surtout de Philippe le Bel, dont les armoiries (de France et de Navarre) s'y trouvent gravées ou émaillées (1).

Ce n'était pas seulement à Paris que l'orfévrerie avait pris un grand développement. Dès le commencement du treizième siècle, les orfévres de Montpellier avaient été organisés en corporation comme ceux de Paris. Ceux d'Avignon le furent un peu plus tard; leurs statuts prescrivaient les règles de la fabrication de Montpellier, qui avait acquis une grande réputation (2).

Dès l'époque mérovingienne, les évêques d'Auxerre s'étaient signalés par leur amour pour l'art de l'orfévrerie; les beaux travaux que firent exécuter les prélats qui en occupèrent le siège épiscopal au treizième siècle, témoignèrent de l'existence dans cette ville d'une école d'orfévrerie artistique. Guillaume de Seignelay, élu en 1207 († 1223), après avoir fait reconstruire son église dans le nouveau style ogival et l'avoir ornée de figures de ronde bosse et de bas-reliefs qui se font remarquer par la naïveté des attitudes et une sorte d'élégance dans les contours, dota son trésor de nouvelles pièces d'orfévrerie décorées avec beaucoup d'art, *opere mirifico decoratas* (3). L'un de ses successeurs, Érard de Lisigny (1270 † 1278), fit exécuter, entre autres belles pièces d'orfévrerie, un calice d'or et un reliquaire de sainte Marie-Madeleine porté par deux anges d'argent de grande proportion et d'une merveilleuse exécution (4). Galterus, élu abbé, en 1247, de la célèbre abbaye de Saint-Germain d'Auxerre, fit faire pour son église une statuette d'argent de la Vierge tenant son fils, un chef d'or pour renfermer une partie du crâne de sainte Agnès, et un bas-relief d'argent pour décorer le parement du grand autel (5). Ainsi, à Auxerre comme à Paris, comme dans toute la France, les orfévres étaient d'habiles sculpteurs et produisaient de véritables œuvres d'art.

Arras et d'autres villes encore se signalèrent aussi par de beaux travaux d'orfévrerie au treizième siècle (6). Mais nous devons une mention particulière à Limoges, dont les orfévres étaient en grande réputation dès le sixième siècle. Ce fut surtout par son orfévrerie de cuivre émaillé que cette ville se rendit célèbre au treizième. A cette époque de grande

---

(1) « Duos flascones de auro ad arma regni Franc. et Navarre.....; — duos urceos de auro, quorum unus est ad arma » regis Francie et Navarre.....; — unum sciphum de auro granatum interius et in fundo ad arma reg. Franc. et Navar., » habentem unum pedem parvum separatum ad sustentandum cum III. draconibus. » (*Inventarium de omnibus rebus inventis in thesauro Sedis Apostolice factum de mandato sanctiss. Patris Dñi Bonifacii pape octavi, sub anno Dñi milles° ducent° nonag° quinto, anno primo pontificatus ipsius*. Ms. Bibliothèque nationale de Paris, n° 5180.)

(2) MM. J. Renouvier et Ricart, *Des maîtres de pierre et des autres artistes gothiques de Montpellier*. Montpellier, 1844. — Tixier, *Dict. d'orfévrerie*, p. 994.

(3) Anonym. *Hist. episc. Autissiod.*, ap Labbe, *Nova Bibl. mss. libr.*, t. I, p. 490 et seq. Parisiis, 1657.

(4) *Ibid.*, p. 505.

(5) Guido, *De gestis abbatum sancti Germani Autissiodurensis*, apud Labbe, *Nova Bibl.*, t. I, p. 582.

(6) *Annales archéologiques*, t. IX, p. 269.

ferveur religieuse, les matières d'or et d'argent étaient d'un prix trop élevé pour pouvoir suffire à l'empressement général qui portait les artisans et les bourgeois, de même que les grands seigneurs et les prélats, à enrichir les églises d'un riche mobilier; les incrustations d'émail, qui donnaient à peu de frais au cuivre un éclat merveilleux, parurent très-propres à rehausser les statuettes du Christ, de la Vierge et des saints, ainsi que les divers instruments du culte, et principalement les châsses, qui se multipliaient dans les églises pour renfermer les ossements révérés des saints. Les procédés de fabrication étaient fort simples. L'artiste indiquait sur le cuivre, qu'il avait dressé et poli, toutes les parties du métal qui devaient affleurer à la surface de l'émail pour rendre les traits de la figure ou du sujet qu'il voulait représenter; puis, avec des burins et des échoppes, il fouillait profondément dans le métal tout l'espace que les divers émaux devaient recouvrir. Dans les fonds, ainsi champlevés, il introduisait la matière vitrifiable, dont il opérait ensuite la fusion dans le fourneau. Lorsque la pièce émaillée était refroidie, il la polissait par divers moyens, de manière à faire paraître à la surface de l'émail tous les traits du dessin rendus par le cuivre. La dorure était ensuite appliquée sur les parties de métal ainsi réservées. Nous nous bornerons ici à ces simples notions, le lecteur devant trouver plus loin, au titre de l'ÉMAILLERIE, l'exposé de tous les procédés d'exécution, l'énumération d'une foule de monuments subsistants, et l'historique de ce bel art de la peinture en émail par incrustation, qui valut, au treizième siècle, un si grand renom à l'orfévrerie limousine. Plusieurs des orfévres émailleurs de Limoges étaient des sculpteurs de talent. Il existe en effet, dans les musées et dans les collections, un grand nombre de statuettes de ronde bosse et de figures de haut-relief, exécutées en cuivre battu, repoussé et ciselé, auxquelles on peut reprocher de la roideur, mais qui ne manquent ni de style ni d'une certaine correction dans le modelé, ni d'ampleur dans la disposition des vêtements. La collection du prince Soltykoff possédait en ce genre une belle statuette assise de la Vierge, de cinquante-deux centimètres de hauteur; elle a passé dans celle de M. Sellière (1). On y voyait aussi une figure de saint Philippe apôtre, non moins remarquable (2).

Les principales villes des Flandres, Gand, Bruges, Tournay, Liége, Bruxelles, possédaient, au treizième siècle, d'habiles orfévres qui suivaient les principes de l'école du Rhin. Dès 1266, les orfévres de Bruxelles formaient un corps de métier important auquel Jean III, comte de Hainaut, avait octroyé des priviléges. Mais ce fut surtout au quatorzième siècle que les orfévres flamands acquirent une grande réputation; nous allons bientôt nous occuper de leurs travaux.

L'orfévrerie n'était pas moins en honneur en Angleterre qu'en France et dans les Flandres. L'inventaire de l'église Saint-Paul de Londres, dressé en 1295, constate l'existence dans cette église de magnifiques pièces d'orfévrerie. La date de l'exécution de la plupart de ces beaux objets n'est pas indiquée; mais lorsqu'une mention quelconque vient révéler un objet du treizième siècle, on le trouve toujours enrichi de figures de ronde bosse ou de bas-reliefs. Ainsi, l'évêque Richard de Gravesende, à la fin du treizième siècle, voulant doter son église d'une croix d'autel d'argent doré, fait faire un monument d'art divisé en six parties. Sur un socle porté par quatre lions, se déployait une grande scène en figures

---

(1) Le prix de cette statuette (n° 151 du Catalogue de la collection Soltykoff) a été porté par les enchères à 2250 francs lors de la vente qui a été faite de la collection en 1861.

(2) N° 159 du Catalogue : elle a été adjugée aux enchères moyennant 1015 francs.

de ronde bosse. Le Seigneur, entouré d anges, parlait à Adam et Ève placés sous les arbres du paradis, entre lesquels se glissait le serpent. Un grand nombre de figures existaient au-dessus dans le troisième étage : l'inventaire ne nous dit pas quelle scène elles reproduisaient, mais on peut supposer que l'artiste y avait figuré Jésus conduit au Golgotha ; car au-dessus s'élevait la croix à laquelle était attaché le Dieu fait homme, expirant pour racheter les hommes du péché. D'un côté, on voyait le Christ trônant et couronné, accompagné des quatre évangélistes, et de l'autre cinq figures; enfin la cinquième et la sixième partie étaient occupées par les figures de la Vierge et de saint Jean (1). Cette description nous indique un vrai retable d'orfévrerie, comme on en fit tant, en bois sculpté, au quinzième siècle. La crosse de Richard de Gravesende, d'argent doré, enrichie de pierres fines, était aussi une œuvre d'art : la volute renfermait, d'un côté la figure de saint Paul, et de l'autre celle d'un évêque. La châsse d'argent de saint Laurent, appartenant aussi à l'église Saint-Paul, était, comme toutes celles de cette époque, enrichie de figures de vermeil en haut-relief et portée sur le dos de quatre lions (2).

Pour les reliquaires de petite proportion, on se servait en Angleterre, comme en France, de figures d'hommes ou d'animaux symboliques. Ainsi on voit mentionné, dans l'inventaire du trésor du saint-siége, parmi les dons que les rois d'Angleterre firent aux papes au treizième siècle, un reliquaire sous la forme d'un aigle pour renfermer quelques ossements de saint Éleuthère (3).

Le monastère de Saint-Alban posséda encore, au treizième siècle comme au douzième, des moines fort habiles dans la sculpture et l'orfévrerie. Il faut citer Guillaume, qui réunissait le talent de peintre et celui de ciseleur, et qui laissa deux élèves distingués, Simon et Richard, et encore Walter de Colchester. Ce moine peintre et sculpteur se distingua par de remarquables travaux d'orfévrerie. On compte parmi ses œuvres des parements d'autel d'argent doré enrichis de nombreuses figures en haut-relief, et les couvertures de deux textes des Évangiles décorées de fines ciselures qui reproduisaient le Christ entre les évangélistes et la scène du crucifiement. Il avait aussi exécuté vers 1214 une très-élégante statuette de la Vierge (4).

Les documents que nous avons recueillis et les monuments qui subsistent nous permettent de résumer ainsi le caractère de l'orfévrerie au troisième siècle. La religion occupait alors le premier rang dans les affections des populations, et l'Église dut avoir la plus large part des travaux des orfèvres. Dans les vases sacrés et dans les instruments du culte, l'orfévrerie s'écarta peu, quant aux formes générales, du style sévère et hiératique qui était son caractère distinctif durant les deux siècles précédents ; mais le système d'ornementation subit quelques modifications : les pièces d'orfévrerie furent moins chargées de pierreries, et les émaux cloisonnés commencèrent à être abandonnés; on préféra les ornements rendus par la ciselure et le repoussé, par les nielles et les fines gravures au burin souvent niellées d'émail coloré. Les progrès que firent alors les arts du dessin portèrent le goût vers ce système d'ornementation. Dans les grandes pièces d'orfévrerie destinées à décorer les

---

(1) *Monasticum Anglicanum*, t. III, p. 311.
(2) *Ibid.*, p. 312 et 314.
(3) *Invent. de reb. inv. in thes. Sedis Apostol.*, fol. 84 v°.
(4) Math. Paris, *Vit. abb. S. Albani*, p. 71, 78, 80 et 81.

églises, les orfévres subirent l'influence de l'architecture. Les châsses, qui se prêtaient si merveilleusement au développement du génie de l'artiste, reçurent dans leur forme une modification importante, ainsi que nous l'avons démontré par plusieurs exemples. Au lieu de figurer simplement un sarcophage, elles affectèrent la forme des monuments religieux et devinrent de petites églises d'or et d'argent. L'orfévre se fit l'émule de l'architecte: il s'empara des formes élégantes et des plus gracieux ornements de l'architecture ogivale; sous sa main la ciselure, le moulage et le repoussé rivalisèrent avec la grande sculpture; les peintures en émail incrusté remplacèrent sur ses petits monuments de métal la peinture murale et les vitraux; les filigranes rendirent avec soin toute la délicatesse des enroulements, des entrelacs, des festons, des crochets et des crêtes de pierre des églises. Les bas-reliefs et les statuettes d'or et d'argent se multiplièrent à l'infini, à l'imitation des splendides productions de la statuaire dont se couvraient les portails de nos grandes cathédrales. L'art de l'orfévrerie religieuse fut évidemment porté au treizième siècle à un très-haut degré de perfection.

Les orfévres produisirent encore à la fin du treizième siècle des bijoux et des pièces d'orfévrerie de table très-remarquables, et ce fut à l'architecture civile et militaire qu'ils empruntèrent le plus ordinairement leurs motifs, comme ils les empruntaient aux églises pour les châsses des saints. Ainsi nous lisons dans l'inventaire du trésor de Charles V de 1379 : « ...ung joyau vieil en façon de deux chasteaulx et il y a ung arbre entre deux sur ung en- » tablement (1). » Et dans l'inventaire du duc d'Anjou de 1360 : « ...une très grant aiguière » d'argent doré de très ancienne façon, toute menuement cizelée dont le pié est à VIII » costés.... et en lieu de biberon a un grant bec ouvert et II grans oreilles et le bord est » à créneaux... et le couvercle est sur le bord à souage (moulure) et orbesvoies (fenêtres » feintes)...... et le frétel (le bouton du couvercle) est de une tour basse crenelée et environ » ycelle tour a VIII pilliers dont sur les IIII a I-II ymages qui font diverses contenances, et sur » la tour a un homme, comme un villain, assis en chaire, qui joue d'une cornemuse (2). »

Si l'architecture ne fournissait pas le motif d'une grande pièce d'orfévrerie, on y plaçait toujours des figures d'hommes ou d'animaux. Rubruquis, qui avait été envoyé par saint Louis auprès du khan des Tartares, trouva en Tartarie un orfévre parisien du nom de Guillaume Boucher, qui, s'étant fixé auprès de ce prince, lui avait fait, suivant la mode française de ce temps, une fontaine qui pesait trois mille marcs d'argent. Elle reproduisait un grand arbre au pied duquel quatre lions vomissaient des liqueurs. Au sommet de l'arbre était un ange qui tenait en main une trompette, et qui par le moyen d'un ressort l'approchait de sa bouche pour en jouer (3). Mais ce fut surtout au quatorzième siècle que ces pièces de table d'apparat eurent une grande vogue; nous aurons plus loin à en mentionner de nombreux exemples.

Nous terminerons ce qui a rapport à l'orfévrerie du treizième siècle en signalant quel-

---

(1) *Inventaire général du roi Charles le Quint de tous les joyaulx qu'il avoit au jour qu'il fut commanchié tant d'or comme d'argent....., lequel inventaire a esté commancé à faire le* XXI *jour de janvier, l'an mil trois cent soixante dix neuf.* Ms. Bibliothèque nationale, n° 2705 (ancien 8356), folio 170.

(2) *Inventaire de Louis, duc d'Anjou, dressé vers 1360.* Ms. Bibliothèque nationale (n° 11861, franç.), publié par M. DE LABORDE, *Notice des émaux et bijoux du Musée du Louvre,* II° partie, art. 487, p. 79. Paris, 1853.

(3) BERGERON, *Relation des voyages en Tartarie de Guill. de Rubruquis.* Paris, 1634.

ques monuments subsistants que nous n'avons pas encore cités et qui ont été reproduits par la gravure.

Un des plus remarquables est la châsse de saint Taurin, conservée à Évreux et provenant de l'abbaye de Saint-Taurin. Elle fut exécutée par les ordres de l'abbé Gilbert, qui fut élu en 1240 et mourut en 1265. Cette châsse reproduit une petite église à deux pignons, décorée de trois arcades sur chacune de ses faces latérales et couverte d'un toit à deux versants que surmonte un clocher central. L'influence de l'architecture ogivale se fait sentir dans cette œuvre d'orfévrerie. On n'y trouve plus ni les grandes lignes horizontales, ni les arcs en fronton de la châsse des grandes reliques d'Aix-la-Chapelle ; les huit arcades à trilobe aigu et les contre-forts surmontés de flèches légères qui les accompagnent, les pampres déchiquetés et leurs feuilles à lobes anguleux qui décorent l'extrados des arcs, dénotent le style de l'architecture de la seconde moitié du treizième siècle. La châsse de saint Taurin est une petite sainte Chapelle en miniature. Les bas-reliefs qui enrichissent les arcades et les deux versants du toit, exécutés au repoussé, sont très-remarquables par la correction du modelé et la finesse de l'exécution. Le R. P. Arthur Martin a donné en trois planches, dans ses *Mélanges d'archéologie*, une belle reproduction de cette châsse et de ses bas-reliefs, et a accompagné les planches d'une savante dissertation (1).

Nous signalerons encore un charmant reliquaire de cuivre doré, qui appartient aujourd'hui à la collection de M. Sellière, après avoir fait partie de celle du prince Soltykoff (2), et précédemment de celle de M. Debruge-Duménil (3). Aux quatre angles d'une terrasse portée sur quatre griffes, se tiennent debout quatre jeunes hommes d'une belle tournure, drapés de manteaux ; ils portent sur leurs épaules un prisme oblong de forme octogone, de cristal de roche, monté dans une ossature chargée d'armoiries, et flanqué à chaque extrémité d'un pignon s'élevant entre deux tourelles carrées. Au-dessus du prisme, se déploie une crête décorée de rinceaux à feuilles d'érable ; elle est interrompue par trois cylindres de cristal remplis de reliques. Les cylindres, ainsi que les deux pignons et les quatre tourelles, sont surmontés de boules de cristal sur lesquelles sont posés des oiseaux de métal. Cette composition ingénieuse et la belle exécution des statuettes donnent une grande idée de l'orfévrerie française du treizième siècle. A la vente de la collection du prince Soltykoff, le prix de ce bel objet a été porté à quatre mille neuf cent quatre-vingts francs. Nous en donnons la reproduction dans la vignette qui se trouve en tête de ce chapitre.

Deux reliquaires moins importants méritent d'être cités à cause de la simplicité et du bon goût de leur composition et aussi de la délicatesse de leur exécution : le reliquaire de de la sainte Epine, appartenant au couvent des Dames augustines d'Arras, et la monstrance des reliques de saint Junien, provenant de l'abbaye de Grandmont et que possède l'église Saint-Silvestre dans la Haute-Vienne (4).

Le Musée du Louvre conserve un fermail d'argent doré en forme de losange, décoré d'une

---

(1) Paris, 1851, t. II, p. 1, pl. I, II et III.
(2) N° 163 du Catalogue de vente de 1861.
(3) N° 953 du Catalogue. Nous en avons donné une description détaillée dans notre *Description des objets d'art de la collection Debruge-Duménil*. Paris, 1847, p. 645.
(4) Ces deux pièces ont été publiées dans les *Annales archéologiques*, t. IX, p. 269, et t. X, p. 35.

fleur de lis chargée de pierres fines qui se détachent sur un champ de petites fleurs de lis niellées. Ce bijou, qui faisait partie du trésor de l'abbaye de Saint-Denis (1), passait pour avoir servi d'agrafe au manteau royal de saint Louis. Il a été reproduit par Félibien dans son *Histoire de l'abbaye de Saint-Denis* (2).

La collection de M. Louis Fould possédait deux pièces fort intéressantes, qui sont gravées toutes deux dans l'excellente description que M. Chabouillet a donnée de cette riche collection (3), malheureusement dispersée comme tant d'autres. La première est un buste de cuivre doré de grandeur naturelle, exécuté au repoussé : il servait de reliquaire pour la tête d'une sainte, probablement reine ; car le buste est revêtu d'un manteau de pourpre et la tête porte une couronne royale. Les cheveux, disposés en huit grosses tresses, ont été retouchés au burin. C'est une œuvre de sculpture remarquable. Le cuivre est enrichi de diverses couleurs et en partie doré. La seconde est un calice d'argent doré. La coupe, de forme hémisphérique, est unie dans sa partie supérieure, et décorée dans sa partie inférieure de huit losanges remplis de feuilles de chêne et de glands ciselés en relief avec une grande délicatesse. Le nœud, la tige et le pied ont une ornementation analogue, du milieu de laquelle surgissent sur le nœud quatre médaillons, reproduisant les symboles des évangélistes, et sur le pied cinq médaillons dont les sujets sont la Salutation angélique, la Nativité, le Christ en croix, la Résurrection et le Sauveur assis sur le trône céleste ; tous ces sujets se détachent en or sur le fond d'argent.

Enfin nous signalons à nos lecteurs les deux pièces d'orfèvrerie du treizième siècle que nous avons fait reproduire, l'une dans la planche XLIX de notre album, l'autre dans notre planche XL, n° 1, ci-après. La première est un pied de reliquaire soutenu sur les épaules de quatre jeunes lévites, et dont le socle est décoré de bas-reliefs exécutés au repoussé et ciselés avec une grande finesse. La seconde est un fermail d'or pour un manteau de femme, dont les ciselures, d'une délicatesse extrême, sont rapportées sur le fond ; elles reproduisent deux lions au milieu de feuillages. Les bijoux de cette époque sont d'une grande rareté.

II

*Quatorzième et quinzième siècles en Allemagne, en France et dans le nord de l'Europe.*

Depuis la mort de saint Louis, des habitudes de luxe s'étaient répandues dans toutes les classes riches de la société, nobles ou bourgeoises. Les travaux des orfèvres prirent donc une grande extension. Philippe le Hardi comprit qu'il était nécessaire de donner au public une garantie de la bonté du titre de l'or et de l'argent employés dans les ouvrages d'orfèvrerie, garantie qui n'avait reposé jusque-là que sur la probité et la bonne réputation des orfèvres. Par un édit de 1275, ce prince, en prescrivant pour l'or et l'argent un titre plus fin que par le passé, ordonna que chaque ville où il se trouvait des orfèvres formant

(1) *Inventaire du trésor de Saint-Denis* déjà cité, fol. 107, v°.
(2) Paris, 1706, p. 541, pl. III. Ce bijou est inscrit au Louvre sous le n° 33 de la *Notice du musée des souverains*.
(3) *Description des antiquités et objets d'art composant le cabinet de M. Louis Fould.* Paris, 1861, n°ˢ 1668 et 1678, pl. XXIII et XXIV.

un corps de communauté, aurait un poinçon particulier dont seraient marqués, après essai préalable, les ouvrages de chacun d'eux. Ces dispositions furent réitérées, en 1313, par Philippe le Bel, sous des peines très-sévères en cas d'inexécution. Le poinçon commun était confié, dans chaque ville, à la garde de prud'hommes choisis parmi les plus honorables membres de la corporation des orfèvres. A Paris, ces prud'hommes, au nombre de six, reçurent le nom de gardes de l'orfèvrerie. Indépendamment de cette garantie, chaque maître devait en outre marquer ses ouvrages d'un poinçon qui lui était propre. Cette obligation, fort ancienne et consacrée par l'usage, fut relatée dans un édit du roi Jean, du mois d'août 1355, qui confirmait les statuts des orfèvres de Paris. En vertu d'une ordonnance de Charles V, de 1378, les orfèvres reçurent leurs poinçons des officiers du roi chargés de la direction des monnaies (1).

Jusqu'à la fin du treizième siècle, les orfèvres avaient joui de la liberté de faire indistinctement tous les ouvrages dépendants de leur art, et le développement du luxe avait fait employer une quantité considérable d'or et d'argent en pièces de grosse orfèvrerie. Cet état de choses ne pouvait s'accorder avec le despotisme fiscal que Philippe le Bel (1285 † 1314) s'efforçait de fonder légalement. Par une première ordonnance de 1294, il défend à tous ceux de ses sujets qui ne possédaient pas six mille livres tournois de rente « d'avoir vesselement d'or ne d'argent pour boire ne pour mengier », et en conséquence il ordonne à quiconque ne jouit pas de ce revenu de porter sa vaisselle à la monnaie royale. Dans une autre ordonnance publiée huit ans après, ceux que la prohibition n'atteignait pas sont obligés d'envoyer à la monnaie la moitié de leur vaisselle. En 1310, il défend aux orfèvres d'en fabriquer aucune. En 1313, il prescrit à ceux qui ont eu le droit de conserver de l'argenterie de s'en défaire jusqu'à concurrence d'un dixième. Après la mort de Philippe le Bel, ces ordonnances restrictives furent exécutées avec moins de rigueur, et Charles IV, son fils (1322 † 1328), se contenta d'interdire toute vaisselle qui pèserait plus d'un marc. Mais Philippe de Valois (1328 † 1350) renouvela l'édit de 1310, et la fabrication de toute espèce d'argenterie fut une seconde fois défendue aux orfèvres. Pour les indemniser du préjudice que devait leur causer cette interdiction motivée par les malheurs du temps, Philippe de Valois leur accorda des armoiries qui furent sculptées en relief sur leur maison commune et peintes sur leur bannière. Ces armoiries étaient de gueules à la croix dentelée d'or, cantonnée au premier et quatrième d'une couronne d'or, au second et troisième d'une coupe de même métal; au chef d'azur semé de fleurs de lis d'or sans nombre. Deux anges ailés servaient de support à l'écu, qui était surmonté d'un baldaquin en guise de couronne. Il était accompagné de cette devise : IN SACRA INQUE CORONAS (dans les vases sacrés et dans les couronnes) (2). La défense de fabriquer de la grosse orfèvrerie ne fut probablement pas observée à la rigueur, puisque, par un édit de 1356, le roi Jean défend de nouveau aux orfèvres « d'ouvrer vaisselle, vaisseaux ou joyaux » de plus d'un marc d'or ni d'argent, si ce n'est pour les églises ».

Les ordonnances qui apportaient des restrictions à l'exécution des grandes pièces de vaisselle ne furent pas les seules causes qui s'opposèrent au développement de l'art de l'orfèvrerie pendant une grande partie du quatorzième siècle. L'avènement de Philippe

---

(1) LEROY, *Statuts et priviléges du corps des orfèvres-joailliers de la ville de Paris*. Paris, 1759, p. 7 et 98.
(2) IDEM, *ibid.*, p. 248 et 253.

de Valois avait fait éclater une guerre terrible avec l'Angleterre. Commencée en 1336, elle dura plus de cent années. Sous le règne de ce prince et sous celui de son fils le roi Jean, la France eut à supporter les plus rudes épreuves : la guerre civile et la guerre étrangère, la peste noire et la famine désolèrent le pays. Les arts industriels ne peuvent acquérir un grand développement que dans les temps de paix et de prospérité : aussi l'orfévrerie eut-elle beaucoup à souffrir durant les trente-six années que régnèrent ces deux princes. Mais lorsque Charles V fut monté sur le trône (1364), et que par la sagesse de son administration il eut rétabli les affaires de la France, les arts furent encouragés et l'orfévrerie obtint de nouveau une vogue immense.

Une grande faute du roi Jean devint pour l'orfévrerie la cause d'un nouveau développement. Oubliant la sage politique de Louis le Gros, de Philippe-Auguste et de saint Louis, ce prince défit à plaisir l'édifice de la monarchie en constituant cette oligarchie fatale des « Sires des fleurs de lis », qui renouvela la grande féodalité et bouleversa la France pendant un siècle. Revenu d'Angleterre en 1360, le roi Jean érigea en duché le comté d'Anjou, et le donna avec le comté du Maine et la seigneurie de Château-du-Loir en apanage à son second fils Louis de France. Dans la même année, il érigea également en duché les deux provinces de Berry et d'Auvergne, et les donna au même titre à son troisième fils le prince Jean (1). Le ciel semblait avoir voulu dédommager la France des pertes que lui avait fait subir le traité de Brétigny ; la peste noire avait enlevé à la fleur de l'âge Philippe de Rouvre, duc de Bourgogne (21 novembre 1361). Avec ce prince s'éteignait la branche cadette des Capétiens primitifs, qui avait régné sur la Bourgogne pendant près de trois siècles et demi. Le roi Jean, sans s'inquiéter des droits que pouvaient faire valoir à la succession de Philippe de Rouvre le roi de Navarre et le duc de Bar, ses parents, rendit immédiatement une ordonnance qui réunissait le duché de Bourgogne au domaine royal, et il alla aussitôt se mettre en possession de cette province. Mais bientôt, et par lettres patentes données à Germigny-sur-Marne, le 6 septembre 1363, il investit du duché de Bourgogne son quatrième fils Philippe, auquel il portait une affection toute particulière pour avoir combattu et avoir été blessé auprès de lui à la bataille de Poitiers.

À la mort de Jean II, les ducs d'Anjou, de Berry et de Bourgogne furent mis en possession des apanages qui leur avaient été concédés. Bientôt ils ajoutèrent de nouveaux domaines à ces apanages. Le duc d'Anjou fut investi par Charles V du duché de Touraine, et peu après l'empereur Charles IV, son oncle, lui donna le royaume d'Arles ; enfin il fut pourvu par le roi du gouvernement du Languedoc. En 1369, le roi Charles V ajouta le comté de Poitou aux apanages de son frère le duc de Berry. La fortune du jeune duc de Bourgogne fut encore plus grande. Avant la mort du roi Jean, en 1362, l'empereur Charles IV lui avait déjà donné le comté palatinat de Bourgogne pour le tenir à foi et hommage de l'empire ; il joignit donc ce comté au duché de Bourgogne. Mais un riche mariage allait bien autrement augmenter ses possessions. Louis de Mâle, comte de Flandre, de Nevers et de Rethel, héritier présomptif d'Artois et de Franche-Comté, n'avait pour héritière qu'une fille, Marguerite de Flandre, demeurée veuve du dernier duc de Bourgogne après quelques mois de mariage. Du chef de sa tante maternelle Jeanne, les duchés de Brabant, de

---

(1) DE SAINTE-MARTHE FRÈRES, *Histoire généalogique de la maison de France.* Paris, 1647, p. 805 et 847.

Lothier (basse Lorraine), de Limbourg, et le marquisat d'Anvers, devaient lui échoir. Cette princesse, le plus riche parti de l'Europe, était recherchée par le comte de Cambridge, fils d'Édouard III, le roi d'Angleterre; mais Charles V réussit à écarter ce prétendant, et sans songer aux périls que l'agrandissement démesuré de la nouvelle maison de Bourgogne pouvait faire courir à la France, il obtint pour son frère la main de la riche héritière de Flandre (1). Ce fut ainsi qu'une grande portion du territoire de la France se trouva dévolue à trois princes qui devinrent souverains et à peu près indépendants du roi. Une rivalité de luxe s'établit dès lors entre ces princes. Tous les grands seigneurs de France, de Bourgogne et de Flandre, suivirent l'exemple qui leur était donné par leur souverain, et luttèrent de magnificence. L'orfévrerie dépassa alors en importance tous les autres arts industriels. Nous ne pouvons mieux le justifier qu'en rapportant ce que dit à ce sujet un savant archéologue, sur les opinions duquel nous aimons à nous appuyer : « L'orfévrerie joua au quatorzième et au quinzième siècle,
» dit M. de Laborde, un rôle dont on ne peut se faire une idée dans la lecture des
» historiens, dans l'étude des statuts du métier, dans la série des ordonnances qui
» règlent sa fabrication, mais qui frappe et étonne quand on l'étudie dans les comptes
» des rois de France et des princes du sang, dans leurs inventaires, dans ceux des
» églises, dans les contrats de mariage, et dans les testaments. On voit dans ces documents
» la place dominante que prit dans les mœurs, dans les préoccupations, dans les goûts,
» l'orfévrerie appliquée, comme elle l'était, aux vêtements, aux meubles, aux armes, que
» sais-je? à l'embellissement de la vie entière. Les sommes immenses qu'elle représentait
» faisaient le luxe des temps de prospérité ; elle faisait aussi la ressource des temps de
» guerre et de misère. A vrai dire, c'était tout l'avoir des rois, des princes et des seigneurs.
» Ce que nous plaçons dans les fonds publics, dans les actions industrielles, ce que nous
» possédons en argent comptant, un seigneur du moyen âge l'avait en orfévrerie, j'entends
» en bijoux de prix, en vaisselle fine, en grosse vaisselle d'or et d'argent. Capital mort,
» sans doute, mais qui donnait, au lieu d'intérêt, le plaisir fastueux d'étaler ses richesses
» sur les dressoirs, aux jours des grandes fêtes et des repas magnifiques. Quand venaient
» les temps de crise, une guerre à soutenir, une rançon à payer, on appelait à soi les
» changeurs, on fondait les chaudrons d'or et d'argent, et l'on empruntait sur ses joyaux.
» S'agissait-il d'établir ses enfants, c'était la chambre des joyaux qui faisait les frais de la
» dot ; mieux encore, dans l'habitude de la vie, il ne se passait pas de jours où l'on ne puisât
» dans son trésor pour donner quelques bijoux de prix, un hanap d'or ou une simple écuelle
» dorée, à un favori, à un parent, à un ambassadeur étranger, à un messager chargé
» d'annoncer une victoire ou une défaite, au plus modeste des chevaucheurs enfin, venant
» à toute bride donner la nouvelle de la naissance d'un fils ou d'un neveu (2). »

Charles V tenait le premier rang en vrai roi, et dépassait ses frères en magnificence. Il affectait dans ses habitudes une pompe dont aucun de ses prédécesseurs n'avait donné l'exemple. Il avait fait rebâtir le Louvre ; il construisit encore, à Paris, l'hôtel Saint-Paul, qu'on nomma l'hôtel des grands ébattements. Il éleva et embellit le château de Vincennes et une maison de plaisance qu'on appelait le château de Beaulté. Ces quatre édifices, qu'il

---

(1) DE SAINTE-MARTHE FRÈRES, *Hist. généalogique de la maison de France*, p. 869.
(2) DE LABORDE, *Notice des émaux et objets divers exposés au Louvre*. Paris, 1853, p. 84.

habitait le plus ordinairement, étaient fournis de meubles et d'argenterie sans qu'il fût nécessaire de transporter rien de l'un à l'autre. Le roi et les enfants de France ne mangeaient que dans de la vaisselle d'or et d'argent enrichie de bas-reliefs repoussés ou ciselés, d'émaux et de pierreries ; son orfévrerie de table était donc considérable : aussi dans chacune des quatre habitations ordinaires de la cour se trouvait une pièce dite la chambre des joyaux où était renfermée la vaisselle à l'usage des princes. Celle du Louvre avait neuf toises de long sur quatre et demie de large ; elle était environnée d'armoires à plusieurs étages et remplies des plus belles productions de l'orfévrerie (1).

À l'exemple du roi, les princes ses frères possédaient des châteaux dans leurs domaines, et dans Paris plusieurs palais, merveilleusement meublés et remplis de riche vaisselle et d'objets d'art. Le duc d'Anjou appréciait surtout les productions de l'orfévrerie et en possédait une immense quantité. En véritable amateur il en dressa lui-même une curieuse description dont nous parlerons plus loin.

À la mort de Charles V, son trésor fut estimé dix-neuf millions ; le duc d'Anjou, régent du royaume, afin de satisfaire sa passion pour l'orfévrerie, voulut s'en emparer. S'il en fut empêché une première fois, il trouva bien le moyen, plus tard, d'y mettre la main. L'inventaire du trésor de Charles VI, fait en 1399 (2), est bien maigre auprès du trésor de son père.

Durant la seconde moitié du quatorzième siècle, l'orfévrerie parisienne avait occupé le premier rang en Europe, et les présents que fit la ville de Paris aux rois et aux princes qui entraient dans la cité consistent toujours en pièces d'orfévrerie, comme étant les plus belles productions de l'industrie parisienne. Lorsque le roi Jean, à son retour d'Angleterre, fit son entrée à Paris en 1360, « ceux de Paris lui firent présent en don de mille marcs » d'argent en vaisselle » (3). En 1378, l'empereur Charles IV étant venu en France accompagné du jeune roi des Romains, son fils, la ville de Paris leur offrit à l'un et à l'autre de magnifiques présents en orfévrerie « moult bien ouvrée et dorée ». Charles V leur fit présenter de belles pièces d'orfévrerie, parmi lesquelles on remarquait des aiguières et une coupe d'or ornée d'émaux qui représentaient les signes du zodiaque dans le ciel, et deux grands flacons où « estoit figuré en ymages enlevées (en bas-reliefs) comment sainct » Jacques montroit à sainct Charles Maigne le chemin en Espagne par révélation ». Les paroles du duc de Berry, en présentant au nom du roi ce cadeau à l'empereur, étaient en l'honneur de l'orfévrerie parisienne. « Le roi vous salue, dit le duc, et il vous envoie de ses » joyaulx telz comme à Paris on les fait (4). »

L'entrée de la reine Isabeau de Bavière à Paris, en 1389, fut l'occasion d'un incroyable déploiement de luxe. Les bourgeois de Paris, suivant l'usage, durent faire des présents au roi, à la nouvelle reine et à la duchesse de Touraine, Valentine de Milan, qui venait d'épouser le prince Louis, depuis duc d'Orléans, frère du roi. La reine, avec son cortége

---

(1) CHRISTINE DE PISAN, *Livre des faits de Charles V*, part. III, chap. II (Coll. des mém. publiés par PETITOT, t. VI). — SAUVAL, *Hist. des antiq. de Paris*, t. II, p. 20 et suiv., 278 et suiv. — MONTFAUCON, *Monum. de la monarchie française*, t. III, p. 52.

(2) Ms. Bibliothèque nationale, n° 21446, ancien fonds Mortemart, n° 76.

(3) TH. GODEFROY, *le Cérémonial françois*. Paris, 1649, t. I, p. 635.

(4) CHRISTINE DE PISAN, *Livre des faits de Charles V*, part. III, chap. XLVI (Coll. de PETITOT, t. VI).

composé des princes et des princesses du sang et de la plus haute noblesse de France, entra à Paris par la porte Saint-Denis, pour se rendre à Notre-Dame, et descendit la rue Saint-Denis dans toute sa longueur jusqu'au grand pont de Paris (le pont au Change). Le premier cadeau de la ville de Paris fut fait à la reine pendant ce long trajet. Mais laissons parler Jean Froissart, qui a raconté, en témoin oculaire, toutes les fêtes de cette entrée et du sacre d'Isabeau. « Là » (à la seconde porte Saint-Denis, située non loin de l'église Saint-Jacques, qui fut démolie du temps de François I*er*) « avoit-on
» ordonné comme à la première porte un ciel nué et estoillé très-richement, et Dieu
» par figure séant en sa majesté, et là dedans le ciel petits enfans de chœur chantoient
» moult doucement en forme d'anges; et ainsi que la reyne passa dedans sa lictière
» sous la porte de Paradis, d'amont deux anges issirent hors en leur avalant, et tenoient
» en leurs mains une très-riche couronne d'or garnie de pierres précieuses, et la mirent
» les deux anges, et l'assirent moult doucement sur le chef de la reyne. » Cette couronne n'était que le prélude de plus magnifiques présents. « Le mardy sur le poinct de douze
» heures vindrent les bourgeois de Paris, environ quarante, tous les plus notables,
» vestus de draps tous pareils, à l'hostel du roy à Sainct-Pol, et apportèrent un présent
» qu'ils firent au roi, tout au long de Paris, et estoit le présent en une lictière
» très-richement ouvrée; et portoient la lictière deux forts hommes ordonnez et habillez
» très-proprement comme hommes sauvages...; or veux-je dire tout ce qui sur la lictière
» estoit et dont on avoit fait présent au roy. Premièrement il y avoit quatre pots d'or, quatre
» trempoirs d'or et six plats d'or, et pesoient toutes ces vaisselles cent cinquante marcs
» d'or. Pareillement autres bourgeois de Paris, très-richement parez et vestus tous de
» mêmes draps, vinrent devers la reyne de France et luy firent un présent sur une lictière
» qui fut apportée en sa chambre... auquel présent avoit une nef d'or, deux grands flacons
» d'or, deux drageoirs d'or, deux salières d'or, six pots d'or, six trempoirs d'or, douze
» lampes d'argent, deux douzaines d'escuelles d'argent, six grands plats d'argent et deux
» bassins d'argent, et y eut en somme pour trois cents marcs qu'or qu'argent, et fut ce
» présent apporté en la chambre de la reyne en une lictière si comme cy dessus est dit, par
» deux hommes lesquels estoient figurez l'un en la forme d'un ours et l'autre en la forme
» d'une licorne. Le tiers présent fut apporté semblablement en la chambre de la duchesse
» de Touraine par deux hommes figurez en la forme de Mores, noircis par les viaires (le
» visage)... auquel présent avoit une nef d'or, un grand pot d'or, deux drageoirs d'or, deux
» grands plats d'or, deux salières d'or, six pots d'argent, deux douzaines de saucières
» d'argent et deux douzaines de tasses d'argent, et y avoit en somme tant que d'or que
» d'argent deux cents marcs... Or aussi direz la grande valeur des présens et aussi la
» puissance des Parisiens : car il fut dit à moy acteur de cette histoire (qui tous les présens
» vis), qu'ils avoient cousté plus de soixante mille couronnes d'or (1). »

La sécurité rendue à la France par la sage administration et les conquêtes de Charles V ne fut pas de longue durée. Cependant les atteintes fréquentes d'aliénation mentale de Charles VI, les dissensions qui s'élevaient à chaque instant entre les princes français, et les soulèvements populaires, n'empêchèrent pas l'orfévrerie de prospérer encore

---

(1) Jean Froissart, *Chronique de France*, liv. IV, chap. I. — *Le Cérémonial françois*, t. I, p. 637.

pendant quelques années. Mais l'assassinat du duc d'Orléans (1407) et la guerre avec les Anglais apportèrent dans les affaires du royaume de France une perturbation générale qui fut fatale à cet art. Sauf quelques belles pièces exécutées pour les églises, on ne trouve plus dans les documents, après cette époque, la trace d'immenses travaux en orfévrerie de table et d'église, comme ceux que Charles V et ses frères faisaient faire. Bien loin de pouvoir se livrer au goût de leurs pères pour les brillantes œuvres d'orfévrerie, les princes et les seigneurs français, durant ces jours de crise, trouvèrent dans la vaisselle de leurs dressoirs une ressource pour faire face aux dépenses de la guerre ou pour payer leur rançon. Les arts industriels ne peuvent prospérer au milieu des guerres et des commotions populaires, et il y a toute apparence que dans ces temps de calamité les pièces d'orfévrerie un peu importantes ne se faisaient plus à Paris ni dans les provinces de France, où la guerre civile et l'invasion ôtaient à l'orfévre toute liberté et toute sécurité. Mais tandis que la France était amoindrie, que le jeune roi Henri VI d'Angleterre régnait à Paris, et que Charles VII, réfugié à Bourges, retenait à peine quelques provinces sous son obéissance, la maison de Bourgogne grandissait en puissance et augmentait ses possessions. On peut en juger par les titres de Philippe le Bon (1419 † 1467), qui s'intitulait duc de Bourgogne, de Brabant, de Lothier, de Luxembourg et de Limbourg, comte de Flandre, d'Artois, de Bourgogne, palatin de Hainaut, de Hollande, Zélande, Namur et Charolois, marquis du Saint-Empire, seigneur de Frise, de Salins et de Malines. Sous la domination des ducs de Bourgogne, les arts, l'industrie et le commerce purent prendre en toute liberté, dans leurs États, un développement considérable. L'orfévrerie ne reste pas en arrière des autres arts industriels, et bientôt les principales villes des riches provinces de la Bourgogne, de l'Artois et des Flandres, virent s'élever dans leur sein des ateliers d'orfévres qui s'acquirent une grande réputation. La ville de Gand devint le centre de cette brillante industrie. Le faste de la cour de Bourgogne et les prodigieuses prodigalités des princes de cette maison donnèrent un grand essor aux travaux de l'orfévrerie. Les comptes de la maison de Bourgogne, publiés par M. de Laborde (1), en fournissent à chaque instant la preuve. On peut se convaincre, en les examinant, que Philippe le Hardi, Jean son fils, Philippe le Bon et Charles le Téméraire, ont employé beaucoup plus d'argent qu'aucun autre prince de leur temps en acquisitions de pièces d'orfévrerie et de bijoux, soit pour eux-mêmes, soit pour les répandre en largesses. Les orfévres des Pays-Bas ne se bornèrent pas à fabriquer des châsses et des vases sacrés pour les églises et de la vaisselle d'or et d'argent pour les dressoirs ; ils excellèrent surtout dans l'exécution des bijoux et de ces pièces d'orfévrerie travaillées avec délicatesse, dont les vêtements étaient surchargés à ce point, que l'auteur des *Arrêts d'amour*, Martial d'Auvergne, disait qu'on « s'harnachoit d'orfaverie ».

La mort de Charles le Téméraire (1477) mit fin à la puissante et fastueuse maison de Bourgogne, et Louis XI prit possession du duché. Ce profond politique, tout occupé de l'unité de la France, avait abattu les Sires des fleurs de lis et frappé la petite féodalité après la grande. Il n'eut pour la haute noblesse que de sanglantes rigueurs. Ses préférences furent pour les petites gens ; la simplicité de ses vêtements et les images de plomb ou d'étain dont il chargeait son chapeau n'exigeaient pas d'habiles orfévres. On trouve encore

---

(1) *Les Ducs de Bourgogne, Études sur les lettres, les arts et l'industrie pendant le quinzième siècle.* Paris, 1849, 1851 et 1852.

la mention de quelques pièces d'orfévrerie nouvelle dans les comptes de l'argentier de 1463 à 1465 ; mais dans les comptes postérieurs, les orfévres ne sont plus mentionnés que pour des restaurations de pièces endommagées. Ainsi dans les comptes de 1468, où Baston, l'orfévre du roi, n'est compris que pour des raccommodages, on voit en dépense une somme de cinq sols tournois payés à Verrat, cordonnier du roi, pour une paire de semelles mises à des bottines (1). L'orfévrerie française perdit sous Louis XI la haute clientèle qui avait fait ses grands succès.

Après la mort de ce prince, l'orfévrerie ne put se relever durant les guerres civiles et étrangères que la régente de France, Anne de Beaujeu, eut à soutenir, et nous arrivons ainsi jusqu'au moment où Charles VIII descendit en Italie (1494), ce qui nous conduit à l'époque de la Renaissance.

Les notions historiques qui précèdent n'ont eu d'autre but que de faire connaître les phases traversées par l'art de l'orfévrerie durant le quatorzième et le quinzième siècle ; nous allons maintenant entrer dans les détails qui sont indispensables pour en faire apprécier les productions.

Quelques spécimens d'orfévrerie religieuse du quatorzième siècle et du quinzième subsistent encore ; mais quant à ces belles pièces de vaisselle d'or et d'argent qui chargeaient alors la table et les dressoirs des grands seigneurs, tout a disparu, et nous ne sachons pas qu'il en existe une seule ; à peine s'il reste quelques-uns des bijoux dont ils rehaussaient leurs vêtements et ornaient leur coiffure. Il sera facile cependant de restituer toutes ces richesses d'après les inventaires très-détaillés et très-bien faits de deux princes les plus riches de ce temps : Charles V, et son frère le duc d'Anjou, roi de Naples et de Provence. On trouve également d'excellents renseignements dans les comptes de l'argenterie des rois de France, dans ceux de la maison de Bourgogne et dans les inventaires de différents princes. L'inventaire du duc d'Anjou, rédigé de 1360 à 1368 (2), a cela de remarquable qu'il est, quoique très-volumineux, dicté par le prince lui-même, annoté et signé de sa main. Le royal rédacteur ne se borne pas à une sèche énumération ; regardant toutes les pièces de son trésor comme autant d'objets d'art, il en fait une description minutieuse avec la passion d'un amateur. L'amour de l'art cependant ne lui fait pas oublier le prix de la matière ; il a le soin de peser l'or et l'argent qu'il possède, et termine ainsi de sa main son curieux catalogue « de l'or que Henry, notre orfévre, a pour la grant nef que il fait comte
» aveques luy ou mois de mars, l'an M.CCC.LXVIII, fu trouvé que il avoit CCC XLVIII M. (marcs)
» au M. (marc) de Troyes. De l'or en vesselle a, en la tour, pesé et assommé ou dit mois et
» an, IX$^{ce}$ LX (960) M. au M. de Troyes ; somme de l'or XIII$^{ce}$ VIII (1308) M. au dit pois.
» La vesselle d'argent qui est en la tour et devers nous courant par nostre hostel, ou dessus
» dis moys et an pesée et assommée monte VIII$^m$ XXXVI (8036) M. au M. de Troyes. » Et plus bas, « Loys ».

Pour la connaissance de l'orfévrerie religieuse, on peut encore avoir recours aux inventaires de la sainte Chapelle du Palais et de Notre-Dame de Paris, dont les premiers remontent à 1340 et 1343, à celui du trésor de l'abbaye de Saint-Denis, aux reproductions que

---

(1) *Compte de Sextre, argentier du roy*, du 1$^{er}$ octobre 1468 au 30 septembre 1469. Arch. nationales, KK, 60.
(2) Ms. Bibliothèque nationale, n° 11861, ancien suppl. français n° 1278, publié par M. DE LABORDE, *Notice des émaux, bijoux et objets divers exposés au Louvre*. Paris, 1853, II$^e$ partie, p. 1 et suiv.

Félibien a données, dans son histoire de cette abbaye, de pièces qui n'existent plus, et à l'inventaire de la sainte Chapelle de Bourges élevée par le duc de Berry. En nous appuyant sur ces documents et sur les monuments qui ont échappé à la fonte, nous allons essayer de restituer la splendide orfévrerie du quatorzième et du quinzième siècle.

Commençons par l'orfévrerie religieuse. Le treizième siècle a été le plus beau moment de l'architecture ogivale; l'architecture était alors une reine dont tous les autres arts se reconnaissaient les vassaux. Aussi les orfévres, se conformant à l'usage généralement adopté au douzième siècle, avaient d'abord exécuté en forme de tombe ou d'église les châsses destinées à la conservation des grandes reliques. Les bas-reliefs et les statuettes dont ils les ornaient, n'étaient que de simples accessoires venant concourir à l'effet harmonieux de l'ensemble architectural. Mais dès la fin du treizième siècle, les plus habiles d'entre les orfévres avaient cherché à s'affranchir de la tutelle de l'architecte en produisant, comme reliquaires, des figures et des groupes de ronde bosse. Ce qui n'était qu'une exception à la fin du treizième siècle, devint, pour ainsi dire, la règle générale au quatorzième, et l'on ne peut se faire une idée de la quantité de figures et de groupes de ronde bosse d'or et d'argent qui furent exécutés à cette époque pour servir à porter des reliques. Des statuettes et des bas-reliefs d'or et d'argent furent encore exécutés sans autre destination que d'orner les églises et les chapelles; les couvertures des livres saints furent décorées de bas-reliefs et de figures d'une assez grande proportion.

Parmi les monuments qui subsistent, nous signalerons en première ligne la belle statuette d'argent doré de la Vierge tenant son fils, provenant de l'abbaye de Saint-Denis et que possède le Musée du Louvre (1). Cette statuette, de cinquante-cinq centimètres de hauteur, est portée sur un piédestal oblong, haut de dix centimètres, traité dans le style ogival. Chacune des grandes faces est divisée en quatre parties, et chacune des petites en trois par des contre-forts décorés de figurines de ronde bosse ciselées avec beaucoup de délicatesse. Chaque angle est aussi enrichi d'une figurine, ce qui en porte le nombre total à vingt-deux, dix-huit prophètes et quatre rois. Le champ entre chacun des contre-forts est rempli par un émail champlevé. Les quatorze émaux reproduisent des scènes de l'Évangile. Au-dessus et sur le bord de la partie supérieure du piédestal on lit cette inscription : CESTE YMAGE DONNA CÉANS MADAME LA ROYNE IEHE (Jeanne) D'ÉVREUX, ROYNE DE FRANCE ET NAVARRE COMPAIGNE DU ROI CHARLES, LE XXVIII JOUR D'AVRIL L'AN MIL CCCXXXIV. Les armoiries de cette princesse, exécutées en émail champlevé (2), se voient aux quatre coins du plat supérieur du piédestal, qui est porté sur le dos de quatre petits lions couchés. La Vierge est vêtue d'une robe talaire que recouvre un manteau relevé sur la tête. De la main droite, elle tient une fleur de lis qui renfermait des cheveux de la Vierge. Elle portait autrefois sur la tête une couronne enrichie de pierres précieuses dont les fleurons contenaient des reliques. Cette figure est exécutée au repoussé; le style en est bon, le modelé est correct; les vêtements sont largement drapés et disposés avec art (3). Au dix-septième siècle, on

---

(1) N° 38 de la *Notice du musée des souverains*.

(2) Deux des émaux à sujets du piédestal sont reproduits dans la planche CXII de notre album. On peut consulter, sur ces émaux et sur ceux qui expriment des armoiries, nos *Recherches sur la peinture en émail*, p. 176 et 182, et plus loin, au titre de l'ÉMAILLERIE, le chap. I, § III, art. 8.

(3) Cette statuette a été reproduite par FÉLIBIEN, *Histoire de l'abbaye de Saint-Denis*, p. 537, pl. I, et mieux par M. PAUL LACROIX, *Hist. de l'orfévrerie-joaillerie* (Paris, 1850), p. 63, et dans *le Moyen âge et la Renaissance*, ORFÉVRERIE.

ne voulait pas admettre que le moyen âge eût jamais pu rien produire de bien, et lors du récolement, fait en 1634 par les commissaires du roi, de l'inventaire fait au quinzième siècle du trésor de l'abbaye de Saint-Denis, les orfèvres qui assistaient les commissaires, après avoir constaté une légère différence entre la couronne que portait alors la statuette et la description que donnait l'inventaire ancien, ajoutent : « Elle semble avoir été nouvelle-
» ment faite avec le dit image, n'y ayant rien d'antique que le soubassement carré assis
» sur quatre petits lions (1).... » Le soubassement, traité dans le style ogival, accusait incontestablement une œuvre du moyen âge ; mais les orfèvres de l'époque de Louis XIII ne pouvaient s'imaginer que le quatorzième siècle eût produit une statuette qui égalait en perfection les œuvres des meilleurs orfèvres de la Renaissance. Doublet, moine de Saint-Denis, qui écrivait en 1620 l'histoire de l'abbaye de Saint-Denis (2), et Félibien, religieux de la même abbaye (3), disent positivement que la statuette était un don de la reine Jeanne d'Évreux. L'inspection du monument ne laisse d'ailleurs aucun doute que la statuette et son piédestal n'aient la même origine et ne soient du même temps. Cette statuette n'est pas au surplus le seul monument subsistant de l'orfèvrerie artistique de cette époque.

Le Musée du Louvre possède encore deux figures d'anges ailés, de trente-neuf centimètres de hauteur, d'argent doré, qui font bien juger aussi de l'habileté des orfèvres sculpteurs du quatorzième siècle. Les carnations sont colorées ; la sculpture polychrome était alors d'un usage fréquent (4).

Le musée de Cluny conserve un groupe d'argent doré de la Vierge et de son fils, de trente-cinq centimètres de hauteur. La mère du Christ est assise sur un siège décoré dans le style de l'architecture ogivale ; elle est vêtue d'une longue robe et d'un manteau largement drapés ; sa main droite soutient l'enfant Jésus debout sur ses genoux, et la gauche porte un lis en fleur. Le catalogue du musée de Cluny (5) désigne ce joli groupe comme appartenant aux premières années du quinzième siècle. Nous le croyons un peu plus ancien : il doit être de la main de l'un de ces habiles orfèvres sculpteurs appartenant à la brillante école qui se forma sous Charles V. Nous en donnons la reproduction dans la vignette qui termine ce chapitre.

La Bibliothèque nationale possède quatre manuscrits dont les couvertures d'orfèvrerie offrent des bas-reliefs remarquables. Le premier provient de l'abbaye de Saint-Victor (6) : sa couverture d'or, de trente-deux centimètres de hauteur sur vingt et un de largeur, renferme d'un côté, en haut-relief, la figure du Christ assis au centre d'un quatrefeuille ; il bénit de la main droite et tient de la gauche le livre des Évangiles ; dans les angles, en dehors du quatrefeuille, sont les figures des évangélistes écrivant sur des pupitres. Toutes ces figures, exécutées au repoussé et retouchées au burin, sont d'un très-beau style, d'un

---

(1) *Inventaire du trésor de l'abbaye de Saint-Denis*, déjà cité. Arch. nationales, LL., 1327, fol. 55 v°.
(2) *Histoire de l'abbaye de Saint-Denis*. Paris, 1621, p. 357.
(3) *Histoire de l'abbaye de Saint-Denis en France*. Paris, 1706, p. 275 et 237.
(4) Nos 76 et 77 de la *Notice du musée des souverains*.
(5) N° 3124 du Catalogue de 1861. Ce groupe faisait partie de la collection du prince Soltykoff (n° 171 du Catalogue) ; il a été acheté pour le Musée, à la vente de cet amateur, moyennant 2920 francs.
(6) Évangéliaire du quatorzième siècle, ms. lat. n° 14497, ancien fonds Saint-Victor, n° 636.

modelé excellent, et d'une grande finesse d'exécution ; l'ampleur et l'élégance des draperies ne laissent rien à désirer. De l'autre côté, l'artiste a reproduit en bas-relief la crucifixion ; la Vierge et saint Jean sont au pied de la croix, et deux anges au-dessus. La couverture d'argent doré du second des manuscrits (1) reproduit en bas-relief, sur le plat supérieur la crucifixion avec la Vierge et saint Jean, et sur le plat inférieur le Christ dans une gloire ovale, avec les symboles des évangélistes dans les angles. Une composition très-remarquable exécutée en haut-relief sur argent doré enrichit le plat supérieur de la couverture du troisième manuscrit (2). Le Christ sort du tombeau, bénissant de la main droite et tenant la croix de la gauche ; deux anges ailés sont à ses côtés. Trois soldats endormis sont à demi couchés au devant du tombeau. Ils portent l'armure de maille recouverte de la cotte d'armes en usage au treizième siècle. La variété et la justesse des attitudes, le beau jet des draperies, la régularité du modelé, n'ont pas moins de mérite que la composition ; c'est une œuvre digne de figurer à côté des belles productions des orfévres sculpteurs de l'Italie au quinzième siècle (3). Le plat inférieur de la couverture de ce manuscrit reproduit en bas-relief, sur argent doré, la scène de la crucifixion avec la Vierge et saint Jean. Ce livre provient de la sainte Chapelle du Palais, et est décrit par Jérôme Morand dans son histoire de cette riche chapelle (4). La couverture du quatrième manuscrit (5) est d'un grand intérêt. Elle fut exécutée par les ordres de Charles V, en 1379, pour revêtir un très-bel évangéliaire carolingien écrit en lettres d'or sur vélin, dont ce prince fit cadeau à la sainte Chapelle du Palais. Elle est toute d'or (6) et enrichie d'un grand nombre de pierres précieuses. La crucifixion est reproduite sur le plat supérieur en figures de ronde bosse. La Vierge et saint Jean sont debout au-dessous des bras de la croix. La croix est composée de feuillages ciselés avec une extrême délicatesse et chargée de pierreries ; les figures sont du plus délicieux caractère et de l'exécution la plus fine. La plaque d'or qui couvre le plat inférieur est enrichie d'une très-fine gravure en intailles niellées qui représente saint Jean assis sous une arcade soutenue par deux colonnes. Il écrit sur un pupitre placé devant lui. Les premiers mots de son évangile « *In principio* » sont tracés sur le cahier que porte le pupitre. Un ange plane au-dessus de lui au centre de l'arcade. Au-dessous de l'ange on lit cette inscription sur un cartouche qui ferme l'arcade : CE LIVRE BAILLA A LA SAINTE CHAPELLE DU PALAIS CHARLES LE Ve DE CE NOM ROI DE FRANCE QUI FUT FILS DU ROI JEHAN L'AN MIL TROIZ CENS LXXIX. Au-dessous de l'arcade et aux quatre coins, sont gravés, dans des médaillons, les symboles des évangélistes. Toute cette composition se détache sur un fond quadrillé en losanges, dont chacun

---

(1) Évangéliaire du quatorzième siècle, ms. lat. n° 9455, ancien suppl. latin, n° 663, de 0$^m$,355 de hauteur sur 0$^m$,255 de largeur.

(2) Évangéliaire du treizième siècle, ms. lat. n° 8892, ancien suppl. latin, n° 665, de 0$^m$,38 de hauteur sur 0$^m$,26 de largeur.

(3) Ce bas-relief a été reproduit par WILLEMIN, *Monuments français inédits*, et dans *le Moyen âge et la Renaissance*, RELIURE DE LIVRES, t. V.

(4) *Histoire de la sainte Chapelle royale du Palais*. Paris. 1790, p. 49.

(5) Ms. lat. n° 8851, ancien suppl. latin, n° 667, de 0$^m$,39 de hauteur sur 0$^m$,29 de largeur.

(6) L'inventaire de la sainte Chapelle, dressé en 1480 (Bibl. nation., ms. latin n° 9941), le décrit ainsi : « Unus textus » Evangeliorum auro coopertus de duobus lateribus et in latere anteriori est in medio unus crucifixus, beata Maria et » sanctus Joseph totaliter de auro elevati. » L'inventaire de 1573 (Archives nationales, L., 844ª) porte également que la couverture et les figures sont « tous d'or ». Nous devons dire cependant que l'aspect de la pièce semble accuser de l'argent doré et non de l'or.

des carreaux renferme une fleur de lis. Cette gravure est d'un dessin correct et spirituel ; on ne peut lui reprocher qu'un défaut de perspective dans la disposition du pupitre placé devant saint Jean (1).

Empruntons maintenant aux comptes et aux inventaires la description de quelques pièces artistiques destinées aux églises et aux chapelles royales, afin de faire apprécier la splendeur de cette orfévrerie. Chemin faisant, nous aurons l'occasion de citer les noms, trop rarement donnés, de quelques-uns des artistes qui les ont exécutées.

Charles V, lorsqu'il n'était encore que dauphin et duc de Normandie, possédait déjà un trésor considérable dont l'inventaire, fait en 1363, est conservé à la Bibliothèque nationale de Paris (2). Parmi un grand nombre de statuettes d'or et d'argent, on distingue « une ymage » d'or de saint Jean que fist Claux de Fribourg, orphevre ». Ce Claux de Fribourg avait une grande réputation. Il fit plus tard pour ce prince une croix destinée à la chapelle du château de Vincennes, laquelle était enrichie de trois cent quatre-vingt-deux saphirs (3). Il avait fait en 1378 la vaisselle d'or et d'argent de la duchesse de Bar, Marie de France, fille du roi Jean (4).

Devenu roi, Charles V avait fait exécuter un nombre considérable de pièces d'orfévrerie. Son inventaire, commencé en 1379, nous en a laissé la description. Transcrivons quelques articles de ce curieux document.

Sous le titre de « Ymages et reliquaires d'or et premierement ymages de Nostre-Dame », on lit : « Ung ymage de Nostre-Dame dont le corps d'icelle et son enffant sont d'or, a une » couronne garnie de pierreries, a ung fermail en sa poictrine, et le dyadesme de son » enffant garny de perles, et tient en sa main ung fruitelet par maniere de ceptre où il y » a ung gros saphir et poise, c'est à sçavoir, l'ymage environ treize marcs d'or et l'entable» ment poise vingt-sept marcs d'argent (5). » Une statuette d'un poids aussi considérable exécutée au repoussé, comme elles l'étaient toutes alors, devait être certainement d'une très-grande proportion.

On trouve à la suite quatre autres statuettes d'or de la Vierge de même valeur et un très-grand nombre d'une moindre importance.

Sous le titre de « Autres ymages et reliquaires d'or de divers saincts », on lit ensuite dans cet inventaire la description de vingt-deux statuettes d'or dont plusieurs sont d'un poids assez fort, telle que celle-ci : « Ung ymage d'or de sainct Denis qui tient son chief entre ses » mains, et est la mithre et le colier et le palion (le pallium) garny de pierrerie, assis » sur un pied d'argent, et poise ladyte ymage VI marcs II onces d'or et l'entablement » poise VIII$^m$ IIII onces d'argent. »

Plus loin, on trouve encore un nombre considérable de statuettes de Notre-Dame et de

---

(1) Cette gravure niellée a été reproduite dans *le Moyen âge et la Renaissance*, RELLURE, t. V.

(2) Ms. lat. n° 21447, ancien fonds Mortemart, n° 74.

(3) *Inventaire général du roy Charles le Quint de tous les joyaulx qu'il avoit au jour qu'il fut commanchié, tant d'or comme d'argent....., lequel a esté commancé à faire le* XXI *jour de l'an mil trois cens soixante dix-neuf*. Ms. fr., Bibliothèque nationale, n° 2705, ancien 8356, fol. 6. Cet inventaire a été publié en partie par M. DE LABORDE, dans la *Revue archéologique*, t. VII, p. 496, 603 et 731.

4) *Etat de la vaisselle d'or et d'argent que Claiz de Fribourt a faite pour la très-redoutée madame de Bar*, archives de Lille, publié par M. DE LABORDE, *les Ducs de Bourgogne*, II$^e$ partie, t. II, p. 203.

(5) *Inventaire de Charles V*, fol. 23.

divers saints d'or et d'argent doré : « Ung ymage d'or de Nostre-Dame en ung portail de
» maçonnerie acostée de sainct Jehan et de saincte Catherine. — Ung ymage d'argent de
» Nostre-Dames éant en une chayère, et une dame à genoulz devant elle lui offrant son cueur
» entre ses deux mains sur ung entablement armoyé de France et de Navarre (1). »

Beaucoup de ces statuettes portent des reliquaires comme celle-ci : « Douze ymages des
» douze appostres, d'argent doré, tenant reliquaires en une main et en l'autre espées,
» glaives, bastons et cailloux, assis chacun sur un entablement d'argent doré, esmaillé des
» armes de France, pesant tout ensemble ix$^{xx}$ trois marcs (183 marcs) et demi. »

Les statues de saints, les groupes et les bas-reliefs religieux d'or et d'argent ne sont pas
moins nombreux dans le trésor du duc d'Anjou. Citons quelques pièces : « Ung ymage de
» saint Michel d'argent doré, assez grant ; et est armé par dessous un mantel qu'il a vestu,
» et a ses ii piez sur une serpent, laquelle serpent a ses ii elles esmaillées d'azur dehors et
» dedenz, et sont icelles esles entre les piez et jambes d'icelui saint Michel ; et tient ledit saint
» Michel, en sa main destre, une longue croiz d'argent blanc, laquelle il boute en la guelle
» dudit serpent, et a en ycelle croiz, par le haut, un petit paon à une croiz vermeille. Et en
» sa main senestre tient ledit saint Michel une petite pomme d'argent dorée, sur laquelle a
» une petite croiz. Et siet ledit saint Michel sur un grant pié quarré a vi querre. Et ou plat,
» par le haut d'icelles querres a esmaux où il a ès uns gens qui chevauchent sur bestes, et
» le front de devant est esmaillé par losanges, et sont les esmaux de dedenz, les uns d'azur à
» fleurettes, et les autres de vert à bestelettes, et sont les bordures desdictes losanges de
» guelles. Et siet ledit pié sur vi petiz lyons gisanz. Et poise en tout, avec les esles, qui sont
» grandes, dorées et sizelées, et poise en tout, au marc de Troyes, lxxiiii. m. — Un grant
» tabernacle d'argent, de très grant façon, garniz de granz saphirs, rubis d'Orient, esmeraudes
» et perles d'Oriant. Et, au milieu d'icelui tabernacle, a un ymage de saint George à cheval
» qui tue la serpent, et dessus, en un autre renc, a une annunciation de Notre-Dame, et ou
» tiers estage dessus, a iii angeles qui tiennent l'un la croiz, l'autre les cloz et l'autre la
» couronne : et poise en tout, au marc de Troyes, iiii.xx.vi marcs iiii onces (2). »

Voici encore la description de quelques pièces artistiques d'orfévrerie religieuse
empruntée à l'inventaire de la sainte Chapelle que le duc de Berry fit élever à Bourges
auprès de son palais : « Un chef d'or fait en révérence de saint Jehan Baptiste, lequel est en
» un plat de jaspe goderoné, bordé d'or autour, garni de pierreries et de quatre ballays,
» huit saphirs, quatre émeraudes et seize trochez de perles contenant, chacun trochet,
» quatre perles, qui font soixante-quatre perles, pezant tout ensemble trente marcs une
» once. » Au poids de la pièce, il est certain que cette tête d'or de saint Jean devait être de
grandeur naturelle.

« Une image de Notre-Dame, d'argent doré, tenant son enfant nud qui fut de Bernard du
» Cyne, séant sur un entablement d'argent doré, émaillé entour de plusieurs images ; et à
» quatre écussons des armes de Monseigneur sur l'entablement. Et a ledit image sur la
» teste une couronne d'or, garnie de pierre, c'est à sçavoir de huit ballays, quatre saphirs,
» quatre émeraudes, vingt-huit perles moyennes. Et tient ledit image en l'une de ses

---

(1) *Invent. de Charles V*, fol. 24, 76, 233 et 97.
(2) *Inventaire des joyaulx de Louis, duc d'Anjou*, dressé de 1360 à 1368. Ms. français, Bibl. nation., n° 11861, publié par M. DE LABORDE, *Notice des émaux et bijoux du Louvre*, II$^e$ partie, art. 5 et 270.

» mains, un bruncel de roses d'argent doré. Et peze ledit image, sans la couronne,
» trente-sept marcs cinq onces. Et la couronne avec la pierre peze sept onces. — Un grand
» angel de Raphael, d'argent doré, tenant sous luy un diable enchaîné qui a deux ailes en
» mode de chauve-souris, séant sur un entablement d'argent doré où il y a quatre léon-
» ceaux ; pesant tout ensemble cent dix-sept marcs une once (1). »

Le duc de Berry avait aussi donné à l'église Notre-Dame de Paris un beau buste d'or de saint Philippe, garni de pierres précieuses, qui renfermait la tête du saint apôtre ; le support de ce buste était assez singulièrement composé. Voici la description qu'en donne l'inventaire de Notre-Dame, daté de 1416 : « Le pié qui est d'argent est soustenu de v ours et v enfans
» dessus tenant chainetes dont les ours sont liez. Et autour ledit pié a trois ymages ; est
» assise Notre-Dame tenant son enfant à senestre, et l'enfant tient un moulinet a j petite
» perle dessus, et Notre-Dame tient à dextre un fruitelet d'une grossete perle. Et dessus
» ledit pié a ij angeloz qui soustiennent ledit chef, et dessoubz leurs mains a ij pillers qui
» descendent jusques au pié, et tout autour dudit pié sont les armes dudit seigneur, et sur le
» pié ou milieu par derrière a j cigne qui tient j petit rondeau à j chainete aux armes dudit
» seigneur (2). » Le duc Jean de Berry avait pour devise la figure d'un ours et celle d'un cygne, avec cette légende : ORSINE LE TEMS VENRA (3). L'orfévre avait fait entrer cette devise en action dans la composition de son œuvre.

Avant 1792, l'abbaye royale de Saint-Denis possédait un assez grand nombre de statuettes, de groupes et de bustes d'or et d'argent. Ces belles pièces ont disparu dans le creuset de la Révolution. Voici celles que Félibien a reproduites dans les planches jointes à son histoire de cette abbaye ; elles peuvent faire juger de la composition et du style de ces objets d'art :

Une statuette d'argent doré, de saint Denis portant sa tête. C'était un don fait à l'abbé Guy de Monceau, à l'époque de son entrée en fonctions (1363), par Marguerite de France, fille de Philippe le Long, comtesse de Flandre (4).

Trois statuettes d'argent doré, de la Vierge, de saint Nicolas et de sainte Catherine, qu'avait fait exécuter l'abbé Guy de Monceau (5).

Un groupe de plusieurs figures, d'argent doré : au centre, la statuette de sainte Madeleine, élevée sur un piédestal, ayant à sa droite le roi Charles V et son fils le dauphin Charles, à genoux, et à sa gauche, aussi à genoux, la reine Jeanne de Bourbon. Une inscription gravée sur ce monument constatait qu'il avait été donné par Charles V, en 1368 (6).

Une demi-figure de grandeur naturelle, d'argent doré, représentant saint Benoît avec les bras et les mains. Le saint patriarche des moines d'Occident portait sur la tête une mitre couverte de pierres fines et de camées ; le collet de son vêtement était également enrichi de pierreries et portait un grand camée de l'empereur Domitien. Entre les mains de la

---

(1) *Inventaire des joyaux, ornemens, livres et autres choses de la sainte Chapelle du palais de Bourges*, dressé en 1405, publié dans les *Annales archéologiques*, t. X, p. 40, 144 et 213.

(2) *Inventaire des reliques, joyaux... estans ou trésor de l'église de Paris*, daté de 1416. Archives nationales, LL., 196, portef. I., 509¹.

(3) DE SAINTE-MARTHE, *Hist. gén. de la maison de France*, t. I, p. 853.

(4) *Inventaire de l'abbaye de Saint-Denis*, fol. 99. — FÉLIBIEN, *Histoire de l'abbaye de Saint-Denis*, p. 281 et 538, pl. II, M.

(5) *Inventaire de Saint-Denis*, fol. 57, 58 et 59. — FÉLIBIEN, *Histoire de l'abbaye de Saint-Denis*, p. 304, pl. I, I, et pl. II, G et N.

(6) *Inventaire de Saint-Denis*, fol. 100. — FÉLIBIEN, *Histoire de l'abbaye de Saint-Denis*, p. 283, pl. II, D.

figure était un reliquaire de cristal richement décoré et terminé d'un bout par une main d'argent doré ; il renfermait un bras de saint Benoît. La description des pierreries et des camées dont cette belle pièce était enrichie n'occupe pas moins de vingt-deux folios dans l'inventaire. Le duc de Berry en avait fait cadeau à l'abbaye de Saint-Denis en 1401 (1).

A en juger par les gravures données par Félibien, ces sculptures se faisaient remarquer par la sévérité du style, la correction du modelé, le bon agencement des draperies et la finesse de l'exécution. Le buste de saint Benoît paraît égaler en beauté, s'il ne le surpasse, le buste de S. Hilaire, ouvrage du seizième siècle, dont Félibien a également donné la reproduction. Nous pourrions continuer nos citations, et faire connaître d'autres belles pièces d'or et d'argent qui existaient dans le trésor des rois de France, à Notre-Dame de Paris, à la sainte Chapelle du Palais, à l'église cathédrale de Chartres et ailleurs (2), mais nous avons suffisamment justifié de l'importance et du mérite de cette sculpture d'or ou d'argent au quatorzième siècle et au commencement du quinzième. Il y avait donc alors un grand nombre de très-bons sculpteurs, et les plus habiles de ces artistes s'étaient faits orfévres.

Le goût pour les belles productions de la statuaire n'avait cependant pas fait abandonner entièrement les châsses en forme d'église, qui étaient d'un usage si répandu au treizième siècle ; mais quand une cathédrale ou une riche communauté faisait exécuter une châsse dans cette forme pour renfermer de grands ossements, la pièce était toujours enrichie de figures de ronde bosse ou de bas-reliefs. Ainsi la magnifique châsse de l'abbaye de Saint-Germain des Prés, que fit faire l'abbé Guillaume, en 1408, par trois fameux orfévres de Paris, Jean de Clichy, Gautier Dufour et Guillaume Boey, figurait une église dans le style ogival de cette époque. Elle était à deux étages et avait un riche portail à chaque extrémité. Sa longueur était de quatre-vingt-douze centimètres, sa hauteur de soixante-sept environ, non compris le clocher. Dans l'un des portails, on voyait le Père éternel tenant une croix où Jésus était attaché : le Saint-Esprit sous forme d'une colombe se reposait sur le haut de la croix ; à la droite de Dieu le Père, se tenait l'abbé Guillaume, dans ses habits religieux, la crosse à la main et la mitre en tête ; le roi Eudes était à la gauche. Dans l'autre portail, saint Germain était assis revêtu de ses habits pontificaux, ayant à ses côtés saint Vincent et saint Étienne, patrons de l'abbaye, en habit de diacre. Chacune des faces latérales offrait, à l'étage inférieur, six arcades séparées par sept contre-forts terminés par des pinacles et butant les parois du second étage, qui était éclairé par douze fenêtres géminées. Les arcades renfermaient chacune la figure d'un apôtre. Du centre de la toiture s'élevait un clocher de soixante centimètres de hauteur environ, percé et travaillé à jour avec une grande délicatesse. L'ensemble du monument et les figures exécutées de ronde bosse étaient d'argent doré ; la couverture du toit était d'or ; un quadrillé, renfermant une fleur de lis dans chacun des carreaux, y était figuré en relief. La châsse était portée sur le dos de six petites figures

(1) *Inventaire de Saint-Denis*, fol. 75. — Félibien, *Histoire de l'abbaye de Saint-Denis*, p. 318, pl. IV, A.

(2) *Inventaire des joyaulx d'or et autres choses en l'ostel de Estienne de la Fontaine, nagueres argentier du roy, du xv mai 1353*, publié par M. Douet d'Arcq, *Comptes de l'argenterie*, p. 309. — *Inventaires de Notre-Dame de Paris de 1343, 1416 et 1431*. Arch. nation., mss., L. $509^3$, L. $509^4$, L. $509^2$. — *Inventaire de la sainte Chapelle du Palais*, de 1340, ms. Arch. nationales, J. 155, n° 14 ; de 1480, ms. latin, Biblioth. nationale, n° 9941. — Sablon, *Hist. de l'Église de Chartres*. Chartres, 1671, p. 165. — *Inventaire des meubles et joyaux du roi Charles VI, fait en 1399*. Ms. fr. Biblioth. nationale, n°s 21445 et 21446, ancien fonds Mortemart, n° 76.

LABARTE.

agenouillées, de cuivre doré. Vingt-six marcs d'or, deux cent cinquante marcs d'argent, sans y comprendre le coffre qui renfermait les reliques, deux cent soixante pierres fines et cent quatre-vingt-dix-sept perles étaient entrés dans la composition du monument. Dom Bouillard en a donné la description et a fourni la gravure de l'une des faces latérales dans son *Histoire de l'abbaye de Saint-Germain des Prés* (1).

Lorsque des reliques d'un petit volume ne devaient pas être portées par des statuettes, les orfévres empruntaient à l'architecture les motifs de leurs reliquaires, en faisant entrer dans la décoration des monstrances destinées à renfermer les os saints, le faisceau des colonnettes, le réseau des fenêtres, le pignon des portails, les contre-forts des murs et les découpures des roses et des crêtes de pierre, qu'ils reproduisaient avec ce fini et cette délicatesse qu'on pouvait porter jusqu'à l'exagération, à l'aide du ciselet, sur une matière métallique.

L'Allemagne, qui a produit en orfévrerie peu d'œuvres de la statuaire durant les quatorzième et quinzième siècles, a excellé au contraire dans la fabrication de ces monstrances et de ces reliquaires, dont la composition était empruntée à l'architecture ogivale. Il en subsiste encore un assez grand nombre du quatorzième siècle. Nous pouvons citer comme étant des pièces remarquables en ce genre un ostensoir de près d'un mètre de hauteur, conservé dans la cathédrale de Cologne; une monstrance de la même époque, en forme d'arcade ogivale, appartenant à l'église Sainte-Ursule de la même ville; une autre monstrance d'argent doré, de près d'un mètre de hauteur, conservée dans le trésor de Sainte-Colombe de Cologne (2); un reliquaire d'argent doré, du trésor d'Aix-la-Chapelle, renfermant un Agnus Dei, qui, dit-on, serait un don de Léon III à Charlemagne (3).

Quelquefois un habile orfévre faisait d'un petit reliquaire un véritable bijou. Voici la description de l'un de ceux que possédait Charles V : « Ung joyau d'or en maniere de taber-
» nacle, garni de pierreries et de perles, et y a une ymage de Nostre Dame assise, et y a
» d'une part l'ymage de saincte Catherine et d'autre de saincte Agnès. Armoyé devant et
» derriere des armes de France (4). »

Le Louvre conserve un bijou de ce genre qui appartient au quatorzième siècle et au commencement du quinzième (5) : c'est un reliquaire de quarante-cinq centimètres de hauteur, offrant une espèce de portique ogival décoré de niches qui renferment des figurines colorées en émail; des rubis, des saphirs et des perles sont répartis en grand nombre sur toute l'étendue du monument. Nous en avons donné la reproduction dans la planche L de notre album.

Les instruments du culte perdent au quatorzième siècle le style sévère, mais un peu lourd, des deux siècles précédents. Les calices prennent plus d'élévation, et leur coupe devient semi-ovoïde ou conique, d'hémisphérique ou évasée qu'elle était; les pieds des calices, des flambeaux, des monstrances et des croix ne sont plus circulaires, mais découpés en lobes, en contre-lobes, en arcs de formes diverses, avec des angles saillants.

---

(1) Paris, 1724, p. 166 et LXXXIV, pl. VII.
(2) Ces deux pièces ont été décrites par M. l'abbé Bock, dans son ouvrage *Das heilige Köln* (Leipzig, 1859), et reproduites dans ses planches X, n° 39, et XXI, n° 80.
(3) Il est décrit dans les *Mélanges d'archéologie*, t. I, p. 113, et reproduit pl. XIX.
(4) *Inventaire de Charles V*, fol. 26.
(5) N° 78 de la *Notice du musée des souverains*.

Toutes ces pièces sont beaucoup moins chargées de pierreries que dans le siècle précédent ; leur ornementation se ressent des progrès que nous avons signalés dans les arts du dessin et du talent que les orfèvres avaient acquis ; elle consiste le plus ordinairement en figures de ronde bosse ciselées, en bas-reliefs exécutés au repoussé et terminés par la ciselure, en charmantes gravures en intailles niellées d'émail et se détachant sur un fond d'émail, et encore en émaux translucides sur ciselures en relief qu'on nommait émaux de basse taille (1). Les croix d'autel offrent souvent des groupes de figures de ronde bosse, et les croix processionnelles sont parfois enrichies de pommeaux qui reproduisent les plus splendides décorations de l'architecture ogivale. Les couvertures des livres saints se prêtaient trop bien à l'exhibition de deux bas-reliefs d'or ou d'argent, pour qu'on n'eût pas préféré, à cette époque, ce genre de décoration à tout autre ; nous en avons signalé plusieurs qui subsistent encore. Les encensoirs se montrent encore sous les formes prescrites par Théophile, mais ils sont plus élancés dans leur forme et présentent un petit monument d'architecture ogivale. Nous nous occuperons plus particulièrement de tous ces objets en traitant du mobilier religieux, et nous nous bornerons à fournir ici quelques citations, empruntées aux documents où nous avons déjà puisé, afin de justifier ce que nous disons du caractère et du système d'ornementation de l'orfévrerie religieuse : « Le grand calice » d'or que le roi (Charles V) a fait faire, lequel est esmaillé en la couppe à appostres, et est » le pied et le pommeau à pierreries, et la patenne esmaillée et garnie de balais et de » saphirs à jour (2). — Un calice et sa plattine (sa patène), le tout d'argent doré, esmaillé » de basse taille, champ d'azur ; chapiteaulx et ymages dessus par tout le dehors d'icelui » et de sa plattine..... avec le calice est un couvercle servant pour le dit calice lorsqu'on » le veult faire servir de ciboire, d'argent vermeil doré, sur lequel sont appliquez quatre » grands esmaulx en fleurons où sont représentés quatre docteurs de l'Église..... au pied » d'icelui calice par dedans est escrit : JE FU DONNÉ PAR LE ROY CHARLES, FILS DU ROY DE FRANCE » JEHAN, EN SA CHAPELLE QUE FONDEA EN LONNEUR DE SAINT JEHAN DE DENS L'ÉGLISE DE S. DENIS..... » Félibien a fourni la gravure de ce calice ; le pied est découpé en contre-lobes (3). — « Deux burettes d'or garnies de pierreries, et sont les couvescles en façon de mitres, et sont » les dites burettes ystoriées à ymages enlevez (en bas-relief) (4). » — « Une grant croix » d'argent esmaillée à grans feuillages aux quatre costez, et est assise sur ung pié de ma- » çonnerie longuet (un piédestal oblong figurant un monument d'architecture) et sur les » deux bouts de la dite maçonnerie est d'un costé Nostre Dame et les Maries et de l'autre » costé sainct Jehan et les Juifs, et poise LXXVII marcs (5). »

Voici la description d'un ostensoir destiné à exposer le saint sacrement ; il présentait un groupe de huit figures de ronde bosse : « Une ymage de Notre Seigneur qui yst (sort) » du sépulcre, et est le tombel et la coulonne qui le soustient de jaspre, et tient en sa main » destre un repositoire pour mettre Corpus Domini, garny de quatre baleteaux, quatre

---

(1) Sur ces différentes sortes d'émaux appliqués à la décoration de l'orfévrerie au quatorzième siècle et au quinzième, consulter nos *Recherches sur la peinture en émail*, p. 181, et le titre de l'ÉMAILLERIE, chap. I, § III, art. 8, et le chap. II.
(2) *Inventaire de Charles V*, déjà cité, fol. 30.
(3) *Inventaire de Saint-Denis*, déjà cité, fol. 139. — FÉLIBIEN, *Histoire de l'abbaye de Saint-Denis*, p. 544, pl. IV.
(4) *Inventaire de Charles V*, fol. 32.
(5) *Ibid.*, fol. 89.

» saphirs et seize perles, et le dyadesme garny d'un balay, deux saphirs et quatre grosses
» perles, et tient une croix en sa senestre main garnie de quatre baleteaux, cinq perles et
» un saphir, et ou milieu a quatre sains d'or qui soustiennent ledit tombel, c'est assavoir :
» saint Denis et saint Loys de France, saint Loys de Marceille et saint Charles, lequel a sur
» la mistre une grosse perle ; et a trois chevaliers d'or qui gardent le sépulcre ; et sient sur
» un entablement d'argent doré esmaillé de la passion Notre Seigneur ; et poise tout en-
» semble, tant or comme argent, trente-trois marcs six onces (1). »

Continuons à emprunter aux vieux documents la description de quelques-uns des principaux instruments du culte : « Ung grand encencier d'or pour la chapelle du roy,
» ouvré à huit chapiteaulx en façon de maçonnerie, et est le pinacle dudit encencier ouvré
» et à huit osteaulx, et est le pié ouvré à jour. — Une navette d'or à mettre l'encens
» avec la cuiller, laquelle est de plaine façon et aux deux bouts de la dite navette a deux
» serpentelles. — Une clochette d'or hachée à ymages (enrichie de gravures en intaille),
» et est le tenon de deux angeloz qui tiennent une fluer de lys couronnée. » — « La crosse
» d'argent que l'arcevesque de Sens donna au roy et est le crosseron de perles et de pier-
» reries et dedans le couronnement de Nostre Dame (2). »

La crosse de l'évêque de Noyon, Philippe de Moulins († 1409), secrétaire des rois Charles V et Charles VI, était un chef-d'œuvre d'orfévrerie sculptée. On voyait au pommeau les douze apôtres et des prophètes ; dans la volute, qui était soutenue par un ange, le couronnement de la Vierge, auprès de laquelle était un évêque à genoux. Elle était divisée en quatre parties pesant chacune vingt-quatre marcs (3).

Aux monuments subsistants de l'orfévrerie religieuse du quatorzième siècle que nous avons déjà signalés, nous pouvons ajouter un calice à pied circulaire, enrichi de délicieux émaux translucides sur ciselures en relief, appartenant au trésor de la cathédrale de Mayence. — Un autre calice du même trésor, dont la coupe est hexagone : trois des pans sont enrichis de feuillages et les trois autres de figures d'animaux empruntés à la zoologie des bestiaires : ces figures, finement traitées, sont épargnées et se détachent sur un fond d'émail translucide ; le pied est découpé en quatre lobes séparés par des pointes. — Une croix processionnelle de cuivre doré, enrichie de pierreries, appartenant à l'église Sainte-Marie de l'Assomption à Cologne (4). — Une burette de cristal de roche, montée en argent ciselé et doré : le couvercle est surmonté d'une couronne de créneaux d'où sort un heaume qui a pour cimier une figure de moine en prière ; et une autre burette de même matière, avec une anse évidée et prise dans la masse, montée en argent ciselé et doré. Ces deux burettes, qui faisaient partie de la collection Debruge-Duménil, sont reproduites dans la vignette placée en tête de notre chapitre du MOBILIER RELIGIEUX (5). — Une crosse de cuivre

---

(1) *Inventaire de tous les joyaulx et vaisselle d'or et d'argent qu'avoit en garde et par inventaire Jacques Lempereur, nagueres garde des joyaulx estans es chasteaulx de la bastide Saint-Antoine, du Louvre et du bois de Vincennes, et en la chambre des joyaulx de l'ostel du roy à Paris, du 4ᵉ jour de septembre 1418*. Ms. Arch. nation., KK. 39.
(2) *Inventaire de Charles V*, fol. 32, 33, 240 et 107.
(3) *Gallia Christiana*, t. IX, p. 1018.
(4) Décrite par M. l'abbé Bock, *Das heilige Köln*, et publiée pl. III.
(5) Elles étaient passées dans la collection du prince Soltykoff, et ont été vendues à la vente qu'a fait faire cet amateur en 1861, la première 1554 francs à M. Sellières, la seconde 2100 francs à M. Guyet. Elles portent les nᵒˢ 904 et 905 dans le Catalogue de la collection Debruge.

doré enrichi de charmants émaux de basse taille exécutés sur argent, et une autre crosse d'ivoire sculptée, montée en cuivre doré, appartenant toutes deux à la collection de M. Sellières. Nous avons donné la reproduction de ces deux crosses dans la planche LI de notre album. — Une crosse en filigrane de cuivre doré, enrichie de pierreries sur les deux faces et de figures de ronde bosse ciselées et dorées ; le centre de la volute est occupé par un groupe représentant le couronnement de la Vierge, dont les figures assises ont près de six centimètres de hauteur. Elle appartient au musée de Cluny (1).

Nous serons moins heureux pour la brillante orfévrerie de table du quatorzième siècle et des premières années du quinzième que pour l'orfévrerie religieuse ; et, pour la faire apprécier, il nous faudra avoir uniquement recours aux documents écrits, qui sont heureusement assez abondants.

On verra par les citations que nous allons faire que les orfévres-artistes de cette époque se livraient à tous les écarts de leur imagination dans la confection de la vaisselle de table ; ils estimaient par-dessus tout les sujets bizarres : une aiguière, une coupe, se présentent souvent sous la forme d'un homme, d'un animal ou d'une fleur ; plusieurs personnages, plusieurs animaux, concourent par un assemblage monstrueux à la formation d'un vase.

Les principaux objets de l'orfévrerie de table étaient : les nefs, les fontaines, les salières et les trépieds, grandes pièces d'orfévrerie qui restaient sur la table et servaient à la décoration ; les plats et les écuelles sur lesquels on servait les viandes et les autres aliments ; les aiguières, les justes, les ydres, les pots et les flacons, qui renfermaient les boissons ; les pintes, les quartes et les chopines, mesures de capacité pour les liquides ; les hanaps, les coupes, les gobelets, les tassettes pour boire ; enfin les cuillers et les fourchettes.

La nef, qu'on nommait aussi cadenas, parce qu'elle était ordinairement fermée à clef, était un vase allongé et de grande capacité qu'on plaçait sur la table en face du seigneur. L'usage de la nef remonte aux premiers temps du moyen âge : elle servait à renfermer les épices que la cuisine ne fournissait pas, les vases à boire, les cuillers et les objets à l'usage particulier du seigneur. La crainte de l'empoisonnement avait été la première cause de l'emploi de ce vase, qui prit d'abord la forme d'un navire, d'où lui était venu le nom de nef ; mais il reçut au quatorzième siècle les formes les plus compliquées et souvent les plus bizarres. On déployait beaucoup de luxe dans l'exécution de la nef. L'inventaire de Charles V renferme la mention de cinq nefs d'or qui ne pesaient pas moins de deux cent cinquante-huit marcs, et de vingt et une nefs d'argent du poids de six cent quarante-huit marcs. On a vu plus haut quelle énorme quantité d'or le duc d'Anjou avait livrée à son orfévre pour lui faire une nef. Lorsque la nef était de petite dimension, elle recevait le nom de navette.

Voici la description de quelques-unes de ces pièces d'orfévrerie : « La grant nef d'argent, » qui fut du roy Jehan († 1364) a deux chasteaulx aux deux bouts et a tournelles tout » autour, pesant LXX marcs. — Une nef d'argent dorée, lozangée d'esmaulx et de taille » et est assises sur iiij. roues et a, à chacun bout, un lyon enmantelé des armes de France,

---

(1) Cette crosse faisait partie de la collection du prince Soltykoff (n° 203 du Catalogue) ; elle a été adjugée 2334 francs au musée de Cluny.

» pesant quarante marcs. — La navette d'or goderonnée, et mect-on dedens, quant le roy
» est à table, son essay, sa cuillier, son coutelet et sa fourchette (1).... »

Ce qu'on nommait l'essai était un fragment de défense de narval, qui passait alors pour la corne de la licorne, à laquelle on attribuait, entre autres vertus, celle de neutraliser le poison et d'en faire connaître la présence.

« Une petite nef, dont le fons est de cristal, et les bors en sont d'argent, à esmaux dehors,
» et dedans à creneaux et à souages et à plusieurs esmaux ; et aus deus bous de la dite nef
» a deus tourelles, et en chascun tourelle a un sergent d'armes, et derriere chascun a un
» angele assis sur une feuille ; et sur les bors de la dite a deus hommes sauvages à genoux
» devant deux femmes dont l'une fille et l'autre deswide, et siet ladite nef sur un piller
» entaillé, esmaillé d'azur par dessus, et le dit piller siet sur une terrace vert, et à chascun
» coing de la dite terrace a un homme d'armes tenant un escu en une main et une mace
» en l'autre, et aus deus bouz de la dite terrace a deus arbrisseaux dont les feuilles sont
» vers, et a pepeillons dessus, et siet sur vi lyonceaux, et poise en tout xiiii. marcs
» iiii. onces (2). — Une nef d'or assise sur quatre tigres et est le corps de la nef bordée
» de feuillages et a six esmaux des armes de France et de Berry, garnie, tant la dite nef
» comme les deux chasteaux d'icelle, de douze balaiz et douze saphirs et de soixante grosses
» perles, laquelle nef fut donnée le jour de l'an 1404 au roy par monseigneur de Berry ;
» pesant la nef trente-huit marcs d'or (3). »

Les fontaines, qui renfermaient plusieurs sortes de vins et de liqueurs, étaient les plus grandes pièces de l'orfévrerie de table ; elles étaient souvent accompagnées de hanaps et de gobelets : « Une grant fontaine d'argent, en guise de chastel, à pillers de maçonnerie » (c'est-à-dire figurant un château dans le style de l'architecture de l'époque), « à hommes
» à armes autour, avec le hanap et une quarte semée d'esmaux ; tout pesant soixante marcs
» une once dix esterlins (4). — Une tres grant fontaine, que xii. petiz hommes portent
» sur leurs espaules, et dessuz le pié sont vi. hommes d'armes qui assaillent le chastel, et
» y a vi. ars bouterez en maniere de pillers qui boutent contre le siége du hanap ; ou milieu
» a un chastel en maniere d'une grosse tour à plusieurs tournelles, et siet le dit chastel sur
» une haute mote vert, et sur iii. portes a iii. trompettes, et au bas par dehors la dite mote
» a braies crénelees, et aux créneaux du chastel par en haut, a dames qui tiennent bastons
» et escuz et deffendent le chastel, et ou bout du chastel a le siège d'un hannap crénelé et
» le plat est d'une terrace vert bouillonnée et ou fons a un treilleys dessus un pertuis
» à recevoir l'eaue ; et le hanap et le couvercle sont esmailliez dehors et dedens... et poisent
» en tout li. marcs v. onces (5). »

Les salières n'étaient pas moins curieuses : « Une petite saliere d'or en guise de lyon,
» à couvercle (6). — Une salière d'or en manie de nef, garnie de pierrerie, et aux deux

---

(1) *Inventaire de Charles V*, déjà cité, fol. 128 130 et 87.
(2) *Inventaire du duc d'Anjou*, déjà cité, art. 293.
(3) *Inventaire de Charles VI*, de 1399. Ms. Bibliothèque nationale, n° 21446, ancien fonds Mortemart, n° 76.
(4) *Inventaire de Estienne de la Fontaine*, argentier du roi, daté de 1353, publié par M. Douet d'Arcq, *Comptes de l'argenterie*, p. 308.
(5) *Inventaire du duc d'Anjou*, déjà cité, art. 188.
(6) *Inventoire des biens meubles de madame la royne Clémence, jadis fame du roy Loys, jadis roy de France et de Navarre*, daté de 1328. Ms. Biblioth. nationale relié en tête du IX° vol. des *Mélanges* de Clérambault.

» bouts a deux daulphins et dedans deux singes qui tiennent deux avirons. — Une salière
» d'or que tient ung enffant sur ung cerf couronné de pierrerie. — Une salière (d'argent)
» sur une terrace où il y a trois hommes qui jouent d'instruments (1). — Une grant salière
» (d'argent) faite de un homme. Un homme séant sur un entablement doré et scizelé,
» lequel homme a un chapeau de feutre sur sa teste et une plume d'ostruce et est seint
» d'une seinture où il a une tasse et un coustel parmi et tient en sa destre main une salière
» de cristal garnie d'argent et en la senestre un cerisier où il a feuilles vers et cerises
» vermeilles et oiseles volans sur les branches, et au bouz des branches a langues de
» serpens, et au plus haut a une très grant langue de serpent, et poise en tout XVII. marcs
» IIII onces (2). »

Le sel était au nombre des aliments qu'on essayait pour s'assurer qu'ils n'étaient pas empoisonnés, et les langues de serpent passaient pour jouir de la faculté de dénoncer la présence du poison ; les salières étaient donc fort souvent accompagnées de langues de serpent. On faisait même des pièces d'orfèvrerie exclusivement destinées à en porter ; elles recevaient le nom de languier : « Un grant languier d'argent, séant sur un pié doré,
» et un grant chastel ou milieu de l'entablement, doré et esmaillié, à maçonnerie, et deux
» petites salières au costé du pié, et sur le chastel dessus nommé a un arbre à fueilles
» et séant au bout des branches plusieurs langues de serpent, pesant en tout XIII. marcs
» VI. onces XII. d. (3). »

Les trépieds de petite dimension servaient à porter des plats, des hanaps, des aiguières, mais il y en avait qui n'étaient que des pièces décoratives pour la table ; on pourrait les comparer aux surtouts de notre époque : « Un trépié d'argent doré, dont les jambes sont faites
» de maçonnerie en manière de piller et sont esmailliez de vert et d'azur, et en chascun piller
» a un homme dont l'un joue de la viele, l'autre de la guiterne et l'autre de la cornemuse, et
» dessus les testes des diz hommes a un chapitel de maçonnerie, et sur chascun chapitel a
» un serpent à teste d'omme. Et le siége de dessus le dit trépié est d'une pièce à oceaux et
» fenestrages entailliez, et dessouz la dicte pièce a un esmail semé de chiennes et de connins
» (lapins) et de petits arbrisseaux. Et poise III. marcs et demi once. — Un tres grant pié d'ar-
» gent doré, séant sur sis lyons gisans sur leurs pates, et les bords du dit pié sont à plusieurs
» souages, et milleu d'iceux souages à orbesvoies (ouvertures, fenêtres), et dessus les diz
» souages est le bord semé tout autour de chaatons de IIII. pelles (perles) à un petit grenet
» ou milleu, et d'autres chaatons à grenes et saphirs, et dessus est une grant terrace vert,
» et sur ycelle a deus bergiers, dont l'un joue d'une fleute de Sans, l'autre d'un cornet
» sarrazinois, et y a une femme qui fille, et si y a III. chiens et IX. brebis, et sont les bergiers,
» la femme et les chiens dorés, et les brebis sont blanches, et est encores la dite terrace
» semée de conins entrans et issans en taisnieres, et sur la dite terrace est un tres grant
» piller, esmaillié d'azur et d'or, contrechevronné, et entour ycellui a trois grans pillers
» de maçonnerie de tres grant ouvrage, et en chascun piller a II. hommes, l'un armé et
» l'autre désarmé, et entre les pillers a III. bergiers dont chacun a sur sa teste un chapeau
» esmaillié d'azur, et jouent les deus chascun d'une cornemuse, et l'autre du tabour et

(1) *Inventaire de Charles V*, déjà cité, fol. 41 et 158.
(2) *Inventaire du duc d'Anjou*, déjà cité, art. 309.
(3) *Ibid.* art. 297.

» d'une fleute, et sur la teste de chascun bergier a un grand chapitel de maçonnerie, et sur
» le bout du piller a un grant siége d'un grand hanap couvert, et est le dit siége quarnelé
» à souages et orbesvoies, et dessouz le dit siége, au dessus des chapiteaux, est le dit piller
» esmaillé d'azur à fueilles de chesne enlevées, et les fons du dit siége est esmaillié d'azur,
» et y a un homme et une femme séans sur une terrace vert, et donne la dicte dame un anel
» à l'omme, et ou milleu de culz deus a un arbre vert. Et le hanap siet sur un souage
» à orbesvoies, et est le dehors d'icellui hanap de vIII. esmaux azurez, et en chascun esmail
» a II. chevaliers armez, tenant leurs espées et leurs escus de leurs armes, et y sont ceulz
» qui furent au pas Salehadin, et quatre autres chevaliers, et sont les lyeures des esmaux
» semées de plusieurs chaatons, les uns de IIII. petites pelles et les autres de petits saphirs
» et de grenes, et y a entour le bort du dit hanap par dehors escript ainsi : LOYAUMENT VEIL
» ESTRE DEMENEZ QUAR DE LOYAUTÉ EST ON HONNOUREZ. QUI LOYAUS EST TOUTE SA VIE, HONNOUREZ
» EST SANS VILLENIE. Et ou fons du dit hanap, par dedens, a un esmail d'azur ouquel est
» Salhadin à cheval et plusieurs Sarazins derriere lui. Et est le dit hanap par dedens cizelé
» à fueillages enlevez. Et le couvercle du dit hanap, par dehors, est à vIII. esmaux d'azur,
» et en chascun esmail a un des preus, et siéent chascun sur terrace vert, et la lyeure des
» diz esmaux est semée de chaatons, comme le hanap, sanz différence, et le bort est
» à souages crenelez et à orbesvoies. Et le fretel (le bouton) qui est dessus le dit couvercle
» est à fueillages, et dedens yceux fueillages a pelles d'Escoce, et des diz fueillages ist un
» bouton esmaillié d'azur à petiz conins, et dessus ycellui bouton est assis, en une chaiere,
» l'empereur Challemaine (Charlemagne), qui fait le IXᵉ des diz preux, et en sa main destre
» tient son espée et en sa senestre son escu, et dessouz ses piez a un lyoncel gisant, et
» dedens le dit couvercle a un grant esmail d'azur, où il a les XII. bannieres de ceux qui
» furent au dit pas Salhadin, et est le dit couvercle cizelé par dedens à fueillages enlevez
» (en relief). Et poise le pié (laissé en blanc) et le hanap et le couvercle en tout xxxII. marcs
» I. once (1). »

Les plats et les écuelles d'or et d'argent existaient en grand nombre dans les trésors du roi de France et des princes au quatorzième siècle. Ainsi on voit figurer dans l'inventaire de Charles V trois douzaines de grands plats d'or pesant deux cent vingt-sept marcs, une douzaine pesant soixante-douze marcs, trois douzaines de plats d'or à fruits du poids de six marcs, et six douzaines d'écuelles pesant deux cent dix-sept marcs : c'étaient cinq cent vingt-deux marcs d'or employés à cette vaisselle (2). On trouve dans l'inventaire du duc d'Anjou, sous le titre de « Plas d'or pour mettre viande touz plains », vingt-quatre plats d'or à vingt-deux carats, pesant chacun quatorze marcs environ ; et sous le titre de « Plas d'or pour
» fruiterie », douze plats d'or pesant ensemble vingt-deux marcs (3).

Les vases destinés à contenir les liquides étaient de formes très-variées et se prêtaient à une riche ornementation. Les aiguières, dont le nom vient de *aigue*, eau, ou de *aiguier*, réservoir d'eau, étaient ordinairement destinées à contenir l'eau ; elles étaient souvent accompagnées de hanaps ou de gobelets : on en trouve un assez grand nombre qui renfermaient des gobelets. Les ydres, grands vases en forme de cruche ou de flacon, servaient aussi à con-

---

(1) *Inventaire du duc d'Anjou*, déjà cité, art. 73 et 428.
(2) *Inventaire de Charles V*, déjà cité, fol. 56.
(3) *Inventaire du duc d'Anjou*, déjà cité, art. 222 à 245, et 263 à 265.

tenir l'eau. Les pots renfermaient le vin ou l'eau. Les justes, vases à couvercle dont la capacité était invariable, mais dont les formes étaient fort arbitraires, servaient aussi à mettre le vin. Les quartes, les pintes, les chopines, décorées avec soin comme les autres vases, se plaçaient souvent sur la table. Les flacons, sorte de bouteilles à panse aplatie, pouvaient être suspendus à l'aide de courroies et servaient moins sur la table qu'à la chasse ou en voyage ; ils étaient, pour cette destination, portés en sautoir (1). Voici quelques citations qui feront connaître la forme et le système de décoration de ces différents vases : « Une aiguiere (d'ar-
» gent) d'un vigneron qui porte une hotte à son col et siet sur une serpentelle (2). — Une
» petite aiguiere d'or à façon de rose, et est le biberon d'un dolphin et le fruitelet (le bouton
» du couvercle) d'un bouton de rose (3). — Un coc, faisant une aiguiere, duquel le corps et la
» queue est de perles, et le col, les elles et la teste est d'argent esmaillié de jaune, de vert et
» d'azur, et dessus son doz a un renart qui le vient prendre par la creste. Et ses piez sont
» sur un pié esmaillié d'azur à enfans qui jouent à plusieurs gieux. Et poise en tout III. marcs
» III. onces (4). — Un gobelet et une aiguiere d'or et en chascun a ung fruitelet d'ung lys,
» et sur le lys du gobelet a ung saphir (5). — VI gobelez (d'or) entranz en une aiguiere
» pareilz, et sont les diz gobelez sains par le milieu de noz armes, et sur le couvercle
» de l'éguiere a un esmail en maniere d'une rose à noz armes, pesant l'esguiere VI. marcs
» II. onces XVIII. d. ; les gobelez touz ensemble poisent XI. marcs III. onces XVIII. d. (6).

» Ydres d'or à mettre eaue où il y a au milieu la teste d'un lyon, et il y a en chascun costé
» ung homme sauvage qui porte l'ance et six esmaulx de France ; au pié dessoubz et au mi-
» lieu a esmail à ymages (7).

» Un pot et une aiguiere d'argent dorez, touz plains et pareils, sans différence, excepté
» que en l'esmail du pot a une roze vermeille et en l'aiguiere a une ancolie. Et poise le pot
» V. marcs VII. onces. Et l'esguiere II. marcs VI. onces IX. d. (8).

» Douze justes d'or rondes et a en chascune ung émail rond des armes de France, et poi-
» sent VI<sup>xx</sup>VII. marcs VI. onces d'or (9).

» Deux quartes d'or fin pleines, à deux fritelez d'or, touz grenetez, qui poisent XII. marcs
» IIJ. onces (10).

» Une pinte d'argent esmailliée de nerfs, garnie de pierrerie pesant VI marcs V onces
» X esterlins (11).

» Une grant choppine d'argent doré, et est le biberon d'une teste qui baille, et l'autre

---

(1) M. DE LABORDE, *Notice des émaux et bijoux du Louvre*, II<sup>e</sup> partie, *Glossaire et Répertoire*.
(2) *Comptes de Estienne de la Fontaine, argentier du roy*, de 1351. Ms. Archives nationales, KK. 8, fol. 22.
(3) *Inventaire de Charles V*, déjà cité, fol. 212.
(4) *Inventaire du duc d'Anjou*, déjà cité, art. 79.
(5) *Inventaire de Charles V*, déjà cité, fol. 39.
(6) *Inventaire du duc d'Anjou*, déjà cité, art. 206.
(7) *Inventaire de Charles V*, déjà cité, fol. 45.
(8) *Inventaire du duc d'Anjou*, déjà cité, art. 434.
(9) *Inventaire de Charles V*, déjà cité, fol. 45.
(10) *Inventaire des meubles de M. le duc de Normandie, Dauphin de Viennois*, de 1363. Ms. fr. Biblioth. nationale, n° 21.447, ancien fonds Mortemart, n° 74.
(11) *Inventoire des joyaulx d'or et autres choses trouvez en garnison en l'ostel de Estienne de la Fontaine, argentier du roy*, de 1353, publié par M. DOUET D'ARCQ, *Comptes de l'argenterie*, p. 310.

» d'une femme, et est le fruitelet d'une seraine, pesant nj. marcs j. once vnj. esterlins (1).
» Deux flacons d'or, en façon de coquille de saint Jacques, à une ance chacun, chacune
» ance tenue au col de deux serpens volans, couronné, chacun flascon au-dessus, d'une cou-
» ronne que tiennent deux ymages nuz et assis chacun ymage sur ung oreiller esmaillié de
» blanc, et a en la pense de chacun des deux flacons, d'une part ung ymage saint Jacques
» d'enleveure, tenant son bourdon, assis sur une roche argentée et une autre brossoné de
» costé, garni aux brossons de petiz balaiz, et de l'autre part ung Charlemaine enlevé, assis
» sur une terrace, de vert esmaillié, a ung saint Jacques issant d'une nue, un roleau où est
» escript d'esmailleure : CHARLES VA DELIVRER ESPAIGNE ; garniz, les diz deux flascons, ès dictes
» couronnes, l'une de six saffirs, et quatre balais et l'autre de six saffirs, six balais et garniz
» aussi chacun tant en couronnes comme autre part, de soixante petites perles, excepté que
» en la couronne de l'un fault une troche de troyes perles, et en ung des oreillers de l'autre
» une perle (2). »

Après les vases qui contenaient les boissons sur la table, examinons les différents vases à boire.

La coupe était dans l'origine réservée au seigneur ; c'était le vase à boire de cérémonie. Elle se composait ordinairement d'un bol pour recevoir le liquide, d'une tige qui portait le bol et d'un pied qui recevait la tige. Le bol avait eu anciennement le nom de hénap ou hanap. C'est ce qui paraît résulter de la description donnée dans l'inventaire de Charles V de quelques coupes anciennes : « Une tres belle couppe d'or et tres bien ouvrée à esmaulx de plite à jour » [à émaux cloisonnés (3)], et est le hanap d'icelle à esmaulx à jour et le pommeau ouvré à ma-
» çonniere bien déliez à petits ymages et est le piez assis sur six lyonceaux. — Une coupette
» d'or dont le hanap est d'une pierre blanche (4)..... — Une grant coupe, dont le hanap est
» de cristal (5). » Mais dès le treizième siècle le mot *hanap* était devenu synonyme du mot *coupe* : « Aurifabri fabricant pateras de auro et argento », écrivait Jean de Garlande dans son dictionnaire, vers le milieu du onzième siècle, et son commentateur du treizième ajoutait : « Pateras dicuntur cuppas, henaps (6). » Le nom de hanap était même plus ordinairement employé que celui de coupe, et dans l'inventaire de Charles V ce dernier nom est particulièrement réservé pour les vases anciens qui étaient conservés comme des souvenirs :
» La couppe d'or qui fut Charlemagne, laquelle a des saphyrs à jour. — La couppe d'or
» qui fut Monsieur saint Loys. — Une grosse couppe d'or toute plaine qui fut au roy
» Dagoubert (7). »

Un savant archéologue a pensé que ces mots « une couppe d'or... et est le hanap d'icelle », et les autres expressions analogues, indiquaient deux pièces, et que les coupes étaient sou-

---

(1) *Inventaire de Charles V*, fol. 187.
(2) *Papiers et registres des joyaulx et vaisselle d'or et d'argent... de feux monseigneur... et madame la duchesse d'Orléans..., inventoriés au chastel de Blois, le iiij<sup>e</sup> jour de décembre l'an mil cccc et huit.* Ms. Archives nationales, K. 268, publié en partie par M. DE LABORDE, *les Ducs de Bourgogne*, t. III, p. 229.
(3) Voyez nos *Recherches sur la peinture en émail*, p. 146, et le titre de l'ÉMAILLERIE, chap. I, § III, art. 6. Les émaux cloisonnés, qu'on ne faisait plus à la fin du quatorzième siècle, indiquent ici une coupe ancienne.
(4) *Inventaire de Charles V*, fol. 48 et 168.
(5) *Inventaire du duc d'Anjou*, art. 93.
(6) Ms. lat. Biblioth. nationale, n° 11282, publié par M. GÉRAUD, *Paris sous Philippe le Bel*, Appendice, p. 594.
(7) *Inventaire de Charles V*, fol. 35 et 48.

vent accompagnées de leur hanap. Mais nous ne pensons pas qu'on puisse accepter cette interprétation ; la citation que voici nous paraît décisive en faveur de celle que nous adoptons : « Une coupe couverte esmailliée, et est le hanap de la dite coupe à six cornettes rondes, » et poise v. marcs demie once (1). » Le mot *pèse* mis au singulier indique bien un seul objet, et non deux. Au surplus les hanaps étaient devenus très-communs au quatorzième siècle, et ils devaient être donnés à tous les convives.

Voici maintenant quelques citations qui feront juger de la forme et de l'ornementation des vases à boire. Un certain nombre de hanaps et de gobelets étaient portés sur des pieds compliqués ; ces vases étaient sans doute réservés au seigneur et aux personnes de distinction qu'il admettait à sa table : « Un hanap à couvercle semé d'esmaux et de pierreries assis sur
» un trépié à guise d'une fontaine que iiij. dames portent, pesant xix. marcs iiij. onces (2).
» — Une coupe d'or à façon de rose.... et est la pate semée de grenats..... et est le couvercle
» esmaillé au fond et au pommel de France, et a ung saphir au fruitelet. — Ung hanap d'or
» à couvescle et une aiguiere de mesme, liés en façon de cerceaulx et a sur le fruitelet, en
» chacun d'iceux, un lys (3). — Un grant hennap d'or à trépié que iii sers (cerfs) sous-
» tiennent, et est le dit hennap et le couvecle esmaillé à sers, de leur couleur, amantelez de
» nos armes, et dessus le couvecle a un gros saphir assis sur un fretel. Et poise en tout
» x. marcs ii. onces. — Un hanap couvert, sans pié, esmailliez, hanap et couvercle à girons
» par quartiers, dont les uns sont esmailliez d'azur, semez d'estoilles d'or, et les autres quar-
» tiers sont vermaux, semez de rozetes d'or, desqueles le boutonnet est vert, et les autres
» quartiers sont esmailliez de vert à petites marguerites, et est le hanap et le couvercle par
» dedens doré et cizelez à feuillages, et ou fons du dit hanap a un esmail d'azur, et ou dit es-
» mail a un homme à cheval qui ist d'un chastel, et tient en sa main destre une espée nue
» pour férir sur un homme sauvage qui emporte une dame, et ou couvercle par dedens a un
» austre esmail azuré, ou quel est une dame qui tient en sa main une chayenne dont un lyon
» est liez, et sur le dit lyon a un homme sauvage, et sur le dit couvercle a un haut fretel à
» feuillages, duquel fretel ist un bouton esmaillé de la devise dessus dicte. Et poise tout
» v. marcs v. onces xii. d. — Un renart estant sur un tarrasse vert, tenant entre ses ii. pates
» une croiz, et sur sa teste a une aumuce vairée et est enmantelé d'un mantel esmaillé,
» et par entre les deux jambes du dit renart saut un arbre, sur lequel arbre siet un gobelet
» esmaillé de mesmes le mantel du dit renart, pesant en tout vi. marcs iii. onces. — Un go-
» belet d'argent doré, tout plain, excepté que ou dedens du couvercle a un esmail vert, ou
» quel a un escu, à un lyon rampant qui a une estoille en la poitrine, et est le couvercle cré-
» nelé, et est le siége du gobelet lozengé d'esmaulx vers et asurés à bestelettes, et sont les
» frettes des dits lozenges vermeilles, semées de petites roses d'or, et est le dit siége assis sur
» une femme enmantelée, et dès par le nombril, elle est moitié de lyon et moitié de griffon,
» et tient en ses mains une serpentelle par les elles qui gete l'eaue, et est son mantel esmaillé,
» et est assise sur un pié bien lonc, doré et enlevé à boillons rons, assis sur iiii. petiz lyons
» gisans, et poise gobelet et pié v. marcs ii. onces (4). — Quatre petites tassettes d'or qui

(1) M. DE LABORDE, *Notice des émaux du Louvre*, II<sup>e</sup> partie, *Glossaire*, au mot COUPE.
(2) *Compte de Estienne de la Fontaine, argentier du roy, depuis le premier jour de juillet mil ccclii jusques au premier jour de janvier ensuivant.* Ms. Archives nationales, KK. 8, fol. 127.
(3) *Inventaire de Charles V*, fol. 35 et 36.
(4) *Inventaire du duc d'Anjou*, art. 203, 71, 340 et 562.

» ont chascune deux oreilles, esquelles a une dame qui tient en sa main deux penon-
» ceaulx (1). »

Les cuillers étaient assez communes au quatorzième siècle, mais les fourchettes étaient très-rares et ne servaient encore que pour certains aliments exceptionnels ; on mangeait avec les doigts, comme on le fait encore en Orient : « ıj. cuillers et une fourchette d'or qui
» viendrent de l'eschançonnerie, pesant iiıj. onces (2). — Une cuiller d'or qui a ung saphir
» emmy le bout, pesant ıı. onces v. d. — Sis cuillers d'or de plaine euvre, toutes pareilles,
» sanz différence, pesans ı. marc ıı. onces xx. d. (3). — Trois chevaliers de Brie et trois
» escuyers faits en manière de fourchettes pour faire les roties de fourmage pour le roy.
» — Une cuillier d'or à ung estuy de cuyr tanné (4). »

A ces pièces d'orfévrerie de table nous en ajouterons d'autres à l'usage des appartements, à savoir : les drageoirs, les pots à eau, les bassins et les chandeliers ; elles étaient également exécutées avec luxe par les orfévres.

Le drageoir, qu'on trouve écrit *drageur, dragouer, dragoir*, servait à renfermer les dragées, les épices de chambre, les confitures sèches et les bonbons à la mode ; on mettait même souvent dans le drageoir des confitures liquides, aussi y joignait-on alors une cuiller. Ce vase était de forme très-arbitraire ; il reposait ordinairement sur un plateau. Un autre vase qui par son usage se rapprochait du drageoir recevait le nom de *tiphène* ou de *tiphenie* :
« Un dragouer d'argent doré et esmaillié à pieces de cristal et une cuillier de cristal garnie
» d'argent, trouvé pesant vı. marcs ııı onces (5). — Un drageoir d'argent doré, dont les bors
» du bacin sont à sis esmaux d'azur, et dedens chascun esmail a un homme et une femme qui
» font semblant de parler ensemble et font l'un à l'autre plusieurs signes d'amour, et siéent
» les diz hommes et femmes sur terraces vers, et derriere chascun a un oisel ou une serpen-
» telle, et ou milleu du dit bacin a un grant esmail azuré, et en yccllui esmail est un dieu
» d'amours, qui en chascune main tient deux saietes barbelées, en faisant semblant de férir
» en un homme, et une femme à destre et semblablement à senestre, et siet sur un faudesteuf,
» et dessouz ses piez a une terrace vert. Et le pié est à sis esmaux, et le piler est de maçon-
» nerie à fenestreles azurées, et ou pommel a vı. petiz esmaux azurez à testes d'ommes. —
» Une thifenie d'argent, doré par dedens, et est le bort esmaillié d'azur à chace de levriers et
» de conins, et y a plusieurs arbrisseaux, et sont les costez de la dite thifenie cizelez à fueilles
» de treffles, et a ou fons un esmail en compas, ouquel a ıı. hommes armés à cheval, dont
» l'un a donné à l'autre un cop d'un glaive, si qu'il le fait ployer sur la crupe de son cheval,
» et a entour du dit esmail plusieurs bestes qui ont testes d'ommes et de femmes, et est
» la dite thifeine blanche par dehors, et poise vııı. marcs ııı. onces (6). »

Les pots à eau et les bassins étaient à l'usage de la toilette. On rencontre souvent des bassins par paire : l'un, à goulot, servait à verser l'eau dans l'autre, au-dessus des mains : « Un
» pot à yaue de cristal, garni d'argent doré et de pierrerie, pesant ııı. marcs ıııj onces

---

(1) *Inventaire de Charles V*, fol. 51.
(2) *Inventoire de la royne Clémence de Hongrie*, déjà cité, art. 195.
(3) *Inventaire du duc d'Anjou*, art. 212 et 220.
(4) *Inventaire de Charles V*, fol. 59 et 175.
(5) *Inventoire de Estienne de la Fontaine, argentier du roy*, déjà cité, de 1353, publié par M. Douet d'Arcq, *Comptes de l'argenterie*, p. 321.
(6) *Inventaire du duc d'Anjou*, art. 643 et 650.

» xv. esterlins. — Un pot à eaue d'un lyon sur quoy un homme enmantelé siet (1). —
» ij. plas d'argent dorez ou fons et es bors pour laver mains et en chascun a un esmail de
» France assis sur une quinte feille d'enlevure, et les trois bors sont taillez de feuillages,
» pesant viii. marcs (2). — Deux bacins à laver, d'argent, dorez dehors et dedens, dont les
» bors sont cizelez, et ou fons de l'un des bacins a une rose enlevée, cizelée, et ou milleu de
» celle roze a un esmail d'azur, et en ycellui esmail a un lyon qui tient souz lui un daim, et
» derriere le lyon a un homme sauvage qui tient une massue et fait semblant de férir le lyon.
» Et l'autre bacin est à biberon qui ist de la teste d'un lyon, et ou fons a une semblable roze,
» et en ycelle a un esmail ou quel a un homme sauvage tenant une massue, et devant lui a
» un lyon acroupy sur une terrace vert, et poisent en tout xii. marcs (3). »

Le musée de Cluny possède un pot à eau du quatorzième siècle, qui, bien que de cuivre seulement, fournit un bel exemple de l'orfévrerie domestique de cette époque. Ce vase est formé par un buste d'homme, avec une anse qui représente un animal chimérique (4).

Les pièces d'orfévrerie destinées à porter la lumière étaient de trois sortes, à en juger par les descriptions que l'on trouve dans les inventaires : les torsiers les mestiers et les chandeliers.

Les torsiers étaient de grandes pièces qu'on plaçait dans les vastes salles basses des châteaux et des hôtels, et dans lesquels on brûlait des torches de chambre (5).

« Un tres grant torsier d'argent, porté de iiii. pates dorées, et sont les bors du pié dorez à
» plusieurs souages et orbesvoies à jour, et est à viii costes pointues, et y a un haut piller
» garny de souages dorez, et ou milleu a un gros pommel à vi. esmaux de noz armes, et le dit
» torsier est roont comme une tour, garni de plusieurs souages dorez, crenelez devers le
» haut, et la couverture est comme de tieule, et y a iiii. fenestres flamenges. Et sur le bout
» d'en haut a une eschauguette, où il a une gaite qui tient une trompe à la bouche ; et poise
» li. marcs iiii. onces (6). »

Les mestiers paraissent se confondre avec les chandeliers ; il semblerait même résulter, d'une description contenue dans l'inventaire de Charles V, que le mestier était une partie du chandelier qu'on enlevait au besoin et qu'on replaçait dans le chandelier après s'en être servi : « Deux petiz chandeliers à mettre mestiers et ont le pié en façon de rose et la tige en
» façon de fenestrange (7). » Mais le plus souvent les mestiers étaient des chandeliers de grande dimension destinés à éclairer les appartements et les tables : « Deux chandeliers d'or
» appelez mestiers, et il y a au pied iiij. escussons de France... pesant xviii. marcs ij. onces
» xvi. esterlins d'or (8). — Un mestier d'argent (il y en a six pareils), de quoy le pié est d'une
» tarrase d'esmail vert, séant sur quatre lyons, et au quatre cornes de la dite tarrase a quatre

---

(1) *Inventoire de Estienne de la Fontaine*, de 1353, déjà cité, publ. par M. Douet d'Arcq, *Comptes de l'argent.*, p. 311 et 312.
(2) *Compte de Estienne de la Fontaine, argentier du roy*, de juillet 1352 au 1ᵉʳ janvier suivant, déjà cité. Ms. Arch. nationales, KK. 8, fol. 108.
(3) *Inventaire du duc d'Anjou*, art. 598.
(4) *Catalogue de 1861*, art. 1334. M. Viollet-le-Duc en a donné la reproduction dans son *Dictionnaire du mobilier*, t. II, p. 12.
(5) « Une poignée de chandeilles de cire ou une torse de chambre. » (Citation de du Cange, *Gloss.*, v° Torsa.)
(6) *Inventaire du duc d'Anjou*, art. 741.
(7) *Inventaire de Charles V*, fol. 156.
(8) *Ibid.*, fol. 57.

» targes de nos armes, et ou milieu de la dite terrasse a un éleffant esmaillé de soy mesmes, et a
» deux granz danz blanches qui li issent de la guelle, et aux deux costez d'icelui a II. hommes
» sauvages qui tiennent sur leurs cos chascun un baston ; et dessuz le dos d'icellui oliffant
» a un chasteau d'argent doré, sur lequel a IIII. petites tournellés dont les couvertures
» d'icelles sont esmaillées d'azur. Et poise XIII. marcs v. onces et XII. d. (1). »

Les chandeliers sont très-variés de formes ; ils portaient ordinairement une broche sur laquelle on fixait la bougie : « Deux grans chandeliers à III. lyons esmaillies, enmantelez, » pesant VI. marcs VII. onces v. esterlins (2). — Ung lyon d'argent doré, portant un chan- » delier à broche. — Ung lyon d'or sur une terasse esmaillée de vert, portant sur son dos » un chandelier à broche (3). »

Au moyen âge, les tableaux portatifs peints ou sculptés, à sujets de sainteté, étaient d'un usage universel ; nous avons eu déjà l'occasion d'en parler en traitant de la sculpture en ivoire. Au quatorzième et au quinzième siècle, ils recevaient le nom de tableaux *cloants*. Ces tableaux étaient en effet composés de plusieurs pièces liées l'une à l'autre par des charnières et se repliant sur elles-mêmes, en sorte que lorsqu'ils étaient clos, la peinture ou la sculpture se trouvait cachée et à l'abri. Les plus ordinaires étaient composés de deux ou trois feuilles. Ils faisaient partie du mobilier des chambres à coucher, et leurs vantaux s'ouvraient au moment de la prière ; puis lorsqu'on allait en voyage ou à la guerre, le tableau cloant était emporté avec les armures et les bagages. Lorsque, à la fin du treizième siècle, les plus habiles sculpteurs se furent adonnés à l'orfévrerie, les bas-reliefs d'or ou d'argent renfermés dans des tableaux à volets devinrent fort en vogue, et l'on en rencontre un grand nombre décrits dans les inventaires et dans les comptes du quatorzième et du quinzième siècle ; ils étaient fort souvent enrichis de pierres précieuses. Citons-en quelques-uns : « Uns tableaus d'or, semés de pierrerie, présié cent livres parisis (4). — » Uns tabliaus (d'argent) de la Magdelène, dorez et esmailliez, pesant II. marcs VIII. onces » x. esterlins (5). » Cette forme du pluriel employée pour désigner un tableau n'indique-t-elle pas que ce tableau était composé de plusieurs parties. « Ung tableau d'argent auquel il y a » la Trinité en hault estaige, et ung petit enffant en coste, et dessoubz la gesme Nostre » Dame ; et sont les elles esmaillées par dedans de la vie de Dieu et de Nostre Dame ; et est » sur un entablement d'argent doré à quatre marmousetz, auquel sont les armes de la royne » Jeanne d'Évreux (6). — Uns tableaus d'or... en l'une des portes d'iceulx tableaux est » la Pitié Nostre Seigneur enlevée et esmaillée de blant que soustient un angele enlevé » et esmaillié de blant, et en l'autre porte d'iceulx a deux ymages enlevez, l'une de Nostre » Dame et l'autre de saint Jehan levangéliste ; garnis par dedans de pierrerie ; c'est assavoir » v. balaiz, VIII. saphirs et XXXVI. perles de compte (7), et sont les diz tableaux esmailliez

---

(1) *Inventaire du duc d'Anjou*, art. 735.
(2) *Inventaire de la royne Clémence*, déjà cité, art. 99.
  *ventaire de Charles V*, fol. 201 et 233.
(4) *Inventoire de la royne Clémence*, déjà cité, art. 14.
(5) *Inventaire des joyaulx d'or et autres choses trouvez en garnison en l'ostel de Estienne de la Fontaine, argentier du roy*, de 1353, publié par M. DOUET D'ARCQ, *Comptes de l'argenterie*, p. 323.
(6) *Inventaire de Charles V*, fol. 98.
(7) « Assez grosses pour être comptées, trop petites pour être estimées selon leur grosseur. » (M. DE LABORDE, *Glossaire* déjà cité.)

» par dehors, c'est assavoir en l'une des portes de la Trinité, et en l'autre porte d'un ymage
» de Nostre Dame ; pesant tout ij. marcs vii. onces v. esterlins d'or (1). »

Les bijoux n'étaient pas moins en vogue au quatorzième siècle que les pièces d'orfévrerie de table. Eustache Deschamps, écuyer huissier d'armes de Charles V, nous apprend dans ses naïves poésies quels étaient ceux dont toute femme noble voulait être pourvue :

>     Et sces-tu qu'il fault aux matronnes
>     Nobles palais et riches trones ;
>     Et à celles qui se marient,
>     Qui moult tost leurs pensers varient,
>     Elles veulent tenir d'usaige
>     D'avoir pour parer leur mesnaige,
>     Et qui est de necessité,
>     Oultre ta possibilité,
>     Vestemens d'or, de draps de soye,
>     Couronne, chapel et courroye
>     De fin or, espingle d'argent.
>     Et pour aler entre la gent,
>     Fins cuevrechiefs à or batus,
>     A pierres et perles dessus ;
>     Tyssus de soye et de fin or.....
>     Encore voy-je que leurs maris,
>     Quant ilz reviennent de Paris,
>     De Reins, de Rouen et de Troyes,
>     Leur apportent gans ou courroyes,
>     Pelices, anneaulx, fremillez,
>     Tasses d'argent ou gobelez,
>     Pieces de cuevrechiés entiers.
>     Et aussi me fust bien mestiers
>     D'avoir bourses de pierrerie,
>     Couteaulx à ymaginerie,
>     Espingliers tailliez à esmaulx (2).

Les bijoux du quatorzième siècle qui subsistent sont en trop petit nombre pour donner une idée complète de la bijouterie de cette époque, et il nous faut encore avoir recours aux textes des inventaires et des comptes dont nous venons de fournir des extraits. Les bijoux les plus nombreux mentionnés dans ces documents sont les couronnes, les fermaux, les ceintures et les petits reliquaires et bijoux à sujets de sainteté portatifs.

Les couronnes du roi et des princes étaient d'une grande richesse. Le roi Jean, brave chevalier, tenait à ce que son rang suprême fût connu des combattants, lors même que la visière de son casque était baissée, et il le faisait décorer de la couronne royale. Voici ce qu'on lit dans le compte de Jehan Lebraellier, son orfévre : « Pour faire et forger
» la garnison d'un bacinet, c'est assavoir : xxxv. vervels, vii. bocettes pour le fronteau, tout
» d'or de touche et une couronne d'or pour mettre sur ycelluy bacinet, dont les fleurons
» sont de fueilles d'espine et le cercle dyappré de fleurs de liz ; et pour faire et forger

---

(1) *Le* xixe *compte Guillaume Brunel, trésorier et argentier depuis le premier jour de janvier mil* ccc iiij[xx] *et sept, et finissant au dernier jour de juing mil* ccc iiij[xx] *et huit.* Arch. nationales, KK. 19, fol. 97.

(2) *Poésies morales et historiques* d'Eustache Deschamps, publiées par Crapelet. Paris, 1832, p. 205, 208 et 209.

» la courroye à fermer ycelluy bacinet dont les clous sont de vousseaux et de croiseles
» esmailliez de France, tout pesant ij. marcs. vi. onces xvi. esterlins d'or de touche (1). »

L'inventaire de Charles V constate l'existence de plusieurs couronnes. La description de la première en fait suffisamment connaître la forme : « La tres grande, tres belle et la
» meilleure couronne du roy, laquelle il a fait faire. En laquelle il y a iiij. gros florons
» et iiij. petits garnis de pierrerie, et en chascun des grans florons, c'est assavoir, au maistre
» floron endroit le chapel, a un tres grand balay quarré, et en chascun une tres grosse
» perle (2)... » Cette couronne était donc ouverte et composée d'un cercle frontal, surmonté de huit fleurons, quatre grands et quatre petits. La couronne d'or du sacre de Henri IV, qui fut conservée dans le trésor de l'abbaye de Saint-Denis jusqu'en 1792 (3), avait encore cette forme ; les quatre grands fleurons figuraient des fleurs de lis, les quatre petits des feuillages.

Les fermaux, agrafes de manteau ou de chape, se trouvent en très-grand nombre dans les inventaires. Ils reçoivent les noms de *fermail, fermillet, mors de chape, pectoral à chape*, suivant leur dimension et leur destination : « Un fermail d'or à rubiz et esmeraudes,
» délivré à Yollent damoiselle (de) madame la Royne, le jour du sacre (4). — Un fermail
» d'or à un aigle sur un lyon, à xv. esmeraudes, iii. saphirs, xvi. rubiz et xxi. perles, tout
» pesant i. marc iv. onces ix. esterlins, délivré et donné à la fille au duc de Bretaingne,
» à présent femme du connestable de France, le jour de leurs espousailles (5). — Ung
» fermail d'or où il y a un paon (6). — Une fleur de liz d'or en maniere de fermail garnie
» de pierrerie (7). — Ung aigle d'or en maniere d'un pectoral pour mors de chappe garni,
» c'est assavoir, de dix huit balaiz, quatre grosses esmeraudes(8).... — Un fermail d'or
» à une biche et une bichette, esmaillé de blanc, garni de un dyamant très gros et cinq
» grosses perles (9). »

Le musée de Cluny possède un fermail, ou mors de chape, d'argent doré, enrichi de pierreries ayant au centre un aigle couronné. Ce bijou du quatorzième siècle a beaucoup d'analogie avec l'un de ceux qui sont décrits dans l'inventaire de Charles V. La reproduction que nous en donnons dans le cul-de-lampe de la Préface (tome I$^{er}$, page 10) nous dispense d'en faire la description (10).

(1) *Compte Estienne de la Fontaine*, depuis le 1$^{er}$ juillet 1352 jusqu'au 1$^{er}$ janvier suivant. Archives nationales, KK. 8, fol. 106.
(2) *Inventaire de Charles V*, fol. 2.
(3) Félibien, *Histoire de l'abbaye de Saint-Denis*, en a donné la gravure, pl. I, n.
(4) *Compte de Gyeffroy de Flouri, argentier de Philippe le Long*, de 1316, publié par M. Douet d'Arcq, *Comptes de l'argenterie*, p. 65.
(5) *Compte Estienne de la Fontaine*, argentier du roy, pour l'année 1352, publié par M. Douet d'Arcq, *Comptes de l'argenterie*, p. 169.
(6) *Inventaire du duc de Normandie*, de 1363. Ms. fr. Bibliothèque nationale, n° 21447, ancien fonds Mortemart, n° 74.
(7) *Inventaire de Charles V*, fol. 16.
(8) *Ibid.*, fol. 125.
(9) *Inventoire de joyaulx et vaisselle de madame de Touraine* (Valentine de Milan, femme de Louis, depuis duc d'Orléans, fils de Charles V), de 1389, Archives nationales, K. 264, publié par M. de Laborde, *les Ducs de Bourgogne*, t. III, n° 5457.
(10) Ce beau bijou, après avoir fait partie de la collection Debruge (n° 981 de notre Catalogue), était passé dans celle du prince Soltykoff (n° 211 du Catalogue). A la vente de cet amateur, il a été adjugé au musée de Cluny moyennant 2058 francs.

Un grand luxe était déployé dans les ceintures : elles étaient presque toutes formées d'un tissu de soie, de velours ou de passementerie chargé de petites pièces d'orfévrerie, ce qui s'appelait *ferré*. La boucle, le mordant et le passant (tels sont les noms donnés aux différentes parties de l'attache) sont toujours enrichis de nielles, d'émaux ou de pierres fines. Celles qui n'avaient que la dimension nécessaire pour serrer la taille recevaient le nom de *demi-ceint* : « Une ceinture ferrée d'or et à perles (1). — Une seincture d'or
» à pierrerie sur un orfroiz d'ortrait à LVI cloux de deux façons... — Une seincture (pour
» le corps du roy) de soie vermeille à boucle et mordant d'or ; le mordant niellé aux armes
» de France, et le passant et les fermilliers d'or. — Un demi-seinct ferré d'or... — Une
» petite seincture qui fut à la royne Jehanne de Bourbon, assize sur bizecte, dont la boucle
» et le mordant sont d'or et garnis de perles. — Ung tissu de soie ardant, garny de boucle,
» mordant et huit ferrures d'or, et y pend ung coustel, une forcettes et ung canivet garny
» d'or, et y a sur le coustel et le canivet en chascun une perle (2). »

Les ceintures ferrées d'orfévrerie sont parfaitement connues par les miniatures des manuscrits du quatorzième siècle. Le musée de Cluny en possède une d'argent doré qui faisait partie de la collection Debruge (3) ; nous l'avons reproduite dans la planche LII de notre album.

Il y avait aussi des ceintures entièrement d'or et d'argent : « Une fleur de lis et une
» ceinture d'or à rubis et à esmeraudes,... et l'ot madame la royne (Jeanne de Bourgogne)
» à son couronnement, et valent VIII° l. p. (livres parisis) (4). — Une grant ceinture d'or
» pour dame, garnie d'esmeraudes, de rubis d'Alixandre et de troches (5) quarrées ; parmi
» le caint a une longue boucle et lonc mordent de rubis balais et de saphirs, baillée et
» délivrée par devers le roy (6)..... — Une seincture longue à femme, toute d'or, à char-
» niere garnie (7)..... »

Les colliers sont rares; nous en trouvons la première mention dans les inventaires de Valentine de Milan, qui avait pu les rapporter d'Italie ; mais on rencontre des pent-à-col, sortes de petits médaillons qui se portaient au cou attachés à une chaîne : « Un fermail
» ront à pent-à-col ou il y a une esmeraude parmi et VI. que balais que rubis et IIJ. grosses
» perles (8)... — Un pentacol à ymages, d'un camahieu (un camée) garny de perles et de
» pierrerie (9)..... »

Les bagues étaient fort en usage, mais elles ne présentent rien de particulier. Quelquefois plusieurs anneaux étaient réunis ensemble ; ils formaient alors ce qu'on appelait un doigt :

---

(1) *Inventaire de la royne Clémence*, de 1328, art. 181.
(2) *Inventaire de Charles V*, fol. 5, 15, 12 et 78.
(3) N° 980 du Catalogue déjà cité.
(4) *Compte de Gyeffroy de Flouri, argentier de Philippe le Long*, de 1316, publié par M. Douet d'Arcq, *Comptes de l'argenterie*, p. 62.
(5) Réunion de pierreries ou de perles en boutons.
(6) *Compte Estienne de la Fontaine, argentier du roy, pour 1352*, publié par M. Douet d'Arcq, *Comptes de l'argenterie*, p. 169.
(7) *Inventaire de Charles V*, fol. 243.
(8) *Inventaire de la royne Clémence*, déjà cité, art. 23.
(9) *Invent. des joyaux... en garnison en l'ostel de Estienne de la Fontaine, naguères argentier*, de 1353, publié par M. Douet d'Arcq, *Comptes de l'argenterie*, p. 307.

LABARTE.

« Annel des vendredis, lequel est néellé et y est la croix double noire de chascun costés,
» où il y a ung crucifix d'un camayeux, saint Jean et Nostre Dame, et deux angelz sur les
» deux bras de la croix ; et le porte le roy continuellement le vendredi. — Ung camahieux
» ou il y a ung lyon couchant, assis en une verge d'or néellée. — Ung autre à une teste
» de femme assis en une verge d'or toute plaine. — Ung autre petit camahieux d'un enffant
» à elles, acropy, assis en une verge d'or esmaillée (1). — Ung doit où il y a iv. saphirs,
» dont il y en a iii. quarrez et un cabon (cabochon) (2). — Six anneaux en un doit (3). »

A cette époque de piété sincère, l'orfévrerie produisit encore une grande quantité de petits reliquaires portatifs et de bijoux à sujets saints. Ils sont décrits dans l'inventaire de Charles V sous le titre de : « Petiz joyaulx et reliquaires d'or pendans ou à pendre. » Voici la description donnée de quelques-uns : « Ung petit crucifiement d'or où est Nostre
» Dame et saint Jehan assiz sur un entablement. — Ung petit ymage d'or de Nostre Dame,
» assiz en une chayere où sont dix perles, troys saphirs et ung balay. — Ung joyau
» fermant à deux elles, où dedens est Nostre Seigneur yssant du sépulcre, et sur les dites
» deux elles ou portes sont deux ballaiz et un crochet au-dessus, sur lequel ung saphir
» et plusieurs perles, et est le pié garny de cinq esmeraudes, cinq rubis d'Alexandre
» et dix perles. — Ung petit ymage de saincte Agnès qui est dedens ung tabernacle
» d'or pendant à une chesne (4). — Une pomme d'or esmaillée de rouge clerc : en une
» des moitiez est le chief de sainte Katherine, et d'autre costé la roe et l'espée avec
» quatre balaiz et huit perles (5). »

Le cabinet des antiques de la Bibliothèque nationale de Paris possède un bijou qu'on aurait inventorié au quatorzième siècle parmi les joyaux portatifs à sujets saints : c'est un très-beau camée antique en sardonyx, représentant Jupiter ayant un aigle à ses pieds. La monture se compose d'un double cercle d'or émaillé chargé d'inscriptions et décoré de treize fleurs de lis et de deux dauphins en relief. Au bas du cercle est soudé un écusson aux armes de France surmonté d'une couronne royale, au-dessous de laquelle on lit cette inscription : « CHARLES . ROY . DE . FRANCE . FILS . DU . ROY . JEHAN . DONNA . CE .
» JOYAU . L'AN . M . CCC . LXVII . LE . QUART . AN . DE . SON . REGNE . » Au revers on a gravé les premiers versets de l'Évangile de saint Jean. Au quatorzième siècle, on avait pris le Jupiter pour un saint Jean, à cause de l'aigle qui est le symbole de cet évangéliste. Charles V avait donné ce bijou à la cathédrale de Chartres pour être attaché à la châsse qui renfermait la chemise et la ceinture de la Vierge (6). Il a été reproduit par M. Paul Lacroix dans son *Histoire de l'orfévrerie-joaillerie;* nous en avons donné la partie inférieure dans la planche CXII de notre album.

Le musée de Cluny conserve un médaillon d'argent doré qui servait de reliquaire portatif.

---

(1) *Inventaire de Charles V*, fol. 63 et 78.
(2) *Invent. de la royne Clémence*, déjà cité, art. 5.
(3) *Invent. de Charles VI*, de 1399. Ms. Bibl. nationale, n° 2068.
(4) *Inventaire de Charles V*, fol. 29, 229 et 251.
(5) *Papiers et registres des joyaulx et vaisselle d'or et d'argent de feux MS. le duc d'Orléans et madame la duchesse d'Orléans*, datés de 1408. Ms. Archives nationales, KK. 268, publié par M. DE LABORDE, *les Ducs de Bourgogne*, t. III, p. 232, art. 6075.
(6) SABLON, *Histoire de l'Église de Chartres*. Chartres, 1671, p. 149.

L'une des faces, ornée de pierres fines et de perles, présente au centre une sorte d'épingle d'or qui renfermait, à ce qu'on croit, un fragment de l'une des épines de la couronne mortuaire du Christ. Sur l'autre, on a reproduit, par une forte intaille recouverte d'émail translucide, le Christ à la colonne, et à ses pieds un chevalier armé de toutes pièces et sa femme. Sous le bourrelet qui contourne le médaillon sont diverses reliques désignées par des inscriptions (1).

La collection Debruge-Duménil possédait deux petits bijoux portatifs à sujets saints : l'un, de la fin du quatorzième siècle, est un petit diptyque d'argent décoré de sujets ciselés en relief; le second, des premières années du quinzième siècle, est un médaillon circulaire présentant sur chaque face un bas-relief composé de figures découpées et ciselées, puis rapportées sur le fond. Ce médaillon, qui est muni d'une bélière, s'ouvre en deux parties et devait renfermer des reliques. Il aurait été certainement compris dans l'inventaire de Charles V parmi « les petiz joyaulx et reliquaires pendans ou à pendre ». Nous avons fait reproduire ces deux bijoux dans la planche LIV de notre album.

On trouve encore dans les inventaires et dans les comptes où nous avons déjà tant puisé un assez grand nombre d'objets usuels en orfévrerie, même des bijoux de pure fantaisie, ce que nous appelons des curiosités. Nous terminerons par quelques citations de pièces de ces deux sortes, pour montrer que les orfèvres français de cette époque savaient aborder tous les genres : « Ung myroér d'or, et autour la brodeure sont les douze signes esmaillez » sur rouge cler, et au doz est l'ymage de madame saincte Katherine et autres. — Ung » escriptoire d'or à façon d'une gayne à barbier et est hachée par dehors aux armes » d'Estampes, et a dedens une penne à escripre, ung greffe, ung compas, unes cizailles, » ung coutel, unes furgettes tout d'or, et pendent avec ung cornet à enque d'or, à ung laz » d'or. — Ung petit coutelet à façon de furgette à furger dens et à curer oreilles. — Ung » homme chevauchant ung coq tenant ung miroer en façon de treffle. — Ung joyau en » maniere d'ung dragon, à une teste de femme enchappellée. — Ung homme qui est nulz » piez et chevauche ung serpent qui a deux testes, et joue d'ung cor sarrazinois. — Ung » chamel sur une terrasse garnie de perles, ballaiz et saphirez, et a le chamel la boce d'une » coquille de perle. — Ung cerf de perles qui a les cornes d'esmail ynde (bleu) et une son- » nette au col (2). — Ung tigre d'or, un chat huant d'or (3). »

Les couvre-chef étaient souvent exécutés par les orfèvres en or et en argent : « Ung bon » chappel d'or ouquel il y a x. gros balais, L. petites esmeraudes et xL. grosses pelles (4). » — Un chapel d'or garny de xII. ballays, de xx. esmeraudes, de xvI. dyamans et de xI. » grosses perles pesant environ III. marcs, acheté et donné par le roy (Jean) à madame la » royne de Castille (5). — Un chappel d'or fait et forgé en façon de branches de genestes et » de cosses d'or de l'ordre et devise du roy notre seigneur, ouquel il a un fermail assiz » par devant garny d'un balay et de vII. perles de compte pesant ij. m. III. est. (6). »

---

(1) Catalogue de 1861, n° 1397.
(2) Inventaire de Charles V, fol. 76, 246, 247, 269, 170, 171, 238 et 255.
(3) *Papiers et registres des joyaux du duc d'Orléans* de 1408, déjà cités, *les Ducs de Bourgogne*, p. 235.
(4) *Inventaire de la royne Clémence*, déjà cité, art. 1.
(5) *Compte Estienne de la Fontaine*, du 1er juillet 1352 au 1er janvier suivant. Ms. Archives nat., KK. 8, fol. 138.
(6) *Le xixe compte Guillaume Brunel, trésorier et argentier du roy*, du 1er janvier 1387 au dernier jour de juin 1388. Ms. Arch. nationales, KK. 19, fol. 94.

Les vêtements mêmes étaient enrichis, comme nous l'avons dit, d'ornements d'or ou d'argent; mais ce fut surtout au quinzième siècle que cette mode atteignit sa plus grande vogue; nous en citerons plus loin quelques exemples.

Nous ne pouvons mieux terminer cette longue énumération des travaux de l'orfévrerie française au quatorzième siècle et durant les premières années du quinzième, qu'en donnant ici les noms des orfévres qui sont signalés dans les comptes et les inventaires de cette époque comme ayant exécuté de belles pièces, ou qui y sont nommés comme orfévres des rois de France et des princes du sang; ils devaient être bien certainement les premiers maîtres de leur temps. Ce sont : Estienne Maillart et Gieffroy de Mantes, orfévres du roi Philippe le Long (1). Simon de Lille, Jehan Pascon, Félix d'Anceurre, Jehan de Toul, Pierre de Besançon et Jehan de Lille, tous orfévres de Paris qui furent chargés de faire la prisée des joyaux laissés par la reine Clémence de Hongrie († 1328), veuve de Louis le Hutin (2). Thomas de Langres, orfévre en 1345 de madame la comtesse de Blois (Marguerite de Valois, nièce de Philippe le Bel) (3). Jehan Lebraellier, orfévre en titre du roi Jean : il sculptait en ivoire, nous en avons déjà parlé (4). Guillaume Vandethar, qui paraît avoir succédé à Jean Lebraellier au titre d'orfévre du roi (5). Pierre de Laudes, maître particulier de la monnaie d'or de Paris et orfévre (6). Pierre des Barres, orfévre et valet de chambre de M. le Dauphin (depuis Charles V), chargé du transport de la vaisselle et des joyaux du roi au Vivier, en Brie, où devaient être célébrées les noces (1353) de Jeanne de France, fille du roi Jean, avec Charles II, roi de Navarre (7). Jehan de Mautreux, orfévre du roi Jean (8). Jehan Fleury, Pierre Chapellu, Jehan de Lille le jeune, bourgeois de Paris; Pierre Leblont, Jehan Lussier, Guillaume Gargoulle et Jehan Bonnetot, tous orfévres de Paris nommés le plus ordinairement dans les comptes des argentiers du roi Jean comme ayant vendu des pièces d'orfévrerie pour le roi (9). Jehan de Picquigny et Robert Retour, établis en la conciergerie de Saint-Pol, orfévres du Dauphin, duc de Normandie, depuis Charles V (10). Claux de Fribourg, dont nous avons déjà cité plusieurs ouvrages faits pour ce prince (11). Hannequin du Vivier, orfévre de Charles V, puis orfévre et valet de chambre de Charles VI, qui avait fait les belles pièces d'orfévrerie offertes par Charles V à l'empereur Charles IV, lorsqu'il vint à Paris en 1378 (12). Simonnet Lebec, orfévre de Charles VI (13). Guillaume

---

(1) *Compte de Gyeffroy de Floury*, publié par M. Douet d'Arcq, *Comptes de l'argenterie*, p. 38, 62 et 69.
(2) *Inventoire des biens meubles de la royne Clémence*, déjà cité.
(3) *Archives municipales de Blois*, publiées par M. de Laborde, *les Ducs de Bourgogne*, art. 5343 et 5353.
(4) *Comptes Estienne de la Fontaine*, de 1351 à 1353, déjà cités, fol. 6, 10, 105, 106, 108, 129, 165. Voyez Sculpture en ivoire, t. I, p. 129.
(5) *Ibid.*, fol. 106 et 152.
(6) *Ibid.*, fol. 157 et passim.
(7) *Ibid.*, fol. 139. — Compte du même, publié par M. Douet d'Arcq, *Comptes de l'argenterie*, p. 188. — *Compte Gaucher de Vannes, argentier du roi*, pour 1355. Archives nationales, KK. 8, fol. 9.
(8) *Inventaire de Charles V*, fol. 178.
(9) *Comptes Estienne de la Fontaine*, de 1351 à 1353, déjà cités, passim.—*Compte Gaucher de Vannes* pour 1355, passim.
(10) *Inventaire du duc de Normandie*, de 1363. Ms. Bibliothèque nationale, n° 2053.
(11) Voyez plus haut, page 30.
(12) Christine de Pisan, *Livre des faits de Charles V*, part. III, chap. xlvi, Coll. Petitot, t. VI. Voyez plus haut, page 23. — *Inventaire de Charles V*, fol. 6. — Le xvii<sup>e</sup> compte Brunel, trésorier et argentier du roy, depuis le premier jour de janvier mil ccc iiij$^{xx}$ et six, jusques au dernier jour de juing ensuivant. Ms. Archives nationales, KK. 18, fol. 55.
(13) Le xvii<sup>e</sup> compte Brunel ci-dessus cité, fol. 46.

Arrode, Robert Auffroy, Guillaume Huet, Jehan Hune, orfévres de Paris désignés dans les comptes comme ayant vendu des objets d'orfévrerie à ce prince (1). Henry, orfévre du duc d'Anjou, qui fit pour ce prince une nef où il était entré deux cent quarante-huit marcs d'or (2). Pierre de Roterie, qui fit en 1379, pour l'église de Troyes, une statuette d'argent de saint Étienne, qui devait être placée au tombeau de Henry, comte de Champagne, et une tête de reine pour le mausolée du comte Thibaut (3). Girart de Reims, orfévre des ducs de Bourbon (4). Girardin Petit, Richart le Breton et Perrin Bonhomme, orfévres à Paris en 1389 (5). Hans Karast, orfévre en titre, dès 1393, de Louis de France, duc d'Orléans : ses noms, qui semblent indiquer un Flamand ou un Hollandais, s'écrivaient souvent Hance Croist; il avait eu de 1393 à 1404 le titre d'orfévre et valet de chambre du duc d'Orléans (6). Herman Roussel, qui était en 1399 et 1401 orfévre et valet de chambre du roi Charles VI (7). Jean Mainfroy de Paris, orfévre et valet de chambre de Jean-sans-Peur, duc de Bourgogne (8). Enfin Jean de Clichy, Gautier Dufour et Guillaume Boey, orfévres à Paris, auteurs de la belle châsse de Saint-Germain des Prés : ils la terminèrent en 1408, et devaient appartenir à cette brillante école d'orfévrerie parisienne qui, sous le règne de Charles V, avait acquis une si grande réputation.

Beaucoup d'autres orfévres sont désignés dans les comptes et les inventaires du quatorzième siècle, mais nous n'avons nommé que les principaux d'entre eux.

Il existe dans l'église d'Altætting (Bavière) une magnifique pièce d'orfévrerie, connue sous le nom de Rössel d'or, qui doit être sortie des mains de l'un des habiles orfévres que nous venons de nommer; elle donne une grande idée de l'orfévrerie d'art de la fin du quatorzième siècle et des premières années du quinzième. Ce monument, qui a 58 centimètres de hauteur, offre deux étages. L'étage inférieur, d'argent doré, reproduit un portique à jour composé de quatre colonnes qui soutiennent une plate-forme à laquelle conduisent deux escaliers latéraux. Sous le portique un page tient un cheval sellé et richement harnaché. L'étage supérieur, qui est tout d'or, est établi sur la plate-forme. Au fond, s'élève une estrade que domine un berceau couvert de feuillages et de fleurs, au milieu desquels sont disposées des pierres fines d'une grande valeur. Sous le berceau, la Vierge, assise, tient sur ses genoux l'enfant Jésus, qui offre un anneau à sainte Catherine à genoux devant lui. Saint Jean-Baptiste, représenté tout jeune, avec un agneau, est auprès de la sainte épouse du Christ. De l'autre côté, on voit saint Jean l'évangéliste tenant un calice.

Au pied de l'estrade, à droite de la Vierge, est le roi Charles VI à genoux. Il est armé

---

(1) *Le* XIXe *compte Brunel*, du 1er janvier 1387 au 30 juin 1388, déjà cité. Archives nat., KK. 19, passim. — *Le premier compte de Arnoul Bouchez, argentier du roy*, du 1er février 1388 au 31 juillet 1389. Arch. nat., KK. 20, passim.

(2) Voyez plus haut, page 26.

(3) *Compotus fabrice eccl. S. Stephani Trecensis... a prima die ulii anni Dom. octuagesimi usque ad eumdem diem anni Dom.* M CCC III[xx] *premij*, publié par M. DE LABORDE, *les Ducs de Bourgogne*, t. III, art. 7307.

(4) *Ordonnances de Louis, duc de Touraine*, frère de Charles VI, de 1389, publiées par M. DE LABORDE, *les Ducs de Bourgogne*, t. III, art. 5443.

(5) M. DE LABORDE, *les Ducs de Bourgogne*, t. III, art. 5448, 5484, 5485 et 5488.

(6) *Ibid.*, art. 5551, 5583, 5781.

(7) *Inventaire*, Bibliothèque nationale, n° 1084, publié par M. DE LABORDE, *les Ducs de Bourgogne*, t. III, art. 5882.

(8) M. DE LABORDE, *les Ducs de Bourgogne*, t. III, art. 75, 198 et 270.

de toutes pièces et porte par-dessus son armure une cotte d'armes bleue fleurdelisée. Sa tête est couronnée de fleurs. En face de Charles VI, à la gauche de la Vierge, est un chevalier à genoux qui tient le heaume du roi. Toutes les figures, exécutées de ronde bosse, sont coloriées par des émaux (1).

En 1413, le duc Louis de Bavière, frère de la reine Isabeau, qui avait enlevé cette belle pièce avec plusieurs autres du trésor de Charles VI, les apporta toutes en Bavière (2). Plus tard, il les légua par son testament à l'église d'Ingolstadt; mais en 1509 le Rössel d'or fut donné à l'église d'Altætting. Les archéologues allemands n'étaient pas d'accord sur l'origine de ce bijou. L'historien Zang avait même prétendu que le Rossel d'or avait fait partie de la dot que le duc de Bavière avait donnée à sa fille Isabeau. Mais nous avons trouvé, parmi les manuscrits de la Bibliothèque nationale, un inventaire du trésor de Charles VI, dressé à la fin de 1405, sous l'administration de Girard de Montagut, garde principal des joyaux, vaisselle d'or et d'argent et pierreries du roi, qui ne laisse aucun doute sur l'origine et la date de l'exécution de cette pièce d'orfévrerie. En voici les termes : « Item un imaige de
» Nostre Dame qui tient son enfant, assis en un jardin faict en maniere de traille, et est
» esmaillée la dite Nostre Dame de blanc et l'enfant de rouge clere, et a la dite imaige un
» fermail en sa poictrine garny de six perles et un balay, et au-dessus de la teste de Nostre
» Dame a une couronne garnie de deux balaisseaux et un saphir et seize perles, et est tenue
» la dite couronne de deux angeloz esmaillez de blanc; et le dit jardin garny de cinq gros
» balaiz et cinq saphirs et trente-deux perles; et a un lutrin où il y a un liure dessus
» garny de douze perles, et au devant du dit imaige, il y a trois imaiges d'or, c'est assavoir
» sainte Catherine, saint Jean-Baptiste, saint Jean l'évangéliste et au dessoubz l'imaige du
» Roy à genoulx, sur un coussin garny de quatre perles, armé des armes de France et
» devant lui son liure sur un scabel d'or et derriere lui un tigre; et au devant du Roy
» de l'autre costé, a un chevalier armé et esmaillé de blanc et de bleu qui tient le heaume
» du Roy d'or; et au dessoubz au bas de l'entablement a un cheval esmaillé de blanc et a la
» selle et le harnois d'or, et un varlet esmaillé de blanc et de bleu qui le tient par une
» mein par la bride et en l'autre mein un baston; et poise environ dix-huit marcz d'or; et
» l'entablement sur quoi les choses dessus d. sont ordonnées poise environ trente marcz
» d'argent doré; et fut donné par la Reine au Roy le premier jour de l'an 1404 (3). » Ainsi, voilà qui est clair, la pièce d'orfévrerie que possède l'église d'Altætting est le cadeau que la reine Isabeau offrit au roi Charles VI pour ses étrennes, le premier jour de l'an 1404. Elle a dû être commandée par la reine avec cette intention spéciale, et l'on peut en fixer l'exécution à l'année 1403.

Cependant, et malgré le texte formel de l'inventaire, un archéologue français a prétendu qu'elle avait dû être faite à l'époque où, très-jeune chevalier, Charles VI épousa Isabeau de Bavière (1385). Il se fonde sur ce que la figure du roi paraît fort jeune dans la chromolithographie qu'il a eue sous les yeux et sur ce qu'il porte une couronne de fleurs blanches et bleues; le blanc et le bleu étant les couleurs des armoiries d'Isabeau (4). Cette opinion

(1) M. LE BARON D'ARETIN, *Antiquités et œuvres d'art de la maison régnante de Bavière*, a donné une chromolithographie de ce beau bijou. — M. E. DIDRON en a publié une gravure dans les *Annales archéol.*, t. XXVI, p. 119.
(2) Consulter, pour plus de détails, notre *Dissertation sur le Rössel d'or*, dans les *Annales archéol.*, t. XXVI, p. 204.
(3) Bibliothèque nationale, mss. franç., n° 21446, fol. 24.
(4) *Annales archéol.*, t. XXVI, p. 402.

est inadmissible. Lorsque le bijou a été fait en 1403, comme nous le supposons, le roi n'avait que trente-cinq ans. A cet âge on est encore jeune, et d'ailleurs l'artiste qui fait le portrait d'un roi ne cherche-t-il pas toujours à flatter son modèle? En voulant reporter la date de l'exécution du monument à l'époque du mariage de Charles VI, on n'a pas fait attention que le roi n'avait alors que seize ans et demi : c'était presque un enfant ; or la figure du chevalier armé de toutes pièces, qui est aux pieds de la Vierge, est celle d'un homme fait, qu'on ne peut confondre avec un enfant de seize ans. Quant à la couronne de fleurs, on sait qu'il était d'usage, au quatorzième et au quinzième siècle, de se couronner de fleurs dans certaines cérémonies religieuses. On en trouve un exemple dans l'une des miniatures du beau manuscrit exécuté pour Jacques Juvénal des Ursins, qui appartient à la ville de Paris. Dans une procession du saint sacrement qui traverse la place de l'hôtel de ville, les prêtres et les bourgeois, porteurs du dais, sont couronnés de fleurs.

Un archéologue allemand « n'hésite pas à soutenir que le Rössel d'or est un chef-d'œuvre » sorti des mains des maîtres de Limoges, qui, vers 1400, avaient acquis un grand renom » dans l'art de l'émaillerie ». Mais il oublie que ce qui faisait alors la réputation des émailleurs du Limousin, c'était la peinture en émail incrusté sur cuivre et non pas la sculpture en or émaillé. Un habile orfévre de Limoges ou de toute autre des grandes villes de France aurait pu faire sans doute des figurines d'or, coloriées par des émaux ; mais peut-on supposer que la reine Isabeau, lorsque le pays était agité par la guerre civile et la guerre étrangère, ait été confier à un orfévre de Limoges, ou de toute autre ville éloignée de Paris, qu'elle habitait, dix-huit marcs d'or et trente marcs d'argent, tandis qu'elle avait sous la main, à Paris, des maîtres sculpteurs en orfévrerie qui avaient acquis une grande réputation par des œuvres non moins splendides que le Rössel d'or, et dont elle pouvait protéger les travaux contre les soulèvements populaires par les hautes murailles du Louvre et de la Bastille?

Les productions de l'orfévrerie au quinzième siècle sont à peu près les mêmes qu'au quatorzième. Les formes éprouvèrent peu de variations, mais le style des monuments de cet art se trouva naturellement influencé par les modifications successives que subit l'architecture ogivale. Les orfévres du quinzième siècle apportèrent moins de simplicité que leurs devanciers dans leurs compositions, moins de correction dans le modelé des figures, et moins d'élégance dans les formes ; mais ils se signalèrent par un travail dont le fini et la délicatesse furent souvent poussés jusqu'à l'exagération. Il semble qu'ils aient pris pour but de lutter avec la glyptique, et l'on serait tenté de croire, en présence de certains ouvrages, qu'ils ont ciselé la loupe à la main les bas-reliefs, les feuillages et les rinceaux dont ils ont enrichi leurs ouvrages.

Les inventaires de Philippe le Bon et de Charles le Téméraire, ducs de Bourgogne (1), renferment la description de richesses presque aussi considérables que celles qui sont énumérées dans les inventaires de Charles V et du duc d'Anjou. Les objets religieux, les pièces de vaisselle de table et les bijoux sont désignés de la même façon, ou à peu près, dans les inventaires et dans les comptes des deux époques, et il n'y a pas d'intérêt à tirer de nouveaux exemples des documents du quinzième siècle.

(1) Ils ont été publiés par M. DE LABORDE, les Ducs de Bourgogne, t. II, p. 1 et 235.

Nous nous bornerons à quelques citations pour justifier ce que disait Martial d'Auvergne, « qu'on s'harnachoit d'orfaverie », et faire connaître en quoi consistaient ces ornements de métal précieux appliqués sur les vêtements : « A Gabriel Closier changeur pour
» iiij. marcs vii. esterl. ob. d'or fin à xxiii. quaras, achetés de lui et baillés à Estienne
» Despernon orbateur pour aplatir et mettre en plate pour mettre et tailler en forme
» de fleurs de geneste pour asseoir sur deux pourpoins de broderie pour le roi et
» Monseigneur le duc de Touraine (Louis, frère de Charles VI) (1). — A Jehan Mainfroy
» orfévre varlet de chambre de de MdS le duc (mondit seigneur le duc de Bourgogne)
» pour avoir fait pour MdS au mois de juing mil cccc. xi, le nombre de xi$^{xx}$ (220) feuilles
» de houblon d'argent pour mettre et asseoir sur deux manches d'une robe à chevau-
» chier de drap vert, pesant iiii. marcs ii. onces cinq esterlins... pour avoir fait mettre
» et asseoir sur icelles deux manches vii$^{xx}$ (140) houbelons, demi ronds d'or souldis
» pesant vi$^m$ viii$^e$ (6 marcs 8 esterlins) (2). » Voilà des manches dont l'orfévrerie seule
pesait plus de dix marcs. — « Nous voulons que vous baillez à notre amé orfévre et
» varlet de chambre Aubertin Boillefèves la somme de huit cens quatre vins dix livres
» dix-sept sols huit deniers pour xlvii$^m$ (marcs) vii$^e$ xv. d'argent blanc, ouvrés en
» maniere décailles, lesquelles ont été mises et attachez sur drap vert brun et assis sur
» les manches de neuf houppelandes (3). — A Jehan Mainfroy orfévre et varlet de
» chambre de MdS pour avoir fait pour MdS xxiiii. anelés d'or, lesquels anelés furent
» mis et attachiez aux manches d'un pourpoint que MdS donna à Mons$^r$. de Guienne (4). »

Nous terminerons en signalant quelques monuments d'orfévrerie du quinzième siècle qui subsistent encore, et en donnant les noms des principaux orfévres de cette époque.

Les travaux de la statuaire devinrent plus importants au quinzième siècle, et cet art tendant à s'individualiser, il est à croire que les sculpteurs habiles s'adonnèrent beaucoup moins à l'orfévrerie. Les inventaires signalent encore, à la vérité, un grand nombre de statuettes d'or et d'argent, mais la plupart de ces monuments devaient provenir du quatorzième siècle ou des premières années du quinzième, et les comptes des argentiers des rois de France, ainsi que ceux des agents comptables de Philippe le Bon (1419†1467) et de son fils Charles († 1477), ducs de Bourgogne, ne signalent que bien rarement l'exécution de statuettes d'or ou d'argent par les artistes de leur temps. Il est de fait que l'orfévrerie à figures de la seconde moitié du quinzième siècle est inférieure, au point de vue de l'art, à celle du quatorzième.

Parmi les productions des orfévres sculpteurs, nous signalerons, au musée de Cluny, une statuette de sainte Anne exécutée en feuilles d'argent ciselées, battues ou repoussées, dorées et émaillées. La sainte tient sur ses genoux ses deux enfants, qui portent

---

(1) *Le premier compte Arnoul Bouchez, argentier*, du 1$^{er}$ février 1388 au dernier jour de juillet 1389. Ms. Archives nat., KK. 20, fol. 106.

(2) *Compte Robert de Bailleux, receveur des finances de monseigneur* (le duc de Bourgogne), *depuis le* 1$^{er}$ *may l'an* m. cccc. xii..., publié par M. DE LABORDE, *les Ducs de Bourgogne*, t. I, p. 34, art. 153.

(3) *Ordonnance de Charles, duc d'Orléans*, du 31 janvier 1414, Coll. du British Museum, publiée par M. DE LABORDE, *les Ducs de Bourgogne*, t. III, art. 6239.

(4) *Le quart et darnier compte Jehan Vtenhove, receveur général* (du duc de Bourgogne), de la Saint-Jean 1416 au 29 novembre, publié par M. DE LABORDE, *les Ducs de Bourgogne*, t. I, p. 107, art. 309.

un reliquaire. C'est un ouvrage de Hans Greiff, orfévre de Nuremberg, daté de 1472 (1). Nous avons reproduit cette pièce dans la planche XXVII de notre album.

Dans la collection de M. Sellière, à Paris, une très-belle statuette d'argent doré de saint Sébastien lié à un arbre. Elle est exécutée au repoussé, et porte sur le socle la date de 1497. Cette statuette provient de la collection du prince Soltykoff (2).

Dans le trésor du dôme de Ratisbonne, une statuette d'argent de saint Sébastien, qui porte des reliques suspendues à une chaîne.

Et dans la Kunstkammer de Berlin, une statuette de la Vierge exécutée par Henri Hufnagel, orfévre d'Augsbourg, en 1482.

Les accessoires qui accompagnent ces pièces sont toujours empreints, comme dans la statuette de sainte Anne, du style ogival, qui, en Allemagne comme en France, a fait sentir son influence sur les productions de l'orfévrerie religieuse jusque vers la fin du premier quart du seizième siècle.

Les objets d'orfévrerie religieuse du quinzième siècle sont assez nombreux dans les musées et dans les églises. On trouve au musée de Cluny deux grands ossuaires d'argent ciselé et en partie doré ; ils ont la forme d'une longue nef percée de fenêtres ou de roses, dont le toit à deux versants est surmonté, dans l'un d'un clocher, dans l'autre d'une flèche élancée. Ces deux reliquaires (3) proviennent du trésor de la cathédrale de Bâle, et ont appartenu ensuite à la collection du prince Soltykoff (4). Ils ont été reproduits dans *le Moyen Age et la Renaissance* (5).

Les monstrances pour l'exposition du Saint-Sacrement ou des reliques étaient fort en vogue au quinzième siècle. Dans la composition de ces pièces, les orfévres empruntaient toujours leurs motifs à l'architecture ogivale de l'époque. Ils sont le plus ordinairement disposés dans la forme d'un clocher pédiculé, dont les orfévres se sont plu à compliquer les membres en pliant le métal à tous leurs caprices ; on y trouve souvent des figurines de ronde bosse ciselées avec beaucoup d'art. Nous citerons en ce genre deux monstrances de cuivre doré qui appartenaient à la collection du prince Soltykoff, et qui ont été gravées dans les *Mélanges d'archéologie* (6).

A Cologne, celles que possèdent les églises Saint-Cunibert, Saint-Martin et Sainte-Colombe (7).

Un beau reliquaire d'argent doré du trésor de la cathédrale d'Aix-la-Chapelle, renfermant un Agnus Dei, publié dans les *Mélanges d'archéologie* (8).

---

(1) N° 3124 du Catalogue de 1861. Cette statuette, après avoir fait partie de la collection Debruge (n° 304 du Catalogue), était passée dans celle du prince Soltykoff (n° 170 du Catalogue). A la vente de cette collection, elle a été adjugée au musée de Cluny moyennant 3339 francs.
(2) N° 172 du Catalogue de cette collection, elle a été adjugée à M. Sellière moyennant 6190 francs.
(3) N°s 3126 et 3127 du Catalogue de 1861.
(4) N°s 176 et 177 du Catalogue. Le premier a été adjugé au musée de Cluny à 1995 francs ; le second, 2835.
(5) Tome III, à la suite de notre historique de l'ORFÉVRERIE.
(6) Tome I, p. 116, pl. XX. La plus grande de ces deux monstrances, n° 70 du Catalogue de la collection Soltykoff, a quatre-vingt-cinq centimètres de hauteur ; elle a été adjugée à M. Sellière moyennant 3255 francs, à la vente de cette collection.
(7) Elles ont été reproduites par M. l'abbé Bock, *Das heilige Köln*, pl. XV, XVI et XX.
(8) Tome I, p. 113, pl. XIX.

Dans l'église Saint-Alban, à Cologne, un reliquaire de cristal, en forme de croix, monté en argent doré (1).

Les calices qui ont échappé à la fonte sont en général d'une ornementation assez simple. Le pied est ordinairement découpé en six ou huit lobes ; il est enrichi, ainsi que le nœud, de fines ciselures; la coupe est semi-ovoïde (2). Nous devons mentionner tout particulièrement un calice d'argent doré que possède le trésor de la cathédrale de Mayence : le pied, découpé en contrelobes, est décoré de petites figures ciselées en relief d'un charmant modelé et d'une grande délicatesse d'exécution ; et un calice d'argent doré appartenant à la cathédrale de Francfort-sur-Mein : le pied est divisé en six lobes; sur l'un de ces lobes, l'artiste a reproduit la scène de la crucifixion par une charmante ciselure en relief; sur les autres, il a figuré le Christ, la Vierge et l'Enfant, saint George, sainte Catherine et sainte Barbe, par une fine gravure dans le style de Martin Schongauer (3). Nous en donnons la reproduction dans notre planche LXXVII, n° 6.

Les encensoirs figurent encore, comme dans le siècle précédent, un monument d'architecture ogivale. La collection du prince Soltykoff possédait deux encensoirs d'argent provenant de la cathédrale de Bâle (4). Une très-belle reproduction en a été donnée, aux deux tiers de l'exécution, dans *le Moyen Age et la Renaissance* (5). Nous signalerons encore un encensoir d'argent appartenant à l'église des Augustins, à Wurzbourg : son ornementation est empruntée à l'architecture ogivale ; il est décoré de figurines finement ciselées (6).

Les croix de procession ont souvent exercé le talent des orfévres du quinzième siècle. Il en existe encore plusieurs fort belles, surtout en Allemagne. M. l'abbé Bock (7) en a reproduit une d'argent doré, qui appartient à l'église Sainte-Colombe de Cologne. La figure du Christ, qui a vingt centimètres de hauteur, est une œuvre de fonte très-remarquable, et passe, par cette raison, pour avoir été ajoutée au seizième siècle ; mais tout nous porte à croire que l'artiste orfévre qui a ciselé les figurines délicates de l'ornementation était bien capable d'avoir produit la belle figure du Sauveur. La plus belle croix processionnelle du quinzième siècle est bien certainement celle que possédait la collection du prince Soltykoff (8). Nous en avons donné la reproduction dans la planche LIII de notre album.

Les pièces d'orfévrerie de table provenant des orfévres français du quinzième siècle sont extrêmement rares ; mais on rencontre dans les musées et dans les collections,

(1) Reproduit par M. l'abbé Bock, *Das heilige Köln*, pl. XIX.
(2) M. l'abbé Bock en a publié plusieurs dans *Das heilige Köln*.
(3) Il a été reproduit par MM. Becker et von Hefner-Alteneck, dans *Kunstwerke und Geräthschaften des Mittelalters und der Renaissance* ; Frankfurt am Main, t. I, pl. 55.
(4) N°⁸ 218 et 219 du Catalogue de cette collection de 1861. Ils ont été adjugés à M. Sellière moyennant 2223 francs chacun.
(5) Tome III, à la suite de notre historique de l'Orfévrerie.
(6) Il est reproduit par MM. Becker et von Hefner-Alteneck, dans l'ouvrage cité ci-dessus, t. I, pl. 69.
(7) *Das heilige Köln*, pl. XX.
(8) N° 103 du Catalogue de la vente de cette collection. Elle a été adjugée 17 955 francs, et appartient aujourd'hui au duc d'Aumale.

surtout chez les princes allemands, un assez grand nombre de hanaps et autres vases de cette époque qui appartiennent à l'industrie allemande. Le trésor du roi de Hanovre est fort riche en objets de cette sorte. Les formes sont en général lourdes et d'assez mauvais goût, mais les figurines qui enrichissent ces vases sont spirituellement posées et exécutées avec une grande délicatesse; les bas-reliefs sont ciselés avec beaucoup d'art. La collection du prince Soltykoff possédait un grand gobelet d'argent doré (1) couvert de bas-reliefs merveilleusement ciselés, reproduisant des sujets de chasse. Le couvercle est surmonté de quatre animaux, un bélier, un griffon et deux ours debout et tenant des écus émaillés, aux armes de quatre villes de la Suisse. Au-dessus s'élève un lion rampant, tenant une épée et le globe impérial, et s'appuyant sur un écu aux couleurs de la Bavière. On trouvera dans *le Moyen Age et la Renaissance* la reproduction d'un gobelet et d'une aiguière de la même collection (2), appartenant à l'orfèvrerie allemande, et celles d'un hanap et d'un plateau à pâtisseries conservés à l'hôtel de ville de Lunebourg (Hanovre) (3).

Trois bagues du quinzième siècle sont reproduites dans la planche LXVII de notre album, sous les n°s 1, 2 et 5.

Voici maintenant les noms des orfèvres qui paraissent avoir été les plus fameux de leur temps :

Jehan Villain, orfèvre à Dijon, de 1411 à 1431, et valet de chambre des ducs de Bourgogne Jean et Philippe (4).

Aubertin Boillefèves, orfèvre de Charles, duc d'Orléans, en 1414 (5).

Jehan Pentin, orfèvre à Bruges sous Philippe le Bon (6).

Pierre de la Haye, qui fit pour Jean VI, duc de Bretagne, une châsse d'argent, enrichie des figures des apôtres ; destinée à renfermer les reliques de saint Maclou, elle fut donnée par Jean VI, en 1433, à la cathédrale de Saint-Malo (7).

Henry le Backer, orfèvre à Bruxelles, auteur de divers ouvrages de sculpture d'or, et notamment d'un groupe pour croix d'autel, exécuté pour le comte de Charolais (Charles, fils de Philippe le Bon) en 1456, et reproduisant plusieurs figures : le Christ sur la croix, avec la Vierge et saint Jean à droite et à gauche ; et au pied de la croix, le comte et la comtesse de Charolais assistés de saint George et de sainte Élisabeth (8).

Gilbert Jehan et Martin Hersant, orfèvres du roi Charles VII ; Remy Fortier, orfèvre de la reine Marie d'Anjou ; Lubin de Queux, orfèvre à Chinon, et Guillemin Chenu, orfèvre à Bourges, fournisseurs ordinaires de Charles VII pendant son séjour dans cette ville (9).

(1) N° 876 du Catalogue. Il a été adjugé à M. de Machy au prix de 11 550 francs.
(2) N°s 874 et 875 du Catalogue.
(3) *Le Moyen Age et la Renaissance*, à la suite de notre historique de l'ORFÉVRERIE, t. III.
(4) M. DE LABORDE, *les Ducs de Bourgogne*, t. I, art. 93, 132 et 1134.
(5) *Ibid.*, t. III, art. 6239.
(6) *Ibid.*, t. I, art. 921, 1082 et 1094; t. III, art. 4010 et 4930.
(7) *Compte de Guinot, trésorier général du duc de Bretagne*, publié par M. DE LABORDE, *les Ducs de Bourgogne*, t. III, art. 7405.
(8) *Compte xiij$^e$ de Roland Pipe, receveur général de MS. le comte de Charolois*, publié dans *les Ducs de Bourgogne*, t. I, art. 1808.
(9) *Compte des finances de la reine au fait de l'argenterie*, du 1$^{er}$ octobre 1454 au dernier jour de septembre 1455. Ms. Archives nationales, KK. 55, fol. 75, 76, 77.

Guillaume Janson, orfévre à Paris et valet de chambre du roi Charles VII en 1458 (1).

Étienne Hulièvre, Jehan Fernicle, et Jehan Barbier, orfévres à Paris, fournisseurs ordinaires de Louis XI au commencement de son règne (2).

Gérard Loyet, orfévre et valet de chambre de Charles le Téméraire, duc de Bourgogne. Il fit en 1466 une statuette d'or donnée par le duc à l'église Saint-Lambert de Liége, et, dans l'année même de la mort de Charles, deux statuettes d'argent de grande proportion et deux bustes, de grandeur naturelle, de ce prince, qui était représenté, dans les statuettes, à genoux, les mains jointes, revêtu de son armure, l'épée au côté et portant le collier de la Toison d'or. Les deux statuettes étaient destinées à l'église Notre-Dame d'Ardembourg et Notre-Dame de Grâce lez Bruxelles, et les bustes aux églises Saint-Adrien de Grammont et Saint-Sébastien lez Bruxelles. Ces statuettes d'argent étaient coloriées (3) ;

Corneille de Bonte, célèbre orfévre de Gand. On possède de cet artiste une boite aux saintes huiles en façon d'armoire gothique fleuronnée, datée de 1486, qui se trouve dans la collection de M. Charles Onghena de Gand, et un écusson d'argent doré, qu'il exécuta pour les quatre trompettes et ménétriers du beffroi de la ville de Gand. On le conserve encore à l'hôtel de ville (4).

Jean Galant, orfévre de Charles VII, en 1488 et 1490 (5).

Et Lambert Haultement, orfévre de Paris, qui fit pour ce prince, en 1490, un groupe de figures d'or pour croix d'autel, reproduisant le Christ en croix, la Vierge et la Madeleine (6).

Il faut maintenant revenir sur nos pas pour retracer l'histoire de l'orfévrerie italienne durant le treizième, le quatorzième et le quinzième siècle.

## § II

L'ORFÉVRERIE EN ITALIE A L'ÉPOQUE OGIVALE.

### I

*Treizième siècle.*

La division politique de l'Italie en une foule de petites souverainetés, et la liberté dont jouissaient un grand nombre de villes au moyen âge, étaient éminemment favo-

---

(1) *Compte de l'argenterie ord. du roy*, du 1er octobre 1458 au 30 septembre 1459. Ms. Arch. nat., KK. 31, fol. 12.

(2) *Compte m$^e$ de Guillaume de Barye, conseiller général des finances du roy*, du 1er octobre 1463 au 30 septembre 1464. Ms. Archives nationales, KK. 59, fol. 70, 77 et 91.

(3) *Compte n.$^e$ de Berth. Trotin*, du 1er janvier 1466 au 31 décembre 1467. — *Compte de Nicolas le Prevost*, du 1er septembre au 31 décembre 1477. Mss. arch. de Lille, publiés par M. DE LABORDE, *les Ducs de Bourgogne*, t. I, art. 1929, 1976 et 1977.

(4) Ces deux pièces ont été reproduites dans *le Moyen Age et la Renaissance*, t. III, et par M. PAUL LACROIX, *Histoire de l'orfévrerie*, p. 86 et 87.

(5) *Compte de maistre Pierre Briçonnet, argentier du roy*, du 1er octobre 1487 au 1er jour de septembre 1488. Ms. Arch. nationales, KK. 70, fol. 145, 153 et 157.

(6) *Compte de maistre Th. Bohier, notaire et secrétaire du roy*, du 1er octobre 1490 au dernier jour de septembre 1491. Ms. Archives nationales, KK. 76, fol. 119.

rables au développement des arts de luxe. Les princes, les grands dignitaires de l'Église, les riches et nobles marchands de Florence, de Venise et de Gênes, et les opulentes villes municipales, rivalisaient de magnificence. Dans chaque ville, les citoyens, partagés alors en corporations, soit de quartiers, soit de professions, luttaient pareillement entre eux pour l'embellissement de leurs églises. Aussi les vases sacrés et la décoration des autels, les armures des capitaines, la vaisselle des princes et des nobles, les bijoux dont les femmes aimaient à se parer, fournirent-ils un aliment sans cesse renaissant aux travaux des orfévres durant l'époque ogivale, et malgré les guerres intestines et étrangères qui désolèrent presque constamment l'Italie jusque vers le milieu du seizième siècle, l'orfévrerie y fut plus en honneur que dans tout autre pays de l'Europe.

Mais du moment que Nicolas († 1275) et Jean de Pise († 1320), secouant le joug des Byzantins de la décadence, eurent fait sortir l'art statuaire des langueurs de l'assoupissement, l'orfévrerie ne pouvait plus être recherchée en Italie qu'à la condition de se tenir à la hauteur des progrès de la sculpture dont elle était fille ; aussi vit-on les orfévres suivre les leçons des Pisans et marcher parmi leurs élèves. Dès la fin du treizième siècle, l'art de l'orfévrerie prit un caractère entièrement artistique, et les orfévres se multiplièrent; et quand on sait que le grand Donatello, que Filippo Brunelleschi, le hardi constructeur de la coupole de la cathédrale de Florence, que Ghiberti, l'auteur des merveilleuses portes du baptistère de Saint-Jean, ont eu des orfévres pour maîtres et ont eux-mêmes pratiqué l'orfévrerie, on peut juger quels artistes c'étaient que ces orfévres italiens du quatorzième et du quinzième siècle, et quels admirables ouvrages ils ont dû produire. Mais, hélas ! ces nobles travaux ont presque tous péri : leur valeur artistique n'a pu les défendre contre la cupidité, les besoins, la crainte du pillage et l'amour du changement. Cellini nous apprend dans ses Mémoires que pendant que le pape Clément VII était assiégé dans le château Saint-Ange, il fut chargé de démonter toutes les pierres précieuses qui se trouvaient sur les tiares, les vases sacrés et les bijoux du souverain pontife, et d'en fondre l'or, dont il retira deux cents livres. Combien de trésors artistiques sont venus se perdre dans le creuset de Cellini ! Les archives de l'Italie et les écrits de Vasari, de Cellini et de quelques autres auteurs, nous ont révélé les noms d'un assez grand nombre d'habiles orfévres; nous ne pourrons signaler comme existant encore des œuvres de chacun d'eux, mais nous indiquerons cependant à nos lecteurs un nombre de monuments qui suffiront pour justifier le haut degré de perfection auquel avait atteint l'orfévrerie en Italie au quatorzième et au quinzième siècle.

Un document très-curieux, l'inventaire du trésor du saint-siége, dressé en 1295, peut nous servir à constater l'état de l'art de l'orfévrerie au treizième siècle. Malgré les guerres continuelles dont l'Italie fut le théâtre et les vicissitudes auxquelles la papauté fut en butte durant le douzième et le treizième siècle, les souverains pontifes avaient amassé un trésor considérable. A son avénement au trône pontifical, Boniface VIII (1294) fit rédiger un inventaire de ces richesses. Cet inventaire (1) très-détaillé,

---

(1) *Inventarium de omnibus rebus inventis in thesauro Sedis Apostolice factum de mandato sanctiss. patris Dni Bonifacii pape octavi, sub anno Dni miles° ducent° nonag° quinto, anno primo pontificatus ipsius.* Ms. Bibliothèque nationale de Paris, n° 5180.

et où se trouve ordinairement consigné même le poids des pièces, doit donc contenir le résumé de tout ce qui a pu être fabriqué en orfévrerie au douzième siècle et au treizième, à partir surtout du pontificat d'Innocent III (1198 † 1216), qui, relevant la papauté des humiliations qu'elle avait eu trop souvent à subir depuis Grégoire VII, consolida la puissance temporelle des papes et fit revivre dans l'Église le goût des lettres et des arts. Néanmoins il faut faire attention qu'il ne s'agit dans l'inventaire que du mobilier personnel du pape, et non de celui de l'église pontificale, et l'on regrette de n'y trouver que peu de pièces d'orfévrerie religieuse.

Les descriptions qu'on rencontre dans ce document ne signalent rien de particulier quant à la forme des pièces qui y sont désignées. L'ornementation dont elles sont enrichies consiste principalement en pierres fines et en émaux cloisonnés, rapportés sur les pièces et sertis comme les pierres. Les Toscans, ainsi que le constate Théophile (1), étaient devenus très-habiles, dès la fin du onzième siècle, dans ce genre d'émaillerie qui avait été importé de Constantinople, et que les élèves sortis des écoles ouvertes par l'abbé Didier au Mont-Cassin avaient dû propager (2). Les nielles figurent encore assez fréquemment dans l'ornementation des pièces : « Duo baccilia de auro cum ima- » ginibus ad nigellum. — Duas justas de argento deauratas similes cum rotis in quibus » sunt figure hominum laborate ad nigellum (3). » Mais sur plus de six cents objets dont se compose le trésor du pape, on ne trouve que fort peu de figures de ronde bosse en orfévrerie. Une image d'argent de la Vierge placée dans un tabernacle composé de quatre colonnes triangulaires portant des arcs qui soutiennent un clocher ; deux grandes figures d'hommes posées sur des socles et tenant des candélabres ; un languier d'argent reproduisant un lion sur lequel est un homme qui tient sur la tête une coquille d'où s'élève un arbre chargé de langues de serpent ; quelques pièces portées sur le dos de petits lions ; le couvercle d'une grande coupe d'argent doré ayant pour bouton un château au haut duquel siége un pape, et deux candélabres d'argent portés par des éléphants, voilà à peu près les seules figures de ronde bosse qu'offre cet inventaire.

On y trouve en beaucoup plus grand nombre des pièces ornées de figures en bas-relief, *cum imaginibus relevatis*. On y rencontre également beaucoup de pièces décorées de figures et d'ornements faits au burin, *ad bolinum*, comme celles-ci : « Unum urceum » deauratum cum manico, coperculo et rostro laboratum ad bolinum, cum imaginibus » hominum psallentium in giro de medio, et in alio superiori sunt diversa animalia, » s(icut) leones et griffones. — Unam cupam cum coperculo de argento deauratam cum » imaginibus hominum et mulierum factis cum bolino (4). »

On voit encore dans le trésor du saint-siége un assez grand nombre d'objets exécutés

---

(1) *Diversarum artium Schedula*, édit. de M. de l'Escalopier, p. 8. Voyez plus haut, chap. IV, § I, art. 2, t. I, p. 395.

(2) Consulter, sur les émaux italiens du douzième siècle, nos *Recherches sur la peinture en émail*, p. 130, et le titre de l'ÉMAILLERIE, chap. I, § I, art. 3 et 4, § III, art. 4, et chap. II, § III, art. 1.

(3) Fol. 8, 13 et passim.

(4) Fol. 11 et 19. Le glossaire de du Cange traduit *ad bolinum* par relevé en bosse, ciselé. « Relevé en bosse » ne nous paraît pas une traduction exacte. Les figures relevées en bosse, en bas-relief, sont rendues dans l'inventaire du saint-siége par le qualificatif *relevatus*; les mots *ad bolinum* doivent exprimer un autre travail qui ne peut être qu'un ouvrage au burin, présentant un relief obtenu par le procédé de la ciselure. L'expression *ad bolinum* vient de l'italien *bolino* ou *bulino*, burin.

en filigrane, *de opere fili* ou *ad filum* (1), et plusieurs de ces objets sont indiqués comme provenant de Venise (2), qui avait acquis dès le douzième siècle, comme nous l'avons dit, une grande réputation pour les ouvrages en filigrane (3).

L'orfévre du saint-siége appelé à donner son avis sur le mérite des pierres fines dont les objets étaient ornés, est nommé Riccardo.

De l'examen de l'inventaire du saint-siége, il résulte que les ouvrages d'orfévrerie artistique étaient encore assez rares dans le courant du treizième siècle. Mais les travaux que Nicolas de Pise et Jean, son fils, exécutèrent en différentes villes d'Italie, dans la seconde moitié de ce siècle, amenèrent une véritable restauration de l'art statuaire. Beaucoup d'artistes, mus par une louable émulation, suivirent leurs leçons et s'appliquèrent à la sculpture; et comme les ouvrages d'or et d'argent étaient alors fort en vogue, un grand nombre de jeunes sculpteurs de mérite s'adonnèrent à l'orfévrerie. Jean de Pise paya lui-même son tribut au goût de son temps pour cet art. Amené à Arezzo, en 1286, par l'évêque Guglielmino Ubertini, Jean, après avoir sculpté pour la cathédrale le parement du maître autel, où il représenta la Vierge et l'Enfant entre saint Grégoire et saint Donato, enrichit son ouvrage de ces fines ciselures sur argent colorées d'émaux auxquelles nous donnons le nom d'émaux translucides sur relief ou celui d'émaux de basse taille. Il fit de plus un bijou dont il décora la poitrine de la Vierge. Ce bijou, qui enchâssait des pierres fines d'une grande valeur, coûta, dit Vasari, trente mille florins d'or aux Arétins. Il a disparu de même que les ciselures émaillées (4).

Jean de Pise avait associé à ses travaux Agostino et Agnolo, jeunes Siennois, qui devinrent d'habiles sculpteurs. Ceux-ci et André de Pise (1270 † 1345), également sorti de l'école de Jean, comptèrent beaucoup d'orfévres parmi leurs élèves. André rendit surtout de grands services à l'orfévrerie en perfectionnant les procédés techniques de la fonte et de la ciselure. Dans le dernier tiers du treizième siècle, deux grandes écoles d'orfévrerie se produisent en Italie, l'une à Sienne et l'autre à Florence.

Les plus anciens orfévres que nous ayons à citer appartiennent à l'école siennoise. Pacino, fils de Valentini, qu'on nomme aussi Pace dans quelques documents, faisait en 1265, pour l'autel de Saint-Jacques de Pistoia, un calice d'or enrichi de figures sculptées, une couverture pour le livre des Évangiles, également d'or et ornée de pierreries, et une croix d'argent où l'on voyait les figures des évangélistes et celles de plusieurs saints (5). Ugolino, fils d'Arrighi, orfévre de Sienne, avait vendu les pierres précieuses qui enrichirent le calice de Pacino (6).

Andrea Puccio ou Pucci, et Tallino, son frère et son associé, firent en 1287 un calice pour l'œuvre de Saint-Jacques de Pistoia (7). A la suite de la délibération du conseil

(1) Fol. 5, 29, 46, 51, *et alias*.
(2) Fol. 11.
(3) Voyez plus haut, chap. IV, § II, art. 4, t. I, p. 424.
(4) Vasari, *le Vite de' più eccellenti pittori, scultori ed architetti*. Firenze, 1846, t. I, p. 272.
(5) Archives communales de la ville de Pistoia, livre intitulé : *Libro d'entrata e uscita dell' opera di San Jacopo di Pistoia dal 1200 al 1300*, à l'année 1265, p. 94, 95 et 96. Ces trois pièces d'orfévrerie sont décrites dans un inventaire du trésor de Saint-Jacques dressé en 1294 et transcrit dans le même livre, page 66.
(6) *Libro d'entrata e uscita dell' opera di S. Jacopo di Pistoia*, à l'année 1265, p. 96. Archives de Pistoia.
(7) *Ibid.*, à l'année 1287, p. 88.

de l'œuvre qui autorise le payement du calice, on en trouve une autre qui prescrivait l'exécution, pour l'autel Saint-Jacques, d'un retable d'argent où devaient se trouver reproduites les figures de la Vierge et celles des douze apôtres, et Ciampi en tire cette induction qu'Andrea Puccio a pu être l'auteur de ce retable (1), qui se trouve décrit dans l'inventaire du trésor de l'autel Saint-Jacques de 1294 que nous venons de citer. Les figures de la Vierge et des apôtres furent placées plus tard dans le nouveau retable qui existe encore aujourd'hui et dont nous parlerons plus loin. Le modelé de ces statuettes est assez correct; les draperies sont disposées avec soin, mais elles offrent de la lourdeur dans l'exécution. Elles sont placées sous des arcades ogives trilobées qui sont supportées par des colonnettes. Andrea Pucci vivait encore en 1313; il vendit vers cette époque un ornement pour l'autel du baptistère de Saint-Jean à Florence (2).

Un des plus habiles orfévres siennois de cette époque fut Filippucio. La ville de Sienne lui commanda en 1273 les précieux objets d'orfévrerie qu'elle offrit en présent à Charles d'Anjou, à la reine sa femme et aux principaux seigneurs de sa cour. Les archives de Sienne constatent que cet orfévre eut pour fils Minuccio et Memmo, qui furent peintres. Memmo donna le jour à Lippo Memmi, élève du célèbre Simone Martino, avec lequel il fit en société plusieurs ouvrages qui subsistent encore (3). Le goût et la pratique des arts se perpétuèrent pendant plusieurs siècles dans certaines familles siennoises et florentines; nous aurons plus d'une fois l'occasion d'en faire la remarque.

Le nom de Guccio de Sienne nous est donné sur une œuvre de ses mains qui subsiste encore dans l'église d'Assise. C'est un calice d'argent dont le pied, découpé en lobes, est divisé par un cordonnet en divers compartiments qui sont remplis, soit par des feuillages ciselés en relief, soit par des figures finement gravées, qui se détachent sur un fond d'émail bleu. Le nœud est enrichi de huit médaillons à figures traités de la même manière. La base de la coupe, qui est conique, est décorée d'ornements découpés dans le style ogival, où sont également des figures de saints gravées se détachant sur un fond d'émail bleu. Les inscriptions qui se lisent sur le pied apprennent que ce calice fut donné en 1290 par le pape Nicolas IV, et qu'il est l'œuvre de Guccio de Sienne (4).

Puccino Lippi Rape est désigné, dans le livre des recettes et dépenses de l'œuvre de Saint-Jacques de Pistoia, comme ayant fait en 1296 un grand encensoir d'argent pour son autel (5).

Venise était renommée, comme nous l'avons dit, dès le douzième siècle, pour les travaux de filigrane d'or et d'argent; mais à la fin du treizième ses orfévres produisirent des objets plus importants. L'église du Sauveur a conservé un retable d'argent d'une grande dimension, ouvrage de fonte réparé par la ciselure. Ce retable, placé au-dessus

---

(1) *Notizzie inedite della sagrestia Pistoiese, de' belli arredi del Campo Santo Pisano et di altre opere di disegno dal secolo XII al XV.* Firenze, 1810.

(2) *Libro dell' arte de' mercatanti dal 1313 al 1320*, allegato dal cod. M. A. 199, Marucellieno. (*Spoglio de C. Strozzi*, t. I, p. 149).

(3) *Commentario alle vite di Ant. e di Piero del Pollaiuolo, nelle Vite di Vasari*. Firenze, 1849, t. V, p. 104. — LANZI, *Histoire de la peinture en Italie*, trad. par M<sup>me</sup> DIEUDÉ. Paris, 1824, t. I, pp. 446 et 451.

(4) Il a été publié dans *le Moyen âge et la Renaissance*, t. III, à la suite de notre historique de l'ORFÉVRERIE.

(5) A l'année 1296, ms. déjà cité, p. 138.

du maître autel, est divisé en trois étages qui s'élèvent sur un riche soubassement. L'étage inférieur contient cinq niches. Dans celle du centre, le donataire du monument est à genoux et revêtu d'un costume d'abbé : c'est le prieur Benedetto, qui gouvernait en 1290 un monastère voisin. Les quatre autres niches sont remplies par les figures des évangélistes. Le second étage offre treize niches. Dans les trois niches du centre on a représenté la scène de la transfiguration du Christ. Moïse et Élie sont de chaque côté du Sauveur ; les apôtres Pierre, Jacques et Jean sont au-dessous, exprimant l'éblouissement qu'ils éprouvent à la lumière que projette le Rédempteur. Les dix autres niches sont remplies par des figures de saints. L'étage supérieur est divisé de la même manière que le second. Dans les trois niches centrales l'artiste a représenté la Vierge tenant son divin Fils et deux anges à ses côtés. Des figures de saints occupent les autres niches. Toutes ces niches sont séparées par des piliers dans le goût du treizième siècle. Les figures ont environ trente-deux centimètres de hauteur. Ce bel ouvrage, qui témoigne de la renaissance de l'art en Italie, est malheureusement à peu près invisible. Il se trouve caché par un tableau de Titien représentant la Transfiguration, ouvrage de la vieillesse de ce grand maître, et qui est loin de valoir le retable d'argent. L'auteur de ce beau monument est inconnu.

Un orfévre vénitien du même temps a été heureusement moins modeste et s'est fait connaître par cette inscription gravée sur l'une des portes extérieures de bronze de la basilique de Saint-Marc : MCCC. MAGISTER BERTUCCIUS AURIFEX VENETUS ME FECIT.

Les monuments de l'orfévrerie italienne du treizième siècle sont rares. Nous citerons un petit calice d'argent doré qui appartient au trésor de la cathédrale de Pistoia. La coupe est conique. Le pied, découpé en huit lobes, est décoré de médaillons exécutés en filigranes d'une grande finesse, et de petites perles. Le nœud est ornementé de la même façon. Ce calice pourrait bien être celui que fit Andrea Pucci en 1287.

II

*Quatorzième siècle.*

Les artistes orfévres dont nous avons parlé jusqu'à présent florissaient dans les premiers temps de la renaissance de l'art en Italie. Occupons-nous maintenant de ceux de la seconde génération, pour ainsi dire, qui se signalèrent lorsque l'art de la sculpture avait déjà fait de notables progrès.

Parmi les orfévres de la première moitié du quatorzième siècle, nous devons placer en première ligne Andrea, fils de Jacopo d'Ognabene, établi à Pistoia, qui était bien certainement un des premiers sculpteurs de cette époque. Le beau parement d'argent, ou *paliotto,* de l'autel Saint-Jacques de la cathédrale de Pistoia, qu'il termina en 1316, en est le témoignage. Il avait fait, antérieurement à 1316, beaucoup d'autres travaux pour l'autel dédié à saint Jacques, notamment la restauration de deux des figures d'apôtres de l'ancien retable de cet autel, qui avaient été brisées lors du vol exécuté par un certain Vanni Fucci dont nous aurons l'occasion de parler (1). Nous apprécierons

(1) *Libro d'entrata e uscita dell' opera di S. Jacopo,* à l'année 1314. Archives de Pistoia.

plus loin le talent d'Andrea d'Ognabene en présence de ses œuvres, lorsque nous donnerons la description de l'autel d'argent de Pistoia.

Lando, fils de Pierre de Sienne, contemporain d'Andrea d'Ognabene, fut non-seulement orfévre, mais encore ingénieur et architecte. La commune de Monza, par suite de cruelles nécessités, ayant mis en gage la fameuse couronne de fer, don de Théodelinde, Lando fut chargé, en 1311, par l'empereur Henri VII, de faire la couronne qui servit à son couronnement à Milan. Henri VII la donna ensuite à l'abbé et aux moines de Saint-Ambroise, et Lando fut chargé de leur en faire la remise ; la charte de donation qui constate ces faits est rapportée par Muratori (1). Il devint architecte de Robert, roi de Naples, et dirigea en 1339 différents travaux exécutés pour l'agrandissement de la cathédrale de Sienne (2).

Deux belles pièces d'orfévrerie qui subsistent encore dans la cathédrale d'Orvieto : le tabernacle du saint corporal et un reliquaire qui appartenait autrefois à l'église Saint-Juvénal, ont acquis une grande célébrité à Ugolino, orfévre de Sienne, fils de Veri, qui était aussi un orfévre de talent (3). Le tabernacle, qui présente le modèle en petit de la façade de cette cathédrale, est une magnifique pièce d'orfévrerie d'un mètre quatre-vingts centimètres environ de hauteur, et du poids de six cents livres. Il sert à renfermer le saint corporal de Bolsène (4). Au-dessus d'un soubassement s'élèvent quatre contre-forts triangulaires encadrant trois arcades ogivales trilobées, surmontées de pignons triangulaires. L'arcade centrale est divisée en six compartiments, et les deux arcades latérales en trois. Ces compartiments renferment chacun un tableau d'émail translucide sur ciselure en relief. L'artiste y a représenté différentes scènes se rapportant au miracle du linge sacré et au transport qui en fut fait dans l'église d'Orvieto par ordre d'Urbain IV. Le pignon de l'arcade centrale porte un crucifix, et ceux des arcades latérales des statuettes. Des figures d'anges s'élèvent sur les pinacles qui couronnent les contre-forts. Quatre figures de ronde bosse sont assises sur le soubassement : toutes ces figures sont d'argent doré. Une inscription latine, gravée sur le monument en lettres gothiques du quatorzième siècle, apprend qu'il a été fait en 1338 par Ugolino et ses associés, orfévres de Sienne : PER MAGISTRUM UGHOLINUM ET SOCIOS AURIFICES DE SENIS. Il est malheureusement presque impossible de voir cette belle pièce d'orfévrerie artistique ; elle est renfermée dans un tabernacle de marbre, placé à une grande élévation au-dessus du sol et fermé par des portes de fer à quatre serrures, dont les clefs sont confiées à quatre personnes qu'on ne peut jamais réunir pour en faire l'ouverture, si ce n'est le jour de Pâques, et le jour de la fête du Saint-Sacrement, durant lesquels le reliquaire est exposé aux yeux des fidèles (5). Mais on peut juger par les gravures

---

(1) *Anecdota quæ ex Ambrosianæ bibl. cod. nunc primum eruit* MURATORIUS. Mediolani, 1697, t. II, p. 309.

(2) BALDINUCCI, *Notizzie de' professori del disegno.* Firenze, 1767, t. II, p. 86.—MILANESI, *Documenti per la storia dell' arte Senese*, t. I, p. 228.

(3) *Ibid.*, t. I, p. 212.

(4) On rapporte qu'un prêtre de la ville de Bolsène ayant douté, au moment de la consécration, de la présence réelle du corps de Jésus-Christ dans l'hostie, des gouttes de sang en jaillirent et teignirent le corporal.

(5) La première des clefs est aux mains de l'évêque, la seconde en celles du gonfalonier; la troisième et la quatrième sont conservées par le chanoine camerlingue et le président de la fabrique. On peut parfois réunir trois des clefs, mais on ne parvient jamais, même appuyé par la recommandation du cardinal secrétaire d'État, à trouver la qua-

que le père della Valle et d'Agincourt ont publiées (1), de la belle ordonnance de sa composition et de la science renfermée dans les tableaux de ciselure émaillée dont elle est décorée.

Le reliquaire qui provient de Saint-Juvénal renferme la tête de saint Savino. C'est un charmant édicule de cuivre doré d'un mètre environ de hauteur. Au-dessus d'un soubassement hexagone, dont chaque angle repose sur le dos d'un petit lion, se dressent six colonnettes prismatiques à six pans, annelées d'un gros anneau et de quatre petits; elles portent six arcades ogivales trilobées surmontées de pignons fleuronnés. Au centre de ce tabernacle s'élève sur un piédestal hémisphérique une statuette de la Vierge tenant l'Enfant divin; une voûte à arêtes doublées de nervures s'étend au-dessus de la tête de la Vierge, et porte un clocher hexagone terminé par une pyramide; à l'intérieur du clocher est la statuette de saint Juvénal, évêque de Narni, qui vivait au treizième siècle. Chacun des six pans du soubassement de l'édifice renferme un émail de basse taille sur argent reproduisant une action de la vie du saint. La plinthe, de forme dodécagone, qui supporte le piédestal hémisphérique de la Vierge, le tympan des pignons, les pans de la pyramide et même ceux des colonnettes, sont enrichis d'émaux de basse taille sur argent où sont reproduits des figures, des animaux et des ornements d'un dessin et d'un style excellents. Sur le sommet du piédestal, au-dessous des pieds de la Vierge, on lit cette inscription : UGHOLINUS . ET . VIVA . DE . SENIS . FACIERUNT . ISTUM . TABERNACULUM. Comme le fait observer M. Didron, qui a donné une description détaillée de ce reliquaire en l'accompagnant d'une excellente gravure (2), Ugolino et Viva savaient mal le latin, mais ils connaissaient admirablement leur art. Il n'est pas possible, en effet, de trouver une composition plus gracieuse et une exécution plus délicate de l'orfévrerie et des émaux. Le modelé de la statuette de la Vierge laisse cependant à désirer. Comme on le voit, Ugolino, artiste de grande réputation, s'adjoignait d'autres orfèvres pour l'exécution des pièces importantes. Dans l'inscription gravée sur le reliquaire du corporal, ses associés ne sont pas nommés; dans celle du tabernacle de Saint-Juvénal, Viva vient partager sa gloire. Ugolino vivait encore en 1357. Il fut alors appelé comme arbitre pour statuer sur une contestation qui s'était élevée entre la commune de Pistoia et Pietro, orfévre de Florence (3).

Luca et Domenico, frères de Ugolino, furent aussi orfévres à Sienne. Domenico était camerlingue de la corporation des orfévres en 1361; ils prirent part tous les deux à la rédaction des statuts de cette corporation, dont nous parlerons plus loin. Viva était alors membre du syndicat de la corporation et il prit également part à la rédaction des statuts, qui furent publiés en cette année (4).

---

trième. D'Agincourt, du Sommerard, ni M. Didron, n'ont pu voir ce reliquaire, et nous n'avons pas été plus heureux qu'eux. Mais nous avons obtenu du sacristain les renseignements les plus détaillés sur cette belle pièce d'orfévrerie et sur la nature des émaux dont elle est enrichie. (Du SOMMERARD, *Les arts au moyen âge*, t. IV, p. 78. — *Annales archéologiques*, t. XV, p. 367.)

(1) DELLA VALLE, *Istoria del duomo di Orvieto*. Roma, 1791. — D'AGINCOURT, *Histoire de l'art*, t. VI, pl. CXXIII.
(2) *Annales archéologiques*, t. XV, p. 365.
(3) *Libro d'entrata e uscita dell' opera di San Jacopo dal 1329 al 1361*, à l'année 1357. Archives de Pistoia.
(4) MILANESI, *Documenti per la storia dell' arte Senese*, t. I, p. 57 et 103.

Les premiers orfèvres de l'école florentine que nous ayons à citer sont Andrea Arditi et Cione.

Andrea, fils d'Ardito, florissait au commencement du quatorzième siècle. L'inventaire du trésor de l'église de Santa-Reparata de Florence, daté de 1418, renferme la mention de deux calices sur lesquels il avait laissé son nom : ANDREA D'ARDITO MAESTRO. Le premier, d'argent émaillé, avait une patène où se trouvait reproduite en émail l'ascension du Christ; le second, d'argent doré, offrait beaucoup de figures de saints en émail, et était daté de 1331 (1). Andrea Arditi est encore mentionné dans l'un des livres de comptes de la communauté des marchands, relatif aux dépenses faites pour l'église San-Miniato al Monte, près de Florence, comme ayant fait pour cette église, en l'année 1338, une croix d'argent (2).

(1) *Inventario di S. Reparata di Firenze, fatto l'anno* 1418 (Spoglio de C. Strozzi, ms. libreria Magliabecchiana di Firenze, cod. 305, cl. 37, p. 19).

En citant ici pour la première fois l'un des manuscrits laissés par le sénateur Carlo Strozzi, nous devons donner quelques détails à nos lecteurs sur cette source abondante où nous avons puisé tant de renseignements relatifs aux arts et à l'industrie florentine du quatorzième et du quinzième siècle. Carlo Strozzi naquit à Florence en 1587. Après avoir fait de fortes études, il embrassa la carrière militaire comme tous les jeunes gentilshommes de son temps, et prit du service dans les troupes de la république vénitienne. Ayant été envoyé à Candie, il y étudia la langue grecque. Des affaires de famille et son goût pour l'étude le ramenèrent bientôt à Florence. Dans le but d'écrire l'histoire de son pays et d'établir la généalogie des grandes familles florentines, il se mit à compulser non-seulement les archives de l'État, mais celles des églises, des monastères et des différentes communautés d'artistes et d'artisans qui composaient la bourgeoisie de Florence. En 1626, le pape Urbain VIII l'appela à Rome et le chargea d'écrire l'histoire de sa famille. L'année suivante, le grand-duc Ferdinand II le chargea de mettre en ordre les écritures des Prestations (*de' Prestanzoni*), composées de grands volumes qui renfermaient tous les renseignements sur les emprunts que la république faisait aux citoyens dans les moments difficiles. Les officiers publics reçurent l'ordre de communiquer à Carlo Strozzi tous les documents qui étaient en leur possession et de lui en laisser prendre copie. Toute la vie de Strozzi fut employée à des recherches archéologiques. Il transcrivait de sa main et d'une écriture correcte et très-lisible les documents qui lui paraissaient utiles et en formait des volumes. Il réunissait aussi tout ce qu'il pouvait se procurer d'anciennes chartes et d'anciens documents. Sa maison était devenue un véritable dépôt d'archives. C'est ainsi que le sénateur Strozzi put sauver de l'oubli une foule de documents dont les originaux ont été perdus. A sa mort, arrivée en 1670, on comptait dans son chartrier plus de 1450 volumes in-folio et 850 in-quarto. Les extraits ou copies d'archives de Carlo Strozzi méritent la plus grande confiance : c'était un érudit des plus consciencieux; il a été fort apprécié des savants de son temps, et Montfaucon en parle avec éloge dans son *Diarium italicum*. (*Lettere inedite del senatore Carlo degli Strozzi, precedute della sua vita scritta dal canonico* SALVINO SALVINI. Firenze, 1859.) Plusieurs des volumes renfermant des dépouillements d'archives, écrits de la main de Carlo Strozzi, existent aujourd'hui dans les bibliothèques de Florence et viennent heureusement remplacer les originaux qui ont été perdus. Parmi ces volumes, il en est un appartenant à la bibliothèque Magliabecchiana de Florence, qui est intitulé : *Spoglio di scritture di diversi archivi di chiese*. C'est dans ce volume (codex 305, classe 37, p. 19) que nous avons trouvé l'inventaire du trésor de l'église Santa-Reparata, la cathédrale de Florence, dédiée aujourd'hui sous le vocable de Santa-Maria di Fiore.

(2) *Libro d'uscita di S. Miniato dell' anno* 1338, *dell' arte di Calimala ossia dei mercatanti* (Spoglio de C. Strozzi, t. I, fol. 101, Archives de l'État à Florence).

La corporation des marchands, *dell' arte di Calimala*, formait à Florence une institution très-puissante qui était gouvernée par des syndics élus par les membres de la corporation; elle jouissait d'un revenu considérable, possédait plusieurs églises et chapelles, et avait des archives fort en ordre. Ces archives furent mises à la disposition du sénateur Strozzi, et celui-ci en fit le dépouillement. Les copies ou extraits qu'il en tira, entièrement écrits de sa main, furent par lui réunis en trois gros volumes in-4°, qui se trouvent aujourd'hui cotés n° 101 dans les archives de l'État (*Archivio di Stato*), à Florence. Ces volumes sont ainsi intitulés : « Dépouillement des écritures (*Spoglio delle scritture*) de l'art de
» Calimala, autrement dit des marchands (*de' mercatanti*) et de ses dépendances (*e suoi annessi*), fait par moi Carlo, fils
» de Tommaso Strozzi, qui a été providiteur de cet art pendant beaucoup d'années. Je veux que ce dépouillement
» reste à cet art dans les mains du providiteur qui me succédera. Je le prie de perfectionner ce travail et d'ajouter à ce

Le plus important ouvrage de cet artiste qui ait été conservé est un buste d'argent de saint Zanobi, de grandeur naturelle, servant de reliquaire à la tête du saint, dont on aperçoit le crâne sous un cristal, le métal étant découpé à cet effet au sommet de la tête. Ce buste est renfermé dans la magnifique châsse de bronze, l'un des chefs-d'œuvre de Ghiberti, que l'on conserve dans la cathédrale de Florence, au-dessous de l'autel situé au fond de l'église. On ne l'en sort qu'une fois l'an, le 26 janvier, à moins que ce ne soit pour conjurer quelque grande calamité, et il nous a fallu pour le voir obtenir l'autorisation écrite de son éminence le cardinal-archevêque de Florence. La sculpture d'Andrea Arditi est tout à la fois noble et simple; on peut lui reprocher cependant un peu de roideur, défaut qui se rencontre souvent dans les œuvres de cette époque. Andrea Arditi était un émailleur de talent; des médaillons finement gravés, où sont représentées des figures de saints à mi-corps, enrichissent le col du vêtement et la poitrine du buste. Ces fines gravures, d'un très-léger relief, étaient jadis émaillées, mais les émaux brisés ont disparu. Vasari, qui fait un grand éloge de cette pièce d'orfèvrerie sculptée, en attribue l'exécution à Cione (1); mais cette inscription gravée sur la poitrine en caractères gothiques : ANDREAS ARDITI DE FLORENTIA ME FECIT, ne peut laisser aucun doute sur l'auteur de ce riche monument (2). A côté du buste existe une mitre en tissu d'argent de forme conique, sans ouverture dans le haut. On la pose sur la tête du buste quand on le sort de la châsse où il est renfermé. Le cercle frontal de cette mitre est composé de petites plaques carrées, d'argent doré, liées les unes aux autres par des charnières mobiles; elles sont décorées chacune d'un émail translucide sur relief. Le devant et le derrière de la mitre sont ornés d'une bande d'argent doré enrichie également d'émaux sur relief. Deux tringles d'argent doré, garnies de crochets, en soutiennent les deux côtés. Elle est terminée en haut par un bouton en forme d'olive. Les deux fanons qui pendent par derrière sont couverts de plaques d'émaux translucides sur relief, reproduisant des figures de saints. Cette mitre est un travail d'orfèvrerie très-délicatement exécuté, et doit être, comme le buste, une œuvre d'Andrea Arditi. La collection Debruge-Duménil possédait un calice d'argent ciselé, doré et émaillé, portant aussi l'inscription : ANDREAS ARDITI DE FLORENTIA ME FECIT (3). Nous en avons offert la reproduction dans la planche LV de notre album. On voit par cette pièce qu'Andrea Arditi décorait tout à la fois ses ouvrages des anciens émaux champlevés et des émaux translucides sur ciselure en relief, qui devenaient fort en vogue au commencement du quatorzième siècle.

Cione, orfèvre et habile sculpteur, florissait également au commencement du quatorzième siècle. Il fut le père du célèbre Andrea Orcagna, peintre, sculpteur et architecte,

» livre une table des matières, qui serait utile et nécessaire. » Le second volume et le troisième portent le même titre avec la seule addition du numéro d'ordre : *Spoglio secondo* et *Spoglio terzo*.

Les archives de la corporation des marchands ont disparu; mais les *Spogli* de Carlo Strozzi, entièrement écrits de sa main, subsistent encore, et c'est à ces heureuses copies d'archives que nous avons emprunté les citations qui vont suivre, tirées des différents livres que possédait le syndicat de la puissante corporation des *mercatanti*.

(1) *Le Vite de' più eccell. pitt., scult. ed architetti*, nelle *Vite di Agostino e Agnolo*. Firenze, 1846, t. II, p. 13.

(2) Une inscription gravée sur une tablette de cuivre et posée derrière le buste porte qu'il a été restauré en 1704, puis en 1812. Ces restaurations paraissent avoir respecté l'œuvre originale, qui est bien entière.

(3) Ce calice, qui était passé dans la collection du prince Soltykoff (n° 54 du Catalogue), a été adjugé à la vente de cette collection, en 1861, à M. Darlacher, et il est passé en Angleterre.

l'auteur du magnifique portique connu sous le nom de Loggia de' Lanzi qui décore la place du Grand-Duc à Florence. Dès la fin du treizième siècle, les Florentins avaient résolu de décorer le grand autel du baptistère consacré sous le vocable de saint Jean-Baptiste, patron de Florence, d'un parement d'argent où la vie du Précurseur devait être reproduite dans des bas-reliefs (1). Cione fut chargé d'en exécuter plusieurs (2). Plus tard cet autel d'argent ne parut plus assez beau, et les consuls de la communauté des marchands décidèrent en 1366, comme on le verra plus loin, qu'on en élèverait un autre beaucoup plus riche. L'ancien autel d'argent fut fondu; mais deux bas-reliefs faits par Cione parurent tellement beaux, qu'ils furent épargnés et adaptés au nouvel autel : c'est du moins ce que la tradition a établi depuis longtemps. L'un représente saint Jean-Baptiste se présentant devant Hérode pour lui reprocher sa liaison avec Hérodiade; l'autre, les disciples de saint Jean venant le visiter dans sa prison. Nous reproduisons ces deux bas-reliefs dans notre planche XXXIV.

Nous admettons volontiers la tradition comme une vérité à l'égard du premier de ces bas-reliefs. Les détails architectoniques qui s'y trouvent sont bien ceux du commencement du quatorzième siècle, époque à laquelle florissait Cione ; mais le bas-relief de saint Jean en prison nous paraît être d'une autre main : nous reviendrons sur ce sujet en donnant la description de l'autel du baptistère de Saint-Jean. En jugeant du mérite de Cione d'après le seul bas-relief de saint Jean devant Hérode, on peut dire qu'on reconnaît dans cet artiste un élève distingué de l'école des Pisans. On ne trouve pas dans sa composition l'élégance de la forme, l'exquise délicatesse des contours et la grâce attrayante qui distinguaient cent ans plus tard les œuvres des Ghiberti et des Pollaiuolo ; on peut reprocher à ses figures d'être un peu ramassées ; mais l'ordonnance du sujet, la sagesse dans les attitudes, l'expression répandue dans les têtes et la bonne disposition des draperies, dénotent un artiste de talent qui devait être un des premiers sculpteurs de son temps. Cione a revêtu de la cataphracte romaine les soldats qu'il a introduits dans son bas-relief: on voit par là que, suivant la méthode de ses maîtres, il avait étudié la statuaire antique ; il se permet cependant de coiffer ces soldats du bacinet de son époque.

Le grand nombre d'élèves de mérite qu'a laissés après lui Cione est une preuve que la réputation dont il jouissait était bien méritée. Vasari compte parmi eux Forzore, fils de Spinello d'Arezzo, et Leonardo de Florence. Forzore, habile orfèvre, excellait dans la ciselure; il s'acquit une grande réputation pour ses émaux translucides sur relief. Vasari cite comme de très-beaux ouvrages de Forzore, subsistant encore de son temps, la crosse et la mitre de l'évêque d'Arezzo, qui étaient enrichies de sujets émaillés, et l'argenterie du cardinal Galeotto de Pietramala, que ce prélat légua aux religieux de la Vernia, dont il avait bâti le couvent (3). Leonardo, fils de ser Giovanni, fut non-seulement le plus habile orfèvre de son temps, mais un sculpteur de grand talent; nous en parlerons plus loin. Vasari dit que Cione mourut peu après 1330 (4); mais il est à croire

---

(1) GORI, *Thesaurus veterum diptychorum*. Flor., 1759, t. III, p. 310.
(2) VASARI, *Vite d'Agostino e Agnolo*.
(3) VASARI, *Le Vite de' più eccell. pitt., scult. ed archit.* Firenze, 1846, t. II, p. 12.
(4) *Ibid.*, t. II, p. 11.

qu'il a vécu au delà de cette année, puisqu'il a été le maître de Leonardo. Les écoles d'orfévrerie de Florence et de Sienne étaient donc arrivées à un très-haut degré de réputation vers le milieu du quatorzième siècle. Les commandes importantes que recevaient de toutes parts les orfévres de ces deux villes leur firent un devoir de donner des garanties au public de la bonne confection et de la valeur intrinsèque des ouvrages sortis de leurs mains. Ils se réunirent donc en corporation, et rédigèrent des statuts qui devinrent obligatoires pour tous ceux qui exerçaient l'art de l'orfévrerie. Les statuts des orfévres de Florence remontent à l'année 1335; ceux des orfévres de Sienne sont de 1360. Les deux corporations étaient gouvernées par des officiers élus, chargés de surveiller l'exécution des statuts et de prononcer des amendes contre ceux qui ne s'y conformeraient pas. Ces statuts posaient des règles pour déterminer le titre de l'argent, défendaient de dorer aucune monnaie, interdisaient l'emploi des pierres fausses dans les anneaux, proscrivaient le travail de nuit et dans des lieux secrets. Les statuts des orfévres de Sienne voulaient même que les membres de la corporation ne pussent avoir que des ateliers ouverts sur les principales rues de la ville (1). Ces statuts avaient donc pour objet d'éviter la fraude et de s'opposer à ce qui pouvait porter atteinte à l'honneur de la profession, mais ils n'apportaient aucune entrave à l'exercice de l'art de l'orfévrerie, comme le faisaient les ordonnances des rois de France. La liberté absolue dont jouissaient les orfévres florentins et siennois fut éminemment favorable au développement de l'art.

Nous pouvons citer encore parmi les orfévres de la première moitié du quatorzième siècle Andréa, fils de Puccino di Baglione, qui fit pour l'autel Saint-Jacques de Pistoia des candélabres d'argent enrichis d'émaux (2) ;

Pietro et Paolo, de la ville d'Arezzo, élèves d'Agostino et Agnolo, qui furent d'habiles ciseleurs : ils firent, entre autres belles choses, pour un archiprêtre de la cathédrale d'Arezzo, une tête d'argent grande comme nature, enrichie de figures et d'ornements en émail translucide sur ciselure; elle était destinée à renfermer le chef de saint Donato, évêque et protecteur de cette ville. Ce reliquaire, qui est encore conservé à Arezzo, porte la date de 1346 (3).

Antellotto Braccioforte, célèbre orfévre de Plaisance, dont nous avons déjà parlé comme ayant restauré en 1345 tous les bijoux du trésor de Monza, lorsqu'ils furent rapportés d'Avignon (4).

Borgino, orfévre milanais qui a laissé son nom sur un monument d'une grande importance, le parement d'autel ou paliotto, d'argent doré, du maître autel de la cathédrale de Monza. Ce parement, d'environ trois mètres de longueur, est divisé en trois panneaux égaux qui sont couverts de sculptures en bas-reliefs. Le panneau du milieu est occupé par une croix à branches égales, au centre de laquelle est une auréole ovoïde qui encadre

---

(1) Ces statuts ont été publiés par G. GAYE, *Carteggio d'artisti*, t. I, p. 1. M. MILANESI, qui a aussi publié les statuts des orfévres de Sienne dans ses *Documenti per la storia dell' arte Senese*, a donné la liste des orfévres de la corporation de Sienne en l'année 1362, t. I, p. 102.
(2) *Libro d'entrata e uscita dell' opera di San Jacopo*, à l'année 1337. Archives de Pistoia.
(3) VASARI, *Vite d'Agostino e Agnolo*. Firenze, 1846, t. II, p. 11, note 1.
(4) Voyez chap. I, § 1, t. I, p. 234.

un bas-relief reproduisant le baptême du Christ par saint Jean ; les symboles des évangélistes sont figurés en relief sur les branches de la croix, et les quatre champs qu'elles forment sont remplis par quatre bas-reliefs. Les deux panneaux latéraux sont divisés en neuf compartiments carrés renfermant chacun un bas-relief. Les sujets des vingt-deux bas-reliefs sont tous empruntés à la vie de saint Jean-Baptiste ; les listels verticaux qui en forment du haut en bas l'encadrement sont enrichis de charmantes figurines en émail translucide sur ciselure ; les listels horizontaux sont chargés d'inscriptions. La date de l'exécution du monument et le nom de son auteur sont constatés par celle-ci : MCCCL. HOC OPUS FUIT INCEPTUM ET FINITUM EST MCCCLVII ET IN PRESENTI ALTARI COLLOCATUM EXTITIT DIE VIGESIMA NONA MENSIS AUGUSTI DICTI ANNI SCILICET IN FESTO DECOLLATIONIS BAPTISTE IOHANNIS, PER DISCRETUM VIRUM MAGISTRUM BORGINUM DE PUTEO CIVITATIS MLI (*Mediolani*) AURIFICEM PROPRIA MANU SUA, CUJUS ANIMA IN BEATITUDINE REQUIESCAT. DICATUR VERO PRO EJUS REMEDIO AVE MARIA. TPR (*tempore*) VICARIATUS VEN (*venerabilis*) VIRI DOMINI GRATIANI DE ARONA CANONICI ET VICARII HUJUS ECCLESIE DE MODA (*Modoetia*) ET ALIORUM CANONICORUM SUORUM TUNC IN DICTA ECCLESIA RESIDENTIUM. Ainsi ce grand parement, commencé en 1350, ne fut terminé que sept ans après, en 1357. Borgino suivait évidemment la voie ouverte par les Pisans ; ses compositions sont en général bien traitées, son modelé ne manque pas d'une certaine correction, mais on peut lui reprocher de la mollesse ; ses reliefs ont fort peu de saillie et sont loin de valoir ceux d'Andrea d'Ognabene, ni surtout ceux de ses contemporains, Giglio de Pise, Piero de Florence, Piero fils d'Arrigo de Pistoia, et Leonardo fils de ser Giovanni de Florence. Nous parlerons des ouvrages des trois premiers en faisant la description de l'autel d'argent de la cathédrale de Pistoia, mais nous devons une mention particulière à Leonardo.

Leonardo, élève de Cione, dut commencer sa réputation dans la première moitié du quatorzième siècle, mais ses plus grands travaux ont été entrepris et terminés dans la seconde. Il perfectionna les procédés de la soudure, dit Vasari, se montra meilleur dessinateur que les autres orfèvres, et le plus habile de tous dans les ouvrages de sculpture (1).

Lorsqu'en 1366 la corporation des marchands de Florence eut résolu de refaire à nouveau un parement d'argent historié pour l'autel du baptistère consacré sous le vocable de Saint-Jean, elle en confia l'exécution conjointement à Berto fils de Geri et à Leonardo. Ainsi c'est évidemment à ces deux artistes qu'on doit le plan de l'ensemble du splendide monument qui subsiste encore aujourd'hui. Ce fait, qui n'a pas été encore signalé, est établi par un article du livre des dépenses de la corporation des marchands, mentionnant à la date du 16 janvier 1366 un premier payement de trois cents florins d'or fait à ces deux orfèvres, « qui ont, porte le document, entrepris de faire et de conduire à fin le » parement d'argent de l'église Saint-Jean de Florence » (2). On trouve sur le même

---

(1) *Vite d'Agostino e Agnolo*, t. II, p. 12.

(2) « A Berto di Geri e a Leonardo di ser Giov. orafi et maestri, cittadini di Firenze, i quali hanno condotto et tolto
« a fare il dossale della chiesa di San Giov. Batista di Firenze d'ariento degli ufficiali deputati per l'arte di Calimala,
» cioè Benedetto degli Alberti, Bernardo Covoni e Paolo Rondinelli, al modo e come si contiene nella allogagione a
» loro fatta al presente, e per la detta cagione f. 300 d'oro portò i sopradetti Berto e Leonardo orafi, 16 gennaio 1366. »
(*Libro uscita di San Giovanni nell' arte de' mercatanti*, p. 16, *Spoglio* de C. Strozzi, t. I, p. 99 v°.)

livre de dépenses, à la date du 19 juin 1367, un autre payement de cent florins d'or fait à Berto et à Leonardo pour partie du payement de leur travail du parement d'autel (1). Le 30 octobre de la même année, Berto reçoit seul une somme de cent quarante florins d'or pour lui et ses aides, *per se e per li suoi compagni* (2). Puis, en 1377, nous trouvons sur le même livre un payement de quatre cents florins d'or fait à Berto, à Cristofano di Paolo et à Michele, fils de Monte, maîtres orfévres, « qui font et exécutent, dit le document, » le parement d'argent qui se fait pour l'autel de saint Jean-Baptiste de Florence » (3). Il paraîtrait d'après cela que, dès la fin de 1367, Leonardo avait cessé de travailler à ce parement d'autel. Il est difficile de dire quelles sont les parties du monument qui ont été faites par Leonardo pendant les années 1366 et 1367, mais son talent de statuaire et ses beaux bas-reliefs de l'autel de Pistoia, dont nous allons parler, doivent faire supposer qu'il n'a pu être chargé que de travaux d'art, et l'on peut lui attribuer certainement plusieurs des bas-reliefs de la partie centrale de l'autel. On retrouve, en effet, dans quelques-uns le style et la correction des bas-reliefs de l'autel de Pistoia que Leonardo a signés, la même manière de traiter les rochers et d'y poser les arbres, et les mêmes dispositions dans les plis des vêtements. Il a pu faire aussi plusieurs des statuettes. Nous reviendrons sur ce sujet en faisant la description de l'autel Saint-Jean.

Si Leonardo n'avait pas continué de travailler à l'autel Saint-Jean, c'est que, dès 1366, il avait été chargé de l'exécution de bas-reliefs d'argent qui, réunis dans un grand cadre, au nombre de neuf, devaient couvrir le côté latéral gauche (côté de l'épître) de l'autel dédié à saint Jacques dans la cathédrale de Pistoia, et accompagner le parement d'autel d'Andrea d'Ognabene (4). Leonardo ne les termina qu'en 1371. Ces différents bas-reliefs, dont nous indiquerons les sujets en donnant plus loin une description détaillée de l'autel Saint-Jacques, justifient pleinement l'estime de Vasari pour le talent de Leonardo. Les compositions sont sages, les figures correctement modelées, les attitudes justes et variées ; il y a de l'expression et de la finesse dans les têtes et du mouvement sans exagération dans les scènes qui sont reproduites. Leonardo est bien supérieur à la plupart des artistes qui ont enrichi de leurs travaux l'autel Saint-Jacques, et l'on doit le regarder comme un des plus habiles sculpteurs de son époque. A l'appui de notre opinion sur cet artiste, nous avons offert, dans la planche LX de notre Album, la reproduction de l'un de ses bas-reliefs. Leonardo a donc enrichi de ses travaux les deux plus considérables monuments d'orfévrerie italienne qui soient parvenus jusqu'à nous : l'autel de Pistoia, et le parement de l'autel Saint-Jean du baptistère de Florence. Les plus habiles orfévres de l'Italie ont travaillé pendant plus de cent cinquante ans à ces deux monuments, sur lesquels on peut suivre la marche de la sculpture et de l'orfévrerie en Italie durant le quatorzième et le quinzième siècle. Retraçons maintenant l'historique de l'autel de Pistoia ; nous décrirons plus loin l'autel Saint-Jean. Ces descriptions nous donneront l'occasion de faire connaître un grand nombre d'habiles orfévres de ces époques.

(1) *Libro uscita di S. Giov. nell' arte de' mercatanti*, p. 17 ; Spoglio Strozzi, t. I, p. 99 v°.
(2) *Idem*, p. 18 ; Spoglio Strozzi, t. I, p. 99 v°.
(3) *Idem*, p. 13 ; Spoglio Strozzi, t. I, p. 92 v°.
(4) Voyez le plan de l'autel de Pistoia à la fin de ce volume, au supplément à l'explication de la planche XXXIII.

## III

*Autel Saint-Jacques dans la cathédrale de Pistoia.*

En 1145, saint Atto, évêque de Pistoia, ayant obtenu qu'on lui envoyât de Compostelle une relique de saint Jacques, consistant en un os de la nuque auquel était attachée une touffe de cheveux, éleva en l'honneur du saint apôtre, dans la cathédrale de Pistoia, une chapelle qui fut consacrée le 25 juillet de cette année ; elle était située à l'entrée de l'église, du côté du midi ; une sacristie spéciale y était jointe. C'est dans ce lieu que furent renfermés les magnifiques pièces d'orfévrerie et les joyaux dont la piété des fidèles dotait chaque année l'autel Saint-Jacques, qui était en grande vénération dans toute la chrétienté.

De pieuses donations, qui ne cessèrent de s'accroître durant le cours du douzième et du treizième siècle, produisirent un revenu qui dépassa bientôt les besoins de l'entretien de la chapelle et qui servit dès lors à en augmenter la splendeur. Aussi les administrateurs de l'œuvre de Saint-Jacques, qui recevaient le nom d'*Operaj di san Jacopo*, faisaient-ils exécuter de temps à autre, avec l'autorisation du grand conseil de la cité, de magnifiques pièces d'orfévrerie qui venaient grossir le trésor.

En 1287, les administrateurs de Saint-Jacques commandèrent un riche paliotto d'argent et un retable, aussi d'argent, où se trouvaient reproduites les figures de la Vierge et des douze apôtres. L'auteur de ce travail n'est nommé ni dans la délibération qui en autorise la confection ni dans l'inventaire de 1294 (1), où l'on en trouve la description, malheureusement trop succincte ; mais on peut croire qu'il fut l'ouvrage d'Andrea, fils de Puccio, et de son frère Tallino, qui peu auparavant venaient de faire un nouveau calice pour la chapelle Saint-Jacques (2).

Au commencement de 1293, un habitant de Pistoia, Vanni Fucci, après avoir brisé la porte de la chapelle, y pénétra, arracha le paliotto et le retable de l'autel, et s'empara des plus beaux objets renfermés dans la sacristie (3).

La grande réputation dont jouissait le trésor de Saint-Jacques donna à ce vol un grand retentissement dans toute l'Italie, et longtemps après que le voleur eut été supplicié, le souvenir en était resté vivace. C'est à ce point que Dante, dans son divin poëme, ne manque pas, en parcourant les régions de l'enfer, d'y rencontrer Vanni Fucci, *Ladro alla sagrestia de' belli arredi*, tourmenté par d'affreux serpents :

> E vidivi entro terribile stipa
> Di serpenti, e di sì diversa mena,
> Che la memoria il sangue ancor mi scipa (4).

Cependant une grande partie des objets fut retrouvée et le paliotto fut remis en place par

---

(1) Livre intitulé : *Entrata e uscita dell' opera di S. Jacopo dal 1200 al 1300*, à l'année 1294, p. 66. Ms. Arch. de Pistoia, publié par Ciampi, *Notizie inedite della sagrestia Pistoiese*. Firenze, 1810, p. 129.
Les deux pièces sont ainsi décrites dans l'inventaire de 1294 : « Tabulam argenteam quæ est ante altare B. Jacobi. — » Tabulam argenteam de ymaginibus Mariæ et Apostolorum, factam tempore Calciolostis et Joannis olim operariorum » super altare sancti Jacobi que fuerunt derobate et postea reaptate. »
(2) Livre cité, à l'année 1287, p. 88.
(3) *Entrata e usc. dell' opera di S. Jacopo*, à l'année 1293. Archives communales de Pistoia.
(4) Dante, *dell' Inferno*, canto xxiv.

l'orfévre Andrea. Une chaîne d'argent fut aussi fabriquée par cet orfévre, afin d'enlacer les pièces du trésor lorsqu'elles étaient exposées sur l'autel à la vue des fidèles (1). Plus tard il restaura également deux des statues des douze apôtres qui décoraient le retable (2).

Mais ces restaurations ne pouvaient satisfaire la piété des habitants de Pistoia ; il fallait relever l'autel du sacrilége dont il avait été souillé en le couvrant d'une splendide ornementation qui devait effacer tout ce qu'on avait fait jusqu'alors. Plus d'un siècle fut employé à la réalisation de cette pieuse résolution.

Un nouveau paliotto d'argent, qui devait couvrir la face antérieure de l'autel, fut commandé, comme nous l'avons déjà dit, au célèbre orfévre de Pistoia, Andrea, fils de Jacopo d'Ognabene, qui termina son travail en 1316.

Le statues des douze apôtres et celle de la Vierge, exécutées en 1287, avaient été replacées au-dessus de l'autel; on voulut, en 1349, y ajouter la statue de saint Jacques. Elle fut exécutée en argent, de grandeur demi-nature, par Giglio, orfévre pisan et ses ouvriers. Nous en avons donné la reproduction dans la planche LVIII de notre Album.

Vasari, qui fait un grand éloge de cette statue, l'attribuait à Leonardo, fils de Giovanni (3); mais les documents trouvés dans les archives de Pistoia ne laissent aucun doute sur les artistes qui en furent les auteurs (4). Il faut la ranger parmi les plus belles productions des artistes orfévres de cette brillante époque du quatorzième siècle.

L'autel avec son parement d'argent historié ne parut bientôt plus assez riche, et l'on résolut d'y ajouter deux panneaux d'argent de neuf bas-reliefs pour couvrir deux parties latérales qui furent jointes à l'autel, un peu en arrière de la face principale que couvrait (5) le paliotto d'Andrea d'Ognabene.

Ces deux panneaux furent demandés à maître Piero, orfévre de Florence ; mais, par suite de difficultés survenues entre les administrateurs de l'œuvre de Saint-Jacques et l'artiste, difficultés qui furent soumises à l'arbitrage de maître Ugolino, le célèbre orfévre de Sienne, Piero ne fit que l'un des deux, celui qui est du côté droit de l'autel (côté de l'évangile, à la gauche du spectateur). Il fut terminé en 1357 (6). L'exécution du second

---

(1) « Magistro Andree aurifici pro xunciis et uno quarto de argento fino operato in tabula et reaptaturatabule altaris » beati Jacobi apostoli quando fuit reaptata...

» Magistro Andree pro una catenella argentea pro ligando cum ipsa thesaurum beati Jacobi qui ponitur super altare. » Livre cité, p. 63. Arch. de Pistoia.

(2) « Magistro Andree orafo pro reapatura duorum apostolorum de tabula beati Jocobi devastati et furati, pro suo » salario et mercede, lib. VIII. » Livre cité, à l'année 1314.

(3) Vasari, Vite di Agostino e Agnolo.

(4) « Magistro Gilio et suo socio in civitate Pisarum pro dictis dedit Jacobus Francisci librarum XXVII argenti meno » del v peso... pro sculptura sancti Jacobi florenorum ducentos quindecim aureos. » Entrata e uscita dell' opera di S. Jacopo dal 1329 al 1361, à l'année 1350. Archives communales de Pistoia, n° 372 du nouveau Répertoire ; — Ciampi, Notizie della sagrestia Pistoiese, p. 74 et 135.

On trouve encore sur le même livre, à l'année 1353 : « Item magistro Gilio ac sociis Pisanis pro faciendo figuram » sancti Jacobi....

» Item D. Visconte quod Pisis solvit dictis magistris pro factura et deauratura dicte figure florenos CLXII. lib. I. sol. X. »

(5) Voyez le plan de l'autel à la fin de ce volume, au supplément à l'explication de la planche XXXIII.

(6) « Exitus denariorum solutorum per dictos Operarios occasione tabule argentee quod stare debet ex uno latere » altaris sancti Jacobi.

» Magistro Petro of. aurifice de Florentia pro compiendo et ornando duas tabulas de argento florenos CCC aureos.

» Item, magistro Ugolino aurifice de Senis quod venit Pistorium ac stetit pluribus diebus pro decidendo questionem

fut confiée plus tard à Leonardo, fils de Giovanni, dont nous avons déjà parlé ; il fut achevé en 1371 (1).

Après avoir ainsi fait décorer l'autel Saint-Jacques, les administrateurs voulurent établir le retable sur un nouveau plan et lui donner une plus grande importance. Ce retable ne se composait encore que des statues de la Vierge et des douze apôtres, dans des niches d'argent qui avaient été exécutées en 1287, et de celle de saint Jacques. En 1386, on chargea Piero ou Pietro, orfévre de Pistoia, qui était fils d'un orfévre allemand nommé Arrigo, d'achever le retable et d'y faire un encadrement qui lui manquait. Les administrateurs lui commandèrent encore quatre nouvelles statuettes d'argent, qui devaient représenter sainte Marie, mère de saint Jacques, sainte Eulalie, saint Jean-Baptiste et saint Atto, dont les fêtes étaient célébrées dans la chapelle Saint-Jacques ; elles devaient être placées dans les quatre niches en saillie qui terminaient alors le retable de chaque côté. On lui abandonna à cet effet des pièces d'argent qui provenaient de l'ancien retable, et les administrateurs s'engagèrent à lui fournir la quantité d'argent nécessaire pour achever l'œuvre (2).

En l'année 1387, les administrateurs de Saint-Jacques firent exécuter par le même artiste une niche d'argent pour renfermer la statue de saint Jacques (3). Enfin, en 1390, on lui demanda un bas-relief de l'Annonciation (4).

Dans la même année, on voulut couronner le monument d'une grande niche avec des figures et des ornements. Suivant un contrat notarié, du 4 décembre, ce travail fut confié à Nofri, fils de Buto, orfévre de Florence, et à Atto, fils de Piero Braccini, orfévre de Pistoia (5). Mais peu après, les administrateurs de Saint-Jacques, voulant donner plus d'importance à la partie supérieure du retable, demandèrent à Jean Christiani, peintre

» vestentium occasione dicte tabule inter da. Operarios et dictum magistrum Petrum.... » Livre déjà cité, à l'année 1357.

(1) « Leonardo di ser Giovanni orafo di Firenze che ae a fare la taula dell' altare di capella ebbe da ser Jacopo » Franchi nostro pretecessore fior. c d'oro.... » *Registrello*, I, p. 51 ; Arch. de Pistoia, dans le cabinet num. 5.

Et plus loin, à l'année 1371, on trouve la mention suivante : « Nel 1371 a di 26 di lullio, nel' tempo che era Operajo » messer Francesco di Pangao, fue compiuto di pagare per che regolò la taula. »

(2) « Maestro Piero orafo d'Arrigo tedesco sta nella capella di Santo Johanni in corte rimpetto Santo Matteo, fue » d'accordo con gli Operaj di guarnire e compiere la tavola dello altare di Santo Jacopo di quelle cornice vi manche-» ranno sopra e sotto le prime e seconde imposte delle figure, e anchora quattro figure belle e rilevate a simile » dell' altre della dicta tavola o piu belle d'ariento però bene dorate e lavorate a decto d'ogni buono maestro.... Le » quattro figure si debbono ponere in quelli quattro primi tabernacoli della tavola.... Le figure debbono esse queste : » S. Maria Jacome, S. Eulalia, beato Atto, e S. Giovanni Baptista. » Registre cité, à l'année 1386, p. 65.

(3) « Maestro Pietro orafo, sta rimpetto S. Matteo, tolse a fare da noi il lavoro d'ariento dirietro a saniaco al taber-» nacolo della tavola ove sta San Jacopo a modo d'uno paviglione e con due figure d'agnoli che tengono il decto pavi-» glione bene lavorato e dorato e dentrovi nicchi d'ariento bianco ;... dee fare una cornice d'ariento co nomi nella dicta » tavola, come sta quella prima di sotto al susdetto fregio... » Registre cité, à l'année 1387, p. 68.

(4) « Memoria come faciemo fare a maestro Pietro un annunziata coll' angiolo, la quale è nell' altare di San Jacopo : » l'annunziata dall' uno lato dell' altare, e l'angiolo dell' altro lato ;... » Reg. cité, an. 1390, p. 74.

(5) « Li operaj di Santo Jacopo tutti insieme allogarono a fare e lavorare uno tabernacolo posto nella taula di Santo » Jacopo nel mezzo dal lato di sopra et debbonlo avere fatto di qui a due anni che vengono a Nofri di Buto da Firenze » orafo, sta in San Marco, e a Atto di Piero Braccini orafo della capella di Sancto Paulo insieme in solido. E debbonlo » lavorare secondo il disegno del decto tabernacolo chè nell' Opera soscritto mia mano dal lato di socto : e debbonlo fare » con colonne, figure e fogliame come in esso si contiene, ad arbitrio d'ogni buono maestro e secondo chè scripto in » piu parti del dicto disegno per mano del decto Nofri con questi pacti cioè.... » Reg. déjà cité, à l'année 1390, p. 85.

habile, d'en faire un dessin que les orfévres devraient exécuter. Ce dessin fut exposé dans la sacristie, et lorsqu'il eut reçu l'approbation générale, les administrateurs de Saint-Jacques, après avoir pris l'avis des deux plus habiles orfévres de Florence et des principaux citoyens de Pistoia, chargèrent, par une délibération qui est relatée dans un contrat notarié du 10 août 1395, Atto et Nofri de l'exécuter conjointement. Les détails dans lesquels entre la délibération prise à ce sujet montrent le soin que le conseil de l'œuvre avait apporté à la bonne exécution de la partie supérieure du retable (1). Atto et Nofri avaient terminé leur travail antérieurement au 22 juin 1399 (2); car, ce jour-là, l'autel d'argent fut consacré par frère André, évêque de Pistoia, ce qui fut l'occasion d'une grande fête dans l'église et dans la ville (3).

Quelques parties du retable demandaient cependant un complément indispensable; il fallait remplir de statuettes et de bustes les niches et les places qui restaient encore vides dans le monument. De plus, les administrateurs de Saint-Jacques décidèrent, le 31 décembre 1399, d'élargir le retable en ajoutant aux deux côtés, au delà des niches faisant saillie, deux bandes verticales, *due faccie dal lato*, et de les garnir de demi-figures et de statuettes; ils chargèrent donc Nicolao, fils de Gulielmo, et son associé Atto, orfévres de Pistoia, de faire deux demi-figures de prophètes, deux demi-figures des évangélistes saint Jean et saint Marc, et deux statuettes, saint Jérôme et saint Ambroise; Leonardo, fils de Mazzeo Duccij, et Piero, fils de Giovannino, son associé, également orfévres à Pistoia, eurent la commande de deux demi-figures de saint Luc et de saint Matthieu, évangélistes, et de deux statuettes, saint Grégoire et saint Augustin; Nicolao et Atto devaient terminer la face du côté de la vieille sacristie de Saint-Jacques; Leonardo et Piero, celle du côté opposé (4). Le marché fut renouvelé, le 7 février 1400, avec les administrateurs de Saint-Jacques entrés en fonction pour cette année (5), et l'on y remarque cette variante : que l'exécution de la statue de saint Grégoire que devaient faire Leonardo et Piero est confiée à Nicolao et à Atto, et que celle de saint Ambroise est donnée au contraire à Leonardo et à Piero. Ne serait-ce pas seulement là une erreur du rédacteur de la seconde délibération?

Ces travaux furent terminés au mois de mai 1400; c'est ce qui résulte du compte arrêté entre les administrateurs de Saint-Jacques et les artistes, à la date du 5 de ce mois (6).

Les registres de l'œuvre font encore mention de différents travaux commandés pour l'autel, notamment d'une fleur d'argent doré qu'exécutèrent en société Nofri, fils de Buto, et Nicolao, fils de Gulielmo, en l'année 1407 (7). Nicolao faisait encore d'autres travaux en 1409 (8).

(1) Livre cité, à l'année 1395, p. 87 et 88.
(2) Livre cité, p. 102, 106 et 107.
(3) « A di 22 di giugno 1399, Domenica per santo Atto, Memoria come messer frate Andrea vescovo di Pistoia col capitolo
» della chiesa maggiore e co capelloni della capella di san Jacopo apostolo e col molti rettori di chiese e preti altri della
» citta di Pistoia, secondo rito e usanza della Santa Romana chiesa, divotamente e solennemente consecrò l'altare della
» capella di San Jacopo apostolo soprascritto, presenti molti cittadini. Carta per lo dicto ser Schiatta notaro. E memoria
» se ne deve fare ogni anno la festa della consecrazione dell' altare. » *Idem*, p. 111.
(4) Livre déjà cité, à l'année 1399, p. 114.
(5) Livre cité, à l'année 1400, p. 115.
(6) *Ibidem*.
(7) *Idem*, à la date du 25 octobre 1407, p. 144.
(8) *Idem*, p. 155.

En 1456, Piero, fils d'Antonio, orfévre pisan, fit un saint Marc et deux figures de prophètes et différents ornements d'argent(1). On cite encore, parmi les artistes qui ont travaillé au retable, le grand architecte Brunelleschi, Lorenzo del Nero, orfévre florentin Ludovico Bona ou Buoni de Faenza, Meo, fils de Bonifacio Ricciardi, Cipriano et Filippo.

En 1788, l'autel d'argent et son retable furent transportés, par des motifs de sécurité, de la chapelle où ils étaient placés depuis plusieurs siècles, dans une autre chapelle qui se trouve au fond de l'église à droite et communique à la sacristie. A cette occasion, le corps de saint Atto, qui avait été retrouvé en 1313 et qui depuis lors reposait dans l'ancienne chapelle Saint-Jacques, fut porté dans la nouvelle et placé au-dessous du retable. En avant du corps de saint Atto, on éleva dans toute la largeur une face d'argent décorée de pilastres qui encadrent des médaillons; on en fit la base de l'ancien retable, qui se trouva alors disposé entre deux colonnes surmontées d'un fronton brisé dans le style de la Renaissance.

Après avoir fait connaître les documents qui subsistent sur l'origine de l'autel Saint-Jacques et sur les artistes qui y ont travaillé durant l'espace de cent cinquante années, il nous reste à donner la description du monument dans son état actuel. Pour rendre cette description plus intelligible à nos lecteurs, nous reproduisons ici, dans notre planche XXXIII, un ensemble de l'autel dans l'état où il existe aujourd'hui, et nous en donnons le plan à la fin de ce volume, au supplément à l'explication de cette planche.

Le parement ou paliotto qui couvre la face antérieure de l'autel présente une surface de deux mètres deux centimètres de largeur, sur un mètre sept centimètres de hauteur. Il renferme quinze bas-reliefs disposés en trois rangées horizontales; le premier (2), de six figures, représente l'Annonciation et la Visite à sainte Élisabeth; nous avons reproduit ce bas-relief dans la planche LVII de notre Album; le second, de neuf figures, la Nativité de Jésus; le troisième, le Christ assis entre la Vierge et saint Jacques; le quatrième, les Mages à cheval, guidés par l'étoile miraculeuse, composition de six figures; le cinquième, de cinq figures, l'Adoration des mages; le sixième, qui comprend dix-sept figures, le Massacre des innocents; le septième, qui représente le baiser de Judas, ne renferme pas moins de dix-neuf figures; le huitième occupe le centre du paliotto, il reproduit la Crucifixion, c'est une composition de vingt et une figures; dans le neuvième, on voit les trois Marie venant visiter le tombeau du Christ sur lequel l'ange est assis, deux soldats sont endormis à ses pieds; le dixième, qui comprend treize figures, représente l'incrédulité de saint Thomas; le onzième, l'Ascension du Christ, avec onze figures; le douzième, la Présentation au temple, composition de cinq figures; le treizième, le Christ prêchant devant le peuple, sept figures et une foule de têtes en arrière-plan; le quatorzième, le Christ chez Hérode, cinq figures; le dernier reproduit sans doute le martyre de saint Jacques, composition de neuf figures. Le troisième, le huitième et le treizième bas-reliefs, qui occupent le centre du parement, ont trente-quatre centimètres de large, sur vingt-neuf centimètres de hauteur; tous les autres ont vingt-neuf centimètres en tous sens.

Les sujets de ces bas-reliefs sont sagement composés, et bien qu'on puisse reprocher par-

---

(1) *Libro entrata e uscita dell' anno* 1456, n° 395, p. 138.
(2) Nous décrirons les bas-reliefs de gauche à droite, en commençant par la rangée supérieure.

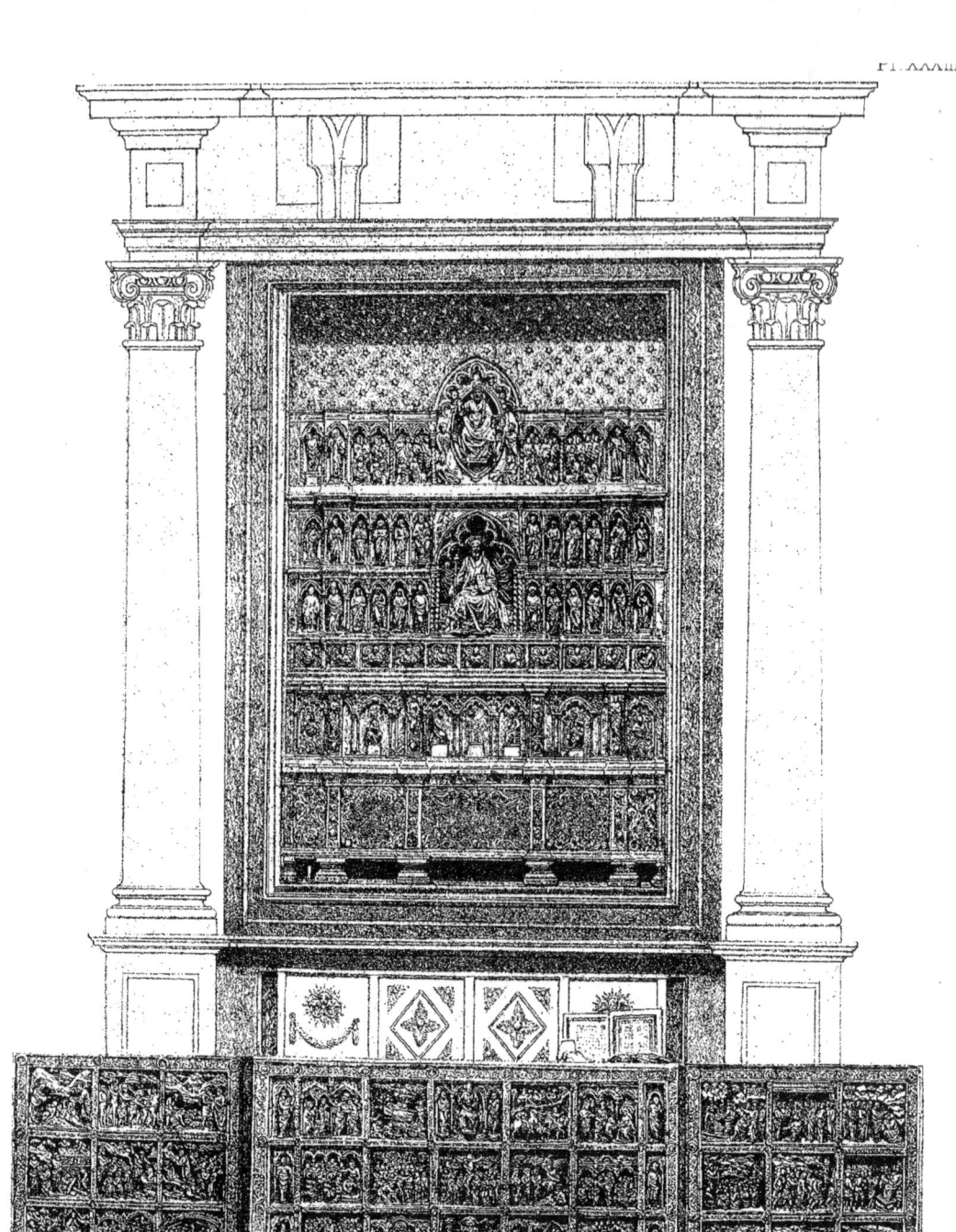

ORFÉVRERIE.

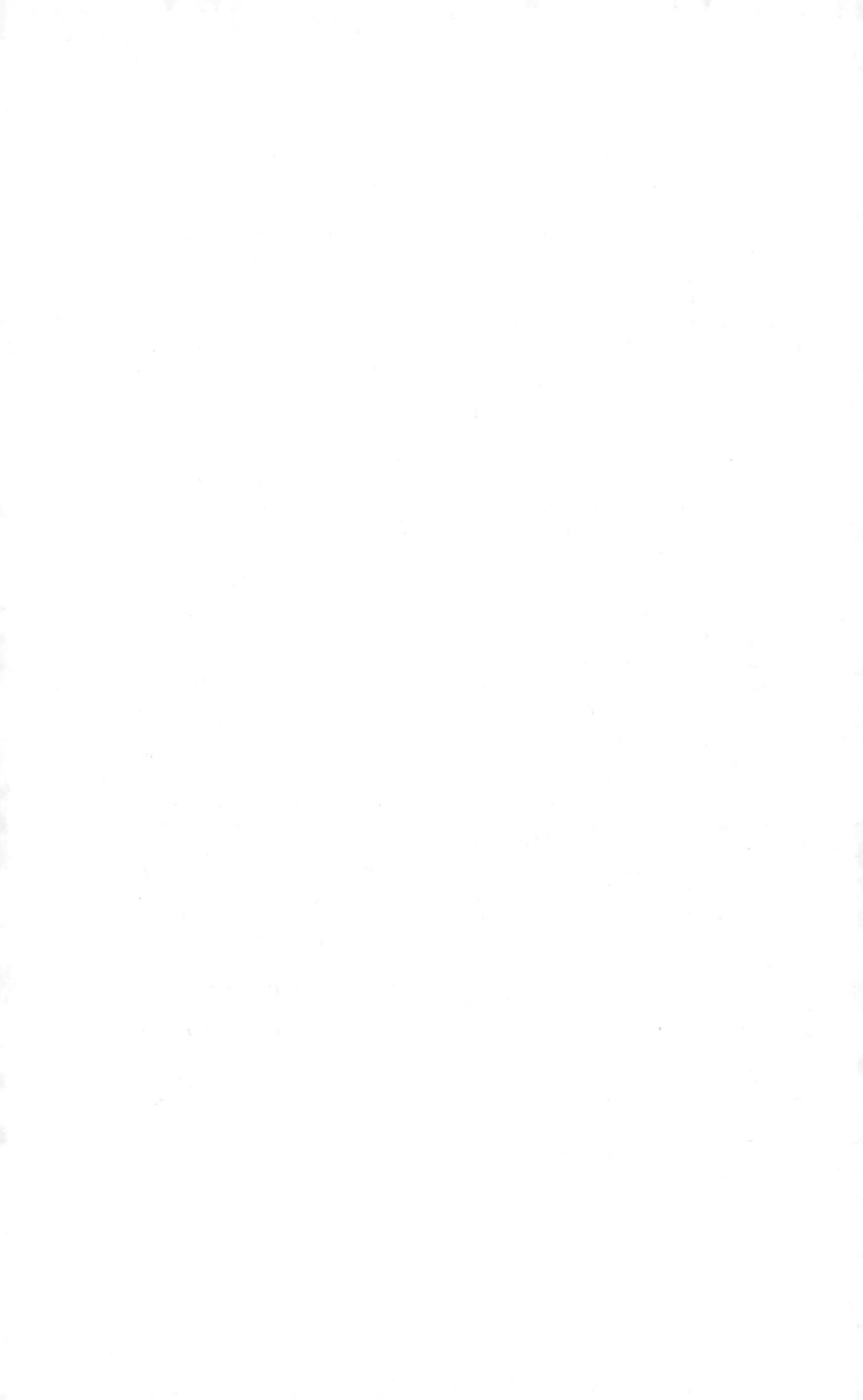

fois un peu de roideur aux figures, les attitudes sont correctes, les draperies bien étudiées et les têtes expressives. L'ouvrage est traité dans son ensemble avec une grande finesse d'exécution. On reconnaît dans Ognabene, auteur de ce beau parement, un élève de l'école des Pisans. Il avait étudié les monuments de l'antiquité. Tous ses personnages portent le costume antique, et lorsqu'il introduit des soldats dans ses sujets, ils sont revêtus de la cataphracte romaine. Néanmoins, les peintures de Giotto, contemporain d'Ognabene, ont exercé une grande influence sur le talent de notre artiste et ont modifié ce que le style des Pisans avait de trop sévère. Ses compositions sont souvent traitées plutôt comme des tableaux que comme des œuvres de sculpture. Dans le bas-relief de l'Annonciation, que reproduit la planche LVII de notre Album, il rend avec vérité l'étonnement et l'effroi de la Vierge à l'apparition de l'ange, comme l'avait fait Giotto dans un tableau du maître-autel de la Badia de Florence, où il avait traité le même sujet (1). Les différents bas-reliefs sont séparés par un simple listel ; mais au point où les lignes s'entre-croisent il y a des médaillons et des quatre-feuilles renfermant soit des nielles sur fond d'émail, soit des émaux de basse-taille où l'on trouve des figures de prophètes et de saints et les armoiries de la ville de Pistoia. L'émaillerie de basse-taille était alors à son début : aussi dans les émaux d'Ognabene, l'argent recouvert d'émail est plutôt gravé à la pointe que ciselé en relief. On trouvera, dans le cul-de-lampe qui termine le chapitre II du titre de l'ÉMAILLERIE, une reproduction de l'un des émaux d'Ognabene.

Six statuettes de prophètes, disposées trois par trois au-dessus les unes des autres dans des niches ogivales, encadrent latéralement le paliotto.

Dans le bas on lit cette inscription qui se détache en caractères d'argent sur un fond d'émail noir : « AD HONOREM DEI ET B. JACOBI APOST. ET DOMINI HIHERMANNIS PISTOR. EPISCOPI HOC
» OPUS FACTUM FUIT TEMPORE POTENTIS VIRI DARDANI DE ACCIAIUOLIS VICARII PRO SERENISSIMO PRINCIPE
» D. REGE RUBERTO IN CIVITATE PISTORII ET DISTRICTU ET TEMPORE SIMONIS FRANCISCI GUERCI ET BAR-
» THOLOMEI DOMNI ASTE DOMNI LANFRANCHI (ici une lacune qui devait renfermer les mots Opera-
» riorum opere S. Jacobi) SUB ANNO D. MCCCXVI. IND. XV. DE MENSE DECEMBRIS, PER ME ANDREAM
» JACOBI OGNABENIS AURIFICEM DE PISTORIO. OPERE FINITO REFERAMUS GRATIAM CHRISTO. QUI ME FECISTI
» TIBI SIT BENEDICTIO CHRISTI. AMEN. »

Le panneau d'argent sculpté qui couvre la face latérale à droite de l'autel (côté de l'évangile, à la gauche du spectateur), est d'un mètre quinze centimètres de largeur, sur un mètre sept centimètres de hauteur. Ce panneau, qui est placé à trente-neuf centimètres en arrière du paliotto, renferme neuf bas-reliefs d'argent de vingt-neuf centimètres de largeur, sur vingt-sept centimètres de hauteur. Ils sont disposés, trois par trois, sur trois lignes qui correspondent à celles du paliotto. Les sujets sont : la création d'Adam et d'Ève (nous avons reproduit ce bas-relief dans la planche LIX de notre Album), l'expulsion du Paradis, la mort d'Abel, l'arche de Noé, le sacrifice d'Isaac, Moïse recevant les tables de la loi, le couronnement de Salomon, la Nativité de la Vierge et la Présentation au temple, le mariage de la Vierge.

Cet ouvrage de Piero, orfévre de Florence, terminé en 1357, avait dû lui coûter plusieurs années de travail ; on doit bien admettre aussi que sa réputation devait être faite, lorsque

---

(1) VASARI, Vita di Giotto. Firenze, 1846, t. I, p. 311.

les administrateurs de Saint-Jacques le chargèrent de l'exécution de deux panneaux d'argent destinés à accompagner le beau paliotto d'Ognabene. Piero pouvait donc avoir été l'élève de Jean de Pise († 1320). Ce qui est certain, c'est qu'il avait adopté tous les principes de l'école des Pisans. Il avait étudié les monuments de l'antiquité, et il se montre même passionné pour les procédés des anciens. Il aime à traiter le nu, et il introduit autant qu'il le peut dans ses compositions des personnages entièrement dépouillés de vêtements. C'est ainsi que, dans le premier bas-relief et dans le second, il a représenté Adam et Ève dans l'état de nature. Ces réminiscences de l'antiquité avaient offusqué les yeux des admininistrateurs de Saint-Jacques, et ils voulurent refuser le panneau de Piero. Nous trouvons, en effet, sur le livre des recettes et dépenses de l'œuvre de Saint-Jacques, à l'année 1357, une mention de payement ainsi conçue : « A maître Ugolino, orfèvre de Sienne, qui vint à » Pistoia et y resta plusieurs jours pour statuer sur une discussion qui s'était élevée entre » les administrateurs et ledit maître (Piero) relativement aux vêtements (1).... » Ugolino, qui était un homme de talent, donna sans doute gain de cause à Piero. Le panneau fut accepté, et il est heureusement encore en place aujourd'hui ; mais l'exécution du second panneau qui lui avait été demandé fut attribuée à un autre.

Piero était un artiste de talent. Ses compositions sont bien ordonnées, les attitudes de ses figures sont sages et variées, les têtes sont très-expressives ; il traitait les draperies avec beaucoup de goût ; le relief de ses sculptures est très-prononcé. Il a certainement dû faire beaucoup d'ouvrages, mais le panneau d'argent de l'autel Saint-Jacques est le seul qui soit connu.

L'autre panneau, qui couvre la face latérale à gauche de l'autel (côté de l'épître, à la droite du spectateur), est de la main de Leonardo. Il renferme également neuf bas-reliefs d'argent, de la même dimension que ceux du panneau de Piero et disposés de la même manière. Ils reproduisent des actions de la vie de saint Jacques : la vocation du saint apôtre, Marie Salomé aux pieds du Sauveur, la mission donnée par le Christ à saint Jacques (nous avons fait reproduire ce bas-relief dans la planche LX de notre Album), une prédication du saint apôtre, l'arrestation de saint Jacques, le saint conduit devant Hérode, le baptême de Josias, le martyr du saint apôtre et de Josias, le transport par mer du corps de saint Jacques à Compostelle.

Au bas de ces tableaux, on lit une inscription qui ne laisse aucun doute sur l'auteur de ces belles sculptures : AD HONOREM DEI ET S. JACOBI APOST. HOC OPUS FACTUM FUIT TEMPORE D. FRANCISCI PAGNI OPERARII OPERE SUB ANNO DOMINI MCCCLXXI PER ME LEONARDUM SER JOHANNIS DE FLORENTIA AURIFICIS. Les caractères d'argent se détachent sur un fond d'émail bleu translucide.

Les bas-reliefs de Leonardo se font remarquer par de savantes compositions, un modelé très-correct et un grand fini d'exécution. Mais Leonardo ne s'étudiait pas à copier les œuvres de l'antiquité ; il avait fortifié son talent par l'étude de la nature, et, suivant un usage qui s'était introduit de son temps, il n'hésitait pas à revêtir du costume contemporain ou de costumes de fantaisie certains personnages qui figurent dans les sujets empruntés à l'Évangile et aux Actes des apôtres. Ainsi, dans le cinquième bas-relief, les

---

(1) *Entrata e uscita dell' opera di S. Jacopo* ; Archives communales de Pistoia.

soldats qui arrêtent saint Jacques portent, avec le heaume du quatorzième siècle, une cotte d'armes qui se rapproche de la cataphracte antique; dans le septième et le huitième, Leonardo revêt les soldats de l'armure complète des chevaliers de son temps, avec la ceinture militaire posée sur les hanches. Il aime à donner pour fond à ses sujets des rochers dénudés, parsemés seulement de quelques arbres sous lesquels il place de petits animaux.

Dans les deux panneaux latéraux, les bas-reliefs sont séparés par des listels d'argent ciselé dont les points d'intersection sont enrichis d'émaux de basse-taille, comme dans le paliotto; mais ces émaux sont d'une grande finesse d'exécution; l'art de l'émaillerie sur ciselure en relief avait fait de grands progrès depuis le temps d'Ognabene. On trouve parmi ces émaux les armoiries de la ville de Pistoia, qui sont échiquetées d'argent et de gueules. Nous donnons dans la vignette placée en tête du chapitre II de l'ÉMAILLERIE la reproduction de l'un des émaux de Piero et d'une partie du listel d'encadrement des bas-reliefs dont il est l'auteur. Venons maintenant à la description du retable auquel les Italiens donnent le nom de *pala*.

Au delà d'un gradin moderne qui surmonte l'autel (1) s'élève le retable, large de deux mètres trente-quatre centimètres et haut de trois mètres soixante centimètres environ. Il est divisé horizontalement en plusieurs lignes ou étages.

La partie inférieure présente une large base d'argent décorée de médaillons découpés dans le plus mauvais style du dernier siècle. C'est en arrière de cette base qu'ont été placés, en 1788, les restes vénérés de saint Atto.

L'étage au-dessus est divisé en cinq parties par quatre pilastres. La partie centrale, plus large que les autres, renferme le sujet de l'Annonciation, exécuté par Pietro, fils d'Arrigo, en 1390. Les figures de la Vierge et de l'ange, et celle de la colombe, sont placées sous trois arcades ogivales supportées par des colonnettes. A droite et à gauche, on voit les statuettes de David et de Daniel, faites en 1456 par Piero, fils d'Antonio; et, aux deux extrémités, dans les parties latérales ajoutées en 1400, deux demi-figures qui doivent faire partie de celles qui furent alors commandées à Nicolao et à son associé Atto, à Leonardo Duccij et à Piero, fils de Giovannino.

Au-dessus de ce premier étage du retable se trouve une large frise, renfermant onze demi-figures de prophètes et d'évangélistes, disposées horizontalement. Celles qui occupent les deux extrémités de la ligne, dans la partie ajoutée en 1400, ont quatorze centimètres de hauteur et sont exécutées en très-haut-relief; les têtes de ronde bosse font saillie en dehors du tableau. On les croit généralement du célèbre Brunelleschi, lequel, d'après Vasari (2), aurait fait dans sa jeunesse deux des demi-figures de prophètes qu'on voit dans le retable; mais il nous semble que leur emplacement doit les faire attribuer aux derniers orfèvres que nous venons de nommer, qui furent chargés, à la fin de 1399, d'exécuter les deux bandes verticales ajoutées au monument (3), et qu'il faut chercher

---

(1) C'est sur ce gradin que l'on pose aujourd'hui le tabernacle, le crucifix et les cierges. Ce gradin a été enlevé avec tout ce qu'il portait pour que le photographe pût opérer, et l'on voit, sur notre planche, d'anciens ornements peints que cache le gradin quand il est en place. Voyez notre planche XXXIII pour suivre la description.
(2) *Vita di Filippo Brunelleschi*, édit. Le Monnier, t. III, p. 195.
(3) Voyez plus haut, p. 77.

les demi-figures faites par Brunelleschi dans les neuf autres, qui appartiennent à la partie du retable consacrée le 22 juin 1399. Ces neuf demi-figures sont, d'ailleurs, évidemment de différentes mains ; il y en a de bonnes, mais plusieurs sont assez médiocres.

La statue de saint Jacques, que fit maître Giglio, en 1353, occupe le milieu du second étage, qui s'élève au-dessus de cette frise. Cette statue, de soixante et dix centimètres de hauteur, est placée dans une niche dont la face est découpée dans le style ogival ; le saint est représenté assis, tenant de la main droite son bourdon et de la gauche le livre des Évangiles. Comme on l'a vu par les documents que nous avons rapportés, la grande niche de la statue de saint Jacques, qui occupe toute la hauteur de ce second étage, est l'œuvre de Pietro, fils d'Arrigo. (La planche LVIII de notre album a reproduit la statue de saint Jacques et sa niche.) Elle est flanquée, à droite et à gauche, de deux rangées superposées de six petites niches, dont les arcades en ogives trilobées sont portées par des colonnettes. Les secondes niches de chaque côté, à partir de l'encadrement, sont en saillie ; elles sont désignées dans une délibération des administrateurs de 1386, sous le nom de *primi tabernacoli* (premiers tabernacles), parce qu'elles se trouvaient alors en effet les premières de chaque côté, le retable n'ayant été élargi extérieurement, au delà de ces niches, qu'en l'année 1400, ainsi que nous en avons justifié.

Les vingt-quatre statuettes qui remplissent les niches de cet étage manquant pour la plupart d'attributs, on varie à Pistoia sur les noms qu'on doit leur donner ; mais un examen attentif et la teneur des documents qui sont rapportés plus haut ne peuvent laisser d'incertitude que sur deux. Les figures des douze apôtres, exécutées à la fin du treizième siècle, qui sont disposées trois par trois dans chaque rangée, à partir des niches en saillie, se font facilement reconnaître. Bien qu'elles ne manquent pas de correction, elles n'ont pas la valeur des autres ; la roideur dont elles sont empreintes et leur style uniforme les désignent suffisamment. La Vierge tenant l'Enfant Jésus, qui provient aussi de l'ancien retable, ne peut laisser aucun doute ; elle est placée auprès de la statue de saint Jacques, dans la rangée supérieure, côté de l'évangile. Les quatre niches en saillie renferment les statuettes de sainte Eulalie, de saint Atto, de saint Jean-Baptiste et de Marie Salomé, mère de saint Jacques. Elles sont l'œuvre de Pietro di Arrigo, à qui elles furent commandées en 1386, avec la destination spéciale de remplir ces niches, ainsi qu'il résulte d'une délibération des administrateurs de Saint-Jacques dont nous avons rapporté les termes. Les quatre statuettes qui occupent, de chaque côté, les deux niches latérales touchant à l'encadrement, doivent être : du côté de l'épître, saint Jérôme et saint Ambroise, évêque de Milan ; et du côté de l'évangile, saint Grégoire et saint Augustin ; toutes exécutées en 1400, les deux premières par Nicolao et Atto Braccini, les deux autres par Leonardo, fils de Mazzeo, et son associé Piero, fils de Giovannino : c'est ce que prouvent la délibération du 31 décembre 1399 et les autres documents que nous avons cités. Le saint Marc évangéliste est de Piero, fils d'Antonio. Dans les deux dernières statuettes, on voit généralement sainte Catherine et saint Zénon. Au milieu du troisième étage, qui couronne le monument, précisément au-dessus de la statue de saint Jacques, est placée la statue du Père éternel. Dieu le Père est représenté assis dans une gloire et entouré de huit têtes d'anges ailées. A droite et à gauche, on voit, au-dessous de huit arcades de style ogival, vingt-deux figures d'anges en adoration devant le Seigneur; elles sont traitées en haut-relief. A chacune des deux extrémités du même plan sont, d'un côté, deux statuettes : saint Laurent et saint Léon, pape ; de l'autre, saint Antoine et saint Jean l'évangéliste.

La figure du Père éternel, de soixante centimètres de hauteur environ, et les figures d'anges qui l'accompagnent, ont été faites en 1395, sur les dessins du peintre Jean Crescentini, par Atto, fils de Braccini, et Nofri, fils de Buto. Toute cette partie du monument est exécutée avec un soin remarquable ; le modelé de la statuette et des hauts-reliefs est excellent.

Au-dessus du Père éternel s'étend un ciel d'azur parsemé d'étoiles d'or.

Ce magnifique retable, dont toutes les parties architecturales appartiennent au style ogival italien du quatorzième siècle, a été malheureusement placé, en 1788, lors de sa translation dans la chapelle où on le voit aujourd'hui, entre deux colonnes d'ordre composite, surmontées d'un fronton brisé qui n'est pas en harmonie avec les sculptures (1). L'œuvre en elle-même n'en est pas moins digne d'une haute admiration. On doit bénir la pieuse persistance des habitants de Pistoia, qui ne s'est pas démentie, pendant près de deux siècles, pour amener à sa perfection ce monument, où l'on trouve aujourd'hui des productions diverses des plus habiles orfévres de l'Italie pendant ce long espace de temps.

## IV

*Suite de l'orfévrerie en Italie au quatorzième siècle.*

Deux pièces d'orfévrerie, qui remontent à peu près à l'époque où s'exécutaient les autels d'argent de Pistoia et de Florence, existent encore et sont renfermées dans un grand tabernacle élevé sur des colonnes au-dessus du maître autel de la basilique de Saint-Jean de Latran, à Rome, réservé pour les fonctions papales; mais il n'est pas plus facile de les examiner que le reliquaire d'Orvieto. Ce sont les bustes d'or et d'argent, enrichis de pierres précieuses, de saint Pierre et de saint Paul; ils contiennent les chefs de ces apôtres. D'Agincourt vante beaucoup la recherche et le fini extrême de l'exécution de ces riches reliquaires. Ils ont été faits en 1369, sur l'ordre d'Urbain V, par Giovanni, fils de Bartholo, et Giovanni, fils de Marci, orfévres de Sienne (2). Si l'on juge des deux bustes par la gravure que d'Agincourt en a donnée (3), ils sont loin de valoir, au point de vue de l'art, la plupart des bas-reliefs et des statuettes de l'autel de Pistoia. Charles V, roi de France, avait contribué à l'enrichissement de ces reliquaires par le don de deux fleurs de lis rehaussées de pierres précieuses, qui furent placées sur la poitrine des bustes. L'orfévrerie française avait paru digne de figurer à côté des fines ciselures italiennes.

Nous pouvons encore citer quelques orfévres de la seconde moitié du quatorzième

---

(1) Notre planche, faute d'espace, ne reproduit pas ce fronton.
(2) CICOGNARA, *Storia della scultura*, t. I, p. 327.
(3) D'AGINCOURT, *Histoire de l'art*, Sculpt., t. II, p. 67, pl. XXXVI et XXXVII.

siècle : Michaele, fils de ser Memmo, qui était tout à la fois orfévre, architecte et ingénieur. Les administrateurs de l'œuvre de Saint-Jacques de Pistoia lui avaient commandé, en 1348, une statue du saint en argent (1). Il était encore, en 1363, membre du syndicat de la corporation des orfévres de Florence (2).

Berto, fils de Geri, qui avait été associé à Leonardo pour faire le parement d'argent de l'autel du baptistère de Saint-Jean ; il y travaillait encore en 1377.

Cristofano, fils de Paolo, et Michele, fils de Monte, associés dans cette année à Berto Geri pour l'exécution de ce grand travail, ainsi qu'il résulte du livre des dépenses faites pour l'autel Saint-Jean que nous avons cité plus haut.

Andrea, fils de Piero Braccini, dont on voit un calice d'argent enrichi d'émaux translucides sur relief, dans le trésor de la cathédrale de Pistoia ; ce calice est signé Andreas Petri Braccini et porte la date de 1384.

Bartolommeo et Nello, fils de Giovanni, qui s'associèrent en 1381, pour exécuter les figures d'argent des quatre saints protecteurs de la ville de Sienne (3).

Mazzano, dont le mérite était constaté par une magnifique crosse de vermeil de plus de quatre pieds de hauteur, qui subsista jusqu'en 1798 dans la cathédrale de Plaisance : ce bel ouvrage, commencé en 1388, ne fut fini qu'en 1416, après vingt-huit ans de travail. Il y a quelques années, il en restait encore des fragments dans la collection de M. Bosselli (4).

Nicolo, fils de Bonaventure, et Enrico, son neveu. Ils ont laissé leurs noms sur un magnifique reliquaire enrichi de ciselures et d'émaux, qui appartient à la cathédrale de Forli : ce reliquaire renferme la tête de saint Sigismond. Cicognara est tenté de croire, d'après certains documents, que ces deux artistes étaient Allemands (5).

Giacomo ou Jacopo, fils de Benato, de Venise, auteur du beau crucifix d'argent doré, de deux mètres quarante centimètres de hauteur, placé au-dessus de l'architrave de la colonnade qui ferme le sanctuaire dans l'église Saint-Marc. Une inscription gravée sur une tablette aux pieds du Christ apprend qu'il a été fait en 1393 et donne le nom de l'habile orfévre qui l'a exécuté (6).

Bartoluccio, dont le plus beau titre de gloire est d'avoir été le maître de Lorenzo Ghiberti, son beau-fils ; il était bon dessinateur et fort habile dans les divers travaux de l'orfévrerie (7).

Nous ne pouvons mieux terminer cette liste des orfévres du quatorzième siècle que par le nom du célèbre Filippo Brunelleschi (1377 † 1456). Ayant montré de bonne heure un goût prononcé pour les arts et beaucoup d'adresse, il fut placé par son père, ser Brunellesco, qui était notaire, chez un orfévre de ses amis. C'était, en effet,

---

(1) *Obligazione di Michaele di ser Memmo* ; Arch. cent. di Stato di Firenze, publié par le doct. G. MILANESI, *Documenti per la storia dell' arte Senese*, t. III, p. 279.
(2) *Ibid.*, t. I, p. 103.
(3) Dott. GAETANO MILANESI, *Storia artistica di Siena*, dans *Siena e il suo territorio*, 1862, p. 185.
(4) CICOGNARA, *Storia della scultura*, t. II, p. 187.
(5) *Ibid.*, t. I, p. 369.
(6) *Ibid.*, t. I, p. 435. — *Venezia e le sue lagune*, t. II, part. II, p. 40.
(7) VASARI, *Vita di Ghiberti*, Firenze, 1848, t. III, p. 123.

dans les ateliers des orfévres qu'on trouvait alors les meilleures écoles de sculpture. Filippo travailla avec ardeur et ne tarda pas à monter les pierres fines mieux que les plus anciens du métier. Il s'adonna également à la gravure des nielles et à l'orfévrerie sculptée. C'est alors qu'il exécuta deux demi-figures de prophètes destinées à orner le retable de l'autel de Pistoia (1). On lui attribue, à tort, suivant nous, les deux demi-figures de haut-relief qui sont aux deux extrémités de la frise, où l'on en compte onze. Mais il y en a de belles parmi les neuf autres ; il serait seulement fort difficile de reconnaître celles qui lui appartiennent. Brunelleschi, poussé par son génie vers de plus hautes entreprises, abandonna bientôt l'orfévrerie ; il devint le rival de Donatello dans la sculpture et dépassa de beaucoup ce grand artiste dans l'architecture. Ses grands travaux d'architecture et surtout la brillante coupole de Santa-Maria del Fiore, à Florence, son plus beau titre de gloire, ont fait oublier des productions industrielles qui auraient suffi certainement pour le placer à la tête des plus habiles orfévres de son temps.

Les églises d'Italie conservent encore un assez grand nombre de pièces d'orfévrerie du quatorzième siècle ; nous en avons cité un certain nombre des plus remarquables, nous en signalerons encore quelques-unes.

Dans le trésor de la cathédrale de Monza, une jolie statuette de saint Jean, de vingt-cinq centimètres de hauteur.

Dans le trésor de Saint-Marc de Venise, un vase d'argent doré en forme de cône renversé, renfermant un bras de saint George. Il est porté sur un pied qui reproduit des branchages feuillés enrichis de pierres fines. Le cône, qui est aplati, est décoré sur chacune de ses deux faces de trois bandes longitudinales : celle du milieu est enrichie de rinceaux qui enserrent des pierreries ; les deux autres sont décorées de quatre émaux de basse-taille très-finement traités. Le dessus du vase est orné d'un groupe de ronde bosse d'un excellent modelé, reproduisant saint George à cheval boutant sa lance dans la gueule d'un dragon.

A Sienne : 1° Dans le trésor de l'hôpital de Sainte-Marie della Scala, un buste de bronze de sainte Christine ; la robe, qui couvre les épaules, est enrichie d'un collier décoré d'émaux de basse-taille. L'inscription SANTA CRISTENA se détache en argent sur un fond d'émail bleu lapis. 2° Dans le couvent de Sainte-Marie des Anges, un reliquaire d'argent doré renfermant la tête de saint Galgano. C'est une espèce de tour octogone à plusieurs étages, dont toutes les faces sont percées de fenêtres et enrichies de décorations dans le style ogival italien du quatorzième siècle. Sur l'étage inférieur formant la base du monument sont des bas-reliefs ciselés, représentant les actes et la vie de saint Galgano. A l'étage au-dessus se trouve intérieurement, en arrière de la décoration architecturale, une sorte de cylindre qui s'abaisse et descend dans la base, à l'aide d'un mécanisme, en laissant la relique à découvert. L'étage supérieur est enrichi de clochetons, où l'on voit de petits anges de ronde bosse ; du centre s'élève une pyramide enrichie d'émaux translucides sur relief qui reproduisent des ornements.

Dans le trésor de la cathédrale de Pistoia. 1° Un calice d'argent doré et émaillé.

---

(1) VASARI, *Vita di Filippo Brunelleschi*, t. III, p. 195.

Le pied est découpé en six lobes trilobés, avec angle saillant entre les lobes, sur chacun desquels est une figure de saint en émail de basse-taille ; le nœud est décoré de six médaillons, avec figures d'émail ; la ciselure est d'une grande délicatesse. Ce calice est signé ANDREAS PETRI BRACCINI. Cet André, fils de Pierre Braccini, devait être un frère de Atto di Piero Braccini, qui travailla, en 1394 et 1395, au retable d'argent de l'autel de Pistoia, comme on l'a vu plus haut. 2° Un reliquaire d'argent doré, en forme de manche surmontée d'une main ; il renferme un bras de saint Zénon et différentes reliques. La manche est percée de neuf quatrefeuilles dans toute sa longueur, pour les laisser voir. Une inscription gravée sur la pièce porte : FECIT FIERI LOATUS DE TABERTELLIS DE PISTOIA ISTUD BRACHIUM AD HONOREM DEI ET BEATI JACOPI ET FUIT FACTUM PER MANUM HENRICI ORLANDINI.

V

*Quinzième siècle.*

Le quinzième siècle va nous montrer, parmi les orfèvres, des artistes qui se sont acquis dans la statuaire et dans la peinture une haute réputation.

Lorenzo Ghiberti (1381 † 1455), fils de Cione di Buonaccorso, reçut les premiers principes des arts du dessin de l'habile orfèvre Bartoluccio, qui, après la mort de Cione, avait épousé sa mère. Comme il avait été élevé par Bartoluccio, il fut appelé jusqu'en 1444 Lorenzo di Bartoluccio ; mais sa légitimité ayant été contestée, à l'occasion d'une fonction publique qu'il sollicitait à cette époque, il la fit reconnaître et ne prit plus ensuite que le nom de Lorenzo di Cione.

A peine âgé de vingt ans, il venait de quitter l'atelier de son beau-père pour aller à Rimini, lorsque celui-ci le rappela à Florence, afin qu'il prît part au concours qui avait été ouvert par la corporation des marchands (1401) pour l'exécution des deux portes de bronze qui restaient à faire au baptistère de Saint-Jean (1). Ghiberti avait affaire à de rudes concurrents : Brunelleschi et Jacopo della Quercia étaient de tous les plus en réputation. Néanmoins, guidé par les conseils de Bartoluccio, qui l'aida même, à ce que dit Vasari, dans son morceau de concours, Ghiberti produisit un si bel ouvrage, que Brunelleschi et ses autres concurrents se déclarèrent vaincus. Les juges ratifièrent la décision si désintéressée des artistes, et Ghiberti fut chargé de l'exécution de la première des deux portes. Son bas-relief de concours, qui est aujourd'hui conservé dans le cabinet des bronzes de la galerie de Florence, était admirable de modelé et de composition ; mais celui de Brunelleschi, qu'on voit dans le même cabinet, ne lui cédait en rien à cet égard. Ce qui mérita la palme à Ghiberti, ce fut le fini précieux et inimitable de l'exécution. Il avait terminé et réparé son bronze avec toute la finesse que les bons orfèvres apportaient alors dans les travaux de leur art, et l'on peut dire que c'est à son talent dans l'orfèvrerie qu'il dut de l'emporter sur les plus grands sculpteurs du quinzième siècle. Il termina en 1424 la première des deux portes de bronze ; elle renferme vingt sujets du Nouveau Testament.

(1) La porte qui est située au midi avait été faite en 1330 par André de Pise.

Le brillant succès de Ghiberti lui procura de nombreux travaux de sculpture. En 1417, il fut chargé par les administrateurs du Dôme de Sienne de faire deux des bas-reliefs de bronze doré qui devaient entrer dans la décoration des fonts baptismaux ; ils furent terminés en 1427 : ce sont ceux qui représentent le baptême du Christ et Hérode faisant mettre saint Jean en prison (1). En 1424, les consuls de la communauté des marchands de Florence lui demandèrent une seconde porte de bronze. Cette porte, qui ferme l'entrée du baptistère de Saint-Jean faisant face à la cathédrale, est divisée en dix panneaux, qui comprennent divers sujets tirés de l'Ancien Testament. Chaque battant est encadré dans une bordure ornée de ravissantes figurines en pied, presque toutes de ronde bosse. C'est la plus belle œuvre de fonte et de ciselure qui ait jamais été faite. « Cette porte est si belle, qu'elle serait digne d'être la porte » du paradis », répondait Michel-Ange à la demande qu'on lui faisait de son opinion sur l'ouvrage de Ghiberti. Elle ne fut entièrement terminée et mise en place qu'en 1452.

Malgré les grands travaux de sculpture qu'exécuta Ghiberti durant tout le cours de sa vie, il n'abandonna jamais l'orfévrerie. Ainsi, dans la déclaration de son avoir, qu'il dut faire aux officiers du fisc le 8 juillet 1427, conformément aux lois de la république florentine, il prit la qualité d'orfévre (2). En 1419, le pape Martin V étant venu à Florence, chargea Ghiberti de lui faire deux précieux bijoux : un bouton de chape et une mitre d'or. Il avait exécuté en relief sur le bouton de chape une demi-figure du Christ bénissant, entourée de pierres d'un grand prix. La mitre était couverte de feuillages d'or merveilleusement ciselés, d'où sortaient huit figures de ronde bosse d'une beauté ravissante. Dans la même année, il monta en cachet, pour Jean, fils de Cosme de Médicis l'ancien, une cornaline de la grosseur d'une noix, gravée en intaille, qui avait appartenu, disait-on, à Néron. Le manche, d'or ciselé, figurait un dragon ailé qui sortait de dessous des feuilles de lierre. Vasari vante la finesse et la beauté de ce travail.

Cosme et Laurent de Médicis lui demandèrent, dans la même année, une châsse de bronze pour renfermer les reliques des saints Prothus, Hyacinthe et Némésius, qu'ils avaient rapportées de Cosentino. Cette belle châsse a été brisée ; mais on en a rapproché les morceaux, et elle est aujourd'hui conservée dans le cabinet des bronzes de la galerie des Offices de Florence. Sur la face principale, deux anges en relief, d'un délicieux dessin, soutiennent une couronne de feuillage qui renferme une inscription.

En 1439, le pape Eugène IV, pendant son séjour à Florence, fit faire à Ghiberti une mitre d'or, du poids de quinze livres, chargée de cinq livres et demie de pierres précieuses d'une très-grande valeur. Lorenzo enchâssa toutes ces pierreries dans des ornements rehaussés de figurines de ronde bosse. Le devant présentait le Christ sur son trône, entouré d'une foule de petits anges ; le derrière, la Vierge sur un siége soutenu par des anges et accompagnée des quatre évangélistes. Par ce qui reste des travaux de Ghiberti, on peut se faire

---

(1) *Allogazione a Lorenzo di Bart. Ghiberti di due storie pel fonte batt. di S. Giov.*; Arch. dell' opera del Duomo di Siena ; Pergamena, n° 1437. — *Libro giallo de' deb. e cred. dal 1420 al 1444*, cart. 289 ; documents publiés par le doct. G. MILANESI, *Docum. per la stor. dell' arte Senese*, t. II, p. 89. Si le document publié ne s'expliquait pas d'une façon formelle, nous n'aurions pu attribuer à Ghiberti le second bas-relief, qui nous a paru d'un style et d'une exécution qui s'écartent de sa manière.

(2) *Den. de' beni di Lor. Ghiberti agli uff. del catasto*; Arch. delle Decime di Firenze, publié par GAYE, *Cart. d'artisti*, t. I, p. 103 s.

une idée du beau style et de l'exquise délicatesse de ces précieux bijoux ; et s'il passe, à juste titre, pour un des plus grands sculpteurs des temps modernes, on peut le regarder aussi comme le premier des orfévres.

Nous devons encore comprendre parmi les travaux d'orfévrerie de Ghiberti la châsse, en bronze doré, de saint Zanobi, évêque de Florence, qu'il termina vers 1439 (1). Elle est conservée dans la cathédrale de Florence, sous l'autel situé au fond de l'église et consacré au saint évêque. Cette châsse, en forme de coffre (d'un mètre quatre-vingt-dix centimètres de longueur sur quatre-vingt-cinq centimètres de hauteur), offre sur le devant un bas-relief qui représente la résurrection d'un enfant par le saint évêque (2). Un bas-relief décore chacune des faces latérales ; ils ont pour sujets des miracles de saint Zanobi. Sur la face postérieure de la châsse, Ghiberti a représenté six anges tenant une guirlande de feuilles qui entoure une inscription. Ces bas-reliefs ont toutes les belles qualités de ceux qui enrichissent les portes du Baptistère de Saint-Jean : un grand style et une belle ordonnance dans la composition des sujets, la perfection du modelé, une grâce indicible dans les figures, des expressions justes et variées dans les têtes, un goût parfait dans l'agencement des draperies, et une science infinie dans la disposition des différents plans.

L'exécution complète des deux portes du Baptistère de Saint-Jean dura près de cinquante années, et pendant ces longs travaux Ghiberti se fit aider par de jeunes artistes qui devinrent plus tard de maîtres habiles, tels que Donatello, Masolino da Panicale, Parri Spinelli, Michelozzo Michelozzi, Antonio Filarete, Paolo Ucello, Bernardo di Bartolommeo Cennini et Antonio del Pollaiuolo (3).

Ghiberti eut deux fils, Tommaso et Vittorio, qui pratiquèrent tous deux l'orfévrerie. Tommaso fit, en 1446, des chandeliers de bronze argenté pour le Baptistère de Saint-Jean (4). Vittorio termina avec soin, en 1461, le chambranle de la porte principale de la même église. Vasari s'est trompé en donnant le nom de Buonaccorso au second fils de Ghiberti (5). Buonaccorso est le nom du fils de Vittorio (6).

De grands artistes sont souvent demeurés inconnus faute d'avoir eu un historien, et leurs œuvres ont été attribuées à des artistes de leur temps cités dans les écrits des biographes. Mais les recherches archéologiques ont pour but de rendre à chacun ce qui lui appartient, et nous sommes heureux de pouvoir signaler ici un contemporain, peu connu, de Ghiberti, Giovanni Turini, de Sienne, qui fut tout à la fois orfévre et sculpteur, comme ce grand artiste dont il était l'ami.

Giovanni Turini naquit vers 1384 ; il était fils de Turino di Sano, habile orfévre de Sienne.

(1) *Deliberazioni*; Archivio dell' opera del Duomo, document publié par GAYE, *Carteggio d'artisti*, t. I, p. 543.

(2) CICOGNARA a reproduit ce bas-relief, *Storia della scultura*, t. II, pl. XX. La châsse entière a été donnée par GONETTI, *Mon. sepulcrali della Toscana*.

(3) LORENZO GHIBERTI, *Commentario*, publié par M. LECLANCHÉ, dans sa traduction de Vasari, t. II, p. 88, et dans l'édition de Vasari, Firenze, 1846, t. I, p. 30 et suiv. — VASARI, *Vita di Lorenzo Ghiberti*. — Dott. MILANESI, *Commentario alla Vita di Lorenzo Ghiberti*, à la suite de la vie de Ghiberti, dans l'édition de 1846, t. III, p. 126.

(4) *Quaderno di ricordi dell' arte de' mercatanti dal 1444 al 1449*, segnato M.; Spoglio Strozzi, t. I, p. 49, et t. II, p. 114.

(5) « Vittori di Lorenzo di Bartoluccio dee havere per gli stipiti, foglia ed altro della terza porta di San Giovanni » F. (florini) 1060, anno 1461. » (*Libro grande dell' arte de' mercatanti*, anno 1461, segnato F, p. 119 e 241 ; Spoglio Strozzi, t. II, p. 112 v°.)

(6) *Commentario alla Vita di Lorenzo Ghiberti*, cité plus haut.

Giovanni apprit de son père les principes des arts du dessin et de l'orfévrerie, et il devint en peu de temps habile dessinateur et sculpteur de mérite. Il acquit d'abord une grande réputation pour les émaux translucides sur relief, en sorte qu'il était souvent chargé d'embellir de ces charmants émaux, alors fort en vogue, les travaux d'orfévrerie commandés à d'autres orfévres. Ainsi, Ambrogio, fils d'Andrea, ayant exécuté pour les administrateurs du Dôme de Sienne une statue d'argent de saint Savino, Giovanni Turini fut chargé, en 1414, d'enrichir d'émaux le piédestal de la statue (1). A la même époque, la commune de Sienne, voulant récompenser le capitaine Tartaglia de Lavello, fit faire par notre artiste, pour l'offrir à ce seigneur, un casque d'argent qui lui valut de grands éloges (2). Deux années après, Giovanni fit pour le Dôme de Sienne, avec le concours de son père, une statue de saint Vittorio qui était portée sur un piédestal d'argent émaillé (3).

La grande réputation que Giovanni Turini s'était acquise par ces travaux engagea les Siennois, en 1417, à confier à lui et à son père, Turino di Sano, un travail plus important. Il s'agissait d'enrichir de six bas-reliefs de bronze doré et de statuettes les fonts du Baptistère (4). Giovanni exécuta deux des bas-reliefs : ils représentent la nativité de saint Jean et une prédication du précurseur dans le désert; il fit aussi trois des statuettes qui séparent les bas-reliefs : la Charité, la Justice et la Prudence (5). L'excellence de ces sculptures les a fait attribuer à tort par M. Valery à Giacomo della Quercia (6), qui ne fit que le bas-relief de la Vocation de saint Joachim, ainsi que le prouvent les archives de Sienne. Donatello et Ghiberti exécutèrent les autres bas-reliefs et statuettes (7). Giovanni fut encore chargé d'enrichir la corniche supérieure de la cuve baptismale d'une inscription en lettres dorées se détachant sur un fond d'émail, et de faire les trois petits enfants de bronze qui sont posés sur l'édicule de marbre qui s'élève au milieu de la cuve (8). Ces travaux de Turini, placés à côté de ceux des premiers sculpteurs du quinzième siècle, peuvent soutenir la comparaison et permettent de lui assigner un rang distingué parmi les artistes de cette époque. Ils furent terminés en 1427.

En 1425, Giovanni Turini avait exécuté en marbre les figures en bas-relief de saint Jean l'évangéliste, de saint Paul et de saint Matthieu, et avait terminé celle de saint Luc, que maître Jean d'Imola, mort en cette année, avait laissée inachevée. Ces bas-reliefs, de

---

(1) *Inventorio del Duomo e dell' opera di Santa Maria di Siena cominciato a dì x d'aprile* м cccc lxvii ; *Libro primo degl' invent. dal.* 1426 al 1481 ; Archives de l'œuvre du Dôme de Sienne. — *Libro entrata e uscita*, à l'année 1414, p. 18 ; Archives susdites.

(2) Dott. Milanesi, *Commentario sulla Vita di Giovanni Turini*, dans l'édition de Vasari. Firenze, 1849, t. V, p. 105.

(3) *Invent. del Duomo di Siena*. — *Libro rosso debitori e creditori ad anno* 1416; Archives de l'œuvre du Dôme de Sienne.

(4) Le Baptistère est situé au-dessous du chœur de la cathédrale. Mais, par suite de la déclivité du terrain sur lequel Sienne est construite, il forme une église à part, ayant au devant de son portail une place où plusieurs rues viennent aboutir. On y descend de la place de la cathédrale par un vaste escalier extérieur.

(5) *Libro di documenti artistici* n° 39, *al* 16 *di aprili* 1417. — *Memoriale del Camerlingo*, à l'année 1419. — *Libro giallo deb. e cred. dal* 1420 *al* 1444, carte 239 ; documents renfermés dans les archives du Dôme de Sienne, publiés par le doct. G. Milanesi dans les *Documenti per la storia dell' arte Senese*, t. II, p. 86.

(6) *Voyages en Italie*, t. IV, p. 274.

(7) Donatello a fait le bas-relief qui représente le repas d'Hérode et les statuettes de la Foi et de l'Espérance ; Ghiberti, les bas-reliefs qui reproduisent le baptême du Christ et Hérode faisant mettre saint Jean en prison.

(8) *Commentario sulla Vita di Giovanni Turini*, déjà cité.

quatre-vingt-cinq centimètres de hauteur, sont appliqués aujourd'hui sur les murs de la chapelle du Saint-Sacrement, dans la cathédrale de Sienne (1).

Giovanni et son père, Turino di Sano, avaient fait en société, en 1424, une statue d'argent de saint Crescentio, élevée sur un piédestal d'argent émaillé (2). Peu de temps après, Giovanni fut chargé, avec Nicolo Treguanuccio, autre orfévre siennois, de faire deux anges d'argent, que la république siennoise offrit au pape Martin V. Ces statuettes, hautes d'un bras (cinquante-cinq centimètres), étaient élevées sur des bases enrichies d'émaux (3). Il fit également pour la république, en 1429, la louve de bronze allaitant Romulus et Rémus, qui est placée au-dessus d'une colonne dans la place Postierla (4). M. Valery attribue à tort à Giacomo della Quercia cette belle œuvre de Giovanni Turini.

A partir de cette époque, Giovanni fut constamment aidé dans ses travaux par son jeune frère Lorenzo. En 1434, les deux frères exécutèrent pour la sacristie de la cathédrale de Sienne un bénitier de marbre soutenu par un petit ange de bronze et enrichi de plaques de cuivre émaillé où sont reproduites des fleurs sur un fond bleu (5). On voit encore ce joli bénitier en entrant dans la sacristie, à main gauche. Plus tard, en 1438, ils exécutèrent de nouveau ce bénitier pour la chapelle du palais public, en y ajoutant un groupe de bronze du Christ entre deux anges (6), composition gracieuse et d'un modelé excellent. En 1431, Giovanni avait fait pour le maître autel de la cathédrale un groupe d'argent qui reproduisait l'Assomption de la Vierge. La mère de Jésus, assise sur un trône, était entourée de six anges. Ce groupe était porté sur un piédestal d'argent décoré de sujets de la vie de Marie, en émaux de basse-taille (7). Le poids du métal, qui était de soixante-neuf livres six onces, et l'emplacement donné au monument, indiquent des figures d'une assez grande proportion.

En 1442, les frères Turini firent pour la chapelle du palais deux statuettes d'argent, saint Pierre et saint Paul, et deux bustes de saints qui subsistent encore ; et pour l'hôpital de Sainte-Marie della Scala un grand ostensoir destiné à renfermer les hosties le vendredi saint (8). L'année suivante, ils commencèrent pour la cathédrale une figure d'argent du Christ sortant du tombeau. Elle ne fut terminée qu'en 1446 (9). Enfin, en 1444, ils firent pour la chapelle du palais une statuette de la Vierge tenant son Fils.

Giovanni Turini mourut en 1455, en laissant pour héritier de son atelier son frère Lorenzo, qui continua à exercer l'orfévrerie.

---

(1) Le *Guide artistique de Sienne* attribue à tort ces bas-reliefs à Bartolommeo da Cortone.
(2) *Invent. del Duomo di Siena*, déjà cité. — *Libro deb. e cred.*, à l'année 1424, p. 56 ; Archives de l'œuvre du Dôme de Sienne.
(3) *Commentario sulla Vita di Giovanni Turini*, déjà cité.
(4) *Ibidem.*
(5) *Inventorio del Duomo di Siena.* — *Libro giallo dal 1440 al 1444*, p. 142 ; Archives du Dôme de Sienne. Ce bénitier est reproduit dans les *Annales archéologiques*, t. XXV, p. 261, en tête de la traduction que nous avons donnée, avec un commentaire, de l'inventaire du Dôme de Sienne daté de 1467.
(6) *Commentario sulla Vita di Giovanni Turini*, déjà cité.
(7) *Invent. del Duomo di Siena.* — *Libro giallo dell' opera del Duomo*, à l'année 1431, p. 111. — *Libro rosso debitori e creditori*, à l'année 1441 ; Archives de l'œuvre du Dôme de Sienne.
(8) *Commentario sulla Vita di G. Turini*, déjà cité.
(9) *Invent. del Duomo di Siena.* — *Libro rosso nuovo*, p. 52 ; Archives de Sienne.

Michelozzo Michelozzi, fils de Bartolommeo (1396 † vers 1470), qui s'est acquis un grand nom dans l'art statuaire et surtout dans l'architecture, avait commencé par travailler chez l'orfèvre Lorenzo Ghiberti, qu'il aida dans ses grands travaux. En 1426, il grava pour les officiers du fisc un cachet où se trouvait reproduite la figure de saint Thomas (1). En 1427, tout en travaillant dans l'atelier du célèbre Donatello, il était employé à l'hôtel de la monnaie de Florence pour graver les coins des monnaies (2), genre de travail qui était alors pratiqué par les orfèvres. Mais les grands travaux de sculpture et d'architecture dont fut chargé Michelozzo l'avaient éloigné de l'art de l'orfévrerie. Cependant la statue d'argent de saint Jean, le patron et le protecteur de la ville de Florence, manquait encore au célèbre parement d'autel que la corporation des marchands avait fait faire pour l'église antique consacrée sous le vocable du saint précurseur; Michelozzo fut chargé de l'exécuter en 1451. Il la termina en peu de temps. Les consuls de la corporation des marchands lui accordèrent cinquante florins d'or pour son travail. La statue coûta en tout deux cent six florins d'or (3). C'est à tort que Vasari et Baldinucci ont attribué ce bel ouvrage à Antonio del Pollaiuolo. Cette statue, qui occupe la grande niche centrale de l'autel Saint-Jean, est haute de soixante-trois centimètres. Nous en donnons la reproduction dans notre planche XXXVI.

Andrea, fils de Michele Cioni, surnommé del Verrocchio (1432 † 1488), avait commencé par travailler dans l'atelier de Giuliano Verrocchi, orfèvre à Florence (4), et par pratiquer l'orfèvrerie. Il fit, entre autres objets, quelques boutons de chape pour l'église Santa-Maria del Fiore, de Florence, un vase couvert d'animaux et d'autres fantaisies, et une belle coupe ornée d'une danse d'enfants qui faisait l'admiration de tous les orfèvres. Ces beaux ouvrages, qui existaient encore du temps de Vasari, mirent Andrea fort en vogue. Le pape Sixte l'appela à Rome, et lui fit faire plusieurs figures d'apôtres en argent pour décorer la chapelle pontificale (5). Ces travaux d'orfévrerie n'existent plus. Pendant qu'il était à Rome, Andrea étudia les statues et les fragments antiques et se décida à abandonner la profession d'orfèvre pour s'adonner à la statuaire. La statue de bronze de David, qui est dans la galerie des Offices de Florence, le beau groupe du Christ et de saint Thomas, de l'église d'Orsanmichele, une foule d'autres beaux ouvrages, mais surtout la statue équestre de bronze de Bartolommeo Colleoni, qui s'élève sur la place de l'église SS. Jean et Paul à Venise, l'avaient placé au rang des premiers maîtres. Cependant il n'abandonna jamais entièrement l'orfèvrerie. En 1469, il fit pour la seigneurie de Florence un candélabre en forme de vase enrichi de sculptures (6). La corporation des marchands lui demanda,

(1) *Stanziamento degli ufficiali del catasto di Firenze, die* xxvii, *mense sett.* 1426; Archivio delle Decime. — *Deliberazioni degli ufficiali del catasto,* 1426; Archives de Florence.

(2) *Denunzia de' beni di Michelozzo Michelozzi, agli uff. del catasto di Firenze,* 1427; Arch. delle Decime; document publié par GAYE, *Carteggio d'artisti,* t. I, p. 117.

(3) *Quaderno di ricordi dell' arte de' mercatanti, dal* 1450 *al* 1453, *segnato* O, à l'année 1451; Spoglio Strozzi, t. II, p. 113. — *Delib. dell' arte de' merc.,* de' 2 giugno 1452; Spoglio Strozzi, t. II, p. 113. — *Libro grande dell' arte de' merc.,* seg. Z, p. 177; Spoglio Strozzi, t. I, p. 44, et II, p. 111.

(4) DEL MIGLIORE, *Riflessioni al Vasari*; Ms. Bibl. Magliabecchiana de Florence. — VASARI, *Vita del Verrocchio.* Firenze, 1849, t. V, p. 139, note 2.

(5) VASARI, *Vita del Verrocchio.*

(6) Spogli dello Strozzi; Archivio delle Riformagioni, document publié par GAYE, *Carteggio d'artisti,* t. I, p. 570.

en 1477, pour l'autel du Baptistère, le bas-relief qui reproduit la décollation de saint Jean (1). Les archives de Florence constatent que ce bas-relief fut terminé en 1480 et qu'on paya pour le tout à Verrocchio trois cent quatre-vingt-dix-sept florins d'or (2).

On trouve encore dans les archives de Florence, sur le livre des délibérations du gouvernement de la république, à la date du 20 avril 1480, l'ordonnancement d'un payement de trois florins à faire à Andrea del Verrocchio pour la soudure des candélabres de bronze de la chapelle de la seigneurie (3). Il est bien constant que ces candélabres étaient un ouvrage d'Andrea; car on n'aurait pas chargé d'une aussi mince réparation un artiste qui jouissait alors d'une grande réputation, s'il n'avait pas été l'auteur des candélabres.

Andrea del Verrocchio a eu la gloire de compter parmi ses élèves le Pérugin et Léonard de Vinci.

Le célèbre Antonio del Pollaiuolo (1433 † 1498) entra tout jeune dans l'atelier de Bartoluccio et apprit de cet habile orfèvre les principes des arts du dessin et de l'orfévrerie. Il fit en peu de temps des progrès très-rapides. Lorenzo Ghiberti, pendant qu'il travaillait aux portes de Saint-Jean, ayant remarqué l'habileté du jeune élève de son beau-père, l'appela auprès de lui et le mit à travailler sur une des guirlandes de l'encadrement de la porte du milieu. Antonio y introduisit une caille, qui est l'expression fidèle de la nature (4). Sa réputation grandit rapidement, et il se sépara de Bartoluccio et de Ghiberti pour prendre, sur la place du Marché-Neuf, une boutique où il exerça pendant de longues années l'état d'orfévre. Le grand talent d'Antonio dans le dessin le porta vers la peinture. Il s'associa avec son frère Piero pour exécuter une quantité de tableaux, et il en fit seul un très-grand nombre. Il grava aussi plusieurs estampes fort estimées; il osa même aborder la statuaire, et il y réussit mieux encore que dans la peinture. Ainsi il jeta en bronze le tombeau d'Innocent VIII, où l'on voit ce pontife assis et donnant sa bénédiction, et celui de Sixte IV, qui est enrichi de bas-reliefs remarquables (5).

Néanmoins Antonio ne cessa jamais d'exercer l'orfévrerie. Dans la déclaration de ses biens qu'il fit aux officiers du fisc de Florence en 1480, il prend la qualité d'orfèvre et annonce qu'il exerce son état dans une boutique de la rue Vacchereccia (6). Les archives de Florence constatent l'exécution par Antonio del Pollaiuolo d'un grand nombre d'importants travaux d'orfévrerie. En 1456, la corporation des marchands le chargea de faire, en société avec l'orfèvre Miliano Dei, la moitié d'une grande croix pour l'autel Saint-Jean; l'autre moitié était donnée à Betto, fils de Francesco Betti (7). En 1457, une délibération

---

(1) *Delib. dal 1477 al 1481*, p. 720; Spoglio Strozzi, t. II, p. 121.

(2) « Andrea del Verrocchio scultore finisce la storia del dossale d'ariento, la quale pesò l. 30, o. 4, per cui se li pagò » f. (florini) 397, l. (lire) 21, s. (soldi) 1, anno 1480. » (*Libro grande dell' arte de' mercatanti*, segnato P, p. 274; Spoglio Strozzi, t. II, p. 112 v°.)

(3) *Stanziamenti*, anno 1480; Archivio delle Riformagioni di Firenze, document publié par GAYE, *Carteggio d'artisti*, t. I, p. 575.

(4) Elle est placée sur un bouquet d'épis dans le battant à gauche, quand on entre dans l'église.

(5) Ces deux monuments sont élevés dans la basilique de Saint-Pierre de Rome : le premier est sous l'arcade à gauche en sortant de la chapelle du chœur; le second, dans la chapelle du Saint-Sacrement.

(6) *Den. de' beni d'Ant. Pollaiuolo agli uff. del catasto*; Arch. delle Decime, document publié par GAYE, *Carteg. d'artisti*, t. I, p. 265.

(7) *Libro deliber. dell' arte de' mercat.*, anno 1456, p. 70; Spoglio Strozzi, t. I, p. 116, et t. II, p. 117.

des chefs de la corporation décida que Pollaiuolo et Miliano Dei feraient la partie inférieure du monument, et Betto la partie supérieure (1). Le travail fut terminé en 1459, et le grand livre de la corporation, qui en constate le payement, ne parle plus que de Pollaiuolo pour les deux tiers du prix et de Betto pour l'autre tiers (2); en sorte qu'il est à présumer que Miliano Dei avait abandonné sa part de travail à Pollaiuolo, et que toute la partie inférieure du monument, au-dessous du crucifix, a été faite par celui-ci.

Nous reviendrons sur ce sujet. Nos lecteurs pourront juger de la beauté de cette croix par la reproduction que nous en faisons dans notre planche XXXVIII.

En 1465, la même corporation chargea Pollaiuolo de faire des chandeliers d'argent pour accompagner la croix (3). Ils étaient enrichis de figures et d'émaux et avaient deux bras et un tiers de hauteur (un mètre vingt-huit centimètres); ils coûtèrent quinze cent quarante-huit florins; Pollaiuolo reçut dix-sept florins pour son travail (4). Vasari fait un grand éloge de ces candélabres, qui furent fondus malheureusement en 1527, avec d'autres beaux objets d'argent, pour subvenir aux dépenses de la guerre. Les ciselures colorées d'émaux, auxquelles on a donné le nom d'émaux de basse-taille, et que nous nommons aussi émaux translucides sur relief, étaient fort en vogue au temps de Pollaiuolo (5); habile dessinateur, modeleur et ciseleur consommé, notre artiste s'adonna à ce genre de travail, et il eut bientôt dépassé tous ses rivaux. Vasari cite les paix émaillées qu'il avait faites pour le Baptistère de Saint-Jean, comme ayant excité l'étonnement de tous les connaisseurs : le pinceau le plus délicat ne pourrait, dit-il, rien y ajouter. Pollaiuolo n'avait pas manqué d'enrichir d'émaux les chandeliers et la belle croix dont nous venons de parler; malheureusement, les émaux de la croix sont presque entièrement détruits, la ciselure seule reste ; elle est fort belle. Mais on peut juger du talent de Pollaiuolo dans l'émaillerie, par une paix en émail de basse-taille, qui est conservée dans le cabinet des camées de la galerie de Florence. C'est un petit monument, de vingt et un centimètres de hauteur, qui figure une arcade plein cintre dont les pilastres et l'archivolte sont enrichis à l'extérieur de charmants ornements émaillés; à l'intérieur de l'arcade, les deux parois sont décorées de figures en pied et de bustes de saints. Au fond, l'artiste a représenté le Christ mort, entouré des saintes femmes et de quelques disciples. Cette composition de sept figures est renfermée dans un médaillon ; au-dessus, dans le tympan, on voit le Père éternel avec des anges. Ces beaux émaux sont bien dignes de la haute réputation de Pollaiuolo.

En 1472, la ville de Volterra s'étant soulevée contre la domination de Florence, Frédéric de Monte-Feltro, comte d'Urbin, fut chargé du commandement des troupes de la république

---

(1) *Libro delib. dell' arte de' mercatanti del 30 aprile* 1457; Spoglio Strozzi, t. II, p. 117 v°.

(2) « Croce d'ariento tutta bianca fatta per la chiesa di San Giovanni Batista, di peso di l. 141, costò in tutto f. 3036.
» 6.18.4 (3036 florins 6 livres 18 sols 4 deniers), de' quali f. 2006.3.13.7 ebbe Antonio di Jacopo del Pollaiuolo, e f. 1030.
» 3.5 Betto di Francesco Betti orafo. Anno 1459. » (*Libro grande dell' arte de' mercatanti* 1459, segnato E, p. 267; Spoglio Strozzi, t. II, p. 111.)

(3) *Deliberazione de' mercatanti dell' anno* 1465; Spoglio Strozzi, t. II, p. 120 v°.

(4) *Libro di deliberazioni dal* 1468 *al* 1475, à l'année 1470, p. 104. — *Libro grande dell' arte de' mercatanti*, segnato L, à l'année 1470, p. 269; Spoglio Strozzi, t. I, p. 230, et t. II, p. 112.

(5) Sur l'historique et sur les procédés de fabrication de ces émaux, nos lecteurs devront consulter le chapitre II du titre de l'ÉMAILLERIE.

florentine. Après vingt-cinq jours de siége, ce capitaine s'empara de Volterra et la réduisit à l'obéissance. La seigneurie de Florence, voulant faire un présent au vainqueur, s'adressa à Pollaiuolo, et lui commanda une aiguière d'argent avec son bassin et un casque de même matière (1). Le livre des délibérations de la seigneurie constate également, à la date du 11 janvier 1473, la commande faite à notre artiste d'un grand bassin d'argent (2), et nous trouvons dans l'inventaire du trésor de la seigneurie, à la date du 1er septembre de la même année, la description de ce bassin (3). De jeunes enfants se tenant par la main, ciselés ou exécutés au repoussé, formaient comme une guirlande sur le milieu de la panse du vase. C'était une œuvre d'art, comme tout ce qui pouvait sortir en orfévrerie de l'atelier d'un artiste aussi éminent que Pollaiuolo.

La corporation des marchands devait désirer naturellement de voir son autel d'argent du Baptistère de Saint-Jean enrichi des œuvres de ce grand artiste. Aussi lui commanda-t-elle en 1477 le bas-relief représentant la nativité de saint Jean. Il le termina en 1480, et reçut, pour prix de la matière et pour son travail, quatre cent quatre-vingt-sept florins et une livre (4). Ce bas-relief est reproduit dans notre planche XXXVII.

Pollaiuolo ne se borna pas à faire des pièces d'orfévrerie sculptée, il fit aussi des bijoux. Dans un recueil intitulé : *Souvenirs historiques de 1282 à 1460*, écrit par Filippo Rinuccini, on trouve la mention de différents payements faits par celui-ci à l'orfévre Antonio Pollaiuolo pour des bijoux par lui donnés à sa femme, tels qu'une garniture de ceinture et deux chaînes d'argent doré (5).

Pollaiuolo a aussi gravé des médailles, parmi lesquelles il faut citer celle de Julien et Laurent de Médicis.

Le cabinet des bronzes de la galerie de Florence conserve un bas-relief de Pollaiuolo qui doit provenir d'une châsse ou d'un autel, et qui, par sa dimension, doit être considéré comme appartenant à l'art de l'orfévrerie. Il représente le crucifiement : la Vierge, les Maries et les disciples du Sauveur sont au pied de la croix ; les têtes sont animées et remplies d'expression. On trouve aussi, parmi les dessins originaux que possède ce musée celui d'un bel encensoir, et sur le revers de la feuille où il est exécuté, le dessin de la navette à encens qui devait l'accompagner. Ces beaux dessins, signés ANTONIO DEL POLLAIUOLO HORAFO, auront été bien certainement mis à exécution dans les ateliers de Pollaiuolo ; mais cet encensoir a disparu, comme tant d'autres objets inestimables, dans le creuset d'un fondeur.

Après Pollaiuolo, nous devons citer son contemporain Tommaso Finiguerra, qui est célèbre par l'invention qu'on lui a attribuée de l'impression des gravures sur métal. Il était fils

---

(1) *Libro delle delib.*; Spogli dello Strozzi; Arch. delle Riform., document publié par GAYE, *Carteggio d'artisti*, t. I, p. 570.

(2) *Ibid.*, t. I, p. 571.

(3) « Un bacino grande nuovo con grillanda di bambocci d'ariento nel mezzo ». (*Inventario generale di tutte le mazzenzie e beni che sono appresso alla signoria, cioè di tutte le cose dedicate alla capella, della loro Udienza et degli argenti e beni per la mensa loro, dal 1458 al 1479*; Arch. delle Riformag. di Firenze, cod. in-4°, seg. n° 101, a carte 56 v°.)

(4) « Antonio di Jacobo del Pollaiuolo e compagni orafi finiscono la storia del dossale d'ariento, la quale pesò l. 29, » o. 3. d. 5, et se li pagò in tutto f. (florini) 487.1.16.4, anno 1480. » (*Libro grande dell' arte de' mercatanti*, segnato P, p. 286; Spoglio Strozzi, t. II, p. 112 v°.)

(5) *Ricordi storici di* FILIPPO DI CINO RINUCCINI, pubb. da AIAZZI. Firenze, 1840.

d'Antonio Finiguerra, habile orfévre de Florence. Dans la déclaration que celui-ci fit de ses biens aux agents du fisc, en juillet 1427, il annonce que son fils Tommaso est âgé d'un an et cinq mois (1). Maso Finiguerra étudia tout naturellement l'orfévrerie dans l'atelier de son père et devint orfévre. Il était très-bon dessinateur, et fit de charmantes aquarelles représentant des figures nues ou drapées et des sujets variés. On en conserve plusieurs dans la collection de dessins de la galerie des Offices de Florence. Le genre de talent de Maso Finiguerra le porta vers l'exécution des nielles, qui étaient alors fort en usage dans les travaux de l'orfévrerie. « Il se fit, dit Vasari (2), une réputation extraordinaire et bien méritée par » ses fines gravures au burin remplies de nielle ; personne ne s'était encore rencontré, qui » sût graver autant de figures que lui dans un grand ou petit espace. » En 1450, la corporation des marchands lui commanda une paix pour l'église Saint-Jean (3). D'après Vasari, il en aurait fait plusieurs pour cette église. La plus belle, qui représente le couronnement de la Vierge, est aujourd'hui conservée dans le cabinet des camées de la galerie des Offices de Florence. Elle est aussi remarquable par la beauté et la richesse de la composition que par l'excellence du travail ; mais ce qui vaut surtout à cette paix une grande célébrité, c'est qu'il en existe, à la Bibliothèque nationale de Paris, une épreuve tirée sur papier par Finiguerra avant la fusion de la nielle, épreuve qui passe pour avoir donné lieu à la découverte de l'impression des gravures sur métal (4). M. Duchesne, dans son *Essai sur les nielles*, a signalé huit pièces exécutées par Maso Finiguerra. Le Couronnement de la Vierge de la galerie de Florence est le chef-d'œuvre du maître et le morceau le plus précieux.

La gravure des nielles était bien certainement le travail auquel Finiguerra s'adonnait de préférence et celui qui a fait sa réputation ; cependant Baldinucci prétend qu'il modelait bien et faisait des bas-reliefs ; cet auteur ajoute qu'on aurait chargé Finiguerra, concurremment avec Pollaiuolo et d'autres artistes, d'en exécuter pour l'autel d'argent du Baptistère de Saint-Jean. Baldinucci n'a fourni aucune preuve à l'appui de cette allégation, qui est démentie par les documents que nous ferons connaître en donnant la description de cet autel. Mais Finiguerra avait travaillé pour l'autel Saint-Jacques de Pistoia. Le livre de l'administration de l'OEuvre de Saint-Jacques constate, en effet, qu'en 1457 Tommaso Finiguerra et Piero, fils de Bartolommeo Sali, orfèvres de Florence, reçurent la commande de chandeliers d'argent doré enrichis d'émaux, qui furent terminés en 1462 (5). On ne sait pas la date de la mort de Finiguerra.

Parmi les grands artistes du quinzième siècle qui se sont rendus célèbres dans la peinture et dans la sculpture après avoir pratiqué l'orfévrerie, nous pouvons citer encore Lucca della Robbia (1400 † 1481), Domenico Ghirlandajo (1449 † vers 1498), et Francesco Francia (1450 † 1517).

Vasari prétend que Lucca della Robbia avait commencé par étudier l'orfévrerie avant

---

(1) *Den. de' beni di Ant. di Tomm. Finiguerra agli uff. del catasto* ; Arch. delle Dec., publ. par GAYE, *Cart. d'artisti*, t. I, p. 111.

(2) *Vita di Antonio e Piero del Pollaiuolo*.

(3) « Pace d'argento dorata, smaltata, e niellata di peso di o. 55, d. 11, si fa per la chiesa di San Giovanni per Tom- » maso Finiguerra orafo, e se li paga a ragione di f. (fiorini) 1. largo l'oncia, costò in tutto f. 66.1.6, anno 1450. » (*Libro grande dell' arte de' mercatanti*, 1450 ; segnato Z, p. 200 ; Spoglio Strozzi, t. II, p. 111 v°.)

(4) ZANI, *Materiali per servire alla storia dell' incis. in rame*. Parme, 1802. — DUCHESNE, *Essai sur les nielles*.

(5) *Libro d'administr. dell' opera di San Jacopo dal 1446 al 1468* ; Archives de Pistoia.

d'attaquer le marbre et le bronze (1); cependant nous n'avons trouvé aucun document sur les travaux d'orfévrerie de Lucca, et nous ne l'avons cité que pour relever une erreur de Vasari, qui fixe la date de la naissance de Lucca à 1388, et en fait un élève du célèbre orfévre Leonardo. S'il est possible que Lucca della Robbia ait fait ses premières études artistiques dans la boutique d'un orfévre florentin, il ne saurait avoir eu Leonardo pour maître. Ce grand artiste, en effet, qui était élève de Cione et dans toute la force de son talent en 1371, à l'époque où il terminait ses beaux bas-reliefs d'argent de l'autel Saint-Jacques de Pistoia, ne pouvait encore être vivant lorsque Lucca, né seulement en 1400, put commencer à étudier les arts du dessin.

Domenico Ghirlandajo était fils de Tommaso, célèbre orfévre, qui avait reçu le nom de Ghirlandajo d'une parure en forme de guirlande qu'il avait inventée et dont les jeunes Florentines raffolaient. Domenico fut donc destiné à exercer l'état de son père. Ses travaux consistaient principalement en lampes d'argent d'un grand prix. Elles furent détruites, avec la chapelle de l'Annunziata qu'elles décoraient, pendant le siége que Florence eut à subir en 1529 (2). Domenico Ghirlandajo abandonna l'orfévrerie pour la peinture, dans laquelle il s'est rendu illustre.

Francesco Raibolini, connu sous le surnom de Francia, fut placé dès sa jeunesse dans l'atelier d'un orfévre, et devint fort habile dans l'art de l'orfévrerie. Il excellait dans la gravure des nielles et dans les émaux de basse-taille. L'Académie des beaux-arts de Bologne conserve deux pièces d'orfévrerie de Francia. La première est une paix, de seize centimètres de hauteur, reproduisant un petit monument composé de deux pilastres élevés au-dessus d'un soubassement et supportant une architrave au-dessous de laquelle s'ouvre une arcade; l'architrave est surmontée d'un fronton hémicirculaire. Les pilastres sont couverts d'arabesques d'un goût exquis, ciselées en relief. L'arcade, qui est bordée d'un feuillage en relief se détachant sur un fond d'émail, renferme un nielle sur or. L'artiste y a représenté la scène de la crucifixion : la Vierge et saint Jean se tiennent debout au-dessous de la croix; deux saints à genoux sont auprès d'eux ; au second plan, des anges volent dans le ciel; le fond est rempli par un délicieux paysage. C'est une charmante composition. Deux écus armoriés, en émail, remplissent les angles formés par l'arcade. Dans le fronton, l'artiste a représenté le Christ à mi-corps, sortant du tombeau, avec deux anges à ses côtés. Ces figures, ciselées en léger relief, se détachent sur un fond d'émail bleu.

La seconde pièce est encore une paix qui renferme un nielle sur argent, où l'artiste a représenté la résurrection du Christ; deux soldats sont endormis auprès du tombeau. Le nielle est encadré dans une bordure de feuillages ciselés en relief. Le dessin de ces deux nielles est d'une vigueur et d'une pureté remarquables.

Ce qui mit surtout Francia en réputation, ce fut l'habileté qu'il montra dans la gravure des médailles et la fonte des monnaies, travaux qui dépendaient alors de l'orfévrerie. Il fut, toute sa vie, maître de la Monnaie de Bologne. Francia était déjà dans un âge assez avancé, lorsque, ayant fait la connaissance d'Andrea Mantegna et d'autres peintres, il résolut d'essayer si la peinture lui offrirait plus de difficultés que le dessin, qu'il possédait, sans con-

---

(1) *Vita di Lucca della Robbia.*
(2) Vasari, *Vita di Domenico Ghirlandajo.*

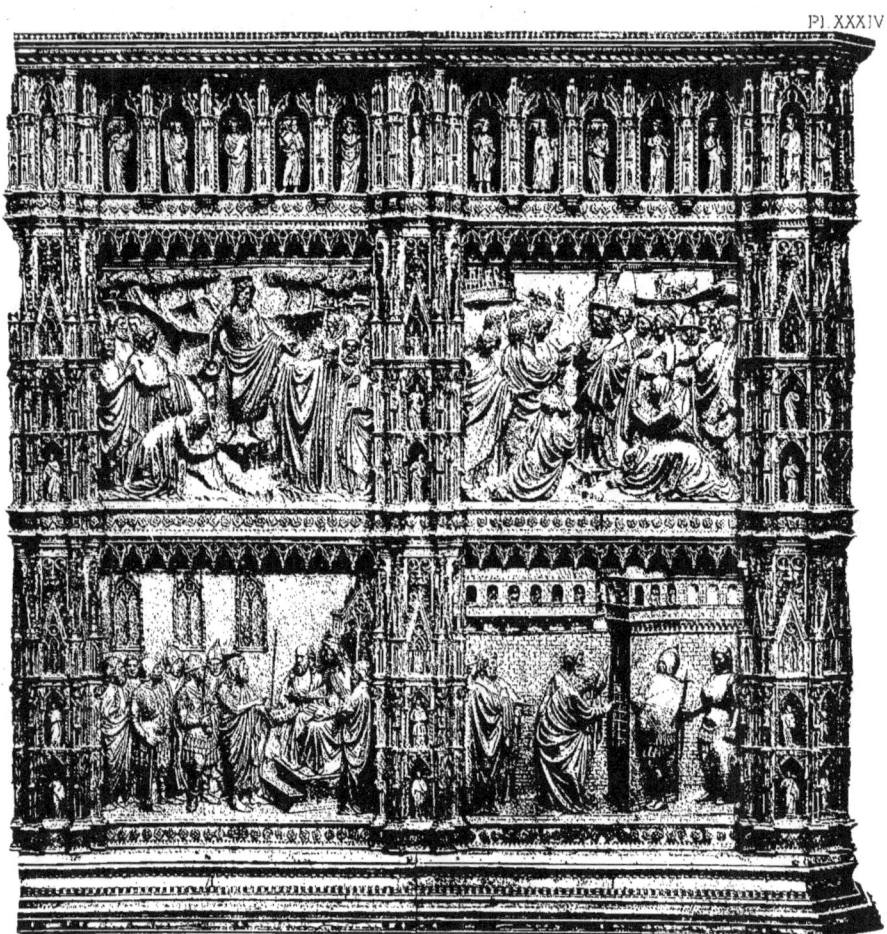

ORFÈVRERIE

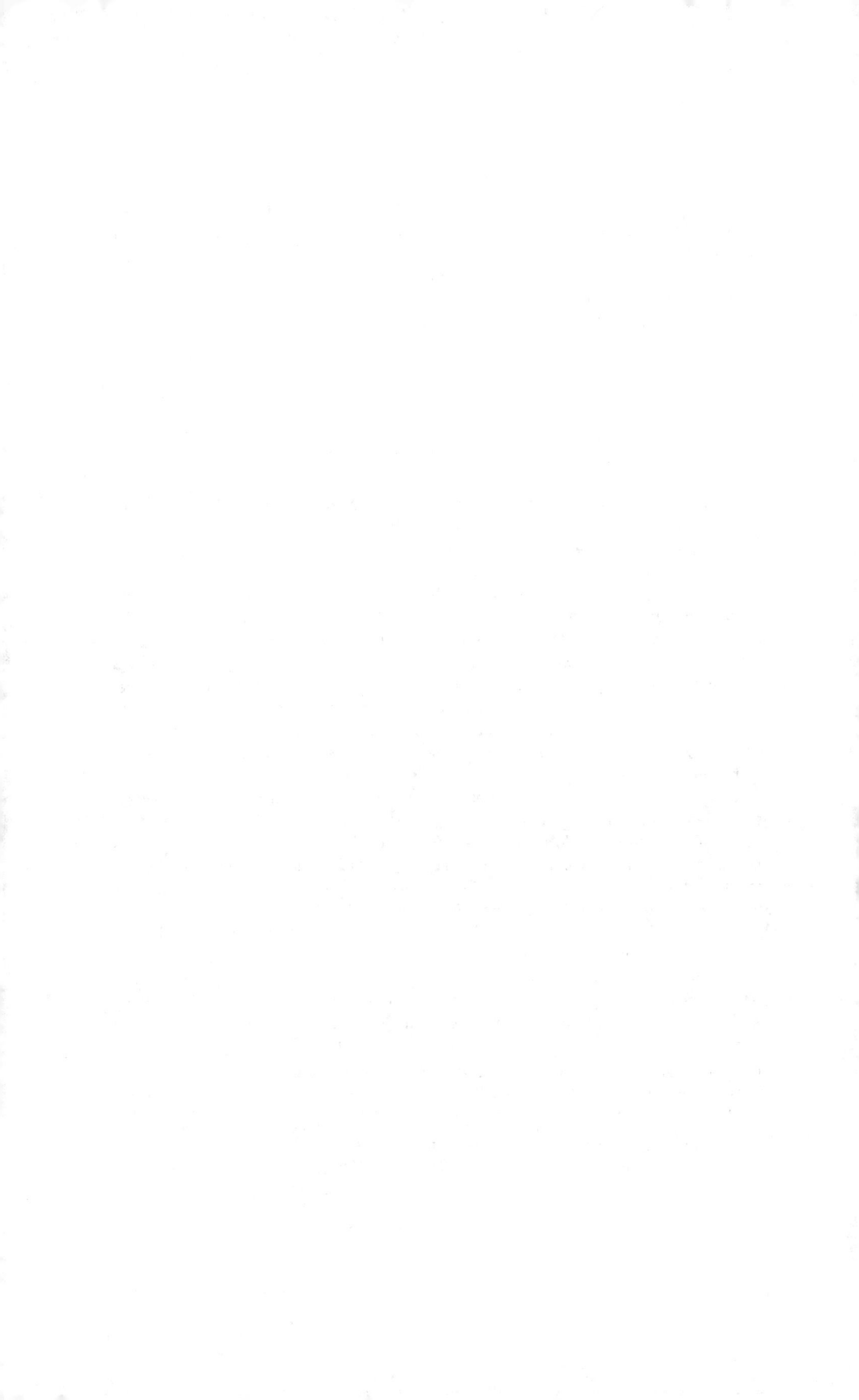

tredit, au même degré que les plus habiles maîtres. Son premier tableau, exécuté pour le maître autel de l'église de la Miséricorde hors de Bologne, est daté et signé de sa main : FR. FRANCIA AURIFEX 1490. Il est aujourd'hui conservé dans le musée de l'Académie des beaux-arts de Bologne. C'est par une espèce de prodige dont on n'avait pas encore vu d'exemple que Francia parvint en peu d'années à se placer parmi les meilleurs peintres italiens.

On a vu que les plus habiles orfèvres avaient travaillé à l'autel d'argent du Baptistère de Saint-Jean, donnons donc la description de ce magnifique morceau d'orfèvrerie.

## VI

*Autel d'argent du Baptistère de Saint-Jean.*

L'autel ou plutôt le parement d'autel de Saint-Jean est composé de cinq parties dont on voit la reproduction dans nos planches XXXIV à XXXVII (1).

Au centre, une niche élégamment décorée renferme la statue d'argent de saint Jean-Baptiste, haute de soixante-trois centimètres, ouvrage de Michelozzo Michelozzi, de 1451. Le saint précurseur est revêtu d'une tunique de peau de chameau que recouvre un grand manteau. Il est dans l'attitude d'un orateur, et, tenant la croix de la main gauche, il semble indiquer de la droite « qu'un autre que lui et plus puissant que lui va venir (2). »

La niche n'est pas de Michelozzo. On verra en effet, dans les documents que nous rapporterons plus loin, que le parement qui couvrait la face antérieure de l'autel était terminé en 1402, moins la statue, et qu'il est décrit avec la niche dans un livre de 1425. Les ornements qui décorent le pignon se détachent sur un fond d'émail bleu, de même que les étoiles d'argent qui garnissent la voûte et les parallélogrammes à losanges qui ornent le fond.

De chaque côté de la niche de la statue est un grand panneau de quatre bas-reliefs qui sont encadrés dans le sens de la hauteur par trois piliers enrichis de petites niches décorées dans le style ogival. Les niches supérieures dans chaque partie des piliers renferment des figurines en émail translucide sur relief, les autres de jolies statuettes de six à sept centimètres de hauteur. Une ligne de fleurons d'argent se détachant sur de l'émail bleu règne au-dessus et au-dessous des bas-reliefs. Elle est accompagnée dans le haut d'une riche dentelure en arrière de laquelle, pour que rien dans ce splendide monument ne soit privé d'ornementation, l'artiste a ciselé des étoiles d'argent qui se détachent sur un fond d'émail bleu. Les bas-reliefs portent trente-six centimètres de hauteur sur trente-huit de largeur.

Les deux piliers qui sont aux bouts des grands panneaux forment un petit pan coupé sur lequel se rattache, de chaque côté, un demi-panneau renfermant deux bas-reliefs superposés. Ces demi-panneaux étaient destinés à couvrir les faces latérales de l'autel. Ils sont

---

(1) Le rapprochement de ces planches donnerait l'autel en entier. Nous faisons observer seulement à nos lecteurs que, pour mieux faire apprécier la statue de saint Jean, nous l'avons fait photographier dans une proportion plus grande que les bas-reliefs. La frise ornée de statuettes règne au-dessus de la niche de la statue, qui n'occupe que l'espace compris entre le socle et la frise. Au surplus, on trouvera à la fin de ce volume, au Supplément à l'explication des planches XXXIV à XXXVII, un croquis de l'élévation de l'autel qui suffira pour en faire connaître les dispositions.

(2) *Évangile selon saint Mathieu*, chap. III, vers. 11.

LABARTE.

décorés de la même manière que les grands panneaux. Les deux pans coupés sont ornés, comme les piliers, de niches renfermant des figures en émail ou des statuettes.

Une frise couronne le monument et règne tant au-dessus des panneaux et des piliers que de la grande niche qui contient la statue de saint Jean. Elle est décorée de quarante-cinq niches ogivales qui renferment autant de statuettes de neuf à dix centimètres de hauteur. Les tympans au-dessus des arcs sont enrichis de bustes d'argent faisant saillie. Le fond des niches est garni d'une riche décoration se détachant en argent sur de l'émail bleu. Les planches où nous reproduisons les cinq parties de ce monument feront facilement comprendre cette description.

La hauteur du monument est d'un mètre seize centimètres, compris le socle, de onze centimètres. La largeur des grands panneaux est d'un mètre neuf centimètres, celle des petits de cinquante-quatre ; la niche de la statue a quarante centimètres de largeur.

Voici les sujets des bas-reliefs, qui sont tous tirés de la vie de saint Jean-Baptiste :

Dans le grand panneau à la gauche de la statue et à la droite de celui qui regarde l'autel, côté de l'épître : en haut, saint Jean baptisant une foule de personnes dans le désert, et saint Jean exhortant le peuple à faire pénitence ; en bas, le saint amené devant Hérode, et les deux disciples de saint Jean le visitant dans sa prison.

Dans le grand panneau à la droite de la statue, côté de l'évangile : en haut, le Christ venant trouver saint Jean dans le désert, et le baptême du Christ ; en bas, saint Jean quittant ses parents pour entrer dans le désert, et une prédication de saint Jean.

Dans le demi-panneau à la suite, côté de l'évangile : en haut, la Vierge Marie visitant sainte Élisabeth ; en bas, la naissance de saint Jean-Baptiste.

Dans l'autre demi-panneau, côté de l'épître : en haut, la fille d'Hérodiade dansant devant la tête de saint Jean apportée à Hérode ; en bas, la décollation du précurseur.

Deux demi-panneaux auraient dû être ajoutés à ceux qui existent, afin de couvrir entièrement chacune des faces latérales de l'autel, mais ces demi-panneaux n'ont jamais été exécutés. Dans un temps ils ont été remplacés, à ce que dit Gori (1), par des peintures.

Ghiberti étant le plus éminent sculpteur du quinzième siècle, les cicerone ne manquent pas de lui attribuer la plupart des bas-reliefs de l'autel ; mais nous devons dire qu'aucun document ne justifie cette assertion. Ni Vasari, ni Baldinucci, ni Gori, ne lui en attribuent aucun. Ghiberti lui-même, qui dans ses Mémoires a parlé de tous les ouvrages sortis de ses mains, ne dit pas qu'il ait produit quelque œuvre pour l'autel Saint-Jean ; enfin l'ordre des faits, ainsi qu'on va le voir, ne permet pas de supposer qu'il ait pu travailler à cet autel. Vasari et Baldinucci donnent à Antonio del Pollaiuolo le bas-relief du repas d'Hérode, que Gori regarde comme étant de Verrocchio. Ce savant attribue à Pollaiuolo le bas-relief de la Nativité de saint Jean, et Cicognara, après avoir donné quelques notions sur cet artiste, ajoute que le bas-relief le plus parfait de l'autel est celui du Christ venant trouver saint Jean dans le désert, et semble ainsi l'attribuer à Pollaiuolo. Enfin on donne généralement à Cione les bas-reliefs de saint Jean amené devant Hérode et de saint Jean visité dans sa prison.

Il nous a semblé qu'avant de se prononcer sur la question d'attribution, il aurait fallu examiner d'abord les documents écrits qui subsistent, mais aucun de ces savants italiens

---

(1) *Thesaurus veterum diptychorum*, t. III, p. 313.

PL. XXXV

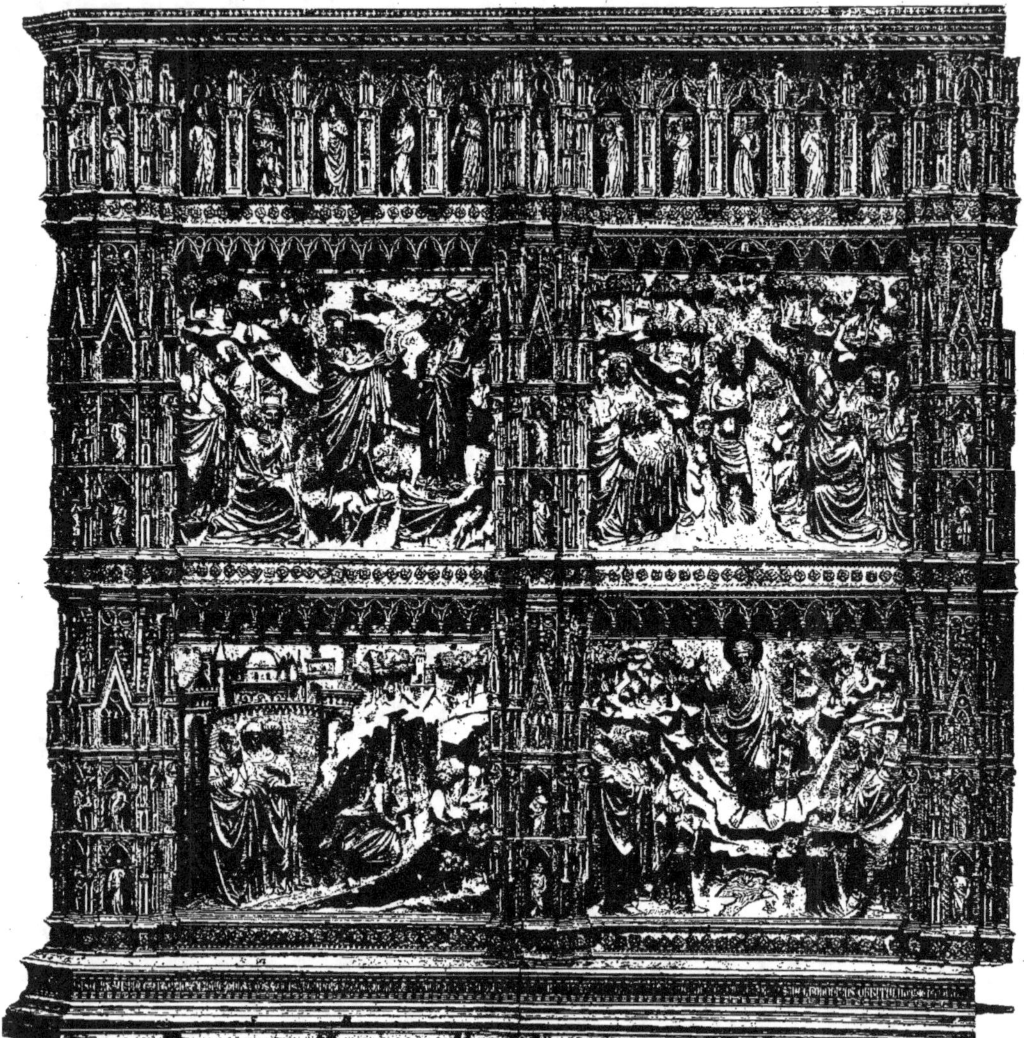

Photo: P. Berthier     Photo-Gravure G. Dujardin

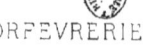

ORFEVRERIE
Autel d'argent du baptistère de Florence. Grand panneau, coté de l'Evangile

Vᵉ A. MOREL et Cⁱᵉ Editeurs     Imp Lemercier et Cⁱᵉ Paris

ne s'est occupé de les rechercher. Nous avons fouillé dans les archives florentines et nous allons faire connaître le résultat de nos recherches.

Comme on l'a vu, dès la fin du treizième siècle, les Florentins avaient résolu d'enrichir l'autel de l'église Saint-Jean-Baptiste (depuis on l'a nommée le Baptistère) d'un parement d'argent enrichi de bas-reliefs reproduisant la vie du saint. Le célèbre orfèvre Cione avait exécuté plusieurs de ces bas-reliefs; mais, dans la seconde moitié du quatorzième siècle, ce parement ne paraissant plus assez important pour décorer l'autel du patron de la ville de Florence, la corporation des marchands décida d'en faire exécuter un autre. Voici la description qui est faite de ce nouveau parement d'autel dans le grand livre de cette corporation, à l'année 1425 : « Le parement d'argent (*dossale di argento*) (1), que l'on place
» à l'autel Saint-Jean, sur le devant du côté des degrés, se fait en huit tableaux carrés de la
» grandeur d'un bras ou environ chaque tableau, avec trente figures d'argent d'une seule
» pièce et massives au-dessus en manière de frise, chaque figure placée dans sa niche;
» avec un tabernacle dans le milieu, partant du bas, enrichi de petites niches, dans lequel
» doit être placée (*debbe stare*) une grande figure de saint Jean-Baptiste qu'on doit faire
» d'argent, avec beaucoup de tores et de niches au-dessus et sur les côtés. Ce parement
» posé et soutenu en entier sur bois, se place dans une armoire de bois faite exprès. On le
» dispose chaque année à Saint-Jean, la veille de la fête de la nativité du saint (2). »

Ainsi, dans l'origine, il ne s'agissait pas d'entourer l'autel de plaques d'argent historiées, et les détails contenus dans le document ne laissent aucun doute sur le sens du mot *dossale* qui est employé : ce n'est qu'un parement d'autel que la corporation des marchands avait d'abord entendu faire. Maintenant que nous voilà fixés sur la nature du monument, recherchons la date de sa confection et les artistes qui y ont apporté leur concours.

Un document dont nous avons déjà rapporté le texte nous a appris que l'exécution du parement fut confiée, en 1366, à Berto, fils de Geri, et à Leonardo, fils de Giovanni (3). Ces deux artistes sont donc les auteurs du plan de ce splendide monument. La date de 1366 est encore constatée par une inscription en lettres d'émail et qui est ainsi conçue : ANNO. DOMINI. MCCCLXVI. INCEPTUM. FUIT. HOC. OPUS. DESSALIS. TEMPORE. BENEDICTI. NEROZZI. DE. ALBERTIS. PAULI. MICHAELIS. DE. RONDINELLIS. BERNARDI. DOMINI. CHOVONIS. DE CHOVONIBUS. OFFICIALIUM. DEPUTATORUM. Ainsi on retrouve dans cette inscription les noms des officiers délégués de la corporation des marchands : Benoît Nerozzi, de la famille des Alberti, Paul Michel Rondinelli, et messire Bernard Chovoni, de la famille des Chovoni, syndics de la corporation à cette époque, qui ont dirigé les premiers travaux.

Le livre des dépenses de Saint-Jean constate à l'année 1367 l'emploi de sept cent trente-cinq florins d'or en achat d'argent pour l'exécution du parement (4). On voit encore sur ce livre, à la date du 19 juin 1367, un payement fait conjointement à Berto et à Leonardo de cent florins d'or en à-compte sur le prix de leur travail, *per parte di pagamento del lavorio del*

---

(1) Du CANGE, *Gloss. ad script. med. et inf. latinit.*, explique ainsi le mot *dossale* ou *dorsale* : « Pallium quod parietibus
» appenditur. » Mais l'explication détaillée portée sur le livre de la corporation des marchands ne laisse aucune ambiguïté sur ce qu'était le *dossale* de Saint-Jean, qui couvrait seulement la partie antérieure de l'autel.
(2) *Libro grande dell' arte de' mercatanti*, segnato E, p. 280. Spoglio Strozzi, t. I, p. 17.
(3) *Libro uscita di San Giovanni nell' arte de' mercat.*, p. 16. Spoglio Strozzi, t. I, p. 99 v°. Voyez plus haut, page 72.
(4) *Ibid.*, p. 18. Spoglio Strozzi, t. I, p. 99 v°.

*dossale* (1). Le 30 octobre de la même année, Berto reçoit pour lui et ses aides, *per se e per li suoi compagni*, cent quarante florins d'or pour le compte du parement (2). Leonardo n'est plus dès lors associé à Berto, car on ne saurait comprendre un artiste de la valeur de Leonardo parmi les aides ou les ouvriers de Berto; son nom ne reparaît plus dans les comptes après 1367, et nous avons plus haut, en parlant de cet artiste, donné les motifs qui avaient dû l'engager à cesser de travailler à l'autel Saint-Jean.

Il est à croire que le travail du parement dut être suspendu en 1368. Le 5 mai de cette année, l'empereur Charles IV entra en Italie avec une forte armée et s'avança vers la Toscane. La république florentine fut obligée de lever des troupes pour s'opposer à l'empereur, qui réclamait San-Miniato, Prato et Volterra comme terres de l'Empire. Dans les années suivantes, Florence eut à souffrir des discordes intestines. En 1374, la peste emporta sept mille personnes dans la ville. En 1375, la république fut obligée de payer la somme énorme de cent trente mille florins au chef de bande Hawkwood, afin de sauver les récoltes des campagnes, que cet aventurier voulait brûler sur pied, à l'instigation du légat du pape, et dans la même année elle s'allia à Bernabo Visconti, souverain de Milan, et aux villes de Sienne, de Lucques et d'Arezzo, pour faire la guerre à Grégoire XI, qui la frappa d'interdit le 3 février 1376, et qui lança l'excommunication sur tous les chefs du gouvernement.

On comprend que pendant la durée de ces calamités, le travail du parement d'autel ne put être continué. Cependant le pape, qui désirait faire la paix avec les Florentins, leur avait envoyé, en 1377, sainte Catherine de Sienne avec des propositions d'accommodement; mais les chefs de la république ne crurent pas devoir accepter les conditions qui leur étaient offertes, et les négociations furent rompues. Les Florentins, qui avaient jusqu'alors observé les interdits prononcés par le pontife, résolurent de ne pas se soumettre plus longtemps à une sentence injuste. Les chefs de l'État firent ouvrir tous les temples et forcèrent les prêtres à célébrer le culte divin avec la même solennité que si l'interdit n'avait pas été prononcé. Nous retrouvons, en effet, à cette date de 1377, sur le livre des dépenses de Saint-Jean, une mention qui annonce une reprise des travaux du parement: c'est celle d'un payement de quatre cents florins d'or fait à Berto, fils de Geri, à Cristofano, fils de Paolo, et à Michele, fils de Monte, à valoir sur ce qui leur était dû tant pour le travail exécuté au parement d'autel que pour l'argent qu'ils avaient fourni (3).

Le pape Urbain VI, élu après la mort de Grégoire XI, signa, en 1378, la paix avec la république et la releva, ainsi que ses alliés, des censures ecclésiastiques qu'elle avait encourues; mais de nouveaux troubles intérieurs étaient survenus et avaient cruellement agité Florence: il est à croire que le travail du parement fut encore suspendu durant ces discordes civiles. Cependant, le 21 janvier 1382, les nobles, les riches marchands et le parti des Albizzi s'emparèrent de la place publique, et créèrent, pour réformer l'État, une assemblée de cent citoyens qui révoqua toutes les lois révolutionnaires portées pendant les trois années précédentes. L'ancien parti aristocratique fut rétabli dans toutes ses prééminences; il conserva à partir de ce moment le gouvernement de la république.

---

(1) *Libro uscita di San. Giovanni nell' arte de' mercatanti*, p. 18. Spoglio Strozzi, t. I, p. 99 v°.
(2) *Ibid.*
(3) *Ibid.*, p. 13, Spoglio Strozzi, t. I, p. 92.

Pl XXXVI

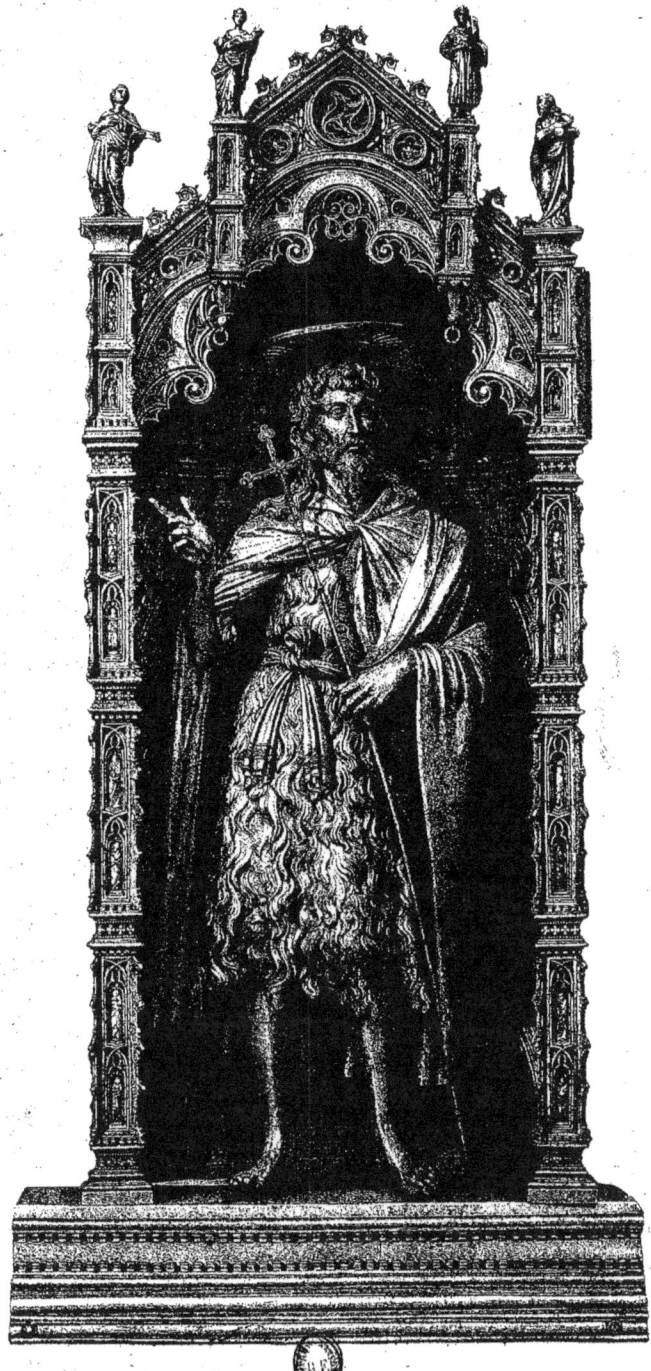

ORFÉVRERIE

C'est alors que les travaux du riche parement d'argent furent continués et achevés. Le nom de Berto Geri, qui avec Leonardo en avait commencé le travail en 1366, ne paraît plus dans les comptes : il est donc à croire que cet habile orfèvre avait cessé de vivre. Celui de Michele Monte, qui avait été associé à Berto Geri en 1377, ne reparaît pas davantage. Mais à la date du 30 mars 1387, on trouve, sur le livre de la corporation des marchands ouvert pour les dépenses de Saint-Jean, une mention ainsi conçue : « A » Cristofano di Paolo, orfèvre, lequel a travaillé et travaille au parement d'argent qui se » fait pour l'autel Saint-Jean-Baptiste de Florence, cent florins d'or pour partie du » payement de sa peine et de la façon de l'ouvrage fait et qu'on fera audit parement (1). »

Le même livre constate encore (2), à l'année 1390, l'achat d'une certaine quantité d'argent pour employer dans le parement; et enfin, en 1402, Cristofano di Paolo reçoit une petite somme de deux florins pour la façon de ses travaux au parement de Saint-Jean (3) : ce payement paraît bien être un solde de compte.

Le dépouillement des livres de la communauté des marchands ne nous a fourni, en effet, depuis 1402 jusqu'en 1477, c'est-à-dire pendant soixante-quinze ans, d'autres extraits qui puissent faire supposer qu'on ait travaillé au parement d'autel de Saint-Jean, que ceux qui ont rapport à l'exécution de la statue du saint, commandée à Michelozzo en 1451 (4).

Ainsi, les documents que nous venons de rapporter établissent que le parement d'autel de Saint-Jean fut commencé en 1366 par Berto et Leonardo, qui sont dès lors les auteurs du plan du monument; que le travail, suspendu probablement en 1368, fut repris en 1377 par Berto, Cristofano di Paolo et Michele Monte, et qu'à partir de 1387 Cristofano resta seul chargé de ce travail, qui fut achevé par lui en 1402, à l'exception, toutefois, de la statue de saint Jean, qui devait garnir la grande niche centrale.

Mais quelle est la partie exécutée par chaque artiste dans cette grande œuvre de sculpture et d'orfèvrerie, c'est ce qu'il est plus difficile de décider. Nous allons nous efforcer, autant que possible, d'éclairer la solution de la question. Vasari nous a appris que Cione, qui vivait dans la première moitié du quatorzième siècle, avait orné de sujets en bas-reliefs, tirés de la vie de saint Jean, l'ancien autel d'argent consacré au saint précurseur (5), et la tradition a toujours attribué à cet artiste les deux bas-reliefs de saint Jean devant Hérode et de saint Jean visité dans sa prison, qui auraient été détachés du premier parement et adaptés au nouveau commencé en 1366. Nous admettons volontiers la vérité de cette tradition, comme nous l'avons déjà dit, pour le bas-relief qui représente saint Jean devant Hérode; mais celui où l'on voit le saint en prison est évidemment d'une autre main. Les figures, un peu courtes et ramassées dans le premier de ces bas-reliefs, sont au contraire élancées et élégantes dans le second; le guerrier qui est à la droite du tableau porte au surplus une cuirasse bombée, qui n'était pas en usage au commencement du quatorzième siècle, époque à laquelle vivait Cione.

Quant à l'association de Berto et de Leonardo, auxquels fut confiée dans l'origine

---

(1) *Libro uscita di S. Giovanni nell' arte de' mercatanti, al 30 marzo* 1387. Spoglio Strozzi, t. I, p. 98 v°.
(2) *Ibid.*, anno 1390, p. 10. Spoglio Strozzi, t. I, p. 92 v°.
(3) *Libro grande dell' arte de' mercatanti*, segnato B, p. 261. Spoglio Strozzi, t. II, p. 111.
(4) Voyez page 91.
(5) *Vite d'Agostino e Agnolo.*

l'exécution du parement, elle nous paraît significative. Ce parement d'autel se compose en effet de deux parties distinctes : l'ossature du monument, œuvre d'orfévrerie très-difficile, qui demandait la main d'un orfévre consommé dans son art, et les bas-reliefs avec les statuettes, qui exigeaient le concours d'un habile sculpteur. Or, nous savons par Vasari que Leonardo était le meilleur dessinateur de tous les orfévres de son temps, et nous possédons, dans les neuf bas-reliefs de l'autel de Pistoia qu'il a signés (1), de très-belles œuvres qui viennent confirmer l'opinion de Vasari et démontrer que Leonardo était un sculpteur de mérite. Il est donc à supposer que Berto avait été chargé d'exécuter la partie architecturale du monument, et Leonardo la partie artistique, les statuettes et les bas-reliefs. L'examen attentif des neuf bas-reliefs d'argent de l'autel de Pistoia (dont on peut apprécier le mérite par celui que nous avons reproduit dans la planche LX de notre album) nous engage à attribuer à Leonardo trois des bas-reliefs du parement d'autel de Saint-Jean : saint Jean baptisant dans le désert, saint Jean exhortant le peuple à faire pénitence, et le Christ venant trouver saint Jean dans le désert. Nous serions tenté de lui attribuer aussi le saint Jean dans la prison, dont le style est analogue à celui de ces trois bas-reliefs. Nous ajouterons qu'on voit dans les sculptures de Leonardo à Pistoia des hommes d'armes traités de la même façon que ceux qui sont debout auprès de la prison et portant l'armure bombée du soldat qui s'appuie sur son bouclier. Les trois derniers bas-reliefs, le baptême du Christ, une prédication de saint Jean, et saint Jean quittant ses parents pour entrer dans le désert, seraient de Berto Geri, de Cristofano, fils de Paolo, et de Michele, fils de Monte. Ce dernier bas-relief, qui est empreint du style adopté au commencement du quinzième siècle, pourrait bien être de Christofano, qui a terminé le monument en 1402. Mais nous n'avons aucun point de comparaison pour faire, avec certitude, entre ces artistes la répartition des trois bas-reliefs. Les statuettes sont évidemment de différentes mains, et chacun des artistes qui, à partir de 1366, a travaillé au parement, a dû en faire plusieurs. La façade de la niche, qui est empreinte du style ogival, doit être de Berto ; mais le fond appartient à une époque postérieure, et doit faire partie des derniers travaux confiés à Cristofano de 1387 à 1402.

Des faits et des dates qui leur sont assignées par les documents, il résulte que ni Ghiberti ni Pollaiuolo n'ont pu travailler aux bas-reliefs des deux grands panneaux. Ghiberti avait quitté Florence en 1400, n'ayant pas encore vingt ans ; il y fut rappelé peu de temps après, afin de prendre part au concours ouvert pour l'exécution des portes de Saint-Jean. Il est bien à croire qu'il ne dut s'occuper que de son morceau de concours jusqu'en 1402, où le jugement eut lieu, et dans cette même année le parement d'autel était terminé par Cristofano. Quant à Pollaiuolo, il est né postérieurement, en 1433.

Le parement était donc terminé en 1402, sauf la statue de saint Jean, qui devait occuper la niche centrale. L'exécution de cette statue était une grosse affaire, et l'on a vu plus haut, par la délibération de la corporation des marchands, datée de 1425, dont nous avons rapporté le texte, que le parement fut placé au devant de l'autel, pendant plusieurs années, sans la statue qui en était le complément indispensable. Enfin, en 1451, la corporation chargea Michelozzo Michelozzi de la faire. C'est ce qui

(1) Voyez plus haut, pages 73 et 80.

Pl. XXXVII

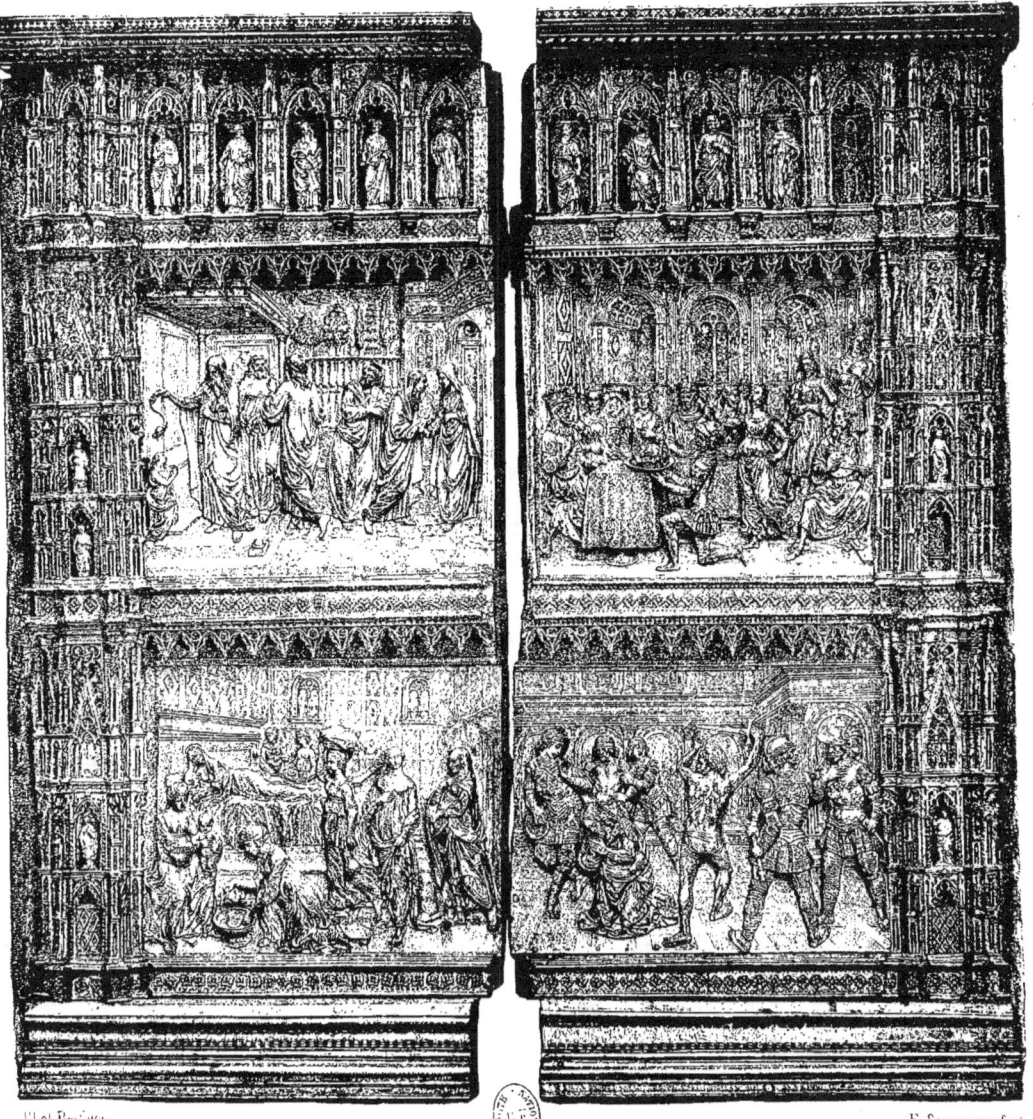

ORFÈVRERIE
Autel du Baptistère de Florence. Demi-panneaux latéraux

résulte du cahier-mémento de la corporation, où l'on trouve une mention ainsi conçue :
« On donne à faire à Michelozzi, fils de Bartolommeo, une figure d'argent de saint
» Jean-Baptiste, pour mettre dans le parement d'argent, et pour son travail il devra
» avoir cinquante florins (1). » Michelozzo mit peu de temps à exécuter cette statue ;
car une note de la même année constate que la statue pèse quatorze livres onze onces
d'argent, au titre de onze deniers, et qu'elle avait coûté en tout deux cent six florins
une livre cinq sols trois deniers (2).

En 1476, la corporation des marchands voulut faire agrandir le parement d'autel, ou,
pour mieux dire, convertir ce parement en un autel, en couvrant les côtés de panneaux
qui devaient se relier au parement. La délibération prise à ce sujet est ainsi conçue :
« Autorisation est donnée aux consuls et autres officiers de la corporation des marchands
» de faire finir l'autel d'argent de Saint-Jean, c'est-à-dire les deux bouts, avec quatre
» histoires qui y manquent, savoir : du côté de la porte du Baptistère, deux histoires,
» qui seront l'annonciation (3), la nativité et l'accouchement, lesdites histoires distribuées
» suivant le dessin qu'on fera; la troisième, du côté de l'Œuvre de Saint-Jean, le repas
» et la demoiselle qui danse, et (4) quand on coupe la tête à saint Jean-Baptiste ; lesdites
» quatre histoires avec des figures de plus de demi-relief, et ils les feront finir pour la
» fin d'avril 1478 (5). » Puis, par une délibération du 2 janvier 1477, les officiers de
la corporation désignèrent les artistes qui exécuteraient ces bas-reliefs. Elle est ainsi
conçue : « Bernardo, fils de Bartolommeo di Cenni, orfèvre, fera l'histoire de l'annon-
» ciation; Andrea, fils de Michele del Verrocchio, l'histoire de la décollation de saint
» Jean-Baptiste; Antonio, fils de Jacopo del Pollaiuolo, l'histoire de la nativité; Antonio
» fils de Salvi, et Francesco, fils de Giovanni, associés, feront l'histoire du banquet de
» saint Jean-Baptiste (le repas d'Hérode où on lui présente sur un plat la tête du
» saint précurseur), suivant la forme de l'ancien parement d'autel (*dossale*) ; si ce n'est
» que les figures, qui y sont massives, seront creuses. Du reste, ces bas-reliefs devront
» être de la même grandeur que ceux qui existent dans le *dossale*. Ils devront faire
» encore les corniches, souages, pillers, bases, ornements et cætera, et ils devront
» les avoir finis entièrement le 20 juillet prochain, à raison de quinze florins par livre (6). »

Il paraît résulter des termes de cette délibération que les huit anciens bas-reliefs du
parement d'autel sont des ouvrages de fonte réparés par la ciselure, et que les quatre
bas-reliefs des demi-panneaux, commandés en 1477, sont au contraire des ouvrages au
repoussé. Nous les avons fait reproduire dans notre planche XXXVII.

Le bas-relief du repas d'Hérode avait été attribué par Vasari à Pollaiuolo et par Gori
à Andrea del Verrocchio. Gori avait donné à Salvi et à Francesco celui qui reproduit la

---

(1) *Quaderno di ricordi dell' arte de' mercat.*, dal 1450 al 1453, seg. O, à l'année 1451, p. 146. Spogl. Strozzi, t. II, p. 118.
(2) *Libro grande dell' arte de' mercat.*, seg. Z, à l'année 1451, p. 177. Spoglio Strozzi, t. I, p. 44 v°, et t. II, p. 111 v°.
(3) On donne le nom d'Annonciation à la scène de l'apparition de l'ange à la Vierge Marie pour lui annoncer qu'elle enfantera un fils; mais ici le mot *Annunziazione* ne peut s'entendre que de la scène de la visite de la Vierge à sainte Élisabeth, qui sentit son enfant remuer dans son sein quand la Vierge l'aborda.
(4) Les mots « et la quatrième » sont omis dans la copie de Strozzi.
(5) *Deliberazioni de' mercatanti*, dal 1473 al 1477, p. 241. Spoglio Strozzi, t. I, p. 120 v°.
(6) *Deliber.* dal 1477 al 1481, p. 720. Spoglio Strozzi, t. II, p. 121.

décollation de saint Jean (1). La délibération du 2 janvier 1477 ne laisse aucun doute sur les auteurs des quatre bas-reliefs du quinzième siècle. Vasari et Gori se sont trompés.

Nos lecteurs connaissent déjà Andrea del Verrocchio et Antonio del Pollaiuolo ; nous avons quelques mots à ajouter sur Salvi et sur Bernardo. Benvenuto Cellini cite Salvi avec éloge, comme ayant excellé dans le travail de la grosserie (*lavoro di grosseria*), partie de l'art de l'orfévrerie qui embrassait l'exécution des statues, des bas-reliefs et des grands vases d'argent (2). On comprend dès lors qu'il ait pu être chargé de l'un des bas-reliefs concurremment avec Verrocchio et Pollaiuolo. Salvi vivait encore en 1514 ; il fit à cette époque, pour l'église de Pistoia, deux bassins d'argent enrichis d'émaux (3).

Bernardo, fils de Bartolommeo Cenni, était un élève de Ghiberti et avait travaillé dans l'atelier de ce grand maître, vers 1451, à la seconde des portes qu'il fit pour le Baptistère de Saint-Jean (4). L'élégance des figures, l'expression des têtes, l'agencement des draperies, la bonne distribution des plans et l'entente de la perspective, qualités qui se rencontrent dans son bas-relief de la visite de la Vierge à sainte Élisabeth, dénotent un élève distingué et presque un imitateur de Ghiberti. Aussi ce bas-relief est-il un de ceux que les cicerone ne manquent pas d'attribuer à ce grand artiste, quoiqu'il fût mort depuis vingt-deux ans, lorsque la corporation des marchands résolut de le faire exécuter.

Quatre mentions, portées à la date de 1480 sur le grand livre de la corporation des marchands, constatent le poids de chacun des bas-reliefs et le prix payé aux artistes. Andrea del Verrocchio reçut trois cent quatre-vingt-dix-sept florins vingt et une livres pour son bas-relief pesant trente livres quatre onces ; le bas-relief de Salvi, pesant trente-trois livres quatre onces, lui fut payé trois cent quatre-vingt-quatre florins douze livres ; celui de Bernardo Cenni, du poids de trente-six livres onze onces, fut payé quatre cent soixante-quinze florins deux livres, et celui de Pollaiuolo, dont le poids est de vingt-neuf livres trois onces, quatre cent quatre-vingt-sept florins une livre (5).

La corporation des marchands de Florence avait fait faire, pendant tout le cours du quinzième siècle, une grande quantité de belles pièces d'orfévrerie pour l'église Saint-Jean. Les plus remarquables étaient une grande croix et des chandeliers, destinés à l'autel. Les chandeliers, ouvrage de Pollaiuolo, ont été fondus, mais la croix subsiste encore. La reproduction que nous en donnons dans notre planche XXXVIII nous dispense d'en faire ici la description. Contentons-nous de rapporter les documents qui font connaître les auteurs de ce beau monument d'orfévrerie et la date de son exécution.

Une première délibération de la corporation des marchands, du 22 février 1456, décide
« qu'il sera fait pour l'église Saint-Jean une grande croix d'argent afin d'y renfermer le
» très-grand et très-beau morceau de la vraie croix de Notre-Seigneur qui s'y trouve,
» lequel n'est pas enrichi des ornements que son importance réclame, et est placé de
» telle manière qu'il est inconnu de beaucoup de gens, qui ignorent que c'est un morceau
» du bois de la croix. »

---

(1) *Thesaurus veterum diptychorum*, t. III, p. 113.
(2) *Due trattati, uno dell' oref., l'altro della scult.*, Proœmio. Milano, 1811, p. LVIII.
(3) CIAMPI, *Lettera con notizie all' arte dell' oreficeria*, 1814.
(4) *Memorie biografiche originali di Bernardo Cenni orafo fiorentino*. Firenze, 1839, p. 10.
(5) *Libro grande dell' arte de' mercatanti*, anno 1480, segnato P, p. 274, 275, 286. Spoglio Strozzi, t. II, p. 112 v°.

Dans une délibération suivante, la corporation décide « qu'on donne à faire la grande croix d'argent pour renfermer le bois de la vraie croix de Notre-Seigneur, savoir : la moitié à Miliano, fils de Domenico Dei, et à Antonio, fils de Jacopo del Pollaiuolo, orfévres, et l'autre moitié à Betto, fils de Francesco Betti, orfévre. Elle devra peser soixante livres et sera travaillée de façon qu'il y soit mis des pierres précieuses d'une grande valeur. »

Enfin, par une délibération du 30 avril 1457, on décide que Miliano Dei et Pollaiuolo feront la partie inférieure de la croix, et Betto la partie supérieure (1). La croix fut terminée en 1459 ; une mention portée à cette année sur le grand livre de la communauté des marchands en donne la preuve. Elle est ainsi conçue : « La croix d'argent blanc faite pour l'église Saint-Jean-Baptiste, du poids de cent quarante et une livres, a coûté en tout f. 3036. 6. 18. 4 (3036 florins 6 livres 18 sols 4 deniers), sur lesquels Antonio, fils de Jacopo del Pollaiuolo, a eu f. 2006. 3. 13. 7, et Betto, fils de Francesco Betti, f. 1030. 3. 5 (2). »

On voit par là que Miliano Dei ne paraît pas lors du payement qui fut fait du prix de la belle croix ; cet artiste avait donc abandonné le travail ou était mort dès l'année 1456. Betto avait été chargé seulement de la partie supérieure de la croix, et il ne reçut que le tiers du prix ; il est dès lors constant qu'il n'a dû faire que le crucifix avec le rocher garni d'une ceinture de tourelles qui lui sert de base ; tout le surplus de l'œuvre, y compris les quatre ravissantes statuettes portées sur des piédouches, est donc de la main d'Antonio del Pollaiuolo. De charmants émaux de basse-taille décorent l'extrémité des quatre branches de la croix, le médaillon central en arrière de la tête du Christ, le point de départ des deux piédouches qui portent les statuettes de la Vierge et de saint Jean et différentes parties du pied. La matière vitreuse colorée a malheureusement été brisée et a presque entièrement disparu ; mais la ciselure, qui reste à découvert, est intacte, et l'on comprend, en voyant cette merveilleuse croix, la haute réputation que Pollaiuolo avait acquise dans ce genre d'émaillerie.

## VII

*Suite de l'orfévrerie du quinzième siècle.*

Nous n'avons cité jusqu'à présent que les orfévres qui se sont illustrés dans la sculpture et dans la peinture, et ceux qui ont apporté leur concours aux travaux artistiques des autels d'argent de Pistoia et de Florence ; mais les archives de l'Italie nous ont révélé les noms d'un grand nombre d'autres orfévres très-habiles, en nous indiquant plusieurs de leurs travaux, dont quelques-uns doivent subsister encore.

Nous citerons d'abord les orfévres florentins qui exerçaient leur art dans la première moitié du quinzième siècle : Matteò, fils de Lorenzo, fit en 1402 une croix enrichie de figures de ronde bosse, de coraux et de cristaux. Elle restait à demeure sur l'autel de l'église Saint-Jean (3). — Giovanni del Chiaro, auteur d'un reliquaire pour un doigt de saint

---

(1) *Libro delle deliberazioni dell' arte de' mercatanti*, p. 70. — *Libro grande dell' arte de' mercatanti*, segnato C, p. 246 Spoglio Strozzi, t. I, p. 116, 215 et 216 ; t. II, p. 111 et 117.

(2) *Libro grande dell' arte de' mercatanti*, segnato E, anno 1459, p. 267. Spoglio Strozzi, t. II, p. 111.

(3) *Ibid.*, segnato B, p. 261. Spoglio Strozzi, t. I, p. 2.

Jean-Baptiste, exécuté en 1423 pour l'église consacrée sous le vocable de ce saint (le Baptistère) ; il coûta en tout deux cent quatre-vingts florins (1). Giovanni avait fait pour la même église, en 1419, un bassin et deux fioles d'argent (2). — Antonio, fils de Piero del' Vagliente, exécuta en 1405, pour la corporation des marchands, un reliquaire d'argent doré qui renferma un bras de saint Philippe ; il lui fut payé trois cent cinquante florins (3). — Agnolo, fils de Nicolò degli Ociroli, fit en 1440, pour l'église Saint-Jean, une paire de chandeliers d'argent (4). — Rinaldo, fils de Giovanni Ghini, qui fit en 1441 un piédestal d'argent doré pour une rose d'or donnée à l'église Saint-Jean par Ranuccio Farnèse, qui la tenait du pape Eugène IV, et un autre piédestal de cuivre et d'argent doré pour porter une branche de corail ; il fit encore pour la Seigneurie de Florence différents travaux d'orfévrerie (5). — Et Angelo, fils de Nicolò, qui aurait, suivant Gori, travaillé avec Pollaiuolo aux grands candélabres de l'autel d'argent de Saint-Jean ; mais comme nous trouvons seulement dans les archives de Florence qu'il aurait doré en 1440 deux chandeliers d'argent pour cette église (6), il est évident que Gori a fait confusion. Les chandeliers auxquels Angelo a travaillé ne sauraient être confondus avec ceux qui furent exécutés par Pollaiuolo et qui étaient regardés comme une œuvre d'art remarquable. Pollaiuolo en reçut la commande en 1465, et ils ne furent terminés qu'après cinq ans de travail, c'est-à-dire trente ans après l'époque où Angelo travaillait pour l'église Saint-Jean. Pollaiuolo est d'ailleurs seul désigné dans les délibérations de la communauté des marchands, qui décident la commande à lui faite et qui en constatent le payement (7).

Parmi les orfévres de Sienne qui florissaient à la même époque, nous signalerons Goro, fils de ser Neroccio, qui naquit en 1387 (8). Il exécuta entre autres ouvrages, en 1431, pour le Baptistère de Saint-Jean de Sienne, une statuette de la Force en bronze doré, qui ne manque pas de mérite (9), et pour l'hôpital de Santa-Maria della Scala un bras d'argent destiné à renfermer un os du bras de saint Blaise (10). Ce bras d'argent, surmonté d'une main, est découpé dans toute sa hauteur en trèfles à jour par où l'on voit la relique. Un médaillon exécuté sur la main, en émail de basse-taille, reproduit la figure du Christ. La collection Debruge possédait un calice signé par cet orfévre. Le pied, en cuivre repoussé et ciselé, est découpé en six lobes. Un rameau noueux, élégamment disposé, décrit sur chaque lobe un médaillon. Les figures du Christ, de la Vierge et de quatre apôtres, exécutées en émail translucide sur relief, remplissent ces médaillons. Le nœud est décoré de six roses, où

---

(1) Bibliothèque Magliabecchiana de Florence, cod. 127, cl. 9, p. 194.

(2) *Libro grande dell' arte de' mercatanti*, segnato S, p. 279. Spoglio Strozzi, t. I, p. 6.

(3) *Ibid.*, segnato G. Spoglio Strozzi, t. II, p. 111.

(4) *Deliberaz. dell' arte de' merc.*, ann. 1440, p. 33 et 37. Spoglio Strozzi, t. II, p. 6. — *Libro grande*, segnato O, p. 173. Spoglio Strozzi, t. II, p. 6.

(5) *Libro grande de' mercatanti*, segnato O, p. 173. — *Libro uscita di S. Giov.*, anno 1441, p. 24. — *Libro grande de' merc.*, segn. X, p. 163. Spoglio Strozzi, t. II, p. 104 et 111, et t. I, p. 6. — *Inventorio generale di tutte le massenzie e beni che sono appresso alla Signoria dal 1458 al 1479*. Archives des Réformes de Florence.

(6) *Libro uscita di S. Giov.*, ann. 1440, p. 23. Spoglio Strozzi.

(7) *Libro di deliberazioni de' mercatanti dell' anno 1465*. — *Libro delib. dal 1468 al 1475*. Spoglio Strozzi, t. II, p. 120 v°, et t. I, p. 230 v°.

(8) *Libro de' battezzati*. Archives de la commune de Sienne.

(9) *Libro giallo dal 1420 al 1444*, 7 marzo 1436. Archives de l'Œuvre du Dôme de Sienne.

(10) *Conti correnti dal 1436 al 1444*, carte 390. Archives de l'hôpital.

sont représentées des figures de saints traitées de la même manière. Le surplus de la tige est orné d'une mosaïque d'émaux incrustés. Sur un listel, au-dessus du pied, on lit cette inscription : GHORO DI S. (ER) NEROCCIO ORAFO DA SIENA. 1415 (1). — Fra Giacomino del Tonchio, moine à la chartreuse de Magiano, cité comme un habile orfèvre dans les mémoires de Ghiberti (2). Il fit en 1406, pour le Dôme de Sienne, un crucifix d'argent posé sur une croix de jaspe (3). — Guidino, fils de Guido, qui fit pour l'église Santa-Reparata de Florence un calice d'argent enrichi de douze émaux ; la patène reproduisait en émail la scène de la résurrection du Sauveur (4). — Ambrogio, fils d'Andrea, associé à son fils Antonio : il exécuta pour la cathédrale de Sienne une statue d'argent de saint Savino, évêque. Elle était portée sur un piédestal d'argent enrichi d'émaux faits par Giovanni Turini, qui s'était acquis dans ce genre de travail une très-grande réputation (5). L'importance seule des émaux du piédestal de la statue de saint Savino avait sans doute engagé le conseil de l'OEuvre à en confier l'exécution au célèbre Giovanni Turini, car Ambrogio savait graver et émailler comme tous les orfèvres de son temps. Nous trouvons en effet, dans l'inventaire de l'église Santa-Reparata de Florence, qu'il fit pour ce temple un calice d'argent enrichi d'émaux et d'un écu de gueules au lion d'or ; la patène reproduisait une figure de Notre-Dame tenant son Fils (6). — Jacomo, fils d'Andreuccio, qui exécuta en 1434 deux grands chandeliers émaillés, du poids de vingt-huit livres, pour le maître autel du Dôme de Sienne (7). — Giovanni, fils de Guido, chargé en 1440 de faire pour cet autel un chandelier d'argent plus grand et plus riche que ceux de Jacomo : ce chandelier était placé au centre de l'autel, accompagné de six autres chandeliers plus petits (8).

De la seconde moitié du quinzième siècle nous pouvons vous signaler à Florence : Pietro Paolo, fils d'Antonio Tazzi, auteur d'une masse que les massiers portaient devant les membres de la Seigneurie (9). — Matteo, fils de Giovanni Dei, fort habile graveur, qui fit en 1455, pour l'église Saint-Jean, une paix d'argent enrichie de nielles et d'émaux qui coûta soixante-huit florins (10). — Attaviano, fils d'Antonio di Duccio, qui exécuta pour Saint-Jean, en 1470, deux encensoirs d'argent au prix de cent quarante florins, et en 1473 une clochette d'argent du poids de quatre livres ; il fit encore une grande quantité d'argenterie de table pour la Seigneurie de Florence, en 1477 et 1478 (11). — Jacopo, fils de Lorenzo, qu'on chargea en

---

(1) Le calice de Goro portait le n° 907 dans le Catalogue de la collection Debruge. Il était passé dans la collection du prince Soltykoff (n° 55 du Catalogue), et il a été adjugé à la vente de cette collection à M. Sellière, moyennant 1760 fr.
(2) *Terzo commentario*, dans les *Raccolta artistica* de Lemonnier. Firenze, 1846, t. II, p. XIII.
(3) *Libro rosso deb. e cred. ad ann.* 1406, cart. 48. Arch. de l'OEuvre du Dôme de Sienne.
(4) *Invent. di S. Reparata di Firenze, dell' anno* 1418. Spogl. Strozzi, cod. 305, cl. 37, p. 19, bibl. Magliab. de Florence.
(5) *Invent. del Duomo dell' opera di S. Maria di Sienna cominciato a di x d'aprile* 1467. Arch. del Duomo, lib. primo degl' invent. dal 1420 al 1481. — *Libro rosso debit. e cred. ad ann.* 1414, p. 108. — *Ent. escita*, p. 18. Archives eusdites.
(6) *Invent. di S. Reparata*, déjà cité.
(7) *Invent. del Duomo di Siena.* — *Libro dell' opera*, côté E, p. 4 et 5, à l'année 1434, à l'année 1438, p. 39, et au 28 avril 1439, p. 44.
(8) *Libro delle deliberazioni*, carte 64. Archives de l'OEuvre du Dôme de Sienne. Ce document a été publié par le doct. MILANESI, *Docum. per la storia dell' arte Senese*, t. II, p. 193.
(9) *Spoglio Strozzi al 18 julii* 1454, cod. 127, bibl. Magl. Document publié par GAYE, *Carteggio d'artisti*, t. I, p. 561.
(10) *Libro grande dell' arte de' mercatanti*, segnato B, p. 213. Spoglio Strozzi, t. II, p. 111.
(11) *Libro grande*, segnato L, p. 315. Spoglio Strozzi, t. II, 112. Il a été publié par GAYE, *Carteggio d'artisti*, t. I, p. 571. — *Carte del Monte comune Giornale del Massaio dal* 1477 *al* 478. Archives des Réformes de Florence.

1470 d'exécuter deux encensoirs d'argent pour Saint-Jean, et qui fit en 1500 un diadème pour la statue de sainte Marie-Madeleine qui venait d'être placée dans cette église (1). — Bartolommeo, fils d'Antonio, qui reçut en 1478 la commande d'ornements d'argent pour décorer les portes de la salle d'audience de la Seigneurie (2). — Simone, fils de Ghini, qui grava sur cuivre, en 1478, le grand sceau de la république (3). — Paolo, fils de Giovanni Sogliani, que la corporation des marchands chargea, en 1499, de faire un reliquaire en forme de petite église pour y renfermer une relique. Il fit encore, en mai 1502, une couronne d'argent pour une tête d'argent de saint Jean qu'on portait dans les processions avec les reliques du saint (4).

Parmi les orfévres de Sienne de la seconde moitié du quinzième siècle, nous nommerons: Francesco, fils de Pietro. Il avait été chargé en 1454 de faire pour le Dôme de Sienne une figure d'argent de saint Pierre tenant d'une main ses clefs et de l'autre un livre ; la mort l'ayant frappé avant qu'il eût achevé son travail, cette statuette fut terminée en 1464 par Francesco del Germana, autre orfévre siennois (5). — Et Francesco, fils d'Antonio, qui exécuta pour le Dôme de Sienne, en 1449, un beau tabernacle d'argent émaillé, destiné à renfermer le saint-sacrement; en 1454, une statuette de saint Bernardin; en 1466, la châsse qui renferme un bras de saint Jean-Baptiste, laquelle subsiste encore dans le Dôme (6), et celle qui devait contenir un vêtement du même saint. Cette dernière châsse avait été commencée par Giovanni Turini, qui était mort avant de l'avoir terminée ; on la conserve dans l'église della Osservanza (7).

En dehors des écoles d'orfévrerie de Florence et de Sienne, nous pouvons citer un orfévre romain, Nicolò de Guardia Grelis, dont une œuvre assez belle existe encore à Rome, dans la basilique de Saint-Jean de Latran. C'est une croix processionnelle d'argent, de quatre-vingt-dix centimètres environ de hauteur, sans la hampe. D'un côté est la figure du Christ en croix, de ronde bosse, de trente-deux centimètres environ, et au-dessous un pélican; les quatre extrémités sont décorées de groupes de figurines traitées en haut relief. De l'autre côté, au centre, est la figure du Christ bénissant, et dans les fleurons qui terminent les bras de la croix sont placés les évangélistes. L'inscription : OPUS NICOLAI DE GUARDIA GRELIS. MCCCCLI, est gravée au bas de la face principale (8). La croix, dont les fleurons se terminent par trois pointes ogivales enrichies de pommes de pin, semble par son style annoncer une époque antérieure au quinzième siècle, et il est à croire que Nicolò de Guardia est seulement auteur des figures, qui auront été appliquées sur une croix du treizième siècle conservée dans l'église de Latran.

(1) *Libro grande*, segn. L, p. 286.—*Delib. dell' arte de' merc. dal* 1499 *al* 1503, p. 42. Spogl. Strozzi, t. II, p. 112 et 122.
(2) *Stanziamenti*. Archives des Réformes. Document publié par GAYE, *Carteggio d'artisti*, t. I, p. 575.
(3) *Stanziamenti C.*, filza 14. Archives des Réformes. Document publié par GAYE, *Carteggio d'artisti*, t. I, p. 573.
(4) *Delib. de' merc. dal* 1499 *al* 1503, p. 9 et 48.—*Delib. di* 30 *maggio* 1502. Spogl. Strozzi, t. I, p. 271, et t. II, p. 122.
(5) *Invent. del Duomo di Siena.*—*Libro rosso dell' opera*, debe. cred., p. 3.—*Libro del Agnolo*, p. 175. Archives de l'OEuvre du Dôme de Sienne.
(6) *Invent. del Duomo di Siena.* — *Entrata escita*, p. 35. — *Libro rosso*, p. 251 et 253. — *Libro di memorie*, coté E, IV. — *Libro di deliberazioni*, coté E, V; Archives du Dôme de Sienne. Ces deux derniers documents ont été publiés par le D$^r$ MILANESI, *Docum. per la stor. dell' arte Senese*, t. II, p. 259 et 291.
(7) *Libro del Camerlingo*, ann. 1460-1461. Arch. delle Riform. di Siena. Document publié par le D$^r$ MILANESI, *Docum. per la storia dell' arte Senese*, t. II, p. 314.
(8) CIAMPINI (*Vetera monimenta*, pars secunda, p. 48) a donné la reproduction des deux faces de la croix.

Dans la préface qui précède son traité d'orfévrerie, Benvenuto Cellini nous fait encore connaître quelques orfévres du quinzième siècle, en indiquant la partie de l'art dans laquelle chacun d'eux avait acquis de la célébrité. Ce sont : Amerigo Amerighi, que personne n'avait surpassé dans le travail des émaux ; — les trois frères Piero, Giovanni et Romolo del Tavolaccino, qui furent sans égaux dans l'art de monter les pierres fines en pendants et en bagues, et méritèrent des louanges pour leurs travaux de ciselure et pour leurs bas-reliefs ; — Bastiano Cennini, qui fit pendant longtemps les coins des monnaies de Florence ; — Salvador Pilli, bon émailleur ; — Stefano Solterighi, Zanobi del Lavachio, et enfin Piero, fils de Nino, qu'il place au rang des orfévres, bien qu'il n'ait jamais fait autre chose que des ouvrages de filigrane (1).

Indépendamment des monuments de l'orfévrerie italienne du quinzième siècle dont nous avons fait mention, il en existe quelques autres répandus dans certaines églises et peu connus. Nous mentionnons entre autres : Une paix d'or rehaussée de pierres fines et de perles, que possède le trésor de la Madonna à Arezzo : on y voit de chaque côté un sujet rendu par des figurines de haut-relief coloriées d'émail, d'un modelé excellent et d'une grande délicatesse d'exécution ; elle avait été donnée en 1464 par le pape Pie II aux Siennois, qui en 1799 en firent présent à la ville d'Arezzo. — Deux ravissants candélabres d'argent doré enrichis de ciselures et de statuettes, qui furent donnés au trésor de Saint-Marc par le doge Cristoforo Moro (1462 † 1471).— Et dans le même trésor, une croix d'argent doré dont le centre est de cristal de roche et qui porte un crucifix de chaque côté. Une inscription qui s'y trouve donne le nom de son auteur, Jacques Patavini, et la date de 1483 pour son exécution (2).

On conserve dans le trésor de la catédrale de Milan : 1° un calice d'or de forme ovoïde à dix côtes ; le bas de chacune des côtes encadre une jolie figurine assise, de ronde bosse, représentant l'un des apôtres ; — 2° une jolie monstrance de cristal de roche montée en or ; le pied, découpé à jour, reproduit un feuillage émaillé enrichi de pierres fines et de perles.

Dans le trésor de la cathédrale de Pistoia on trouve une monstrance de cuivre doré dont l'exécution remonte à l'année 1407, ainsi que le constate une inscription. Au-dessus d'un riche soubassement s'élève un pédicule qui porte un petit monument renfermant la relique ; il est surmonté d'un clocheton terminé par une croix ; deux anges de ronde bosse sont debout sur le soubassement, en adoration devant la relique. Toute la partie architectonique est traitée dans le style ogival avec une grande délicatesse d'exécution ; les anges sont modelés avec soin et d'un beau caractère. Malheureusement ce joli monument est défiguré par l'addition qui a été faite, au siècle dernier, d'un vase entre la partie qui renferme la relique et le clocheton.

Dans le trésor de la cathédrale de Monza, on voit un calice d'argent doré de vingt-cinq centimètres de hauteur. Le nœud est enrichi de jolies figurines placées sous des arcades ogives ; le pied, d'émaux de basse-taille reproduisant des figures d'un travail très-fin ; on y trouve aussi des armoiries, parmi lesquelles un écu écartelé de France ancien et de Milan.

Le caractère de l'orfévrerie italienne du quatorzième et du quinzième siècle est d'être essentiellement artistique. Tous les orfévres étaient alors des sculpteurs de talent attachés

---

(1) *Due trattati di* Benvenuto Cellini, *uno dell' oreficeria, l'altro della scultura*. Proœmio, Milano, 1811.

(2) *Venezia e le sue lagune*, t. II, p. 83.

à l'école de la renaissance. A l'amoncellement des pierres précieuses, qui était encore en usage au treizième siècle, ils substituèrent pour l'ornementation de leurs pièces les figures en relief et les fines ciselures. Jusqu'à la fin du treizième siècle, les orfévres italiens avaient employé les émaux cloisonnés, qu'ils tenaient des Byzantins, mais qu'ils n'avaient jamais pu exécuter avec la perfection que leurs maîtres y avaient apportée. Ces peintures en émail avaient tous les défauts des mosaïques primitives, la roideur du dessin, la nullité ou la crudité des ombres, l'absence des arrière-plans. La vivacité de leurs couleurs inaltérables ne pouvait racheter ces défauts aux yeux des orfévres du quatorzième siècle, devenus de véritables artistes. Aussi, sans renoncer à l'emploi de l'émail, dont l'éclat était éminemment favorable à la peinture décorative des objets d'orfévrerie, ils durent chercher à l'employer d'une autre manière pour l'adapter aux productions de leur génie. Les incrustations d'émail furent donc remplacées, dans les grandes pièces d'orfévrerie et sur les vases d'or et d'argent, par de fines ciselures qui rendaient les ornements ou les sujets que l'artiste voulait représenter; des émaux translucides en teignaient ensuite la surface de leurs brillantes couleurs, et s'identifiaient tellement avec la ciselure, que le travail prenait l'aspect d'une miniature à lustre métallique. Quant aux procédés d'exécution, nous renvoyons nos lecteurs au chapitre deuxième du titre de l'ÉMAILLERIE, où nous traiterons particulièrement des émaux de ce genre. C'est dans la vie de Jean de Pise, écrite par Vasari, que nous avons trouvé la première mention des émaux translucides sur ciselure, et tout nous porte à croire que ce grand artiste en a été l'inventeur, vers 1286.

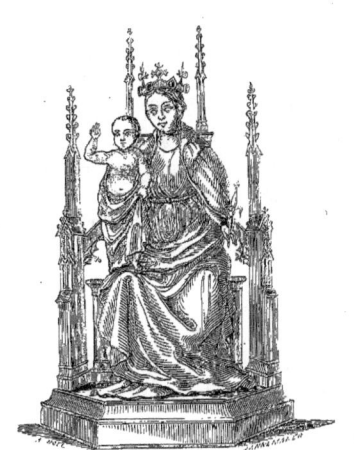

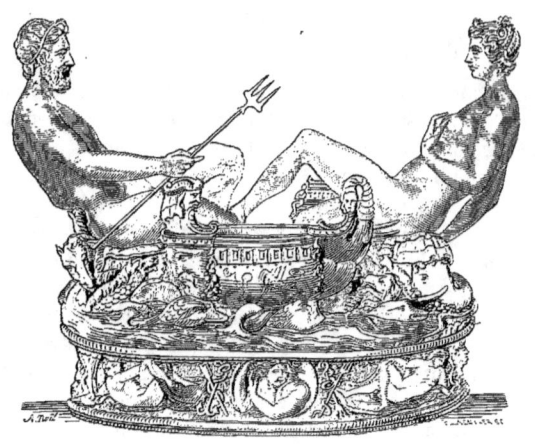

# CHAPITRE VI

L'ORFÉVRERIE AU SEIZIÈME SIÈCLE.

§ I

EN ITALIE.

Depuis la fin du treizième siècle, l'orfévrerie italienne avait suivi pas à pas les progrès de la sculpture, avec laquelle elle s'était identifiée pour ainsi dire. Les orfévres avaient adopté des formes pures et correctes, et leur style s'était amélioré par l'étude des monuments de l'antiquité, sans qu'ils aient négligé pour cela de conserver aux pièces destinées à l'Église un caractère religieux. Au quinzième siècle, l'orfévrerie avait atteint le plus haut degré de perfection sous la direction des grands artistes qui s'y étaient adonnés. Le seizième siècle ne compta pas parmi les orfévres des artistes de la valeur des Ghiberti, des Verrocchio, des Pollaiuolo, des Francia, et si les grands sculpteurs de cette époque consentirent à fournir des modèles à l'industrie, aucun, si ce n'est Benvenuto Cellini, ne fit de l'orfévrerie sa profession habituelle; mais il était sorti des ateliers des orfévres du quinzième siècle une foule d'artistes de talent qui perpétuèrent la tradition des maîtres. L'orfévrerie resta intimement liée à la sculpture durant tout le cours du seizième siècle, et elle s'attacha dans toutes ses compositions à la reproduction de la figure humaine. Le goût très-prononcé pour les sujets mythologiques et poétiques de la Grèce antique, qui se produisit alors, eut une grande influence sur l'orfévrerie. Pour se reposer des grandes compositions où l'on faisait figurer ordinairement les personnages de l'Ancien et du Nouveau Testament ou les héros de l'histoire profane, les artistes ressuscitèrent à plaisir les monstres rêvés par les anciens. Au milieu d'une végétation tortueuse de rameaux et de feuillages, au centre d'enroulements fantastiques, ils firent revivre les Centaures, les Pans, les Sylvains, les Tritons, les

Néréides, toutes ces productions fabuleuses où la nature humaine et la nature animale s'unissent de la façon la plus gracieuse. La découverte des Thermes de Titus, dont les peintures inspirèrent à Raphaël la décoration des loges du Vatican, avait mis en vogue les compositions auxquelles on donna alors le nom de grotesques, parce que les modèles s'en étaient trouvés dans des souterrains appelés grottes, et que plus tard on désigna sous celui d'arabesques. C'était un mélange de figurines, de masques, de fleurs et de fruits en bouquets ou en guirlandes, d'objets et de détails fort divers assemblés avec goût de manière à charmer les yeux. Les orfévres ne manquèrent pas d'enrichir leurs compositions de ces arabesques, qui sont ordinairement du plus gracieux effet. Le style qui se forma sous cette influence convenait parfaitement aux bijoux, qui prirent au seizième siècle des formes d'une rare élégance. Les orfévres du quinzième siècle avaient fait un grand usage des émaux de basse-taille dans l'ornementation de leurs travaux d'or et d'argent ; les procédés d'exécution de ces émaux furent perfectionnés par Caradosso et par Cellini, et ils devinrent d'un emploi général.

La damasquinerie, qui consiste à rendre un dessin par des filets d'or et d'argent incrustés dans un métal moins brillant, comme le fer ou le bronze, se prêtait trop bien aux travaux de l'orfévrerie pour ne pas être mise en pratique par les plus habiles orfévres du seizième siècle (1). Ils s'y adonnèrent avec beaucoup de succès, et produisirent des coffrets, des tables, des cabinets, des toilettes en fer, dans les formes les plus gracieuses, avec des ornements, des arabesques et des sujets en damasquinure d'or et d'argent (2). Venise et surtout Milan se distinguèrent dans la damasquinerie.

Il est un autre genre de travail auquel se livrèrent les orfévres italiens du seizième siècle. Lorsque l'invasion des Turcs dans l'empire d'Orient eut forcé les artistes grecs à se réfugier en Italie, ils y importèrent les procédés de la glyptique et de la taille des pierres dures. On s'occupa alors de rechercher les belles matières et de les façonner en vases de toutes sortes. Au commencement du seizième siècle, ces vases jouissaient d'une faveur extraordinaire, et les plus grands artistes graveurs sur pierres fines ne dédaignèrent pas d'en tailler de leurs mains (3). Vasari nous apprend que le fameux Valerio Vicentino fit une multitude de vases de cristal de roche pour Clément VII, et que Jacopo da Trezzo, Gasparo et Girolamo Misseroni, ses élèves, faisaient aussi des vases très-recherchés. A des pièces taillées par de si habiles mains, il fallait de riches montures ; aussi les premiers orfévres de l'Italie furent-ils chargés de les enrichir d'anses, de couvercles et de pieds, dans l'exécution desquels ils déployèrent toutes les ressources de leur génie. Le cabinet des gemmes de la galerie de Florence conserve un nombre considérable de ces beaux vases. On y voyait, il y a quelques années, une coupe de lapis-lazuli dont les trois anses d'or émaillé, enrichies de diamants, étaient dues au talent de Benvenuto Cellini, et un vase de cristal de roche dont le couvercle avait été ciselé et émaillé par ce grand artiste. Mais des voleurs ont pénétré dans ce riche cabinet et ont enlevé les précieuses montures de ces vases, qui ont été fondues et converties en un lingot de peu de valeur. Le Musée du Louvre possède une grande quan-

---

(1) Consulter le titre de la DAMASQUINERIE.
(2) La vignette et le cul-de-lampe du titre de la DAMASQUINERIE reproduisent deux pièces remarquables de l'orfévrerie de fer damasquiné.
(3) Voyez plus haut ce que nous avons dit de ces vases, au titre de la SCULPTURE, t. I, chap. IV, p. 217.

tité de beaux vases richement montés qui proviennent du trésor de François I" et de Henri II, et dont plusieurs ont été certainement rapportés d'Italie. Le trésor impérial de Vienne, le Grüne Gewölbe de Dresde et la chambre du trésor du roi de Bavière ont aussi recueilli de très-belles pièces des maîtres italiens. Nos lecteurs trouveront la reproduction d'une belle coupe de lapis-lazuli et de deux vases de cristal de roche, richement montés par des orfévres italiens du seizième siècle, dans la vignette et le cul-de-lampe du chapitre IV du titre de la SCULPTURE, et dans le cul-de-lampe de la table des matières.

A l'aide de pierres dures de couleur, taillées sous diverses formes, les orfévres italiens composèrent même des mosaïques mixtes reproduisant des portraits, dans lesquelles l'or ciselé ou repoussé, rehaussé de pierres fines, venait figurer les vêtements. Le plus bel objet en ce genre de travail est conservé dans le cabinet des gemmes de la galerie de Florence. C'est un tableau de quarante-six centimètres de largeur sur trente-cinq centimètres de hauteur environ, représentant en bas-relief le grand-duc de Toscane, Cosme II. Le prince est agenouillé devant un autel, dans une chambre dont la fenêtre ouverte laisse voir dans le lointain le dôme de Santa-Maria del Fiore. La tête et les mains sont de jaspe de Volterra; les cheveux de cailloux d'Égypte; le justaucorps, taillé à l'espagnole, et le manteau royal sont d'or ciselé et émaillé; la doublure des vêtements est de pierres de couleur; l'épée que porte la figure est d'or émaillé; le coussin sur lequel elle est à genoux, de lapis-lazuli; la nappe de l'autel, de jaspe rouge de Chypre. La calcédoine, le jaspe sanguin et d'autres belles pierres de couleur entrent dans la composition du tableau. Les diamants sont répandus en grande quantité sur les vêtements. Ce beau portrait de Cosme II était placé au milieu d'un paliotto d'or massif que ce prince faisait faire pour la chapelle Saint-Charles Borromée à Milan. Ce paliotto n'ayant pas reçu sa destination avant la mort du duc, l'or a été fondu, le tableau central fut seul conservé (1).

Les écrits de Cellini, ceux de Vasari et les archives de l'Italie nous ont fourni les noms de quelques-uns des plus habiles orfévres du seizième siècle et de quelques sculpteurs qui ont exécuté des pièces d'orfévrerie.

Francesco Rustici, auteur de trois belles statues de bronze disposées au-dessus des portes du Baptistère de Saint-Jean (2), nous est signalé par le livre des délibérations de la communauté des marchands de Florence comme ayant fait un grand chandelier de bronze placé devant le crucifix dans le Baptistère (3). Les archives de la cathédrale de Florence désignent Michelagnolo di Viviano comme auteur d'une belle croix d'argent (4). Cet orfévre fut le premier maître de Cellini. Il avait une grande réputation pour la monture des pierres précieuses, et exécutait avec une égale perfection les nielles, les émaux et les travaux de ciselure. Vasari cite comme de fort belles choses les ornements dont il décora les armures

---

(1) *Descrizione del paliotto da altare esistente nella guardaroba di S. M. Cesarea...*, cod., n° 2780, Biblioth. Riccardiana de Florence.

(2) *Libro di delib. de' consoli de' mercatanti*, anno 1506, p. 24, 25, 64. Spoglio Strozzi, t. I, p. 286, et t. II, p. 122 et 123. — CICOGNARA, *Storia della scultura*, t. II, p. 303.

(3) *Deliberazione de' mercatanti dal 8 settembre* 1509. Spoglio Strozzi, t. I, p. 422.

(4) *Libro debitori e creditori dell' opera di S. Maria del Fiore*, segnato 2°, anno 1521, p. 23. Archives laïques de Santa-Maria del Fiore.

que Julien de Médicis porta dans un carrousel qui eut lieu sur la place Santa-Croce (1).

Parmi les artistes qui jouissaient d'une grande réputation dans les premières années du seizième siècle, nous pouvons citer encore Cesarino Rosetti de Pérouse, qui fut chargé de faire pour la cathédrale de Sienne une statue d'argent représentant le Christ sortant du tombeau. Dans le marché qui fut passé avec l'artiste pour l'exécution de cette statue, le 6 mai 1513, on lit ces mots, qui attestent la grande importance de cet orfévre : «"Teneatur facere ad perfectionem secundum famam supradicti magistri Cesarini (2). »

Ambrogio Foppa, surnommé Caradosso, de Milan ou de Pavie. Nous aurions pu le ranger parmi les orfévres de la fin du quinzième siècle ; mais il acquit sa grande réputation pendant son séjour à Rome, où il vint s'établir sous le pontificat de Jules II. Il grava des médailles pour ce pontife et pour Adrien VI ; il fit aussi les monnaies de Léon X, que Vasari cite comme incomparables. Caradosso exécuta des paix en demi-relief et quelques crucifix si bien travaillés, que Cellini le regardait comme le meilleur artiste en ce genre. Il excellait à faire les émaux translucides sur relief et les petits médaillons d'or enrichis de figures de haut-relief et de ronde bosse que les gentilshommes portaient au bonnet et les femmes dans les cheveux. D'après les Mémoires de Cellini, il vivait encore sous le pape Clément VII (3). Le trésor de la cathédrale de Milan possède une paix d'or qu'on attribue à Caradosso et qui est digne de ce grand artiste. Elle reproduit une arcade portée par des colonnes de lapis-lazuli, au-dessous de laquelle est un groupe d'or exécuté en haut-relief qui représente la scène de la mise du Christ au tombeau ; dans le tympan de l'arcade un groupe d'anges soutient les armoiries du pape Léon X, à qui ce bel objet a dû appartenir.

Domenico de Florence, orfévre de Cosme I$^{er}$, chargé de faire des armes de luxe pour ce prince (4).

Antonio, fils de Sandro de Florence, Ulivieri della Chiostra de Pise, et Francesco Salimbene de Florence, les premiers maîtres de Cellini.

Giovanni Firenzuola, fort habile à travailler la vaisselle de table et l'orfévrerie proprement dite, *cose grosse*.

Antonio di San Marino, le premier orfévre de Rome, qui avait été le maître de Firenzuola.

Lucagnolo, bon dessinateur.

Pazolo Arsagno, Milanais établi à Rome.

Lautizio de Pérouse, également établi à Rome : il excellait à graver les sceaux (5).

Piloto, célèbre orfévre florentin, ami de Michel-Ange (6).

Enfin Vicenzio Danti de Pérouse, peintre, sculpteur et architecte, qui avait fait dans sa jeunesse, avant de se livrer à la sculpture, des choses ravissantes en orfévrerie (7).

(1) *Vita di Benvenuto Cellini scritta da lui medesimo*. Firenze, 1830, p. 12. — B. CELLINI, *Trattato dell' oreficeria*, Proœmio. Milano, 1811, p. 57. — VASARI, *Vita di Baccio Bandinelli*.

(2) « Il sera tenu de l'exécuter avec toute la perfection que comporte sa réputation. » Dott. MILANESI *Docum. per la stor. dell' arte Senese*, t. III, p. 61.

(3) VASARI, *Vita di Bramante*. — B. CELLINI, *Trattato dell' oreficeria*, passim. — *Vita di B. Cellini scritta da lui medesimo*. Firenze, 1830, p. 50 et 65.

(4) GAYE, *Carteggio d'artisti*, t. II, p. 373.

(5) *Vita di Benvenuto Cellini scritta da lui medesimo*. Firenze, 1830, p. 13, 19, 24, 25, 27, 36 et 50.

(6) VASARI, *Vita di Michelagnolo Buonarroti e di Baccio Bandinelli*.

(7) VASARI, *Degli accademici del disegno*. Firenze, 1857, t. XIII, p. 191.

Mais de tous les orfévres du seizième siècle, celui qui a acquis le plus de célébrité est Benvenuto Cellini, qui naquit à Florence en 1500. Après être resté près de deux années dans l'atelier de Michelagnolo, où il avait été placé en apprentissage à l'âge de treize ans, il entra chez Antonio di Sandro, autre orfévre florentin, artiste de talent. Il travailla ensuite chez différents orfévres de Florence, de Pise, de Bologne et de Sienne, où il avait été exilé à la suite d'une rixe. Tout le temps qu'il pouvait dérober à l'orfévrerie, il le donnait au dessin, étudiant les ouvrages des grands maîtres, et particulièrement ceux de Michel-Ange, pour lesquels il s'était passionné. A Pise, il visitait souvent le Campo Santo, et copiait avec ardeur les antiques qui s'y trouvaient réunis. Il alla pour la première fois à Rome à l'âge de dix-neuf ans. Pendant les deux ans qu'il y passa alors, il se livra presque exclusivement à l'étude des antiquités, qu'il n'abandonnait pour faire de l'orfévrerie qu'autant que l'argent venait à lui manquer. On conçoit facilement qu'en suivant cette direction, Cellini, doué comme il l'était d'une imagination ardente et d'une grande intelligence, soit devenu en peu de temps un artiste distingué. Aussi la vogue qu'il sut acquérir à son retour à Florence lui permit-elle d'ouvrir pour son compte un atelier, où il exécuta une grande quantité de petits ouvrages de bijouterie. Bientôt, en 1523, une nouvelle querelle avec ses voisins l'ayant forcé de fuir de Florence, il se retira à Rome, où il séjourna jusqu'en 1537, si l'on en excepte quelques mois qu'il passa, à différentes reprises, à Florence, et le temps qu'il employa à visiter Mantoue, Naples, Venise et Ferrare. C'est durant ces quatorze années qu'il fonda sa réputation d'habile orfévre et qu'il fabriqua ses plus beaux bijoux, les coins de la monnaie de Rome, et les médailles de Clément VII et du duc Alexandre. Cellini vint en France pour la première fois en 1537. Il fut présenté à François I$^{er}$ ; mais ce prince ayant quitté Paris pour se rendre à Lyon, Cellini voulut retourner à Rome. En 1540, François I$^{er}$ le rappela auprès de lui. Pendant un séjour de près de cinq années qu'il fit à Paris, il exécuta pour le roi un grand nombre de beaux ouvrages dont il ne subsiste plus qu'une salière d'or conservée dans le cabinet des antiques de Vienne. Cellini en a donné la description dans ses Mémoires et dans le chapitre V de son *Traité de l'orfévrerie*, mais sa description diffère un peu de la réalité, et cela se conçoit, puisqu'il écrivait plus de vingt ans après l'exécution du monument et sans l'avoir sous les yeux. Au-dessus d'un soubassement de trente-deux centimètres environ de longueur, décoré de figures couchées et de demi-figures en haut-relief, sont deux figures assises se regardant : l'une représente Neptune, le dieu de la mer, et l'autre Bérécynthie, la déesse de la terre, assise sur un rivage couvert de fleurs et de feuillages ; une barque exécutée dans le style de l'antiquité, destinée à recevoir le sel, s'élève entre les deux figures au-dessus d'un bras de mer où se jouent des poissons. Nous donnons la reproduction de cet ouvrage dans la vignette qui est placée en tête de ce chapitre.

De retour à Florence, Cellini s'adonna à la statuaire. Ce fut alors qu'il jeta en bronze la statue de Persée, le buste de Cosme I$^{er}$, et qu'il sculpta en marbre un crucifix de grandeur naturelle, que Vasari regarde comme le plus beau morceau qu'on ait fait en ce genre. Il n'abandonna pas néanmoins l'orfévrerie, et fit encore de charmants bijoux pour la duchesse Éléonore. Après être resté vingt-cinq ans au service du grand-duc de Toscane comme sculpteur, orfévre et maître des monnaies, Cellini mourut en 1571, assez mal récompensé de ses grands travaux, mais laissant après lui une haute réputation justement méritée.

On ne peut douter que Cellini n'ait été un artiste des plus éminents, et qu'il n'ait fait

durant sa longue vie une quantité considérable de pièces d'orfévrerie. Laissons parler son biographe italien : « Cellini, citoyen florentin, aujourd'hui sculpteur, n'eut point d'égal
» dans l'orfévrerie, quand il s'y adonna dans sa jeunesse, et fut peut-être maintes années
» sans en avoir, de même que pour exécuter les jolies figures en ronde bosse et en bas-
» relief, et tous les autres ouvrages de cette profession. Il monta si bien les pierres fines et
» les orna de chatons si merveilleux, de figurines si bien modelées et souvent si originales
» et d'un goût si capricieux, que l'on ne peut imaginer rien de mieux. On ne saurait trop
» louer les médailles d'or et d'argent qu'il grava, dans sa jeunesse, avec un soin incroyable.
» Il fit à Rome, pour le pape Clément VII, un très-beau bouton de chape, dans lequel il
» représenta autour d'un diamant taillé en pointe, plusieurs petits enfants et le Père éternel,
» merveilleusement ciselé en or. Clément VII lui ayant commandé un calice d'or dont la
» coupe devait être supportée par les Vertus théologales, Benvenuto conduisit presque
» entièrement à fin cet ouvrage, qui est vraiment surprenant. De tous les artistes qui de son
» temps se mirent à graver les médailles du Pape, aucun n'a mieux réussi que lui, comme
» le savent très-bien ceux qui en possèdent ou qui les ont vues; aussi lui confia-t-on l'exé-
» cution des coins de la monnaie de Rome, et jamais plus belles pièces n'y furent frappées.
» Après la mort de Clément VII, Benvenuto retourna à Florence, où il grava la tête du duc
» Alexandre sur des coins de monnaie qui sont d'une telle beauté, que l'on en conserve
» aujourd'hui plusieurs empreintes comme de précieuses médailles antiques : ce n'est pas
» sans raison, car Benvenuto s'y surpassa lui-même. Enfin il s'adonna à la sculpture et
» à l'art de fondre les statues. Il exécuta en France quantité d'ouvrages de bronze, d'argent
» et d'or, pendant qu'il était au service du roi François I$^{er}$. De retour dans sa patrie, il se
» mit au service du duc Cosme, qui lui commanda d'abord plusieurs pièces d'orfévrerie et
» ensuite quelques sculptures (1). »

À l'appui du récit de Vasari, ne possède-t-on pas d'ailleurs, comme nous le disions, quelques œuvres de Cellini? Sans parler du magnifique buste de bronze de Cosme I$^{er}$ et du groupe de Persée et Méduse, le ravissant piédestal de ce groupe, orné de statuettes de bronze, et le petit modèle du Persée, conservé dans la galerie de Florence, qui par leur dimension se rapprochent des travaux de la grande orfévrerie, font voir ce dont Cellini était capable dans les ouvrages qui se rattachent à cet art. Les pièces d'orfévrerie et les bijoux sortis de ses mains, dont l'authenticité n'est pas contestable, sont en très-petit nombre, il est vrai; on ne peut guère ranger dans cette catégorie que la belle salière qu'il exécuta pour François I$^{er}$, les monnaies qu'il fit pour Clément VII et pour Paul III, la médaille de Clément VII et celle de François I$^{er}$. Il y a peu d'années encore, nous pouvions y joindre la monture d'une coupe de lapis-lazuli, offrant trois anses d'or émaillé, rehaussées de diamants, et le couvercle d'or émaillé d'une autre coupe de cristal de roche, qui étaient conservées toutes les deux dans le cabinet des gemmes de la galerie de Florence, et qui reposaient depuis le seizième siècle dans le trésor des Médicis. Ces deux objets, que nous avons admirés plus d'une fois, ont péri dans le creuset d'un voleur.

Comme Cellini s'est occupé d'orfévrerie pendant plus de cinquante années, et qu'il a été, en qualité d'orfèvre, au service de Clément VII, de Paul III, de François I$^{er}$ et des ducs de

---

(1) Vasari, le Vite de' più eccel. pitt., scult. ed arch. (Degli accademici del dissegno. Firenze, 1857, t. XIII, p. 185).

Florence, on ne peut douter qu'il n'ait fait un grand nombre de pièces d'orfévrerie et de bijoux ; tout n'a pas dû périr, et certes plusieurs de ses œuvres, en dehors de celles que nous venons de signaler, doivent subsister encore. Après avoir examiné avec soin les œuvres de sculpture de Cellini, ses pièces d'orfévrerie et ses bijoux authentiques, pour se pénétrer de son style, et après avoir étudié, dans le traité qu'il a publié sur l'orfévrerie, les procédés de fabrication qu'il indique comme lui étant personnels, on peut arriver à désigner quelques pièces qui, sans avoir pour elles l'authenticité des premières, peuvent cependant passer avec quelque certitude pour être sorties de ses habiles mains. Voici celles que nous avons vues :

Dans l'argenterie du grand-duc de Toscane, trois coupes et un flacon d'or émaillé, enrichies d'anses en forme de dragons ailés à têtes fantastiques, qui sont d'un dessin ravissant et d'une merveilleuse exécution ; ces pièces portent les armes des Médicis et des Farnèse.

Dans le cabinet des camées de la galerie des Offices de Florence, la monture d'or émaillé d'un camée antique (n<sup>os</sup> 58-23) représentant Bacchus.

Dans le cabinet des antiques de Vienne, un médaillon ovale d'or émaillé : Léda y est représentée à demi couchée et caressée par Jupiter métamorphosé en cygne ; l'Amour, debout, sourit aux amants. Ces figures de haut-relief, coloriées en émail, se détachent presque entièrement du fond. Le médaillon est encadré dans un cartouche exécuté en or ciselé et émaillé, rehaussé de pierres fines. Ce bijou passe pour celui dont Cellini parle dans ses Mémoires, comme l'ayant fait pour le gonfalonier de Rome, Gabriello Cesarino.

Dans la collection de M. J. B. Beresford Hope, à Londres, une magnifique aiguière d'agate onyx, de vingt-six centimètres de hauteur, montée en or émaillé ; elle est enrichie de figurines de ronde bosse et de têtes d'un modelé parfait, de rinceaux d'un goût exquis, et parsemée de pierres fines. Cette pièce appartenait à la France et faisait partie de la collection du Louvre, où elle a été volée le 29 juillet 1830, lorsque le Louvre fut enlevé par le peuple révolté contre les ordonnances de Charles X. Elle avait été cataloguée dans l'inventaire des diamants de la couronne fait en 1791 et estimée cent mille francs : elle vaut plus du double aujourd'hui (1).

Dans le musée du duc de Saxe-Gotha, la couverture d'or d'un petit livre d'heures, de huit à neuf centimètres carrés. Sur chacun des ais est ciselé en relief un sujet de sainteté placé sous une arcade ; des figures de saints occupent les angles ; le tout est encadré dans des bordures composées, comme les arcades, de diamants et de rubis. Trois petits bas-reliefs, d'une grande finesse d'exécution, décorent le dos de cette charmante couverture. Serait-ce celle que fit Cellini d'après les ordres de Paul III, et qui fut offerte en présent à Charles-Quint ?

On trouve encore de lui, dans le cabinet des médailles de la Bibliothèque nationale de Paris, la monture d'un camée antique de forme ovale (2). Cette monture ciselée et émaillée est enrichie de figurines de ronde bosse et de mascarons colorés d'émail ; au sommet, la figure de la Victoire tient enchaînés à ses côtés deux prisonniers assis.

---

(1) *Inventaire des diamants de la couronne, perles, pierreries, tableaux et autres monuments des arts, fait en conformité des décrets de l'Assemblée nationale des 26 et 27 mai et 22 juin 1791.* Imprimerie nationale, Paris, 1791, p. 101.

(2) N° 189 du Catalogue de M. Chabouillet, 1858.

On a cru pouvoir attribuer à Cellini un beau bijou ciselé et émaillé où l'on voit deux figures de ronde bosse placées sous une arcade de pierres fines, un médaillon qui reproduit les figures d'Adam et d'Ève, et un petit cartouche destiné à servir de cadre à un portrait. Ces trois pièces, qui appartenaient à la collection Debruge-Duménil (1), sont reproduites sous les n°˚ 3, 4 et 5 dans notre planche XL.

Le traité que Cellini, à l'exemple de Théophile, a écrit sur l'art qu'il cultivait (2), fait connaître les procédés de fabrication en usage de son temps et ceux qu'il mit lui-même en pratique. Il serait beaucoup trop long ici d'analyser ce curieux livre ; il nous suffira d'indiquer les matières qui en font l'objet, pour donner une idée des connaissances variées que devait posséder, au seizième siècle, un artiste qui voulait embrasser toutes les parties de l'art de l'orfévrerie. Le chapitre I˚ traite de la joaillerie, de la nature des pierres précieuses, de leur sertissure et de la doublure de pierres de couleur. Le chapitre II donne la manière de composer la nielle et les procédés à employer pour nieller. L'art de travailler le filigrane est le sujet du chapitre III. Le chapitre IV a pour objet la fabrication des émaux translucides sur relief, autrement dits émaux de basse-taille. Le chapitre V enseigne la bijouterie proprement dite, *il lavaro di minuteria*, et l'art de travailler au repoussé et de ciseler les feuilles d'or et d'argent, *lavori di piastra*, pour en former les figurines qui décorent les bijoux ou en tirer les statuettes qui entrent dans la composition des pièces d'orfévrerie de petite dimension. Aux détails dans lesquels entre Cellini sur les parties de l'art comprises dans le chapitre cinquième, on s'aperçoit facilement que c'étaient celles qui lui plaisaient le plus. Il décrit dans ce chapitre le bouton de chape exécuté pour Clément VII, qui faisait l'admiration de tous les artistes, comme nous l'a appris Vasari, et la salière d'or de François I˚, dont les deux figures principales, Neptune et Bérécynthie, ont près de vingt centimètres de hauteur. Les travaux de *minuteria*, les bijoux proprement dits, étaient tous travaillés au ciselet ; rien n'était fondu ni estampé. On comprenait dans les objets de *minuteria*, les anneaux, les pendants, les bracelets et certains médaillons, *medaglie di piastra d'oro sottilissimo*, qui se portaient au chapeau et dans les cheveux. Ces bijoux, fort en vogue, se faisaient de deux manières : tantôt les figurines étaient repoussées sur une feuille d'or ; tantôt, après avoir été repoussées presque jusqu'au point de devenir de ronde bosse, elles étaient détachées du champ de la feuille d'or et appliquées sur un fond de lapis-lazuli, d'agate ou de toute autre matière précieuse : c'est ainsi qu'a été exécuté le bijou reproduisant Adam et Ève, qu'on voit sur notre planche XL. Ces médaillons recevaient une bordure d'encadrement ciselée et souvent enrichie d'émaux. Cellini s'étend avec complaisance sur la fabrication de ce genre de bijou, et enseigne avec détail les divers procédés mis en usage, soit par Caradosso, qui y excellait, soit par lui-même ; il donne aussi la description de quelques-uns des plus beaux bijoux qu'il ait exécutés, notamment de celui qu'il avait fait pour le gonfalonier Cesarino, que nous venons de décrire. Le chapitre VI fait connaître la manière de graver en creux l'or, l'argent et le bronze, et de faire les sceaux

---

(1) N°˚ 992, 993 et 994 de notre *Description* de cette collection, déjà citée.
(2) *Due Trattati di* Benvenuto Cellini, *uno dell' oreficeria, l'altro della scultura.* Milano, 1811. Le Traité de l'orfévrerie a été traduit en français par M. Eugène Piot et publié dans le *Cabinet de l'amateur et de l'antiquaire*, t. II, p. 241.

des princes et des cardinaux. L'art de graver les monnaies et les médailles est développé dans les chapitres VII, VIII, IX et X. Les chapitres XI et XII sont consacrés à l'orfévrerie proprement dite, *il lavorar di grosserie d'oro e di argento*. Cellini y enseigne différentes manières de fondre le métal et de le couler en feuilles, et aussi la fabrication des vases d'or et d'argent. L'exécution des statues d'argent, grandes comme nature ou d'une proportion colossale, fait l'objet du chapitre XIII. Les dix derniers chapitres sont employés à l'exposition de certains procédés qui se rattachent au matériel de la fabrication, tels que ceux de la dorure de l'argent et de la coloration de l'or.

Cellini, ainsi que Théophile, a été soumis jusqu'à un certain point aux erreurs de son temps : il lui arrive, par exemple, de dire que les pierres fines, comme toutes les choses de la nature, produites sous l'influence de la lune, sont composées de quatre éléments; néanmoins, et bien que les procédés de fabrication se soient matériellement améliorés dans certaines parties depuis le seizième siècle, nos orfévres peuvent puiser d'utiles enseignements dans son traité. Sous le rapport de l'histoire de l'art, il sert à nous faire connaître le style des plus beaux bijoux de son temps, et permet de les faire revivre en quelque sorte, tant ses descriptions sont nettes et précises. Il nous reste une dernière remarque à faire, c'est que, sur beaucoup de matières, le traité de Cellini présente une grande analogie et quelquefois une conformité parfaite avec celui que Théophile avait écrit plus de quatre cents ans avant lui. Ainsi, la manière d'exécuter les travaux au repoussé et les procédés de la fonte des anses de vases offrent beaucoup de ressemblance dans les deux traités : si les doses qui entrent dans la composition de la nielle sont différentes, le mode d'application sur la plaque d'or ou d'argent gravée est le même. Les pratiques de l'art de la fin du onzième siècle s'étaient donc transmises par tradition jusqu'au seizième, presque sans altération. Ce fait n'est-il pas encore à la gloire de ce moyen âge si déprécié, si peu connu?

Après Cellini, il nous reste à nommer deux artistes qui ont eu une assez grande réputation dans le dernier tiers du seizième siècle : Vanuola de Scesi et Antonio de Faenza. Vanuola, établi à Florence, fit une statue de la Gaieté lors de l'entrée de Jeanne d'Autriche dans cette ville ; il était très-habile dans les ouvrages sculptés (1). Antonio s'occupa spécialement d'orfévrerie religieuse. L'un de ses plus beaux ouvrages fut une croix et des chandeliers d'argent donnés à la basilique vaticane par Alexandre Farnèse (2).

Lorsqu'on sait à quel point de perfection l'orfévrerie a été pratiquée en Italie au seizième siècle, on s'étonnera peut-être que nous ayons cité un aussi petit nombre d'orfévres ; la raison en est cependant facile à comprendre. Au quatorzième et au quinzième siècle, aucune création artistique n'était produite sans motif et sans une destination prévue à l'avance, et comme le goût du luxe et des arts s'étendait à toutes les productions de l'industrie, depuis le mobilier religieux jusqu'aux bijoux, aux armes et aux meubles à l'usage de l'habitation, les artistes trouvaient dans les arts industriels, et presque là seulement, un utile emploi de leur talent. L'orfévrerie étant fort en honneur, un grand nombre parmi les plus habiles se firent orfévres, bien certains qu'ils étaient de trouver un beau profit

(1) Cicognara, *Storia della scultura*, t. II, p. 252.
(2) *Ibid.*, t. III, p. 39.

dans cette brillante profession. Chacun d'eux produisit des œuvres dont il avait conçu l'idée et qu'il avait mises à exécution de ses mains, véritables objets d'art qui auraient suffi à mettre leur nom à l'abri de l'oubli. Il y a plus, la plupart d'entre eux, tout en pratiquant l'orfévrerie, surent se placer au premier rang des sculpteurs et des peintres, et ont laissé des œuvres qui rendaient leurs noms impérissables. Mais dès la fin du quinzième siècle, le goût des arts s'étant répandu dans les hautes classes et dans les classes riches de la société, les artistes de talent purent multiplier des œuvres sans but et faire de l'art pour l'art et sans aucune application, en donnant carrière à leur imagination. Les artistes du second ordre, qui n'avaient d'autre habileté que celle de la main, restèrent attachés presque seuls aux arts industriels ; et comme ils n'avaient pas le génie créateur de leurs devanciers, et qu'ils ne produisirent rien en dehors des œuvres de l'orfévrerie, qui ont péri presque toutes, leurs noms ont été oubliés.

Cependant les productions de l'orfévrerie se ressentirent à peine de cette désertion des grands artistes, parce que s'ils ne travaillèrent plus de leurs mains comme orfévres, ils fournirent les modèles enfantés par leur génie à des mains fort habiles et bien capables de les exécuter. La galerie des Offices de Florence conserve un assez grand nombre de dessins faits pour les orfévres. Nous citerons entre autres, de Perino del Vaga, un magnifique coffret (n° 744) avec trois figures sur le couvercle, des bas-reliefs et de jolis détails dans le corps du meuble ; du même, un candélabre ; de Benedetto da Rovezzano, de délicieuses coupes (n° 686) ; de Benedetto Pocelli, un très-beau vase à couvercle (n° 705) ; de Francesco Salviati, un coffret (n° 759). C'est Polidore de Caravage qui a laissé le plus grand nombre de dessins d'orfévrerie ; ce sont des vases d'un grand style, des coupes à couvercle (n°ˢ 812 à 816, 828 et 829), et un coffret (n° 737) avec deux figures sur le dessus. Soutenue par de pareils modèles, l'orfévrerie italienne devait conserver la haute réputation qu'elle s'était si justement acquise.

Le bon goût et la finesse de l'exécution qui faisaient le charme des productions de l'orfévrerie du seizième siècle commencèrent à se perdre au dix-septième. Maximilien Soldani, orfévre florentin dont la réputation était très-grande à cette époque, avait oublié les beaux modèles du quinzième et du seizième siècle (1) qui avaient placé l'Italie au premier rang pour les travaux de l'orfévrerie.

## § II

L'ORFÉVRERIE AU SEIZIÈME SIÈCLE EN FRANCE.

### I

*L'orfévrerie proprement dite.*

L'orfévrerie italienne avait jeté un si vif éclat au quinzième siècle, et avait été pratiquée par des artistes d'un si grand renom, qu'elle devint au seizième un sujet d'étude et d'ému-

(1) CICOGNARA, *Storia della scultura*, t. II, p. 252.

Pl. XXXVIII

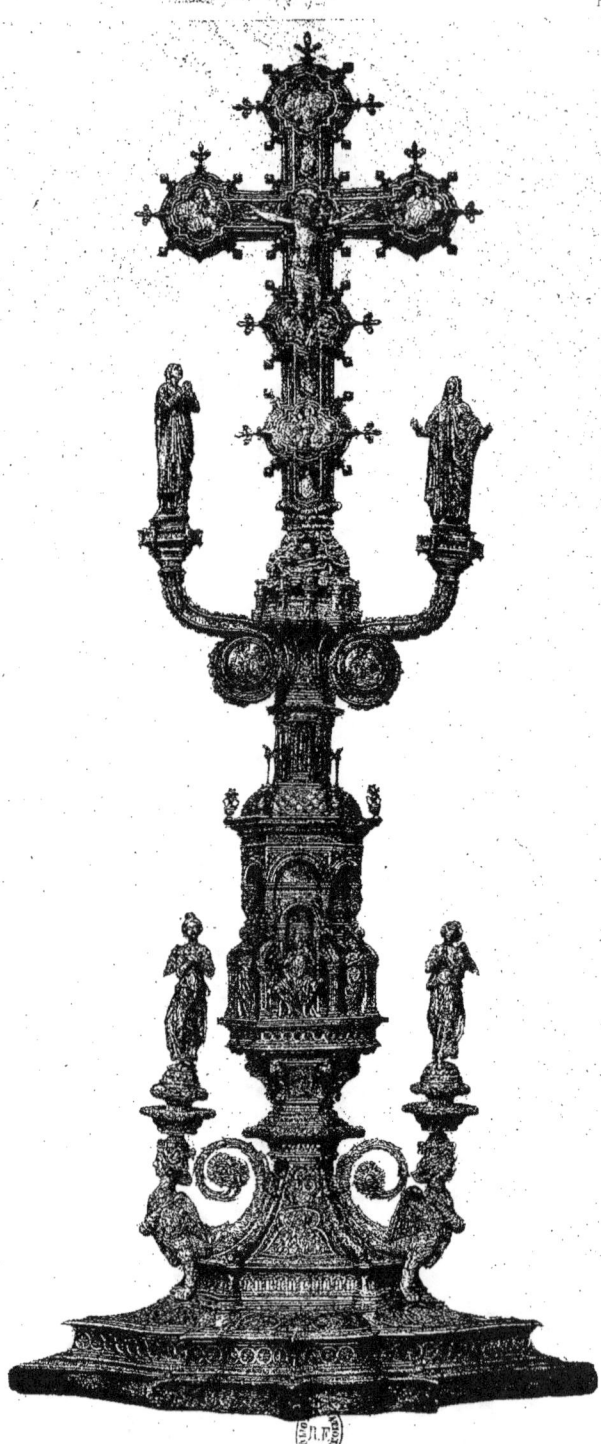

Berthier phot.   Photolith Lemercier de Seine, Paris. Procédé Poitevin   Sorrieu per.

ORFÈVRERIE

lation pour tous les orfévres de l'Europe. Mais dès la fin du quinzième siècle, la sculpture française avait fait d'immenses progrès et avait produit de splendides monuments. Il est donc à croire que, sous l'influence des grands artistes qui surgirent alors, l'orfévrerie avait déjà commencé à abandonner le genre flamand et à améliorer son style, lorsque les expéditions de Charles VIII, de Louis XII et de François I$^{er}$ en Italie firent connaître les belles productions de l'orfévrerie italienne et en répandirent le goût.

Louis XII, au commencement de son règne, craignant que les métaux précieux ne fussent retirés de la circulation en trop grande quantité par les travaux de l'orfévrerie, avait défendu aux orfévres, par un édit de 1506, « de fabriquer aucune vaisselle de cuisine » d'argent, bassins, pots à vins, flacons et autre grosse vaisselle, sans l'autorisation du » roi. » Il leur était seulement permis de faire « des tasses et pots d'argent du poids de » trois marcs et au-dessous, salières, cuillers et autres menus ouvrages de moindre poids, » avec tous ouvrages pour ceintures et reliquaires d'église ». Ces dispositions ne pouvaient atteindre le roi, qui était, ainsi que la reine Anne, grand amateur de merveilles de l'orfévrerie. Aussi les grandes villes du royaume payaient-elles la bienvenue du souverain en pièces d'orfévrerie. Lorsque Louis XII entra à Tours, en 1500, la ville lui offrit une grande médaille d'or qui reproduisait son portrait ; le sculpteur Michel Colombe en avait fourni le modèle, l'exécution était due à l'orfévre Papillon. Lors de la seconde entrée de la reine Anne à Paris, la ville lui avait offert une nef d'or du poids de cinquante-neuf marcs deux onces. On en trouve la description dans un inventaire de la riche vaisselle de Louis XII et de la reine Anne, dressé le 3 juin 1505 (1), quand elle fut remise en garde au peintre Jean de Paris, valet de chambre du roi et de la reine, qui en était constitué le gardien. On voit par cet inventaire que l'argenterie de la reine avait été faite par Arnoul du Viviers, et celle du roi par Henri. Ce Henri était sans doute Henri de Messiers, qui avait été élu garde de la corporation en 1502 (2). Parmi les orfévres parisiens en grande réputation à cette époque, il faut citer encore Matthieu le Vachet ; il avait été l'un des six gardes de la corporation en 1486 ; il fut élu de nouveau à cette fonction en 1512 (3) ; il était fournisseur des princes de Lorraine.

Les dispositions de l'édit de 1506 avaient porté un grand préjudice à l'art de l'orfévrerie, en forçant les grands seigneurs de s'adresser à des orfévres étrangers lorsqu'ils voulaient convertir leur ancienne vaisselle d'argent en pièces élégantes exécutées dans le style de la Renaissance. Aussi Louis XII, voulant retirer l'orfévrerie de l'état de langueur dans lequel les guerres du quinzième siècle avaient plongé ce bel art, et donner aux orfévres français la possibilité de lutter avec les Italiens, leva les prohibitions que les anciennes ordonnances imposaient à leur industrie, en les autorisant, par une déclaration du 7 février 1510, à battre et à forger toute sorte de vaisselle d'argent de tels poids et façon que chacun jugerait convenable. En donnant de tels encouragements à l'orfévrerie, le roi suivait les inspirations du cardinal Georges d'Amboise, son ministre. Ce prélat, appréciateur intelligent des beautés de l'orfévrerie italienne, en avait rassemblé

---

(1) *Inventaire de la vaisselle d'or baillée à Jean de Paris le 3 juin* 1505. Bibl. nation. ms. fr., n° 22335, ancien fonds des Blancs-Manteaux, n° 49, fol. 213.
(2) M. Paul Lacroix, *Histoire de l'orfèvrerie-joaillerie*, p. 160.
(3) *Ibid.*

de magnifiques productions dans son château de Gaillon. A sa mort, qui arriva en 1510, ses neveux se partagèrent les objets qu'il avait recueillis : le sire de Chaumont eut pour sa part toute la vaisselle dorée, une partie de la vaisselle d'argent, et une coupe qu'on estimait deux cent mille écus. De si beaux modèles, venus à la connaissance des artistes français, contribuèrent pour beaucoup à l'abandon définitif de l'ancien style flamand et à l'adoption de celui de la renaissance italienne.

La cérémonie des obsèques de Louis XII fut somptueuse : on exposa l'effigie du roi, revêtue des habits royaux ; la couronne d'or qui ornait la tête avait été exécutée par Louis Deuzan et Pierre Mangot, orfévres du roi.

La petite église de Saint-Jean du Doigt (Finistère) possède un calice qui remonte aux premières années du seizième siècle ; il passe pour lui avoir été donné par la reine Anne de Bretagne, en 1506. Ce calice d'argent doré n'a pas moins de trente-cinq centimètres de hauteur ; il est enrichi, sur la coupe et sur le pied, d'ornements en relief reproduisant des dauphins et des cornes d'abondance qui se terminent en volutes et en expansions feuillues. Le nœud est décoré de huit niches plein cintre dans lesquelles sont des figures de saints en pied. La patène est également décorée d'ornements en relief. Deux figures d'enfants, dont le corps se termine par une longue volute feuillagée, tiennent une couronne qui encadre un buste d'homme coiffé de longs cheveux et portant une grande barbe. Au centre est un émail peint, représentant la Vierge et saint Joseph en adoration devant l'enfant Jésus. M. Alfred Darcel a dessiné ce calice et en a publié la gravure, avec une excellente dissertation, dans les *Annales archéologiques* (1). Le savant archéologue, en se fondant sur quelques détails architectoniques, et surtout sur la présence de l'émail peint qui se rattache à l'école des Courtois, du milieu du seizième siècle, a pensé que ce calice devait être d'environ cinquante ans postérieur à la date qui lui est donnée par la tradition. Cependant il nous a semblé que les ornements sont trop lourds et que la décoration est trop peu harmonieuse pour appartenir au milieu du seizième siècle, à une époque où les œuvres de l'orfévrerie étaient empreintes d'une rare élégance. On doit, ce nous semble, y reconnaître plutôt le caractère de la renaissance française à son début, et le travail d'un artiste breton qui n'avait pas encore subi l'influence de l'art italien. La patène peut avoir été faite plus tard dans le même style, pour remplacer la patène primitive détachée de son calice par quelque accident ; l'orfévre qui l'aura faite y aura placé un émail de son temps, mais le calice nous paraît bien appartenir à l'art français des premières années du seizième siècle.

Quand François Ier succéda à Louis XII (1515), l'orfévrerie française avait déjà obtenu une réputation justement méritée. Sous l'influence des habiles statuaires, promoteurs de la renaissance française, elle savait produire de grandes pièces de sculpture. L'orfévrerie parisienne était à la tête de ce mouvement artistique ; aussi, lorsque François Ier fit son entrée à Paris, le prévôt des marchands et les échevins lui offrirent-ils au nom de la ville une pièce de sculpture en orfévrerie : c'était « un image de sainct François assis sur un
» pied double à quatre pilliers, entre lesquels pilliers estoit une salamandre couronnée

---

(1) Tome XIX, p. 328. Ce calice a figuré dans les galeries de l'Histoire du travail, à l'Exposition universelle de 1867, n° 2457 du Catalogue.

» tenant en sa gueule un escriteau émaillé de rouge et de blanc, auquel estoit escrit :
» NUTRISCO ET ESTINGUO ; et au-dessus d'icelle couronne, un petit ange tenant une cordelière,
» en laquelle estoit assise une grande table d'esmeraude carrée ; icelui image portant
» de haut, compris le pied et le chérubin, deux pieds et demy ou environ ; le tout d'or,
» pesant quarante-trois marcs quatre onces cinq gros, touché et prisé par le maistre
» de la monnoye de bon or à vingt-trois karats (1). » Bien que cette description soit un peu
écourtée, elle permet de reconnaître dans le don de la ville de Paris au roi un petit monument, enrichi de figures de ronde bosse, qui servait de piédestal à une [grande statuette
de saint François, patron du roi.

Peu d'années après l'avènement de François Ier, la corporation des orfévres pouvait
compter parmi ses membres un bon nombre de sculpteurs de talent, et les pièces
d'orfévrerie sculptées étaient produites en abondance. Nous avons sur ce point le témoignage non suspect de Benvenuto Cellini, qui constate dans son *Traité de l'orfévrerie* qu'on
travaillait à Paris plus que partout ailleurs en grosserie, *di grosserie*, ce qui comprenait
l'orfévrerie d'église, la vaisselle de table et les figures d'argent de toute dimension, et que
les travaux qu'on y exécutait au marteau avaient atteint un degré de perfection qu'on
ne rencontrait dans aucun autre pays (2).

Les productions artistiques des habiles orfévres français du premier quart du seizième
siècle ont malheureusement disparu. La nécessité de fournir la rançon de François Ier,
les guerres de religion, les besoins de Louis XIV, qui le forcèrent à faire fondre les plus
belles pièces de son argenterie et du trésor de la couronne, et en dernier lieu la révolution
de 1793, les ont fait réduire en lingots, et nous ne pouvons en signaler aucune comme
existant encore, mais nous trouvons dans certains documents des descriptions qui viennent
à l'appui de l'opinion de Cellini. Ainsi l'inventaire de la sainte Chapelle du Palais,
de 1573 (3), qui fut fait par récolement d'un inventaire dressé en 1532, constate que le roi
François Ier avait fait don à la sainte Chapelle de son buste d'or. Le buste était porté
sur un piédestal d'argent doré où se trouvaient les armes du roi en or et le F initial de son
nom. Il pesait cent quarante livres. Mais, hélas ! en marge de l'article de l'inventaire
on trouve cette triste mention, écrite par les commissaires chargés en 1573 de faire
récolement : « Default le dit chef parce qu'il a esté prins et fondu pour les affaires du roy. »
Dangois, dans son histoire de la sainte Chapelle (4), nous apprend que ce don de François Ier
avait eu lieu le 28 juillet 1527.

Le trésor de la sainte Chapelle nous fournit encore une autre preuve : on trouve en effet
dans l'inventaire de 1532 un assez grand nombre de pièces d'orfévrerie artistique, telles
que des statuettes d'or et d'argent doré, qui ne figurent pas dans l'inventaire précédent
de 1480, et qui avaient dû être faites pour la plupart sous Louis XII et sous François Ier.

Le cardinal Louis de Bourbon, nommé abbé de Saint-Denis en 1529, avait fait faire,
pour y déposer les reliques de saint Louis, une châsse d'argent doré qui était un objet d'art.

---

(1) Th. Godefroy, *le Cérémonial françois*, t. I, p. 278.
(2) *Trattato dell' oreficeria.* Milano, 1811, p. 130.
(3) Archives nationales, L. 844ᵃ. Cet inventaire a été publié par M. Douet d'Arcq dans la *Revue archéologique*, t. V, p. 167 et suiv.
(4) *Mémoires pour servir à l'histoire de la sainte Chapelle du Palais de Paris.* Ms. Archives nationales, L. 831.

Elle reproduisait une chapelle à deux étages, de soixante-quinze centimètres environ de hauteur, élevée dans le style de la Renaissance. Au devant de l'un des pignons était placée la figure en pied de saint Louis, et celle du cardinal donateur à genoux devant le saint roi. Les grands côtés de la châsse étaient décorés de trois niches renfermant des figures de ronde bosse, de vingt-cinq centimètres de hauteur, qui reproduisaient les trois Vertus théologales et trois des quatre Vertus cardinales ; la quatrième occupait le pignon opposé à celui où était placé le groupe de saint Louis et du cardinal de Bourbon. Le second étage du monument était décoré de seize médaillons en émail peint, dont douze sur les grands côtés du monument et quatre dans les pignons. Les émaux reproduisaient les évangélistes et les douze pairs de France. La châsse était portée sur le dos de quatre lions de ronde bosse de vingt-cinq centimètres de hauteur. Félibien a donné la gravure de l'un des grands côtés (1); l'inventaire du trésor de Saint-Denis de 1634 (2) nous a permis d'en compléter la description.

Dès 1524, le chapitre de la cathédrale de Chartres décida de faire une châsse de très-grande dimension enrichie de figures de ronde bosse, suivant le goût de l'époque, pour renfermer les reliques de saint Piat. Jacques Levasseur, orfévre de Chartres, et Jehan Siguerre, orfévre de Rouen, furent chargés de l'exécution. Mais cette grande pièce d'orfévrerie ne fut jamais terminée; en 1562, elle fut fondue pour venir en aide aux finances de l'État.

Il est inutile de citer d'autres exemples, car il est avéré que, dès la fin du quinzième siècle, toutes les grandes pièces d'orfévrerie étaient de véritables objets d'art. Cependant, au commencement du règne de François I$^{er}$, les orfévres français n'avaient pas encore entièrement dépouillé leurs productions des naïvetés de l'art flamand. Le roi, qui était passionné pour les arts, tout en donnant des encouragements aux orfévres français, appela d'Italie différents artistes de talent, sous l'influence desquels l'orfévrerie française acquit le fini et la délicatesse qui pouvaient lui manquer encore. Les comptes des menus plaisirs du roi pour les années 1528, 1529 et 1530, qui sont conservés dans les Archives nationales (3), établissent que les orfévres français savaient alors exécuter tous les différents travaux auxquels se livraient les orfévres italiens à la même époque. Ainsi, Renaut Damet, orfévre de Paris, faisait pour le roi « un coffre d'argent doré taillé et esmaillé de basse-» taille ». Le même artiste exécutait « troys médalles de bronze grandes comme le naturel ». Pierre Gédouyn, orfévre à Paris, fournissait au roi « une esguière d'argent doré poissant » trois marcs sept onces, faicte à fleurettes de fil d'argent doré rapportées pardessus » et esmaillées de divers esmaulx », et faisait « une enseigne dans laquelle il y avoit d'un » costé ung fol et de l'autre ung personnaige estant en mer sur une barque desrompue, » et sy prochaine du rivage que le dit personnaige avoit moyen de recouvrer pour salut

---

(1) *Histoire de l'abbaye de Saint-Denis*. Paris, 1706, pl. V, p. 544.

(2) *Inventaire du trésor de l'abbaye de Saint-Denis*, déjà cité. Ms. Arch. nationales, LL, n° 1327, fol. 239.

(3) *Compte premier de maistre Claude Haligre..... des receptes et despenses par luy faictes à cause des menuz plaisirs durant 13 moys commençant le 1$^{er}$ jour de décembre 1528 et finissant le dernier jour de décembre ensuivant* 1529. — *Compte deuxiesme de maistre Claude Haligre, trésorier des menuz plaisirs et affaires de la chambre du roy, des receptes et despenses par lui faictes durant 4 moys et 10 jours, commencé le 1$^{er}$ jour de janvier 1529 et finissant le 10$^e$ jour de mai* 1530. Archives nationales, KK. 100.

» à une branche d'arbre plantée sur icelluy. » Gédouyn faisait encore pour le roi « une
» teste de martre d'or avec ses quatre pattes, grandeur de nature », pour être rapportée
sur une fourrure de martre zibeline. Gédouyn était donc sculpteur.

Pierre Mangot, orfévre du roi, l'était aussi ; il figure dans ces comptes pour « ung rond
» d'or fermant en boyte, dans lequel est une effigie au vif de la figure du dit seigneur » (1).
Pierre Mangot était encore orfévre du roi en 1541 ; il est désigné dans les comptes de l'argenterie de cette année comme ayant fait pour le roi « une embouchure d'or taillée à morisque
» à espargne pour servir à la trompe du roi » (2). On a vu à l'Exposition universelle
de 1867 (3), dans l'armoire vitrée qui renfermait la belle collection d'orfévrerie
de M. le baron Pichon, deux flambeaux portant la marque PM, que ce savant amateur
regarde comme celle de Pierre Mangot. D'après ses recherches, ils auraient été faits
en 1526. Les fleurs de lis et les dauphins symboliques qui les décorent donnent à penser
qu'ils ont été exécutés pour le dauphin fils de François I$^{er}$. Leur style accuse évidemment
l'école française telle qu'elle existait antérieurement à toute influence italienne.

Piramus Triboullet, orfévre de Paris, s'adonnait à la monture des vases de pierres
dures. Il est porté dans les comptes des menus plaisirs comme ayant fait la garniture d'or
de treize vases d'albâtre (4).

Jean Davet, orfévre à Dijon, qui s'était livré à la damasquinerie, y paraît comme ayant
fait pour le roi « un bassin ouvré d'or et d'argent à la moresque sur laton » (sur cuivre) (5). Ainsi aucune des branches de l'orfévrerie dans lesquelles excellaient les
Italiens n'était étrangère aux orfévres français à cette époque de 1530.

C'est le 16 mars de cette année que la reine Éléonore, seconde femme de François I$^{er}$,
fit son entrée à Paris. Peu de jours après, elle vint dîner à l'hôtel de ville, et reçut du prévôt
des marchands et des échevins une paire de chandeliers d'argent, dont Bochetel, l'historien
des fêtes qui eurent lieu à cette occasion, nous a laissé cette description : « Le dixneuf-
» viesme jour du dit mois après la dicte entrée, messeigneurs de la ville de Paris feirent
» à la dicte dame, en leur maison de ville, ung très beau et solennel banquet ouquel
» ils la récréèrent de quelques farces et morisques, et après, lui feirent présent de deux
» grans chandeliers d'argent, chascun hault de six piedz en diamètre, estimiez à la somme
» de dix mille livres, et estoient les dictz chandeliers d'ouvraige à l'antique, avec
» cors (cornes) d'abondance, servant de drageoirs, plains de triumphes et personnaiges
» dansans, taillez à demye taille et les autres à taille ronde, avec dictons à la louange
» de la royne et dévotion des Parisiens envers elle (6). » Les chandeliers n'existent plus,
bien entendu, mais Bochetel a joint à sa description une gravure qui les reproduit. Sur
un pied circulaire porté par quatre griffes de lion ailées et enrichi de feuillages ciselés
en relief, s'élève un beau balustre composé de plusieurs pièces taillées à godrons ;
le balustre porte un premier nœud où l'on voit un écusson divisé en deux parties : la pre-

---

(1) *Compte premier de maistre Haligre*, déjà cité, f° 104.
(2) Ms. Archives nationales, KK, 92.
(3) N° 2459 du Catalogue général.
(4) *Compte premier de maistre Haligre*, déjà cité, f° 95.
(5) *Compte deuxiesme de maistre Haligre*, déjà cité, f° 12.
(6) BOCHETEL, *L'entrée de la royne en sa ville et cité de Paris*. Paris, 1531.

mière est aux armes de France, la seconde en blanc, devait contenir celles de la reine. De ce nœud sortent deux femmes ailées dont le corps se termine en gaîne ; elles élèvent au-dessus de leur tête des coupes auxquelles Bochetel donne le nom de drageoir. Le nœud soutient une espèce de piédestal, enrichi d'un bas-relief ciselé reproduisant des combats, qui porte des figures de ronde bosse d'enfants et de satyres dansant autour du balustre. Au-dessus, sur une sorte de plateau, deux faunes sont assis ; ils jouent d'une trompe qui est terminée par une pointe destinée à recevoir la bougie. Le balustre, à son extrémité, porte une bobèche surmontée d'un phénix s'élevant, les ailes étendues, au-dessus des flammes.

Ces candélabres devaient être un merveilleux ouvrage d'orfévrerie. Le motif était emprunté aux arabesques décoratives de l'antiquité, que Raphaël et ses élèves avaient mises fort en vogue, et dont ils s'étaient souvent inspirés avec tant de bonheur. On apprend par cette gravure ce qu'on entendait alors par cette expression d'ouvrage à l'antique que l'on rencontre souvent dans les inventaires et dans les comptes du seizième siècle.

Les plus habiles orfévres, durant la première moitié du règne de François I$^{er}$, devaient être bien certainement ceux que le roi employait ou dont il achetait les ouvrages. Nous en avons déjà désigné plusieurs ; en voici d'autres dont les noms figurent dans les comptes des menus plaisirs de 1528 à 1530 : Nicolas Maiel, Louis Benoist, Jean Bénigne, Guillaume Castillon, Allard Plommier et Guillaume Hoisson, à Paris ; Vincent du Bouchaz et Colambert, à Lyon ; Mathurin de Cosse, à Tours. Il faut encore compter, parmi les orfévres en réputation à cette époque, Thibault Hauteman, qui avait dressé en 1532, conjointement avec Guillaume Castillon, l'inventaire du trésor de la sainte Chapelle ; il avait été l'un des cinq gardes de l'orfévrerie de Paris en 1523 et 1527. Peu de temps après florissait Bénédict Ramel, qui en 1538 exécuta un portrait de François I$^{er}$ en or (1).

Les orfévres français faisaient à cette époque un grand usage des émaux, dont les vives et inaltérables couleurs ressortaient avec tant d'éclat sur l'or et l'argent. Les émaux translucides appliqués sur les ciselures comme une légère peau, suivant l'expression de Cellini, ne pouvaient augmenter le poids des pièces d'orfévrerie que d'une quantité tout à fait insignifiante ; mais il en était tout autrement des émaux opaques appliqués par incrustation. Il paraît que certains orfévres, abusant de ces émaux, en chargeaient leurs pièces d'orfévrerie, et ajoutaient ainsi au poids du métal une forte quantité de matière vitreuse qui ne présentait à la fonte aucune valeur. Par ordonnance du mois de mars 1540, François I$^{er}$ crut devoir défendre aux orfévres l'usage des émaux opaques. Mais les orfévres réclamèrent vivement contre les termes absolus de cette ordonnance, en expliquant qu'en beaucoup de cas ils ne pouvaient user d'émaux translucides, et que c'était priver l'orfévrerie d'un important moyen d'ornementation que de lui interdire les émaux opaques et les incrustations d'émail. Benvenuto Cellini était alors à Paris. François I$^{er}$ allait souvent le voir et aimait à le consulter. Aussi peut-on attribuer à son influence le rapport de cette ordonnance, qui ne se fit pas attendre. Par un édit du 21 septembre 1543, le roi déclare que les orfévres peuvent user de tous émaux, pourvu que lesdits émaux « soient bien » et loyalement mis en besongne et sans aucun excès superflu » (2).

---

(1) *Comptes de* 1538.
(2) Lenoy, *Statuts et priviléges du corps des orfévres-joyailliers de Paris*. Paris, 1759, p. 131.

L'orfévrerie ne dégénéra pas sous Henri II. Lorsqu'il fit son entrée à Paris, en juin 1549, ce fut encore aux orfévres que les magistrats de la ville demandèrent le présent qui, suivant l'usage, devait être offert au roi. Ce n'était rien moins qu'un groupe de figures de ronde bosse, tout de fin or, comme dit un auteur contemporain dont voici la naïve description : « Le dixhuictiesme jour de juin en suivant, la royne Catherine de Medicis fit
» son entrée en la dite ville, la plus riche et somptueuse qu'on ait jamais veuë. Le lendemain,
» jour de la feste Dieu, le seigneur Claude Guyot, prévost des marchands et ses eschevins,
» présentèrent à la majesté du roy un riche présent, tout de fin or, vray chef d'œuvre
» de orfévrerie : en la base duquel soustenue par trois harpies enrichies de devises
» et armes du roy, estoit escrit : HENRICO II. PRINCIPI P. F. PRINCEPS CIVITAS LUTECIA D. D.
» Au milieu de cette base estoit planté un palmier au naturel, autour duquel estoient
» debout trois roys armez et couronnez : l'un ressembloit naïfvement au roy Loys douziesme,
» le second au roy François, et le tiers (le troisième) au roy Henry. Les deux premiers
» monstroient au tiers une petite table pendante à l'une des branches du palmier où estoit
» escrit : MAGNUM MAGNA DECENT. Sous les trois roys, contre la base, estoient trois person-
» nages, à sçavoir : sous le roy Loys, estoit Janus à deux visages, l'un vieil et l'autre
» jeune, portant contenance de vouloir escrire ; sous le roy François, estoit Justice,
» tenant une espée nue en la main et sous ses pieds une bourse. Sous le roy Henri estoit
» un dieu Mars, armé, garny d'une targue à une teste de lion. Ces trois avoient leurs pieds
» sur le dos des trois harpies. A l'un des costés estoient les armes de la ville qui avoient
» ce mot dans un rouleau : TUMIDIS VELIS AQUILONE SECUNDO (1). » L'emblème de Mars convenait parfaitement au roi Henri, qui aimait par-dessus tout la guerre et les tournois. Aussi préférait-il les belles armes (2) aux productions de l'orfévrerie, et il aurait sans doute donné peu d'encouragement à cet art ; mais la belle Diane, sa maîtresse, et la reine Catherine de Médicis, en faisaient grand cas. Elles entretinrent la cour dans des habitudes de luxe qui furent très-favorables au développement de l'orfévrerie. Les grandes pièces étaient toujours composées à l'aide de figures de ronde bosse qui exigeaient que les orfévres fussent avant tout d'habiles modeleurs. Ainsi, dès que Henri II eut succédé à son père, il gratifia la cathédrale de Reims, où il venait d'être sacré, d'un reliquaire qui était un monument de sculpture. Il représentait la résurrection du Christ. Le tombeau, taillé dans un morceau d'agate, reposait sur un rocher d'or. La figure du Christ, celles des gardes et des quatre sibylles placées aux angles du reliquaire, toutes d'or, étaient de ronde bosse. On ignore le nom des auteurs de ce monument, qui avait exigé la main d'un sculpteur et celle d'un graveur en pierres fines. Il a été exposé dans les galeries de l'Histoire du travail à l'Exposition universelle de 1867 (n° 2463 du Catalogue).

Les pièces d'orfévrerie sculptée étaient très-communes et fort en vogue sous Henri II. Après la mort de François II, un inventaire fut fait par ordre de Charles IX (3) de toutes les choses précieuses trouvées en grand nombre dans le cabinet du roi. François II n'avait

---

(1) GILLES CORROZET, *les Antiquitez, croniques et singularitez de Paris*. Paris, 1568, fol. 169.
(2) Nous reproduisons dans notre planche LXXVI le bouclier de Henri II, qui appartient au Musée du Louvre.
(3) *Inventaire des vaisselles et joyaulx d'or, argent doré, pierres, bagues et autres choses précieuses trouvées au cabinet du roi à Fontainebleau*. Ms. Bibliothèque nationale, n° 4732.

régné que dix-sept mois, et ce n'est pas lui qui avait pu rassembler tant de richesses ; elles provenaient de son père Henri II ou de son aïeul François I⁰ʳ. Beaucoup de figures de ronde bosse d'or et d'argent doré sont décrites dans cet inventaire. Nous signalerons quelques pièces en or dont le poids indiquait des figures d'une assez grande proportion : « Une » grande croix d'or où il y a ung Dieu esmaillé de blanc ; — une croix d'or où il y a ung » crucifix esmaillé de carnation ; — une figure d'un Dieu attaché à ung pillier d'agathe ; » — douze apostres d'or de plusieurs couleurs et esmaillez ; — ung ecce homo d'or ayant » le devant de nacre de perles (ce groupe d'or ne pesait pas moins de quatre marcs sept » onces) ; — trois figures d'or esmailléez de couleur dans ung grant rocher de coural (corail) » blanc, dont l'une des figures est d'ung saint Jehan preschant au désert ; — une figure » d'ung crucifix d'or sur croix d'ébène où il y a ung saint Jhurosme et ung saint François » pesant quatre marcs ; — une Magdelaine d'or esmaillée de blanc (1). » Quant aux tableaux d'or et d'argent, l'inventaire en constate aussi un nombre considérable.

Les grandes pièces qui servaient d'ornement à la table étaient toujours la nef et la salière. Elles motivaient ordinairement un groupe de figures de ronde bosse, ou bien se présentaient, sous l'aspect d'une figure. Nous en trouvons deux ainsi décrites dans l'inventaire fait après le décès de François II : « Ung triton d'or servant de sallière (il pesait seize marcs) ; — » une figure d'ung vigneron émaillé de blanc, portant une salière enrichie d'ung grand » saphir (2). » On faisait encore sous François I⁰ʳ et Henri II quelques coupes d'or dont l'exécution était confiée à ceux des orfévres qui excellaient dans l'art de modeler. Le même inventaire nous en fournit quelques exemples : « Une grande couppe d'or garnie de festons » et enrichie de plusieurs perles, rubis et diamans, avec son couvercle à ung saint » Michel dessus (3). »

Sous Charles IX et Henri III et presque jusqu'à la fin du seizième siècle, l'orfévrerie conserva le même caractère artistique et produisit des œuvres d'un goût parfait et d'une grâce achevée. Elle continua à être exercée avec succès dans plusieurs des grandes villes de France ; les orfévres parisiens surent maintenir leur ancienne réputation. On peut en juger par la description d'une pièce d'orfévrerie que la ville de Paris fit faire pour l'offrir en présent à Charles IX lors de son entrée dans la ville, en 1571.

Les registres de l'hôtel de ville nous ont conservé cette curieuse description : « C'estoit » un grand pied-d'estail soustenu par quatre daulphins, sur lequel estoit un chariot » triomphant, embelly de plusieurs ornemens et enrichissemens, traisné par deux lions » ayans les armoiries de la ville au col. Dans ce chariot estoit assise Cibelle, mère des » dieux, représentant la royne mère du roy, accompagnée des dieux Neptune et Pluton, » et déesse Junon, représentans messeigneurs frères et madame sœur du roy. Ceste Cibelle » regardoit ung Jupiter représentant nostre roy, eslevé sur deux colonnes, l'une d'or » et l'autre d'argent, avec l'inscription de sa devise : PIETATE ET JUSTICIA, sur lequel estoit » une grande couronne impériale soustenue d'un costé par le bec d'un aigle posé sur » la crouppe d'ung cheval sur lequel il estoit monté, et de l'aultre costé, du sceptre » qu'il tenoit, et comme estant déifié. Aux quatre coings du soubassement de ce pied-

(1) Articles 4, 5, 299, 300, 301, 304 et 305.
(2) Articles 107 et 297.
(3) Article 109.

» d'estail estoient les figures de quatre roys ses prédécesseurs, tous portans le nom de
» Charles, à savoir : Charles le Grand, Charles le Quint, Charles septiesme et Charles
» huitiesme, lesquels, de leur tems, sont venus à chef de leurs entreprises et leurs règnes
» ont esté heureux et prospères, après plusieurs affaires par eux mises à fin, comme
» nous espérons qu'il adviendra de nostre roy. Dedans la frise de ce pied-d'estail estoient
» les batailles et victoires grandes et petites par lui obtenues ; le tout faict de fin argent,
» doré d'or de ducat, ciselé, buriné et conduict d'une telle manufacture, que la façon sur-
» passoit l'estoffe (1). »

Nous avons cru devoir rapporter en son entier cette description, parce qu'elle fait parfaitement connaître le style de l'époque et toute la magnificence qu'on déployait alors dans les grands travaux d'orfévrerie. Cette pièce était moins importante dans son premier état ; elle ne pesait dans l'origine que quatre-vingt-trois marcs. Le roi, sa mère, ses frères et sa sœur s'y trouvaient seuls représentés. Elle avait sans doute été commencée à l'époque de l'avénement du roi et n'avait pu lui être offerte. En 1570, elle ne parut pas assez riche au prévôt des marchands et aux échevins ; ils chargèrent Jehan Regnard, orfévre de Paris, de refaire la figure du roi, qui d'enfant était devenu homme, et le soubassement, pour y placer les bas-reliefs représentant les batailles de Dreux, de Saint-Denis, de Cognac et de Moncontour ; d'exécuter les quatre rois du nom de Charles, et, pour se conformer aux modifications que l'architecture avait subies, de refaire droites les colonnes qui étaient torses. Regnard fut autorisé à employer soixante-douze marcs de vermeil à ces travaux. Le marché passé avec lui, dans lequel nous puisons ces renseignements, ne dit pas que cet habile orfévre fut l'auteur des premières figures, mais il y a lieu de le croire.

Le même jour, la ville de Paris offrit à la reine un buffet couvert d'une riche vaisselle de vermeil. Richard Toutin, orfévre et bourgeois de Paris, avait été chargé de l'exécuter. Le marché passé avec lui le 14 octobre 1570 désigne ainsi les pièces qu'il s'engageait à fournir : « Deux grandz bassins ; deux grandz vazes ; deux autres moyens vazes ; une
» buye (buire) ; une navire (nef) couverte ; deux grandes couppes couvertes cizelées ;
» deux autres couppes couvertes moyennes ; six chandeliers à termes (2), dont trois
» à hommes et trois autres à femmes ; trois sallières et ung couvercle. » Le marché se termine ainsi : « ... toute laquelle vaisselle, revenant et montant ensemble à la quantité
» de deux cens unze marcs d'argent, le d. Toutin a promis, sera tenu et promect faire
» et parfaire bien et duement cizelée, historiée et dorée dessus et dessoubz, ainsi qu'il
» appartient, avec les armes de la ville de Paris esmaillées de bonnes couleurs (3). »
On peut juger par les termes du marché de toute la valeur artistique que devait avoir l'orfévrerie de Toutin.

Cependant Charles IX arrêta un instant l'essor de l'orfévrerie française. Par un édit du 21 avril 1571, il défendit aux orfévres de faire pendant trois ans aucune vaisselle d'or de quelque poids que ce fût, ni aucune vaisselle ou autre ouvrage d'argent excédant

---

(1) *Registre de l'hôtel de ville.* Archives nationales, H, 1786. — M. DOUET D'ARCQ a publié tous les devis et marchés des dépenses faites par la ville de Paris pour l'entrée de Charles IX (*Revue archéologique*, t. V).
(2) Figures se terminant en gaine.
(3) Extrait des *Registres de la ville de Paris*, publié par M. DOUET D'ARCQ, *Revue archéologique*, t. V, p. 667.

un marc et demi. Cet édit fut modifié peu de temps après, et le roi, en autorisant les orfévres à porter à deux marcs le poids des pièces d'argent qu'ils exécuteraient, se réserva de leur accorder la permission de dépasser la limite fixée. Du moment que l'exception était admise, elle devint la règle pour tous les grands seigneurs, auxquels leur fortune permettait de faire exécuter de grandes pièces d'orfévrerie. Mais les guerres de religion portèrent à l'orfévrerie, sous Charles IX, un coup bien plus funeste que les édits de ce prince, si facilement éludés. Les huguenots détruisirent les vases sacrés, les châsses et les autres instruments du culte catholique partout où ils s'établirent, partout où ils passèrent, et l'on ne saurait dire combien de chefs-d'œuvre de l'ancienne orfévrerie nationale périrent par les mains fanatiques de ces nouveaux iconoclastes. C'est surtout de cette époque qu'on doit dater la perte des plus précieux monuments d'orfévrerie des temps de saint Éloi, de Charlemagne, de Suger et de saint Louis.

Sous Henri III, l'orfévrerie conserva à peu près les mêmes allures. La corporation des orfévres, protégée par le roi au commencement, lutta d'abord avec avantage contre ceux qui cherchaient à se soustraire à l'exercice de ses priviléges. Elle avait obtenu une ordonnance qui réglait durement les conditions de l'apprentissage et qui en fixait la durée à huit années. A Paris, ville où s'exerçait principalement l'orfévrerie, le nombre des maîtres avait été fixé à trois cents ; les places vacantes par la mort étaient dévolues pour moitié aux fils de maîtres, et pour moitié seulement aux apprentis (1). Il résultait de ces règlements, que l'apprenti le plus habile, fût-il un Ghiberti, ne pouvait donner carrière à son génie ni rien produire pour son propre compte. Toutes ces restrictions furent certainement l'une des causes qui commencèrent à faire perdre à l'orfévrerie son caractère artistique. Le goût pour les diamants et les pierres fines, qui remplacèrent sur les bijoux les figurines ciselées ou repoussées, y contribua également.

On trouve la preuve de cet abaissement du niveau de l'art dans l'inventaire de Gabrielle d'Estrées, la belle maîtresse de Henri IV (2). Le mobilier, la vaisselle, les bijoux et les habillements de la duchesse de Beaufort dépassaient en valeur tout ce qu'on peut imaginer. Gabrielle était de bonne maison, mais son père n'avait que peu de fortune ; elle tenait toutes ses richesses de Henri IV, ce qu'elle possédait à sa mort avait donc été fait pour elle et acheté aux orfévres en réputation de son temps. Eh bien, parmi une quantité considérable de pièces de vaisselle d'argent, on en rencontre bien quelques-unes ciselées et percées à jour, mais pas une seule qui soit un objet d'art et qui ait exigé la main d'un habile modeleur. On trouve, il est vrai, une grande fontaine d'argent dont les tuyaux représentaient deux serpents, et au-dessous de laquelle est un lion ; mais cette pièce et quelques autres sont disposées sur un buffet « garni d'antiques ». Elles provenaient sans doute du quatorzième siècle et étaient conservées sur ce buffet d'argent comme objets de curiosité. En dehors de la vaisselle de table il y a à peine cinq ou six pièces d'orfévrerie sculptée. Le goût pour les vases de matières précieuses, pour les diamants et les pierreries, avait remplacé celui des vases décorés de bas-reliefs et de figures de ronde

(1) LEROY, *Statuts et priviléges du corps des orfévres*. Paris, 1759.
(2) *Inventaire des biens de défunte très-haulte et puissante dame Gabrielle d'Estrées, vivante duchesse de Beaufort et d'Estampes, commencé par François Byron, conseiller du roy, le 24 avril 1599.* Archives nationales, 1 vol. in-folio, KK, 157.

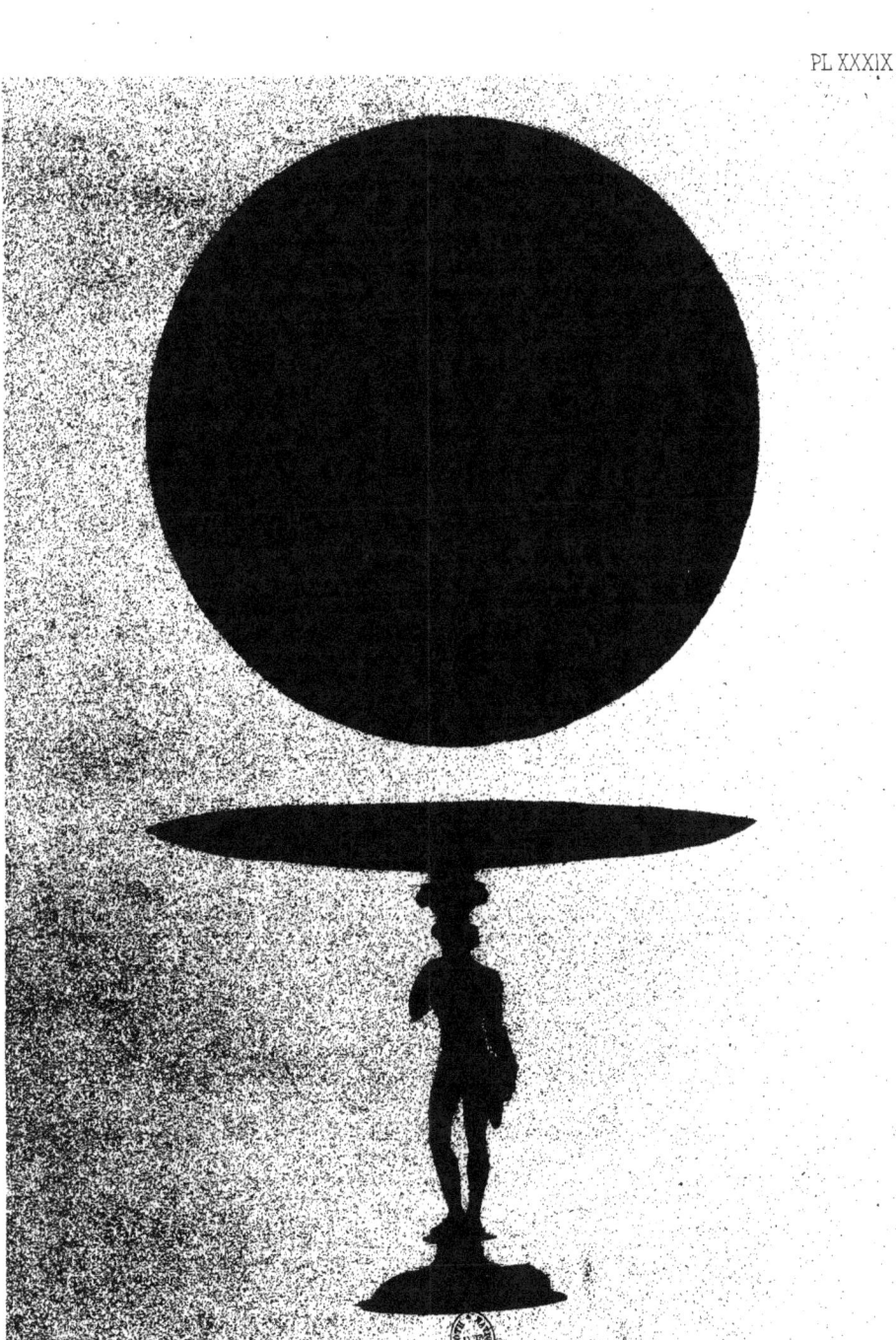

Phot. Berthier _ Procédé Poitevin.  Sorrieu perf.

ORFEVRERIE.

bosse. Il n'était plus nécessaire à l'orfèvre d'être un artiste de mérite pour acquérir une grande réputation, il lui suffisait d'être un habile ouvrier.

Après que Henri IV eut rétabli l'ordre dans le royaume, l'orfèvrerie, qui avait langui pendant la guerre civile, reprit un nouvel essor sous l'influence du goût nouveau. A l'exemple de ses prédécesseurs, le grand roi s'en déclara le protecteur. Il avait fait occuper en 1608 le rez-de-chaussée de la galerie du Louvre par les premiers artistes, peintres, sculpteurs, horlogers, graveurs en pierres fines ; plusieurs orfèvres y furent également installés, afin que le roi « pût s'en servir au besoin ». Ils reçurent le nom d'orfèvres du roi, et certains priviléges leur furent accordés.

Les pièces d'orfèvrerie française de la bonne époque du seizième siècle sont rares ; nous pouvons cependant en signaler plusieurs à nos lecteurs. Au Musée du Louvre :

1° Une coupe d'argent doré qui est supportée par une figure de Bacchus tenant des raisins. La vasque est décorée à l'intérieur d'un bas-relief qui reproduit les ouvriers de Vulcain forgeant les armes d'Énée. Nous en donnons la reproduction dans notre planche XXXIX (1).

2° Une autre coupe d'argent doré, de quinze centimètres de hauteur. Le pied et la tige sont décorés de têtes de bélier, de mascarons et de médaillons très-finement ciselés. A l'intérieur de la vasque, l'artiste a reproduit Minerve et les Arts, et au revers trois médaillons où sont des figures couchées, que séparent des arabesques (2).

3° Une statuette équestre de femme, de trente-six centimètres de hauteur. M. de Laborde pensait que l'on pouvait attribuer ce bel ouvrage à Germain Pilon (3).

4° Une anse de vase d'or émaillé représentant un dragon ailé (4).

5° Les montures d'or ou d'argent doré de plusieurs vases de matières précieuses (5). Il faut remarquer surtout celle d'une coupe d'agate orientale dont le couvercle est surmonté d'une petite figure d'or ayant le buste formé d'une perle baroque (n° 46) ; celle d'un vase de jaspe oriental dont les anses d'or figurent deux dragons (n° 231) : elle est attribuée à Cellini ; et celle d'un vase de cristal de roche (n° 88), dont l'anse reproduit des sirènes qui se terminent en console.

6° Enfin un bouclier et un casque d'or (6) faits pour Charles IX ; des figures et des sujets allégoriques, exécutés au repoussé et colorés d'émail, font de ces armes un chef-d'œuvre d'orfèvrerie. Nous en donnerons la description en traitant de l'ornementation des armes.

En dehors du Musée du Louvre nous pouvons citer une aiguière et son bassin d'argent doré enrichis de ciselures en relief. Ces deux belles pièces appartiennent à M. le capitaine Leyland, de Londres ; elles ont été exposées dans le Muséum Kensington durant tout le temps de l'Exposition universelle en 1862 (7), et dans les galeries de l'Histoire du travail, à l'Exposition universelle de 1867 à Paris (8). L'aiguière, de forme ovoïde, a trente-neuf

---

(1) N° 792 de la *Notice des émaux et de l'orfèvrerie*, par M. DARCEL.
(2) N° 876, *ibid*.
(3) N° 787, *ibid*.
(4) N° 815, *ibid.*
(5) N°⁵ 38, 44, 46, 88, 89, 145, 170, 191, 214, 231, 237 et 256 de la *Notice des gemmes et joyaux*.
(6) N°⁵ 69 et 70 de la *Notice du musée des souverains*.
(7) *Catalogue of the special exhibition of works of art of the medioeval, Renaissance, and more recent periods, on loan at the South Kensington Museum*. London, revised edition, 1863, n°⁵ 6105 et 6106, p. 502.
(8) N° 2496 du Catalogue général.

centimètres environ de hauteur; elle est décorée de cartouches où sont représentées certaines divinités de la Fable. L'anse est formée d'une figure de faune terminée en console, et se rattache à un masque d'homme en haut-relief; un masque de femme, aussi en haut-relief, orne l'autre côté du vase. Le bassin, de forme ronde, a cinquante-deux centimètres de diamètre; il est enrichi au fond de deux suites des médaillons disposés circulairement : dans la première, l'artiste a représenté allégoriquement les quatre éléments; dans la seconde, qui comprend huit médaillons, les principaux dieux de l'Olympe. Le bord est orné de douze médaillons où sont reproduits les mois de l'année. Tous ces médaillons sont séparés par des figures terminées en gaîne et par des arabesques d'un goût délicieux. Ces deux pièces sont bien certainement les plus beaux spécimens qui subsistent de l'orfévrerie française de la seconde moitié du seizième siècle. On les a attribuées à Étienne de Laulne, orfévre et graveur, né à Orléans en 1520; elles ont été au moins exécutées sur ses dessins. Nous donnons la reproduction de l'aiguière dans le cul-de-lampe qui termine ce chapitre.

Occupons-nous maintenant des bijoux.

II

*La bijouterie au seizième siècle.*

Le séjour que fit Cellini en France, de 1540 à 1545, eut certainement une grande influence sur l'art de l'orfévrerie; cette influence s'exerça principalement sur la bijouterie, dans laquelle il n'avait pas de rival. Tous les bijoux furent alors exécutés en France dans le style italien. Les sujets mythologiques devinrent fort à la mode et développèrent presque exclusivement l'imagination de nos artistes orfévres. L'inventaire fait après la mort de François II, que nous avons déjà cité (1), nous fournit la description des bijoux qui étaient en vogue sous François I$^{er}$ et sous Henri II, à l'époque la plus brillante du seizième siècle. On trouve là tous les bijoux signalés par Cellini dans le chapitre V de son *Traité de l'orfévrerie* : les pendants, les anneaux, les bracelets, et surtout ces médaillons qui se portaient au chapeau et dans les cheveux, et qui recevaient en France le nom d'*enseignes*.

L'enseigne n'était point un bijou de nouvelle mode; elle était en usage bien antérieurement au seizième siècle. Nous en trouvons la première mention, à titre de bijou, dans une lettre du maréchal Boucicaut († 1421) aux chanoines du chapitre de Saint-Martin de Tours : « Je vous prie, messieurs, écrit l'infortuné maréchal, qu'il vous plaise m'envoyer » une enseigne de monsieur saint Martin, laquelle ait touché à son benoist chief, pour » la porter à mon chapeau (2). » Une autre mention de l'enseigne existe dans les comptes de Philippe le Bon, duc de Bourgogne, à peu près à la même époque : « A Jehan Martin, » orfévre, demourant à Boulogne, pour une enseigne, ou une image d'or, faite à la révé-

---

(1) Ms. Bibliothèque nationale de Paris, n° 4732.
(2) *Lettre du mareschal Boucicaut du 8 septembre au chapitre de Saint-Martin de Tours,* ap. MARTÈNE et DURAND, *Thesaurus novus anecdotorum,* t. I, col. 1737.

» rence de Notre-Dame de Boulogne ; pour mon dit seigneur, trois dorées et xiii d'argent
» pour aucuns chevaliers et escuyers de la compagnie de MDS., dernièrement qu'il y fit
» un pélerinage par accord fait avec le dit orfévre lxii. s. (1). »

L'inventaire de François II nous fait connaître les différentes façons adoptées pour les enseignes sous Henri II et sous François I<sup>er</sup> ; on y lit : « Une enseigne d'or où il y a plu-
» sieurs figures dedans, garnies à l'entour de petites roses (2). »

Les enseignes d'or étaient souvent rehaussées d'émail. Il existe au Musée du Louvre un bijou de ce genre qui a dû servir d'enseigne (3) ; il est orné d'émaux et enrichi de pierres fines, où l'on voit représenté Daniel entouré de lions.

Ces enseignes, où des figurines étaient repoussées sur une feuille d'or, ne parurent plus sans doute assez élégantes, et les orfévres français, d'après la méthode que Cellini a indiquée dans son *Traité de l'orfévrerie*, se mirent à repousser ces figurines presque jusqu'au point de les rendre de ronde bosse ; puis, les détachant du champ de la feuille d'or, ils les appliquaient sur une plaque de lapis, d'agate ou de toute autre matière précieuse. Voici la description que l'inventaire de François II donne de ce genre d'enseigne :
« Une enseigne d'or, le fond de lapis, et une figure dessus. — Une enseigne garnie d'or,
» où il y a une Cérès appliquée sur une agate, le corps d'argent et l'habillement d'or. —
» Une enseigne sur une cornaline, où il y a un homme à cheval, de relief, esmaillé
» de blanc (4). » Notre planche XL, n° 4, reproduit une enseigne de ce genre qui est attribuée à Cellini.

Bientôt on ne se contenta plus de figurines d'or repoussées ou ciselées ; les travaux de la glyptique étant alors très en vogue, on tailla en pierres précieuses les figures qui enrichissaient les enseignes ; les vêtements et les accessoires étaient souvent d'or ciselé et émaillé ; quelquefois une partie des figures était de matières dures et une autre d'or ciselé.

Les enseignes exécutées de ces manières sont ainsi désignées dans l'inventaire de François II : « Une enseigne d'agate, rapportée sur un fond, d'une tête de Maure avec
» son turban. — Une enseigne d'un David sur un Goliath ; la tête, les bras et les jambes
» d'agate. — Une grande enseigne d'une figure ayant le corps de perles, la tête, les bras
» et les jambes d'agate, et garnie d'un grand feuillage esmaillé de plusieurs couleurs (5). »
Notre planche XL, n° 6, reproduit une enseigne où l'or émaillé enrichit un travail de glyptique.

Les émaux translucides sur ciselures, qu'on nommait émaux de basse-taille, étaient fort en vogue au seizième siècle, comme nous l'avons dit. On fit donc un grand nombre d'enseignes en ce genre d'émaillerie ; l'inventaire de François II nous fournit cette citation :
« Huit enseignes que grandes ou petites de bas tailles (6). »

---

(1) *Compte Guy Guilbaut* du nj<sup>e</sup> jour d'octobre l'an mil cccc vint et cinq, et finist au nj<sup>e</sup> jour d'octobre l'an mil cccc vint et six. Ms. Arch. de Lille, publié par M. de Laborde, *les Ducs de Bourgogne*, t. I, p. 231.
(2) Ms. Bibliothèque nationale, n° 4732, cité plus haut, art. 331.
(3) N° 820 de la *Notice des émaux et de l'orfévrerie*.
(4) Articles 329, 455, 468.
(5) Articles 350, 351 et 454 de l'inventaire précité.
(6) *Inventaire de François II* précité, art. 330.

Les pendants, que l'on nommait pent-à-col au quatorzième siècle et au quinzième, se portaient au cou attachés à une petite chaîne. Nous les trouvons ainsi désignés dans l'inventaire de François II : « Ung petit pendant d'une Assomption sur fond d'azur. — Ung » autre pendant de relief de taille d'espargne, et dedans ung crucifiement (1). » Nos lecteurs verront dans notre planche XL, n° 1, la reproduction d'un pendant qu'on aurait désigné, au seizième siècle, sous l'expression de pendant d'une Annonciation. On rencontre encore dans cet inventaire des figures d'animaux qui servaient de pendants : « Une licorne » d'or esmaillée de blanc. — Ung cheval d'or ayant une selle. — Une salamandre d'or » esmaillé de vert. — Ung cerf d'or ayant deux chiens après lui (2). »

Notre planche XL, n°ˢ 2, 3, 7 et 8, et le cul-de-lampe du SUPPLÉMENT A L'EXPLICATION DES PLANCHES de ce volume, reproduisent cinq pendants de différents genres, qui montrent quel parti les orfèvres du seizième siècle savaient tirer de ce charmant bijou.

Les ceintures des femmes étaient traitées en orfèvrerie avec beaucoup de luxe ; elles étaient souvent terminées par un ornement d'une grande élégance. On peut en juger par ces descriptions, que nous empruntons aux comptes des menus plaisirs de François I$^{er}$ : « A Vincent du Bouchaz, lapidaire demeurant à Lyon..., pour l'or et façon d'une ceinture » d'or faicte à charnières, chargée d'esmail turquin et de feuillages d'or à jour rapportéz » y dessus. — A Colambert grollier, demeurant à Lyon, pour... une ceinture d'or à canons » esmaillée d'azur, et les tables d'attente esmaillées de blanc (3). — Une pomme d'or, » faicte en façon d'Espaigne, pendant à une chesne. » On trouvera reproduit dans le cul-de-lampe de la TABLE DES PLANCHES (à la fin du troisième volume) un pendant de ceinture d'une grande élégance, d'or ciselé, découpé à jour et émaillé.

Les orfèvres ne déployaient pas moins de talent et de luxe dans les chaînes qui étaient portées par les hommes comme par les femmes, et dans les carcans ou colliers. Les mêmes comptes nous en fournissent quelques exemples : « Pour l'or et façon d'une chesne d'or à » cordellières, et chesnons taillez de basse-taille, esmaillez de noir. — A Loys Benoist, » pour cinq carquans faicts en façon de bordeure et deux carquans garnis de perles (4). »

Les anneaux ou bagues à porter aux doigts ont été exécutés au seizième siècle d'une façon délicieuse. Voici quelques indications sur ces bijoux, que nous empruntons encore aux comptes de François I$^{er}$ : « A Gédouyn, orfèvre, pour trois anneaux d'or taillez » à espargne et esmaillez de noir, esquels il y a assis trois diamans. — A Mathurin » de Cosse, orfèvre, demeurant à Tours, pour dix petitz anneaulx d'or esmaillez de noir, » à cinq desquels il y a des pensées de saphirs, et es autres cinq des croix de rubiz et » esmerauldes (5). »

Les anneaux que nous reproduisons dans notre planche XL, n°ˢ 9 et 10, feront encore mieux comprendre que ces descriptions toute la délicatesse que les orfèvres du seizième siècle apportaient dans l'exécution des bagues.

---

(1) *Inventaire de François II*, art. 574 et 582.
(2) *Ibid.*, art. 312.
(3) *Compte de maistre Claude Haligre du 1$^{er}$ décembre 1528 au 31 décembre 1529.* Ms. Archives nationales KK. 100, fol. 33 et 65.
(4) *Ibid.*, fol. 33 et 39.
(5) *Ibid.*, fol. 44 et 46.

Le Musée du Louvre en possède quelques-unes de la meilleure époque ; les plus belles proviennent de la collection Sauvageot. Tous ces jolis anneaux respirent le goût italien du seizième siècle. Un assez grand nombre sont enrichis de petites têtes et de mascarons ciselés avec une délicatesse infinie.

Les camées étaient fort en vogue sous François Ier et sous Henri II, et les orfévres les encadrèrent souvent dans de ravissantes montures. Jehan Doublet est nommé dans les comptes de Julian de Boudeville, argentier du roi Henri II, comme ayant « enchâssé » trente-sept camaieulx (1) ». Il est probable que Doublet est l'auteur de quelques-unes des jolies montures qui enrichissent plusieurs camées conservés aujourd'hui dans le cabinet des médailles de la Bibliothèque nationale de Paris (2).

Ainsi la bijouterie, de même que l'orfévrerie, fut empreinte jusque sous Henri III d'un caractère éminemment artistique. Mais dès la fin du règne de ce prince les bijoux subirent une transformation complète. Aux élégantes figurines repoussées et ciselées, aux rinceaux et aux cartouches délicieusement contournés, où les pierres fines, disposées avec art, n'étaient le plus ordinairement qu'une partie accessoire de l'ornementation, on préféra les diamants (3) et les pierres fines de couleur, réunis en grand nombre et amoncelés, pour ainsi dire, comme on le faisait dans les premiers siècles du moyen âge, avec cette différence, toutefois, que la forme du bijou resta toujours empreinte d'une grande élégance. L'inventaire de Gabrielle d'Estrées, que nous avons déjà cité à l'occasion des pièces d'orfévrerie proprement dites, vient à l'appui de ce que nous disons du changement apporté dans l'exécution des bijoux. Ainsi les enseignes, qui avaient été le motif de charmantes compositions sous François Ier, Henri II et ses fils, ne se présentent plus que sous la forme de plaques de diamants dans l'inventaire de la belle Gabrielle : « Une » enseigne toute ronde, d'or, faite en façon de soleil, en laquelle il y a une grosse pointe » de diamant taillée à facettes à jour faisant pointe dessus et dessous » ; et tout autour de ce diamant principal on compte cinquante-huit diamants. Plus loin on décrit : « Une » grande enseigne faite en plume, toute de diamans, où il y a un grand à jour, au milieu » duquel est la peinture du roy, le reste garny de diamans (4) ». Les autres enseignes, en grand nombre, sont toutes désignées comme étant chargées de diamants. Les colliers, qui conservent encore le nom de carcans, et les pendants d'oreilles, sont formés de diamants et de pierres fines.

La couronne que porta Marie de Médicis dans la cérémonie de son mariage, qui se fit à Lyon le 17 décembre 1600, était une œuvre de joaillerie : « La reyne portoit une couronne » à l'impériale, le tour d'embas de laquelle estoit à trois rangs de grosses perles, et tout » le reste enrichy de gros diamans et rubis ; sur la fleur d'enhaut, il y avoit un gros » diamant taillé en plusieurs faces estimé à plus de cinquante mille écus et cinq perles » à poire très-belles qui pendoient à ladite fleur ; portant au surplus ladite reyne le grand

---

(1) *Role des parties et sommes paiées par Julian de Boudeville, argentier du Roy......, durant l'année commencée le 1er jour de janvier* 1556 *et finissant le dernier jour de décembre* 1557. Archives nationales, KK. 106.

(2) N[os] 3, 27 et 79 du *Catalogue* de M. Charbouillet. Paris, 1858.

(3) Sur la taille des diamants, consulter M. de Laborde, *Notice des émaux et bijoux du Louvre*, IIe partie, *Glossaire.* Paris, 1853, p. 247.

(4) *Inventaire des biens de Gabrielle d'Estrées....* Archives nationales, KK. 157, fol. 5 et 23.

» carquant que le roy lui avoit envoyé par M. de Roquelaure, le jour de devant qu'elle
» fit son entrée à Lyon, estimé à cent cinquante mille écus (1). »

III

*L'émaillerie cloisonnée sur cristal.*

Les orfèvres français du seizième siècle ont usé dans l'ornementation des pièces d'orfévrerie et de bijouterie de tous les procédés connus, si bien décrits par Cellini dans son *Traité de l'orfévrerie* : figures et ornements ciselés et repoussés sur or et sur argent colorés souvent, soit par de l'émail blanc, soit par des émaux de couleur, émaux incrustés, émaux translucides sur ciselures, nielles. Mais il est un genre d'ornementation délicieux d'aspect et d'une délicatesse achevée, qui appartient en propre aux orfèvres français de la seconde moitié du seizième siècle, sans que l'on sache à qui l'on en doit l'invention ; nous voulons parler des émaux cloisonnés sur cristal, auxquels M. de Laborde a cru devoir donner le nom d'émaux cloisonnés en résille sur cristal (2).

Nous avons dit que dès le commencement du seizième siècle, les vases de matières précieuses étaient devenus fort en vogue ; le cristal de roche surtout fut très-recherché. Les plus célèbres artistes graveurs en pierres fines de l'Italie taillèrent de leurs mains le cristal en vases de toutes sortes, et l'on fit à ces beaux vases des montures délicieuses d'or émaillée ; mais cela ne suffit bientôt plus au luxe de cette brillante époque. On s'imagina de couvrir le cristal d'une ornementation en émail cloisonné d'or. Pour y parvenir, on grava en creux sur le cristal des rinceaux, des ornements et des arabesques, comme s'il s'était agi de champlever du métal, et dans les intailles pratiquées, d'un demi-millimètre à un millimètre environ de profondeur, on introduisit une mince feuille d'or pour en tapisser le fond et les parois perpendiculaires, auxquels on la faisait adhérer par la pression. Dans la petite caisse d'or ainsi préparée, on introduisait des pâtes d'émaux colorés d'une fusibilité extrême, de manière que la fusion pût s'en opérer sans altérer ni l'or ni le cristal de roche, qui était ensuite, au surplus, soumis de nouveau au polissage. La feuille d'or qui tapissait les intailles, s'élevant jusqu'au niveau de la surface du cristal, encadrait ainsi les émaux et traçait avec eux le dessin des figures inventées par l'orfèvre.

Ce procédé d'ornementation du cristal de roche devait présenter de grandes difficultés d'exécution, et la fonte de l'émail dut souvent amener la perte de belles pièces de cette riche matière. On imagina donc de faire sur un cristal artificiel, c'est-à-dire sur du verre, ce qu'on ne parvenait à faire qu'à grand'peine sur le cristal de roche. Le verre employé pouvant supporter sans altération une chaleur beaucoup plus forte que celle qui était nécessaire pour faire entrer l'émail en fusion, on n'avait plus à redouter l'inconvénient que présentait le cristal fourni par la nature.

Souvent dans une intaille assez étendue reproduisant le contour d'une fleur ou de tout

---

(1) GODEFROY, *le Cérémonial françois*, t. II, p. 52.
(2) *Notice des émaux et bijoux du Musée du Louvre*. 1853, p. 105.

autre ornement, l'artiste disposait de petites cloisons d'or comme dans les émaux des Byzantins, afin de rendre les pétales de la fleur ou les divers membres de l'ornementation qu'il avait tracée ; puis les émaux diversement colorés, étant fondus dans ces petites cloisons, formaient un ensemble d'un éclatant effet. Les orfévres employèrent tout à la fois et suivant leur caprice, soit des émaux opaques, soit des émaux translucides. Les plaques de verre ainsi rehaussées d'émaux furent employées dans la décoration de pièces d'orfévrerie. Souvent, sous la plaque de verre émaillée, on plaçait une feuille d'or flinquée ou gravée, de manière à simuler des émaux de basse-taille.

La pièce la plus remarquable en ce genre de travail est une coupe de cristal de roche qui est conservée dans le cabinet des gemmes de la galerie des Offices de Florence. Son ornementation indique assez une origine française. La vasque, de forme hémisphérique, est portée par un élégant balustre qui s'élève au-dessus d'un pied circulaire ; le couvercle seul est émaillé. Au centre, au-dessus d'un médaillon, se dresse le croissant de Diane de Poitiers en or. La surface du couvercle est décorée de deux triangles qui s'entrecroisent, et dont les bases sont à l'opposite l'une de l'autre ; l'un est d'émail blanc, l'autre d'émail noir. Les six sommets des angles des deux triangles, venant toucher à la circonférence du couvercle, laissent en dehors des triangles six compartiments qui sont décorés chacun du chiffre de Diane de Poitiers, les deux D affrontés et croisés l'un sur l'autre, trois noirs et trois blancs ; ils sont encadrés dans un segment de cercle d'or.

Nous pouvons citer dans le Musée du Louvre deux pièces de verre émaillé qui proviennent de la collection Sauvageot. La première est un médaillon ovale de verre incolore appliqué sur un fond d'argent doré ; il est décoré d'un bouquet de pensées, de roses et de lis, avec leurs feuilles rendues par des émaux de diverses couleurs cloisonnés d'or. La seconde est une montre, de forme ovale, décorée sur ses deux faces et sur la tranche de pièces de verre bleu enrichies de rinceaux et d'ornements en émaux de diverses couleurs. Le mouvement de la montre est signé Jean Thorelet, à Rouen ; ces deux pièces (1) peuvent appartenir à la fin du seizième siècle ou aux premières années du dix-septième. Nous avons reproduit la dernière dans la planche CXLIII de notre Album.

IV

*Quelques bijoux du seizième siècle signalés.*

Les pièces de la bijouterie française du seizième siècle sont très-rares. Le Musée du Louvre possède cinq pendeloques et quelques jolies bagues de cette époque (2).

Le cabinet des médailles de la Bibliothèque nationale de Paris est plus riche, il conserve quelques beaux bijoux, parmi lesquels il faut surtout remarquer : 1° Un petit bas-relief d'or, représentant l'Adoration des mages : les figures sont colorées en émaux de diverses couleurs. — 2° Une enseigne d'or émaillé, où l'on voit un bas-relief représentant une bataille.— 3° Un très-beau joyau d'or formé d'une grosse émeraude accostée de deux

---

(1) Nos 190 et 814 de la *Notice des émaux et de l'orfèvrerie*.
(2) Nos 816 à 840 de la même *Notice*.

amours émaillés de blanc : dans le haut de l'encadrement il y a une tête de femme ; dans le bas, sont deux mains jointes également émaillées de blanc.— 4° Une enseigne, composée d'un buste d'homme coiffé d'un casque qui reproduit une tête de lion : il est revêtu d'une armure sur laquelle un manteau est noué ; la tête est de grenat, le casque d'or, le vêtement d'or émaillé. — 5° Quelques jolies bagues (1).

La collection Debruge-Duménil était la plus riche de toutes en bijoux du seizième siècle. Nous avions pris soin d'en faire dessiner plusieurs avant qu'elle fût vendue ; et ils ont été reproduits dans les planches LXVII, LXVIII et LXIX de notre Album. Nous avons donné les plus curieux dans notre planche XL, dans le cul-de-lampe de l'EXPLICATION DES PLANCHES de ce volume et dans le cul-de-lampe final de notre tome III.

V

*Orfévres français du seizième siècle.*

Nous avons eu déjà l'occasion de citer plusieurs orfévres français qui ont joui au seizième siècle d'une grande réputation (2) ; nous devons encore en signaler quelques-uns avant de terminer l'historique de l'orfévrerie française à cette époque. François Dujardin, valet de chambre et orfévre du roi Charles IX, et Henri Ducroux, aussi orfévre du roi, sont nommés, dans l'inventaire dressé après la mort de François II, comme ayant fait l'estimation des objets qui s'y trouvent compris. Claude Marcel était garde de la corporation des orfévres en 1553 et devint prévôt des marchands en 1570 : il avait toute la confiance de Catherine de Médicis. Gilles Suramond, Charles Roullet, Robert Mangot et Mathurin Lussault sont cités dans les comptes royaux comme ayant vendu des joyaux à la cour ; bien que Lussault fût protégé par Catherine de Médicis, il périt avec son fils le jour de la Saint-Barthélemy. Pierre Hantement, qui fut grand garde en 1560 (3), était orfévre de Claude de France, duchesse de Lorraine. Étienne de Laulne est fort connu par les nombreuses pièces qu'il a gravées pour les orfévres. Il dessinait fort spirituellement et cherchait dans les compositions de son invention à imiter le goût de l'école de Fontainebleau ; il a travaillé longtemps à Augsbourg et à Strasbourg, qui étaient des villes en grande renommée pour l'orfévrerie. Les premières gravures de lui qui soient datées sont de 1561, et comme il avait alors quarante-deux à quarante-trois ans et qu'elles dénotent un homme ayant une grande pratique de l'art de l'orfévrerie, on a dû supposer que de Laulne avait été orfévre avant de s'être livré exclusivement à la gravure (4). Pierre Woeiriot, né à Bar-le-Duc, en Lorraine, en 1525, était établi à Lyon. Il s'est fait une grande réputation par les gravures qu'il a publiées de modèles pour les orfévres ; ses bijoux, ses gardes d'épée, ses anneaux, ses cachets, sont d'un goût exquis et se font remarquer par la sobriété et l'heureux choix des motifs d'ornementation. François Guyard

---

(1) *Catalogue* de M. CHABOUILLET de 1858, nos 2717, 2721, 2723, 2724, 2727, 2728, 2731.
(2) Voyez plus haut, pages 121, 122, 124, 125, 126, 129, 132 et 134.
(3) LEROY, *Statuts et priviléges des orfévres*. Paris, 1739.
(4) P. J. MARIETTE, *Abecedario*, publié par MM. DE CHENNEVIÈRES et DE MONTAIGLON. Paris, 1854, t. III, p. 78.

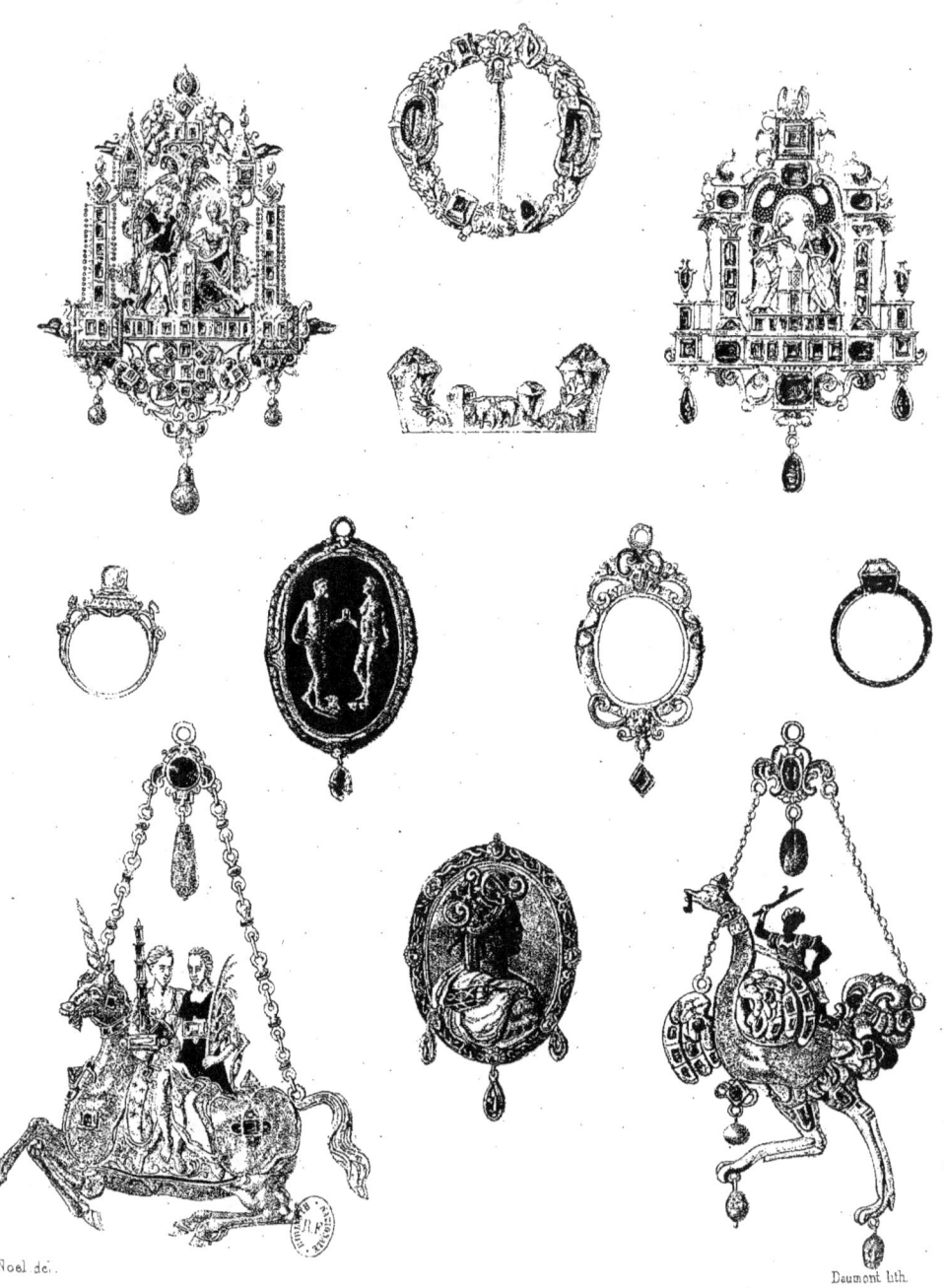

ORFÈVRERIE
Bijoux des XIIIe & XVIe Siècles.

était orfévre de Henri III. L'orfévre de Henri IV était, en 1599, Albin du Carnoy ; le titre d'orfévre du roi lui est donné dans l'inventaire de Gabrielle d'Estrées qu'il fut chargé de dresser avec le concours de Paulin Méreux et de Jean de la Haie, maîtres orféyres de Paris : celui-ci devint plus tard orfévre de Henri IV.

Il nous reste à parler de deux sortes de vaisselles qui ont joui d'une grande vogue en France au seizième siècle et qui se rattachent essentiellement à l'orfévrerie : la vaisselle émaillée de Limoges et la vaisselle d'étain.

## VI

*L'orfèvrerie émaillée de Limoges.*

La vaisselle émaillée de Limoges, dont le prix surpasse aujourd'hui celui de nos vases modernes d'argent, n'a dû cependant être inventée, comme la vaisselle d'étain, que pour fournir aux moyennes fortunes des ornements de dressoir moins coûteux que les pièces d'argenterie. Dès la fin du douzième siècle, Limoges jouissait d'une grande réputation pour ses cuivres émaillés par incrustation, et répandait ses produits dans toute l'Europe ; mais le goût pour les matières d'or et d'argent et pour les émaux translucides sur relief ayant fait abandonner l'orfévrerie de cuivre émaillé, les émailleurs limousins s'efforcèrent de trouver un nouveau mode d'application de l'émail à la reproduction des sujets graphiques. De leurs recherches sortit l'invention de la peinture en émail. Les émailleurs n'eurent plus besoin du secours du ciseleur pour exprimer les contours du dessin ; le métal fut entièrement caché sous l'émail, et s'il resta encore la manière subjective de la peinture, ce fut au même titre que le bois ou la toile dans la peinture à l'huile ; l'émail étendu sur le métal rendit tout à la fois le trait et le coloris. Le premiers essais de cette nouvelle peinture furent nécessairement fort imparfaits ; les procédés s'améliorèrent peu à peu ; vers la fin du premier tiers du seizième siècle, ils avaient atteint à la perfection.

Jusqu'à cette époque, la peinture en émail avait été employée presque exclusivement à la reproduction de sujets de piété dont l'école allemande fournissait les modèles ; mais l'arrivée des artistes italiens à la cour de François Ier et la publication par la gravure des œuvres de Raphaël et des autres grands maîtres de l'Italie donnèrent une nouvelle direction à l'école de Limoges, qui adopta le style de la renaissance italienne. Les sujets mythologiques devinrent fort en vogue chez les émailleurs limousins ; le Rosso et le Primatice peignirent des cartons pour eux, et les charmantes planches des graveurs auxquels on a donné le nom de petits maîtres, leur fournirent aussi de ravissants sujets. Ce n'est pas ici que nous devons retracer l'historique de l'émaillerie (1), et nous n'en parlons que pour rappeler son emploi sur des pièces de vaisselle. Les émailleurs limousins ne s'occupèrent d'abord que de produire des peintures proprement dites sur des plaques de cuivre plus ou moins grandes, qu'on enchâssait ensuite dans des montures pour former des diptyques, des triptyques, des cadres d'émaux, des coffrets, ou qu'on appliquait sur

---

(1) Nous donnons l'historique des émaux peints dans le chapitre III du titre de l'ÉMAILLERIE, auquel nous renvoyons le lecteur.

des meubles ; mais, à partir de 1530 environ, les émailleurs ne se bornèrent plus à produire de petits tableaux, ils créèrent une orfévrerie d'un nouveau genre. Des bassins, des aiguières, des coupes, des salières, des plats, des assiettes, des chandeliers, des vases et des ustensiles de toutes sortes, fabriqués avec de légères feuilles de cuivre, dans les formes les plus élégantes, se revêtirent de leurs riches et brillantes peintures. Depuis quelques années les peintures limousines sont très-recherchées ; tous les musées de l'Europe ont donné une place honorable à ces belles productions de l'art de l'émaillerie, et les pièces de vaisselle émaillée de Limoges sont heureusement assez nombreuses encore et assez connues pour qu'il soit inutile de les signaler. Nous avons fait reproduire dans la planche CXVII de notre Album une aiguière de Jean Courtois, comme spécimen de ce genre d'orfévrerie (1), et nous donnons dans le cul-de-lampe du chapitre III de l'ÉMAIL-LERIE une aiguière peinte par Pierre Reymond (2). Il nous suffit de faire connaître les noms des principaux émailleurs limousins qui ont illustré, au seizième siècle, cette charmante orfévrerie. En première ligne, il faut placer Léonard, peintre de François I$^{er}$, qui fut le premier directeur de la manufacture royale d'émaux fondée par ce prince à Limoges. Viennent ensuite Pierre Reymond, les Pénicaud, les Courteys ou Courtois, Jean de Court, Jean Court dit Vigier, M. D. Pape, Susanne Court, Martial Reymond, Jean Limousin, qui était émailleur d'Anne d'Autriche, et ses cousins, Léonard II et Joseph, dont les ouvrages sont datés du commencement du dix-septième siècle.

Mais qui fut l'inventeur de l'orfévrerie émaillée ? C'est ce qu'on ne saurait dire avec certitude. La pièce la plus ancienne qui soit datée est de Pierre Reymond et porte le millésime de 1534. C'est une coupe où sont figurés trois personnages buvant, d'après un dessin de Jules Romain (3) ; puis vient une coupe de Léonard Limousin, dont le couvercle, qui appartient à la collection de M. Andrew Fountaine (4), est daté de 1536. La différence entre les deux dates n'est pas assez grande, il est vrai, pour pouvoir donner à Pierre Reymond la priorité de l'invention, et M. de Laborde, sans se prononcer d'une manière absolue, croit cependant que les probabilités sont en faveur de Léonard (5). Nous devons faire observer cependant que les coupes et les vases sortis des mains de celui-ci sont relativement en petit nombre, et parmi les pièces de vaisselle il a de préférence décoré des plats, qui lui offraient le moyen de produire un véritable tableau. Les coupes, les aiguières, les assiettes, les salières, les chandeliers, les vases de toutes sortes signés de Pierre Reymond existent au contraire en nombre infini, et l'on peut dire que cet émailleur était un véritable fabricant d'orfévrerie émaillée ; on rencontre de ses productions dans les collections des souverains, à Dresde, à Berlin, à Gotha et à Munich. Léonard a des titres trop légitimes à faire valoir à l'appui du grand renom qu'il a acquis comme peintre en émail, pour avoir besoin d'y ajouter le mérite très-contestable d'avoir été l'inventeur de cette orfévrerie. Léonard était avant tout peintre de tableaux, et surtout

---

(1) Cette aiguière appartenait à la collection du prince Pierre Soltykoff (n° 519 bis du Catalogue). Elle a été adjugée, à la vente de cette collection, à M. le duc de Cambacérès, moyennant 5300 francs.
(2) Elle appartenait à la collection Debruge, n° 710 de notre *Description des objets d'art* de cette collection.
(3) M. MAURICE ARDANT, *Notice historique sur les émaux et les émailleurs*. Limoges, 1842, p. 21.
(4) Dans le comté de Norfolk, en Angleterre.
(5) *Notice des émaux du Louvre*, p. 176.

peintre de portraits. Peintre émailleur en titre de François I$^{er}$, il avait pour clientèle tous les grands seigneurs de la cour, dont il fit les portraits. Cette partie artistique de l'émaillerie peinte devait absorber tout son temps et était plus que suffisante pour lui assurer des bénéfices importants. Il est donc probable que l'application de l'émaillerie à l'orfèvrerie sera sortie de l'imagination d'un artiste moins occupé que Léonard, et qui ne trouvait pas, dans l'exécution des triptyques et tableaux de sainteté, des reliquaires, des coffrets et des portraits, un débouché suffisant à son talent et à son activité. Nous croyons donc qu'on doit regarder Pierre Reymond comme l'inventeur de l'orfèvrerie émaillée. Une fois que la peinture en émail fut entrée dans cette voie, elle prit un immense développement. Ce nouveau genre d'orfèvrerie devint fort en vogue ; les commandes affluèrent de toutes les parties de la France et des différentes contrées de l'Europe. On rencontre très-souvent, en effet, sur des pièces de vaisselle émaillée, des armoiries appartenant non-seulement aux maisons nobles de France, mais aussi aux grandes familles allemandes, anglaises et hollandaises. La Kunstkammer de Berlin conserve un plat et une aiguière (n$^{os}$ 255 et 256 du catalogue de ce musée) ornés des écus des familles patriciennes Artzt et Welser d'Augsbourg. Des membres de la famille des Tücher de Nuremberg possédaient encore, en 1833, diverses pièces de vaisselle de Pierre Reymond datées de 1558 et 1562, portant les armoiries de la famille (1).

Cette grande vogue de l'orfèvrerie émaillée entraîna les émailleurs de Limoges à multiplier les œuvres de ce genre, et l'art eut souvent à souffrir de la multiplicité de cette production industrielle. A côté de pièces enrichies de sujets d'un dessin très-correct et d'une charmante exécution, on en trouve beaucoup qui dénotent une fabrication hâtive et toute commerciale. Le monogramme d'un émailleur de renom a été tracé sur ces pièces pour attirer les chalands ; mais la forme du vase et cette marque de la fabrique viennent seules de lui ; la peinture, fort médiocre, est de la main de ses élèves et de ses ouvriers.

## VII

*L'orfèvrerie d'étain.*

La vaisselle d'étain a précédé de beaucoup la vaisselle émaillée de Limoges, et si nous n'en avons pas parlé jusqu'à présent, c'est qu'elle ne fut véritablement portée à la perfection qu'au seizième siècle et qu'elle ne peut être comptée auparavant parmi les objets d'art. Cependant la vaisselle d'étain avait été admise chez les rois et les princes, antérieurement à cette époque, pour l'usage journalier. On en rencontre une grande quantité dans l'inventaire des meubles de la reine Clémence de Hongrie, veuve de Louis le Hutin (2), où elle est décrite sous le titre de « vessellemente d'estain rendue par le saussier ». On en trouve encore la mention en ces termes dans les comptes d'Étienne de la Fontaine, argentier du roi Jean pour 1351 et 1352 : « A Huguenin de Besançon, potier d'estain, pour

(1) Le *Deutsches Kunstblatt* (Stuttgart) de 1833 en a donné la description.
(2) *L'inventaire des biens de madame la royne Clémence, jadis femme du roi Loys...*, de 1328. Ms. Bibl. nat. déjà cité.

» les vi quartes et trois aiguières tout d'estain... pour le cours de l'ostel dudit monseigneur
» Jehan, de mess. Philippe, son frère, et de monsieur Loys de Bourbon (1). »

Toutes ces pièces de vaisselle d'étain étaient, comme on le voit, destinées à l'usage des gens de la maison ; mais, dès le commencement du quinzième siècle, la poterie d'étain acquit une certaine importance. Le prix considérable de la matière et les ordonnances prohibitives du luxe ne permettaient pas toujours aux riches bourgeois de posséder des vases d'or et d'argent. Les orfévres se mirent donc à fabriquer de la vaisselle d'étain, et la bourgeoisie put parer les dressoirs des salles à manger de vases qui, par la forme au moins, imitaient l'orfévrerie d'argent des dressoirs des princes. Dans le *Mirouer de mariage*, Eustache Deschamps, huissier d'armes des rois Charles V et Charles VI, constate cet usage de la vaisselle d'étain. Après avoir énuméré les bijoux et les vêtements dont il faut fournir la corbeille d'une jeune mariée, il en arrive au mobilier dont il est nécessaire que le mari garnisse l'appartement de sa femme :

> Et si leur fault encore avoir
> Beaux lis, beaux draps, chambres tendues,
> Et qu'ilz mettent leurs entendues (leur attention)
> A belles touailles et nappes.
> Et si fault, ains que tu eschapes,
> Belles chaières et beaux bancs
> Tables, trétiaulx, fourmes (chaises), escrans,
> Dreçoirs, grant nombre de vaisselle ;
> Maint plat d'argent, et mainte escuelle
> Si non d'argent, si com je tain,
> Les fault-il de plomb ou d'estain (2).

Les vases d'étain avaient donc reçu déjà une certaine ornementation artistique, puisqu'on les plaçait sur les dressoirs. L'usage s'en était répandu jusqu'à Constantinople, qui, à l'époque de sa splendeur, aurait méprisé des vases d'un métal aussi commun. Michel Ducas, historien grec qui fut témoin de la prise de Constantinople par les Turcs en 1453, place les vases d'étain à la suite des vases d'or et d'argent dans l'énumération qu'il fait des richesses enlevées de la ville par les vainqueurs : « Trois jours après la prise de Con-
» stantinople, les vaisseaux (des Turcs) firent voile chacun vers leur province. Ils étaient
» si fort chargés, que peu s'en fallait qu'ils ne coulassent à fond. Mais de quoi étaient-ils
» chargés? De riches habits, de vases d'or, d'argent, de cuivre et d'étain (3).... »

Les comptes de l'argentier de Louis XI pour les années 1468 et 1469 constatent le payement fait à Guiot, pintier d'étain, demeurant à Tours, de trente-cinq sols tournois « pour deux flascons d'estaing... livrez à maistre Olivier le Mauvais, barbier du roy » (4).

---

(1) *Compte Estienne de la Fontaine*, depuis le 4 février 1351 jusqu'au 1ᵉʳ juillet 1352. Archives nationales, KK. 8, fol. 31.
(2) *Poésies morales et historiques* d'Eustache Deschamps, publiées par Crapelet, 18 2, p. 210.
(3) Georgii Acropolitæ et Ducæ *Historia Byzantina*, Leone Allatio *interprete*, cap. xlii. Parisiis, 1651, p. 176.
(4) *Compte extraordinaire de Alexandre Sextre, argentier du roy*, du 1ᵉʳ octobre 1468 au 30 septembre 1469. Archives nationales, KK. 61, fol. 34.

Il ne faut pas s'étonner de voir des vases d'étain à l'usage personnel de ce prince, qui mettait une enseigne de plomb à son chapeau.

Une grande impulsion fut donnée à tous les arts industriels dès que Charles VIII, devenu majeur, eut pris en main les rênes de l'État. Plusieurs orfévres, suivant les traces des sculpteurs qui avaient inauguré l'ère de la renaissance française, commencèrent à abandonner l'ancien style et à produire des ouvrages dans le goût nouveau. Mais les premiers essais durent nécessairement être timides. Avant de fondre une grande pièce d'orfévrerie en argent et de la réparer par un long et minutieux travail, ils en faisaient un modèle de plomb ou d'étain, et lorsque ce modèle obtenait l'approbation de celui qui avait commandé l'ouvrage, la pièce était exécutée en argent. Cet usage des orfévres est constaté par un article des comptes de l'argentier du roi Charles VIII, ainsi conçu : « A Jehan » Galant (orfévre du roi), la somme de cent douze livres quatre sols, tant pour VI mars » V onces un gros d'argent qu'il a mis et employé du sien à faire de neuf une couppe toute » plaine à couvercle pour servir à la personne du dit seigneur, que aussi pour ung ducat » d'or qu'il a mis et employé à dorer deux fois la dite couppe et couvercle d'icelle autant » dedans que dehors... ; plus la somme de treize livres tournois... tant pour deschet » d'argent, dorure et façon de la dite couppe, laquelle il a faite par deux fois parce que » la première elle n'estoit pas au gout du dit seigneur, que aussi pour la façon de trois » autres couppes de plomb qu'il a faites pour patron de la dite couppe (1). » Ces modèles de plomb ou d'étain, faits avec soin par l'orfévre pour séduire son client, devaient être certainement conservés par lui, et passer ensuite dans les mains de personnes curieuses de jolis objets, mais qui n'auraient pu se les procurer en argent. Il n'est pas douteux que cet usage des orfévres de faire un modèle en étain n'ait amené le goût des vases richement décorés exécutés avec ce métal. Aussi lorsqu'au seizième siècle les orfévres, devenus fort habiles, exécutaient, soit par la fonte et la ciselure, soit au marteau et par le repoussé, des pièces d'orfévrerie qui étaient des chefs-d'œuvre par la pureté du modèle et la délicatesse du travail, ils ne manquaient pas de couler des épreuves d'étain dans des moules qu'ils avaient relevés sur ces pièces si finement terminées. Benvenuto Cellini, dans son *Traité de l'orfévrerie*, engage en effet les orfévres à tirer une épreuve en plomb des pièces d'argenterie exécutées par la fonte, comme les anses et les goulots des aiguières, à réparer ces pièces et à les conserver pour servir de modèles à d'autres travaux. On verra plus loin que les orfévres allemands ont souvent suivi cette méthode. C'est à son emploi que l'on doit sans doute la conservation d'une quantité de beaux ouvrages; la richesse de la matière a été la cause de la fonte des originaux qui étaient d'argent ; les épreuves surmoulées en plomb ont survécu, et témoignent aujourd'hui de l'habileté des artistes qui les avaient exécutés.

Une fois que la poterie d'étain eut acquis la vogue, il se trouva des artistes pour exécuter de beaux vases d'étain, œuvres originales qui n'étaient point le résultat d'un surmoulé. Les étains de François Briot doivent être placés dans cette catégorie ; ce sont certainement les pièces les plus parfaites de l'orfévrerie française au seizième siècle. Les formes gra-

---

(1) *Compte sixiesme de maistre Pierre Briconnet argentier du roy nostre sire...... commançant le 1er jour d'octobre mil cccc iiijxx sept et finissant le 1er jour de septembre mil cccc iiijxx huit.* Archives nationales, KK. 70, fol. 167.

cieuses de ses vases, la pureté de dessin des figurines dont il les décore, la richesse de ses capricieuses arabesques, tout en un mot est parfait et digne d'admiration dans les œuvres de Briot. On ne sait rien de sa vie, mais son effigie nous est connue; elle se trouve empreinte au revers de ses plus beaux ouvrages. A son costume, on reconnaît qu'il florissait sous Henri II. François Briot ne peut avoir été orfévre, puisque son nom ne figure dans aucun des documents de son temps qui se rattachent à l'orfévrerie; il se considérait à juste titre comme sculpteur ou graveur en relief. Cette inscription : SCULPEBAT FRANCISCUS BRIOT, contourne ordinairement le médaillon qui contient son portrait. Briot modelait d'abord en cire et réparait ensuite par une fine ciselure les étains provenus de la fonte. Les ouvrages de cet habile artiste ne sont pas très-rares ; lorsqu'il avait exécuté un modèle qui lui plaisait, il en reproduisait plusieurs exemplaires, car on rencontre plus d'un surmoulé du même type. Le Musée du Louvre possède un très-beau bassin et son aiguière avec le portrait de Briot; ils proviennent de la collection Sauvageot (1). Le musée de Cluny conserve aussi quelques belles pièces de ce maître (2).

François Briot n'est pas le seul qui ait fait en France de l'orfévrerie d'étain empreinte d'un cachet artistique. Cicognara (3) dit avoir vu dans la collection du comte de Rio, à Padoue, un grand bassin, décoré dans le style de la Renaissance, dont le revers offrait un portrait avec l'inscription : DANIEL ENDERLEIN; les deux initiales C. S. se lisaient en outre au-dessous du personnage représenté. Le nom d'Enderlein est bien français, mais ce portrait et le nom sont-ils ceux de l'auteur du bassin? Ne s'appliquent-ils pas plutôt à celui qui l'avait commandé, et les initiales C. S. ne seraient-elles pas au contraire le sigle de l'artiste? La question ne saurait être résolue sans autre document que ce seul bassin. On rencontre sur certaines pièces quelques sigles inexpliqués, comme C. B., dont on a voulu faire un Charles Briot, sans que rien puisse motiver cette interprétation (4).

## § III

### L'ORFÉVRERIE AU SEIZIÈME SIÈCLE HORS DE L'ITALIE ET DE LA FRANCE.

L'influence de l'école italienne se fit sentir en Allemagne, dans les Flandres et dans le nord de l'Europe tout aussi bien qu'en France. Nuremberg et Augsbourg étaient, au commencement du seizième siècle, les principaux centres de la fabrication de l'orfévrerie en Allemagne. Plus tard, Dresde, Francfort-sur-le-Mein et Cologne produisirent également d'habiles orfévres. Les orfévres de Nuremberg conservèrent dans leurs productions beaucoup plus longtemps que ceux d'Augsbourg un certain sentiment de l'art

---

(1) N° 714 du *Catalogue* de M. Sauzay, de 1861.
(2) N°ˢ 1364 et 1365 du *Catalogue* de 1861.
(3) *Storia della scultura*, t. II, p. 434.
(4) Notre tâche est déjà trop lourde, et nous ne devons pas étendre au delà du seizième siècle l'historique de l'orfévrerie française ; les curieux qui voudraient en connaître l'histoire dans les temps postérieurs doivent consulter un excellent travail de M. PAUL MANTZ, *Recherches sur l'histoire de l'orfévrerie française depuis le seizième siècle jusqu'à nos jours* : il est inséré dans la *Gazette des beaux-arts*, t. IX, p. 15 et 82; t. X, p. 14 et 129, et t. XI, p. 110, 250 et 349.

allemand ; mais, après le premier tiers du seizième siècle, les productions de l'orfévrerie allemande se confondent tellement avec celles des artistes de l'Italie dans tout ce qui a rapport à l'exécution des figures, des bas-reliefs et des ornements, qu'il serait fort difficile de distinguer les unes des autres, si ce n'était la forme des vases, qui conserva presque toujours une empreinte d'originalité, et la manière d'employer les émaux. Rien de plus gracieux, au surplus, que les arabesques dont ils sont enrichis ; rien de plus ravissant que les figurines qui se contournent pour en former les anses.

Les princes allemands en possèdent encore un assez grand nombre, et parmi eux le roi de Bavière est certainement le plus riche. Une bien curieuse salle de son palais, désignée sous le nom de chambre du Trésor (1), renferme une quantité considérable de beaux objets exposés libéralement aux yeux des amateurs. Il y a là des vases de matières précieuses et d'ivoire, dont les montures reproduisent des figures exécutées avec beaucoup d'art. Nous ne pouvons nous dispenser de citer un très-grand vase de cristal de roche dont le couvercle porte des figurines adossées, d'or émaillé. Les vases d'or ou d'argent doré du seizième siècle sont en général de formes délicieuses ; plusieurs sont enrichis de bas-reliefs et de figures de ronde bosse d'or émaillé. Nous ne pouvons décrire ici toutes ces belles pièces, mais nous signalerons, parmi les plus remarquables, un bassin et son aiguière de vermeil. Un bas-relief circulaire se déploie au fond du bassin autour d'un ombilic qui reçoit l'aiguière ; il représente un combat d'animaux marins et le triomphe d'Amphitrite : ce sujet, évidemment inspiré par les compositions de Raphaël et de ses élèves, est d'un excellent dessin et se fait remarquer par une grande délicatesse d'exécution ; le bord est décoré d'ornements en émaux cloisonnés opaques et de turquoises. L'ornementation de l'aiguière est dans le même goût. Nous mentionnerons, dans un autre genre, un très-grand vase d'or tout émaillé de blanc et couvert de délicieuses arabesques épargnées qui se déroulent en or sur le fond d'émail blanc. La panse est décorée de guirlandes formées de feuillages et de fruits, ciselées en relief et émaillées en couleur. Le vase est en outre enrichi de saphirs énormes semés sur toutes ses parties ; ils sont sertis dans des ornements émaillés d'un bon dessin et d'une exécution ravissante. Le couvercle, décoré dans le même goût, est surmonté d'une figure de Pallas d'or émaillé ; le bouclier sur lequel s'appuie la déesse est formé d'un seul saphir ; elle tient de la main droite, qu'elle élève au-dessus de sa tête, un anneau taillé dans un saphir. Au fond du vase on voit les armes de la maison de Bavière, et sous le pied un monogramme formé des lettres H et R, avec la date de 1563. Ce monogramme ne serait-il pas celui de Henri Reitz, célèbre orfèvre de Leipzig qui a laissé son nom sur une très-belle médaille de Charles-Quint, datée de 1537 ? Nous avons donné dans les planches LXXIII, LXXIV et LXXV de notre album la reproduction de deux pièces, un calice et une coupe, qui appartiennent à ce riche trésor (2).

Le trésor de l'empereur d'Autriche, qui remplit plusieurs salles du palais impérial de Vienne, renferme aussi quelques pièces d'orfévrerie du seizième siècle. Le Grüne Gewœlbe de Dresde en conserve également quelques spécimens. Parmi les plus remarquables dont les auteurs sont connus, on peut citer : de Wenzel Jamnitzer, de Nuremberg (1508-1586),

---

(1) Elle est située au rez-de-chaussée de l'Ancienne résidence, fondée par Albert V en 1554.
(2) Le calice est conservé dans la Riche-Chapelle, située au-dessus de la chambre du Trésor.

un coffret d'argent; de Kellerthaler, qui florissait à la fin du seizième siècle, le bassin baptismal de la famille électorale de Saxe et son aiguière, pièces qui sont regardées comme le chef-d'œuvre de cet artiste; un autre bassin exécuté au repoussé, qui reproduit des sujets de la Fable, et un grand nombre de bas-reliefs. La Kunstkammer de Berlin possède aussi plusieurs pièces, parmi lesquelles on doit signaler : de Jonas Silber, de Nuremberg, une coupe portant la date de 1589; elle est ornée de ciselures d'une grande perfection; de Christophe Jamnitzer, de Nuremberg (1573-1618), neveu et élève de Wenzel Jamnitzer, un surtout de table figurant un éléphant conduit par un Maure et portant sur son dos une tour contenant cinq guerriers; de Hans Pezolt, de Nuremberg († 1633), un portrait en médaillon d'Albert Dürer; de Matthæus Walbaum, qui travaillait encore à Augsbourg en 1615, les statuettes d'argent qui enrichissent le beau cabinet fait pour le duc de Poméranie.

Le Musée du Louvre possède deux très-belles pièces de l'orfèvrerie allemande : un bassin et son aiguière d'argent ciselé, émaillé par parties et doré (1). Le bassin, de soixante-quatre centimètres de diamètre, est orné de ciselures dont les sujets, très-variés, sont des épisodes divers de la conquête de Tunis par Charles-Quint, ainsi que l'indique cette inscription qu'on y lit : EXPEDITIO ET VICTORIA AFRICANA CAROLI V ROM. IMP. P. F. AUGUSTO 1535. L'aiguière que nous reproduisons ici dans notre planche XLI est décorée de guirlandes et de trophées ciselés en relief et émaillés, et d'un bas-relief dont le sujet est emprunté au même fait historique. L'empereur Charles-Quint y est représenté à cheval. Les guirlandes et les trophées ont été exécutés à part et rapportés sur le fond du vase. Cette belle pièce, qui n'a pas moins de quarante-quatre centimètres de hauteur, donne une juste idée du style et de l'excellence de l'orfèvrerie allemande dans le second tiers du seizième siècle.

Nous signalerons encore deux pièces de cette époque qui sont traitées dans le style italien, et dont on peut voir la reproduction dans la belle publication de MM. Becker et de Hefner-Alteneck. La première est une coupe d'argent, de vingt et un centimètres environ de hauteur, qui appartient à la corporation des orfèvres de Nuremberg : la coupe, d'une forme un peu tourmentée, est portée par un riche balustre qui s'élève sur un pied découpé en quatre lobes représentant quatre segments d'une base de colonne d'ordre ionique; la panse est décorée de rinceaux renfermant des masques et des figurines ciselés en haut-relief, d'un dessin excellent et d'une grande finesse d'exécution; le balustre est enrichi de têtes de bélier et de bouquets de fruits encadrés dans des rinceaux. Ce chef-d'œuvre de ciselure est attribué à Wenzel Jamnitzer, de Nuremberg, qui avait acquis une grande réputation dans la seconde moitié du seizième siècle (2). La seconde est une coupe formée d'une coquille nautile monté en argent doré, qui appartient à la grande-duchesse de Saxe-Weimar : un monstre marin conduit par un Amour s'élève au-dessus du casque de la coquille; sa queue feuillée en suit le contour et vient se rattacher à un balustre, reproduisant un homme terminé en poisson. Ce demi-dieu marin est accroupi sur une tortue à tête de dragon qui forme le pied. Cette composition fantastique est d'un modelé vigoureux (3).

(1) Nos 764 et 765 de la Notice des émaux et de l'orfévrerie, par M. DARCEL.
(2) Kunstwerke und Geräthschaften des Mittelalters und der Renaissance. Frankfurt am Main, 1852-1857, t. II, p. 13, pl. XX.
(3) Ibid., t. II, p. 87, pl. LXX.

Les collections des amateurs anglais sont très-riches en pièces de l'orfévrerie allemande de la bonne époque. L'exposition faite en 1862 dans le Kensington Museum a mis au jour de fort beaux ouvrages, qui seraient probablement demeurés inconnus sans cette exhibition. Une œuvre des plus remarquables de l'orfévrerie allemande est un grand bassin accompagné de son aiguière qui appartient à M. le baron de Rothschild. Les deux pièces sont décorées de fines ciselures dont les sujets ont été empruntés à l'histoire d'Orphée. Sur le fond du bassin, dont le diamètre est de cinquante-cinq centimètres, l'artiste a représenté Orphée entouré d'animaux; le groupe est placé dans un riche paysage animé par la mer, où se jouent des Tritons et des monstres marins. L'aiguière, de trente-quatre centimètres de hauteur, est dans la belle forme ovoïde adoptée généralement par les orfévres de la Renaissance; la panse est divisée en trois parties, dans le sens de la hauteur, par des figures qui se terminent en gaîne et dont la tête est traitée de ronde bosse; chacune des parties est décorée d'un médaillon renfermant un bas-relief. Tout cela est d'un dessin et d'un modelé excellents; la ciselure est d'un fini merveilleux. Ces belles pièces portent la marque de l'orfévrerie d'Augsbourg, une petite pomme de pin, et un monogramme formé des lettres H et M; elles doivent appartenir à la seconde moitié du seizième siècle.

A la fin du seizième siècle, et surtout au commencement du dix-septième, le goût très-prononcé pour ces espèces de grands nécessaires auxquels on a donné le nom de cabinets, et qui se fabriquaient principalement à Augsbourg, a fourni aux orfévres de fréquentes occasions d'exercer leur talent dans l'exécution des statuettes et des bas-reliefs d'argent, dont les plus beaux de ces meubles sont ordinairement enrichis. Les orfévres de Nuremberg et d'Augsbourg produisirent alors des morceaux de sculpture, qui sont souvent très-remarquables par la sagesse de la composition, la pureté du dessin et le fini de l'exécution.

Dans la seconde moitié du seizième siècle, les orfévres allemands s'étudièrent à introduire dans les petites pièces d'orfévrerie et dans les bijoux de jolies figurines émaillées en couleur, comme les Italiens les faisaient. Le roi de Bavière possède deux charmants spécimens de ce genre de travail. Le premier, conservé dans la Riche-Chapelle du palais (1), est un petit monument, tout d'or émaillé, enrichi de pierres fines; au centre est un groupe de figures de ronde bosse émaillées en couleur, représentant l'adoration des mages. On attribue ce monument à Cellini, mais nous ne pensons pas qu'il soit sorti de la main du célèbre orfévre florentin; les figurines sont, il est vrai, d'une exécution très-délicate, mais un peu lourdes de dessin. Le second, renfermé dans la chambre du Trésor, est une coupe formée d'une corne de rhinocéros montée en or émaillé et rehaussée de pierres fines. La monture, qu'on attribue également à Cellini, est enrichie de sujets et de figurines d'or émaillé d'un joli dessin. La coupe est accompagnée d'un plateau de même matière enrichie de pierreries. Nous avons donné la reproduction de cette coupe et de son plateau dans la planche LXXII de notre album.

Les orfévres allemands apportaient encore plus de perfection dans l'exécution des petits bas-reliefs repoussés, qui sont toujours composés avec goût et d'un modelé excellent; la Riche-Chapelle du roi de Bavière possède quelques pièces qui justifient leur mérite. Nous

(1) La Riche-Chapelle, située dans l'Ancienne résidence, a été disposée par les ordres de l'électeur Maximilien Ier en 1607. Elle renferme toute la partie du trésor du roi de Bavière qui se rattache aux monuments religieux.

signalerons surtout deux bas-reliefs d'or, d'environ quinze centimètres sur dix, représentant la Vierge entourée d'anges et Jésus portant la croix, et une paix d'or émaillé d'un travail très-délicat. Nous devons citer aussi une autre paix d'or émaillé que conserve le Trésor impérial de Vienne ; on y voit reproduite en haut-relief la scène de l'adoration des mages.

L'orfévrerie des églises perdit au seizième siècle, en Allemagne de même qu'en France, ce caractère sévère et religieux qui était au moyen âge le propre des instruments du culte, mais elle fut empreinte d'une rare élégance de forme et d'ornementation. On peut en juger par le calice de la Riche-Chapelle du roi de Bavière, que nous avons fait reproduire dans les planches LXXIII et LXXIV de notre album. Nous citerons encore quelques beaux objets possédés par les églises que visitent fréquemment les touristes. On trouvera dans la cathédrale d'Aix-la-Chapelle un ostensoir de vermeil qu'on prétend avoir été donné par Charles-Quint à l'occasion de son couronnement, qui eut lieu en 1520. Il est enrichi de figurines d'un bon style et d'un excellent dessin ; les suaves contours de la Renaissance s'y associent avec bonheur aux montants effilés de l'art ogival expirant(1). A Cologne, on voit dans l'église Saint-Géréon une paix décorée d'un joli bas-relief qui représente l'adoration des mages ; dans l'église Saint-Alban, un encensoir d'argent d'une forme très-élégante ; et dans l'église Sainte-Colombe, une croix processionnelle d'argent doré (2).

Les grandes pièces d'orfévrerie sculptée, telles qu'on en faisait en Italie au quatorzième et au quinzième siècle, sont rares en Allemagne au seizième. Nous ne trouvons à mentionner qu'un ouvrage qui, terminé en 1607, fut exécuté par des artistes d'Augsbourg qui avaient étudié au seizième siècle et conservé le style de la Renaissance. Nous voulons parler de l'autel de la Riche-Chapelle du palais de Munich. Le retable d'ébène est enrichi de trente-deux bas-reliefs d'argent distribués dans divers compartiments ; ils sont exécutés au repoussé ; celui du centre, qui a plus d'un mètre de hauteur sur soixante centimètres de largeur, reproduit la scène de la crucifixion. Les sujets des autres sont également tirés des Évangiles. Toutes ces compositions sont d'un très-beau style et d'une excellente exécution. Il y a de plus sur l'autel un groupe de figures de ronde bosse, d'argent, représentant aussi la crucifixion, et sur les gradins du retable treize statuettes, de trente à trente-cinq centimètres de hauteur : le Christ et les douze apôtres, et douze autres statuettes d'anges.

Nous devons dire quelques mots des émaux que les orfévres d'Augsbourg et de Nuremberg employèrent dans le dernier quart du seizième siècle et au commencement du dix-septième. Ces émaux incrustés présentent un caractère tout particulier et différent de ceux dont les orfévres de France et d'Italie décoraient leurs pièces. Ils offrent un mélange d'émaux opaques et d'émaux semi-translucides sur ciselure ; mais la ciselure joue un rôle peu important, la faible transparence des émaux la laissant à peine apercevoir. Ils sont d'ailleurs d'une vivacité et d'un éclat que la lithochromie ne peut rendre qu'imparfaitement. Le calice d'or et la coupe que les planches LXXIII, LXXIV et LXXV de notre album reproduisent sont enrichis d'émaux de ce genre. Les carnations des trois anges qui décorent la panse du calice sont rendues par de l'émail blanchâtre opaque, et les traits indiqués par

---

(1) On en trouvera la gravure dans les *Mélanges d'archéologie*, t. I, pl. XVIII.
(2) F. Bock, *Das heilige Köln*, pl. I, XIX et XX.

de l'émail noir très-flou, légèrement posé sur la pâte d'émail blanc : c'est une incrustation d'émail rehaussé de traits posés au pinceau.

Un grand nombre de monuments d'or et d'argent subsistent donc encore pour faire apprécier le mérite des orfévres allemands de l'époque dont nous nous occupons. Mais, au surplus, beaucoup de ces artistes avaient suivi les conseils de Cellini, en surmoulant leurs plus belles œuvres dont ils avaient tiré des épreuves de plomb et d'étain. On a rassemblé dans la Kunstkammer de Berlin, pour suppléer aux originaux qui ont été fondus, une quantité de beaux bas-reliefs de plomb et plusieurs vases d'étain, enrichis d'arabesques et de figurines, que l'on regarde comme des épreuves de pièces d'orfévrerie du seizième et du dix-septième siècle. Le Musée du Louvre possède aussi quelques bassins d'étain remarquables qui peuvent avoir été surmoulés sur des pièces d'orfévrerie de la même époque, exécutées à l'occasion du couronnement de plusieurs des empereurs d'Allemagne (1).

Avant de terminer l'historique de l'orfévrerie allemande au seizième siècle, il nous faut nommer, parmi les artistes qui ont le plus contribué à la bonne direction qui lui fut donnée, Théodore de Bry, né à Liége en 1528, mort à Francfort-sur-le-Mein en 1598. Il a gravé une foule de jolis dessins pour les orfévres. Ses pendants de clefs, ses manches et ses gaînes de couteau sont ravissants par le style et le fini de l'exécution. Bien que Théodore de Bry soit plus connu comme graveur que comme orfévre, il n'est pas douteux qu'il n'ait ciselé lui-même, sur argent et sur or, quelques-unes des pièces dont il a fourni les dessins. Nous avons reproduit dans la planche LXXV de notre Album un couteau attribué à Théodore de Bry, et exécuté dans le goût de ceux qu'il a gravés. Le Grüne Gewölbe conserve une table d'argent renfermant cinq médaillons d'or entourés d'arabesques et de têtes d'empereurs romains ; elle porte le monogramme T. B., et on la regarde comme sortie de ses mains. Nous ne devons pas oublier non plus Jean Collaert, graveur à Anvers, né en 1540, qui a laissé deux suites de modèles de bijoux d'un dessin très-gracieux.

Dans les autres contrées de l'Europe, où l'orfévrerie n'atteignit pas à la perfection qu'elle avait obtenue en France et dans les villes allemandes d'Augsbourg et de Nuremberg, les orfévres de talent cherchèrent cependant à suivre le courant artistique de leur époque en s'efforçant de donner à leurs œuvres le cachet de la Renaissance. Plusieurs pièces d'orfévrerie anglaise exposées en 1862 dans le Kensington Museum, et en 1867 à l'Exposition universelle de Paris, ont fait voir qu'au seizième siècle l'Angleterre possédait des orfévres de talent. Parmi les pièces dont l'origine et la date ne sauraient être douteuses, nous citerons une salière et une coupe d'argent doré (2) données par l'archevêque Parker au collége du Corpus Christi de Cambridge. La salière, de forme ronde, a vingt-neuf centimètres de hauteur et quinze centimètres environ de diamètre ; elle est décorée de trois cartouches avec des guirlandes de fruits et de fleurs exécutées en haut-relief au repoussé dans un style vigoureux ; le pied repose sur trois monstres à mi-corps. Le couvercle, qui offre trois têtes de chérubins séparées par des bouquets de fruits, se termine par un ornement formé de trois monstres marins. Le poinçon de l'orfévrerie indique la date de 1560. La coupe est ornée d'arabesques

---

(1) *Catalogue de la collection Sauvageot*, par M. Sauzay. Paris, 1861, n⁰ˢ 715 et suiv.
(2) *Catalogue of the special exhibition of Works of art of the Mediæval, Renaissance, and more recent periods, on loan at the South Kensington Museum*, n⁰ˢ 3236 et 3239 ; revised edition. London, 1863.

gravées d'un bon goût. Une autre pièce mérite une mention particulière, c'est une coupe d'argent doré portée sur un court balustre : elle est décorée, ainsi que le pied, d'un travail au repoussé avec des bordures gravées et ciselées ; elle porte une inscription qui donne le nom de son auteur, Peter Paterson, habile orfévre de Norwich, qui jouissait d'une grande réputation sous le règne d'Élisabeth.

L'Espagne et le Portugal ont pratiqué l'orfévrerie avec succès au seizième siècle. Le roi Louis I$^{er}$ de Portugal, les cathédrales de Lisbonne et d'Evora, et quelques établissements scientifiques, avaient envoyé à Paris, à l'Exposition universelle de 1867, une quantité de pièces aussi importantes par la richesse des matières employées que par la beauté du travail. La plus curieuse de toutes était un ostensoir d'or massif, de cinquante centimètres environ de hauteur, enrichi de figurines de ronde bosse d'un modelé excellent, coloriées par des émaux (1). Il a été exécuté en 1506, par Gil Vicente, pour le roi de Portugal Emmanuel le Fortuné. Cet habile orfévre appartenait par son style à l'école flamande du quinzième siècle, dont Jean Van Eyck avait introduit les principes en Portugal, où il avait été envoyé en 1428 par le duc de Bourgogne. Ce ne fut que dans la seconde moitié du seizième siècle que l'orfévrerie portugaise adopta le style de la renaissance italienne (2).

CONCLUSION.

Durant le premier tiers du dix-septième siècle, l'orfévrerie conserva encore en France et en Allemagne, sans trop de modifications, le style de la Renaissance. De très-belles pièces d'orfévrerie sculptée et émaillée de l'époque de Louis XIII, que conserve le Musée du Louvre, témoignent du mérite des artistes qui florissaient alors. Pierre Courtois, Laurent et Gédéon Légaré, Labarre (3), Jacques Roussel et Pierre Héman, eurent alors une grande réputation. Sous Louis XIV, dans l'orfévrerie comme dans les autres arts, on abandonna l'élégance et la délicatesse dont les œuvres du seizième siècle étaient empreintes, pour rechercher des formes plus grandioses. Thomas Merlin, René de La Haye et Jean Gravet furent en renom au commencement de ce règne. Un peu plus tard, le grand roi fit faire des pièces d'orfévrerie d'un poids énorme, qui pouvaient être regardées comme de beaux objets d'art : le peintre Le Brun, qui dirigeait tous les artistes, en avait fourni les dessins ; Claude Ballin, et après lui Nicolas Delaunay, les plus habiles orfévres de ce temps, les avaient exécutées. D'autres orfévres encore se rendirent célèbres sous Louis XIV : Girard Débonnaire, habile ciseleur ; Lescot, orfévre du cardinal Mazarin ; Vincent Petit et Gilles Légaré, orfévres du roi ; René Cousinet, Laurent Texier de Montarsis, Alexis Loir, habile graveur ; Pierre Germain, les de Villers et Pierre Bain. Le célèbre sculpteur Sarazin lui-même († 1660) s'occupa d'orfévrerie, et fit pour le roi des crucifix d'or et d'argent d'une grande beauté (4). L'orfévrerie, au commencement du règne de Louis XIV, se faisait donc encore remarquer par un grand caractère artistique. Malheureusement, il reste bien peu

---

(1) N° 11 du Catalogue des objets exposés par le Portugal.
(2) Ant. Caetano de Souza, *Provas genealogicas de Caza real*, 1742, p. 328.
(3) De Marolles, *le Livre des peintres et des graveurs*. Paris, 1855, p. 37.
(4) Ch. Perrault, *les Hommes illustres*.

de choses de cette brillante industrie. En 1688, pour faire face aux dépenses de la guerre, il fut ordonné que tous les meubles d'argent massif que possédaient les grands seigneurs seraient portés à la Monnaie. Le roi donna l'exemple : il fit fondre ces tables d'argent, ces candélabres, ces grands siéges d'argent enrichis de figures de ronde bosse, de bas-reliefs et de fines ciselures, chefs-d'œuvre sortis des mains de Ballin.

Sous Louis XIV, les bijoux subirent une transformation plus sensible que les pièces d'orfévrerie. Jusque vers la fin du seizième siècle, les pierres n'avaient servi le plus souvent que d'accompagnement aux jolies figurines ciselées et émaillées mises en vogue par les orfévres de l'école italienne ; mais le goût pour les pierres fines et les perles, qui avait commencé à se produire vers la fin du règne de Henri III, devint dominant sous Louis XIII et surtout à l'époque de Louis XIV : les pierres furent l'objet principal des bijoux ; l'or, ciselé en guirlandes, en fleurs, en ornements de toutes sortes, ne fut plus employé que pour les enchâsser et les faire valoir.

Au dix-huitième siècle, la pureté du style fut complétement mise en oubli ; on rechercha le maniéré et le bizarre sous prétexte de se débarrasser des lourdeurs préférées sous Louis XIV. Claude Ballin neveu, Thomas Germain et Just Aurèle Meissonnier furent alors les plus habiles metteurs en œuvre du genre rocaille. La bijouterie est de tous les arts industriels celui qui, en suivant la voie de la fantaisie, peut encore, par l'élégance de la forme, la finesse de l'exécution et la richesse des accessoires, mettre au jour de charmantes productions. Aussi, malgré l'abaissement du style, les joailliers français produisirent à cette époque des bijoux pleins de grâce et d'un fini très-précieux, qui sont aujourd'hui fort recherchés des curieux.

Dès le règne de Louis XIV, la France s'était emparée dans les arts industriels du rôle qu'avait joué l'Italie au seizième siècle. Le goût qui régnait en France se répandit dans toute l'Europe. L'Italie elle-même, au commencement du dix-huitième siècle, avait abandonné le style ravissant dont les grands orfévres du quinzième et du seizième siècle avaient empreint leurs admirables travaux. L'Allemagne, qui les avait imités si fidèlement, fut peut-être de tous les pays celui où l'on s'écarta davantage des traditions de la Renaissance. On voit dans ses musées une quantité de vases dont la panse est formée de nacre de perle, de corne de rhinocéros ou d'œufs d'autruche, et qui ont reçu des montures bizarres : le travail est toujours d'une exécution soignée, l'artisan est toujours très-habile ; mais la pureté du style a disparu de ses compositions. Les perles baroques jouent un grand rôle dans la bijouterie. Cependant plusieurs orfévres allemands avaient conservé quelques traditions des belles époques jusque dans les premières années du dix-huitième siècle et ont produit de bons ouvrages. On peut citer surtout Raymond Falz et Jean André Thelot. Falz († 1703), habile ciseleur, a fait un grand nombre de médaillons et de bas-reliefs dont la plupart avaient pour destination d'orner les meubles qui recevaient le nom de cabinets et qu'on fabriquait surtout à Augsbourg. Thelot († 1734), qui était établi dans cette ville, a laissé des ciselures d'un très-grand mérite : la richesse, le goût et la pureté du dessin de ses compositions lui avaient acquis un grand renom. Johan Melchior Dinglinger († 1731) eut aussi de son temps une réputation colossale. En 1702, il vint s'établir à Dresde, et ne travailla plus à peu près que pour l'électeur de Saxe, roi de Pologne. Il excellait surtout à ciseler de petites figures de cinq à six centimètres, qu'il coloriait en émail. Le plus curieux de ses ouvrages reproduit en figurines d'or de ronde bosse la cour du Grand Mogol Aureng-Zeyb, à Dehli ; il est conservé dans le Grüne Gewölbe de Dresde.

Sous Louis XVI, l'orfévrerie française, qui se faisait remarquer par une exécution d'une délicatesse merveilleuse, fut beaucoup plus sobre dans ses fantaisies qu'au temps de Louis XV, et elle cherchait même, par une étude sincère des beaux modèles, à amener une rénovation dans l'art, lorsque la Révolution vint fermer les ateliers.

A l'époque de l'empire, les orfèvres s'attachèrent à reproduire le style de l'antiquité sans le comprendre, et laissant de côté toute grâce et toute élégance, n'arrivèrent à produire, par cette prétendue imitation, que des compositions d'une grande sécheresse de profil, d'une roideur gourmée et d'une triste froideur.

Sous la restauration, l'orfévrerie suivit à peu près les mêmes voies ; mais dans les années qui précédèrent 1830, un grand mouvement se produisit dans les arts industriels. On comprit enfin combien les formes pseudo-classiques de l'empire se prêtaient mal aux meubles, à l'orfévrerie, aux productions céramiques ; on chercha à régénérer l'art industriel par l'étude de la nature et par celle des beaux modèles que nous ont légués le moyen âge et la Renaissance. Les objets conservés dans les collections Sauvageot, Du Sommerard et Debruge furent alors d'un grand secours aux orfèvres. A l'étude des styles anciens ils joignirent la recherche des anciens procédés, et l'on vit reparaître la nielle et les différents genres d'émaillerie. Par ces moyens, des orfèvres de talent, sans devenir de serviles copistes, et en appliquant à chacune de leurs œuvres le style que réclamait sa destination, sont arrivés à produire des œuvres d'art très-remarquables. C'est par l'étude des beaux modèles aujourd'hui rassemblés dans les musées, et en ne se laissant pas aller à la fantaisie, qu'ils pourront maintenir l'orfévrerie dans la bonne voie où elle est entrée.

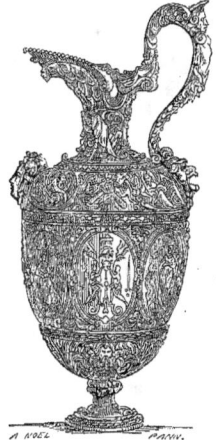

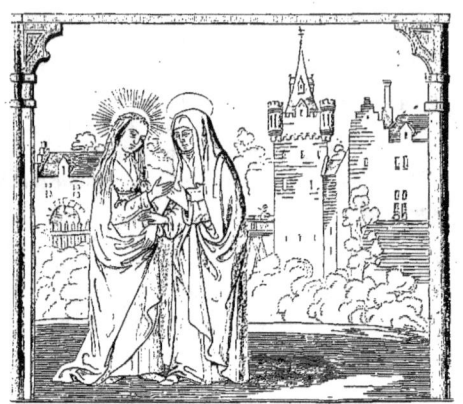

# PEINTURE

### PRÉLIMINAIRES

Lorsque Constantin eut assuré le triomphe du christianisme, l'art chrétien, qui avait pris naissance durant la persécution sous les sombres voûtes des Catacombes, reçut aussitôt un immense développement. De vastes basiliques, élevées à Rome, à Constantinople et dans les principales villes des provinces d'Europe et d'Asie, furent décorées de peintures et de mosaïques. Il ne peut être douteux que les peintres, de même que les sculpteurs, n'aient adopté le style de l'antiquité dans l'état de décadence où il était arrivé; mais on aurait tort de supposer que la sévérité des mœurs chrétiennes et l'opinion de quelques-uns des Pères de l'Église contre les arts aient pu contribuer à l'aggravation de cette décadence. Loin de là, l'influence du christianisme produisit dès cette époque une sorte d'amélioration et de renaissance. Quelques peintures conservées dans les Catacombes, évidemment postérieures à Constantin, présentent des compositions simples et naïves, un dessin correct et surtout une expression touchante des sentiments les plus purs (1). Si la crainte d'être assimilés aux païens avait fait hésiter un instant quelques-uns des premiers chrétiens à honorer les images, la destruction complète du paganisme sous les successeurs de Constantin permit à tous de se livrer sans inquiétude à la vénération des tableaux qui

---

(1) On peut consulter les publications de Bosio et de Bottari, mais surtout M. Perret, *Catacombes de Rome.* Paris, 1851. — Émeric David, *Histoire de la peinture au moyen âge.* Paris, 1842, p. 47.

reproduisaient sous un symbolisme touchant l'image du Sauveur ou les grands faits de l'Ancien et du Nouveau Testament. Les églises furent entièrement revêtues de peintures et de mosaïques, depuis le sol jusqu'aux voûtes.

L'invasion des barbares, la prise de Rome par Alaric et la chute de l'empire romain d'Occident portèrent aux arts un coup funeste en Italie; mais ils ne furent pas entièrement anéantis. Sous le roi des Goths Théodoric, l'Italie retrouva quelque repos, et la peinture, de même que les autres arts, reçut de ce prince de nobles encouragements. Les victoires de Bélisaire et de Narsès avaient à peine arraché l'Italie à la domination des Goths, qu'elle fut envahie par les Lombards, nation féroce, entièrement étrangère à la culture des arts; et cependant, peu d'années après leur installation, leur reine Théodelinde enrichit le palais qu'elle s'était fait construire à Monza de peintures qui reproduisaient les hauts faits de la nation des Lombards en les représentant dans leur costume national (1).

Mais, à partir de la mort de Théodelinde, l'Italie fut tellement agitée, qu'on n'y retrouve plus aucune trace de l'exercice de la peinture, jusqu'au moment où les artistes grecs, fuyant les persécutions des empereurs iconoclastes, émigrèrent en Italie et y rallumèrent le flambeau des arts.

Depuis cette époque, on voit la peinture en grand honneur à Rome. Le *Liber pontificalis* nous montre Grégoire III (731 † 741) faisant déjà enrichir de peintures une chapelle de saint André dans la basilique de Saint-Pierre, la salle du banquet qui était annexée à cette basilique, et l'église Sainte-Marie in Cyro qu'il avait fait reconstruire. Sous Adrien I*er* et sous Léon III, qui, grâce à l'amitié de Charlemagne, avaient acquis une grande puissance et obtenu une large part des dépouilles des rois lombards, la peinture prit plus de développement, malgré la préférence qu'on donnait alors à la mosaïque (2).

Les successeurs de Léon III, Grégoire IV, Sergius II, Léon IV et Benoît III, firent également exécuter plusieurs grands ouvrages de peinture (3), jusqu'au moment où de nouvelles calamités, venant fondre sur l'Italie, amenèrent les arts au dernier degré d'avilissement pendant près de deux cents années.

Si nous nous reportons dans les Gaules, nous y trouvons la peinture fréquemment appliquée à la décoration des églises pendant la domination romaine. Grégoire de Tours nous apprend en effet que la femme de Numatius, évêque de Clermont en Auvergne au cinquième siècle, ayant fait bâtir dans le faubourg de la ville la basilique de Saint-Étienne, la fit décorer de peintures. Elle lisait elle-même aux peintres les actions des anciens temps qu'ils devaient représenter sur les murailles. Le saint historien parle également, dans un autre passage de son *Histoire des Francs*, des peintures qui enrichissaient les parois de l'église Saint-Martin de Tours (4), et dans un autre ouvrage il nous apprend que la sœur et la femme d'Apollinaire, évêque de Clermont (472 † 484), avaient fait couvrir de peintures historiques l'abside de l'église par elles édifiée sous le vocable de saint Antolien, martyr (5).

L'invasion des musulmans et les désordres au milieu desquels s'éteignit la dynastie

---

(1) Pauli Warnefridi Diaconi, *De gestis Langobardorum*, lib. IV, cap. xxiii.
(2) *Liber pontificalis*, t. II, p. 52—54, 219, 238, 279 et 303.
(3) *Ibid.*, t. III, p. 16, 50, 54, 132 et 164.
(4) S. Gregorii episc. Turon. *Opera omnia*. Lutet. Paris., 1699, lib. II, § xvii, col. 70, et lib. VII, § xxii, col. 347.
(5) *Libri miraculorum*, lib. I, cap. lxv.

mérovingienne vinrent anéantir l'exercice de la peinture, comme de tous les autres arts; la trace en disparaît jusqu'au moment où Charlemagne s'efforça d'en faire revivre le culte dans toute l'étendue de son empire. Lorsque ce grand homme eut jugé qu'un temps suffisant s'était écoulé pour que des artistes peintres se fussent formés, il prescrivit d'enrichir toutes les églises de peintures, et chargea des inspecteurs de surveiller l'exécution de ses ordres (1).

Pour donner l'exemple, il avait fait couvrir de peintures les parois de la chapelle du superbe palais qu'il s'était construit à Ingelheim. Les scènes de l'Ancien et du Nouveau Testament s'y trouvaient reproduites (2).

A en juger par les miniatures des manuscrits, qui sont les seules œuvres de la peinture qui nous restent de ce temps, cet art était en progrès sous le fils de Charlemagne, et il fut cultivé avec quelque succès sous ses petits-fils dans toutes les provinces de l'empire carolingien; mais, au milieu des calamités qui se répandirent sur l'Occident au dixième siècle, la peinture fut entraînée au dernier terme de la décadence.

Le mouvement de renaissance qui se produisit en Allemagne dès la fin de cette période, sous le règne des Othon, et un peu plus tard en France, au onzième siècle, ne fut pas moins favorable à la peinture qu'aux autres arts. Saint Bernward, évêque d'Hildesheim et précepteur d'Othon II, l'un des promoteurs de cette renaissance, s'était acquis comme peintre une grande réputation (3). Cependant ce premier retour vers le culte de la peinture ne produisit encore que de faibles résultats jusque vers le milieu du treizième siècle; mais, à partir de cette époque, l'art de peindre ne cessa pas de s'améliorer jusqu'au seizième siècle, où il atteignit au plus haut degré de perfection.

Si l'on reporte ses regards vers l'Orient, on verra que, malgré les grandes guerres qu'il eut à soutenir et les révolutions intérieures qui l'agitèrent trop souvent, l'empire grec ne subit pas, durant les huit premiers siècles de son existence, les calamités qui, à plusieurs reprises, avaient conduit les arts en Occident à un anéantissement presque complet. Nous avons retracé dans les NOTIONS GÉNÉRALES (4) la marche de l'art dans l'empire d'Orient depuis Constantin jusqu'à la chute de l'empire, nous n'avons pas à y revenir.

Tous les arts sont solidaires, et les causes qui eurent sur la sculpture une influence heureuse ou funeste réagirent également sur l'art de peindre. En Orient comme en Occident, la peinture fut principalement employée au moyen âge à la décoration des églises, et à retracer même dans les palais les scènes de l'Ancien et du Nouveau Testament; aussi les productions de la grande peinture disparurent-elles presque complétement à l'époque de l'hérésie des iconoclastes. Le temps et l'invasion des musulmans ont amené la destruction des peintures murales et des mosaïques qui furent exécutées du neuvième au treizième

---

(1) *Capitulare Aquense anni* 807, ap. Pertz, *Monumenta Germ. hist.*, t. I, p. 148.

(2) Inclita gesta Dei, series memoranda virorum,
Pictura insigni quo relegenda patent.

Ermoldi Nigelli *Carmina*, lib. IV, v. 190 et seq.; ap. Pertz, *Monum. Germ. histor.*, t. II, p. 505.

(3) « Picturam etiam limate exercuit. » (Tangmarus, *S. Bernwardi vita*, ap. Leibnitz, *Script. rer. Brunsvicensium*. Hanov., 1707, p. 422).

(4) Tome I, page 19 et suiv.

siècle, et celles qui subsistent aujourd'hui dans les couvents du mont Athos et dans quelques églises de l'Orient sont pour la plupart postérieures à cette époque, et ne peuvent faire connaître que des œuvres de la décadence de l'art byzantin. Mais des tableaux portatifs du neuvième, du dixième et du onzième siècle existent encore, et donnent une excellente idée du talent des peintres byzantins de ces époques. Le musée chrétien du Vatican en a recueilli un très-grand nombre qui mériteraient un examen tout particulier. On trouve dans beaucoup de ces peintures une composition savante, du mouvement, un dessin correct, des têtes remplies d'expression, un coloris chaud et éclatant, et une exquise finesse d'exécution. Le Vatican est seul à posséder de ces tableaux; mais les peintures que renferment un assez grand nombre de manuscrits conservés dans les grandes bibliothèques de l'Europe permettent de reconnaître l'état florissant de la peinture dans l'empire grec depuis le sixième siècle jusque vers la fin du dixième, et d'apprécier la marche de la décadence qui se fit sentir ensuite.

Nous ne devons pas étendre davantage ces préliminaires; nous n'avons à étudier la peinture que dans son application aux monuments de la vie privée et aux productions de l'industrie. Après avoir retracé l'historique de l'ornementation des manuscrits et celui de la peinture sur verre, nous nous occuperons des arts industriels qui se rattachent à la peinture, et dans lesquels elle est mise en œuvre par l'alliance de certaines matières colorées ou par l'emploi de procédés techniques comme la mosaïque, l'émaillerie, la damasquinerie, le tissage et la broderie des étoffes. L'ornementation des manuscrits doit obtenir le premier rang, et prendre une place importante dans nos études. Pendant plusieurs siècles, les peintures sur vélin des manuscrits ont été, avec la mosaïque et les peintures murales, les seules manifestations de l'art de peindre; ces dernières ont disparu, et les illustrations renfermées dans les livres sont, avec quelques rares mosaïques, les seuls témoignages subsistants de cet art durant sept ou huit siècles. On trouve dans les manuscrits une galerie de tableaux qui présente à plusieurs points de vue un immense intérêt.

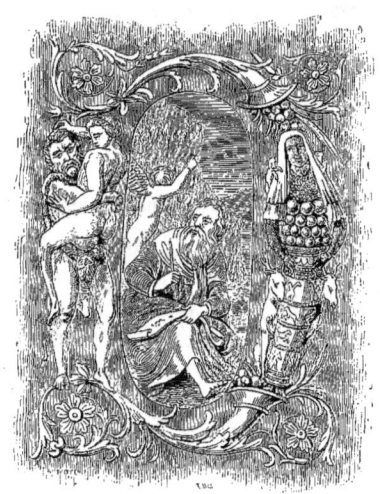

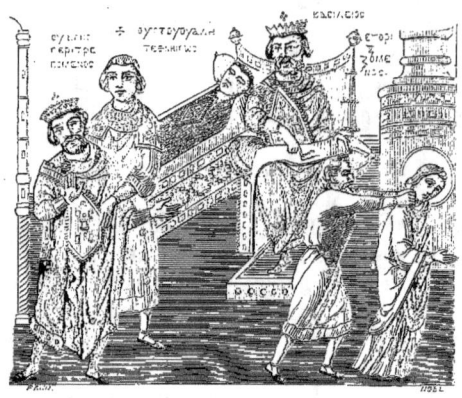

# PEINTURE

## ORNEMENTATION DES MANUSCRITS

### CHAPITRE PREMIER

DE L'ORNEMENTATION DES MANUSCRITS DANS L'EMPIRE ROMAIN DEPUIS CONSTANTIN JUSQU'A LA DESTRUCTION DE L'EMPIRE D'ORIENT PAR LES TURCS.

§ I

DANS L'EMPIRE D'OCCIDENT EN ITALIE.

Le temps et les commotions politiques et sociales ayant fait disparaître presque toutes les grandes peintures antérieures au quatorzième siècle, on ne pourrait se former une idée de la peinture au moyen âge, si elle n'eût été appliquée à enrichir les monuments de la vie privée que les hommes ont le mieux conservés, les manuscrits.

Les livres sont en effet les compagnons les plus indispensables de la vie intérieure, et les livres de prières ont été pendant plusieurs siècles du moyen âge la seule lecture d'un grand nombre d'hommes : aussi le lettré, l'homme religieux, se sont-ils plu de tout temps à embellir les livres, délassement et consolation de leur existence.

Le goût pour l'ornementation des manuscrits existait déjà dans l'antiquité. Les médecins grecs Cratévas, Denys et Métrodore, à ce que Pline rapporte, avaient enrichi leurs ouvrages de peintures qui reproduisaient les plantes dont ils faisaient connaître les propriétés (1). Pline nous a encore appris que Marcus Varron avait illustré ses nombreux livres des images de sept cents personnages illustres, à l'aide d'un certain procédé. Un grand nombre de copies avaient sans doute été faites de ce livre; car il ajoute que Varron avait assuré l'immortalité à ces personnages en les faisant ainsi connaître à toute la terre (2). Sénèque, dans son traité *De tranquillitate animi* (3), parle aussi de livres ornés d'images. Aucun des livres à figures de l'antiquité n'est parvenu jusqu'à nous, et le plus ancien monument de la calligraphie illustrée est bien certainement le *Virgile* de la bibliothèque Vaticane (n° 3225), qui doit avoir été écrit au quatrième siècle. Ce manuscrit, de format petit in-quarto presque carré, ne contient pas les œuvres complètes du grand poëte latin, mais seulement des fragments. Il est enrichi de cinquante miniatures, dont quelques-unes sont presque effacées. La composition des sujets n'est pas sans mérite, et rend avec justesse et clarté les faits racontés par le poëte. Les figures ne manquent pas d'expression dans leurs attitudes ; mais le dessin est lourd, et offre souvent de la roideur; le jet des draperies est cependant simple et naturel, et se ressent de l'influence des beaux modèles qui existaient sous les yeux de l'artiste. Le coloris laisse à désirer : des teintes fortes et des traits noirâtres forment les contours, et servent à accuser dans les figures nues les jointures et les muscles. Les vêtements sont souvent rehaussés d'or ; les édifices, d'une couleur bleuâtre ou légèrement briquetée, ont des rehauts de blanc ou d'or. La perspective est défectueuse. L'ensemble dénote la décadence où l'art était arrivé au quatrième siècle en Italie (4).

Un autre manuscrit des œuvres de Virgile, qui appartient aussi à la Vaticane (n° 3867), mais qui est de cent ans environ moins ancien, témoigne encore plus de cette décadence. Le livre, de format grand in-quarto carré (de 32 centimètres), renferme dix-neuf miniatures, parmi lesquelles la figure de Virgile, placée en tête de l'ouvrage. Les compositions sont loin de présenter le même intérêt que celles du premier manuscrit que nous venons de citer. Le dessin est souvent incorrect, les attitudes accusent de la roideur, les têtes sont sans expression. L'ensemble cependant est empreint du cachet de l'antiquité. Le coloris est sans éclat, et ne donne aucun modelé aux figures; les couleurs dominantes sont le vert, le rouge et le violet. Le ton des chairs est jaunâtre avec quelques taches de rouge dans les joues. M. Aimé Champollion a donné, dans *le Moyen âge et la Renaissance* (5), la reproduction de deux des miniatures de ce manuscrit, l'une au trait, l'autre en couleur. Si les miniatures laissent à désirer, le manuscrit est superbe, et contient toutes les poésies de Virgile, écrites sur trois cent neuf feuillets en grandes lettres onciales. Mabillon en a

---

(1) *Historia naturalis*, lib. XXV, § 4.

(2) *Ibid.*, lib. XXXV, § 2.

(3) Cap. IX.

(4) D'AGINCOURT (*Histoire de l'art*) a publié la gravure de quelques-unes de ces miniatures calquées sur les originaux (PEINTURE, t. V, pl. XX à XXV). Le graveur Pietro Santi Bartoli les avait publiées précédemment ; mais, habile dessinateur Bartoli a refait les dessins du miniaturiste romain au lieu de les reproduire fidèlement.

(5) MINIATURES DES MANUSCRITS, t. II, fol. 1. C'est à tort que la reproduction au trait a été donnée comme appartenant au manuscrit du quatrième siècle, n° 3225; les deux reproductions publiées dans *le Moyen âge et la Renaissance* sont empruntées au manuscrit n° 3867.

donné deux lignes pour exemple de l'écriture romaine du second âge (1). Ce beau livre, avant de passer dans la bibliothèque Vaticane, avait appartenu à l'abbaye de Saint-Denis. C'est ce qui résulte de cette note en caractères du treizième siècle : *Iste liber est beati Dyon* [isii], qu'on lit au folio 4, et d'une autre note : *Ex libris S. Dionisii in Francia*, en caractères plus anciens, inscrite au folio 309. Au folio 78, on lit le nom de Jehan Courtoys. Serait-ce celui du célèbre émailleur de Limoges qui aurait puisé dans ce manuscrit quelques-uns des nombreux sujets tirés de l'*Énéide*, dont il a enrichi un grand nombre de ses beaux vases de cuivre émaillé?

On pourrait encore classer parmi les illustrations du quatrième ou du cinquième siècle celles qui décorent deux manuscrits de Térence : l'un appartenant à la bibliothèque Vaticane (n° 3868), l'autre à la Bibliothèque nationale de Paris (ms. lat. n° 7899), bien que ces deux livres n'aient été écrits qu'au neuvième siècle. Il est évident en effet que les illustrations, dans les deux manuscrits, ont été copiées sur des originaux qui devaient remonter à l'époque dont nous nous occupons. Celles du manuscrit du Vatican sont en couleurs (2). Le manuscrit de Paris n'est orné que de dessins à la plume. Le portrait du poëte se trouve dans les deux livres. Dans celui de Paris, il est soutenu par deux acteurs portant le masque scénique. Cette composition du meilleur style dénote surtout la copie d'un original antique. Comme on le voit, les livres illustrés que nous venons de citer appartiennent tous à la littérature profane, et il est à croire que dans les premiers temps du triomphe du christianisme, les livres saints n'ont pas été enrichis de peintures.

Ce qu'il y a de certain, c'est qu'on ne trouve dans les *Vies des papes* de l'époque dont nous nous occupons aucune mention de livres d'église illustrés : le *Liber pontificalis* fournit cependant dans le plus grand détail l'énumération de tous les dons faits aux églises par Constantin, et par le pape saint Sylvestre ou ses successeurs

Aucun livre, aucun document ne vient non plus constater l'existence de la calligraphie illustrée en Italie, postérieurement à la destruction de l'empire par les Hérules jusqu'à la renaissance des arts à la fin du huitième siècle. Le célèbre Cassiodore, après avoir été le ministre d'Odoacre et des rois goths, se retira dans son pays natal, la Calabre, et y fonda le monastère de Viviers, où il établit une grande bibliothèque; il dépensa des sommes considérables pour recueillir de bons manuscrits qu'il faisait copier par les moines, auxquels il en imposa l'obligation par la règle qu'il avait établie, et il composa à leur intention un traité de l'orthographe, afin de les guider dans la transcription des textes. Il se livra lui-même avec ardeur aux travaux de la calligraphie ; mais son but unique était de conserver une foule de monuments précieux de la littérature profane et sacrée, et rien ne peut établir que, dans l'état de dégradation où l'art était arrivé au sixième siècle en Italie, il ait songé à enrichir de peintures les livres qu'il faisait transcrire.

(1) *De re diplomatica*, tab. VI, n° 1, p. 354.
(2) D'Agincourt, *Histoire de l'art*, pl. XXXV et XXXVI.

## § II

### DE L'ORNEMENTATION DES MANUSCRITS DANS L'EMPIRE D'ORIENT.

#### I

*De Constantin (325) à Léon l'Isaurien (717).*

Si l'invasion des barbares, la destruction de l'empire romain d'Occident et les malheurs de toutes sortes dont l'Italie avait été accablée au cinquième siècle et au sixième y avaient causé l'abandon du culte des arts, il en avait été tout autrement dans l'empire d'Orient.

Constantin, voulant fonder au plus vite sa nouvelle capitale, avait appelé de l'Italie tous les artistes de talent qui pouvaient s'y trouver, et tandis que les peintres restés dans l'empire d'Occident se trouvaient privés des beaux modèles de l'antiquité qui disparaissaient chaque jour sous le marteau trop zélé des chrétiens, ceux qui étaient allés s'établir à Constantinople, et leurs successeurs surtout, avaient constamment sous les yeux les chefs-d'œuvre de la statuaire antique que cette ville avait seule le privilége de posséder. Nous avons pu constater, en traitant de la sculpture, que l'art s'y était relevé peu à peu de la décadence où il était tombé en Occident, et qu'une grande amélioration avait été déjà obtenue à l'époque de Théodose le Grand (1). Cette amélioration se fit sentir dans l'ornementation des manuscrits. Constantin avait songé à créer une grande bibliothèque à Constantinople, et son fils Constance, pénétré du même désir, avait rassemblé un grand nombre de livres. L'empereur Julien augmenta cette collection, et fit construire sous les portiques du palais un bel édifice pour la contenir. Elle s'était constamment accrue sous ses successeurs, et l'empereur Valens l'avait placée sous la garde de sept conservateurs, quatre Grecs et trois Latins, auxquels on donnait le nom d'antiquaires. Tous étaient fort habiles dans l'art de la calligraphie. Cette bibliothèque, qui possédait déjà cent vingt mille volumes, fut incendiée sous le tyran Basiliscus en 476 (2). Elle devait certainement contenir un grand nombre de livres illustrés, car les empereurs d'Orient avaient de tout temps protégé l'art de la calligraphie. On possède une lettre de Constantin à l'évêque Eusèbe de Césarée, dans laquelle il lui demande de faire écrire sur beau parchemin cinquante exemplaires des saintes Écritures, parce qu'il voulait les distribuer aux nouvelles églises qu'il venait de construire à Constantinople, et Eusèbe constate, dans son histoire de la *Vie de Constantin*, qu'il s'empressa de satisfaire au désir de son souverain en lui envoyant des livres somptueusement ornés (3). Il y a donc lieu de penser que ces livres étaient enrichis de miniatures. Théodose II († 450) était un véritable artiste; il savait peindre et modeler, et il n'est pas douteux que, pour se délasser des fatigues du gouvernement de l'État, il ne se soit occupé de la peinture des manuscrits; car il reçut des historiens grecs le surnom de calli-

---

(1) Voyez notre tome Ier, page 19 et suiv.
(2) Du Cange, *Constantinopolis christiana*, lib. II, § 3, p. 150.
(3) Eusebii Pamphili *Vita imperat. Constantini*, lib. IV, cap. xxxvi et xxxvii. Parisiis, 1659, p. 543 et 544.

Jos. Schönbrunner del.

ΗΝ ΠΡωΤΟΤΟΚΟΣ ΜΟΥ ΙΣ ΧΥ ΣΜΟΥ · ζ ΑΡΧΗ· ΣΡ · :·

PEINTURE — ORNEMENTATION DES MANUSCRITS
Jacob et ses fils, miniature tirée d'un manuscrit des anciens

MM A. Morel & C.ⁱᵉ Editeurs, Paris

Imp. Lemercier & C.ⁱᵉ

graphe. Aussi les livres enrichis de miniatures ne durent-ils pas manquer dans la nouvelle bibliothèque que fit élever l'empereur Zénon († 491). Cette bibliothèque s'enrichit considérablement sous les successeurs de ce prince, dont plusieurs protégèrent la calligraphie. Théodose III s'y adonnait particulièrement. Après qu'il eut été détrôné (717), il se retira à Éphèse, où il s'occupa d'écrire en lettres d'or les livres des Évangiles, qu'il faisait bien certainement décorer de miniatures, suivant l'usage de son temps.

Lorsque Léon l'Isaurien s'empara de la couronne, la bibliothèque élevée par Zénon renfermait déjà plus de trente-six mille volumes (1). A cet établissement étaient attachés douze professeurs, qui enseignaient gratuitement les lettres sacrées et profanes; ils étaient entretenus aux dépens du trésor : à leur tête était placé un fonctionnaire, l'OEcuménique. Cette compagnie jouissait d'une haute considération; les empereurs la consultaient dans les affaires importantes, et choisissaient souvent parmi ses membres des prélats pour les principaux évêchés de l'empire.

Léon, après avoir proscrit le culte des images, pensa que sa doctrine acquerrait de l'autorité sur le peuple si elle était partagée par cette savante compagnie, et il entreprit de l'amener à ses sentiments. Mais ayant trouvé dans tous ces savants docteurs une résistance opiniâtre, il résolut de les exterminer. Ayant fait pendant la nuit environner la bibliothèque d'un grand amas de bois sec et de matières combustibles, il y fit mettre le feu (730). Tous les professeurs périrent dans l'incendie, qui détruisit les trente-six mille volumes que les empereurs avaient rassemblés depuis deux cent quarante ans (2).

Les Grecs avaient toujours aimé à enrichir leurs livres de peintures et d'images qui en rendaient le texte plus intelligible ou qui reproduisaient les faits rapportés par l'auteur (3), et l'on peut juger combien les deux funestes incendies de la bibliothèque impériale de Constantinople durent dévorer de livres illustrés appartenant aux lettres sacrées et profanes, aux sciences et aux arts. Les persécutions des empereurs iconoclastes, qui durèrent environ cent vingt ans à partir du dernier incendie, entraînèrent en outre la perte de presque toutes les images qui décoraient les livres saints des églises. Si à ces causes de destruction on veut ajouter les ruines incessamment produites par la dent rongeuse du temps, on ne s'étonnera pas qu'il subsiste un si petit nombre de manuscrits grecs illustrés antérieurs au neuvième siècle, c'est-à-dire à l'époque où l'impératrice Théodora, mère et tutrice de Michel III, rétablit le culte des images (842) dans l'étendue de l'empire d'Orient.

Le plus ancien de tous doit être celui de la Bibliothèque impériale de Vienne, dont notre planche XLII (4) reproduit l'une des miniatures. C'est un volume de format grand in-quarto, presque carré, qui ne contient que vingt-six folios de parchemin teint en pourpre; les vingt-quatre premiers renferment des extraits de la Genèse d'après la version des Septante, et les deux derniers une partie de l'Évangile de saint Luc. Chaque page de ces vingt-quatre premiers folios est ornée d'une miniature qui occupe la moitié inférieure de la feuille; le texte, écrit en lettres d'or et d'argent, en remplit la partie supérieure; les mots ne sont pas séparés, et n'ont ni accents ni esprits : tout cet ensemble dénote une haute antiquité. Lambecius, qui

---

(1) Du Cange, *Constant. christ.*, lib. II, § 3, p. 151.
(2) Georgii Cedreni *Compend. histor.* Parisiis, t. I, p. 454.
(3) Montfaucon, *Palæographia græca*, lib. I, p. 7.
(4) Voyez à la fin du volume l'explication de cette planche.

LABARTE.

a donné une longue et minutieuse description de ce précieux manuscrit et qui en a publié toutes les miniatures (1), en fait remonter l'exécution jusqu'au quatrième siècle. Montfaucon, sans contester cette appréciation (2), fait remarquer cependant que ce ne peut être qu'une conjecture de la part de Lambecius, parce que tous les manuscrits grecs remontant à une époque antérieure au septième siècle présentent tous dans leur écriture le même caractère. Montfaucon reconnaît cependant que les peintures dont le manuscrit est orné ont une grande analogie avec celles que l'on voit dans les catacombes de Rome. D'Agincourt fait remarquer que l'invention et la bonne ordonnance des sujets donnent à penser que ces peintures sont d'un temps assez peu éloigné de l'âge où le bon goût régnait encore, et croit devoir en fixer la date au quatrième siècle ou au commencement du cinquième (3).

L'examen des miniatures dont le curieux manuscrit de Vienne est orné nous permet d'ajouter quelques réflexions à l'opinion des savants que nous venons de citer. Les costumes, les usages et le style de l'antiquité se font voir dans toutes les miniatures. Ainsi Pharaon et ses convives (fol. 17 v°) sont couchés sur des lits autour de la table du banquet, à la manière des anciens; dans celle qui reproduit Rébecca donnant à boire au serviteur d'Abraham )fol. 7 r°), la fontaine où la jeune fille a puisé de l'eau est personnifiée par une nymphe nue jusqu'au bas du corps, à demi couchée et appuyée sur son urne d'où l'eau s'échappe.

Ce qui, indépendamment du style des miniatures, justifie le rapprochement que Montfaucon en a fait avec les peintures des Catacombes, c'est le costume donné à Joseph avant son élévation (fol. 17 et 18) et au jeune Benjamin. On les voit, en effet, revêtus du colobium, sorte de vêtement large et déceint, percé seulement en haut et sur les flancs pour laisser passer la tête et les bras. Les premiers chrétiens sont souvent représentés avec cette espèce de tunique flottante sur les parois des Catacombes, et l'on trouve dans le cimetière de Sainte-Agnès, à Rome, un chrétien en prière (4), dont le costume pourrait avoir servi de modèle au peintre du manuscrit de Vienne pour les deux personnages de Joseph et de Benjamin.

Les quarante-huit miniatures dont le manuscrit est orné paraissent être de deux mains. Dans les premières, qui sont les meilleures, les sujets sont peints sur le parchemin teint; tandis que dans les autres, dont fait partie celle que nous reproduisons, le ciel est indiqué. L'artiste ou les artistes qui les ont exécutées n'étaient certainement pas du premier ordre; mais il est évident qu'ils ont travaillé fort vite, au courant, pour ainsi dire, du pinceau, avec entrain et sans être assujettis à aucune règle. Les animaux qui sortent de l'arche de Noé (fol. 2 v°) sont bien dessinés et représentés avec exactitude. La peinture consiste en une gouache bien empâtée et d'un coloris vigoureux, dont le ton rappelle un peu celui des peintures murales de Pompéi; l'or est posé au pinceau. L'ensemble paraît donc attester une antiquité très-reculée, et nous pensons qu'on doit partager l'opinion de Lambecius et de d'Agincourt, et dater ces miniatures de la fin du quatrième siècle ou du commencement du cinquième. Nous devons, en terminant, constater encore qu'elles sont bien supérieures à celles qu'on voit sur le *Virgile* du Vatican du cinquième siècle (n° 3867), et

---

(1) Petri Lambecii *Commentariorum de bibl. Cæsarea Vindobonensi* liber tertius. Vindobonæ, 1670, p. 2 et seq.
(2) *Palæographia græca*, lib. III, p. 185 et 190.
(3) *Histoire de l'art*, t. II, p. 49, Peinture, pl. XIX.
(4) Louis Perret, *Catacombes de Rome*. Paris, 1851, t. II, pl. VII.

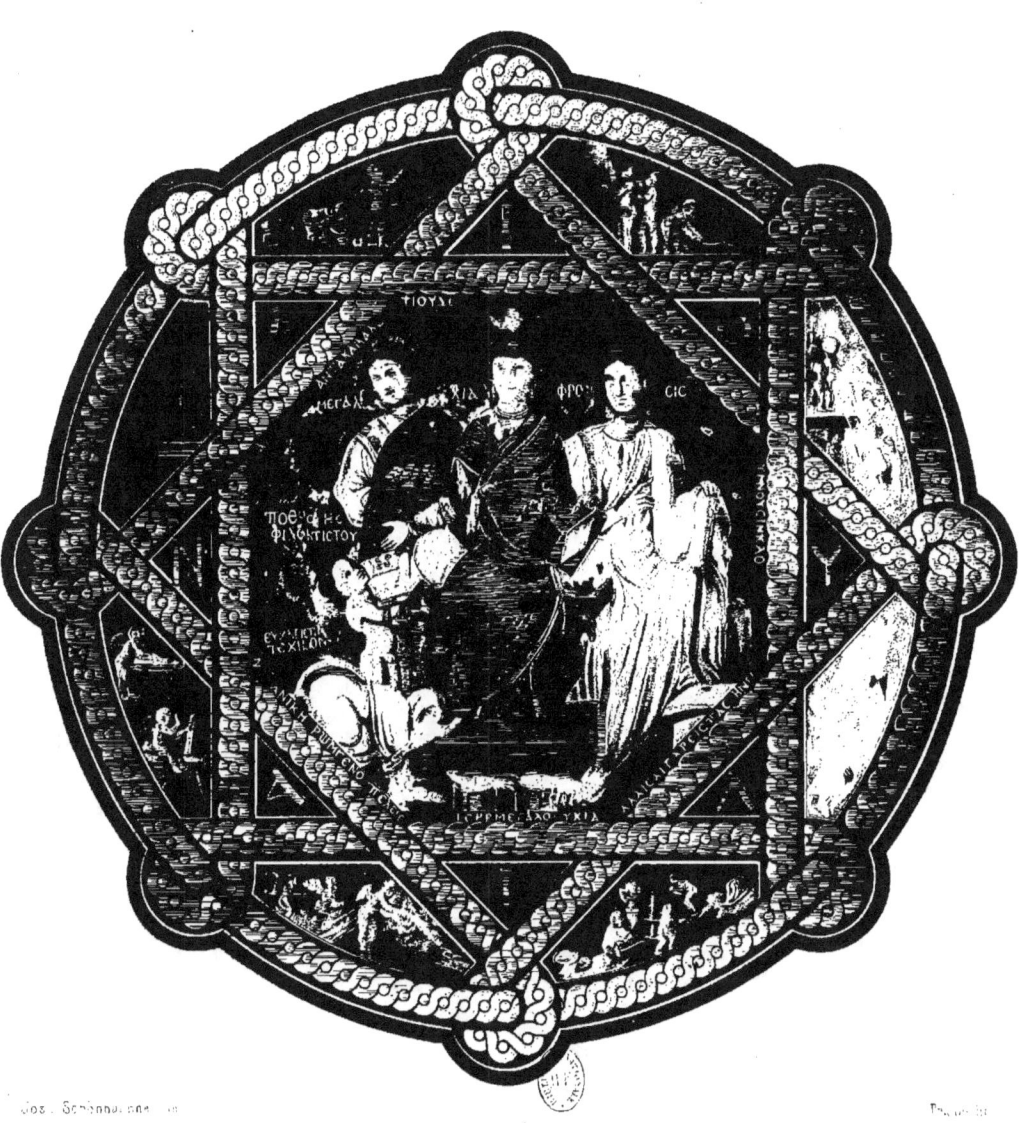

PL. XLIII.

PEINTURE ET ORNEMENTATION DES MANUSCRITS
byzantine du VI.e Siècle

nous trouvons là une preuve à l'appui de ce fait que, tandis que l'art à cette époque allait en s'appauvrissant de plus en plus en Italie, il tendait à s'améliorer beaucoup dans l'empire d'Orient, et marchait vers une véritable renaissance, qu'il atteignit sous le règne de Justinien (1).

Notre planche XLIII vient à l'appui de cette opinion. Il n'y a heureusement aucune incertitude sur l'âge du manuscrit auquel nous avons emprunté cette planche (2). Ce manuscrit, qui appartient à la Bibliothèque impériale de Vienne, renferme les œuvres du célèbre médecin Dioscoride ; il a été écrit pour la princesse Juliana Anicia, fille de l'empereur d'Occident Olybrius, qui s'était retirée à Constantinople, où elle mourut dans les premières années du règne de Justinien. La miniature que nous avons reproduite offre le portrait de la princesse entre la Prudence et la Magnanimité. Le manuscrit contient encore cinq autres grandes miniatures. La première (fol. 1 v°) représente un paon déployant sa superbe queue couleur d'azur aux yeux d'or ; la seconde (fol. 2 v°), sept médecins grecs : Chiron le centaure et Machaon, fils d'Esculape, qui appartiennent aux temps fabuleux ; Pamphile, Xénocrate, Nigros, Héraclide de Tarente et Mantias ; la troisième (fol. 3 v°), sept autres médecins : Claude Gallien, Cratéras, Apollonios, Andréas, Dioscoride, Nicandre et Rufos. Dans ces deux miniatures, les figures, assises et drapées à l'antique, se détachent sur un fond d'or (3). Dans la quatrième (fol. 4), on voit une femme désignée par le nom de Εὕρεσις, l'Invention ; elle présente à Dioscoride assis la mandragore noire, et aux pieds de la femme, un chien qui se meurt pour avoir arraché cette racine de la terre. La cinquième (fol. 5 v°) représente encore l'Invention debout au centre du tableau, tenant la fameuse racine, dont un peintre, à droite, copie la figure, tandis qu'à gauche Dioscoride assis en écrit la description. Les costumes, l'architecture des lieux où les scènes se passent, tout, en un mot, dans ces peintures, est emprunté à l'antiquité. Indépendamment de ces miniatures, on voit dans le manuscrit, qui ne contient pas moins de quatre cent quatre-vingt-onze folios, une foule de plantes reproduites avec un grand soin d'après nature, et quelques animaux. Toutes les miniatures, de même que celle que nos lecteurs ont sous les yeux, ont beaucoup souffert des injures du temps. Les détériorations laissent souvent à découvert les procédés dont l'artiste qui a illustré le manuscrit faisait usage. Le dessin a été légèrement tracé à la plume sur le parchemin, mais cette esquisse a été entièrement recouverte par une gouache épaisse avec des couleurs fortement empâtées qui devaient offrir beaucoup d'éclat. La persistance des traditions antiques est manifeste dans toutes les compositions et dans le dessin ; mais ce que la peinture du Dioscoride met surtout en évidence, c'est la grande amélioration qui s'était produite dans l'art de peindre depuis le siècle de Constantin, et la supériorité que les œuvres du sixième siècle avaient acquise en Orient sur celles du quatrième et du cinquième. Pour s'en convaincre, il suffit de comparer les miniatures du Dioscoride avec celles du manuscrit de la Genèse dont notre planche XLII reproduit un spécimen.

C'est au commencement du sixième siècle qu'il faut faire remonter la transformation de l'art chrétien et l'origine du style byzantin.

(1) Voyez les Notions générales, t. I, p. 26.
(2) Voyez à la fin du volume les explications que nous donnons sur cette planche.
(3) Elles sont reproduites dans les *Arts somptuaires* (Paris, 1857, t. I).

Dans les premiers temps du christianisme, les chrétiens, pour voiler les mystères de la nouvelle religion, se contentèrent de représenter le Christ, le sacrifice de la croix et la résurrection par des allégories. C'était le bon Pasteur allant à la recherche de la brebis égarée et la rapportant au bercail; Orphée apprivoisant les animaux par les doux accents de sa lyre; Daniel nu parmi les lions, dont la férocité est désarmée; Jonas englouti par la baleine et rejeté sain et sauf sur le rivage. Lorsque le triomphe de la religion chrétienne eut été assuré par Constantin, on représenta encore le Sauveur sous la figure d'un beau jeune homme imberbe, tenant une baguette à la main, ou bien foulant de ses pieds nus le lion et le dragon. Un peu plus tard on le représenta, comme sur le sarcophage de Junius Bassus, revêtu de la toge romaine, assis sur une chaise curule au milieu de ses disciples. Tel fut le type idéal du Christ dans l'école romano-chrétienne.

L'école byzantine, abandonnant les allégories, représenta le Sauveur avec plus de dignité, sous la figure d'un homme dans la force de l'âge, drapé à l'antique, assis sur un trône d'or et planant au-dessus des mortels. Sa belle figure fut caractérisée par une expression de sévérité que tempérait la douceur; on le fit toujours bénissant de la main droite et offrant de la gauche le livre qui contient ses divins préceptes. La figure de la Mère de Dieu fut empreinte d'une beauté toute hellénique. Les apôtres et les Pères de l'Église apparurent sous la forme de vieillards vénérables, couverts de vêtements simples, mais drapés avec art. Le sérieux sublime, la dignité des caractères, la solennité des attitudes et des gestes, devinrent le cachet de l'art byzantin. Tous les sujets de l'Ancien et du Nouveau Testament furent traités au gré de l'artiste, qui s'astreignit toutefois à ne pas s'écarter du texte des saintes Écritures. On aurait donc tort de croire qu'il faille reporter à cette époque de régénération l'uniformité des compositions, la sécheresse des formes, l'allongement démesuré des proportions, la roideur des draperies, qui devinrent en effet, mais beaucoup plus tard, le caractère de l'art byzantin en décadence.

Parmi les grandes scènes de l'Évangile, il en est une qu'il répugnait aux premiers chrétiens de reproduire : le supplice que les Juifs infligèrent au Sauveur était symbolisé par un agneau, l'agneau dont avaient parlé les prophètes, l'agneau qui marche à la mort et se laisse égorger sans se plaindre. Mais bien avant que le concile de Quinisexte, tenu en 691 à Constantinople, eût décidé qu'il fallait préférer la représentation de la mort du Christ à l'allégorie, les peintres avaient reproduit la scène de la crucifixion. La plus ancienne représentation que l'on en connaisse se trouve dans l'une des miniatures d'un manuscrit appartenant à la bibliothèque Laurentienne de Florence. Ce livre, qui renferme les quatre Évangiles en syriaque, a été exécuté en 586, à Zagba, ville de Mésopotamie, par Rabula, moine du monastère de Saint-Jean. Notre planche XLIV reproduit cette miniature, ainsi qu'une autre peinte au-dessous sur la même feuille et qui offre trois sujets.

Le peintre Rabula, relégué dans un couvent au fond de l'une des provinces les plus reculées de l'empire d'Orient, ne pouvait avoir le talent des artistes employés par les empereurs à Constantinople; mais ses petits tableaux, exécutés au courant de la plume et du pinceau, démontrent assez que ce n'était pas le talent de l'invention qui lui manquait, et qu'il n'était gêné par aucune règle. Dans une miniature où l'artiste a représenté le massacre des Innocents, la terre arrosée par le sang des jeunes martyrs produit des fleurs. Le dessin est souvent fort négligé, mais les mouvements sont en général justes, et les

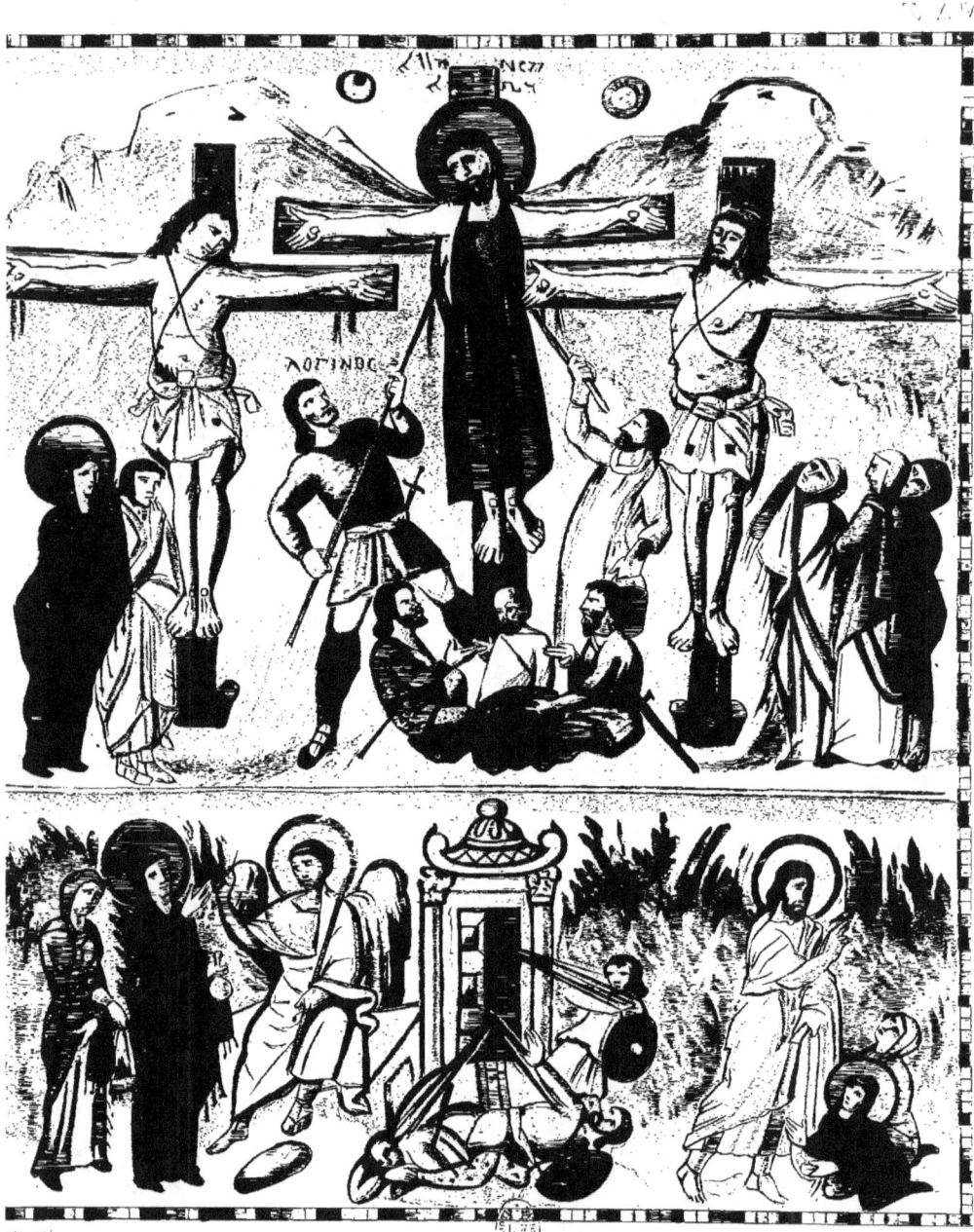

PEINTURE — ORNEMENTATION DES MANUSCRITS
Miniature tirée d'un manuscrit Syriaque du V.e siècle

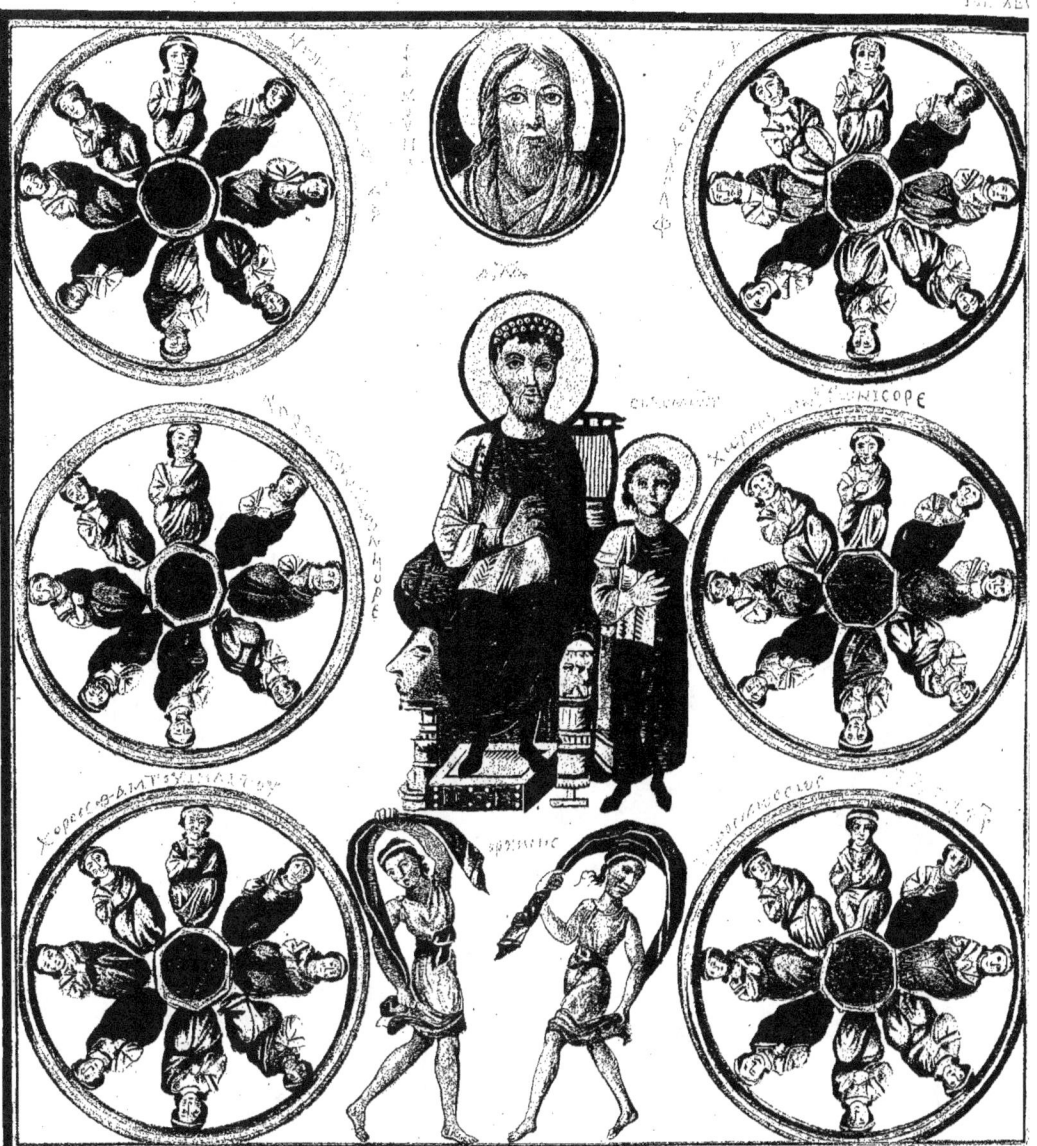

PEINTURE — ORNEMENTATION DES MANUSCRITS.

David et Salomon — Miniature tirée d'un manuscrit Grec du VIe siècle

têtes, à peine ébauchées, ne manquent pas cependant d'expression. Au folio 4, David et Salomon sont représentés avec le costume des empereurs grecs, mais la grande scène de la descente du Saint-Esprit sur les apôtres est empreinte du style antique.

Les réminiscences de l'antiquité se font encore sentir dans la miniature que reproduit notre planche XLV (1). Elle est empruntée à un manuscrit de la bibliothèque Vaticane (n° 699), qui contient la *Topographie chrétienne* de Cosmas. Ce manuscrit a été écrit au neuvième siècle ; mais ses peintures, comme le fait observer Montfaucon, ont été copiées sur un exemplaire du sixième et peut-être même sur le manuscrit autographe. Winckelmann pensait que les deux danseuses qu'on voit au-dessous du trône de David avaient été copiées d'après un tableau antique ; mais cette peinture peut fort bien être originale, puisque tous les monuments des arts du dessin de cette époque viennent démontrer que les artistes byzantins cherchaient alors à s'inspirer des beaux modèles de l'antiquité qui existaient encore sous leurs yeux (2). La miniature que nous avons reproduite n'est pas la seule, au surplus, qui fasse connaître le talent de l'artiste et les modèles qu'il avait suivis : le manuscrit en renferme un très-grand nombre ; nous nous bornerons à en signaler quelques-unes des plus intéressantes. Au folio 56, une figure du patriarche Énoch est remarquable par sa tête expressive et la bonne disposition de ses vêtements, drapés dans le style antique. La figure de Melchisédech, au folio 50, n'est pas moins belle ; mais, étant roi, il est représenté, suivant l'usage adopté par les artistes byzantins dès le sixième siècle, avec le costume des empereurs, tel que le porte Justinien dans la mosaïque de Saint-Vital de Ravenne, c'est-à-dire la longue tunique talaire brochée d'or, la chlamyde ornée du tablion, et le stemma pour couronne. Au folio 51, une grande miniature à pleine page reproduit le sacrifice d'Abraham ; la composition est savamment disposée et les têtes remplies d'expression. On voit au folio 66, dans une miniature également à pleine page, Élie enlevé au ciel dans un char attelé de deux chevaux et laissant son manteau dans les mains de son disciple Élisée. D'Agincourt, pour qui c'était un parti pris de dénigrer tout ce qui n'appartenait pas à l'antiquité ou à la renaissance italienne, considérait cette miniature, dont il a donné une détestable gravure, comme l'expression de la décadence (3). La disposition du char, il est vrai, et le dessin des chevaux ne sont pas irréprochables, mais le mouvement des figures, la disposition des draperies, et surtout l'expression des têtes, sont rendus avec art. Le Jourdain, appuyé sur une urne d'où l'eau s'épanche à la manière antique, indique le lieu où la scène se passe. Dans une grande miniature au folio 76, l'artiste a réuni le Christ, la Vierge, saint Jean-Baptiste, Zacharie et une sainte. Le Christ porte la tunique talaire et le grand manteau drapé de l'antiquité ; il bénit et tient le livre des Évangiles. Toutes ces figures sont d'un dessin correct et dans de bonnes proportions ; les têtes, bien modelées, sont expressives. Nous signalerons pour terminer, au folio 89, une belle page où le Christ est représenté dans une gloire ovoïde, assis sur un trône d'or comme le Roi du ciel, et au-dessous, une foule de gens, tous revêtus de costumes antiques. On trouve encore dans le courant

---

(1) Voyez nos explications.
(2) Voyez les NOTIONS GÉNÉRALES, t. I, p. 26 et suiv.
(3) *Histoire de l'art*, t. II, p. 56, p¹. XXXIV.

du livre un grand nombre de figures de prophètes bien traitées dans le style de l'antiquité, dont ils portent tous également le costume. Il est très-probable que les copies du neuvième siècle ne valent pas, quant au dessin, les originaux du sixième. Pour ce qui est du coloris, il est difficile de faire exactement la part de l'artiste original et du copiste. Toujours est-il que celui-ci laisse voir, ainsi que d'Agincourt est obligé de le reconnaître, l'exercice d'une bonne pratique, et que la couleur offre de l'accord et de la légèreté. Sur un fond rarement obscur, les couleurs conservent de la transparence. La gouache est d'un bon empâtement, et les lumières sont obtenues non par des rehauts de blanc, mais par la dégradation des teintes.

Le dernier des manuscrits illustrés antérieurs aux édits de Léon l'Isaurien contre les images (726) appartient aussi à la bibliothèque Vaticane (n° 405). C'est un rouleau de parchemin de plus de dix mètres de long sur trente centimètres de hauteur, sur lequel sont peintes les guerres de Josué. De simples légendes, soit en lettres capitales, soit en caractères cursifs, indiquent les noms des personnages et les sujets représentés ; c'est donc là plutôt une suite de peintures qui se déroulent comme les bas-reliefs de la colonne Trajane, qu'un véritable manuscrit. Ce long rouleau n'est pas complet ; les premières et les dernières scènes de la vie de Josué ont été arrachées et sont perdues. D'après le caractère de l'écriture, il est généralement attribué au septième siècle.

L'invention et l'ordonnance des nombreux sujets de cette grande page sont tout à fait remarquables (1), et, suivant l'expression très-vraie de d'Agincourt, n'ont rien à envier aux ouvrages des meilleurs temps. Le dessin est généralement assez correct; on peut cependant y critiquer parfois la lourdeur dans les corps et la maigreur des extrémités, qui sont souvent négligées ; mais la vérité se fait sentir dans l'ensemble des groupes et dans le mouvement de chaque figure. Les têtes sont remplies d'expression, et le sentiment qui les agite est rendu avec beaucoup d'art. La figure de Josué est empreinte de noblesse, son attitude et ses gestes sont simples et d'une grande justesse. Tous les personnages, sans aucune exception, portent le costume et les armures antiques ; l'artiste, fidèle au style de l'antiquité, qui vivifiait et ennoblissait tout, a personnifié les villes, les fleuves et les montagnes à la façon des anciens. Dans la scène de la prise de Jéricho, qui est en feu, la ville est représentée sous la figure d'une femme éplorée assise sur une pierre; elle est drapée comme une statue antique et sa tête est ornée de la couronne murale ; les villes d'Haï et de Gabaon sont personnifiées de la même manière, et le mont Hébal l'est aussi sous la figure d'un homme couché dont le haut du corps est nu. Le coloris ne consiste que dans une aquarelle très-légère sans aucun empâtement; les seules couleurs employées sont le bleu, le brun et le carmin ; les lumières sont rehaussées de blanc. On voit souvent des figures monochromes.

Parmi les manuscrits en très-petit nombre qui subsistent de l'époque reculée dont nous nous occupons, les cinq que nous venons de signaler sont les seuls qui soient enrichis de peintures. Elles ne sont pas toutes émanées d'artistes de talent, mais elles témoignent assez cependant de ce que les peintres d'alors savaient faire, et en réunissant à ces vieux

---

(1) D'AGINCOURT, *Histoire de l'art*, a publié l'ensemble de la composition et le calque de quelques-uns des sujets (PEINTURE, pl. XXVIII, XXIX et XXX).

monuments les rares mosaïques qui subsistent encore, on peut apprécier avec assez de vérité l'état de la peinture dans l'empire d'Orient depuis la fondation de Constantinople jusqu'au huitième siècle. Il est constant que les peintres byzantins, de même que les sculpteurs, se sont efforcés de rester fidèles au glorieux passé de leur pays, qu'ils ont puisé leurs inspirations dans les beaux modèles de l'antiquité, et qu'ils ont persisté dans les traditions sévères de la forme et du goût antiques. Leurs compositions étaient ingénieuses, et, sans s'écarter des textes sacrés, ils savaient user d'une grande liberté dans la disposition des groupes et des figures ; leur dessin est calme et régulier ; la vie et le mouvement se font sentir dans les scènes qu'ils reproduisent ; les gestes des figures sont justes ; les têtes sont remplies d'expression. L'austérité du visage et la noblesse de l'attitude sont le caractère particulier de l'art byzantin primitif dans les figures isolées. Sous ce rapport, les peintres grecs, tout en suivant quant au dessin les errements de l'antiquité, ont su créer un art nouveau. Ainsi la figure du Christ exécutée en mosaïque, au sixième siècle, au-dessus de la porte du narthex de Sainte-Sophie (voyez notre planche LVIII, au titre de la Mosaïque), représente le Sauveur avec toute la gravité de l'âge mûr, les cheveux séparés sur le milieu du front, de telle façon que son beau visage, doux et mélancolique, d'une forme ovale légèrement allongée, est symétriquement encadré. Le mosaïste s'est certainement inspiré dans cette majestueuse image de quelque belle production de la statuaire antique ; mais il a su créer néanmoins un type tout particulier qui a servi de modèle pendant plusieurs siècles à la plupart des représentations du Sauveur. Il a puisé certainement ses inspirations à la même source dans la reproduction que l'on voit dans le même tableau de la tête de la Vierge, dont le type est si différent de celui des madones byzantines qui parurent quelques siècles plus tard. L'ovale de la tête, la découpure des lèvres, la pureté des traits, la roideur un peu monumentale de la pose, indiquent assez que l'artiste s'était dirigé d'après un modèle antique, et ce modèle ne pouvait être que celui de la Minerve, la déesse de la chasteté. La tête de saint Michel qui est en pendant à celle de la Vierge paraît empruntée à quelque statue de l'Apollon Pythien, le destructeur des monstres, dont le type convenait parfaitement à l'archange chargé par le Très-Haut de combattre le démon et de garder l'entrée du temple.

Le petit nombre de peintures que l'on possède suffit cependant pour démontrer que les artistes qui se livraient à l'ornementation des livres savaient parfaitement manier les couleurs, qu'ils employaient de plusieurs manières. Ces couleurs, bien empâtées et bien fondues, rendaient souvent le modelé des figures et les traits du dessin, en effaçant entièrement l'esquisse tracée légèrement sur le parchemin ; les carnations offraient des tons chauds. Nous avons au surplus donné plus haut quelques notions sur le coloris particulier aux miniatures de chacun des manuscrits illustrés que nous avons décrits.

## II

*De Léon l'Isaurien (717) à Michel III (842).*

Les manuscrits grecs du huitième siècle et de la première moitié du neuvième sont en petit nombre, et nous ne croyons pas qu'il en existe un seul qui soit enrichi de miniatures. Il ne faut pas s'en étonner; car si depuis la fondation de Constantinople jusqu'aux édits de Léon l'Isaurien, la peinture des images dans les livres saints avait été la branche de l'art la plus constamment exploitée par les peintres, les cruelles persécutions des empereurs iconoclastes eurent pour effet d'amener la destruction des images dont les livres écrits antérieurement étaient ornés, et d'empêcher les artistes de se livrer à ce genre de travail.

Mais les édits contre les images ne proscrivaient pas les ornements purs et simples, et l'on a vû (1) que l'empereur Théophile († 842), quoique fougueux iconoclaste, faisait décorer les églises, qu'il construisait en grand nombre, d'un certain genre d'arabesques où l'on reproduisait, au milieu de rinceaux élégants, des fruits, des fleurs, des oiseaux et des animaux de toutes sortes. Les livres saints furent sans doute décorés d'ornements de cette espèce. Nous pouvons en citer un du commencement du huitième siècle, appartenant à la Bibliothèque nationale de Paris. C'est un évangéliaire (n° 63) qui provient de la bibliothèque de Colbert. En tête de l'Évangile de saint Mathieu est un ornement en forme de pi grec majuscule, Π; le titre de l'Évangile, écrit en lettres d'or, remplit le vide entre les jambages de la lettre; le plein des jambages et de la traverse est décoré de six rinceaux qui renferment, soit des oiseaux qui se becquètent, soit des fleurons élégants. En tête des trois autres Évangiles est une figure de même forme, mais avec des motifs d'ornementation différents. Les canons de concordance qui précèdent les Évangiles sont écrits au-dessous d'arcades soutenues par des colonnes. Quelques ornements très-simples sont tracés dans les tympans et sur le fût. On voit encore des oiseaux sur l'extrados de deux des arcades. Les seules couleurs employées sont le bleu, le rouge et le vert sans mélange. On ne trouve là qu'une aquarelle très-simple, travail de calligraphie plutôt que de peinture. Chacun des Évangiles commence en outre par une initiale historiée fort simplement. Ainsi, par exemple, la partie circulaire de l'epsilon initial de l'Évangile de saint Jean est composée de branchages fleuris disposés dans une forme allongée, et la barre horizontale représentée par une main bénissante.

Les manuscrits grecs antérieurs au huitième siècle n'offrent pas de lettres historiées; elles auront sans doute pris naissance à l'époque de l'iconomachie, pour suppléer à l'ornementation par des images saintes qui se trouvait proscrite. La composition de ces lettres ornées a toujours été au surplus renfermée, chez les Grecs, dans les limites du bon goût et n'a jamais atteint cette exagération de forme et de dimension que nous aurons l'occasion de signaler plus loin dans les manuscrits de l'Occident à certaines époques. On en rencontre quelques-unes qui renferment des figures en rapport avec le sujet traité dans le texte. Montfaucon a donné dans la *Paléographie grecque* la gravure d'un alphabet complet de lettres ornées qu'il a empruntées à divers manuscrits. Les petites figures qui s'y trouvent sont d'un dessin correct et spirituel. Le cul-de-lampe qui termine ce chapitre est tiré d'un manuscrit de la Bibliothèque nationale (n° 543); il reproduit un epsilon dont la barre transversale est formée par la main d'un saint évêque bénissant une femme placée devant lui.

---

(1) NOTIONS GÉNÉRALES, t. I, p. 34.

## III.

*De Michel III (842) à Basile II (976).*

Lorsque l'impératrice Théodora, après la mort de Théophile, eut rétabli le culte des images, un grand mouvement artistique se produisit dans l'empire d'Orient; il fallut rétablir sur les parois des églises et dans les livres de prières les saintes images qui avaient été anéanties. Ce fut, comme nous l'avons dit (1), dans les traditions de l'antiquité que les artistes cherchèrent alors leurs inspirations ; ils s'attachèrent à consulter les ouvrages de leurs ancêtres. Néanmoins, si les chefs-d'œuvre honorés de l'antiquité leur servirent encore de guide, ce ne fut pas sans modifications.

La première période de l'art byzantin, qui s'étend de la fondation de Constantinople jusqu'aux édits de Léon l'Isaurien, n'avait fait que continuer l'antiquité dans la peinture comme dans la sculpture; mais la proscription des saintes images, en enlevant aux artistes la branche la plus usuelle et la plus productive de leurs travaux, avait eu non-seulement pour effet de fermer un grand nombre d'ateliers et d'abaisser par là le niveau de l'art, mais encore d'introduire, pour suppléer aux images, ce genre de décoration fantastique dont nous venons de parler, qui, tout en produisant de délicieux motifs d'ornementation, s'éloignait du style sévère de l'antiquité. La nouvelle école qui surgit après la destruction de l'iconomachie eut donc à subir une double influence. Si dans la composition des sujets, dans l'étude des proportions et des attitudes, dans le jet des draperies et même dans le coloris, elle s'efforça de se rapprocher des beaux modèles de l'art antique, qui abondaient encore à Constantinople, elle n'abandonna pas dans l'ornementation les charmantes compositions empreintes de fantaisie et de caprice. Il résulta de cette alliance un nouveau style que développèrent les grands travaux d'art exécutés sous les empereurs Basile Ier, Léon VI, Constantin Porphyrogénète, Nicéphore Phocas et Jean Zimiscès, durant la seconde moitié du neuvième siècle et pendant le dixième. En traitant de la sculpture dans l'empire d'Orient, nous avons déjà fait connaître le caractère de l'art à cette brillante époque (2). L'examen des peintures qui décorent les beaux manuscrits qui en proviennent confirmera nos appréciations.

Le plus important de tous est un livre renfermant les Discours de saint Grégoire de Nazianze, qui appartient à la Bibliothèque nationale de Paris. Ce manuscrit (n° 510) grand in-folio (de 41 centimètres de hauteur sur 29 de largeur) renferme quarante-six pages illustrées. Les unes, au nombre de dix, n'offrent qu'un seul tableau qui en occupe toute la surface ; les autres, divisées par des lignes formant encadrement, en présentent plusieurs ; en sorte qu'on trouve dans ce beau livre cent dix-huit compositions très-diverses, qui souvent renferment plusieurs sujets. Toutes les peintures ne sont pas de la même main ; les grandes miniatures à pleine page proviennent d'un artiste plus habile que la plupart de ceux qui ont peint les petites. Ce n'est donc pas le talent individuel d'un seul artiste que

---

(1) Voyez les Notions générales, t. I, p. 36.
(2) Tome I, p. 34 et suivantes.

ces miniatures font connaître, elles peuvent être considérées comme l'expression de l'art de la peinture d'une époque tout entière.

Le manuscrit a été écrit et peint pour l'empereur Basile le Macédonien, ce qui en place l'exécution entre l'année 867, époque de l'avénement de ce prince, et l'année 886, époque de sa mort. Indépendamment des discours dans lesquels saint Grégoire de Nazianze (328 † 389) a pris pour texte des faits puisés dans l'Ancien et dans le Nouveau Testament, il en existe plusieurs dont le célèbre orateur a emprunté le sujet à l'histoire de son temps, comme par exemple l'oraison funèbre de saint Basile († 379), où il raconte les persécutions que son ami eut à subir de la part de l'empereur Valens. Le peintre, dans les miniatures qui accompagnent ces derniers sujets, a reproduit les costumes, les armes, les meubles et les monuments de son époque.

Ce beau manuscrit est donc fort curieux à plus d'un titre, et, tout en faisant ressortir ce que ces miniatures peuvent apprendre sur la peinture byzantine durant la seconde moitié du neuvième siècle, nous croyons aussi devoir faire connaître ce qu'elles présentent d'intéressant au point de vue de l'iconographie religieuse et de l'histoire des coutumes, des usages et des costumes de l'empire byzantin, sans toutefois nous astreindre à donner la description de chacun des tableaux, ce qui nous mènerait beaucoup trop loin.

En avant des folios numérotés du manuscrit existent trois feuillets de parchemin enrichis de miniatures à pleine page. Au verso du premier de ces feuillets, le Christ est représenté assis sur un trône d'or à dossier ; il bénit de la main droite et tient de la gauche un livre ouvert. On trouve là, sauf la couleur du costume, une reproduction du Christ exécutée en mosaïque au-dessus de la porte du narthex de Sainte-Sophie de Constantinople. Cette belle figure, que notre planche LVIII fait connaître à nos lecteurs, était donc devenue, comme nous l'avons déjà fait remarquer, un type adopté par les artistes byzantins.

Le recto du second feuillet offre l'image de l'impératrice Eudoxie, femme de Basile le Macédonien, ayant à ses côtés ses deux fils Léon et Alexandre, qui occupèrent le trône l'un après l'autre (1). Tous trois sont revêtus du costume impérial de cérémonie : une longue tunique talaire violet pourpre, et, par-dessus, le loron d'étoffe tissue d'or enrichie de pierreries et de perles (2), les brodequins rouges brodés de perles ; ils ont la tête couronnée du stemma. Eudoxie tient un sceptre et un globe, les deux jeunes princes un globe et un volumen.

Le verso du second feuillet et le recto du troisième sont remplis par des croix d'or gemmé se détachant sur un fond bleu. L'empereur Basile est représenté sur le verso de ce dernier feuillet, entre le prophète Élie et l'archange Gabriel, auquel une inscription tracée sur le fond à la suite de son nom donne le titre d'archistratégos, commandant suprême de la milice céleste. L'empereur porte une longue tunique talaire violet pourpre, avec le loron et les brodequins rouges ; sa tête est ceinte du stemma ; il tient à la main le labarum (3). Des inscriptions en caractères grecs et des vers écrits sur le bord des tableaux ne laissent aucun doute sur les personnages qui y sont représentés.

---

(1) Du Cange a donné la gravure de cette page (*Historia byzant.*, Paris., p. 139.)

(2) Le loron n'était autre chose que cette toge brodée, *toga picta*, que porte le consul Anastasius, et dont on voit la représentation dans notre planche II, et la description dans le texte explicatif de cette planche.

(3) On trouvera la description de cet étendard, composé d'une étoffe rouge brodée de perles, dans notre tome I, page 284.

Ces belles peintures ont beaucoup souffert; les couleurs, qui avaient été établies sur une feuille d'or fixée préalablement sur le parchemin et qui servait de fond, ont presque entièrement disparu : on peut voir par là que l'artiste après avoir tracé à la plume d'une main ferme et habile le trait des figures, l'avait fait ensuite entièrement disparaître sous une gouache épaisse composée de couleurs bien fondues et bien empâtées. Le visage d'Eudoxie et toute la page où est figuré l'empereur Basile sont presque entièrement effacés; mais les têtes des deux jeunes princes, à peu près entières, ont conservé une vigueur de ton remarquable; on voit que la gouache dans les carnations était terminée avec une grande finesse et arrivait presque à la valeur d'une peinture sur émail; les ombres étaient rendues par une couleur verdâtre qui leur a conservé un ton agréable et transparent.

A la suite de ces trois feuillets, où se trouvent les portraits des grands personnages pour qui le livre a été écrit et illustré, commence le texte des discours de saint Grégoire. Le titre du livre est inscrit au recto du premier folio dans un quatre-feuilles tracé en bleu sur un fon d'or.

Nous avons donné dans notre planche XLIV la plus ancienne représentation que l'on connaisse de la scène de la crucifixion. Elle est empruntée à un manuscrit syriaque de la fin du sixième siècle. On trouve au folio 30 du manuscrit des Discours de saint Grégoire une représentation de la même scène. Les trois cents années qui s'étaient écoulées entre les deux reproductions avaient apporté peu de changements dans les détails de la composition. Le Christ est encore vêtu de la robe violette, qui lui descend jusqu'au milieu des jambes; les bras sont toujours dans une position horizontale. L'artiste du sixième siècle avait fixé les jambes du Christ à la croix par deux clous qui traversent non les pieds, mais les jambes un peu au-dessus des pieds; le peintre du neuvième fait reposer les deux pieds sur une tablette (*suppedaneum*) où le corps peut se soutenir, et les pieds, naturellement posés sur cette tablette, sont fixés chacun par un clou. Le soldat qui perce de sa lance le côté du Sauveur est vêtu en rouge comme dans la miniature du sixième siècle, mais sa tunique est enrichie, suivant la mode byzantine, d'ornements d'or aux poignets, en haut des manches et sur la poitrine. Enfin l'artiste syrien avait placé la Vierge et saint Jean à côté l'un de l'autre à la droite du Christ; le peintre byzantin met la Vierge à droite et saint Jean à gauche, disposition qui a prévalu dans la suite des temps. Les vêtements sont disposés avec assez d'art pour que toutes les formes des membres restent parfaitement accusées. L'écaillage de la peinture de la robe du Christ sur le torse et sur l'une des jambes a laissé à découvert le premier travail du peintre, et nous fait connaître de quelle manière il avait pu arriver à cette perfection. Avant de revêtir la figure du Sauveur d'une robe violette, il avait entièrement tracé le modelé du nu au pinceau avec une couleur brun-rouge légère, suivant en cela la méthode que notre célèbre peintre David adopta plus de neuf siècles après, dans l'esquisse de son grand tableau du *Serment du Jeu de paume* qu'on voit au Musée du Louvre. L'artiste byzantin montre au surplus par son esquisse qu'il avait une connaissance parfaite des formes anatomiques du corps humain.

Cette reproduction de la crucifixion n'occupe qu'un tiers de la page. Dans un second compartiment, l'artiste a représenté la descente de la croix et la mise au tombeau, et dans un troisième le Christ apparaissant aux saintes femmes. L'auteur de cette grande page était un homme de talent, qui avait étudié tout à la fois la nature et les belles œuvres de l'antiquité.

On voit au folio 43 les deux sujets que du Cange a fait graver dans le *Constantinopolis christiana* : saint Césarios porté au tombeau sur une sorte de lit d'or, et cinq figures de saints, à savoir, une sainte femme dans l'attitude de l'orante des Catacombes, saint Grégoire, père du théologien, saint Grégoire le Théologien, saint Césarion et sainte Gorgonia (1). Ce sont de belles figures bien dessinées, dont les têtes sont pleines d'expression ; le coloris est excellent. Au folio 71, en tête de l'épître adressée par saint Grégoire de Nazianze au frère de saint Basile, saint Grégoire de Nysse, le lendemain de son ordination, on a représenté trois saints prélats revêtus du costume épiscopal de la primitive Église, sur lequel se déploie le pallium orné de croix. Ces trois figures, parfaitement dessinées et peintes avec art, sont empreintes d'un caractère si bien marqué d'individualité, qu'on doit y reconnaître les portraits de ces trois Pères de l'Église grecque, portraits qui devaient exister encore au neuvième siècle à Constantinople (2).

Dans la même page on a représenté Job entièrement nu, assis sur un tas de fumier ; sa femme lui présente des aliments au bout d'une baguette en se bouchant le nez. Elle est drapée à l'antique (3) ; les monuments qu'on voit dans le fond sont empruntés à l'antiquité. L'artiste qui a peint cette miniature est un de ceux qui, dans leurs compositions, se guidaient uniquement sur les traditions antiques. On peut attribuer au même peintre une grande composition à pleine page (fol. 75), où la transfiguration du Christ est représentée. La disposition des groupes, la pureté du dessin, le beau jet des draperies, sont entièrement empreints du style de l'antiquité. Au contraire, dans la miniature qui, au folio 104, précède l'oraison funèbre de saint Basile, un artiste bien inférieur à celui-ci sous le rapport du dessin, ayant à peindre une scène de l'histoire byzantine, nous fait connaître les costumes et les usages de la cour des empereurs grecs. On y voit l'empereur Valens signant le décret d'exil de saint Basile et le fils de Valens étendu mort sur un lit. Nous avons fait reproduire une partie de cette miniature dans la vignette qui est en tête de ce chapitre. Valens porte le costume dont les empereurs sont le plus ordinairement revêtus : une tunique enrichie d'ornements d'or aux poignets et aux bras et descendant jusqu'aux genoux, la chlamyde à tablion d'or gemmé agrafée sur l'épaule droite, et les brodequins rouges ornés de perles. La chlamyde est presque toujours de couleur violet pourpre. On retrouve ce costume aux folios 215, 239, 435 et 440. Les peintres des illustrations de notre manuscrit en revêtent les rois de la Bible, comme Salomon et Ézéchias, lorsqu'ils ont à les représenter. Derrière les empereurs et les rois on voit souvent des officiers attachés à leur personne portant les costumes des dignitaires de la cour de Constantinople. Ainsi, dans la miniature dont la gravure est en tête de ce chapitre, le personnage qui soutient l'empereur Valens s'éloignant du lit de son fils doit être un spatharocubiculaire, officier attaché à la chambre des empereurs ; il porte une tunique blanche enrichie au col, et sur les épaules, d'ornements d'étoffe tissue d'or (4). Au folio 374, on voit derrière l'empereur un protospathaire, officier des gardes de la chambre de l'empereur ; il est vêtu de la même tunique blanche, mais son

---

(1) *Constant. christ.* Parisiis, p. 77 et 126.
(2) La figure de saint Grégoire est reproduite dans les *Arts somptuaires*, tome I des planches.
(3) La figure de cette femme a été reproduite dans les *Arts somptuaires*, tome I des planches.
(4) Χρυσᾶ παραγαύδια. Const. Porph., *De cerimon. aulæ Byzant.* Bonnæ, p. 574.

cou est décoré d'un collier d'or enrichi de pierreries (1) ; il est armé d'une lance et d'un bouclier ovale de couleur rouge à bordure d'or. Au folio 440, on a représenté un spathaire dans le même costume, mais sans le collier d'or; il porte l'épée de l'empereur renfermée dans un fourreau d'or (2). Cette épée est semblable pour la forme à celle qu'on a trouvée dans le tombeau de Childéric (3).

Les trônes d'or des empereurs, d'une forme lourde et peu gracieuse, sont garnis d'un vaste dossier. Ils sont ordinairement placés au-dessous d'une sorte de ciborium porté par des colonnettes. On retrouve donc là cet édicule toujours élevé au-dessus du trône dans le palais impérial de Constantinople, et dont le livre des Cérémonies de la cour, écrit par l'empereur Constantin VII, nous a laissé la description (4).

Les guerriers représentés dans les miniatures portent ordinairement l'armure antique des soldats légionnaires, qui était formée de larges plaques de métal couvrant la poitrine et de longues bandes garnissant les épaules et entourant la taille. Cette sorte de cuirasse était sans doute encore en usage au neuvième siècle dans l'empire byzantin ; mais le casque romain avait disparu. Il était remplacé par un casque hémisphérique sans visière, surmonté d'une pointe et garni par derrière d'une espèce de voile tombant sur les épaules, destiné à protéger le cou contre les ardeurs du soleil. Cet appendice du couvre-chef se comprend très-bien pour les soldats du Bas-Empire, qui avaient surtout à combattre en Asie. Ce voile a été donné aux soldats français envoyés en Algérie, au Mexique et en Cochinchine. Les circonstances analogues amènent les mêmes nécessités.

On rencontre quelquefois des guerriers portant l'armure antique, mais qui, au lieu du casque orbiculaire, ont un casque de fer pointu également accompagné du voile qui leur couvre la nuque. Cet armement appartenait sans doute aux soldats des provinces asiatiques de l'empire. On en voit notamment un groupe dans une belle miniature où la fille de Jaïr, prince de la synagogue, est représentée étendue sur un lit. Une jeune esclave est auprès d'elle, tenant un chasse-mouches. On trouve là le costume des femmes dans l'empire d'Orient ; c'était une longue robe flottante, relevée à la taille à la manière antique, et décorée au cou d'une sorte de pèlerine d'étoffe tissue d'or (5).

Moïse est représenté jeune et imberbe dans les différentes compositions où il est introduit, et porte toujours le costume de l'antiquité. Dans le tableau du passage de la mer Rouge (fol. 264), on le voit entièrement vêtu de blanc. Les Hébreux, qui ont déjà traversé la mer, où se débattent les Égyptiens, se réjouissent de la victoire que le ciel vient de leur accorder sur leurs ennemis. Une jeune fille danse en frappant au-dessus de sa tête les cymbales qu'elle tient dans les mains. Ce n'est plus la danseuse antique représentée dans la miniature du manuscrit de Cosmas du sixième siècle, que reproduit notre planche XLV; elle porte le costume byzantin, une longue robe flottante serrée à la taille par une ceinture d'or et enrichie sur la poitrine d'une plaque d'or gemmé ; mais la robe est d'une étoffe si légère, qu'elle laisse apercevoir toutes les formes, et l'on peut juger que le peintre, tout en donnant à son

---

(1) Const. Porph., *De cerimon. aulæ Byzant.* Bonnæ, p. 574.
(2) *Ibid.*, p. 7.
(4) Voyez tome I, p. 262.
(4) J. Labarte, *le Palais impérial de Constantinople.* Voyez à la table le mot Ciborium.
(5) Cette miniature a été en partie reproduite dans les *Arts somptuaires*, tome I des planches.

almée le costume du temps où il vivait, s'était inspiré des productions de l'antiquité dans dessin de l'attitude et des gracieux contours du corps.

La figure du Christ, dans toutes les miniatures, est empreinte de toute la beauté à laquelle pouvait atteindre le talent de l'artiste; son attitude a toujours de la dignité et sa tête est remplie d'expression. Il porte la longue robe et le manteau drapé dans le style antique; la couleur des deux vêtements est le violet pourpre de la chlamyde des empereurs. La Vierge est belle aussi; elle n'a pas conservé ce type tout hellénique qui lui avait été donné au sixième siècle. Ainsi, dans le tableau de l'Adoration des Mages (fol. 137), la Mère du Sauveur n'est plus représentée comme une matrone romaine assise sur un fût de colonne, telle qu'on la voit dans le bas-relief d'ivoire du sixième siècle que reproduit notre planche IV; elle est vêtue d'une robe violette et assise sur un siége d'or à coussin. Mais le jet des draperies est encore excellent et se ressent de l'étude des productions antiques; ce n'est pas encore la Vierge byzantine des derniers siècles de l'empire, portant une robe chargée d'ornements et de pierreries et couronnée d'une couronne impériale. Les Mages qui offrent leurs présents ont quitté le bonnet phrygien qu'ils portaient au sixième siècle pour prendre le bonnet pointu des Persans, avec lesquels les Grecs étaient toujours en contact, au neuvième siècle, par la guerre ou par le commerce.

Parmi les scènes les plus intéressantes de l'histoire byzantine, nous ne pouvons nous dispenser de citer la représentation, dans une miniature à pleine page (fol. 355), du second concile général convoqué en 381, à Constantinople, par Théodose le Grand. Le livre des Évangiles est placé sur le trône d'or de l'empereur, dans la partie la plus élevée de la salle où les évêques sont assemblés. L'empereur est assis sur un siége au-dessous; il porte ce costume que nous avons signalé : une tunique, et, par-dessus, la chlamyde violet pourpre à large tablion d'or rehaussé de pierres fines; sa tête est ceinte du stemma.

Nous aurions encore un grand nombre de belles pages à faire valoir; mais il faudrait tout un livre pour décrire les peintures de ce magnifique manuscrit, et il est temps de nous arrêter. Notre planche XLVI, qui en reproduit l'une des miniatures à pleine page, fera mieux connaître le style de ces peintures à nos lecteurs que les plus amples descriptions (1).

Toutes les compositions sont remarquables par l'invention, la bonne ordonnance des sujets, qui sont toujours clairement rendus, et l'heureuse disposition des groupes. Bien que plusieurs artistes, inégaux en talent, aient concouru à l'exécution des miniatures, le dessin est en général correct, les proportions sont bonnes, les mouvements justes et les têtes remplies d'expression; les mains sont bien dessinées. Les nus témoignent des connaissances anatomiques que ces artistes avaient acquises. Dans le jet des draperies, qui accuse toujours les formes, ils se sont inspirés des productions de l'antiquité. Les monuments sont en général rendus dans le goût antique; on trouve cependant, dans les nombreux tableaux qu'offre le manuscrit, quelques bâtiments d'architecture byzantine, comme au folio 43, où l'on voit un monument à coupole, flanqué circulairement de huit corps de logis, qui

---

(1) Voyez, à la fin de ce volume, au SUPPLÉMENT AUX EXPLICATIONS DES PLANCHES, quelques détails sur les scènes représentées dans la planche XLVI.

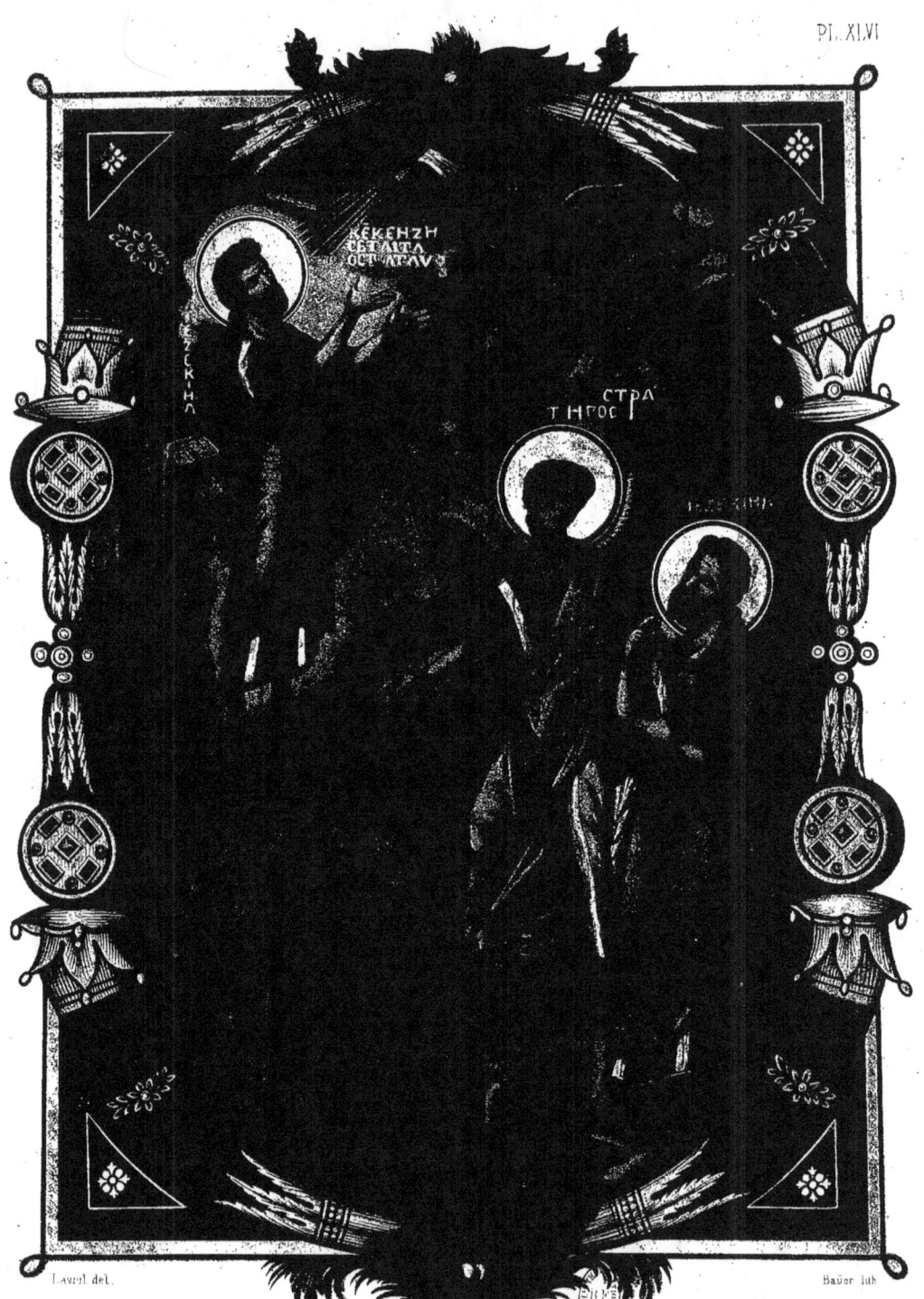

PEINTURE ORNEMENTATION DES MANUSCRITS

a dû être inspiré au peintre par le chrysotriclinium, salle du trône élevée dans le palais impérial (1). On trouve quelques paysages, mais la perspective est toujours vicieuse. Les artistes byzantins ont rarement observé les règles de la perspective.

Les couleurs ont du corps et de l'empâtement; les lumières et les ombres sont posées largement, avec des tons clairs ou sombres dont la dégradation est réglée avec art. A l'exception du violet pourpre appliqué à la chlamyde des empereurs et des rois et aux vêtements de Jésus et de la Vierge, les autres couleurs sont généralement claires à la manière antique : rougeâtres, bleuâtres, verdâtres, et toujours de tons harmonieux. L'or est appliqué en feuilles ou au pinceau. Dans quelques-unes des grandes miniatures, la page a été d'abord enduite d'une feuille d'or sur laquelle le peintre a établi son dessin et ses couleurs. Tenant moins bien sur l'or que sur le parchemin, les couleurs ont presque entièrement disparu dans les tableaux exécutés de cette façon.

On doit classer parmi les peintures du neuvième siècle celles qui décorent un manuscrit écrit au dixième (2), que possède la Bibliothèque nationale de Paris (n° 139). Les feuilles de parchemin sur lesquelles les miniatures sont peintes et dont un côté est toujours resté en blanc, ont été en effet rapportées et insérées entre les feuilles du texte, qu'elles coupent quelquefois. Elles n'ont donc pas été faites pour ce livre, mais elles se rapportent au sujet qui est traité. Elles proviennent sans doute d'un manuscrit plus ancien qui traitait des mêmes matières; ou bien elles ont été copiées au dixième siècle sur des peintures qui pouvaient même pour la plupart être antérieures au rétablissement du culte des images et aux modifications que subit le style byzantin à l'époque de cette restauration. Ce manuscrit in-folio (de 36 centimètres de hauteur sur 28 de largeur) renferme des commentaires sur les Psaumes de David et quelques cantiques bibliques. En avant du texte est un cahier de huit folios, compris la feuille de garde; on y voit sept peintures à pleine page, dont les sujets sont empruntés à l'histoire de David; sept autres peintures, remplissant également toute une page, sont intercalées dans le texte. Les artistes qui ont peint ces quatorze miniatures ont personnifié dans leurs compositions, à la manière antique, non-seulement la mer, les montagnes, les fleuves, la nuit, le point du jour, mais même les vertus, les facultés et les vices qui avaient influencé les actions représentées dans leurs tableaux. La manière de grouper les personnages, les attitudes, le jet des draperies, les armures, les monuments, le coloris même; tout, en un mot, y montre l'art antique dans sa plus entière expression.

Toutes ces peintures ne sont pas égales en mérite, et quelques-unes accusent de la lourdeur dans le dessin, ce qui nous porte à penser qu'elles sont de différentes mains. La rareté des peintures byzantines de cette époque nous engage à faire connaître de quelle façon les sujets les plus intéressants ont été traités. Au folio 1, David, jeune, portant le costume grec antique dans toute sa pureté, est assis dans une verte campagne, tenant à la main un instrument à cordes dont il accompagne son chant. Au premier plan, un homme à demi nu, couché auprès d'un arbre, personnifie la montagne de Bethléem, où la scène se passe : c'est ce qu'indique l'inscription Ὄρος Βηθλεέμ tracée sur le fond du

---

(1) J. Labarte, le Palais impérial de Constantinople et ses abords, p. 75 et 161.
(2) Montfaucon, Palæographia græca, lib. I, p. 11.

tableau. La Mélodie, sous la figure d'une femme vêtue à l'antique, se tient derrière David pour l'inspirer. La correction du dessin, l'entente de la perspective, la profondeur des plans et jusqu'à la couleur rouge des carnations, tout se ressent de l'étude de l'antiquité : on trouve là un tableau arraché à Pompéi. On voit au folio 2, David combattant un lion, et derrière lui une femme personnifiant la Force ; au folio 3, le sacre de David par Samuel. Le folio 4 renferme deux scènes : David lançant une pierre à Goliath et tranchant la tête au géant renversé. Derrière le jeune Hébreu est une femme désignée par le nom Δύναμις, qui personnifie la toute-puissance miraculeuse de Dieu, et derrière Goliath une femme, l'Arrogance, qui s'enfuit. Au folio 5, on a représenté une danseuse qui se livre devant Saül à des exercices chorégraphiques. Ces cinq compositions ont un fond de paysage. Au folio 6, David est élevé par le peuple sur un bouclier ; puis, au folio 7, on voit David entre la Sagesse et la Prophétie, miniature que reproduit la planche LXXXII de notre album. Dans ces deux derniers tableaux, qui paraissent provenir d'un autre artiste, le ciel est rendu par un fond d'or. Deux scènes remplissent le folio 136, qui est intercalé dans le texte : Nathan reprochant à David le meurtre d'Urie, et David prosterné pour demander à Dieu le pardon de son crime ; une femme, la Pénitence, est auprès de lui. La miniature qui couvre le folio 419 représente le passage de la mer Rouge, qui est personnifiée sous la figure d'une femme tenant une rame. Moïse est encore représenté là jeune et imberbe, comme dans les peintures du manuscrit des Discours de saint Grégoire de Nazianze. Pharaon, au milieu des flots avec ses cavaliers, est saisi et va être entraîné par un homme nu désigné par le nom de Βυθός, l'Abîme. Dans le haut du tableau, la Nuit est représentée en camaïeu bleu, sous la figure d'une femme tenant au-dessus de sa tête un voile chargé d'étoiles. La miniature du folio 422 renferme deux scènes : d'un côté Moïse reçoit les tables de la Loi sur le Sinaï ; de l'autre, il converse avec le Seigneur, représenté par une main bénissante, de la même façon que dans la miniature que reproduit notre planche XLVI. On voit encore, au folio 428, la prophétesse Anne recevant ses inspirations de Dieu, qui est désigné par le même emblème. Plusieurs scènes de la vie de Jonas remplissent le folio 432. On voit au fond une ville antique, de laquelle sort une grande foule que le prophète harangue. Le ciel est rendu là par un fond d'or. Au folio 436, qui précède le cantique d'Isaïe, on a représenté le saint prophète élevant les mains vers le ciel, où Dieu se manifeste par le symbole de la main bénissante, d'où s'échappent des rayons. Derrière lui est la Nuit, sous la figure d'une femme vêtue de la longue robe et du péplum des femmes grecques de l'antiquité ; et devant lui, le Point du jour, Ὄρθρος, sous la figure d'un joli enfant tenant un flambeau (1). Enfin, le folio 436 renferme deux scènes : à gauche, Isaïe annonce à Ézéchias qu'il va mourir : le roi de Juda est couché sur un lit et porte le costume des empereurs byzantins, la tunique et la longue chlamyde ; à droite, Ézéchias lève les yeux au ciel et invoque le Seigneur en lui demandant de prolonger son existence. Une femme personnifiant la Prière est auprès de lui. Les deux dernières compositions doivent être du même auteur. Elles se distinguent par la correction du dessin ; les têtes sont vigoureusement touchées et remplies d'expression.

(1) MONTFAUCON (*Palæogr. græca*, p. 12), a donné la gravure de cette miniature. On trouvera une reproduction en couleur des figures d'Isaïe et de la Nuit dans *le Moyen Age et la Renaissance*, t. II.

Le manuscrit renferme dans le texte quelques vignettes d'ornements disposées en tête des chapitres, soit dans une forme rectangulaire, soit dans la forme du pi grec que nous avons déjà signalée. Elles reproduisent des fleurons d'un style élégant coloriés avec goût. On y trouve aussi quelques lettres ornées de peu d'élévation. Elles sont composées d'animaux, de fruits, de fleurs et de perles, dans des dispositions simples et gracieuses. A l'exception du tableau où David est représenté entre la Sagesse et la Prophétie, et de celui où il est élevé sur un bouclier, dont le dessin offre de la lourdeur, tous les autres ont un vernis d'antiquité : formes, costumes, draperies, tout est inspiré par des modèles antiques, et, si ce n'était le vêtement impérial des empereurs byzantins qui est donné aux rois de la Bible, on pourrait considérer les peintures de notre manuscrit comme des œuvres de l'antiquité. Le dessin est correct, les mouvements sont justes et les têtes empreintes d'une grande expression. Le coloris, qui a de l'éclat, est obtenu par une gouache bien empâtée. On trouve des rehauts de blanc dans les carnations. Les tons des premières miniatures sont un peu crus ; dans les dernières, l'exécution est plus soignée, les transitions sont mieux ménagées et plus harmonieuses.

Nous pouvons encore citer un livre enrichi de miniatures appartenant à la fin du neuvième siècle ou au commencement du dixième. C'est un manuscrit sur parchemin format in-folio (de 36 centimètres de hauteur sur 27 de largeur) que conserve la bibliothèque Vaticane (n° 755). Il contient les prophéties d'Isaïe avec des commentaires tirés des Pères de l'Église. Dans une grande miniature à pleine page, on voit la figure en pied du prophète ; quatre médaillons près des angles du tableau contiennent les figures en buste des Pères de l'Église auteurs des commentaires. Au folio 107, l'artiste a pris pour sujet Isaïe entre la Nuit et le Point du jour, recevant les inspirations de Dieu, symbolisé par une main bénissante. Ce sujet se trouve reproduit dans une des miniatures du manuscrit de la Bibliothèque nationale (n° 139). Les personnages sont disposés à peu près de la même manière dans les deux tableaux, mais l'un n'est pas la copie de l'autre, les mouvements ne sont pas absolument les mêmes. La figure de la Nuit et celle d'Isaïe dans le manuscrit du Vatican ont des proportions exagérées en longueur, et le petit génie du Point du jour est d'un dessin très-incorrect et n'a pas la charmante attitude de l'enfant du manuscrit de Paris. La dernière des miniatures reproduit le martyre du prophète. Deux hommes lui scient le crâne. Dans tous les tableaux, le terrain, les arbres et les monuments sont en couleur ; le ciel est rendu par un fond d'or (1). Bien que le dessin ne soit pas toujours d'une correction irréprochable, ces grandes miniatures ont un aspect très-agréable ; les têtes sont d'un excellent modelé et fort expressives ; les couleurs, d'un ton léger, ont de l'éclat.

Les miniatures que nous venons d'examiner et les autres monuments du neuvième siècle que nous avons signalés en traitant de la sculpture (2), font voir que les artistes de ce temps, dirigés par l'étude de la nature et des productions de l'antiquité, avaient su conserver un style sévère et ne s'étaient adonnés que très-discrètement à l'ornementation pleine de caprice et de fantaisie qui avait pris une grande vogue sous l'empereur Théo-

---

(1) D'AGINCOURT, *Histoire de l'art*, PEINTURE, pl. XLVI, a donné la gravure des miniatures de ce manuscrit.
(2) NOTIONS GÉNÉRALES, t. I, p. 35 et suiv.

phile (829 † 842), à l'époque de l'iconomachie (1). Mais au dixième siècle les peintres, tout en s'appliquant à la correction du dessin et sans négliger absolument les beaux modèles que leur fournissait l'antiquité, se laissèrent aller à la fantaisie de leur imagination et subirent beaucoup plus que leurs maîtres l'influence de l'entraînement général vers la richesse de l'ornementation. Mais il faut dire qu'ils surent apporter dans leurs compositions fantastiques une variété infinie et des détails délicieux, toujours empreints du meilleur goût, et qui se recommandent encore par la délicatesse du travail et le fini de l'exécution.

Trois manuscrits illustrés appartenant à la Bibliothèque nationale, où ils portent les n°s 64, 70 et 543, viennent à l'appui de nos appréciations.

On peut juger par notre planche XLVII de l'excellent style de la décoration qui surmonte l'arcade que nous avons empruntée au manuscrit n° 64 (2). De jolis oiseaux boivent à une fontaine d'où l'eau s'échappe par une pomme de pin, comme dans les belles fontaines élevées par Basile le Macédonien au devant du portique de la Nouvelle-Basilique, qu'il avait édifié avec un luxe inouï (3). Neuf autres arcades, toutes variées dans leur ornementation, sont également surmontées de petits sujets d'une composition originale et spirituelle : ce sont des griffons ailés, des chevaux d'un excellent dessin ; un chameau et son conducteur, et, comme pendant, un éléphant buvant à une fontaine ; des bœufs s'abreuvant à un bassin et un nègre y amenant un cheval qui se cabre ; un faucon saisissant un oiseau au milieu d'une volée, et de l'autre côté un valet de la fauconnerie retirant un lièvre des griffes d'un faucon ; un léopard lancé par un homme contre des cerfs qui fuient. Tout cela est d'un excellent dessin. Les figures des évangélistes qu'on voit dans le manuscrit n° 64 sont dans des proportions un peu allongées qui ne manquent pas d'élégance. Saint Matthieu parle, saint Marc lève les yeux au ciel, les deux autres écrivent. Les vêtements sont drapés avec art à la manière antique et colorés de teintes claires avec des rehauts de bleu dans les lumières. Les quatre miniatures occupent chacune une page entière et sont encadrées dans des bordures composées de cercles qui renferment des fleurons variés de forme et de couleurs. La première lettre de chaque Évangile est en or et en rinceaux de couleur d'un goût simple et élégant.

Le manuscrit n° 70 est un évangéliaire de poche (de 17 centimètres de hauteur sur 12 de largeur) dont les illustrations sont délicieuses. Nous avons fait reproduire dans la planche LXXXIV de notre album les figures des évangélistes que l'on trouve en avant de chacun des Évangiles, aux folios 4, 113, 190 et 307. La concordance des évangiles d'Eusèbe se trouve écrite, comme dans le manuscrit précédent, sous des arcades dont l'extrados est surmonté de jolis oiseaux. Bien que ces arcades soient moins riches que celles dont notre planche XLVII a donné un spécimen, elles sont traitées avec cette élégance qui caractérise l'ornementation byzantine du dixième siècle. Une note écrite à la fin du livre est ainsi conçue : Ἐγράφθη Νικηφόρου υασιλεύοντος (ἰνδ.)Ζ. « Il a été écrit sous » le règne de Nicéphore, dans la septième indiction. » Et au-dessous on lit cette note latine

---

(1) Notions générales, t. I, p. 34.
(2) Voyez à la fin de ce volume, au Supplément aux Explications des planches, quelques détails sur ce manuscrit et sur les personnages qui sont sous l'arcade.
(3) Voyez-en la description, tome I, p. 38.

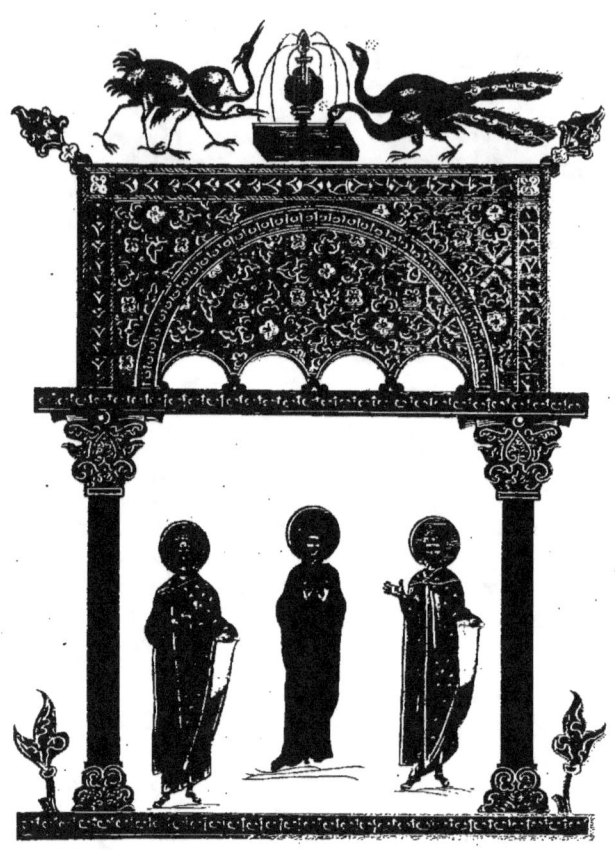

PEINTURE, ORNEMENTATION DES MANUSCRITS
Miniature d'un manuscrit grec du X<sup>e</sup> Siècle

d'une écriture moderne : « *Regnabat hic Nicephorus anno Domini octingentesimo, tempore Caroli Magni.* » L'auteur de la note latine ne s'est pas donné la peine de faire la moindre recherche historique. En effet, ainsi que le fait observer Montfaucon (*Palæographia græca*, p. 280), la septième indiction ne s'est pas rencontrée pendant les huit ans et neuf mois qu'a régné le Nicéphore qui vivait du temps de Charlemagne, c'est-à-dire Nicéphore I$^{er}$, qui a occupé le trône impérial du 31 octobre 802 au 25 juillet 811. Chacun sait que l'indiction est une période de quinze années instituée par Constantin après sa victoire sur Maxence, et que l'on commence à compter après l'année 312. Ainsi l'année 802 est la dixième de la trente-troisième période d'indictions, qui s'est terminée en 807. L'an 811, qui a vu périr Nicéphore I$^{er}$, correspondait donc à la quatrième indiction de la trente-quatrième période ; la septième indiction n'est arrivée que trois ans après sa mort (*Art de vérifier les dates*, tome 1, p. 17 à 20). Nous ajouterons que Nicéphore I$^{er}$ était manichéen et iconoclaste. Lorsqu'il s'empara du pouvoir, soixante années de persécution avaient anéanti ou dispersé les artistes qui reproduisaient les saintes images, et lui-même continua à faire exécuter les édits qui les proscrivaient. Il n'est pas à supposer qu'un artiste ait pu produire de son temps des peintures religieuses aussi parfaites. Il ne peut donc être question, dans la note écrite en grec à la fin de l'évangéliaire, que de Nicéphore Phocas, qui se fit proclamer empereur l'année 963, correspondant à la sixième indiction de la quarante-quatrième période ; la septième est arrivée la seconde année de son règne. La date du manuscrit nous est donc donnée par la note grecque qu'on trouve à la fin ; c'est en 964 qu'il a été exécuté. L'écriture du manuscrit, comme le remarque Montfaucon, dénote d'ailleurs la seconde moitié du dixième siècle, et n'est pas en rapport avec celle dont on usait du temps de Nicéphore I$^{er}$ qui touchait au huitième. Quatre années s'étaient à peine écoulées depuis la mort de Constantin Porphyrogénète, lorsque ont été faites les peintures de ce manuscrit, qui sont l'un des types les plus parfaits de l'art byzantin. On doit donc les regarder comme un spécimen des productions de l'école dirigée par ce prince qui passait pour le plus habile peintre de son temps, et sous lequel l'art byzantin arriva à un haut degré de perfection (1).

Le manuscrit n° 543 est peut-être plus curieux que les deux premiers par le grand nombre de ses miniatures et par la variété infinie de sa délicieuse ornementation. Ce beau livre (de 26 centimètres de hauteur sur 19 et demi de largeur), écrit à deux colonnes en écriture cursive, renferme différents ouvrages, et principalement plusieurs discours de saint Grégoire de Nazianze. Les têtes de pages, à chaque différente matière, sont enrichies d'une vignette soit rectangulaire, soit en forme de Π, composée d'élégants rinceaux qui renferment dans leurs contours des fleurs, des fruits, des oiseaux perchés sur des tiges fleuries et d'autres petits animaux sur fond d'or. Souvent des paons ou bien des oiseaux de l'Orient d'un éclatant plumage surmontent les vignettes. Une lettre initiale de trois à quatre centimètres de hauteur, d'un joli dessin exécuté en couleur et en or, et toujours d'un goût exquis, ouvre chacun des chapitres. Nous pouvons citer, parmi les plus jolies, l'epsilon du folio 28, que nous avons fait reproduire dans le cul-de-lampe de ce chapitre. Un saint évêque placé au centre étend la main droite, qui forme la barre horizontale de la lettre,

(1) Voyez tome I$^{er}$, p. 42.

pour bénir une femme placée debout au-dessous de lui sur une sorte de piédestal qui forme avec elle la branche inférieure de la courbure. Ces deux figures, bien que d'une taille microscopique, n'en sont pas moins d'un dessin parfait. Vingt-deux miniatures, réunies deux à deux et bordées de délicieux encadrements, remplissent onze pages du manuscrit. Elles reproduisent des sujets qui sont puisés dans les matières que traitent les chapitres en avant desquels elles sont placées. Dans la première des deux miniatures qui occupent le folio 23, le peintre, ayant à représenter la descente du Christ aux enfers, a donné au Sauveur des ailes rouges et l'a revêtu d'une robe de cette couleur. Le dessin est d'une grande correction. Les petites figures, qui n'ont pas plus de trente à trente-cinq millimètres de hauteur et souvent moins, ont des attitudes très-variées et des mouvements d'une grande justesse, à ce point qu'on ne pourrait trouver mieux parmi les miniaturistes de l'Occident qu'en arrivant aux grands artistes du quinzième siècle ; les têtes, qui ne dépassent pas quatre à cinq millimètres, offrent cependant beaucoup d'expression ; toutes les parties du visage sont indiquées dans ce petit espace avec un soin minutieux. Les physionomies sont parlantes. Quelques figures à demi nues montrent que le peintre avait acquis par l'étude de l'anatomie la connaissance des ressorts et du jeu de la machine humaine.

Les observations que nous avons déjà faites sur le coloris des miniaturistes byzantins du neuvième et du dixième siècle, et celles de nos planches qui reproduisent de leurs œuvres, ont fait voir que ces artistes faisaient usage d'une gouache très-soutenue. Le parchemin était d'abord rendu apte à recevoir les couleurs à l'aide d'une légère couche de fiel ou d'encollage à la colle ou à l'œuf. Les couleurs le plus en usage étaient le vermillon, le brun rouge, les ocres, le blanc et le bleu, matières qui par leur opacité s'étendaient avec plus de facilité et formaient, en suivant les contours tracés à l'avance par l'artiste, une sorte d'apprêt sur lequel il revenait indiquer les lumières, les ombres et les détails intérieurs du dessin. Il arrivait ainsi à un empâtement qui lui permettait des dégradations de ton du meilleur effet, et à une vigueur de coloris qui égale souvent celui qu'on peut obtenir dans la peinture à l'huile. Les couleurs transparentes, telles que le carmin et les laques, étaient rarement employées avec les empâtements des fonds, mais souvent comme couverte translucide. L'or était appliqué en feuilles pour les fonds, et était rendu adhérent au parchemin par une préparation comme le minium ou la céruse bien broyés au blanc d'œuf ; il était encore employé au pinceau sur un encollage préalablement étendu sur le parchemin.

## IV

*De Basile II (976 † 1025) à la fin du douzième siècle.*

Nous avons dit les causes qui avaient porté la peinture byzantine à un aussi haut degré de perfection, et celles qui avaient préparé la décadence de l'art (1).

On peut fixer le commencement de cette décadence au règne de Basile II, dont tous les penchants étaient pour la guerre, la plus cruelle ennemie des arts, Néanmoins l'influence de l'école de peinture dirigée par son aïeul Constantin Porphyrogénète n'était pas encore

(1) NOTIONS GÉNÉRALES, t. I, p. 42 et suiv., et 49.

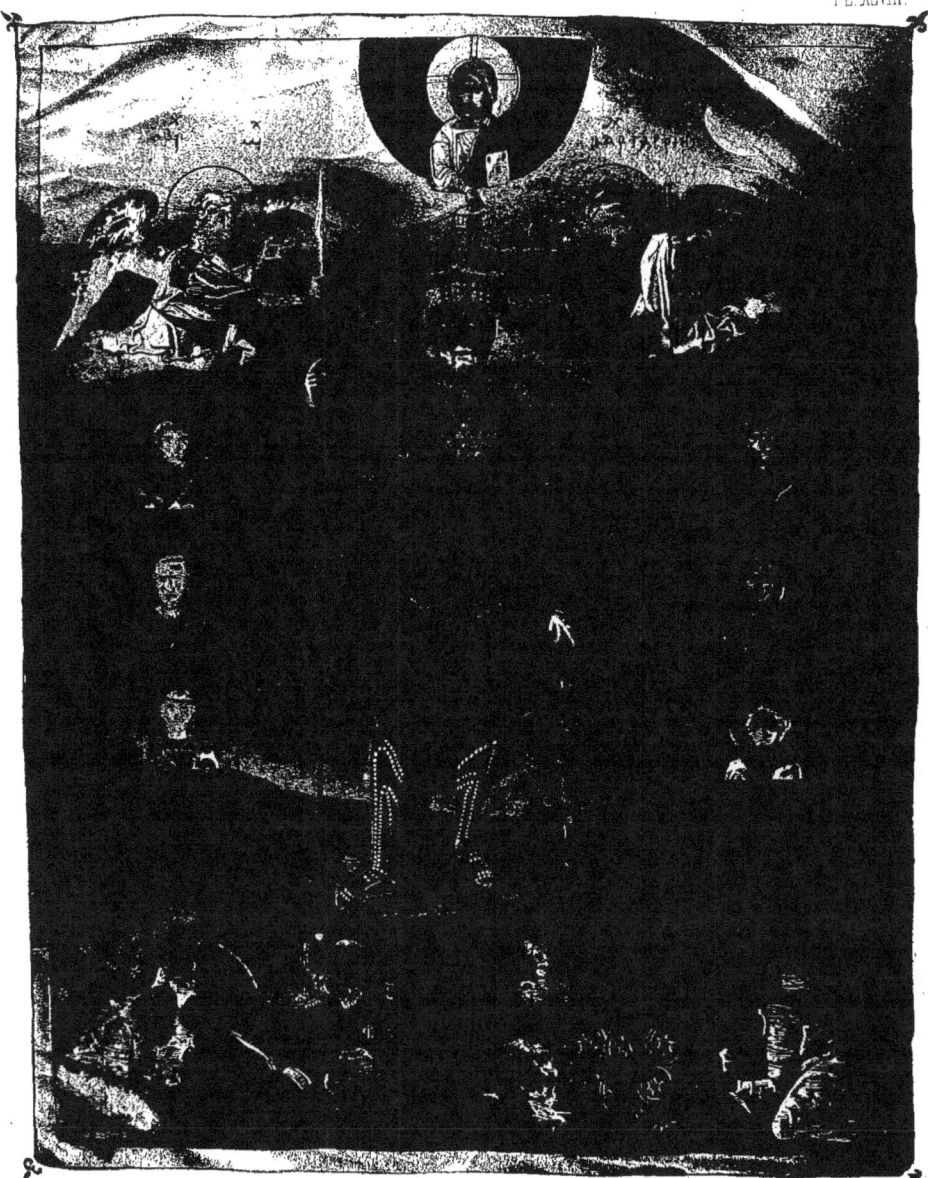

PL. XLVIII.

PEINTURE ORNEMENTATION DES MANUSCRITS

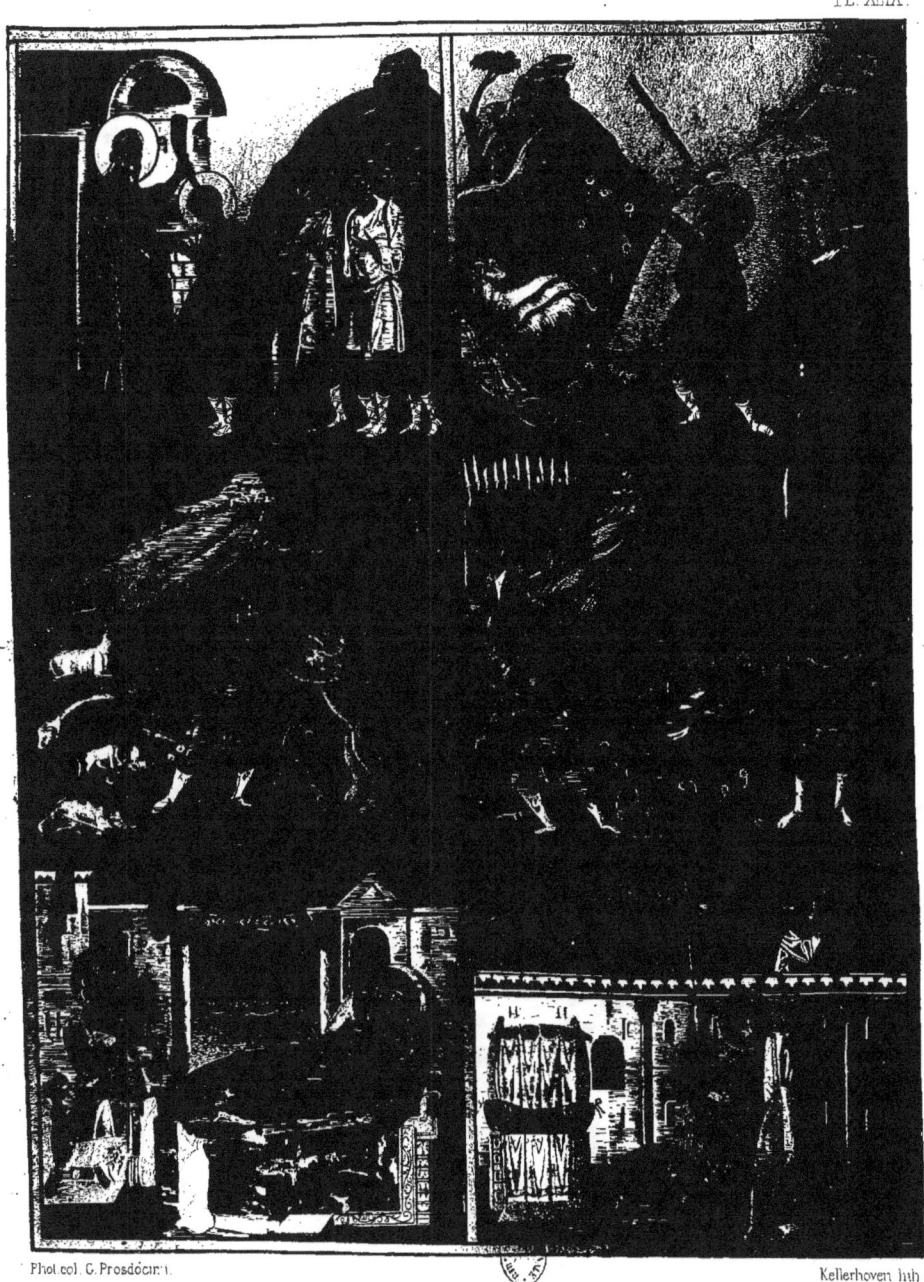

PL. XLIX.

Phot col. G. Prosdocimi. Kellerhoven lith

PEINTURE — ORNEMENTATION DES MANUSCRITS.

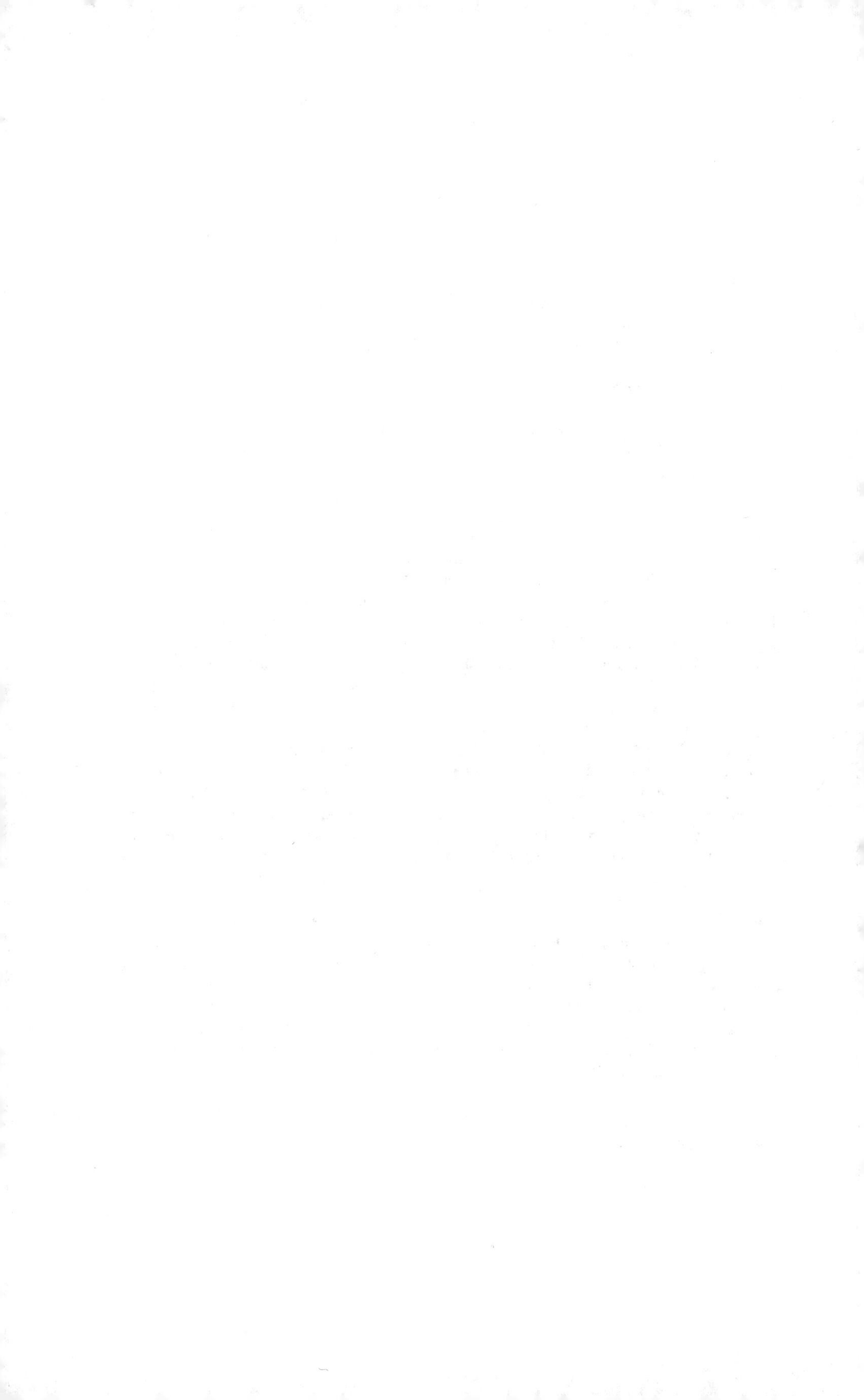

complètement éteinte sous son règne. Les miniatures qui enrichissent deux manuscrits écrits et illustrés pour lui viennent le démontrer. Le premier est un psautier grand in-folio qui appartient à la bibliothèque de Saint-Marc de Venise (ms. gr. n° xvii); le second est une Vie des saints très-connue sous le nom de *Menologium Græcorum*, que conserve la bibliothèque Vaticane (n° 613). Nous donnons dans nos planches XLVIII et XLIX la reproduction de deux miniatures à pleine page dont est enrichi le psautier de l'empereur Basile II, et l'on trouvera à la fin de ce volume des explications sur cette planche auxquelles le lecteur peut se reporter. La composition du tableau où l'empereur Basile est représenté n'est pas sans mérite, et si l'on voulait reprocher à l'artiste d'avoir fait les seigneurs de la cour prosternés aux pieds de Basile dans une proportion plus petite que la figure principale, on pourrait répondre qu'il ne s'agit pas là de la représentation d'une scène ordinaire, mais bien d'une sorte d'apothéose du prince, qui est couronné et armé par la main des anges en présence du Christ. La tête de l'empereur est modelée avec beaucoup d'art; on doit avoir là un portrait ressemblant. Les six miniatures qui reproduisent des traits de la vie de David (planche XLIX) sont l'œuvre d'un artiste qui ne manquait pas de talent. Le dessin est correct, les mouvements sont justes; il y a de la vie dans les personnages qu'il met en scène; il fait ressortir les formes du corps sous les vêtements et il sait accuser dans les nus les parties osseuses et musculaires. Malgré l'état de détérioration de la peinture, on peut encore y reconnaître un coloris très-monté de ton et d'un bel effet. Mais l'artiste échoue dans la disposition des groupes, et si l'on veut comparer la première de ces miniatures, le sacre de David par Samuel (1), avec une peinture du manuscrit des Discours de saint Grégoire de Nazianze, du neuvième siècle, où la même scène est représentée (2), on verra par la comparaison que la décadence commençait à se faire sentir dans les peintures du psautier de Basile II. Dans la miniature de ce livre, le groupe d'Isaï et de ses fils est d'une disposition fort incorrecte. En arrière des trois personnages du premier plan, on ne voit que des têtes appartenant à des figures sans corps; l'artiste a cependant osé placer, entre Isaï et l'aîné de ses fils vêtu de blanc, la jambe de celui des autres enfants qui est immédiatement derrière eux; mais ne sachant pas comment placer la seconde jambe ni comment distribuer celles des autres fils d'Isaï qui forment le groupe, il s'est dispensé de les faire, en sorte qu'il a laissé six têtes sans corps et un personnage avec une seule jambe. Dans la miniature du neuvième siècle au contraire, la composition du groupe est remarquable. Isaï et ses enfants, quoique réunis, sont placés sur plusieurs plans; l'air circule entre tous ces hommes, qui paraissent causer entre eux avec animation et dont les têtes expriment l'étonnement et les différents sentiments qu'ils éprouvent en présence du choix que vient de faire le prophète Samuel du plus jeune d'entre eux pour le sacrer roi. Ils portent tous le costume antique. La correction du dessin est au surplus en rapport avec l'excellence de la composition.

Le *Menologium Græcorum* est un manuscrit (de 36 centimètres et demi de hauteur sur 28 centimètres de largeur) écrit en or sur parchemin. Il contient pour chaque jour pendant six mois, du 1er septembre à la fin de février, un récit succinct de la vie des

---

(1) *Les Rois*, livre I, chap. xvi, vers. 1 à 13.
(2) Manuscr. gr. Bibliothèque nationale, n°510, fol. 174.

saints et des saintes vénérés dans l'Église grecque ou une mention de la commémoration de quelque grande solennité. Le récit occupe une partie de chaque page, et une miniature, qui en reproduit l'un des faits, l'autre partie; et comme il y a des jours qui réunissent la fête de plusieurs saints, il en résulte que le nombre des miniatures pour les six mois, qui seuls ont des illustrations, s'élève à plus de quatre cents. Le cardinal Albani a publié ce manuscrit en 1727 et a donné la gravure de toutes les miniatures. D'Agincourt en a fait aussi connaître quelques-unes dans trois de ses planches (1) : mais les gravures du cardinal Albani sont si mauvaises et celles de d'Agincourt, privées de coloris, ont tant de sécheresse, qu'avant d'avoir vu le manuscrit, nous avions conçu une assez triste idée de ses illustrations. Il faut convenir cependant que, malgré les reproches qu'on peut adresser à l'ordonnance et au dessin de plusieurs des compositions, le grand nombre des miniatures, l'éclat du coloris, les notions qu'on peut puiser dans les tableaux sur certains faits historiques, sur les usages civils et religieux, sur les costumes, les armures, et sur le style des édifices de l'empire d'Orient, font de ce livre un des plus importants monuments de la calligraphie illustrée du moyen âge. On conçoit que nous ne pouvons pas faire ici la description de tous les tableaux ; un volume tout entier n'y suffirait pas, et nous nous bornerons à quelques observations. Toutes les miniatures sont sur fond d'or : elles ont seize centimètres de largeur sur dix à onze de hauteur. Huit peintres ont concouru à leur exécution, et chacun d'eux a inscrit son nom sur les tableaux qu'il a exécutés. Ce sont George, Siméon, Michel Micros, Ménas, Nestor, Michel Blachernita, Siméon Blachernita et Pantaléon. Il serait difficile d'établir une grande distinction entre des artistes qui appartiennent tous à la même école. Ils ont presque partout répudié les traditions et les costumes de l'antiquité. Lorsque le tableau qu'ils ont à faire ne renferme qu'une seule figure, elle est toujours dessinée avec correction ; l'attitude en est majestueuse ; la tête, bien modelée, est expressive, et les vêtements, amples dans leurs contours, sont agencés avec art : on reconnaît par là qu'ils n'avaient pas encore entièrement oublié les principes des anciens. Dans les compositions à plusieurs personnages, ce n'est pas la qualité de l'invention qui leur manque ; ils montrent au contraire une variété prodigieuse dans les nombreuses représentations des supplices infligés aux martyrs. Les figures ne manquent pas de vie et d'animation ; on peut même leur reprocher le défaut contraire : les attitudes sont souvent tourmentées, et les mouvements manquent de justesse. Les nus ne dénotent plus chez ces artistes les connaissances de l'anatomie que possédaient ceux du neuvième et du dixième siècle. La plupart se laissent entraîner, dans quelques-unes de leurs compositions, à l'allongement des proportions, dont le goût tendait à s'établir, et qui allait devenir le caractère tout particulier de l'école grecque durant le onzième siècle et le douzième. La perspective est vicieuse dans presque tous les tableaux. Le coloris est franc et chaud de ton, surtout dans les têtes. Les couleurs dominantes sont le bleu, le violet, le rouge et le jaune. Le blanc est employé en rehaut dans les lumières ; l'or est posé au pinceau dans les vêtements. Nous devons terminer en citant quelques-uns des tableaux les plus intéressants : l'assemblée du second concile de Nicée, au folio 108 (2), et, au folio 374, la fuite en

---

(1) *Histoire de l'art*, t. II, p. 55, pl. XXXI, XXXII et XXXIII.
(2) D'Agincourt en a donné la gravure, *Histoire de l'art*, t. III, pl. XXXII.

Égypte, de Pantaléon. Au folio 142, au jour de la commémoration d'un terrible tremblement de terre arrivé sous le règne de Théodose II, la représentation d'une procession, de Siméon Blachernita : la riche croix gemmée qui est portée devant l'empereur n'a pas de crucifix. Du même artiste, au folio 271, la Nativité du Christ, où l'on voit une figure de saint Joseph assis, d'un dessin très-correct (1). Au folio 22, la Nativité de la Vierge par Ménas : les femmes qui soignent sainte Anne, et qui baignent la petite enfant, témoignent dans leur attitude et dans leurs costumes d'une réminiscence de l'antiquité (2). Enfin, au folio 198, la Vierge présentée au grand prêtre, de Nestor. Pantaléon et Nestor nous paraissent les plus habiles des huit artistes qui ont donné leur concours à l'illustration de ce beau manuscrit. On y trouve des lettres ornées exécutées en couleur et rehaussées d'or dans le même style simple et de bon goût du neuvième et du dixième siècle (3). Le *Menologium* est évidemment, par son style, postérieur d'une vingtaine d'années au psautier de Basile II, et doit avoir été exécuté à la fin du règne de ce prince († 1025).

Après le *Menologium Græcorum*, nous devons placer un autre manuscrit de la bibliothèque Vaticane (n° 1162), contenant les homélies du moine Jacques. Ce livre (de 33 centimètres de hauteur sur 22 de largeur) appartient, par son écriture, à la seconde moitié du onzième siècle. Il renferme un nombre considérable de miniatures de deux mains et de deux époques différentes. Les unes portent le caractère des peintures de la fin du dixième siècle; les autres sont d'un siècle environ moins anciennes, et annoncent la fin du onzième. Nous pensons que les premières auront été copiées sur des tableaux de l'époque de Basile II. La Bibliothèque nationale de Paris possède un manuscrit tout semblable (ms. gr. n° 1208), que nous regardons comme une copie du manuscrit du Vatican exécutée au onzième siècle. Parmi les miniatures qui se rattachent à l'école de la fin du dixième siècle, nous devons citer l'Ascension du Christ (fol. 3) en présence de la Vierge et des apôtres. C'est la scène représentée dans le bas-relief d'ivoire de notre planche IX, qui appartient au temps de Constantin Porphyrogénète, et l'on peut juger, par la comparaison, combien le style de l'école byzantine avait perdu de sa sévérité et de son élégance sous le petit-fils de ce prince. Nous placerons encore au nombre des meilleures compositions la Vierge assise sur un trône et tenant l'enfant Jésus sur ses genoux (fol. 50 du ms. du Vatican, et 69 du ms. de Paris) : elle est vêtue d'une longue robe violet foncé, et d'un manteau bleu relevé sur la tête. On n'avait donc pas encore imaginé au onzième siècle de faire de la Mère du Christ une reine couronnée et portant des vêtements chargés de pierreries. Les anges sont derrière elle, d'autres se prosternent en adoration ; au-dessous, est un groupe de vieillards élevant les mains vers la Mère et l'enfant. Les poses sont excellentes, les mouvements justes et les têtes remplies d'expression. Nous citerons enfin une singulière composition (fol. 82 du ms. du Vatican, et 109 du ms. de Paris) : le Christ est couché sur un lit d'or, et derrière lui est un groupe de soixante personnes disposées en six rangées. Les deux figures de la première rangée qui dépassent le lit sont seules vues en entier ; elles sont revêtues de longues robes, et portent par-dessus la brigandine à écailles et le manteau noué au cou et rejeté en

---

(1) D'Agincourt, *Histoire de l'art*, t. III, pl. XXXIII.
(2) *Ibid.*, pl. XXXIII.
(3) D'Agincourt a reproduit le dessin de quelques-unes de ces lettres, pl. XXXI.

arrière, de même que l'empereur Basile de notre planche XLVIII. Le personnage qui est au centre derrière le lit, et dont on ne voit que le buste, tient un globe timbré d'une croix. On n'aperçoit que les têtes des autres figures qui sont échelonnées au-dessus les unes des autres en arrière de la première rangée, et il pourra paraître difficile que tous les corps aient pu tenir dans l'espace qui leur est assigné : malgré la diversité des distances, un manque absolu de dégradation les rend toutes égales. Nos planches XLVIII et XLIX peuvent donner une idée du dessin des compositions que nous venons de citer, et de quelques autres du même style, qui nous semblent appartenir à l'école qui florissait sous Basile II. Les peintres de cette époque avaient encore conservé les traditions de celle qu'avait dirigée pendant plus de trente ans l'empereur Constantin Porphyrogénète († 959), qui était, disent les historiens, le meilleur peintre de son temps. Les miniatures des manuscrits du moine Jacques, qui appartiennent à la fin du onzième siècle, sont d'un style et d'un caractère tout différent. L'allongement exagéré des proportions, la sécheresse du dessin, la crudité des couleurs, font assez voir combien la peinture byzantine était déchue à cette époque. La planche LXXXVII de notre album, qui reproduit l'une de ces miniatures (fol. 61 du ms. de Paris, 44 du ms. du Vatican), en fait connaître le caractère. Si, sous le rapport de la composition et du dessin, l'école de la fin du onzième siècle était en décadence, elle n'était cependant pas inférieure à celle du dixième sous le rapport du coloris et de l'ornementation. Les peintures sont le plus souvent accompagnées d'un fond d'or posé en feuilles et bruni ; l'emplacement des sujets mis en couleur avait été réservé sur le parchemin. Toutefois, dans quelques tableaux, la feuille d'or a été appliquée partout et la peinture établie sur l'or même, comme dans la miniature (fol. 47 du ms. de Paris) où l'on a représenté le péché d'Adam et d'Ève et leur expulsion du paradis. Les couleurs sont bien empâtées et ont beaucoup d'éclat ; les ombres sont indiquées par un ton brun, et les lumières par des rehauts de blanc. Les motifs d'ornementation, très-multipliés dans ces manuscrits, sont d'une grande richesse. Un grand nombre de têtes de pages sont décorées de vignettes sur fond d'or, couvertes de rinceaux et de feuillages colorés qui renferment de petits animaux. Les sujets bizarres commencent à paraître, et l'on rencontre souvent au milieu des rinceaux des oiseaux à tête humaine. Nous avons fait reproduire l'une de ces vignettes dans la planche LXXXVII de notre album. On voit aussi dans ces manuscrits des lettres ornées composées de tiges fleuronnées et d'animaux accouplés d'une façon singulière. D'Agincourt a reproduit quelques-unes de ces lettres (1).

L'incorrection du dessin et le défaut d'entente dans la disposition des groupes frappent au premier aspect, lorsqu'il s'agit de figures d'une dimension ordinaire ; mais si elles sont au contraire réduites à des proportions assez petites pour que les contours soient peu accusés, et que les plans sur lesquels elles sont espacées soient peu perceptibles, il est plus facile à l'artiste de dissimuler ces défauts. Certains miniaturistes de la seconde moitié du onzième siècle, qui avaient négligé l'étude de la nature vivante et celle des beaux modèles de l'antiquité, se mirent à décorer les manuscrits de figures et de sujets quasi microscopiques, et parvinrent ainsi, à l'aide d'un coloris plein d'éclat, d'heureuses dispositions et d'une ornementation splendide, à dissimuler leurs défauts et à charmer encore les yeux.

(1) *Histoire de l'art*, t. V, pl. LI.

Nous pouvons citer deux manuscrits très-remarquables traités de cette façon ; l'un appartient à la Bibliothèque nationale de Paris (n° 74), l'autre à la bibliothèque Vaticane (n° 394). Le premier est un évangéliaire de format in-quarto (de 24 centimètres de hauteur sur 19 de largeur). Il est rempli d'une quantité considérable de figures et de sujets disposés sans fond, à même le texte ; ils occupent tantôt toute la largeur de la feuille dans une hauteur de quatre à cinq centimètres, tantôt une partie seulement de la largeur, et, dans ce cas, le texte remplit le surplus. En tête de chaque Évangile est une grande vignette de forme carrée, occupant les deux tiers environ de la page ; on y voit au centre, dans un médaillon circulaire, une petite figure de l'évangéliste assis et écrivant ; tout le surplus du champ est couvert de rinceaux bleus à feuillages rouges et verts d'un joli goût, se détachant sur un fond d'or. Toutes les scènes reproduites sont empruntées aux Évangiles. Les compositions sont en général disposées avec intelligence et souvent très-spirituelles ; mais souvent aussi l'air manque dans les groupes, et les têtes sont échelonnées au-dessus les unes des autres. Les visages, vus à la loupe, ne manquent pas de modelé et d'expression ; les mouvements sont assez justes, et quelques-unes des petites figures, qui n'ont pas plus de trois centimètres de hauteur, sont encore assez bien dessinées ; mais le plus souvent les membres sont d'une maigreur extrême, sans forme et réduits à un fil ; l'allongement des proportions est presque partout exagéré. La perspective est très-défectueuse. Jésus et les apôtres sont drapés à l'antique ; les autres personnages portent le costume contemporain (1). Dans la scène de la crucifixion, le Christ n'est plus revêtu de la longue robe violette qu'on a vue dans les peintures du sixième et du neuvième siècle, mais d'un simple jupon qui lui ceint les reins et descend jusqu'aux genoux. Nous pensons qu'on doit fixer au dixième siècle ce changement dans le vêtement du Christ sur la croix. Nous signalerons encore une miniature assez curieuse du manuscrit de Paris. Au folio 2, Salomon est sur son trône ; il porte le costume de cérémonie des empereurs d'Orient, la longue tunique talaire à orfroi d'or et le loron ; il est couronné du stemma ; à sa droite et à sa gauche sont six rois, représentés avec les divers costumes des empereurs. L'ornementation est fort riche et très-variée, et le coloris est d'un ton très-brillant et très-soutenu. On voit encore, dans ce beau manuscrit, des lettres ornées en couleur d'un joli goût.

Le manuscrit de la Vaticane (n° 394) est aussi de format in-quarto (de 24 centimètres de hauteur sur 17 de largeur). Il contient divers traités de théologie, dont le premier et le plus important est une œuvre de Jean Climaque, dont le titre est *Échelle pour atteindre à la vertu*. Les excentricités de l'auteur ont donné matière à des compositions graphiques assez bizarres qui sont disposées dans le courant du texte ; les figures sont de petite proportion. Quelques-unes des miniatures n'ont pas de fond, d'autres sont sur fond d'or ou sur fond noir. On peut remarquer dans beaucoup de figures un allongement très-prononcé des proportions. Les peintures présentent au surplus les mêmes défauts et les mêmes qualités que celles de l'évangéliaire de la Bibliothèque nationale n° 74.

La bibliothèque Laurentienne de Florence possède aussi deux beaux manuscrits grecs du onzième siècle qui méritent d'être signalés. Le premier est un évangéliaire de format

---

(1) *Les Arts somptuaires* ont publié la copie de quatre des miniatures de ce manuscrit ; mais la proportion des figures a été plus que doublée, et le dessin par conséquent refait, ce qui ne peut donner aucune idée juste des originaux.

in-quarto (n° 23), qui renferme un grand nombre de miniatures ; il y en a presque à toutes les pages. Les vignettes d'ornementation sont fort riches, et les lettres ornées, très-finement exécutées, renferment souvent de jolies figurines dans le genre microscopique. Le second (n° 244) contient vingt-deux leçons évangéliques, qui se chantaient à Sainte-Sophie de Constantinople. On y trouve les figures des évangélistes, assis devant un pupitre où sont déposés tous les instruments des calligraphes, et une miniature qui a pour sujet Jésus conversant avec les docteurs. Le premier mot de chaque Évangile est écrit au centre d'une vignette enrichie de fleurs, et au-dessus de laquelle sont de jolis oiseaux d'un coloris délicieux.

Nous ne pouvons pas terminer ce qui a rapport à l'illustration des manuscrits grecs au onzième siècle sans en citer encore deux très-beaux. Le premier appartient au Musée Britannique. C'est un psautier de 208 folios contenant des chants d'église. Il porte l'indication de 1066 et renferme un nombre très-considérable de belles miniatures (1). Le second est conservé à la Bibliothèque nationale (n° 79, fonds Coislin); il porte sa date avec lui. C'est un volume (de 40 centimètres de hauteur sur 30 de largeur) qui a été écrit pour l'empereur Nicéphore Botoniate (1078 † 1081). Il contient les œuvres choisies de saint Jean Chrysostome. En tête du volume sont quatre miniatures à pleine page. Nicéphore est représenté dans toutes, revêtu de différents costumes et couronné du stemma. Dans la première, on le voit assis sur un trône à large dossier évasé, dont la forme n'avait pas varié depuis le sixième siècle (2). Il porte la longue robe talaire et la chlamyde à tablion d'or couvert d'un réseau de perles. Deux figures de femmes qui s'élèvent derrière le trône personnifient la Justice et la Vérité. Deux des grands officiers du palais se tiennent à la droite du trône et deux à la gauche. Le premier à la droite, qui seul des quatre n'a pas de barbe, est le protoproedros protovestiarios, le grand maître de la garde-robe, qui était eunuque ; il porte une robe talaire relevée à la taille, d'étoffe de soie brochée fond violet avec des médaillons fond blanc sur lesquels sont brodés des lions, étoffe qui recevait le nom de *leucoleonte* (3). Les autres, qui sont barbus, sont vêtus d'une sorte de manteau à double tablion, croisant sur la poitrine et qui couvre une tunique talaire. Les quatre officiers sont représentés dans une dimension beaucoup plus petite que l'empereur. Cette faute contre le goût avait commencé à s'introduire dès la fin du dixième siècle, et depuis lors, les peintres byzantins proportionnèrent souvent la grandeur des figures à l'importance des personnages. Dans la seconde miniature, l'empereur est debout entre saint Jean Chrysostome et l'archange Michel. Il porte une longue robe serrée à la taille par un cordon ; elle est décorée dans la partie supérieure d'une sorte de pèlerine d'étoffe tissue d'or couverte de pierres précieuses et de perles, au centre de laquelle est une croix. Dans la troisième, Nicéphore est assis sur son trône ; il porte la tunique talaire et la chlamyde; auprès de lui se tient le moine Sabas debout devant un pupitre, qui porte un livre ouvert dont il fait la lecture à l'empereur. La quatrième représente le Christ dans le ciel, posant la main droite sur la couronne de l'empereur, qui est debout, et la gauche sur celle de l'impératrice Marie, qui est aussi debout à la gauche de son époux ; ils sont tous les deux revêtus du grand costume de cérémonie. L'empereur

---

(1) Il a été décrit par Waagen dans le *Zeitschr. für Archäol. und Künst*, I, 97.
(2) Le Christ est assis sur un trône de même forme dans la mosaïque du narthex de Sainte-Sophie que reproduit notre planche LVIII.
(3) Const., *De cerimon. aulæ byzant.* Bonnæ, p. 576.

porte la longue tunique de soie violette brochée d'or et le loron gemmé; l'impératrice, une longue robe à larges manches, doublée de fourrure et le loron gemmé; sa couronne est plus haute que celle de l'empereur. On retrouve dans ces quatre grandes miniatures les différents costumes portés par les empereurs à la fin du onzième siècle (1). Ces costumes sont plus étroits et plus chargés d'ornements que dans les temps antérieurs, ce qui contribue à donner de la roideur au dessin. Les têtes sont d'un modelé excellent et d'un coloris très-chaud. La figure de Nicéphore, qui est exactement la même dans les quatre tableaux, est empreinte d'individualité. On doit avoir là des portraits très-ressemblants. Si les miniaturistes byzantins, à la fin du onzième siècle, avaient négligé les études qui donnent la correction du dessin, ils étaient demeurés grands coloristes et portraitistes de talent.

Les peintures byzantines du douzième siècle ont à peu près le même caractère que celles du onzième; néanmoins il est aisé de s'apercevoir, en les examinant, que la décadence faisait chaque jour des progrès sensibles. Quelques manuscrits offrent cependant des miniatures qui ne le cèdent en rien à celles du onzième siècle. Nous placerons dans cette catégorie un psautier provenant de l'église Saint-Géréon de Cologne, que possède la Bibliothèque nationale de Vienne (2). Le canon pascal qui se trouve en tête du livre, renfermant, suivant la supputation byzantine, les années du monde 6585 (de J. C. 1077) à 6628 (de J. C. 1120), a fait supposer que le livre avait été terminé en cette année 1120. Les miniatures qu'il renferme sont jolies et en rapport avec celles du temps de Basile II. Le dessin est correct, et une figure du Christ en croix (au folio 17) représenté nu, avec un simple linge noué autour des reins, dénote chez l'artiste qui l'a faite des études assez sérieuses de l'anatomie du corps humain. Saint Géréon, martyr de la légion thébaine, représenté au folio 1, porte la brigandine à écailles de Basile II (voyez notre planche XLVIII). Les figures accusent un peu d'allongement dans les proportions, mais elles sont gracieuses, et nous serions tenté de croire que les miniatures de ce psautier ont été copiées sur des peintures appartenant au commencement du onzième siècle.

Deux manuscrits, dont la date est incontestable, vont démontrer au contraire les progrès que faisait la décadence au douzième siècle. Ils appartiennent tous deux à la bibliothèque Vaticane. Le premier (n° 666), de format in-folio (de 33 centimètres et demi de hauteur sur 24 de largeur), contient un traité composé par le moine Euthymios, sur l'ordre d'Alexis Comnène (1081 † 1118). Le traité a pour objet la défense des dogmes orthodoxes contre toutes les hérésies, d'où vient qu'on lui a donné le nom de *Panoplie dogmatique*. Au verso du folio 1, on voit les figures des neuf Pères de l'Église grecque, présentant à l'empereur Alexis, qui est figuré en regard au recto du folio 2, des volumes renfermant ceux de leurs écrits dont s'est servi l'auteur de la *Panoplie dogmatique*. Au-dessus de l'empereur, dans le ciel, est la figure du Sauveur qui le bénit. Au verso du folio 2, Alexis présente au Christ, assis sur un trône d'or, le livre d'Euthymios. Toutes ces figures sont roides et sans mouvement; les neuf saints personnages, disposés à la suite les uns des autres, paraissent plaqués contre le fond d'or, leurs vêtements sont à plis droits et serrés; les têtes ont beaucoup d'uniformité et peu d'expression, elles sont cependant encore assez bien peintes.

---

(1) MONTFAUCON, *Bibliotheca Coisliniana*, p. 134 et seq., a donné la gravure de ces quatre miniatures.
(2) Il a été décrit par LAMBECIUS, *Comment. de biblioth. Cæsarea Vindobonensi*, t. III, p. 36.

Alexis est représenté très-vieux (1), ce qui doit porter l'exécution du manuscrit de 1110 à 1118. Dans la première miniature, il porte une longue robe et un grand manteau qui lui enveloppe disgracieusement tout le corps en cachant les bras ; ce n'est plus l'élégante chlamyde des siècles précédents : tout allait en se dégradant dans cet empire en dissolution. Dans la seconde, il est vêtu du costume impérial de cérémonie : la tunique talaire, décorée au cou de cette sorte de pèlerine d'étoffe tissue d'or enrichie de pierreries, et le loron; dans les deux tableaux il est couronné du stemma. Le vêtement n'a plus cette ampleur et cette dignité qui s'étaient perpétuées jusque dans le onzième siècle (2).

L'autre manuscrit est un évangéliaire (n° 2, fonds d'Urbin) de format in-octavo (de 19 centimètres de hauteur sur 13 centimètres et demi de largeur), qui a été écrit pour l'empereur Jean Comnène (1118 † 1143). Ce prince est représenté, au verso du folio 19, dans une peinture à pleine page exécutée sur fond d'or. Son fils Alexis est debout auprès de lui. Le Christ, assis dans le haut du tableau entre deux femmes couronnées personnifiant la Justice et la Charité, touche de ses mains les couronnes des deux princes. On trouve encore dans le manuscrit les figures des quatre évangélistes, placées dans de riches encadrements et un grand nombre de miniatures. Elles paraissent de deux mains. La Nativité de la Vierge, au folio 21, présente des détails intéressants ; quelques traditions de l'antiquité s'y font encore voir dans le costume et la coiffure des femmes qui s'empressent autour du lit de sainte Anne. On trouve au contraire des détails vulgaires dans une autre miniature à pleine page, qui a pour sujet le baptême du Christ par saint Jean. Des hommes et des femmes, de proportion beaucoup plus petite que les figures principales, se baignent et nagent dans le Jourdain; un homme qui est sorti de l'eau et qui est encore nu remet ses bottes. A côté de cette scène, un petit personnage, couché et appuyé sur une urne, personnifie le fleuve. Dans tous ces tableaux, le dessin ne manque pas absolument de correction, mais les poses sont roides. Les couleurs ont encore assez d'empâtement et de rehauts de blanc accusent les lumières, mais le coloris est sec et souvent terne. L'ornementation proprement dite offre toujours beaucoup de richesse. La concordance des Évangiles est écrite en tête du livre, sous des arcades à pignons décorés de fleurs sur fond d'or, qui rappellent celles qui s'exécutaient avec tant de luxe au dixième siècle (3).

Parmi les beaux manuscrits appartenant au douzième siècle, nous pouvons encore citer un évangéliaire de format in-folio (de 35 centimètres sur 27), qui est conservé dans la bibliothèque du Vatican (n° 1156). Au verso du folio qui précède chaque Évangile existe une miniature à pleine page, où l'on voit la figure de l'évangéliste sur fond d'or. Le dessin des figures laisse beaucoup à désirer, les têtes seules sont encore assez bien traitées. On trouve en outre au courant du texte un grand nombre de miniatures. Le dessin est en général médiocre; l'allongement exagéré des proportions se fait remarquer dans beaucoup de figures, qui sont souvent très-roides et dont les mouvements sont maladroitement exprimés. Si l'on rencontre quelques tableaux mieux ordonnés et mieux dessinés que les autres, comme l'Ascension du Sauveur, au folio 52, on peut les regarder comme

---

(1) Il mourut en 1118, à l'âge de soixante-dix ans.
(2) D'Agincourt, *Histoire de l'art*, t. V, pl. LVII, a donné la gravure de ces miniatures.
(3) D'Agincourt a reproduit plusieurs des miniatures de ce manuscrit, Peinture, t. V, pl. LIX.

des copies de peintures antérieures. Les ombres sont encore assez largement indiquées et les lumières rendues par des rehauts de blanc, mais l'ensemble du coloris offre de la sécheresse. L'ornementation est toujours très-brillante; de belles vignettes, composées de rinceaux fleuris sur fond d'or et surmontées de jolis oiseaux, décorent les têtes de pages au commencement de chaque Évangile. Les lettres ornées répandues dans tout le livre sont jolies et de bon goût.

Le jugement que nous portons sur le dessin et le coloris de cet évangéliaire du Vatican peut s'appliquer aux autres manuscrits du douzième siècle qui subsistent encore, et notamment à deux évangéliaires appartenant, l'un à la bibliothèque Laurentienne de Florence (n° 14, pl. VI), l'autre à la Bibliothèque nationale de Vienne (1).

## V

*Du commencement du treizième siècle à la chute de l'empire.*

La prise de Constantinople par les croisés et la destruction des chefs-d'œuvre de l'antiquité dont la ville était encore remplie, conduisirent en peu de temps l'art byzantin au dernier degré de l'avilissement (2). Un évangéliaire du treizième siècle, conservé à la Bibliothèque nationale (n° 54), écrit en grec avec la traduction latine en regard (3), et dont on peut à ce signe reporter l'exécution à l'époque de la domination des empereurs français (1204-1261), peut faire juger de ce qu'était devenue la peinture byzantine dans ces temps de guerre et d'anarchie. Ce manuscrit contient quatre miniatures à pleine page, reproduisant les figures des évangélistes et un assez grand nombre de miniatures plus petites disposées dans le texte. Le dessin est très-médiocre partout et les traits en sont fortement accusés. Dans quelques figures nues, l'artiste a voulu montrer qu'il avait étudié l'anatomie, mais il a très-mal réussi. Les figures ont quitté l'allongement des proportions, qui ne manquait pas de grâce chez les peintres du onzième et du douzième siècle, quand il n'était pas trop exagéré; les extrémités sont grêles et négligées. Les têtes des évangélistes sont laides et rondes, et n'ont plus le type ovale et allongé que les Grecs affectionnaient; les draperies sont dures et anguleuses. Le coloris a moins perdu que le dessin; la gouache est vigoureuse, et les lumières sont encore indiquées par des rehauts de blanc.

D'autres manuscrits grecs du treizième siècle, conservés à la Bibliothèque nationale de Paris (n°ˢ 51, 93, 117, 118 et 134), font voir dans leurs miniatures tous les défauts que nous venons de signaler. Un trait noir trace ordinairement les contours sans être recouvert par la peinture, comme on le voit dans les miniatures des manuscrits n°ˢ 51 et 93. Les têtes sont très-grosses et les corps grêles; le coloris même se dégrade de plus en plus. Dans les miniatures du manuscrit n° 118, le rouge et un vert sale sont les seules couleurs employées, sauf dans les têtes, qui sont encore passables. Dans celles du manuscrit n° 134, la gouache est encore assez épaisse, mais les couleurs sont ternes et sans effet. Dans les

---

(1) Il a été décrit par Lambecius sous le n° XXVIII, liv. III, p. 41.
(2) Voyez sur ce point notre tome I, p. 55 et suiv.
(3) L'Évangile de saint Luc est seulement en grec.

miniatures du manuscrit de la bibliothèque Vaticane (n° 1231), dont l'auteur, le prêtre Jean de Tarse, s'est fait connaître à la fin du livre, les figures, d'un dessin détestable, tracé par un gros trait noir, sont simplement enluminées de couleurs légères sans aucun modelé.

Le retour des empereurs grecs à Constantinople ne put rendre à la peinture aucun éclat. Les tableaux sur bois du quatorzième et du quinzième siècle qui subsistent encore font voir une grande négligence dans la technique; les figures y prennent le ton desséché des momies. Les miniatures ne valent guère mieux. Dans un évangéliaire du quatorzième siècle, appartenant à la Bibliothèque nationale (n° 95), les figures des évangélistes sont dessinées avec une mollesse extrême, et le coloris est tout à fait terne.

Nous avons reproduit dans la planche LXXXVIII de notre album une grande miniature tirée d'un manuscrit appartenant au Musée du Louvre (n° 53 de la *Notice des ivoires* de 1853), qui montre tous les défauts de la peinture byzantine au commencement du quinzième siècle. Elle représente l'empereur Manuel II Paléologue († 1425), sa femme Hélène et leurs enfants, avec la Vierge dans le ciel, ayant devant elle son fils étendant les mains au-dessus d'eux. Les têtes sont encore assez jolies, mais elles manquent de modelé; les corps n'ont aucune forme et sont comme enfermés dans des gaines. Le peintre, ne se sentant pas de force à faire des pieds, les a dissimulés sous les robes, en plaçant ses figures sur des tabourets. Cette peinture est renfermée dans un manuscrit des œuvres de saint Denis l'Aréopagite. Manuel l'avait envoyé à l'abbaye de Saint-Denis, en reconnaissance du bon accueil qu'il y avait reçu lors de son voyage en France en 1401. Ce livre avait été écrit au onzième siècle, et l'on y voit une figure en pied de saint Denis qui doit être de cette époque. L'empereur Manuel, voulant le donner à l'abbé de Saint-Denis, y fit ajouter son portrait et ceux de sa femme et de ses enfants. Le rapprochement des deux peintures fait bien juger de la différence qu'il faut établir entre les premiers pas de la peinture byzantine dans la voie de la décadence et l'état d'avilissement dans lequel elle était tombée au moment où l'empire byzantin allait s'écrouler sous les coups des Turcs.

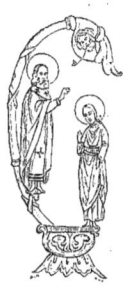

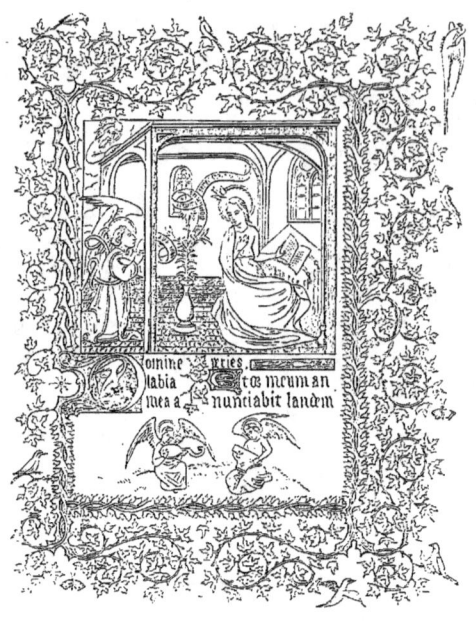

## CHAPITRE II

DE L'ORNEMENTATION DES MANUSCRITS EN OCCIDENT, DEPUIS LA CHUTE DE L'EMPIRE ROMAIN JUSQU'A LA FIN DU SEIZIÈME SIÈCLE.

### § I

DEPUIS LA CHUTE DE L'EMPIRE (476) JUSQU'A L'AVÉNEMENT DE CHARLEMAGNE.

Bien que l'invasion des barbares n'eût pas absolument anéanti l'exercice de la peinture en Italie ni dans les anciennes provinces de l'empire d'Occident, il est à croire néanmoins que la peinture ne fut pas appliquée, durant l'époque mérovingienne, à l'ornementation des manuscrits. Le *Liber pontificalis* est complétement muet sur les livres jusqu'au neuvième siècle, et les manuscrits antérieurs à l'avénement de Charlemagne que nous avons aujourd'hui ne renferment aucune peinture. Cependant le goût pour la calligraphie avait survécu à la chute de l'empire ; ce fut dans les monastères qu'il prit un grand développement. Les moines, qui avaient conservé en dépôt ce qui restait de science en Occident, établirent parmi eux l'exercice de la transcription des textes et y consacrèrent une grande partie de leur temps. Chaque abbaye avait une grande salle, qu'on nommait *scriptorium*, dans laquelle plusieurs écrivains, observant le silence le plus absolu, étaient exclusivement occupés à transcrire des livres pour la bibliothèque. A la fin du sixième siècle, saint Ferréol, par la règle qu'il instituait, prescrivait l'écriture à celui qui ne pouvait conduire la charrue (1).

Ce fut surtout en Angleterre et en Irlande que le goût pour la calligraphie se développa. Saint Austin, envoyé par Grégoire le Grand en Angleterre pour y prêcher le christianisme, avait porté aux Anglais le flambeau de la science en même temps que celui de l'Évangile (596). Un peu plus tard, saint Benoît Biscop († 690) avait fondé les deux monastères de Wearmouth et de Jarrow, et y avait établi des bibliothèques qui furent augmentées par Céolfrid, son successeur. L'Irlande ayant échappé par sa situation aux convulsions qui suivirent l'invasion des barbares, avait vu s'élever sur son territoire un grand nombre de monastères qui servirent de refuge aux savants. Dans tous les couvents de l'Angleterre et de l'Irlande, les livres apportés de Rome et de la Grèce par les missionnaires de Grégoire le Grand, par Benoît Biscop et par le savant grec Théodore de Tarse, archevêque de Cantorbéry (669), propagèrent l'étude des lettres et des sciences, et développèrent en même temps le goût de la calligraphie. Mais ces hommes vénérables avaient eu principalement pour but de répandre les dogmes du christianisme et les prescriptions de l'Église romaine : la beauté de l'écriture, qui favorisait la lecture du livre, et la correction du texte, suffisaient donc à sa destination ; le peintre ne fut pas appelé à embellir le manuscrit. Comment aurait-on pu d'ailleurs trouver des peintres, à cette époque où l'art, s'il n'avait pas péri entièrement, était tombé au dernier degré de l'avilissement?

Cependant le calligraphe qui couvrait le parchemin d'une si belle écriture désira tout naturellement en relever l'uniformité par quelques ornements. Sans avoir étudié le dessin, il chercha à donner plus d'importance aux lettres initiales des chapitres et à celles qui formaient les titres, en les enrichissant, d'abord sobrement, de quelques ornements empruntés aux végétaux qu'il avait sous les yeux ; mais bientôt, donnant pleine carrière à sa fantaisie, il s'affranchit de toute entrave. Les productions de la nature furent mises à contribution dans la composition des lettres initiales ; les animaux, surtout les poissons et les oiseaux, y entrèrent dans des positions impossibles, au milieu d'enroulements bizarres ; les lettres d'un mot formant un titre furent souvent enchevêtrées les unes dans les autres ; quelquefois enfin des têtes et des figures humaines, tracées avec la plus grande incorrection, s'y firent voir. Le fantastique et le grotesque sortirent, en un mot, de l'imagination des calligraphes. On trouve à peine, dans leurs singulières compositions, quelque réminiscence des chimères de l'antiquité ; les lettres historiées, les ornements des marges, les encadrements des pages, sont aussi variés qu'originaux ; mais le bon goût n'est pas toujours réuni à l'originalité de la composition. Les lettres sont souvent coloriées de plusieurs tons en couleurs d'aquarelle, mais le scribe est aussi inhabile coloriste que maladroit dessinateur.

Le goût pour les grandes lettres ornées d'une façon bizarre, dont il faut attribuer la mise en pratique aux calligraphes irlandais et anglo-saxons, fut répandu par les missionnaires dans toutes les écoles calligraphiques de l'Europe : en France et en Italie, par saint Colomban ; en Suisse, par son disciple saint Gall ; en Franconie, par saint Kilian ; en Belgique, par saint Liévin, et dans la Frise, par saint Willibrod.

(1) Le R. P. CAHIER, Annales de philosophie chrétienne, t. XVII, p. 14.

L'assemblage de poissons, d'oiseaux, de figures humaines et de feuillages pour former de grandes lettres initiales, donna lieu aux combinaisons les plus diverses. Cependant les diplomatistes ont essayé d'en faire la classification et d'appliquer aux différentes lettres ornées des noms en rapport avec les éléments de leur formation. Ainsi on appela *barbues*, celles qui sont chargées d'une chevelure touffue ou d'appendices démesurés; *tortues* ou *rasées*, celles qui sont réduites, quant au corps d'écriture, à la plus simple expression; *en marqueterie* ou *lithostrates*, celles dont les jambages paraissent coupés de toutes sortes de pièces de rapport en façon de mosaïque; *armoriées*, celles qui reçoivent dans leurs divers membres plusieurs couleurs, de façon qu'on peut les blasonner; *perlées*, celles qui sont composées de perles ou qui en portent à leurs extrémités et à leurs jointures seulement, ou bien encore dans le massif de leurs principaux traits; *esclavées*, celles qui sont renfermées dans d'autres : elles étaient d'un usage assez ordinaire pour les premiers mots des livres et des chapitres dans les manuscrits du sixième et du septième siècle; *blanches* ou *à jour*, celles dont le massif intérieur n'est pas rempli et qui ne sont fermées qu'à leurs extrémités : les exemples en sont fréquents dans les manuscrits du septième ou du huitième siècle; *anthropomorphiques*, celles qui sont formées de figures humaines; *zoographiques*, celles qui sont en forme d'animaux; *ornithoéides*, celles qui sont composées de figures d'oiseaux; *ichthyomorphiques*, celles où des poissons entrelacés ou recourbés forment la lettre; *ophiomorphiques*, celles dont les replis des serpents composent le caractère, espèce de lettres particulière aux Saxons; *antophylloéides*, celles qui sont composées de fleurs et de feuillages : elles ont été particulièrement en usage au septième siècle et au huitième; on les diversifia prodigieusement au neuvième, sans cependant tomber dans l'exagération à laquelle on arriva dans les siècles suivants; *ponctuées*, celles qui sont circonscrites de points : elles se rencontrent plus fréquemment dans les manuscrits anglo-saxons que dans ceux des autres peuples; *en treillis* ou *à mailles*, celles qui sont composées ou enrichies de chaînettes; *tranchées*, celles qui portent des bases et des sommets, c'est-à-dire un petit trait horizontal qui termine le bas et le haut des jambages (1).

On pourrait aller beaucoup plus loin dans la nomenclature des lettres ornées, et la classification n'en a jamais été complètement faite.

Les rares manuscrits du sixième siècle qui subsistent aujourd'hui ne sont pas ordinairement enrichis de ces sortes de lettres (2). Au septième, les calligraphes les exécutent encore sans employer d'exagération dans l'ornementation ni dans la hauteur : telles sont celles d'un évangéliaire de la première moitié du septième siècle appartenant à la Bibliothèque nationale de Paris (n° 256 lat.) : quelques entrelacs très-simples sont disposés dans le massif des lettres; des poissons et des oiseaux entrent aussi dans leur composition. Les manuscrits de la seconde moitié du septième siècle offrent des oiseaux fantastiques et des accouplements plus bizarres d'oiseaux et de poissons. On y voit quelquefois la haste d'une lettre terminée en haut par une tête humaine, comme dans le manuscrit latin de la Bibliothèque nationale n° 2110. Tout cela est dessiné à la plume de la façon la plus incorrecte, et cependant ces lettres sont souvent gracieuses dans leurs contours. Quelques-unes sont

---

(1) Dom de Vaines, *Dictionnaire raisonné de diplomatique*.
(2) Nous pouvons citer le psautier à l'usage de saint Germain (Bibliothèque nationale, n° 11947 lat.).

coloriées de couleurs d'aquarelle posées très-légèrement et sans goût. Le rouge, le jaune, le vert et le violet sont les seules couleurs employées (1).

A la fin du septième siècle et au huitième, la composition des lettres ornées devient de plus en plus singulière, et l'incorrection du dessin arrive au dernier degré. Nous citerons comme exemple un évangéliaire anglo-saxon conservé à la Bibliothèque nationale de Paris (n° 9389 lat.). Suivant une ancienne mention écrite sur le livre, il aurait été apporté en France par saint Willibrod, l'apôtre des Frisons. On y trouve au folio 18 la représentation d'un homme assis, dans laquelle toute trace d'organisation du corps humain a disparu. Le scribe étant inhabile à rendre la figure humaine, n'a pu arriver qu'à produire une arabesque calligraphique du plus mauvais goût; mais pour qu'on ne se trompe pas sur son intention, il a eu soin d'inscrire à côté ces mots : IMAGO HOMINIS. Il s'est montré plus adroit dans les lettres historiées, et a combiné des enchevêtrements de lettres d'une élégance un peu barbare, mais qui ne manquent pas de caractère. Le cul-de-lampe qui termine ce chapitre est emprunté à ce livre ; ce sont les trois premières lettres du mot LIBER en majuscules onciales. Ce manuscrit appartient à la même école que le célèbre livre des Évangiles de saint Cuthbert, conservé au British Museum.

Nous citerons encore un manuscrit à peu près du même temps, qui appartient à la Bibliothèque de la ville de Laon. Il contient plusieurs traités, dont le plus important est l'*Histoire naturelle* d'Isidore de Séville. On y trouve des titres en grandes capitales romaines formées de poissons, des initiales onciales composées de cous et de becs d'oiseaux, et, dans certaines lettres, des accouplements bizarres d'oiseaux et de poissons. Les couleurs qui rehaussent les lettres ont été grossièrement broyées et déposées inégalement. M. Édouard Fleury, dans son excellent ouvrage *Les manuscrits à miniatures de la bibliothèque de Laon* (2), a donné dans la planche première un assez grand nombre des lettres historiées de cet ancien livre ; toutes sont marquées au coin de l'inélégance, et témoignent de la barbarie du temps où il a été exécuté. M. Fleury a encore donné, dans les planches II et III, plusieurs des illustrations d'un autre manuscrit de la même bibliothèque, les *Œuvres de Paul Orose*, qui doit remonter au commencement du huitième siècle. La plus curieuse de toutes est le frontispice de l'ouvrage, dont le motif est une croix renfermée dans une large bordure, où sont dessinés des chiens ; chacune des branches de la croix est terminée par un médaillon, qui contient en buste l'un des symboles des évangélistes. L'aigle, le lion et le bœuf, représentés ailés avec un corps quasi humain, tiennent de la main gauche un livre. L'idée est aussi singulière que l'exécution est barbare.

Tous les livres antérieurs à Charlemagne ne renferment donc que des ornements calligraphiques, aucun n'est enrichi de miniatures; l'avènement de ce prince à la couronne est le point de départ de l'histoire de l'ornementation des manuscrits dans l'empire des Francs.

---

(1) On peut citer encore les manuscrits du septième siècle, appartenant à la Bibliothèque nationale de Paris, n°s 2706, 12248, 13027, 17654 et 18315 lat.— *Le Moyen Age et la Renaissance*, MINIATURES DES MANUSCRITS, t. II, a donné, dans la planche II, la reproduction de diverses lettres historiées tirées de quelques-uns des manuscrits que nous venons de citer.

(2) Laon, 1863, 1re partie.

## § 11

DEPUIS L'AVÉNEMENT DE CHARLEMAGNE JUSQU'A LA FIN DU DIXIÈME SIÈCLE.

I

*A l'époque de Charlemagne, dans l'empire des Francs et en Italie.*

L'unité politique de la Gaule avait été le but unique de Pepin, et la guerre le seul moyen de parvenir à l'accomplissement de son œuvre ; les lettres et les arts ne furent comptés pour rien dans ses efforts, et l'empire des Francs se trouvait plongé dans les plus épaisses ténèbres au moment où la mort vint le frapper (768). Mais son fils Charlemagne, qui réunit bientôt par la mort de Carloman (771) tout l'empire franc sous sa domination, résolut de mettre un terme à la longue décadence qui datait des invasions germaniques, et de régénérer tout à la fois les lettres, les sciences et les arts dans les vastes provinces soumises à ses lois. La peinture y avait été à peu près abandonnée ; elle n'était point, dans tous les cas, employée à l'embellissement des livres, qui ne consistait, comme on vient de le voir, qu'en vignettes et lettres ornées, simple travail de calligraphie. A la voix du grand homme, l'art s'efforça de déchirer le linceul où il se trouvait enseveli ; mais les traditions mêmes étaient presque partout éteintes, et les premiers travaux des artistes, tout en constatant leurs efforts, ne font que révéler leur ignorance extrême.

Un livre qui remonte à la fin du huitième siècle peut en servir de témoignage. C'est un manuscrit sur parchemin de format in-folio (de 29 centimètres et demi de hauteur sur 17 de largeur), appartenant à la Bibliothèque nationale de Paris (n° 12048 lat.), et connu sous le nom de *Sacramentaire de Gellone*, parce qu'il provient de l'abbaye de ce nom, fondée dans le diocèse de Lodève en 804 par Guillaume, comte de Toulouse, qui y avait sans doute apporté ce volume. Au verso du folio 1, on voit une figure de la Vierge vêtue d'une robe à capuchon pointu, qui la serre comme dans une gaîne ; l'une des mains a plus de trois fois la dimension qu'elle devait avoir, et l'autre est beaucoup plus petite. L'inexpérience du dessinateur se montre encore plus dans la représentation du Christ sur la croix : une tête hideuse, un corps épais et des membres grêles et sans forme, font assez voir que l'artiste ne se doutait pas que pour bien rendre le corps humain, il fallait prendre la nature pour modèle, et cependant on reconnaît, par quelques-unes de ses compositions, qu'il avait compris que l'art ne pouvait sortir du chaos que par l'étude des beaux modèles qu'avait légués l'antiquité. Quand il veut représenter des anges volant, il a soin de les faire d'après quelque monument antique qu'il avait sans doute sous les yeux, en leur donnant l'attitude ordinaire des Victoires dans les arcs de triomphe des Romains. Il est très-maladroit dans l'exécution, les formes sont altérées ; mais on s'aperçoit qu'il ne tardera pas à mieux faire. L'influence du style anglo-saxon se fait sentir partout dans son ornementation. Les trois évangélistes saint Marc, saint Luc et saint Jean y sont représentés, comme dans le manuscrit de la bibliothèque de Laon que nous avons cité, avec la tête de l'animal qui leur sert de symbole. Les lettres ornées s'y présentent sous les formes les plus bizarres d'hommes et d'animaux. On y voit une F sous la forme d'un évêque, le lion de saint Marc disposé de façon à former l'initiale de Marcus, le bœuf de saint Luc faisant un L à l'aide de ses jambes, et un homme à tête d'aigle reproduisant l'I initiale du nom latin de saint Jean. Le coloris se compose de teintes plates en couleurs d'aquarelle; le rouge, le brun, le jaune et le vert sont les couleurs les plus usitées, le bleu est rare (1).

La volonté de Charlemagne devait bientôt faire sortir l'art des bas-fonds où il se trouvait enchaîné. Parmi les rares manuscrits illustrés qui subsistent de son temps, nous en citerons cinq qui font connaître l'état et les progrès de la peinture sous son règne.

Le plus ancien est un évangéliaire conservé à la Bibliothèque nationale (nouv. acq. lat., n° 1203). Il est écrit en lettres d'or, sur vélin pourpre, à deux colonnes séparées par une ligne de feuillage. Les pages sont bordées de bandes enrichies de feuillages, d'échiquiers et d'entrelacs exécutés en couleurs et en or. Les miniatures ne répondent pas à cette riche ornementation. Elles sont au nombre de six et occupent chacune toute une page. Les quatre premières, qui remplissent le recto et le verso des deux premiers feuillets, offrent les figures des évangélistes ayant auprès d'eux leur symbole reproduit sous la forme la plus vulgaire. Dans la cinquième, folio 3, on voit le Christ jeune et imberbe, assis sur un trône à coussin, bénissant de la main droite à la manière grecque et tenant de la gauche le livre des Évangiles. Il est de face, les yeux sont très-ouverts et le visage est sans expression. Il porte son costume traditionnel, la robe talaire et le grand manteau violet retroussé sur le bras gauche (2). La sixième, qui est au verso de ce feuillet, représente une sorte de fontaine, qui n'est autre chose que l'emblème de l'Église considérée comme la source de la vie spirituelle. Elle est entourée d'animaux dont l'artiste avait trouvé les modèles dans ceux du nord de la Gaule qu'il avait sous les yeux (3). Les deux dernières pages du manuscrit sont remplies par des vers latins tracés en caractères cursifs : ils nous apprennent que le livre a été écrit sur l'ordre de Charlemagne et de sa femme Hildegarde, et terminé en 781 par Godesscalc, qui fut sans doute tout à la fois le peintre et le copiste (4). Bien qu'une distance immense sépare les peintures de ce beau manuscrit de celles du *Sacramentaire de Gellone*, et qu'il n'y ait aucune comparaison à établir entre elles, il faut convenir qu'elles témoignent encore d'une origine quasi barbare. Les contours du dessin sont tracés au pinceau par un gros trait noir ou rouge, les proportions du corps sont mal étudiées, les bras sont maigres, les mains,

---

(1) On trouvera dans *le Moyen Age et la Renaissance*, t. II, MINIATURES DES MANUSCRITS, pl. III, la reproduction de quelques-unes des peintures du *Sacramentaire de Gellone*.

(2) Cette miniature a été reproduite au trait dans *le Moyen Age et la Renaissance*, t. II, et en couleur dans les *Arts somptuaires*, t. I$^{er}$ des planches, et dans les *Évangiles des fêtes et dimanches*, édités par L. Curmer, Paris, 1864, p. 97.

(3) Les six miniatures ont été publiées par du Sommerard, *les Arts au Moyen Age*, album, VII$^e$ série, pl. 39 et 40.

(4) Ce beau livre (de 31 centimètres de hauteur sur 24 de largeur) a été conservé jusqu'à la révolution de 1792 dans l'abbaye de Saint-Sernin, à Toulouse, renfermé dans un étui d'argent. A cette époque, l'étui fut enlevé et le volume jeté dans un coin avec d'autres parchemins destinés à être vendus. M. de Puymaurin, l'ayant découvert, en donna avis aux autorités. Il fut transporté en 1811 à la Bibliothèque du Louvre, d'où il est sorti, en conséquence d'un décret du 15 février 1852, pour occuper une place d'honneur dans les vitrines de la collection réunie au Louvre sous le nom de Musée des souverains. Il portait le n° 23 dans la *Notice des objets* de ce musée publiée par M. Barbet de Jouy en 1866. La bibliothèque du Louvre ayant été incendiée sous la Commune, au mois de mai 1871, et le Musée des souverains ayant cessé d'exister, ce manuscrit a été remis, à juste titre, à la Bibliothèque nationale.

aux doigts longs et écartés, trop forts, et les pieds trop petits. Le coloris est sans empâtement. Les carnations sont coloriées d'un ton rouge, avec des rehauts de blanc dans les lumières. Tout cela est terne et manque de modelé ; les ombres sont indiquées par un gros trait plus foncé de la couleur locale. Les initiales en couleur et en or sont enrichies de festons rubanés, de marqueterie et d'entrelacs d'un assez bon style. Nous ne trouvons, ni dans les peintures, ni dans l'ornementation de ce manuscrit, aucune influence byzantine : l'artiste s'est inspiré des anciens types chrétiens, qu'il n'a su rendre que par un naturalisme grossier : Godesscalc est un continuateur inhabile des artistes gallo-romains. Lorsque Charlemagne descendit pour la première fois en Italie, il n'y resta que peu de temps, et ne put sans doute s'occuper des arts au milieu des faits de guerre contre les Lombards ; mais, lors de son second voyage, en 781, il y avait trouvé les arts en pleine renaissance, et il ramena en France Alcuin. Ce fut réellement alors qu'il put donner une vive impulsion à tous les travaux de l'intelligence et qu'il appela auprès de lui des artistes grecs, ou des artistes italiens élèves des Grecs, qu'il employa à la construction de l'église et du palais d'Aix-la-Chapelle et des palais d'Ingelheim et de Nimègue (1) ; mais Godesscalc avait alors terminé son œuvre. Il faut donc le regarder comme un artiste original, qui avait dû se former lui-même, sans le secours d'un maître étranger, par l'étude des monuments que les Romains avaient élevés dans les Gaules. C'est le coloris de Godesscalc qui le signale comme n'ayant fait aucune étude de l'art byzantin ; ses couleurs, ternes et sans empâtement, n'ont rien de la gouache épaisse, fondue et éclatante des miniaturistes grecs.

Un autre manuscrit de la fin du huitième siècle offre des miniatures dont l'exécution est également exempte de toute influence byzantine. C'est un évangéliaire de format in-quarto (de 28 centimètres de hauteur sur 20 de largeur), appartenant à la Bibliothèque nationale de Paris (n° 8849 lat.). On y trouve les figures des évangélistes placées sous des arcades géminées, encadrées sous une arcade plus grande. Le dessin est moins incorrect que dans les peintures de Godesscalc, mais les physionomies sont aussi barbares. Les contours, rendus par un trait à la plume, restent apparents partout, sous une enluminure grossière et très-crue. Le jaune-citron, le violet, le brun rouge et le verdâtre dans les ombres font sentir l'influence de l'école anglo-saxonne.

Les trois autres manuscrits que nous voulons citer sont postérieurs ; ils signalent une grande amélioration de la peinture, et surtout une influence byzantine assez prononcée. Le premier, de format in-folio (de 36 centimètres de hauteur sur 26 de largeur), appartient à la Bibliothèque nationale de Paris (n° 8850 lat.). Il provient de l'abbaye de Saint-Médard, à Soissons, où il était conservé comme un don de Louis le Débonnaire. Ce livre, composé de deux cent trente-cinq folios, renferme les quatre Évangiles écrits sur deux colonnes, en lettres d'or sur vélin blanc. Les pages sont enrichies de charmantes bordures d'une variété infinie, d'un style délicieux et d'une finesse d'exécution remarquable (2). Les canons de concordance des Évangiles sont écrits, comme dans les manuscrits grecs, sous des arcades plein cintre portées par des colonnes de marbre de couleur, souvent striées d'or, à chapi-

---

(1) NOTIONS GÉNÉRALES, t. I, p. 76 et suivantes.
(2) On trouve la reproduction de deux de ces bordures dans le Moyen Age et la Renaissance, MINIATURES DES MANUSCRITS, folio 3 r° et v°, t. II.

teaux byzantins. De jolis oiseaux sont posés sur l'extrados des arcades, divers sujets enrichissent les tympans. On y voit, entre autres, les symboles des évangélistes soutenant des cartouches qui portent des inscriptions. Un ange, remarquable par la correction du dessin, le bon modelé de la tête et le jet des draperies, qui accusent fort bien les formes du corps, remplit le tympan de l'arcade au folio 10. On retrouve dans toute la partie décorative du manuscrit la richesse de l'ornementation byzantine. Si l'artiste franc n'est pas parvenu à égaler les miniaturistes grecs en grâce et en finesse d'exécution, il les a peut-être surpassés par la variété des motifs et l'énergie des compositions. Il a été moins heureux dans les grandes miniatures à pleine page, qui sont au nombre de six. Elles reproduisent un monument, symbole de l'Église, une fontaine mystique autour de laquelle sont placés divers animaux, et les figures des quatre évangélistes. Les saints promoteurs de la doctrine du Christ écrivent assis sous une arcade soutenue par des colonnes byzantines et enrichie d'oiseaux de l'Orient, qui sont perchés sur l'extrados. Les contours des figures sont tracés au pinceau en traits noirs ou brun foncé que la gouache ne couvre pas toujours; les visages ont de la rudesse; les mouvements sont assez justes et ne manquent pas d'animation, mais les extrémités sont mal dessinées. Le coloris, bien supérieur à celui de Godesscalc, est encore loin d'avoir l'empâtement des peintures byzantines. Les couleurs, crues et non fondues, sont le brun rouge, le bleu, le violet et le vert; le blanc est employé pour rehausser les lumières. L'artiste montre plus de talent dans les miniatures de petite proportion qui sont renfermées dans les initiales historiées. Nous citerons comme exemple celles qu'on voit dans le Q et dans l'O du mot QUONIAM qui commence l'Évangile de saint Luc (1). A côté de grandes majuscules romaines, décorées dans un style très-pur, on trouve quelques initiales qui procèdent encore du genre irlandais ou anglo-saxon. Ainsi les deux premières lettres du mot LIBER, qui commence l'Évangile de saint Mathieu, rendues en onciales, sont enchevêtrées et terminées par des entrelacs d'où sortent des têtes d'aigles et de dragons.

Le second des manuscrits, où l'on reconnaît l'influence byzantine, est un évangéliaire donné en 793 par Charlemagne à son gendre Angilbert, alors abbé de Saint-Riquier, et qui est passé de l'abbaye de ce nom dans la bibliothèque d'Abbeville. C'est un livre de cent quatre-vingt-dix-huit feuillets de format in-folio, écrit à deux colonnes, en lettres d'or sur vélin pourpre. L'illustration du livre se compose de quatre grandes miniatures reproduisant les figures des évangélistes, de cinq grandes initiales historiées d'un très-beau style, et de délicieuses bordures de pages couvertes d'ornements et d'entrelacs d'un goût antique et ornées de petits médaillons qui renferment des figures en buste d'un dessin très-pur (2).

Le troisième des manuscrits que nous ayons à signaler appartient à la bibliothèque communale de Trèves; c'est encore un évangéliaire, où l'on voit les figures des quatre évangélistes. L'artiste qui les a peintes était plus habile que ceux qui ont illustré les deux premiers. Il a su imprimer de la noblesse aux traits des évangélistes et donner à tous les détails un

---

(1) On trouvera dans les *Arts somptuaires*, t. I des planches, la reproduction de trois des grandes miniatures et celle de la première page de l'Évangile de saint Luc où se trouve ce mot *Quoniam*.

(2) Du SOMMERARD, *les Arts au Moyen Age*, a donné, VIII° série, pl. II, la reproduction de saint Mathieu, de la lettre initiale P et d'une bordure de page.

caractère de grandeur et d'inspiration religieuse. Les ornements et les initiales, tout en témoignant d'un art fort avancé, empreint du style de l'antiquité, laissent encore voir parfois une influence de source irlandaise dans les formes des dragons et des serpents que l'on y rencontre.

L'art de la miniature se trouvait donc en voie de progrès dans l'empire des Francs au moment de la mort du grand monarque (814), qui avait su y faire revivre le culte des arts.

L'Italie avait fourni à Charlemagne les artistes qui l'aidèrent dans l'œuvre de régénérer les arts, et cependant elle ne nous a laissé que peu de monuments de la calligraphie illustrée de son époque. Un manuscrit appartenant à la Bibliothèque nationale de Paris (n° 3836 lat.), qui renferme les décrétales des papes, depuis Sirice († 398) jusqu'à Anastase II († 498), et dont l'écriture lombardique appartient au huitième siècle, vient démontrer que le style anglo-saxon avait pénétré jusqu'en Italie. On y trouve en effet des lettres formées en partie de poissons contournés qui sont coloriés en rouge, en jaune et en vert. Mais tout en adoptant ce genre d'ornementation, le calligraphe italien sait conserver à ses initiales une forme régulière, et ne se jette pas dans les enchevêtrements et les dimensions exagérées si fort en vogue chez les scribes du Nord et des Gaules. Ce manuscrit, au surplus, doit appartenir au nord de l'Italie, car on ne voit rien de semblable dans ceux qui proviennent des provinces du centre et du midi, où la renaissance de l'art s'était produite, avec le concours des artistes grecs, sous la vive impulsion donnée par Adrien I$^{er}$ et Léon III. Ces artistes, promoteurs de la renaissance, avaient religieusement conservé jusqu'alors les traditions de l'antiquité ; les seules modifications que leur style eut à subir en Italie résulta de l'étude que les artistes italiens ne manquèrent pas de faire des œuvres de l'art chrétien appartenant au troisième et au quatrième siècle, qui subsistaient encore à Rome et dans les grandes villes. A l'appui de nos appréciations, nous indiquerons les illustrations de trois évangéliaires. Le premier, conservé dans la Bibliothèque Sainte-Geneviève de Paris (A. L , n° 14), provient de l'ancienne abbaye de ce nom. Il contient deux cent neuf folios de vélin, format in-quarto (de 26 centimètres de hauteur sur 18 de largeur), et paraît avoir été écrit à la fin du huitième siècle. On y trouve quatre miniatures à pleine page, où l'on voit les figures des évangélistes assis. Saint Luc et saint Jean sont représentés sous des portiques à frontons triangulaires, fermés par des rideaux et portés par des colonnes antiques. L'artiste qui les a peints n'était pas habile ; les physionomies sont dures et les extrémités bien faibles ; mais il y a du mouvement dans les personnages, dont l'attitude est pleine de majesté. Les costumes et les accessoires sont empruntés à l'antiquité romaine. Les vêtements sont rendus par des couleurs claires à la manière antique, les carnations par un brun rouge rehaussé de blanc dans les lumières. Malgré l'imperfection de ces peintures, il ressort évidemment de leur style qu'elles ont été inspirées par les traditions de l'art romain.

Le second des évangéliaires appartient à la bibliothèque de l'Arsenal (T. L., 35 A). Il renferme quatre miniatures traitées dans le même genre, qui reproduisent aussi les évangélistes assis et écrivant. Le dessin est tout romain ; les sièges, les pupitres, les boîtes aux manuscrits qui accompagnent les figures, sont empruntés à l'antiquité.

Le troisième manuscrit, qui doit dater du commencement du neuvième siècle, est d'une exécution bien supérieure. C'est un évangéliaire de format in-folio (de 28 centimètres de hauteur sur 19 de largeur), conservé à la Bibliothèque nationale (n° 265 lat.). Les canons de concordance des Évangiles sont écrits entre des colonnes d'ordre corinthien, qui portent, soit une arcade, soit un fronton triangulaire. Au point de la retombée des arcs sont des arbustes feuillus qui abritent des oiseaux; on voit même au milieu des feuillages, au folio 4, deux petits hommes nus, armés d'une lance et dans l'attitude des combattants : ces figurines, d'un dessin correct, ont des mouvements très-justes. La composition de ces arcades est empreinte du style de l'antiquité romaine, mais l'influence byzantine se fait sentir dans leur décoration. Les grandes figures laissent encore à désirer. Un trait noir assez épais marque les contours et n'est pas recouvert par la gouache, qui présente assez d'empâtement, mais qui n'a aucune chaleur. La lettre initiale de chaque Évangile, d'une très-grande dimension, est enrichie dans les pleins d'entrelacs sur un fond coloré et bordée d'or.

Si l'on doit juger du mérite des miniaturistes du temps de Charlemagne sur les rares monuments qui sont parvenus jusqu'à nous, on ne pourra leur en reconnaître que fort peu. L'invention est nulle chez eux ; ils se bornent à reproduire les figures isolées du Christ ou des évangélistes, et n'apportent aucune variété dans la composition : ce sont toujours des figures assises représentées bénissant ou écrivant. Aucun d'eux n'ose aller jusqu'à composer une scène puisée dans les Évangiles, et l'on pourrait leur reprocher ce qu'on a imputé bien à tort aux artistes byzantins de ce temps, d'avoir constamment reproduit un type adopté. Quant à l'exécution, elle est aussi inégale dans le dessin que dans le coloris.

## II

*Sous les successeurs de Charlemagne, en France et en Italie, jusqu'à la mort de Charles le Chauve.*

Les efforts de Charlemagne ne furent pas néanmoins sans résultat, et malgré les dissensions intérieures qui agitèrent l'empire franc durant le règne de son fils Louis le Débonnaire, les œuvres des miniaturistes s'améliorèrent d'une manière sensible sous l'influence byzantine, qui se fit sentir de plus en plus. A en juger par les monuments qui subsistent, la première moitié du règne de Charles le Chauve (840 † 877) doit être considérée comme l'époque la plus florissante de l'art de la miniature et le point culminant de la renaissance carolingienne. On a prétendu que l'art byzantin avait disparu de cette école française, mais que l'on y reconnaissait les types de l'art chrétien primitif. Il nous semble que le savant qui a émis cette opinion s'est trompé ou tout au moins a fait confusion. Il faut faire attention, en effet, que c'est principalement aux artistes byzantins du cinquième et du sixième siècle qu'on doit l'invention des beaux types de figures religieuses dont les mosaïques de Sainte-Sophie de Constantinople nous ont conservé de magnifiques spécimens [1], et que dans l'exécution technique ces artistes se sont inspirés, autant qu'ils l'ont pu, des œuvres de l'antiquité, en appliquant les moyens de l'art païen à la reproduction des sujets chrétiens. Les peintres grecs du huitième siècle, chassés de l'empire d'Orient

---

[1] Voyez les NOTIONS GÉNÉRALES, t. I, p. 27 et suivantes, et nos planches LVII, LVIII et LIX.

par les persécutions des iconoclastes, ne faisaient autre chose que de reproduire dans leur pureté les anciens types chrétiens que leurs ancêtres avaient consacrés, et ce sont ceux-là qu'ils ont transmis à leurs élèves de l'Occident. Ce n'est donc pas par le motif que l'on rencontrera dans les peintures de la seconde époque de l'art carolingien quelques réminiscences de l'antiquité ou quelques types de l'art chrétien primitif, qu'on peut avancer que l'influence de l'art byzantin tendait à s'évanouir; c'est plutôt la déduction contraire qu'il faudrait en tirer.

Cette influence est manifeste d'ailleurs dans l'ornementation qui accompagne les figures, et surtout dans l'application des couleurs, où l'on retrouve la manière vigoureuse de traiter la gouache qui distingue les peintres grecs du Bas-Empire, manière tout à fait inconnue aux artistes de l'Occident avant la renaissance carolingienne. Nous ne voulons pas dire pour cela que les artistes francs n'ont été que les copistes des Byzantins; leurs peintures ont au contraire un caractère qui leur est propre. S'ils sont inférieurs aux Byzantins du neuvième et du dixième siècle pour le dessin et la bonne ordonnance des compositions, ils les surpassent souvent dans l'invention par la hardiesse et l'originalité des pensées. Aucun œil exercé, en un mot, ne confondra leurs ouvrages avec ceux de leurs maîtres, malgré le vernis byzantin qu'ils ont conservé. Les monuments de la peinture que nous allons signaler à l'instant semblent également repousser la répartition qu'on a voulu faire des peintures exécutées jusqu'à la mort de Charles le Chauve entre différentes écoles qui auraient existé dans l'empire franc : les écoles d'Aix-la-Chapelle et de Saint-Gall, qui représenteraient l'art germain ; celle de Saint-Martin de Tours, siège de l'art franc; celle de Reims, conservatrice de la tradition romaine. Ce n'est pas d'abord avec le petit nombre de monuments qui subsistent qu'on pourrait arriver à constituer ainsi trois écoles ; et puis les peintures, bien examinées, ne se prêtent pas à cette classification. Ce qu'il faut reconnaître, c'est que la renaissance de l'art provoquée par Charlemagne, et dont les Grecs ou les Italiens, élèves des Grecs, ont été les instruments, a dû se développer d'abord à Aix-la-Chapelle et dans les provinces rhénanes, où ce prince avait ses résidences impériales, et se répandre de là dans les grandes villes comme Tours et Reims, et surtout dans les monastères de l'empire, où cette branche de l'art était alors principalement cultivée. Ainsi Alcuin, qui avait quitté la cour de Charlemagne et Aix-la-Chapelle, en 796, pour se retirer dans l'abbaye de Saint-Martin de Tours, avait dû y introduire les procédés de peinture adoptés par les artistes que l'empereur avait réunis auprès de lui (1). Il est certain que toutes les peintures carolingiennes exécutées durant l'espace de temps dont nous nous occupons offrent le même caractère, qu'elles aient été faites à Saint-Martin de Tours ou à Saint-Martin de Metz, dans les provinces de la rive gauche du Rhin ou à Saint-Gall. Tout ce qu'on peut dire, c'est que les artistes ont été plus ou moins influencés par un reste de goût pour l'ornementation irlandaise et anglo-saxonne, qui régnait uniquement au septième et au huitième siècle, antérieurement à la renaissance carolingienne, ou par les monuments gallo-romains qu'ils avaient sous les yeux. Ces divers éléments ont pu se combiner avec le style byzantin, mais sans l'altérer d'une manière sensible, et l'on ne peut en méconnaître l'influence, jusqu'à la mort de Charles le Chauve (877), dans tous

(1) M. MARTIN, *Histoire de France*. Paris, 1855, t. II, p. 336.

les pays que Charlemagne avait soumis à ses lois. Les peintures conservèrent jusqu'à cette époque le même caractère, sans aucune modification appréciable, malgré la division qui fut faite du grand empire après la mort de Louis le Débonnaire, pour former des États distincts.

Les principaux monuments qui subsistent de la calligraphie de ce temps fournissent la preuve de ce que nous avançons. Nous ne pouvons faire une description étendue de tous les manuscrits; mais nous en dirons suffisamment pour qu'on puisse apprécier le mérite et le caractère des peintures dont ils sont enrichis.

Les manuscrits illustrés que nous allons passer en revue sont la : Bible de Charles le Chauve, conservée à la Bibliothèque nationale (n° 1 lat.) (1) ; l'évangéliaire de l'empereur Lothaire, appartenant à la Bibliothèque nationale (n° 266 lat.) ; le sacramentaire de Drogon, au même établissement (n° 9428 lat.) ; deux évangéliaires appartenant aussi à la Bibliothèque nationale (n°ˢ 9385 et 257 lat.) ; la Bible appartenant aux religieux bénédictins de Saint-Paul hors des murs à Rome ; la Bible provenant de l'abbaye de Saint-Emmeran de Ratisbonne, que possède la Bibliothèque royale de Munich (Cim. n° 55) ; et le livre de prières de Charles le Chauve, conservé à la Bibliothèque nationale (n° 1152 lat.) (2).

La Bible de Charles le Chauve est le plus ancien et le plus important de ces livres. Le volume est composé de quatre cent vingt-trois feuillets de vélin (de 50 centimètres de hauteur sur 37 de largeur) écrits en lettres d'or. Huit pages sont entièrement remplies de sujets peints ; on y trouve, en outre, de belles lettres ornées et de délicieux enjolivements. La dernière des miniatures, qui occupe une page tout entière, donne une date au livre. Elle a pour sujet la présentation que les chanoines du monastère de Saint-Martin de Tours en font à Charles le Chauve. Ces deux vers d'un petit poëme qui accompagne la miniature ne laissent aucun doute sur ce point :

> Hæc etiam pictura recludit qualiter heros
> Offert Vivianus cum grege nunc hoc opus.

« Cette peinture montre comment le célèbre guerrier Vivien, accompagné de son trou-
« peau, offre cet ouvrage. » Ce Vivien était un grand seigneur revêtu de la dignité de comte, et qui, tout en exerçant la profession des armes, était abbé commendataire du célèbre monastère de Saint-Martin de Tours ; il est fait mention de lui en cette qualité dans deux cartulaires des années 850 et 851, et dans plusieurs chartes de Charles le Chauve ; il mourut en 853 (3). D'autres vers font allusion aux bienfaits du roi Charles envers le monastère, et à la guerre que le roi soutenait contre les Bretons, ce qui reporte encore l'offrande de la Bible à l'année 850.

Charles est assis sur un trône à dossier ; il est revêtu d'une tunique, et par-dessus d'une ample chlamyde qui enveloppe tout le corps. La couronne se compose d'un cercle fermé

---

(1) Ce livre, qui avait été porté au Louvre en 1852 et exposé dans le Musée des souverains (n° 25 de la *Notice* de 1866), a été restitué à la Bibliothèque nationale en 1872.
(2) Ce manuscrit, porté au Louvre en 1852 (n° 24 de la *Notice* du Musée des souverains), a été restitué à la Bibliothèque nationale en 1872.
(3) *Gallia christiana.* Lutet. Par., 1656, t. III, p. 613.

au-dessus de la tête par un arceau d'où s'élèvent deux feuillages en forme de panache ; il est orné de chaque côté, auprès des oreilles, de deux demi-cercles qui s'y rattachent par un fleuron. Une couronne à peu près semblable ceint la tête de l'empereur Lothaire dans une miniature dont nous parlerons plus loin. Les monarques francs avaient sans doute voulu adopter cette singulière couronne ; mais bientôt ils en revinrent au stemma des empereurs grecs, ainsi qu'on le voit dans deux autres portraits de Charles le Chauve, qu'on trouve dans les Bibles de Saint-Emmeran et de Saint-Paul. A droite du trône se tient le comte Vivien, qui indique de la main le livre que portent trois chanoines. A la gauche est un autre seigneur, puis de chaque côté un écuyer du roi revêtu de la cataphracte antique et d'un casque singulier sans visière ; l'un porte l'épée du roi dans son fourreau, l'autre la lance et le bouclier. Onze chanoines de Saint-Martin, tous revêtus de la chasuble et au-dessous du rochet qui tombe jusqu'à mi-jambes et couvre en partie une longue tunique talaire, sont rangés circulairement en face du trône. Celui qui occupe le centre, et qui sans doute est le prieur, adresse à Charles un discours en lui présentant le précieux livre. Une main bénissante, d'où s'échappent des rayons, se fait voir au-dessus de l'empereur pour représenter l'Éternel qui le protège. Deux figures de femmes à mi-corps, qui tiennent des couronnes, occupent le haut du tableau. L'artiste a voulu sans doute personnifier en elles la France et l'Aquitaine. L'ordonnance de cette grande composition est remarquable ; il y a beaucoup de mouvement dans les figures, dont chacune exprime très-bien la part qu'elle prend à l'action. Peu de peintures byzantines l'emportent sur celle-ci sous ce rapport ; mais le dessin laisse beaucoup à désirer. Dans cet ouvrage plein d'actualité, où l'artiste avait à représenter les personnages qu'il avait sous les yeux avec leurs costumes occidentaux, il a dû tirer tout de son propre fonds, et l'influence byzantine ne se fait sentir que dans le coloris, qui est bien empâté et vigoureux (1).

Si l'on trouve dans le poëme qui accompagne cette grande page la date de son exécution, on n'a pas pour cela celle des autres miniatures. Ce tableau de la présentation du livre au roi occupe le recto du dernier folio ; il a été évidemment peint après coup, et lorsque le manuscrit était terminé peut-être depuis plusieurs années. Une œuvre de cette importance ne s'improvisait pas ; il fallait beaucoup de temps à un scribe pour la mener à fin. Aussi les miniatures ne sont pas toutes de la même main, et les premières remontent sans doute aux dernières années de Louis le Débonnaire († 840). Donnons de chacune d'elles une description succincte. Le verso du folio 3, en regard de l'épître de saint Jérôme qui sert de préface à sa traduction de la Bible, est divisé en trois parties et offre trois sujets : saint Jérôme partant de Rome pour aller recueillir en Orient des copies fidèles des saintes Écritures ; le saint traducteur expliquant les Écritures à Eustochie et à Paule, deux dames romaines, la mère et la fille, dans la maison desquelles il demeurait (2), et saint Jérôme distribuant des exemplaires de la Bible. Ces trois sujets sont bien composés ; le dessin est correct, et il y a du mouvement et de l'expression dans les figures. En regard du premier chapitre de la *Genèse*, au verso du folio 9, on voit trois miniatures qui en repro-

---

(1) Cette miniature a été reproduite par MONTFAUCON, dans les *Monuments de la monarchie franç.*, t. I, p. 303 ; par ECKHART, *Comment. de rebus Franc. orient.*, t. II, p. 410 ; et en deux planches de chromolithographie, dans les *Arts somptuaires*, avec une savante explication de M. LOUANDRE, texte, tome II, p. 38, tome Ier des planches.

(2) Cette miniature est reproduite dans les *Arts somptuaires*, texte, tome II, p. 43, tome Ier des planches.

duisent les premières scènes : la création, le premier péché, l'expulsion du paradis et la culture de la terre par Adam et Ève. Ici l'artiste, ayant à reproduire des nus, a montré toute son ignorance des formes du corps humain, et n'a fourni qu'un dessin détestable; mais il s'est montré plus habile que les Grecs, ses maîtres, par la hardiesse de sa composition. Une main sortant d'un nuage, un rayon qui descendait du ciel, étaient les seuls emblèmes que ceux-ci eussent osé employer jusqu'alors pour signaler la présence de l'Éternel (1). Le peintre français a représenté quatre fois Dieu sous la forme humaine dans les scènes tirées de la *Genèse*, et il cherche à exprimer la beauté immortelle du Créateur, en lui donnant l'aspect d'un jeune homme imberbe, qu'il a rendu aussi beau qu'il a pu.

En regard du commencement de l'*Exode*, le verso du folio 24 est divisé en deux tableaux, où l'on voit Moïse recevant les tables de la loi sur le mont Sinaï, et Moïse rapportant ces tables au peuple et lui en donnant lecture. L'ensemble de ces compositions ne manque pas d'harmonie; mais l'artiste n'a pas su faire circuler l'air dans la foule du peuple, il a accumulé les têtes sans songer à l'espace que les corps devaient occuper.

En avant des psaumes de David, on trouve une grande miniature à pleine page renfermée dans un encadrement ovale. Le roi-prophète en occupe le centre, tenant à la main une sorte de harpe; il n'a pour tout vêtement qu'une chlamyde qui le laisse à peu près nu. Sa tête est ceinte de cette couronne singulière que porte Charles le Chauve dans le tableau de la présentation du livre. Auprès de David sont deux guerriers, Géréthi et Etpheléti; les quatre musiciens du Temple, Asaph, Héman, Éthan et Idithun, sont représentés à peu près nus, et assis autour du prophète, qu'ils accompagnent de divers instruments (2). Dans les angles du cadre sont des figures de femmes en buste qui personnifient la Prudence, la Justice, la Force et la Tempérance. Toute cette composition est empreinte du style de l'antiquité et se ressent de l'influence des artistes grecs; les carnations sont d'une couleur rouge très-prononcée. Cette miniature offre beaucoup d'analogie avec quelques-unes de celles qu'on voit en tête du manuscrit grec de la Bibliothèque nationale de Paris, n° 139, et que nous considérons comme antérieures à la modification que subit le style byzantin primitif après le rétablissement du culte des images.

La miniature qu'on trouve ensuite dans le livre ne manque pas d'originalité. Les Grecs étaient dans l'usage de placer en tête de chaque Évangile la figure du saint évangéliste qui en est l'auteur; l'artiste franc a réuni tous les évangélistes dans une grande composition à pleine page qui précède le Nouveau Testament. Le Christ est assis au centre, dans une auréole que renferme un losange; il tient de la main droite une boule d'or, et de la gauche un livre. Aux angles sont des médaillons qui contiennent les figures en buste d'Isaïe, de Jérémie, d'Ézéchiel et de Daniel. Dans les angles du tableau, au-dessus et au-dessous du losange, sont placés les évangélistes, représentés assis et écrivant. Si la composition est originale dans son ensemble, le style des figures dénote un élève des Byzantins.

Les deux dernières peintures sont d'une moins bonne main. Le verso du folio qui précède les Épîtres de saint Paul offre trois compositions reproduisant des faits de la vie du

---

(1) On en verra un exemple dans notre planche XLVI.
(2) La figure de David et celle de l'un de ses musiciens sont reproduites dans *le Moyen Age et la Renaissance*, t. II, MINIATURES DES MANUSCRITS.

saint apôtre (1), et en regard de l'*Apocalypse* on trouve une peinture à pleine page, où l'on voit deux sujets : dans le haut un lion et un agneau qui se dirigent vers un autel sur lequel est placé le livre des Évangiles, les symboles des évangélistes occupant les angles; dans le bas, saint Jean est représenté tenant dans ses mains une écharpe blanche dont il est entouré.

Dans toutes ces miniatures, les couleurs sont assez bien empâtées et ont de l'éclat; on trouve dans la plupart des vêtements des rehauts d'or pour rendre les lumières. Cette méthode vicieuse n'était pas usitée par les artistes byzantins du neuvième et du dixième siècle, et est propre à certains miniaturistes francs de la seconde époque carolingienne, qui cherchaient l'originalité.

Il nous reste à parler de l'ornementation proprement dite du manuscrit, qui est splendide et du caractère le plus élevé. Les peintres de l'école carolingienne, abandonnant les lettres onciales de forme bizarre appartenant à l'écriture anglo-saxonne, en revinrent pour les têtes de chapitres aux belles capitales romaines, ou tout au moins aux majuscules onciales régulières. Ils les décorèrent à la base et au sommet d'entrelacs compliqués, dans les vides, de sujets, et dans les pleins, de cordelières, de figures et d'ornements très divers et toujours élégants. L'or et les couleurs les plus brillantes entrent dans la composition de ces ornements. Les lettres sont souvent d'une très-grande dimension. Ils ne craignirent pas de composer des rébus monogrammatiques par l'assemblage de plusieurs lettres conjointes et entrelacées de manière à ne former qu'un seul caractère, dont les éléments représentent soit une portion, soit la totalité des lettres d'un ou de plusieurs mots ; mais ils surent apporter le meilleur goût dans ces enchevêtrements singuliers (2). La Bible de Charles le Chauve offre de très-beaux spécimens de grandes lettres capitales, comme aussi des bordures de pages et autres ornements dont on s'était plu à orner les livres. Nous citerons quelques exemples pour mieux faire comprendre ce genre d'ornementation. Le titre de l'épître de saint Jérôme, folio 4, est écrit en grandes capitales romaines sur un fond pourpre, et encadré dans une bordure qui est un parfait modèle d'arabesque. L'F initiale du mot Frater, qui commence le titre, a plus de trente-cinq centimètres de hauteur. Au centre de la haste est une main étendue, symbole de la Divinité, et aux quatre extrémités les symboles des évangélistes; des feuillages d'or et d'un bon goût remplissent le surplus des massifs de la lettre et en terminent les membres. La page est enrichie d'une bordure composée de feuillages d'or se détachant sur une bande rouge, qui est décorée d'entrelacs aux angles. Au recto du folio 7, la lettre initiale D présente une ornementation du plus beau style antique. Le Soleil, vêtu en empereur romain et monté sur un bige, occupe le vide de la lettre avec Diane ou la Lune, qui est traînée dans un char attelé de bœufs et accosté des Poissons; les autres signes du zodiaque sont répartis sur la haste et la courbure. Il y a encore beaucoup d'autres lettres capitales, exécutées dans le même goût de pureté classique. Les canons d'Eusèbe sont écrits sous des arcades, à la manière byzantine ; dans les angles des pages sont de jolies figures de génies qui tiennent des cercles

---

(1) L'une de ces miniatures est reproduite dans les *Arts somptuaires*, tome Ier des planches.

(2) M. Édouard Fleury, *Les manuscrits à miniatures de la bibliothèque de Laon*, a donné dans ses planches III ter, V et VII, de beaux exemples de lettres ornées appartenant à des manuscrits du neuvième siècle.

où l'on voit des paons, et dans le haut, de petits animaux en camaïeu d'or. Toute cette ornementation est empruntée à des modèles byzantins. Nous nous sommes étendu un peu longuement dans la description des peintures de ce précieux livre, parce qu'elles sont l'expression la plus complète et la plus originale de la peinture à l'époque de la renaissance carlovingienne.

L'évangéliaire de l'empereur Lothaire (840 † 855) est un manuscrit sur parchemin de format petit in-folio (de 32 centimètres de hauteur sur 25 de largeur); il renferme les quatre Évangiles. Au verso du folio 1ᵉʳ, une miniature à pleine page reproduit Lothaire assis sur son trône, ayant derrière lui deux officiers qui tiennent, l'un l'épée, l'autre la lance et le bouclier de l'empereur (1). Il porte le même costume que Charles le Chauve dans la miniature du manuscrit de Saint-Martin de Tours, et sa couronne est à peu près la même. Au verso du folio 2, le Christ est assis sur un cercle, figurant le monde, au centre d'une gloire, en dehors de laquelle sont les symboles des évangélistes exécutés en camaïeu rouge, comme dans la Bible de Saint-Martin de Tours; le Sauveur tient de la main droite une boule d'or et de la gauche un livre. Le dessin, qui offre de la finesse, est correct dans les deux tableaux; les extrémités sont même assez bien rendues (2). En tête de chaque Évangile est la figure de l'évangéliste qui en est l'auteur. L'artiste franc n'a pas voulu s'en tenir aux poses calmes que les Grecs donnaient ordinairement aux saints évangélistes, et a tenu à se montrer original : ainsi, par exemple, il représente saint Mathieu assis, mais élevant la tête vers le ciel comme pour y chercher ses inspirations et écouter l'ange qui en descend; l'intention est bonne, mais la pose était difficile à bien rendre, et l'artiste a échoué. Sauf la contorsion du cou, le dessin est assez correct; dans cette figure et dans celles des autres évangélistes, le jet des draperies est bon. L'ornementation du livre a beaucoup d'analogie avec celle de la Bible de Charles le Chauve, et se ressent d'une influence byzantine très-prononcée. Ainsi, les canons d'Eusèbe sont écrits sous une suite d'arcatures de style grec, au-dessus desquelles l'artiste a peint, à l'imitation des artistes byzantins, de jolis oiseaux de l'Orient aux couleurs éclatantes, des animaux et de petits sujets, comme un centaure tirant de l'arc sur des bêtes féroces. Les lettres géantes particulières aux artistes de l'Occident sont richement rehaussées d'or et de couleurs éclatantes. On trouve dans le coloris une gouache bien empâtée et une grande variété de couleurs. Le rouge domine dans les carnations, comme dans la plupart des peintures de la Bible de Charles le Chauve; les lumières sont rendues par des rehauts de blanc.

La similitude de style qui existe entre les peintures et l'ornementation dans la Bible et dans l'évangéliaire, jointe à l'invocation à saint Martin qu'on trouve dans un petit poëme qui accompagne la figure de l'empereur, a fait penser à un savant qui a publié deux des miniatures de l'évangéliaire, que ce livre avait été écrit et peint, de même que la Bible, dans le monastère de Saint-Martin de Tours; mais c'est là une erreur qu'il est facile de rectifier en lisant ce poëme en entier, et en faisant attention à quelques faits historiques qui repoussent cette supposition.

---

(1) Cette miniature est reproduite dans les *Arts somptuaires*, tome Iᵉʳ des planches, et expliquée par M. LOUANDRE dans le texte, t. II, p. 32.

(2) Les figures ont été reproduites dans les *Arts somptuaires*, tome Iᵉʳ des planches.

Il est constant d'abord, d'après ce vers :

Induperator habetur rex augustus in orbe (1),

que le livre n'a été exécuté qu'alors que Lothaire était reconnu par tous comme seul empereur, c'est-à-dire après la mort de Louis le Pieux (840), et très-probablement même après le traité de Verdun (843). Le poëme continue ainsi : « Le pieux empereur, conduit par son
» amour pour le Christ et par sa vénération pour le saint évêque Martin, et voulant qu'un
» magnifique joyau advînt à l'Église, a ordonné que ce livre fût écrit en beaux caractères par
» les membres de la communauté, et qu'il fût orné d'or et de peintures religieuses, pour
» qu'il soit connu de tous combien ce lieu est en honneur. C'est pourquoi Sigilaüs, obéissant
» avec zèle aux ordres du roi, a ordonné d'écrire entièrement ici cet évangéliaire. César a
» voulu être frère de la communauté susdite, afin d'obtenir par cet acte d'humilité la récom-
» pense céleste. »

S'agit-il là du monastère de Saint-Martin de Tours? Non sans doute, car il faut faire attention que jamais la Touraine, dans aucun des partages qui ont été faits entre les enfants de Louis le Débonnaire, n'a été comprise dans le lot attribué à Lothaire (2), et que jamais dans le courant de sa vie il n'a eu l'occasion de se rendre dans la ville de Tours. Comment se serait-il fait admettre parmi les moines d'un monastère qui ne dépendait pas de ses États? Mais il existait à Metz, l'une des principales villes des États de Lothaire, un monastère fondé par le roi d'Austrasie Sigebert, également sous l'invocation de saint Martin. Il y a mieux : on lit dans le poëme que Sigilaüs, pour se conformer aux intentions du roi, avait prescrit l'exécution du livre dans le monastère. Qui pouvait donner des ordres dans un monastère, si ce n'est l'abbé? Or aucun abbé de ce nom n'est inscrit parmi ceux qui ont gouverné, au neuvième siècle, le monastère de Saint-Martin de Tours; Sigilaüs, au contraire, est reconnu comme ayant été, au temps de Lothaire, abbé de Saint-Martin de Metz (3). On ne saurait donc conserver aucun doute sur le lieu où l'évangéliaire a été exécuté. Si les peintures et l'ornementation de l'évangéliaire de Saint-Martin de Metz ont tellement d'analogie avec celles de la Bible de Saint-Martin de Tours, qu'on puisse croire qu'elles ont été faites dans le même atelier, bien qu'il soit établi qu'elles proviennent de provinces fort éloignées l'une de l'autre qui ne dépendaient pas du même souverain, il faudra reconnaître que la renaissance carolingienne, sortant d'une source unique, s'est répandue sous la même influence dans toutes les provinces dont Charlemagne avait composé son vaste empire.

Les peintures des autres manuscrits de l'époque dont nous nous occupons présentent à peu près le même caractère; les différences qu'on aurait à y signaler sont peu importantes, et n'effacent jamais entièrement la trace des maîtres qui furent les instruments de cette renaissance.

Le sacramentaire exécuté pour Drogon, évêque de Metz († 855), fils naturel de Charlemagne, est écrit sur parchemin de format in-4° (de 26 centimètres et demi de hauteur sur

---

(1) « Il est reconnu pour empereur, roi et auguste, dans le monde entier. »
(2) M. Dubuy, *Géographie historique*, p. 142.
(3) *Gallia christiana*. Parisiis, 1785, tome XIII, col. 826.

21 de largeur). On y trouve un grand nombre d'initiales romaines exécutées en couleur avec des feuillages et des fleurons d'or; elles servent de cadres à des miniatures où sont reproduites les diverses cérémonies de la liturgie en petites figures de deux à quatre centimètres, d'un dessin correct. Les différents sujets sont bien composés, et les personnages ont des mouvements fort justes. L'artiste ayant à reproduire des scènes et une architecture qu'il avait sous les yeux, a été livré à sa propre direction ; il a moins subi l'influence de l'école byzantine que s'il n'avait eu à peindre que des sujets ordinairement traités par les Grecs. La gouache est épaisse, mais il n'emploie que le violet, le vert, le brun rouge et la couleur de chair mate. Les ombres sont indiquées avec le ton général plus foncé. Il emploie rarement le blanc en rehauts dans les lumières. Bien qu'il ne sût pas très-bien manier les couleurs, on reconnaît dans son coloris un élève des Byzantins.

L'évangéliaire de la Bibliothèque nationale de Paris, n° 9385, est un manuscrit sur parchemin (de 30 centimètres de hauteur sur 25 de largeur) qui a dû être exécuté dans le monastère de Saint-Martin de Metz. L'analogie évidente qui existe entre les peintures de ce manuscrit et celles de l'évangéliaire de Lothaire nous le fait supposer. On y trouve, comme dans ce dernier livre, la figure du Christ dans une gloire, et celles des évangélistes. Si le même peintre a exécuté les deux livres, on doit reconnaître qu'il s'est montré meilleur coloriste dans les peintures de celui dont nous nous occupons. Au lieu d'user d'un rouge-brique dans les ombres des carnations, il se sert d'un brun léger, qui se fond parfaitement avec le blanc qu'il emploie dans les lumières. Les arcades au-dessous desquelles on lit les canons de concordance sont traitées dans le style byzantin, et accompagnées de petits sujets dans le goût de l'antiquité. Les grandes initiales sont resplendissantes de couleurs et de feuillages d'or. L'N initiale de la lettre de saint Jérôme au pape Damase n'a pas moins de quatorze centimètres de largeur.

Le peintre de l'évangéliaire n° 257 (de 30 centimètres de hauteur sur 22 de largeur) ne s'est pas jeté dans les innovations ; il se montre, dans le dessin comme dans le coloris, un élève soumis de l'école byzantine. Dans la scène de la Crucifixion, il représente le Sauveur en croix sous la figure d'un beau jeune homme, dont la sérénité n'est nullement altérée par le coup de lance que lui porte le soldat Longin; cet homme et celui qui présente l'éponge portent les costumes qu'on rencontre si souvent dans les miniatures byzantines. La prétention de l'artiste à faire ressortir toutes les formes anatomiques du corps du Christ, qui n'a qu'une simple pièce d'étoffe autour des reins, est encore la conséquence de ses études des modèles grecs (1). Il se garde bien d'exprimer les lumières dans les vêtements par des rehauts d'or, et se sert de couleurs bien empâtées et de rehauts de blanc à la façon des miniaturistes byzantins. Mais dans l'ornementation, où il n'y avait nul danger à innover, il allie aux riches compositions de l'école carolingienne quelques réminiscences de l'ornementation fantastique anglo-saxonne.

Les peintures qui enrichissent un canon de la messe provenant de l'église de Metz (ms. Biblioth. nationale, n° 1141 lat.) présentent à peu près les mêmes qualités (2).

---

(1) Cette miniature a été reproduite dans les *Arts somptuaires*, tome Ier des planches, ainsi que la figure de saint Jean du même manuscrit.

(2) Trois miniatures de ce manuscrit ont été données dans les *Arts somptuaires*, tome Ier des planches.

La Bible appartenant au monastère des Bénédictins de Saint-Paul hors des murs à Rome, est un magnifique livre écrit sur trois cent trente-neuf feuillets de vélin de format in-folio (de 45 centimètres de hauteur sur 36 de largeur). Vingt et une pages sont enrichies de miniatures, et souvent divisées en plusieurs tableaux. Au frontispice est un portrait qu'on avait regardé longtemps comme celui de Charlemagne; mais Mabillon a établi qu'il fallait y voir Charles le Chauve, et en effet, en rapprochant ce portrait de celui de ce prince qui est reproduit avec son nom dans la Bible de Saint-Martin de Tours, on y reconnaît la même personne. L'auteur des peintures s'est fait connaître par ces vers :

> Ingobertus eram referens et scriba fidelis,
> Grafidos Ausonios æquans superansque tenore
> Mentis.

« C'est moi Ingobert, écrivain fidèle, qui ai transcrit ce livre, en égalant les peintres de
» l'Italie et en les surpassant même par l'activité de mon imagination. »

On ne comprend pas qu'en présence de ces vers, dont il a fait graver le premier, d'Agincourt ait pu dire qu'il fallait attribuer les peintures de ce livre à l'Italie, et que les artistes ultramontains auraient été incapables de les exécuter (1).

Le livre a dû être peint évidemment dans les États de Charles le Chauve, et nous somme porté à croire qu'il est sorti du monastère de Saint-Martin de Tours. On trouve en effet les mêmes sujets traités de la même façon et disposés dans le même ordre dans la Bible de Saint-Paul et dans celle de Saint-Martin de Tours, qui est à la Bibliothèque nationale. Ainsi, les trois premières miniatures de la Bible de Saint-Paul ont pour sujet, comme dans la Bible de Saint-Martin, les mêmes faits tirés de la vie de saint Jérôme. Puis on trouve dans les deux livres, en avant de la Genèse, sur la même page, trois miniatures reproduisant la création, le premier péché et l'expulsion du paradis; en tête des Psaumes, David entre deux guerriers et entouré de musiciens. La miniature qui précède les Évangiles a reçu également dans la Bible de Saint-Paul les mêmes dispositions dans la Bible de Saint-Martin de Tours, et ces dispositions sont assez singulières pour qu'on puisse penser qu'Ingobert a dû suivre un modèle adopté dans son monastère. Son coloris a également beaucoup de rapport avec celui des peintures de la Bible de Saint-Martin; il se sert, comme le peintre de cette Bible, de hachures d'or dans les lumières des vêtements des saints et des rois (2).

Néanmoins Ingobert n'est pas un copiste, tant s'en faut, et il se montre très-original dans l'invention des sujets fort nombreux dont il a enrichi la Bible de saint Paul; mais, en y multipliant les figures à l'excès, il apporte souvent de la confusion dans ses compositions. Les attitudes sont en général assez naturelles et assez variées, et les têtes ne manquent pas d'expression; mais le dessin laisse souvent à désirer, et est inférieur à celui des peintures de la Bible de Saint-Martin de Tours; les figures nues sont détestables. Il est évident que la Bible de Saint-Paul est postérieure à celle de Saint-Martin d'environ trente années. L'existence de cette Bible française à Rome ne se rattache-t-elle pas au voyage qu'y fit Charles

---

(1) *Histoire de l'art*, t. II, p. 62. D'Agincourt a donné de détestables gravures de toutes les miniatures du livre dans les planches XL à XLV, Peinture, t. V.

(2) Voyez plus haut, p. 202, la description de la Bible de Saint-Martin de Tours.

le Chauve en 875, pour se faire sacrer empereur par le pape Jean VIII, à qui il aurait fait cadeau de ce beau livre? Le costume qui lui est donné par le peintre prête à cette supposition. Les vieux chroniqueurs nous apprennent en effet que, dans les dernières années de son règne, Charles, dédaignant les anciennes coutumes des rois francs, n'avait plus d'estime que pour les vanités grecques, et qu'il prit le costume des empereurs d'Orient : la longue tunique, la chlamyde descendant jusqu'aux pieds, et un voile de soie sur la tête avec le diadème (1). Tel est, en effet, le costume que le peintre Ingobert a donné à Charles le Chauve dans la peinture de la Bible de Saint-Paul. Le roi est assis sur un trône surmonté, comme celui des empereurs grecs, d'un ciborium porté par des colonnes qu'on ne voit pas dans la miniature de la Bible de Saint-Martin; il est vêtu d'une tunique de soie brochée d'or, serrée aux poignets par un bracelet de pierres fines, et d'une longue chlamyde bordée de pierreries; le voile dont parle le chroniqueur est rejeté sur les épaules; la tête est ornée, non plus de la singulière couronne carolingienne que nous avons signalée dans les portraits plus anciens de Charles et de Lothaire, mais du stemma des empereurs byzantins (2). Ce qui justifie encore de l'âge plus récent de la Bible de Saint-Paul, c'est le commencement de la décadence qui se fait voir dans les peintures. Le peintre Ingobert commence à dédaigner les modèles empruntés à l'antiquité que les restaurateurs de l'art en Occident avaient importés de la Grèce et de l'Italie : c'est ainsi que dans la miniature qui précède les Psaumes, David et ses compagnons, au lieu d'être représentés à peu près nus et drapés à l'antique, sont complétement vêtus des costumes du temps. Quant à l'ornementation proprement dite, elle est toujours splendide. D'innombrables ornements de formes variées enrichissent les feuillets du livre, et les lettres initiales sont d'une dimension et d'une richesse qui ne furent jamais surpassées.

L'évangéliaire provenant de l'abbaye de Saint-Emmeran de Ratisbonne, que conserve la Bibliothèque de Munich, est passé de l'abbaye de Saint-Denis en France, où il avait été exécuté, dans les mains de l'empereur Arnould, petit-fils de Charlemagne, qui en fit présent à l'abbaye de Saint-Emmeran. On y trouve six miniatures de la même époque que la transcription du manuscrit. La première reproduit Charles le Chauve assis sur un trône byzantin, décoré de pierreries et placé au-dessous d'un riche ciborium; il porte le même costume que dans la miniature de la Bible de Saint-Paul : les deux figures ont beaucoup de ressemblance. La seconde représente le Christ dans sa gloire, entre quatre prophètes et les quatre évangélistes, comme dans les manuscrits de Saint-Martin de Tours et de Saint-Paul. Les autres miniatures reproduisent les figures des évangélistes. Une pièce de vers qui termine le livre fixe la date de sa confection à l'année 870, et fait connaître les noms des calligraphes Liuthard et Béringar, qui l'ont exécuté. Les deux artistes n'ont pas eu, comme on le voit par les sujets qu'ils ont traités, à faire de grands efforts d'imagination. Sauf la figure du roi, qui est belle, les autres présentent de la lourdeur dans le dessin (3). L'ornementation offre, comme toujours, de la richesse, et le coloris ne manque pas d'éclat.

Le dernier des manuscrits illustrés que nous avons cités est le livre de prières ou psau-

---

(1) *Annalium Fuldensium pars tertia*, ad ann. 876, apud PERTZ, *Monum. Germ. hist.*, t. Ier, p. 389.
(2) D'AGINCOURT, PEINTURE, pl. XL, t. V.
(3) ECKHART, *Comment. de rebus Franc. orient.*, a donné la gravure de la miniature où Charles le Chauve est représenté, p. 564.

## ORNEMENTATION DES MANUSCRITS

Charles le chauve. — David et les quatre compagnons. Miniatures tirées d'un livre d'heures de Charles le chauve

tier de Charles le Chauve, que possède la Bibliothèque nationale. Ce volume, de cent soixante-douze feuillets de vélin (de 24 centimètres de hauteur sur 19 de largeur), est écrit en lettres d'or. Il renferme trois miniatures. Notre planche L offre la reproduction des deux premières; la troisième représente saint Jérôme (1). On y trouve encore un assez grand nombre de lettres ornées, formées la plupart d'entrelacs; elles sont d'un bon style et d'une grande richesse de coloris. Un vers latin qui termine le livre (2) donne le nom du calligraphe Liuthard comme l'ayant exécuté. C'est certainement celui qui, avec Béringar, a écrit et illustré l'évangéliaire de Saint-Emmeran. La mention de la reine Hirmentrude, première femme de Charles le Chauve, qu'on trouve dans le psautier, a fait supposer qu'il a été écrit avant la mort de cette princesse, arrivée le 6 octobre 869; cependant, le roi paraît beaucoup plus âgé dans le portrait qu'on y voit que dans celui qui décore l'évangéliaire de Saint-Emmeran terminé en 870; mais il faut faire attention que la miniature paraît avoir souffert, et qu'elle a pu être restaurée maladroitement. La riche couverture d'orfèvrerie, avec des bas-reliefs d'ivoire, dont le livre est enrichi, est reproduite dans nos planches XXX et XXXI (3).

Charles le Chauve était né avec un goût très-prononcé pour les lettres et pour les arts, et lorsque les établissements fondés par son illustre aïeul commençaient à périr, son palais était resté l'asile des études littéraires et artistiques. Les beaux manuscrits qu'il fit écrire et peindre, et qui sont, en assez grand nombre heureusement, parvenus jusqu'à nous, attestent les efforts qu'il fit pour entretenir dans ses États le culte des arts. Mais les invasions réitérées des Normands, les querelles intestines des grands seigneurs et les guerres que Charles eut à soutenir pour arracher à ses neveux la couronne impériale et l'Italie, avaient rempli de troubles et de calamités les provinces de l'ancien empire carolingien durant les dix dernières années de son règne; aussi la décadence de l'art avait-elle commencé à se faire sentir de son vivant. Sa mort, qui laissa tout dans la confusion, termina l'ère de la renaissance carolingienne, qui n'avait pas duré plus de cent années.

### III

*Depuis la mort de Charles le Chauve (877) jusqu'à l'avénement de l'empereur Othon II (973).*

Les cent années qui s'écoulèrent après la mort de Charles le Chauve ont toujours été considérées avec raison comme l'époque la plus désastreuse pour les lettres et pour les arts. Depuis ce moment, les invasions normandes et hongroises et les guerres intestines déchirèrent les malheureuses provinces de l'ancien empire franc, et ce ne fut plus partout que trouble et confusion. Au milieu de ces calamités, les traditions carolingiennes s'effacèrent chaque jour davantage, et l'art de la peinture, qui n'avait jamais jeté un bien vif éclat, arriva bientôt au plus complet avilissement.

Les monuments de cette époque sont assez rares; on peut cependant suivre dans ceux qui nous sont parvenus la marche de plus en plus rapide de la décadence. Dans les dernières

---

(1) Elle est reproduite en couleur dans les *Arts somptuaires*, tome I$^{er}$ des planches.
(2) Voyez le texte explicatif de notre planche L, à la fin de ce volume.
(3) Voyez, à la fin du I$^{er}$ volume, le texte explicatif de ces deux planches.

années du neuvième siècle, l'école rhénane conserve encore quelques faibles traditions de l'époque précédente : elle n'a pas abandonné la gouache, mais le dessin des figures est devenu bien mauvais.

Nous citerons comme exemple : les peintures d'un missel provenant du dôme de Worms, qui est conservé à la bibliothèque de l'Arsenal (T. L, 192), et un manuscrit de la Bibliothèque de Vienne, lequel contient une traduction des Évangiles en vers allemands, par Otfried, moine du monastère de Wissembourg en Alsace; elle est dédiée par l'auteur à Luitber, archevêque de Mayence (889). On voit au commencement du livre la scène de la Crucifixion rendue par un dessin grossier. Le Christ est représenté jeune et sans barbe; la tête est assez régulière, mais le visage est empreint de laideur; le corps est d'un embonpoint ridicule; les jambes et les bras sont d'une grande incorrection; cependant le soleil et la lune sont encore représentés dans des médaillons au-dessus des bras de la croix, sous la figure de personnages de style antique (1).

Cependant l'ornementation des manuscrits jouissait encore à la même époque d'une grande faveur dans le couvent de Saint-Gall. Salomon, abbé de ce célèbre monastère (890 † 920), excellait dans la composition et la peinture des lettres ornées. On conserve un évangéliaire que l'abbé Salomon avait enrichi de belles capitales; il avait été écrit par Sintram, habile écrivain, moine de Saint-Gall. Tutilo, moine de la même abbaye, en avait sculpté la couverture. Tutilo était peintre aussi, et l'on ne peut douter qu'avec le goût du temps, il ne se soit livré à l'ornementation des manuscrits (2).

En France, la dégradation de la miniature est plus grande encore qu'en Allemagne. Les contours des figures sont rendus par un trait noir, et l'intérieur est rempli par une gouache terne, sur laquelle les traits de détails sont tracés sans intelligence. On peut signaler, en ce genre de travail, un évangéliaire que conserve la bibliothèque de l'Arsenal (T. L, 33 c.); il renferme onze miniatures. L'artiste qui les a peintes était encore sous l'influence de l'école byzantine; l'une des miniatures, qui reproduit l'Ascension du Christ, a dû être copiée sur un modèle grec. Néanmoins toutes les peintures se ressentent fort de la décadence. Nous citerons encore un évangéliaire appartenant à la Bibliothèque nationale de Paris (n° 15520 lat.), où les figures des évangélistes sont représentées dans des peintures à pleine page, qui témoignent d'une décadence encore plus complète du dessin. Les visages, dont les yeux sont très-grands, ont perdu toute expression; le coloris est terne et grossier; dans les vêtements, des raies d'un ton foncé, jetées au hasard, tiennent lieu d'ombres; toute influence byzantine a disparu de ces peintures. Les lettres initiales, coloriées avec des tons sales, sont traitées dans le style anglo-saxon.

C'est ce genre barbare qui allait dominer en maître durant toute cette période de décadence. La manière vigoureuse de peindre la gouache que les artistes francs avaient reçue des Grecs disparaît en effet complètement dès les dernières années du neuvième siècle. Les miniaturistes ne savent plus graduer les teintes. Les traits des figures et des sujets sont tracés à la plume, sans aucune correction; les mouvements sont maladroits, les extrémités

---

(1) LAMBECIUS (*Comment. de Bibl. Cæsar. Vindobon.*, lib. II, cap. v, t. II, p. 417) a fourni la gravure de cette miniature.

(2) EKKEHARDUS, *Casuum S. Galli continuatio*, ap. PERTZ, *Monum. Germ. hist.*, t. II, p. 88 et 92.

lourdes, et les têtes, sans expression, ont les yeux démesurément ouverts. Des couleurs d'aquarelle sont appliquées par teintes plates sans aucun modelé entre les traits, qui restent toujours apparents. Les carnations cessent d'être coloriées ; quelquefois cependant l'artiste applique une tache rose sur les joues de ses personnages. Toute trace de perspective et de sentiment des proportions disparaît entièrement. Nous emprunterons notre premier exemple à un pontifical exécuté en Angleterre, où cette froide ornementation à la plume avait pris naissance. Ce livre (de 31 centimètres de hauteur sur 21 de largeur), qui appartient à la Bibliothèque nationale de Paris (n° 943 lat.), renferme une lettre du pape Jean adressée à l'évêque anglais pour lequel le livre a été exécuté. Comme elle est datée de la douzième année du pontificat de ce pape, elle ne peut s'appliquer qu'à Jean X (914 † 928), seul des papes du nom de Jean au neuvième et au dixième siècle qui ait régné douze années. On a donc dans ce manuscrit un spécimen de l'art anglo-saxon au commencement du dixième siècle. On y trouve quatre dessins à pleine page : une représentation de la Crucifixion, et trois fois la figure du Sauveur debout et tenant une hampe que surmonte une croix ; l'une des figures porte une couronne royale ; toutes ont la tête accompagnée du nimbe crucifère qui n'appartient qu'au Christ. Ces sujets sont exécutés à la plume avec une grande finesse ; les figures vêtues ne manquent pas absolument de correction, mais celle de Jésus en croix, qui n'a qu'un linge autour des reins, est fort incorrecte ; les membres sont longs et maigres dans toutes, et les différentes parties du visage sont à peine indiquées. Ces dessins peuvent cependant passer pour des œuvres d'art auprès de ce qui se fit en France dans le même genre pendant toute la durée du dixième siècle.

Quatre manuscrits que possède la Bibliothèque nationale de Paris sont des témoignages de la décadence de plus en plus complète de l'art à cette époque : un évangéliaire (n° 269 lat.), une Bible grand in-folio dite Bible de Noailles (n° 6 lat.), une autre Bible, de même format, provenant de l'abbaye de Saint-Martial de Limoges (n° 5 lat.), et les Commentaires d'Haymon sur Ézéchiel (n° 12302 lat.). L'évangéliaire renferme les figures des évangélistes et celle du Christ, dans laquelle l'artiste a conservé quelques souvenirs des anciennes traditions. Le Sauveur est représenté assis, tenant de la main droite une boule d'or, comme dans la Bible de Saint-Martin de Tours et dans l'évangéliaire de Lothaire. Le dessin des figures, d'une grande incorrection, est exécuté à la plume ; des couleurs d'aquarelle, en teintes plates, sans aucun modelé, sont appliquées sur les vêtements ; les carnations restent incolores. La Bible de Noailles renferme de nombreux sujets disposés dans le texte avec des figures de petite proportion ; quelques-uns des dessins sont lavés au bistre sans aucune nuance, d'autres sont enluminés de teintes plates en couleur d'aquarelle. Les compositions sont souvent ridicules : on y voit par exemple les quatre fleuves du paradis sous la forme de quadrupèdes bizarres qui vomissent de l'eau (1). L'artiste avait une certaine facilité d'exécution, mais les dessins témoignent d'un défaut absolu d'étude, et sont pour la plupart d'une grande incorrection. Dans la Bible de Saint-Martial de Limoges, le peintre s'est livré à tous les écarts d'une imagination déréglée. On y voit des pilastres dont les bases et les chapiteaux sont formés d'animaux souvent accouplés d'une façon bizarre ; les

---

(1) *Le Moyen Age et la Renaissance*, MINIATURES DES MANUSCRITS, t. II, a fourni une planche qui contient plusieurs dessins de cette Bible.

fûts sont enrichis de feuillages colorés, de quadrupèdes et d'oiseaux de formes singulières. Les lettres initiales, formées par des accouplements zoographiques des plus étranges et teintées de couleurs d'aquarelle, abondent dans ce manuscrit, comme, par exemple, une F, ayant pour haste un paon dressé sur ses jambes, et pour barres transversales deux renards dont un saisit le paon au cou et l'autre au ventre ; un O, composé de deux paons contournés qui boivent dans une coupe ; un P, dont la courbure reproduit un animal couché sur le dos, qui saisit une de ses pattes dans sa gueule. On peut juger par ces compositions que si l'art faisait défaut, l'imagination ne manquait pas aux artistes de ces temps malheureux. Les Commentaires d'Haymon, évêque d'Halberstadt, sur Ézéchiel, nous conduisent pour la France à la fin du dixième siècle. Les dessins enluminés dont ce livre est illustré ont été exécutés par Heldric, que saint Maiole, abbé de Cluny, avait placé à la tête de l'abbaye de Saint-Germain d'Auxerre en 989. Heldric y remplit pendant vingt et un ans les fonctions d'abbé, et mourut en 1010. Il s'est représenté lui-même, dans l'une des vignettes, prosterné sur son prie-Dieu, et offrant son livre à saint Germain, qui lui donne sa bénédiction. Le moine artiste a osé aborder des sujets difficiles, tels que l'attaque d'une forteresse et l'adoration des idoles par une foule de personnages ; mais il n'a réussi qu'à constater la dégradation complète de l'art. Les compositions sont ridicules, les corps sont fluets et les mouvements d'une incorrection révoltante ; dans les têtes, l'œil occupe la moitié du visage. Les couleurs d'aquarelle sont appliquées en teintes plates sans aucun modelé, et les carnations des visages n'ont d'autre coloration qu'un point de vermillon posé au hasard, et qu'on peut prendre pour une tache (1).

L'Italie fut aussi malheureuse que la France au dixième siècle ; le culte des arts y fut également abandonné, et nous ne trouvons à mentionner aucun manuscrit de cette époque.

## § III

DEPUIS LE RÈGNE D'OTHON II (973) JUSQU'A LA FIN DU DOUZIÈME SIÈCLE.

I

*En Allemagne et dans les Pays-Bas.*

L'Allemagne (et nous devons y comprendre tout ce que Louis le Germanique avait reçu en partage par le traité de Verdun, c'est-à-dire l'Allemagne proprement dite jusqu'au Rhin, avec Spire, Worms et Mayence, de même que tous les pays allemands qui étaient entrés dans le lot de l'empereur Lothaire, c'est-à-dire l'Alsace, la Lorraine, les provinces entre le Rhin, l'Escaut et la Meuse, et encore, sur la rive droite, celles qui s'étendaient depuis Bonn jusqu'à la Frise), l'Allemagne, disons-nous, n'avait pas été beaucoup plus tranquille que la France pendant la seconde moitié du neuvième siècle. L'invasion des Hongrois durant la

---

(1) Les trois miniatures ont été reproduites dans les *Arts somptuaires*, tome I<sup>er</sup> des planches.

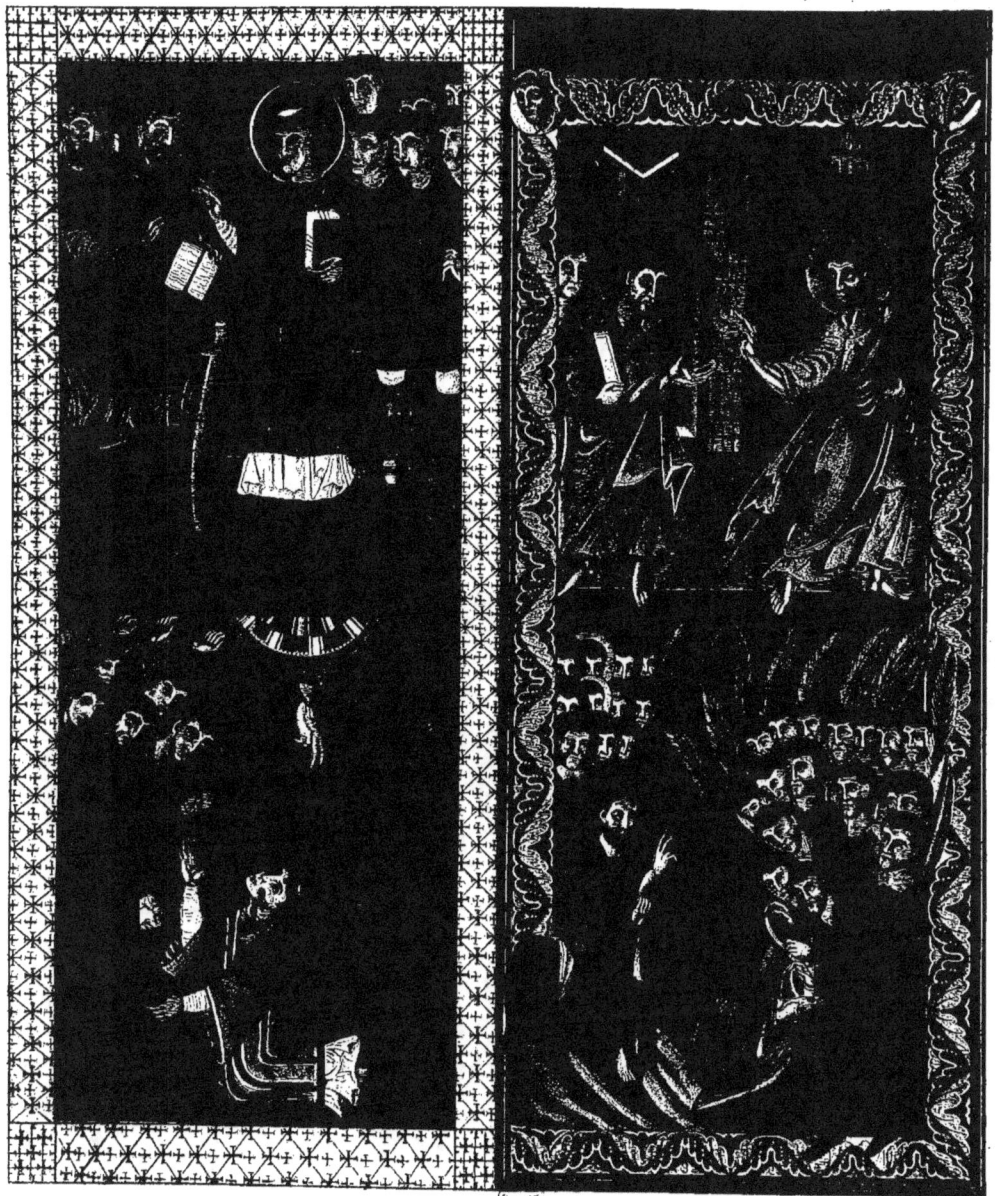

ORNEMENTATION DES MANUSCRITS

première moitié du dixième laissa peu de repos au pays, jusqu'à ce qu'enfin Othon le Grand eût vaincu ce peuple redoutable à la célèbre bataille qu'il lui livra sur le Lech en 955. Les guerres qu'il eut à soutenir en Italie occupèrent le reste de la vie de ce prince († 973). Les arts durant tout ce temps ne reçurent donc aucun encouragement. Othon II, successeur de son illustre père, à l'âge de dix-huit ans, eut d'abord à soutenir la guerre contre Lothaire, roi de France. La paix étant faite avec ce prince (977), il descendit, en 980, en Italie pour y faire valoir les droits qu'il prétendait avoir sur les provinces méridionales, du chef de sa femme Théophanie, fille de l'empereur d'Orient Romain II, qu'il avait épousée en 972 (1). A partir de cette époque, l'Allemagne put trouver enfin quelque repos sous l'habile administration de deux femmes, l'impératrice Théophanie, qui devint tutrice de son fils Othon III, âgé seulement de trois ans à la mort d'Othon II (983), et l'impératrice Adélaïde, veuve d'Othon le Grand, qui, pendant que sa belle-fille était en Italie, avait su tenir les rênes de l'empire avec la même habileté que Théophanie.

Bien que la décadence fût devenue à peu près aussi complète en Allemagne qu'en France à l'époque de la mort d'Othon le Grand, les grands monastères et les villes épiscopales des provinces rhénanes, qui avaient eu moins à souffrir que les villes et les monastères français, avaient conservé du goût pour l'ornementation des livres saints et quelques traditions de l'art de la miniature. Aussi, dès les dernières années du règne d'Othon le Grand, et avant même que les artistes grecs appelés en Allemagne par l'impératrice Théophanie eussent pu faire sentir leur influence, on y vit renaître cet art. D'illustres prélats encouragèrent les premiers essais de renaissance, en ne dédaignant pas de se faire artistes pour donner l'exemple. Parmi eux on doit citer saint Ulric, évêque d'Augsbourg († 973). La Bibliothèque de Munich possède un évangéliaire dont on lui attribue les peintures. On y trouve les figures des évangélistes et celle de saint Michel archange perçant le dragon ; elles sont empreintes du style de l'école carolingienne au neuvième siècle ; mais l'incorrection du dessin, la mauvaise disposition des draperies et la crudité des couleurs, témoignent assez de la décadence qui s'était fait de plus en plus sentir depuis la mort de Charles le Chauve.

Nous donnons dans notre planche LI deux miniatures tirées d'un manuscrit de la Bibliothèque nationale (n° 9448 lat.) qui fut exécuté à l'abbaye de Prum, dans le dernier quart du dixième siècle. Elles offrent un spécimen des premières tentatives des miniaturistes allemands ; le dessin, qui est fort incorrect, est tracé au pinceau ; la gouache y reparaît, mais médiocrement empâtée et avec des couleurs ternes. L'artiste cherchait à entrer dans des voies nouvelles et à sortir de la routine, en usant fort peu des anciens modèles byzantins. Un autre manuscrit de la Bibliothèque nationale, des premières années du onzième siècle, exécuté en Allemagne, est encore l'œuvre d'un artiste original qui n'avait pas subi l'influence des Grecs : c'est un sacramentaire de format in-quarto (n° 18005 lat.), qui renferme un assez grand nombre de miniatures. La première représente le Christ en croix ; la figure est placée dans un encadrement où l'on voit six figures en buste portant cette couronne en forme de losange que les Othon avaient adoptée et dont est coiffé Othon II dans le bas-relief d'or de la couverture de l'évangéliaire conservé à la bibliothèque de Gotha (2).

(1) Voyez tome I$^{er}$, p. 80.
(2) Nous en avons donné la description, tome I$^{er}$, p. 338.

Dans une miniature à pleine page où est représentée l'Ascension du Christ, sujet souvent traité par les Grecs, l'artiste se garde bien de les copier ; il montre le Sauveur s'élevant tout droit vers le ciel, et non pas assis sur un globe soutenu par des anges. Son dessin est exécuté à la plume, mais il est presque partout recouvert par une gouache de couleurs légères ; il ne sait pas les nuancer pour arriver à obtenir un modelé, et il indique les ombres par un simple trait plus foncé de la couleur du fond.

A côté de ces peintures qui constatent l'existence d'artistes inexpérimentés, et cherchant cependant par des moyens qui leur étaient propres à faire sortir l'art des langueurs de l'assoupissement, on en trouve d'autres de la même époque dont la composition, le dessin et le coloris signalent des artistes qui ont conservé les anciennes traditions de l'art, et dans lesquelles il n'est pas possible de méconnaître la main de peintres grecs ou élèves des Grecs (1). Parmi les manuscrits illustrés de ce genre, nous citerons un magnifique évangéliaire de format grand in-folio (de 38 centimètres de hauteur sur 29 de largeur), qui fut donné par Charles V à la sainte Chapelle du Palais, et que possède aujourd'hui la Bibliothèque nationale de Paris (n° 8851 lat.). On y trouve cinq grandes miniatures à pleine page, et beaucoup de lettres ornées et d'ornements décoratifs. La première des miniatures, au folio 1, offre une grande composition : Au centre, dans une gloire ovale, le Christ est représenté jeune et imberbe, assis sur un siége à coussin ; il bénit de la main droite ; de la gauche, il tient le livre des Évangiles. La figure, d'un dessin très-correct, se détache sur un fond d'or ; la tête est charmante et très-finement touchée. La gloire est cantonnée de quatre médaillons, où sont les symboles des évangélistes, et renfermée dans un cadre rectangulaire dont les angles sont occupés par les figures des évangélistes courbés sur des pupitres et écrivant. On trouve aux folios 15, 52 et 75, les figures à pleine page des saints évangélistes Mathieu, Marc et Luc. Ils sont représentés assis au-dessous d'une arcade byzantine dont leur symbole, l'ange, le lion et le bœuf, occupe le tympan ; saint Mathieu porte une longue robe avec des ornements d'or au haut des bras, comme les dignitaires de l'empire grec, et par-dessus, un grand manteau à bordure d'or. Ces figures présentent des proportions un peu allongées, cependant le dessin est correct ; les vêtements sont de couleurs claires, à la façon antique, mais disposés avec un peu de sécheresse (2). Le livre renferme encore des ornements très-délicats et d'un style pur et riche tout à la fois ; plusieurs pages ont des bordures composées de listels d'or, entre lesquels courent des rinceaux d'or et des feuillages dans le goût de l'antiquité ; elles sont décorées de médaillons qui renferment des figures en buste d'un bon dessin. Le coloris des miniatures et des ornements est donné par une gouache bien empâtée avec des rehauts de blanc dans les lumières. Le dessin et le coloris des miniatures, de même que l'ornementation tout entière de ce beau livre, diffèrent donc absolument du faire incertain des artistes allemands de la même époque dont nous avons montré des spécimens, et témoignent au contraire de la main d'un peintre grec. S'il pouvait rester un doute à cet égard, il serait levé par cette inscription qui accompagne la figure du Sauveur : Ἡ βασιλεία σου Κυρίου

---

(1) Nous avons déjà fait cette observation à l'égard des monuments de sculpture de cette époque, et nous prions le lecteur de se reporter à notre tome I$^{er}$, p. 80.

(2) La figure de saint Jean est d'une autre main et n'appartient pas à l'artiste qui avait commencé et presque achevé le livre ; le dessin en est sec, un trait de couleur marque les contours, et la gouache, moins empâtée, n'a pas de rehauts de blanc dans les lumières.

βασιλεία πάντων τῶν αἰώνων καὶ δεσποτεία σου ἐν πάσῃ γενεᾷ καὶ γενεᾷ. « Votre règne, Seigneur, est
» le règne de tous les siècles, et votre pouvoir absolu s'étend sur toute génération et géné-
» ration. » Un artiste allemand ne l'aurait pas inscrite sur son ouvrage. La date du livre nous
est fournie par un détail de son ornementation. Ainsi on trouve dans la bordure qui encadre
le titre de l'Évangile de saint Mathieu quatre médaillons renfermant des bustes d'empereurs. Sur les deux côtés, le même buste, avec l'inscription HENRICUS REX FRANCORUM : c'est
Henri I$^{er}$, roi de Germanie, père d'Othon le Grand, qui prenait le titre de *rex Francorum
orientalum* (1). En haut, OTTO IMPERATOR AUG. ROMANORUM : c'est Othon le Grand, sacré à Rome
empereur d'Occident en 962. En bas, OTTO JUNIOR IMPERATOR AUG. ROMANORUM : c'est Othon II
(p. 983), pour qui le manuscrit a dû être exécuté, et qui y fit peindre avec son portrait ceux
de son père et de son aïeul. Nous devons dire cependant que le savant conservateur du
département des manuscrits à la Bibliothèque nationale, M. Delisle, croit que le livre a été
exécuté après l'avénement de Henri II au trône de Germanie, entre les années 1002 et 1014,
et avant son couronnement comme empereur. Aussi voit-il ce prince dans l'un des deux
Henri dont le buste est reproduit dans l'encadrement du titre de l'Évangile de saint Mathieu.
En effet, de 1002 à 1004, Henri II prit seulement le titre de roi de Germanie, et du 14 mai
1004 au 14 février 1014, qu'il fut sacré empereur, le titre de roi des Francs et des Lombards,
*Francorum et Langobardorum rex* (2). Nous n'attachons pas une grande importance à la similitude des deux bustes portant le nom HENRICUS, parce que le dessin n'est tracé qu'au trait et
que l'artiste a eu plutôt pour but de compléter la décoration de la page que de faire un portrait ; mais il nous semble que s'il avait eu l'intention de représenter deux personnages différents, il n'aurait pas mis la même légende autour des deux bustes, et qu'il aurait distingué
Henri I$^{er}$ de Henri II, soit par le chiffre II ajouté au mot *Francorum* dans la légende qui acom-
pagne la tête de ce dernier prince, soit, si le travail est postérieur au 14 mai 1004, en donnant à
Henri II le titre qu'il portait alors de *rex Francorum et Langobardorum*, titre que Henri I$^{er}$ n'a
jamais eu. Mais il importe peu, à notre point de vue, que le livre ait été exécuté sous Othon II
(† 983) ou de 1002 à 1014, puisque nous recherchons seulement si l'on peut juger, par les
peintures de certains manuscrits, de la présence des artistes grecs en Allemagne, non-seulement sous Othon II, mais sous ses premiers successeurs. Or, il nous semble bien établi, par
le manuscrit que nous venons de signaler et par quelques autres encore qui existent en
Allemagne, tels qu'un évangéliaire de la bibliothèque de Trèves et un autre évangéliaire de
la bibliothèque de Gotha, provenant du monastère d'Echternach et exécuté pour Othon II,
que les peintres byzantins appelés par l'impératrice Théophanie exerçaient leur art en
Allemagne, à la fin du dixième siècle et au commencement du onzième, à côté de cette
école purement allemande qui, sans leur secours, s'était efforcée de revenir au culte de
l'art et avait cherché à s'ouvrir des voies nouvelles. Les artistes grecs, en petit nombre
sans doute, qui avaient été appelés à la cour d'Othon II, avaient conservé les traditions des
bonnes écoles, ainsi qu'on peut le reconnaître dans les peintures des manuscrits que nous
venons de signaler ; mais durant le cours du onzième siècle, les peintres byzantins se multiplièrent rapidement en Allemagne sous la protection des empereurs et des évêques, et bientôt

(1) *Caroli III et Henrici I pactum*, ap. PERTZ, *Monum. Germaniæ hist.*, t. III, leg. I, p. 567.
(2) M. DE WAILLY, *Éléments de paléographie*, t. I, p. 305.

leur influence se fit vivement sentir dans toute l'étendue du domaine de l'art. Nous devons donc avant tout appeler l'attention du lecteur sur un point important. Ces artistes n'appartenaient plus à cette savante école de l'époque de Basile I<sup>er</sup>, ni même à celle, moins savante mais peut-être plus séduisante, qui fut dirigée par Constantin Porphyrogénète. La décadence avait commencé à se faire sentir dès le règne de Basile II (976 † 1025). Les peintres grecs qui vinrent en Allemagne au onzième siècle n'y apportèrent donc plus les principes de ces écoles, mais bien ceux de la nouvelle école byzantine, qui déclinait sensiblement en cessant de s'inspirer des traditions de l'antiquité, en négligeant la pureté du dessin, en s'attachant à des types à peu près uniformes, et en abandonnant ainsi toute liberté dans la composition des sujets. Ces défauts, encore peu sensibles à la fin du dixième siècle, s'étaient accrus assez rapidement au onzième, et les artistes grecs qui vinrent à cette époque en Allemagne aidèrent certainement à la restauration de l'art de la peinture, mais ils ne purent conduire leurs élèves bien loin dans le progrès, lorsque eux-mêmes suivaient avec rapidité la voie de la décadence.

Néanmoins l'école byzantine du onzième siècle était encore assez habile (1), et les artistes allemands qui devinrent élèves des Grecs acquirent certainement une supériorité marquée sur ceux qui suivaient la voie purement allemande ouverte par les premiers restaurateurs de l'art. Ceux-ci même subirent jusqu'à un certain point l'influence de l'école orientale, sous le rapport surtout de la technique ; c'est grâce à cette heureuse influence que l'art allemand parvint à modifier la rudesse primitive du dessin et la sécheresse du coloris, qui se fait encore voir dans les œuvres du onzième siècle, et qu'il put produire au douzième des peintures qui ne sont pas sans mérite.

Ainsi, lorsque s'ouvrit le onzième siècle, on vit en Allemagne deux écoles de peinture, de même que deux écoles de sculpture (2), prendre part simultanément au mouvement artistique qui fut général. Les travaux de l'école que nous appellerons simplement école allemande se résument principalement dans les beaux manuscrits que fit exécuter l'empereur Henri II (1002 † 1024) pour la cathédrale de Bamberg, qu'il avait fondée et qu'il affectionnait particulièrement. Plusieurs de ces manuscrits sont conservés dans la bibliothèque de Bamberg, d'autres dans celle de Munich. Il y en a cinq dans cette dernière bibliothèque qui offrent le plus vif intérêt (3). On trouve dans un évangéliaire et dans un missel des miniatures qui reproduisent le couronnement de Henri II et de sa femme, sainte Cunégonde. Nous ne pouvons apprécier d'une façon plus impartiale les peintures de ces livres qu'en rapportant l'opinion d'un savant allemand dont les écrits sur l'art de la peinture jouissent d'une réputation méritée. « En dépit d'une grande incertitude et d'une extrême rudesse d'exécution,
» les œuvres carolingiennes accusent toujours un sentiment vrai de la forme ; les proportions
» générales du corps humain y sont respectées et les grandes lignes de la draperie bien
» rendues. Dans les manuscrits de Bamberg, toutes ces qualités disparaissent ; on y voit des
» figures trop longues, des formes arbitraires et fantastiques, des têtes aux contours exagérés.
» Le système de coloration diffère également ; l'empâtement disparaît et se trouve remplacé

---

(1) Voyez tome I<sup>er</sup>, p. 50 et suiv.
(2) Voyez tome I<sup>er</sup>, p. 80.
(3) Ils sont catalogués sous les n<sup>os</sup> 56 à 60, dans l'extrait du catalogue *Allgemeine Auskunft über die k. Hof-und-Staats-Bibliothek zu München*. München, 1851.

» par un procédé sec qui devient désormais spécial à la miniature. A ce caractère se joint
» une exécution précise et bien finie formant un contraste frappant et cette fois avantageux
» avec le faire large mais incertain de la période carolingienne. Plus étonnant encore est le
» jeu fantastique de la couleur, qui se déploie surtout dans le fond de ces enluminures; des
» bandes de couleur délicate s'entrelacent harmonieusement derrière les figures, et pro-
» duisent à l'œil le plus ravissant effet. A côté de ces défauts et de ces qualités techniques,
» il nous faut signaler encore des idées ingénieuses représentées sous des formes symboliques
» appropriées à l'enfance de l'art, et enfin, en dépit de l'imperfection du dessin, une expres-
» sion très-vive dans le geste et l'attitude des personnages (1). »

Un manuscrit de la Bibliothèque nationale provenant de l'Allemagne, et qui doit être de l'époque de l'empereur Henri II ou de peu d'années postérieur, offre au contraire des peintures où l'influence byzantine est évidente. C'est un missel du format in-quarto (n° 817 lat.), qui renferme un assez grand nombre de miniatures ; nous supposons qu'il a dû être exécuté pour l'église Saint-Géréon de Cologne, car dans le calendrier qui se trouve en tête du livre le nom du saint est écrit à la date du 10 octobre en caractères beaucoup plus gros que celui des autres, et l'octave de sa fête est indiquée au 17, ce qui n'est fait pour aucun autre saint. Les sujets sont sagement composés ; le dessin laisse à désirer, et les proportions tendent à l'allongement, défaut qui dès le commencement du onzième siècle commençait à se faire sentir dans l'école orientale, mais les têtes sont finement modelées, avec un brun léger dans les ombres et des rehauts de blanc dans les lumières. Dans la scène de la crucifixion, l'artiste allemand, en véritable élève des Grecs, montre ses prétentions à la connaissance anatomique du corps humain. Le coloris consiste en une gouache épaisse. On trouve dans le livre des lettres initiales qui se détachent en or avec fleurons et cordelières sur des fonds de couleur ; il faut surtout remarquer, au folio 77, un D exécuté en feuillages d'or sur fond pourpre, et qui est encadré dans une bordure où sont des médaillons renfermant des bustes vêtus à l'antique, dont les têtes sont d'un modelé excellent (2). Nous pouvons citer encore un évangéliaire de la Bibliothèque nationale (n° 275 lat.), appartenant à peu près à la même époque et où l'influence byzantine est manifeste (3) ; on trouve dans les peintures dont il est orné les mêmes qualités et les mêmes défauts.

Les troubles qui agitèrent le règne de l'empereur Henri IV (1056 ÷ 1106), et ses démêlés avec l'Église, amenèrent un temps d'arrêt assez marqué dans le développement du mouvement artistique en Allemagne. Mais dès le commencement du douzième siècle, on peut constater une amélioration sensible. Nous citerons de cette époque un psautier conservé à la Bibliothèque nationale (n° 17961 lat.), renfermant huit miniatures et de belles lettres ornées. L'influence byzantine est évidente dans ces miniatures, qui témoignent d'un grand progrès sur ce que produisait l'école allemande à l'époque du retour au culte de la peinture sous Othon II. La planche XCI de notre album reproduit celle que l'on voit au folio 47 ; le sujet de la Nativité que l'artiste a traité est tout à fait dans le style byzantin. Quant à l'S majuscule

---

(1) M. WAAGEN, *Manuel de l'histoire de la peinture*, traduction par MM. HYMANS et PETIT. Paris, 1863, t. I$^{er}$, p. 40.

(2) M. CURMER a reproduit, dans sa splendide édition des *Évangiles des dimanches et fêtes*, l'une des miniatures de ce manuscrit et quatre des bordures de pages, parmi lesquelles est celle que nous venons de signaler.

(3) On trouvera dans *le Moyen Age et la Renaissance* la gravure de la miniature où saint Mathieu est reproduit. (MINIATURES DES MANUSCRITS, t. II, pl. IX).

qui occupe la moitié de notre planche (1), c'est une production entièrement étrangère à l'art grec et qui peut donner une idée de ce qui s'est fait en ce genre au douzième siècle en Occident.

Un progrès non interrompu se fit sentir à partir du milieu du douzième siècle. Les types byzantins tendirent à s'effacer, et les miniaturistes se livrèrent à des créations originales; les fonds d'or disparurent en partie. Les peintures assez nombreuses d'un évangéliaire de format in-quarto que conserve la Bibliothèque nationale (n° 17325 lat.) présentent d'excellents spécimens des productions des artistes allemands engagés dans cette voie. Ainsi les évangélistes sont représentés sur quatre pages au commencement du livre sous la figure de graves personnages, assis et vêtus d'une longue robe que recouvre un manteau largement drapé ; aucun attribut ne les distingue, ils n'ont absolument rien des types grecs bien connus ; le dessin, assez correct, est tracé au pinceau par un trait noir que le coloris n'efface pas entièrement ; la gouache, peu empâtée, est d'un ton assez terne, les ombres sont rendues par le ton général plus foncé; les visages, d'une couleur de chair mate, ont de l'expression et sont finement traités, mais ils manquent de modelé ; les figures se détachent sur un fond en échiquier bleu et or. Les différentes scènes reproduites dans les nombreuses miniatures du livre présentent des compositions originales, où les souvenirs des modèles byzantins reparaissent rarement. L'artiste n'abandonne pas entièrement les fonds d'or, qui étaient d'un usage constant dans l'école byzantine du douzième siècle, et, par une singularité bizarre, après avoir donné un fond bleu général à ses tableaux, il fait détacher ses personnages sur un fond d'or de leur dimension. C'était sortir de la routine en employant un procédé plus mauvais que celui qui était en usage.

Nous ne pouvons terminer ce qui a rapport à la miniature en Allemagne au douzième siècle, sans avoir cité le célèbre manuscrit exécuté pour Herrade de Landsberg, abbesse du couvent de Hohenbourg (1159-1175), que conserve la Bibliothèque de l'université de Strasbourg. Ce manuscrit, connu sous le nom de *Hortus deliciarum*, renferme des extraits des Pères de l'Église, et d'autres ouvrages encore. Aussi, en dehors des sujets religieux, qui formaient ordinairement l'illustration des livres, on en trouve une foule d'autres empruntés à l'histoire et à la mythologie ; quelques-uns n'ont qu'un caractère purement allégorique. Ainsi, la philosophie est représentée par une femme à trois têtes qui portent les noms de *Ethica*, *Logica* et *Physica;* l'alliance de l'Ancien et du Nouveau Testament, par une figure à deux têtes, dont l'une reproduit le visage de Moïse et l'autre celui du Christ. On ne peut refuser à l'artiste le génie de l'invention, car, loin de se contenter des types usuels des Byzantins de la décadence, il sait reproduire en action, d'une façon ingénieuse, les paraboles de l'Évangile ; il en revient aussi aux types chrétiens primitifs dans la reproduction des têtes du Sauveur, de saint Jean-Baptiste et des apôtres. On trouve encore dans ses compositions le Jourdain, représenté sous la figure d'un homme appuyé sur une urne, à l'imitation des fleuves reproduits dans les peintures antiques ; l'air et l'eau personnifiés sous les figures d'Éole et de Neptune ; le jour et la nuit, sous la figure de femmes, comme on les voit dans les miniatures byzantines de la meilleure époque. Néanmoins le dessin est encore bien loin d'être irréprochable ; les physionomies sont généralement sans expression, et si

---

(1) Cette lettre est reproduite dans *le Moyen Age et la Renaissance*, MINIATURES DES MANUSCRITS, t. II¹.

les attitudes sont assez justes, les figures manquent de mouvement. Le portrait de l'abbesse Herrade et de ses nonnes, qu'on voit dans la dernière des miniatures, n'a aucun caractère d'individualité. Le coloris témoigne d'un grand progrès. La gouache offre des teintes vigoureuses et est traitée avec soin et netteté. Toutes ces peintures constatent que l'art était encore en décadence, mais elles établissent en même temps que les artistes cherchaient à se dégager des liens dans lesquels ils étaient retenus, pour suivre une voie plus indépendante, qui devait les conduire vers une véritable renaissance.

Les miniatures exécutées dans les Pays-Bas (que nous avons compris, pour la période dont nous nous occupons, parmi les provinces soumises aux empereurs d'Allemagne) ne présentent pas un caractère différent des peintures purement allemandes durant le onzième et le douzième siècle. Néanmoins un manuscrit flamand de cette époque, qui appartient à la Bibliothèque nationale de Paris (n° 15675 lat.), offre une singularité que nous devons signaler. Il a pour sujet des commentaires sur le livre de Job, et renferme un très-grand nombre de peintures (1). Les artistes grecs et leurs élèves de l'Occident, se rapprochant de la réalité historique, avaient peint le saint homme tout nu sur un fumier, et ses fils, de même que ses serviteurs, revêtus d'un costume quasi antique. Le peintre des Pays-Bas s'écarte de la tradition : il fait de Job un bourgeois flamand du douzième siècle, et revêt les personnages qu'il met en scène du costume de son temps ; les soldats portent le casque à nasal et la cotte de mailles. Cet usage ridicule allait devenir une règle à peu près générale, surtout dans les Pays-Bas, dont les peintres devaient se montrer bientôt les régulateurs de l'art de la peinture.

## II

*En Angleterre.*

On a vu plus haut que l'Angleterre n'avait pas été plus heureuse que la France au dixième siècle. L'illustration des manuscrits ne consistait qu'en dessins à la plume de la plus grande incorrection. Mais trois manuscrits qui appartiennent à la fin de cette période ou aux premières années du onzième siècle, font exception et se présentent comme un oasis au milieu du désert. Ils paraissent provenir de la même source, et l'on a pu, avec quelque raison, les attribuer au même auteur. Le premier est un bénédictionnaire appartenant au duc de Devonshire (2); les deux autres, un missel et un bénédictionnaire, sont conservés dans la bibliothèque de Rouen. Le bénédictionnaire du duc de Devonshire contient trente-deux miniatures encadrées dans les bordures ou disposées sous des arcades plein cintre ou à pignon, resplendissantes d'or et de couleurs. Il fut écrit et très-probablement peint par le moine Godeman, pour saint Æthelwold, évêque de Winchester († 984). Le missel est un beau livre de format in-folio (de 33 centimètres de hauteur sur 23 de largeur). Il appartenait à l'abbaye de Jumiéges, qui l'avait reçu de Robert Champart, ancien abbé de ce monastère,

---

(1) On verra la reproduction de deux des peintures de ce manuscrit dans les *Arts somptuaires*, tome Ier des planches.
(2) Il a été décrit par M. John Gage, dans l'*Archæologia*,, t. XXIV. M. Curmer, dans sa magnifique édition illustrée des *Évangiles des dimanches et fêtes*, a donné (p. 250), la reproduction de la bordure de l'une des pages de ce manuscrit.

et depuis évêque de Londres et archevêque de Cantorbéry († 1052). La table dominicale qui s'y trouve s'étend de l'an 1000 à l'an 1095, et l'on peut supposer qu'il a été terminé à la première de ces deux dates. Il renferme treize miniatures à pleine page, qui par leur caractère se rapprochent du style de celles qui décorent le manuscrit du duc de Devonshire. Les bordures qui les encadrent reproduisent de larges feuillages de couleur, renfermés en partie dans des listels et des médaillons d'or, d'où ils s'épanchent au dehors. Les lettres capitales sont d'une très-belle exécution (1). Le bénédictionnaire de Rouen est à peu de chose près de la même dimension que le missel. Il appartenait au chapitre de la cathédrale de Rouen, auquel il avait été donné par Robert Champart, qui l'avait rapporté d'Angleterre, de même que le missel. Ce manuscrit était enrichi de cinq miniatures ; il n'en a plus que trois, qui offrent une grande analogie avec les miniatures du missel. Le dessin, dans les trois manuscrits, ne manque pas d'une certaine correction ; on trouve encore dans les compositions quelques traditions de l'antiquité. C'est ainsi que dans le baptême du Christ, représenté dans le bénédictionnaire anglais, le Jourdain est personnifié sous la figure d'un vieillard qui tient une urne d'où l'eau s'épanche, et les petits anges qui volent au-dessus de la tête du Sauveur ont des attitudes empruntées à l'antiquité. Dans l'une des miniatures de ce livre, et dans l'un des encadrements du bénédictionnaire de Rouen, l'ange qu'on voit assis sur le tombeau du Christ est d'un style byzantin très-prononcé; sa tête est ceinte d'un diadème, et il tient à la main cette longue verge dont sont toujours armés les anges dans les compositions grecques. Le coloris consiste en une gouache épaisse, exécutée d'après les anciennes traditions, et dans laquelle l'or s'unit à la couleur. Il y a, en un mot, une telle différence entre les miniatures et les ornements de ces trois manuscrits et les dessins à la plume froidement enluminés des autres livres anglais et français du dixième siècle et du onzième (2), qu'on ne peut douter que le moine Godeman n'ait étudié auprès des maîtres, qui seuls alors possédaient encore quelques traditions de l'antiquité et de l'art de mélanger et de fondre les couleurs ; et, bien que cet artiste montre assez d'originalité dans ses compositions, on doit, ce nous semble, le regarder comme un élève des Grecs.

En dehors des œuvres de Godeman, l'Angleterre ne produisit au onzième siècle que des peintures marquées du cachet de la décadence. Nous citerons comme exemple un évangéliaire appartenant à la Bibliothèque nationale de Paris (n° 9392 lat.). Ce livre offre des dessins à la plume d'une grande incorrection, reproduisant les symboles des évangélistes. L'ange de saint Mathieu a une figure ignoble; quelques majuscules du genre anglo-saxon sont enluminées de légères couleurs d'aquarelle. Les peintures d'un autre évangéliaire du douzième siècle, conservé dans la même bibliothèque (n° 14782 lat.), ne valent pas beaucoup mieux. Dans la première des arcatures sous lesquelles sont écrits les canons de concordance, on voit les symboles des évangélistes avec des corps humains, et en tête de chaque Évangile la figure de son auteur. Le dessin consiste en un trait noir tracé au pinceau. Les proportions sont mauvaises et allongées outre mesure, les attitudes tourmentées ; les vêtements,

---

(1) M. Curmer a donné, dans son édition des *Évangiles des dimanches et fêtes*, p. 249, 251 et 252 trois bordures de pages de ce manuscrit.

(2) On ne trouve d'ornements analogues à ceux des trois livres que nous venons de signaler que dans l'évangéliaire du roi Canut et dans deux autres volumes, l'un au British Museum, l'autre dans la bibliothèque de Cambridge. Aucun de ces manuscrits n'a de miniatures.

sans ampleur, ne présentent que des plis droits et roides. Des couleurs d'aquarelle d'un ton criard sont appliquées entre les traits, sans ombre ni modelé; les détails intérieurs sont accusés par des traits blancs très-fins et les carnations rendues par le fond de parchemin et quelques touches de rouge.

Cependant la peinture paraît s'être améliorée dans la seconde moitié du douzième siècle, si l'on en juge par les illustrations qui enrichissent une magnifique Bible latine en trois volumes de format in-folio (de 43 centimètres sur 37) que possède la bibliothèque de Sainte-Geneviève, à Paris (A. L. 5.). En tête de chacun des livres de l'Ancien et du Nouveau Testament on voit une lettre ornée renfermant une miniature exécutée à la gouache et présentant des couleurs assez vives. Le dessin ne manque pas absolument de correction; les têtes sont modelées avec soin; les couleurs des vêtements sont assez claires, et les lumières y sont obtenues par la dégradation des teintes; mais le coloris n'y a pas effacé le trait noir qui trace les contours et les détails intérieurs. Au folio 287 du tome III, on remarque une grande figure de saint Paul, debout, qui est d'un grand caractère.

### III

*En France, au onzième et au douzième siècle.*

La France entra plus tard que l'Allemagne dans la voie de la restauration du culte des arts, et la raison doit s'en trouver dans l'absence, en France, d'artistes grecs au commencement de cette période. Les tentatives de reproductions graphiques qui se produisent à la suite de cent années tristement traversées par les invasions des Normands et les guerres intestines, ne peuvent nous faire constater que la plus étrange barbarie. Un missel appartenant à la Bibliothèque nationale, qui provient du célèbre monastère de Saint-Martial de Limoges (n° 821 lat.), nous représente le dernier degré de l'abaissement de l'art (1). Cependant toutes les illustrations des manuscrits du onzième siècle ne descendent pas jusque-là.

L'art, en se réveillant, avait subi une transformation complète; le style anglo-saxon devient dominant à cette époque. Les dessins, faits à la plume, sont coloriés en partie de couleurs d'aquarelle peu variées, posées à plat sans aucun modelé. Une grande incorrection se fait sentir dans les figures, dont les proportions sont allongées outre mesure, les poses roides et les mouvements forcés. L'ornementation consiste en dispositions fantastiques dont l'invention présente souvent beaucoup d'originalité. Les lettres historiées et les marges sont enrichies d'enroulements capricieux ornés de feuillages, au milieu desquels des animaux singuliers se poursuivent, se saisissent, et, dans des attitudes contournées, impossibles, forment quelquefois le contour des lettres; on y voit des monstres à tête de chien et à queue de serpent, avec des pieds d'aigle ou de lion. Le grotesque, malheureusement, s'introduit souvent dans ces compositions sans y apporter la moindre trace de bon goût.

Un missel provenant de l'abbaye Saint-Germain des Prés (Bibl. nationale, n° 10547 lat.)

---

(1) La représentation de la crucifixion, empruntée à ce manuscrit, est reproduite dans *le Moyen Age et la Renaissance* MINIATURES DES MANUSCRITS, pl. IX bis, t. II).

résume assez bien l'état de l'art au commencement du onzième siècle. Au folio 53, où l'artiste a voulu représenter la Cène, on voit le Christ assis au centre de la table, dans une proportion très-exagérée en longueur; les bras, informes, pourraient tout au plus convenir à une figure moitié moins grande. Les apôtres sont rendus dans une proportion beaucoup plus petite. Dans la représentation de la crucifixion, les pieds du Christ sont croisés et attachés à la croix par un seul clou. C'est peut-être le premier exemple qu'on en puisse citer; jusque-là, et bien longtemps encore après, on représentait les pieds du Sauveur fixés séparément l'un de l'autre, par deux clous, sur la croix. Au folio 149, on a représenté le Christ assis dans une gloire, bénissant de la main droite et tenant une boule dans la gauche. Ce dessin, qui a dû être fait d'après un modèle de l'époque carolingienne, est meilleur que les autres. Des monstres et des oiseaux bizarres enrichissent les lettres ornées; un grand D, dans la forme de l'écriture cursive, porte sur la queue un petit personnage assis sur un trône et bénissant; un C majuscule est terminé par des têtes de chien.

Le dessin tend à s'améliorer un peu dans la seconde moitié du onzième siècle. On peut en juger par les illustrations de deux manuscrits de la Bibliothèque nationale : un missel (1) daté de 1060 (n° 818 lat.), et une Vie de saint Germain (n° 13758 lat.). Une Bible provenant de Saint-Martial de Limoges, et qui appartient à la fin du onzième siècle (Biblioth. nation., n° 8 lat.), constate aussi des progrès dans le coloris. On y trouve, au commencement de chaque livre, une lettre ornée qui renferme une miniature. Le dessin, très-finement tracé, offre des proportions assez correctes et des mouvements réguliers; les couleurs d'aquarelle sont posées sans ombre, mais le trait noir, renforcé du côté de l'ombre, donne un effet assez satisfaisant (2).

Les peintures que nous venons de citer ne renferment aucune trace d'influence de l'art byzantin; celles où cette influence se fait sentir sont assez rares. Nous pouvons signaler en ce genre un missel provenant de l'abbaye de Saint-Denis (Bibl. nat., n° 9436 lat.). Le dessin est encore fort médiocre, et l'allongement des proportions, qui caractérise l'école byzantine de la fin du onzième siècle, s'y fait voir; les séraphins et les anges sont inspirés par des modèles grecs. C'est surtout dans le coloris que l'artiste qui a illustré ce missel se distingue de ses contemporains et se montre élève des Grecs : il essaye de la gouache et emploie des tons clairs dans les vêtements; les ombres sont rendues par le ton plus foncé de la couleur locale, et les lumières par des rehauts de blanc. De très-belles lettres ornées dans le style carolingien sont exécutées en or et en couleurs à la gouache.

Au douzième siècle, les écoles épiscopales et monastiques se multiplièrent, et les manuscrits illustrés devinrent plus abondants. Cependant il y a peu de différence à signaler entre les peintures de ces manuscrits et celles de l'époque précédente. On retrouve encore, dans la première moitié du douzième siècle, des dessins à la plume, coloriés seulement dans quelques parties avec des couleurs transparentes, sans aucun modelé. Ils constatent chez leurs auteurs l'absence de toute étude sérieuse. De ce triste genre, nous citerons les manuscrits latins de la Bibliothèque nationale n°ˢ 5058 et 1618. Un peu plus tard, les artistes essayent de revenir au coloris à la gouache, qui avait été pratiqué avec succès à l'époque

---

(1) On trouvera dans *le Moyen Age et la Renaissance* la reproduction des figures de la Vierge et de saint Jean, tirées de la scène de la Crucifixion, folio 4.

(2) Deux des miniatures de ce manuscrit sont reproduites dans les *Arts somptuaires*, tome Ier des planches.

carolingienne ; ils y réussissent d'abord assez mal, comme on peut le voir dans une Bible de format grand in-folio, provenant du monastère de Saint-Martial de Limoges (Bibl. nat., n° 252 lat.), et dans une Bible provenant de la bibliothèque de Colbert (Bibl. nat., n° 58 lat.). Une amélioration se fait sentir dans les peintures d'un antiphonaire daté de 1188 (Bibl. nat., n° 17716 lat.). Les contours sont encore marqués par des traits noirs; quelques filets blancs viennent indiquer les détails intérieurs dans les draperies, et des rehauts de blanc donnent les lumières. On y trouve un essai de modelé des carnations avec du brun, du blanc et du rouge. Les fonds sont encore généralement en or bruni.

Les lettres ornées acquièrent au douzième siècle plus de correction. Elles se composent de beaux entrelacs fleuronnés, exécutés en couleurs éclatantes parfaitement nuancées. Des sujets historiques finement exécutés en couleur et se détachant sur un fond d'or bruni commencent à remplir le vide des initiales. Le goût s'épure et fait présager une sorte de renaissance de l'art.

## IV

### En Italie.

En traitant de la sculpture et de l'orfèvrerie, nous avons déjà pu établir que l'Italie était restée fort en arrière de l'Allemagne, et même de la France, dans le mouvement de retour au culte de l'art qui se fit sentir au onzième siècle. En 1066, l'abbé Didier, depuis pape sous le nom de Victor V, ne trouvait aucun artiste en Italie pour exécuter les décorations et le mobilier de l'église qu'il avait fait construire dans son monastère du mont Cassin ; il fut obligé d'acheter ce mobilier à Constantinople et de faire venir des artistes grecs, auxquels il confia l'exécution des mosaïques et des autres travaux (1). L'abbé Didier retint dans son monastère quelques-uns de ces artistes pour y diriger des écoles, et il y fit instruire de jeunes Italiens dans les arts libéraux et industriels. Mais, à la fin du onzième siècle, les peintres grecs étaient déjà engagés sur la pente de la décadence, qu'ils descendirent plus rapidement encore au douzième. Les miniaturistes italiens, restant servilement attachés à l'école grecque et ne sachant pas se créer un style qui leur fût propre, ne produisirent que des œuvres inférieures à celles des artistes allemands et français du même temps, bien qu'ils aient profité des moyens techniques que leurs maîtres employaient encore avec succès.

D'Agincourt a donné, dans son *Histoire de l'art par les monuments*, plusieurs gravures de peintures empruntées à des manuscrits italiens du onzième siècle et du douzième (2). Elles donnent une triste idée de la miniature italienne. Bien que le savant archéologue soit toujours disposé à exalter tout ce qui provient de l'Italie, il est obligé de constater que la pauvreté et la monotonie des compositions attestent une stérilité complète d'imagination et une grande ignorance de toutes les règles; que le dessin n'offre que des contours indécis et sans principes; que le coloris ne consiste qu'en une eau teinte appliquée sans discerne-

---

(1) Voyez tome I<sup>er</sup>, p. 74 et 395.
(2) PEINTURE, t. II, p. 74 et suivantes ; planches LIII à LVI, LXXVI et LXXVII.

ment; qu'en un mot l'art avait dégénéré dans les contrées habitées par les Lombards plus que partout ailleurs. Mais l'Italie allait bientôt prendre une éclatante revanche et s'emparer du premier rang dans l'art de la peinture.

## § IV

EN OCCIDENT, L'ITALIE EXCEPTÉE, DEPUIS LE COMMENCEMENT DU TREIZIÈME SIÈCLE JUSQUE VERS 1350.

### I

*En France.*

L'art n'ayant pas suivi en Italie, à partir du treizième siècle, la même marche que dans les autres pays occidentaux, nous examinerons plus tard les destinées de la miniature dans la Péninsule, ce que nous dirons dans ce paragraphe et dans le suivant ne pouvant lui être appliqué.

Lorsque dans les premières années du treizième siècle l'ogive eut partout remplacé le plein cintre, il se fit dans l'art de la peinture une révolution complète. Les vieux types, les traditions romaines ou byzantines, et les anciens procédés d'exécution, furent complétement abandonnés. L'art devint entièrement indépendant, et s'avança hardiment sur une voie bien différente de l'ancienne. La nouvelle école se montre tout d'un coup, presque sans transition, avec les qualités et les défauts qui la distinguent. Ce mouvement de rénovation partit de la France, qui sut se placer au premier rang en faisant prévaloir un nouveau style de peinture et d'ornementation. Le nouveau genre français fut bientôt adopté dans les Pays-Bas, en Allemagne et en Angleterre, et se maintint durant toute la période de temps dont nous nous occupons. Ce qui caractérise le nouveau style, c'est surtout la correction et la fermeté du dessin, la grâce et la finesse de l'exécution. Le trait, exécuté à la plume, est tracé sans hésitation avec une grande sûreté et beaucoup d'adresse; mais le dessin est trop souvent empreint de sécheresse, les formes sont généralement grêles et allongées, sans jamais cependant manquer d'une certaine vérité naïve, et l'on peut s'assurer par là que la rénovation de l'art procédait uniquement de l'étude de la nature. Bien que les têtes ne soient exécutées qu'au trait, elles offrent de l'expression. Les vêtements ne rappellent pas le beau jet des draperies antiques, mais les plis, beaucoup plus saillants que dans l'époque précédente, sont pris sur nature et disposés d'une façon gracieuse et souvent avec ampleur. Ce qui manque absolument aux miniatures de ce temps, c'est le modelé par le coloris. Voici, en effet, de quelle manière l'artiste procédait: Les contours, une fois tracés à la plume, étaient remplis par une teinte plate de couleur transparente, sur laquelle l'artiste revenait indiquer à la plume, avec une grande délicatesse, certains détails, comme les plis des vêtements. Les carnations restaient souvent incolores et simplement rendues par le ton jaunâtre du vélin, ou bien elles recevaient seulement une teinte blanchâtre uniforme, à laquelle on ajoutait parfois, sur les joues, un léger glacis. On ne trouve donc dans ces illustrations que des dessins habiles, il est vrai, mais simplement enluminés; les couleurs sans mélange sont souvent criardes : le bleu éclatant et le vermillon dominent. Le trait reste toujours apparent, même dans les parties les plus chargées de couleur. Le manque de proportions entre les personnages représentés et les monuments figurés est aussi choquant que dans les peintures de l'époque précédente, et la perspective est toujours outragée.

Au commencement du treizième siècle, les fonds sont encore en or ; mais bientôt les fonds de couleur viennent faire concurrence aux fonds d'or. Ils sont ordinairement couverts d'un réseau quadrillé, soit blanc, soit d'une couleur différente du fond, avec un point blanc ou un petit ornement dans les mailles du réseau. Tout cela donne à l'ensemble un ton doux et agréable. L'or, qui est employé non-seulement dans les fonds, mais encore dans les nimbes, les couronnes, les ornements et les lettres initiales, est appliqué avec une grande habileté sur une matière qui lui donne un léger relief sensible au toucher. Il est souvent enrichi dans les fonds de fins rinceaux, obtenus à l'aide d'une pointe sèche, qui va quelquefois jusqu'à enlever le métal, afin de faire reparaître l'apprêt de couleur noire qui est au-dessous et de figurer des nielles.

Les ornements subissent dans la nouvelle école un changement non moins radical que le dessin des figures. Aux larges feuilles arrondies et repliées sur elles-mêmes qui, dans l'époque précédente, se déployaient sur les marges des pages, enlaçaient les jambages des initiales et en remplissaient les vides, on substitue des feuilles grêles et lancéolées. Les pages sont souvent bordées d'un listel étroit en or et en couleur, terminé par des appendices anguleux comme des dents de scie, et d'où s'échappent des fils de couleur qui se répandent sur les marges. Tous ces ornements sont tellement effilés, qu'on peut les taxer de maigreur. Les listels sont quelquefois chargés de médaillons renfermant des sujets. Souvent encore les angles sont ornés de monstres bizarres ou de sujets comiques. A ce genre d'ornementation, il faut en ajouter un autre, qui est emprunté à l'architecture ogivale de l'époque : les sujets sont disposés sous des portiques qui leur servent d'encadrement. Les miniaturistes ont produit, en ce genre, des dessins d'une finesse remarquable, où les nombreux détails de l'architecture contemporaine se trouvent représentés de la façon la plus correcte et la plus minutieuse. On en trouvera un bel exemple dans le psautier de saint Louis dont nous parlerons plus loin. Les grandes lettres initiales, au lieu d'être remplies de fleurons, ne servent le plus souvent que de cadre à des miniatures dont le sujet est emprunté au texte. Les initiales plus petites, exécutées en or et en couleur, se détachent sur un fond d'arabesques filigraniques, dont les fils se répandent souvent sur les marges.

Il est encore une remarque à faire sur la nouvelle école du treizième siècle, c'est qu'elle étendit le champ des sujets traités par la peinture. Les Bibles, les évangéliaires et les missels avaient été jusqu'à cette époque en Occident les seuls ouvrages enrichis de miniatures ; mais depuis lors les traductions des auteurs anciens, les œuvres des Pères de l'Église, les traités encyclopédiques, les romans de chevalerie et les chroniques en langue vulgaire reçurent, comme les livres saints, des illustrations calligraphiques. L'art tendit à se séculariser, et des écoles de peinture s'établirent en dehors des monastères. Il faut reconnaître cependant que durant le treizième siècle les miniatures des livres de piété sont d'un dessin plus correct et d'une exécution plus soignée que celles des romans de chevalerie et des livres d'histoire. C'est que les écoles monastiques, qui subsistaient depuis le neuvième siècle et qui possédaient les traditions de l'art, devaient nécessairement, former des hommes de talent, tandis qu'il fallut aux artistes laïques, privés de toute direction, un certain temps pour acquérir l'expérience des artistes moines et les égaler.

Il nous reste à indiquer quelques monuments à l'appui de nos appréciations. Comme œuvres de transition, nous signalerons : 1° Les vingt-sept grandes miniatures d'un psautier de format in-folio, écrit au commencement du treizième siècle pour la reine Ingeburge (1193 † 1236), seconde femme de Philippe-Auguste, comme M. Léopold Delisle l'a parfaitement démontré (1). Ce beau livre, qui était passé dans les mains de saint Louis, ainsi qu'il résulte d'une note inscrite, au quatorzième siècle, au revers du dernier feuillet du calendrier, était resté dans la maison de France jusqu'au quinzième, car il est décrit dans l'inventaire de Charles V, de 1379 (folio 282), que nous avons cité plusieurs fois, et dans un autre inventaire, dressé en 1418, des joyaux de la couronne qui existaient alors au château de Vincennes. Il aura disparu à l'époque des troubles qui signalèrent la fin du règne de Charles VI. En 1867, lorsqu'il fut présenté à M. Delisle, il appartenait à la famille du comte de Puységur. Les miniatures, qui reproduisent diverses scènes de l'Ancien Testament, des Évangiles, de la vie et des miracles de la Vierge, ont encore conservé beaucoup du caractère des peintures de la fin du douzième siècle, l'artiste qui les a faites n'ayant pas encore entièrement adopté la manière de la nouvelle école que nous venons de signaler. — 2° Les peintures d'un psautier (de 28 centimètres de hauteur sur 20 centimètres de largeur) conservé à la bibliothèque de l'Arsenal (n° 45 B. lat.) (2), comme ayant appartenu à Blanche de Castille, qui avait épousé en 1200 le prince Louis, fils de Philippe-Auguste, roi de France après son père sous le nom de Louis VIII (1223 † 1226). Avant que la propriété de ce livre ait été attribuée à la reine Blanche (1200 † 1252), on le regardait seulement comme ayant appartenu à saint Louis. On lit en effet dans un inventaire de la sainte Chapelle, de 1377, qui est compris dans un volume appartenant à la Bibliothèque nationale (n° 17107 lat.), *unum pulcherrimum psalterium quod fuit quondam, ut dicitur, Beati Ludovici ;* mais on remarqua sans doute que l'une des prières transcrites dans le livre constatait qu'il avait été écrit pour une femme, et c'est alors qu'on supposa qu'ayant appartenu à Louis IX, il avait dû être fait pour sa mère, les miniatures annonçant d'ailleurs une époque un peu antérieure au saint roi. En effet, un inventaire rédigé en français sur celui de 1377 et peu de temps après (même volume, n° 17107 lat.), porte, en décrivant ce livre : « Un très-bel psautier qui fu à mons. saint Loys », mais une addition interlinéaire a modifié cette mention par ces mots : « qui fu à madame Blanche mère de... » (3). Les trente premiers feuillets de ce livre renferment des sujets peints à pleine page. Un trait noir accuse assez fortement les contours et les détails intérieurs, ce qui donne à ces miniatures l'aspect des vitraux de cette époque. Le dessin laisse encore à désirer, mais l'artiste a de bonnes intentions. Les figures ne manquent pas de mouvement, ni les têtes d'expression ; la gouache, employée durant l'époque précédente, n'est pas entièrement abandonnée dans ces peintures. Les ombres sont marquées dans les

---

(1) *Notice sur le psautier d'Ingeburge.* Paris, juin 1867. Extrait de la *Bibliothèque de l'École des chartes*, VI° série, t. III.

(2) Ce manuscrit, qui avait été porté au Louvre en 1852, et exposé dans le Musée des souverains (n° 30 de la *Notice* de 1866), a été restitué à la bibliothèque de l'Arsenal en 1872.

(3) Ce renseignement nous a été donné par M. Delisle, le savant conservateur des manuscrits à la Bibliothèque nationale.

vêtements par un ton plus foncé de la couleur locale, et l'on trouve souvent des rehauts de blanc dans les lumières des carnations dont les traits sont finement tracés à la plume. Toutes les miniatures sont encore sur fond d'or. On voit dans le livre de jolies lettres ornées en or et en couleur, avec des fleurons de diverses couleurs et quelques lettres en or, qui servent de cadre à des sujets peints (1).

Le psautier exécuté pour saint Louis (1226 † 1270), que possède la Bibliothèque nationale (n° 10525 lat.), fait connaître d'une manière positive à quel point était parvenu l'art de l'ornementation des manuscrits au treizième siècle. C'est un manuscrit sur parchemin composé de 261 feuillets de 22 centimètres de hauteur sur 15 de largeur. Les folios qui suivent le feuillet de garde, depuis le premier jusqu'au soixante-dix-huitième, sont enrichis, sur l'un des côtés, d'une peinture. Sur la page blanche qui reste ainsi en regard de chaque miniature, on a écrit quelques lignes qui donnent l'explication du sujet représenté. Le calendrier vient à la suite des soixante-dix-huit miniatures et précède les psaumes, où l'on trouve huit grandes lettres ornées qui renferment elles-mêmes des miniatures. Nous avons fait reproduire dans la planche XCII de notre album l'une des miniatures de ce beau livre et le B initial du psaume *Beatus vir* (2).

Nous citerons encore trois manuscrits de la Bibliothèque nationale de Paris, qui appartiennent à l'époque de Louis IX, et dont les miniatures, d'une grande finesse, donnent une idée fort exacte de l'art d'enluminer durant le règne du saint roi : *Le livre du trésor*, par Brunetto Latini (n° 566 fr.), où l'on voit dans la même page toutes les scènes de la Passion du Christ en trente petits tableaux, disposés en six lignes comme dans un vitrail du temps ; — un volume renfermant le roman du *Saint Graal*, et d'autres romans (n° 95 fr.), dont les encadrements de pages à feuillages anguleux d'or et de couleur renferment de petites figures fort curieuses ; — et un livre renfermant les poésies de Gauthier de Coinsy sur la sainte Vierge (n° 2163 fr.), qui est orné de deux miniatures où l'allongement des proportions est exagéré.

Parmi les manuscrits illustrés du treizième siècle postérieurs au règne de saint Louis, nous pouvons en signaler plusieurs appartenant à la Bibliothèque nationale de Paris, qui présentent de l'intérêt : un volume contenant la dernière partie du roman de *Lancelot* (n° 342 franç.) renferme un grand nombre de miniatures d'un dessin fort incorrect, mais elles font connaître les différentes armures du temps ; — l'*Abrégé de la Chronique de Sigebert* (n° 696 fr.), daté de 1278, contient beaucoup de petites miniatures renfermées dans des initiales ; le dessin, exécuté à la plume avec une grande délicatesse, est très-correct, les mouvements sont justes et expressifs ; on y remarque une innovation : les ombres dans les vêtements sont indiquées par des touches noires ; — un volume (n° 412 fr.) contenant le calendrier, l'indicateur des foires de la Champagne et diverses légendes de saints ; il est daté de 1285, et l'enlumineur Henri, qui était un homme de talent, y a inscrit son nom.

Les miniatures qui enrichissaient un manuscrit étaient souvent si nombreuses, qu'un seul artiste n'aurait pu les exécuter, à moins d'y passer un temps considérable. Il est donc à

(1) On trouvera dans *le Moyen Age et la Renaissance*, MINIATURES DES MANUSCRITS, t. II, la reproduction de deux des pages de ce manuscrit.
(2) Ce manuscrit avait été attribué au Musée des souverains créé au Louvre par un décret de Napoléon III de 1852 (n° 32 de la *Notice* de 1866) ; il a été restitué en 1872 à la Bibliothèque nationale.

croire que les artistes de renom auxquels l'ornementation des manuscrits les plus importants était confiée, avaient sous leur direction des élèves auxquels ils faisaient exécuter dans leur atelier la plus grande partie des illustrations. Le maître se réservait quelques-uns des tableaux les plus intéressants. Un manuscrit de la Bible de format in-folio, conservé à la bibliothèque de l'Arsenal (T. L. 2), qui contient un grand nombre de très-petites miniatures dans les lettres ornées, démontre de quelle manière se faisait l'intervention du maître. A partir du folio 254, on trouve sur les marges une esquisse de chaque miniature tracée au crayon dans une dimension du double de l'exécution. Cette esquisse est d'une main sûre et très-exercée ; elle est fort peu arrêtée, et ne donne aucun détail, mais elle suffisait à l'élève pour exécuter le sujet dont le maître avait ainsi tracé la composition. Cette esquisse, qui devait être effacée, subsiste là par suite d'un oubli.

Les miniatures de la première moitié du quatorzième siècle diffèrent peu de celles du treizième, et néanmoins on s'aperçoit d'une tendance à produire plus d'effet et à revenir au modelé. Dans une Bible en français, du commencement du quatorzième siècle, appartenant à la Bibliothèque nationale (n° 398 fr.), toutes les miniatures sont exécutées absolument dans le style du treizième siècle, mais le trait des contours est fortement renforcé du côté de l'ombre, de manière à produire un effet satisfaisant. Nous avons fait la même remarque dans un manuscrit de la traduction de la *Légende dorée* par Jean Belet, appartenant à la même bibliothèque (n° 183 fr.). Une *Vie de saint Denis*, en trois volumes de format in-octavo, conservée dans le même établissement (n° 2090 fr.), renferme un très-grand nombre de miniatures qui constatent un véritable progrès dans l'art de peindre. Le dessin, très-correct, est exécuté à la plume avec une grande précision ; le coloris consiste en une gouache assez épaisse. Certaines couleurs prennent des nuances plus claires que dans l'époque précédente : elles sont toujours d'un ton vif et franc ; les têtes présentent un léger modelé en brun, et les ombres sont obtenues dans les plis des vêtements par un ton plus foncé de la couleur locale. Les murs de villes et les monuments sont rendus par des couleurs de convention, mais les saillies sont parfaitement accusées par des ombres portées très-vigoureuses. Les compositions sont d'ailleurs remarquables par leur bonne entente et leur variété. L'ornementation consiste en jolies lettres ornées renfermant dans leur vide des rinceaux à feuilles anguleuses qui se détachent sur un fond d'or. Des rameaux filigraniques aux petites feuilles d'or en forme de trèfles s'échappent du centre des lettres, et se répandent sur les marges. Ce genre d'ornementation, qu'on peut trouver un peu maigre, va devenir général au quatorzième siècle. La miniature que reproduit la vignette placée en tête de ce chapitre en offre un spécimen. La peinture qui se trouve en tête du premier volume de la *Vie de saint Denis* (fol. 4) fournit la date du manuscrit ; on y voit, en effet, un abbé mitré présentant le livre à un roi de France. Les noms des deux personnages sont écrits au-dessus de leur tête : PHILIPPUS REX — EGIDIUS ABBAS. L'abbé est Gilles I$^{er}$, qui a gouverné l'abbaye de Saint-Denis de 1304 à 1326 ; il a donc été en possession de la dignité d'abbé de Saint-Denis sous deux rois du nom de Philippe, Philippe le Bel († 1314) et Philippe V († 1322). La taille élevée que l'artiste a donnée au roi de France dans le tableau désigne assez ce dernier prince, qui a reçu le surnom de le Long à cause de sa grande stature.

Néanmoins les peintures de deux manuscrits de la Bibliothèque nationale (n$^{os}$ 1156 et 241 fr.), datés, le premier de 1340, le second de 1348, font voir que, jusqu'au milieu du quatorzième siècle, les miniaturistes persistèrent en général à suivre, sans l'améliorer beaucoup, le genre de dessin à la plume et d'enluminure par des teintes plates qui avait pris naissance au treizième. On n'y trouve, en effet, que quelques timides essais d'ombre dans les vêtements par la couleur locale plus foncée.

II

*En Allemagne, dans les Pays-Bas et en Angleterre.*

L'Allemagne persista, durant les premières années du treizième siècle, dans le style byzantin modifié par des tendances germaniques, style qui régnait durant l'époque précédente. Les miniatures d'un psautier écrit pour le landgrave Herman de Thuringe, et conservé aujourd'hui dans la bibliothèque particulière de S. M. le roi de Wurtemberg à Stuttgard, offrent les spécimens les plus remarquables de la peinture allemande de ce temps. La roideur des modèles byzantins de la décadence y est adoucie d'une manière assez heureuse (1). Nous pouvons citer encore une belle figure de saint Grégoire (2), que renferme un manuscrit de la Bibliothèque nationale (n° 2287 lat.). Mais le nouveau style français, tout à fait indépendant de l'influence byzantine, et qui se bornait à un trait à la plume très-fin et à une enluminure en teintes plates, pénétra bientôt en Allemagne. Nous citerons en ce genre un manuscrit des *Décrétales de Gratien* et un lectionnaire, appartenant tous deux au même établissement (n°⁸ 3884 et 796 lat.). On voit dans le manuscrit des Décrétales de grandes figures dessinées à la plume avec netteté et précision; mais les proportions en sont mauvaises et allongées outre mesure. Dans une figure plus petite, les détails des vêtements sont indiqués par un trait blanc sur une teinte plate bleue, et par un trait bleu sur une robe blanche rendue par le parchemin non colorié. Dans le lectionnaire, les miniatures sont renfermées dans des initiales. Le dessin est tracé très-finement au pinceau, et les figures sont enluminées de couleurs d'aquarelle en teintes plates sans modelé. Dans l'une des miniatures (fol. 52) qui a pour sujet la Nativité du Christ, la Vierge est couchée dans un lit, au pied duquel se tient saint Joseph, coiffé du bonnet des électeurs de l'Empire. Toute trace du style byzantin a disparu.

Au commencement du quatorzième siècle, le dessin paraît plus négligé en Allemagne, sans que le coloris se soit beaucoup amélioré. Les peintures des manuscrits illustrés de cette époque justifient cette appréciation. Nous pouvons citer les nombreux dessins que renferme une collection de chansons composées par des trouvères allemands, qui est conservée à la Bibliothèque nationale (n° 32 all.). Les contours, larges et hardis, sont tracés au pinceau en traits noirs ou bruns, d'une main assez sûre; mais les attitudes sont tourmentées, et la recherche de la dignité aboutit souvent à des tournures fausses et roides. Le coloris consiste en une enluminure superficielle et grossière sans aucun essai de modelé.

Les traditions byzantines avaient persisté dans les Pays-Bas, durant la première moitié

---

(1) M. Waagen, *Manuel de l'histoire de la peinture*, École allemande, trad. de MM. Hymans et Petit, t. I, p. 27.
(2) On en trouvera une reproduction en couleur dans *le Moyen Age et la Renaissance*, Miniatures des manuscrits, t. II, pl. XV.

du treizième siècle, d'une manière plus sensible qu'en Allemagne ; on doit en attribuer la cause à l'établissement des princes flamands sur le trône de Constantinople. Mais, dans la seconde moitié de ce siècle, la technique française pénétra dans les Flandres. On en trouve la preuve dans les miniatures de plusieurs manuscrits de la Bibliothèque de Cambrai (1). Dans la première moitié du quatorzième siècle, les Flamands se montrèrent peut-être moins habiles dessinateurs que durant l'époque précédente, mais ils commencèrent à revenir au procédé de la gouache, comme on peut le voir dans un manuscrit de la Bibliothèque nationale (n° 116 lat.), contenant une partie de l'Ancien Testament et le Nouveau Testament en entier. Ils ne tardèrent pas à faire présager qu'ils allaient se montrer les maîtres de l'art en ce genre de travail.

L'Angleterre, tout occupée de guerres, commença à négliger la culture des arts durant la période dont nous nous occupons. Les manuscrits illustrés de ce temps sont assez rares, et l'on peut juger, par les miniatures de ceux qui subsistent, que le genre français avait été exclusivement adopté par les peintres de l'Angleterre. Nous citerons comme exemple un manuscrit de la *Vie des saints Pères*, appartenant à la Bibliothèque nationale (n° 1038 franç.), et qui, bien qu'écrit en français, est regardé comme étant d'origine anglaise. La langue française était parlée au treizième siècle dans toutes les cours de l'Europe et surtout par la noblesse en Angleterre, dans les Pays-Bas et à Naples ; aussi beaucoup de manuscrits ont-ils été écrits en cette langue dans ces différents pays. Pour apprécier la nationalité des peintres qui ont illustré les livres de cette époque, il faut, lorsque tout renseignement positif vient à manquer, faire attention au dialecte employé dans le texte, au genre spécial de l'écriture, aux saints mentionnés dans le calendrier, quand il s'en trouve un dans le manuscrit, et au style des peintures.

## § V

EN OCCIDENT, L'ITALIE EXCEPTÉE, DEPUIS 1350 JUSQUE VERS 1410.

La sculpture, qui s'était élevée au treizième siècle à un haut degré de perfection par la correction des formes générales du corps humain, avait répandu son influence sur la peinture. Mais cette influence n'avait pu s'étendre au delà des bornes tracées à la sculpture elle-même, qui a pour objet l'imitation exacte des formes sans le secours des couleurs. Le peintre du treizième siècle, tout en réformant par l'étude de la nature l'incorrection qui se faisait voir dans les peintures antérieures, s'était uniquement attaché à représenter d'une façon régulière les contours extérieurs des objets ; il s'en était tenu, à vrai dire, à reproduire des situations, comme la sculpture, et il avait négligé complétement les ressources que présentent les couleurs pour donner à une image le relief qui lui est propre. Les couleurs transparentes qu'il employait ne faisaient que teindre les objets sans rien ajouter à la vérité de la reproduction. Mais, vers le milieu du quatorzième siècle, une révolution complète s'opéra dans l'art de peindre. A la pureté du dessin qui trace les principaux contours, le peintre s'efforça d'ajouter le modelé de l'objet par la dégradation des teintes et par l'op-

(1) M. Durieux, *les Miniatures des manuscrits de la bibliothèque de Cambrai*, p. 45.

position des ombres et des lumières ; à partir de cette époque, le coloris donna à l'image non-seulement la couleur, mais encore la forme et le relief. A la plume qui traçait sèchement le dessin, succéda le pinceau, qui fut employé tant pour accentuer le dessin que pour distribuer les couleurs et en dégrader les teintes avec harmonie ; si le dessin avait été esquissé au trait par l'artiste, des teintes épaisses de couleur le couvrirent entièrement, et le firent disparaître ; la gouache, en un mot, remplaça l'aquarelle aux couleurs transparentes ; le vélin ne fut plus que la matière subjective de la peinture, et cessa de concourir à l'effet. Le bleu foncé et le vermillon éclatant continuèrent encore pendant quelque temps à être employés purs, mais les autres couleurs furent mélangées avec adresse ; on modela les carnations par de larges demi-teintes et par des ombres légères. L'or fut employé de nouveau en poudre délayée, et vint par de légères hachures rehausser certaines parties des vêtements et des accessoires : ce n'était que le renouvellement d'un procédé mis en œuvre par les miniaturistes à l'époque carolingienne.

Ce changement de système paraît avoir pris naissance dans la Flandre. Un manuscrit de la bibliothèque de Cambrai (n° 274), daté de 1331, montre déjà les deux genres de peinture de la gouache et de l'aquarelle. On les trouve également réunis dans une belle Bible de format in-folio (n° 327) appartenant au même établissement (1). Le plus ancien manuscrit français offrant complétement ce nouveau genre de peinture, que nous puissions citer avec une date certaine, est une traduction des Décades de Tite-Live par Pierre Bersuire (2) (Bibl. nat., n° 30 fr.), qui commence ainsi : « C'est le roman de Titus Livius, et premierement » s'ensuit le prologue du translateur. A prince de très-souveraine excellence, Jehan, roi » de France » (1350 † 1364). Dans la première initiale, Bersuire est représenté à genoux et présentant son livre au roi Jean, assis sur un trône et revêtu du costume royal.

L'amélioration qui se produit dans le coloris ne fait pas négliger le dessin. La nature est observée de plus près ; les poses deviennent plus nobles et plus vraies que dans l'époque précédente ; le modelé des visages permet de leur donner un caractère d'individualité que les peintres n'avaient pas su leur imprimer jusqu'alors, et les détails en sont très-finement rendus. Mais le sentiment pour la vérité de la nature fait abandonner la vérité historique, et l'art est entraîné dans un réalisme exagéré. L'artiste copie ce qu'il a sous les yeux ; les personnages sacrés ou profanes, à quelque époque qu'ils appartiennent, sont par lui reproduits avec les costumes et les armes de son temps ; les représentations de l'Évangile même prennent une teinte domestique dans les scènes de la sainte famille. Les monuments, les meubles et les accessoires qui se font voir dans les tableaux sont la reproduction des modèles indigènes. Nous n'en citerons qu'un seul exemple, emprunté au beau manuscrit de la traduction de Tite-Live que nous venons de citer. En tête du livre I$^{er}$ (fol. 9), l'artiste a voulu peindre « la venue de Énéas en Italie ». Énée, portant le costume des rois de France, s'avance à cheval, suivi de ses soldats couverts des armures en usage au quatorzième siècle ; et plus bas, Romulus et Rémus, emmaillottés dans des bandelettes serrées suivant l'usage du temps, sont allaités par la louve. Cependant le Christ est toujours vêtu de la longue

---

(1) M. Durieux, les Miniatures des manuscrits de la Bibliothèque de Cambrai, p. 50.
(2) M. Pannier a démontré que le véritable nom du traducteur de Tite-Live était Bersuire (Bibl. de l'Ecole des chartes, année 1872, p. 325).

robe et du manteau de l'antiquité, mais les apôtres eux-mêmes n'échappent pas toujours aux costumes bourgeois des contemporains.

Les draperies n'ont plus ce caractère de maigreur et de sécheresse qu'on rencontrait trop souvent dans l'époque précédente; elles se plissent avec plus d'élégance et de pittoresque, et tombent avec plus de moelleux.

L'or disparaît des fonds, et les arrière-plans se garnissent d'édifices gothiques, d'arbres et de collines aux formes conventionnelles. Cependant, jusque vers la fin du quatorzième siècle, les fonds sont encore le plus souvent remplis, soit par un damier partie en or, partie en couleur, soit par une teinte de couleur rehaussée de rinceaux d'or d'un contour gracieux et d'une finesse extrême, ou bien couverte d'un quadrillé renfermant des quatrefeuilles ou autres ornements dans les carreaux. C'est ainsi que sont exécutés les fonds de la plus grande partie des miniatures qui enrichissent les livres écrits pour Charles V († 1380) que possède la Bibliothèque nationale, tels que la Bible en français (n° 5707 franç.), qui contient des notes écrites et signées par ce prince, par Henri III, par Louis XIII et par Louis XIV, qui l'ont possédée (1); un *Rational des divins offices* (n° 437 franç.), où l'on voit une miniature reproduisant le sacre du roi; les *Chroniques de Saint-Denis* (n° 2813 franç.); une traduction de Valère-Maxime (n° 9749 franç.), et ceux des miniatures d'une belle Bible (2) conservée à la bibliothèque de l'Arsenal (T. L. n° 4). Un manuscrit (Bibl. nat., n° 208 fr.) contenant les *Politiques* et les *Économiques* d'Aristote qui fut fait pour Louis II, comte de Flandre († 1384), présente la même ornementation. On la retrouve encore dans un autre manuscrit (Bibl. nat., n° 823 fr.), le *Pèlerinage de la vie humaine*, qui est daté de 1393. Ce n'est donc que par exception qu'on rencontre des fonds de paysage avant le commencement du quinzième siècle. Le plus ancien exemple que nous en puissions citer est encore emprunté à cette traduction de Tite-Live présentée au roi Jean. Dans les rares paysages de cette époque, la perspective linéaire est essayée parfois avec assez de succès, mais l'entente du clair-obscur et la perspective aérienne sont encore tout à fait nulles.

Dès le commencement du quinzième siècle, les fonds acquièrent de la profondeur; les paysages et les intérieurs se développent; la perspective linéaire s'améliore, et l'on peut constater des germes de perspective aérienne et de clair-obscur. La composition fait également de remarquables progrès; les figures groupées avec art sont réparties sur divers plans, et l'on possède enfin de véritables tableaux.

L'ornementation des pages consiste ordinairement en rameaux filigraniques chargés de trèfles d'or et de fleurettes de couleur qui se répandent sur les marges. Au milieu de ces rinceaux, on trouve souvent de petits anges ou de petits génies qui jouent de divers instruments (3), des oiseaux, de petits animaux, quelques êtres fantastiques et des grotesques. Tout cela est arrangé avec entrain et d'une façon fort spirituelle. Un manuscrit, la *Chronique universelle*, daté de 1364, appartenant à la Bibliothèque nationale (n° 246 franç.), fournit dans l'ornementation de ses marges de curieux spécimens de ces

---

(1) Ce livre a été exposé depuis 1852 jusqu'en 1872 dans le Musée des souverains au Louvre (n° 40 de la *Notice* de 1866).

(2) On trouvera la reproduction de quatre des miniatures de ce beau manuscrit dans les *Arts somptuaires*, texte, t. II, p. 136, tome Ier des planches.

(3) Voyez la vignette en tête de ce chapitre, qui est tirée d'un manuscrit du quatorzième siècle.

figures grotesques. Quelques initiales, en tête des chapitres, sont assez grandes pour contenir elles-mêmes des miniatures. Les autres, plus petites, sont exécutées en or et en couleur sur un fond de filigranes.

Les miniaturistes affectionnèrent alors deux nouveaux genres de peinture, le camaïeu et la grisaille, à laquelle ils ajoutèrent quelquefois une coloration très-légère de certaines parties, comme les cheveux ou les carnations. C'est ainsi que sont exécutées les peintures de la Bible faite pour Charles V, qui est conservée à la Bibliothèque nationale (n° 5707 fr.) Dans le beau manuscrit de format in-folio des *Chroniques, de France* qui appartient aussi à la Bibliothèque nationale (n° 2813 fr.), les illustrations, sauf quelques-unes, sont exécutées en camaïeu gris; mais les couronnes, les mitres des prélats, les ceintures militaires et le siége royal sont rendus en or. Le roi de France fait exception : il est toujours représenté avec le costume royal, d'un bleu éclatant semé de fleurs de lis d'or (1).

Nous avons déjà mentionné quelques beaux manuscrits illustrés de l'époque de Charles V; il nous reste à en citer quelques-uns de la fin du quatorzième siècle et des premières années du quinzième. Parmi ceux qui appartiennent à la Bibliothèque nationale de Paris, nous signalerons : *la Cité des dames* (n° 609 fr.), par Christine de Pisan, qui y est représentée assise dans son cabinet de travail; le dessin est sec, et les couleurs sont vives et crues; des rehauts de blanc sont employés dans les lumières; les carnations présentent encore peu de modelé ; — l'*Epître d'Othéa à Hector* (n° 606 fr.), par Christine de Pisan, que l'on voit dans la première miniature (fol. 1) offrant à genoux son livre au duc d'Orléans, frère de Charles VI : les figures sont dessinées correctement et le modelé est obtenu par la dégradation des teintes, mais la perspective est des plus vicieuses; le coloris a beaucoup d'éclat; — la traduction du livre de Boccace, *De casu nobilium virorum* (n° 234 fr.), où l'on trouve des miniatures d'un dessin assez correct : les têtes sont bien modelées et pleines d'expression; les lumières sont obtenues par la dégradation des teintes; — un manuscrit intitulé *le Livre des merveilles du monde* (n° 2810 fr.), qui n'est autre que le récit des voyages de Marco Polo et de six autres voyageurs. Ce livre fut donné par Jean-sans-Peur, duc de Bourgogne († 1419), à son oncle le duc de Berry; l'artiste a pu se livrer dans les illustrations à tous les écarts de son imagination. Si le dessin ne manque pas de correction et si les figures ont de la finesse et de l'expression, la perspective est souvent défectueuse; la couleur est quelquefois de convention; mais elle a déjà cet harmonieux éclat qui allait faire bientôt la gloire de l'école flamande, à laquelle il faut attribuer les peintures de ce manuscrit.

Nous devons une mention toute particulière aux peintures de trois manuscrits de la Bibliothèque nationale qui représentent l'état le plus avancé de la miniature à l'époque dont nous nous occupons; leurs illustrations sont des prodiges de finesse et d'élégance que l'art moderne, avec ses allures expéditives, ne pourrait arriver bien certainement à égaler : le livre de prières de Jean, duc de Berry (2), en latin et en français (n° 13091 fr.; ancien suppl. fr., n° 2015); le magnifique psautier latin (n° 919 lat.), de format grand in-folio (de 39 centimètres de hauteur sur 29 et demi de largeur), exécuté aussi pour ce prince et terminé en 1409 ; et

---

(1) L'une des miniatures est reproduite dans les *Arts somptuaires*, tome I<sup>er</sup> des planches.
(2) On trouvera la reproduction de l'une des miniatures dans *le Moyen Age et la Renaissance*, MINIATURES DES MANUSCRITS, pl. XVIII, t. II.

un livre d'heures, de format in-quarto (n° 10483 lat.), connu sous le nom de Bréviaire de Belleville : il avait été donné par Charles VI à Richard II, roi d'Angleterre, à la mort duquel il passa en la possession du duc de Berry, qui en fit présent à sa nièce Marie de France, religieuse à l'abbaye de Poissy. Suivant quelques connaisseurs, l'exécution de ce livre remonterait au règne du roi Jehan (1350 †1364). Il est possible, en effet, qu'il ait été écrit sous ce prince ; mais la beauté de ses miniatures peut faire supposer qu'elles n'ont été achevées que postérieurement.

A côté des belles peintures de ces trois livres, on peut placer celles d'un livre de prières exécuté pour le duc de Berry et qui appartient aujourd'hui à M. le duc d'Aumale.

Quelques noms d'artistes miniaturistes sont parvenus jusqu'à nous. On peut citer Jacquemin, surnommé Gringonneur, les frères Manuel, Jean de Saint-Éloi, Perreis de Dijon, Cobin de Lafontaine, Copin de Gant ; Guillaume de Bailly, qui avait été chargé en 1381 de peindre les *Chroniques* de Froissart pour le roi d'Angleterre ; Andrieu Beauneveu, auquel on croit pouvoir attribuer les belles peintures du livre de prières du duc de Berry (Bibl. nat., n° 13091 lat.) ; Jacquemart de Hodin, Paul Limbourg et ses frères, qui ont travaillé au psautier in-folio du duc de Berry ; Henri de Trévoux, Rambaldis, Jean de Montmartre, Hubert, le moine Bernard de Saint-Omer, Pierre de Soliers de la Provence ; Lorenz d'Anvers, qui travaillait à Gand vers 1366, et Jean de Bruges, peintre de Charles V, qui exécuta en 1371 les miniatures d'un manuscrit de la Bible qui est conservé au musée de Westrenen à la Haye (1).

La révolution qui s'opéra dans la peinture, en France et dans la Flandre, vers le milieu du quatorzième siècle, et les grands progrès qu'elle ne cessa de faire, sont dus au goût des rois de France et des princes français pour ce bel art et aux encouragements qu'ils lui prodiguèrent. Malgré la guerre dans laquelle il fut continuellement engagé et les malheurs de sa captivité, le roi Jean, comme on l'a vu, fit exécuter des manuscrits illustrés. Ses quatre fils furent grands amateurs de beaux livres, et en firent écrire et illustrer un grand nombre ; ils sont presque tous parvenus jusqu'à nous, et forment une des principales richesses de nos collections nationales. Charles V n'avait eu qu'une vingtaine de volumes pour sa part dans le partage des livres du roi Jean ; mais il donna tous ses soins à augmenter sa bibliothèque, qui s'élevait à sa mort à plus de douze cents volumes (2) ; la tour du Louvre en renfermait neuf cent dix. Gilles Mallet, valet de chambre et garde des joyaux du roi, qui était aussi bibliothécaire, en a laissé un inventaire que M. Van Praet a publié. Après Charles V il faut nommer son frère le duc de Berry, dont les bibliothèques, en Auvergne, à Melun, à Fontainebleau et à Paris, renfermaient un nombre considérable de beaux volumes illustrés. Le jeune duc de Bourgogne Philippe le Hardi, qui en 1384 devint comte de Flandre du chef de sa femme Marguerite, seule héritière de Louis de Male, fut également bibliophile et donna des encouragements à la peinture, qui allait bientôt jeter un si vif éclat dans ses États de Flandre, sous son petit-fils Philippe le Bon.

Depuis le milieu du quatorzième siècle, tous les progrès qui s'étaient révélés en Occident dans l'art de peindre avaient pris naissance en France et dans les Pays-Bas. L'Allemagne

---

(1) M. Waagen, *Manuel de l'histoire de la peinture.* École flamande, Paris, 1863, t. 1er, p. 82.
(2) *Catalogue des manuscrits de la bibliothèque royale de Bourgogne.* Bruxelles, 1842.

resta de beaucoup en arrière de ces deux pays. Les manuscrits allemands illustrés de l'époque dont nous nous occupons sont assez rares; les peintures qui les décorent se ressentent de l'influence de l'école flamande. Nous citerons un manuscrit latin, appartenant à la Bibliothèque nationale (n° 511 lat.), *Speculum humanæ salvationis*, qui renferme à chaque page un dessin exécuté en camaïeu gris. Les carnations sont légèrement teintes en brun, et le terrain, de même que le feuillage, a reçu en certaines parties quelques teintes d'un vert léger. Tout est exécuté au pinceau; mais si le dessin des figures, qui sont d'une assez grande proportion, ne manque pas absolument de correction, l'aspect général des compositions est barbare.

Cependant l'art de la miniature avait pris un développement plus satisfaisant en Bohême, grâce à l'empereur Charles IV (1347 †1378), qui, pendant trente années, ne négligea rien pour favoriser ce pays, l'un de ses États héréditaires. Les peintures des manuscrits de son temps ont une grande analogie avec les miniatures contemporaines françaises et flamandes, et l'on a pu croire avec quelque raison que Charles IV, qui avait longtemps résidé en France, avait appelé en Bohême des peintres français qui imprimèrent une direction aux artistes du pays (1). Les manuscrits sur lesquels on peut appuyer ces appréciations, sont : un livre de prières provenant de l'archevêque Ernest de Prague (†1350); il est conservé à la bibliothèque du musée de cette ville; son auteur a signé Sbinko de Trotina; — un *Essai sur les doctrines de la vérité chrétienne*, exécuté en 1373 par Thomas Stituij; il appartient à la bibliothèque de l'université de Prague; — une Bible allemande, écrite et illustrée pour l'empereur Wenceslas (1378-1400); — et un missel provenant de l'archevêque de cette ville, Sbinko-Husen de Hasenbourg (1402). Ces deux derniers manuscrits sont à la Bibliothèque de Vienne. Un critique très-judicieux a cru voir dans les miniatures des deux manuscrits conservés à Prague une influence très-prononcée de l'art italien (2).

L'art d'orner les manuscrits ne se développa pas en Angleterre aussi bien qu'en France et dans la Flandre. Les manuscrits de l'époque dont nous nous occupons témoignent d'une grande infériorité. Un manuscrit appartenant à la Bibliothèque nationale (n° 765 lat.) offre des peintures où les personnages ont le corps roide; l'allongement des proportions est exagéré et les têtes sont trop grosses; les monuments d'architecture qui y sont reproduits présentent des formes peu gracieuses. Une traduction française de la Bible, conservée dans la même bibliothèque (n° 1 fr.), et qu'on peut supposer, d'après l'écriture et le dialecte, avoir été exécutée en Angleterre, renferme cent trente-huit miniatures d'un style qui semblerait accuser une époque antérieure. Le dessin est défectueux, les ombres ne sont indiquées que par un trait plus foncé de la couleur locale jeté un peu au hasard; la gouache est sale.

Les malheurs qui accablèrent la France dès que Charles VI fut tombé en démence y apportèrent un temps d'arrêt dans la marche de l'art, qui reçut au contraire un très-grand développement dans les Pays-Bas et en Italie. Lorsque la France, moins agitée, revint au culte de l'art, vers le milieu du quinzième siècle, elle eut à subir la double influence de l'école flamande et de l'école italienne. Nous allons donc examiner d'abord l'état de la peinture en miniature dans les Pays-Bas au quinzième siècle et au seizième; puis, après

---

(1) M. Waagen, *Manuel de l'histoire de la peinture*. École allemande, trad. de MM. Hymans et Petit, t. I<sup>er</sup>, p. 65.

(2) M. A. Darcel, *Excursion artistique en Allemagne*. Paris, 1862, p. 47.

avoir tracé l'historique de cet art en Italie, depuis le moment où nous l'avons laissé, c'est-à-dire depuis le commencement du treizième siècle jusqu'à la fin du seizième, nous terminerons par l'étude de sa destinée en France.

## § VI

### DANS LA FLANDRE, EN HOLLANDE ET EN ALLEMAGNE, AU QUINZIÈME ET AU SEIZIÈME SIÈCLE.

### I

#### *Dans la Flandre, de 1410 environ à 1467.*

Pendant que la France, déchirée par la guerre civile et la guerre étrangère sous un roi en démence, voyait s'éteindre le culte des arts, la Bourgogne, détachée de la mère patrie, et la Flandre jouissaient d'une grande prospérité et vivaient dans la paix et dans l'abondance. Philippe le Hardi, qui était devenu souverain de la Flandre et de l'Artois à la mort de son beau-père, Louis de Male, avait su, par une sage conduite, maintenir la tranquillité dans ces provinces, en même temps qu'il y encourageait les arts. Son fils, Jean-sans-Peur, leur assura les mêmes avantages. Sous Philippe le Bon (1419†1467), leur prospérité ne fit que s'accroître. Ce prince avait une prédilection particulière pour l'ornementation des manuscrits et pour la peinture en miniature. Il fit écrire un grand nombre de livres, et, en 1443, il possédait la plus riche bibliothèque de l'Europe. Il laissa à la seule ville de Bruges neuf cent trente-cinq volumes. Beaucoup de seigneurs néerlandais suivirent l'exemple de leur souverain, et firent exécuter des manuscrits à miniatures. On doit une mention particulière à Louis de Bruges, seigneur de Gruthuyse († 1492), chevalier d'honneur de la princesse Marie, fille de Charles le Téméraire ; il s'appliqua, durant toute sa vie, à rassembler une collection de manuscrits superbes, les uns achetés par lui, les autres exécutés sous sa direction. Ses beaux livres illustrés passèrent en grand nombre, après sa mort, dans la bibliothèque des rois de France, et nous aurons occasion d'en citer plusieurs qui appartiennent à notre Bibliothèque nationale (1). Le goût du souverain et des grands seigneurs néerlandais imprima dans la Flandre un immense développement à la peinture en miniature. Nous avons dit que la révolution qui s'opéra dans l'art de peindre avait pris naissance en Flandre, et nous avons expliqué dans le paragraphe précédent en quoi consistait le nouveau système de peinture adopté par les miniaturistes dans la seconde moitié du quatorzième siècle. Dès le commencement du quinzième, on y voit grandir cette école réaliste, qui avait pour chefs les frères Hubert (1366†1426) et Jean Van Eyck († 1441) ; la peinture en miniature arriva sous leur influence à un très-haut degré de perfection. Les frères Van Eyck, développant les tendances de leurs prédécesseurs, parvinrent à substituer sans retour, et d'une manière aussi heureuse que décisive, le réalisme moderne au symbolisme des anciens. Toutes les peintures furent empreintes d'individualité ; abandonnant l'expression typique, ils s'appliquèrent

---

(1) On peut consulter sur ce sujet, Van Praet, *Recherches sur Louis de Bruges, suivies de la Notice de ses manuscrits.* Paris, 1831.

à reproduire la beauté vivante et non la beauté idéale ; ils traduisirent en portraitsles personnifications de la Vierge, des apôtres, des prophètes et des martyrs. Ils s'efforcèrent de représenter dans toute leur vérité les plus petits détails de la nature, et trouvèrent le moyen de rendre de la manière la plus exacte la forme et la couleur de tous les objets. Les étoffes des draperies et tous les détails des plis furent exprimés par eux avec un soin extrême, et ils arrivèrent à créer des paysages où l'entente de la perspective linéaire et aérienne ne laisse rien à désirer. Mais leur principal mérite consista à revêtir leur peinture d'un coloris harmonieux et brillant que nul peintre n'avait pu atteindre avant eux.

L'école des Van Eyck ne s'éteignit pas avec eux ; leurs principes et leur manière furent propagés par leurs élèves. Pierre Christophsen, Justus Van Ghent, Thierry Stuerbout et Rogier Van der Weyden († 1464) sont les plus célèbres. Celui-ci eut pour élève Jean Memling († 1490), le plus grand maître flamand de la seconde moitié du quinzième siècle (1).

L'imitation de la nature, caractère principal de l'école des Van Eyck, était parfaitement appropriée à la peinture en miniature, qui se prête merveilleusement à la reproduction minutieuse de toutes choses. Aussi les miniaturistes flamands s'attachèrent-ils à la manière de ces grands maîtres, et ils les prirent pour modèles dans leurs productions. On a même cru reconnaître la main des Van Eyck et de leurs élèves les plus distingués dans un certain nombre de miniatures des manuscrits illustrés de leur époque, et bien qu'aucun document authentique ne soit venu révéler leur participation incontestable à l'ornementation de ces manuscrits, on y trouve des pages tellement empreintes de leur manière, qu'on a pu judicieusement les leur attribuer. Il faut dire que le goût de leur époque et des souverains leurs protecteurs pour l'illustration des livres a dû incontestablement les obliger à en décorer quelques-uns de leurs délicieuses compositions. Mais il ne faut se prononcer sur ces attributions qu'avec la plus grande réserve. « Car s'il y eut au quinzième siècle, comme le dit
» M. de Laborde, de grands peintres qui faisaient par exception d'admirables miniatures, il
» y eut en même temps d'adroits praticiens qui exécutaient, comme en fabrique, l'enlumi-
» nure d'innombrables manuscrits. Entre ces productions également brillantes de couleurs,
» également rehaussées d'or, la différence est grande : les unes, piquantes d'originalité,
» inspirées par le talent, y sont des jalons dans l'histoire de la peinture ; les autres, mono-
» tones, étaient et sont restées un grand luxe, mais voilà tout (2). »

Cette conclusion est peut-être sévère, et il faut dire qu'il y a beaucoup à admirer dans ces miniatures du second ordre qui ne sont pas sorties de la main des premiers maîtres de l'école. On y trouve souvent un dessin correct, des attitudes excellentes, des gestes justes et précis, des têtes bien modelées et remplies d'expression, une grande perfection technique et un coloris transparent, harmonieux et puissant. Après avoir signalé les miniatures qui sont attribuées avec raison, suivant toute apparence, aux grands artistes que nous avons nommés, nous pourrons désigner un assez grand nombre de manuscrits dont les miniatures sont encore bien dignes de fixer les regards des plus fins amateurs.

---

(1) On doit consulter sur ces grands artistes : M. WAAGEN, *Manuel de l'histoire de la peinture*, ÉCOLES ALLEMANDE, FLAMANDE, HOLLANDAISE, trad. de MM. HYMANS et PETIT (Paris, édit. Morel, 1863), et M. ALFRED MICHIELS, *Histoire de la peinture flamande*.

(2) *Les Ducs de Bourgogne*, t. I, p. LXXXIII.

« On peut admettre comme certain, dit M. Waagen (1), que les frères Van Eyck ont peint
» la miniature quand l'occasion s'en présentait. » Le savant directeur de la galerie de Berlin
désigne comme provenant des Van Eyck un manuscrit de la Bibliothèque nationale de Paris
(n° 17294 lat.), dont les miniatures ne sont pas seulement inspirées par les tendances artistiques qui guidaient les frères Van Eyck, mais trahissent en outre, par l'ampleur et la
facture, des peintres habitués à travailler dans de plus grandes proportions. Ce manuscrit
est le fameux *Breviarium Sarisberiense*, plus connu sous le nom de Bréviaire du duc de Bedford. Il fut en effet exécuté pour ce prince, qui avait épousé en 1423 la princesse Anne,
sœur du duc de Bourgogne Philippe le Bon. On comprend qu'il ait participé au goût de son
beau-frère pour les manuscrits illustrés, et qu'il ait demandé des travaux aux Van Eyck,
peintres attachés au service du duc de Bourgogne.

Ce livre, de format in-octavo, se compose de sept cent onze folios, dont toutes les pages
sont enrichies d'une bordure (2) composée de rinceaux de couleur, de fleurs sur leurs tiges,
et de rameaux filigraniques à fleurettes, qui enveloppent quatre petits cadres renfermant de
délicieuses miniatures. On y trouve en outre quarante-cinq miniatures plus importantes,
qui occupent la moitié ou les trois quarts des pages. D'après M. Waagen et un certain
nombre de connaisseurs qui ont suivi son opinion (3), il faut reconnaître que trois artistes
différents ont travaillé aux miniatures de ce beau livre, et que ces artistes ne seraient autres
que Hubert et Jean Van Eyck, et leur sœur Marguerite. L'une des plus remarquables (au
folio 8), représentant la sainte Trinité entourée d'anges, dans le ciel, et au-dessous, sur la
terre, dans un riche paysage, Abraham, Isaac, Jacob, Moïse, David et Malachie, élevant les
mains vers le Créateur, serait de Hubert Van Eyck, ainsi que quelques autres, reconnais-
sables à une touche libre et facile, à la délicatesse des teintes, à l'harmonie extraordinaire
dans la couleur locale. Quelques autres de ces peintures, remarquables par une plus grande
énergie dans les têtes, par une originalité plus forte dans l'expression, par plus d'élégance
dans les proportions et dans les ajustements, devraient être attribuées à Jean Van Eyck. Il
faudrait ranger dans cette classe la scène de l'Ascension, où l'on voit les anges et les patriarches attendant dans le ciel l'arrivée de Jésus ; un saint Jean-Baptiste et une messe dans une
église. Les peintures d'une main moins exercée et les ornements, peut-être, appartiendraient
à Marguerite Van Eyck. M. de Laborde, tout en admettant que Jean Van Eyck ait entrepris
l'exécution du bréviaire de Bedford et qu'il y ait travaillé lui-même, pense que ses élèves
ont accompli la plus grande partie de la besogne, et qu'il est par trop subtil de faire la part
de chaque membre de la famille sans avoir des miniatures authentiques comme terme de
comparaison (4). Ceci est fort juste ; mais plusieurs des miniatures présentent une telle
affinité avec certaines parties du célèbre retable de Gand, qu'on peut les attribuer avec
certitude soit à Hubert, soit à son frère Jean, et il faut reconnaître que ces grands artistes
ont été les directeurs de l'œuvre.

Quelques-unes des miniatures sont exécutées sur un fond de tapisserie, d'après l'ancien

---

(1) *Manuel de l'histoire de la peinture*, t. I, p. 111.
(2) Les bordures ne sont terminées que jusqu'au folio 643.
(3) M. L. LECLANCHÉ, *Commentaire sur la Vie de Clovio*, dans sa traduction des *Vies des peintres* de VASARI, t. VII, p. 227.
(4) *Les Ducs de Bourgogne*, t. I, p. 3.

style ; dans un grand nombre d'autres, au contraire, on rencontre des paysages qui offrent une nature aussi riche que gaie, avec une bonne entente de la perspective linéaire et aérienne, et des intérieurs dont les détails sont délicieux (1). Le manuscrit, qui est daté de 1424, n'a pas été entièrement achevé : quelques peintures ne sont pas terminées ; la place destinée à quelques autres est restée vide. Des détériorations laissent apercevoir le procédé d'exécution. L'esquisse a été faite à l'encre de Chine et au pinceau, et remplie ensuite avec le ton de la couleur locale ; puis les lumières et les ombres ont été ajoutées par-dessus, avec le pinceau, d'une façon magistrale.

On peut placer à côté des peintures du bréviaire du duc de Bedford les onze miniatures qui enrichissent un volume in-quarto de la Bibliothèque nationale (n° 2258 fr.) traitant des *Combats à outrance permis par lettres patentes de Philippe, roy de France, de l'an* 1306. Ces miniatures (de 10 à 11 centimètres de hauteur sur 9 à 10 de largeur), qui reproduisent les diverses phases du duel judiciaire, sont traitées dans le plus pur style de Jean Van Eyck. L'heureuse disposition des groupes, la correction du dessin, l'expression des physionomies, le soin apporté dans le rendu des plus petits détails, la chaleur et surtout l'harmonie du coloris, permettent de lui attribuer ces délicieuses peintures.

Rogier Van der Weyden, plus connu sous le nom de Roger de Bruges (†1464), est de tous les élèves de Jean Van Eyck celui qui a exercé la plus grande influence sur son époque. On reconnaît sa manière dans d'innombrables travaux d'art de tout genre qui virent le jour de son temps et après sa mort. On croit qu'il peignit des miniatures, et on lui attribue généralement le frontispice du premier volume des *Histoires de Haynnaut*, manuscrit grand in-folio de la bibliothèque de Bruxelles (n° 9242), dont la transcription remonte à 1446. Les plus fins connaisseurs, MM. Waagen, de Laborde et Passavant, y ont reconnu sa main. Cette miniature à pleine page est encadrée dans une bordure de fleurs et dans une ceinture formée par les armoiries de toutes les provinces appartenant au duc de Bourgogne. Elle représente le duc Philippe le Bon assis sous un dais, recevant l'hommage du livre. L'animation et l'expression individuelle des têtes, la correction du dessin, l'effet de l'ensemble, l'ampleur de l'exécution et la richesse du coloris, élèvent cette peinture aux proportions d'un tableau d'histoire : l'école des miniaturistes flamands n'a rien produit de plus complet. Les autres miniatures du volume, qui occupent la moitié ou le tiers des pages, n'appartiennent pas au maître ; elles sont de plusieurs mains et ont dû être exécutées par ses élèves. On ne peut leur refuser un certain mérite, mais la beauté exquise du frontispice leur fait du tort.

On avait attribué à Roger de Bruges les miniatures d'un manuscrit de format in-folio (de 36 centimètres sur 25) de la Bibliothèque nationale (n° 6449 fr.), ayant pour objet la *Légende de sainte Catherine d'Alexandrie*. Ces peintures, en effet, sont empreintes de la manière de ce maître ; mais M. de Laborde n'y voit que la main de l'un de ses élèves, qui s'est inspiré de ses compositions et lui a pris ses expressions vives et accentuées (2). Ces miniatures, au nombre de trente-quatre, occupent environ un tiers des pages ; elles sont exécutées à l'encre de Chine ; les couronnes, les sceptres, l'équipement des chevaux et quelques accessoires

---

(1) M. Curmer a donné la reproduction de huit des miniatures de ce manuscrit aux pages 21, 31, 37, 103, 157, 165, 311 et 331 de ses *Évangiles des dimanches et fêtes*.
(2) *Les Ducs de Bourgogne*, t. I, p. LXXXVII.

LABARTE.

sont rendus en or. L'éclat du métal sur le ton doux et harmonieux du camaïeu bistré n'est pas d'un bon effet. Malgré quelques négligences, on reconnaît dans ces peintures des compositions savantes, des groupes disposés avec art, des attitudes et des mouvements généralement bons, des têtes bien modelées et expressives. Les paysages qui forment le fond des petits tableaux dénotent une grande intelligence de la perspective linéaire et du clair-obscur. On trouve dans les plis des vêtements ces cassures un peu anguleuses qu'on peut remarquer dans le grand retable de Saint-Bavon de Gand (1).

Jacques Undelot s'est fait connaître comme un miniaturiste du premier ordre dans une peinture des Heures du comte de Charolais (Charles le Téméraire), manuscrit conservé à Copenhague. Cette miniature, signée de son auteur et datée de 1465, représente le jeune comte de Charolais et sa femme agenouillés sous le suaire. Nous ne connaissons pas cette peinture, mais M. de Laborde, qui en avait fait une copie qu'il se proposait de publier, la trouvait admirable. Les portraits sont microscopiques et grands à la fois ; ils se détachent sur un fond de paysage digne des grands maîtres de l'époque. M. de Laborde, dont les opinions sont très-respectables, voit dans Undelot un élève de Roger de Bruges ; on ne trouve son nom sur aucune autre production des arts (2).

Nous devons signaler maintenant quelques manuscrits antérieurs à la mort de Philippe le Bon et dont les miniatures s'élèvent par leur mérite à la hauteur de l'école des Van Eyck : Un missel appartenant à un amateur de Liverpool : il a été fait pour le duc de Bedford entre 1423 et 1431 ; on y voit cinquante-neuf grandes miniatures et un grand nombre de petites. Plusieurs artistes ont donné leur concours à son exécution ; il n'y a que peu de peintures qui se rattachent à la plus belle manière des Van Eyck. — Un manuscrit composé pour Philippe le Bon, *l'Histoire du royaume de Jérusalem jusqu'en* 1210 : il appartient à la Bibliothèque impériale de Vienne (n° 2533). M. Waagen reconnaît dans les dessins dont ce livre est orné l'œuvre de trois peintres, artistes très-remarquables de l'école des Van Eyck ; on y trouve comme un reflet du retable de Gand. — Une traduction française, d'après un texte latin, des *Gestes du comte Gerard de Roussillon*, que conserve le même établissement (n° 2549) : les miniatures dénotent la même influence que dans le manuscrit précédent ; on y distingue quatre mains différentes, dont deux appartiennent aux artistes les plus éminents de cette école. Le livre avait été écrit en 1447 par le scribe Jean Wauquelin, par ordre de Philippe le Bon (3). — Le *Roman de Guyron le Courtois*, en deux volumes de format in-folio (de 43 centimètres sur 32), conservés à la Bibliothèque nationale de Paris (n°⁸ 356 et 357 fr.) : ils renferment un très-grand nombre de charmantes miniatures où l'on retrouve le style de celles du bréviaire de Bedford ; les compositions et le choix des costumes rappellent également le beau retable de Saint-Bavon. — Un livre d'heures en latin de format in-quarto, appartenant aussi à la Bibliothèque nationale (n° 1166) : il renferme douze miniatures à pleine page, véritables et délicieux tableaux dont les sujets sont tirés des Évangiles. Les compositions, le dessin, le coloris, méritent également des éloges ; les paysages et les intérieurs témoignent d'une entente parfaite de la perspective linéaire et aérienne ; l'or est employé

(1) Les *Arts somptuaires* contiennent la reproduction de deux des miniatures de ce manuscrit, tome II des planches.
(2) *Les Ducs de Bourgogne*, t. I, p. LXXXVI, note 3.
(3) M. WAAGEN, *Manuel de l'histoire de la peinture*, ÉCOLE FLAMANDE, t. I, p. 163 et suiv.

dans les lumières des vêtements, comme dans les peintures du bréviaire de Bedford. Les miniatures placées au verso des pages sont encadrées dans de délicieuses bordures toutes variées ; elles offrent des fleurs, au milieu desquelles sont des oiseaux et des insectes, sur un fond d'or ou de couleur, ou bien des motifs d'architecture en camaïeu brun rehaussé d'or ; on y voit encore des inscriptions dont les lettres rehaussées d'or se détachent sur un fond brun. — Un livre d'heures de format in-quarto, conservé à la bibliothèque de la Haye ; il est enrichi de nombreuses vignettes en grisaille d'une beauté extraordinaire : elles rappellent par le style la première manière de Memling. Philippe le Bon y est représenté plusieurs fois dans un âge avancé, ce qui doit faire reporter l'exécution de ces précieuses grisailles vers 1465 ; toutes ne sont pas de la même main, et si l'on peut attribuer les meilleures à Memling, les autres seraient de ses élèves.

M. de Laborde signale un manuscrit que nous ne connaissons pas, comme renfermant des grisailles de la plus grande beauté, mais aussi des miniatures qui ne sont que le produit de plusieurs praticiens très-exercés. C'est un Froissart en quatre volumes qui fut écrit et illustré pour Antoine, le grand bâtard de Bourgogne, de 1464 à 1468 (1). Nous pourrions encore citer un très-grand nombre de manuscrits exécutés durant le long règne de Philippe le Bon (de 1419 à 1467), dont les miniatures ne sont pas toutes de la force de celles que nous venons de citer, mais qui méritent cependant à beaucoup d'égards l'attention des amateurs. Il est d'ailleurs peu de ces manuscrits qui ne renferment quelque peinture hors ligne. On y reconnaît presque toujours différentes mains, car il était d'usage, lorsque le scribe avait terminé son travail de calligraphie, de distribuer les feuillets du livre à différents artistes chargés d'en peindre les illustrations ; un seul n'aurait pu souvent suffire à l'exécution de toutes celles que renferme un volume. La première miniature, qui représente ordinairement, dans les livres d'heures, une scène religieuse, et dans les manuscrits d'auteurs profanes, la présentation du livre au grand personnage qui en a ordonné l'exécution, est en général de la main d'un peintre de mérite ; les autres sont faites par des miniaturistes de profession qui ne manquaient pas de talent pour composer les scènes qu'ils voulaient reproduire : habiles dans leur art, ils savaient donner à leur coloris un brillant éclat, mais leur dessin témoigne souvent de l'absence d'études sérieuses.

Voici parmi ces manuscrits du second ordre quelques-uns des plus remarquables ; ils mériteraient une longue description, mais l'étendue des matières qui nous restent à traiter ne nous permet que d'en faire une courte mention : A la bibliothèque de Bruxelles, les Heures de Philippe le Bon (n° 9611), de format in-quarto, où l'on voit un portrait très-ressemblant du duc, et un psautier de format in-folio (n° 9961). — A la bibliothèque de l'Arsenal, à Paris, deux volumes (de 40 centimètres sur 29) contenant l'*Histoire romaine* d'après Tite-Live (H. F. 102) : ils renferment un très-grand nombre de miniatures, qui occupent les deux tiers environ des pages ; elles reproduisent des scènes de l'histoire romaine, avec les canons, les armes, les costumes et les monuments du quinzième siècle. Ce manuscrit a été écrit pour Philippe le Bon, dont on voit les armoiries dans l'une des bordures de page. —Une *Histoire des empereurs, depuis Auguste jusqu'au treizième siècle*, en deux volumes de même format (H. 109) : quelques-unes des miniatures offrent des figures de plus grande proportion

---

(1) *Les Ducs de Bourgogne*, t. I, p. LXXXVII.

que dans le manuscrit précédent ; elles sont remarquables par l'excellent modelé des têtes, l'expression des physionomies, la richesse et la variété des costumes, la bonne entente de la perspective et la richesse du coloris. Ce beau manuscrit présente encore beaucoup d'intérêt, en faisant connaître une foule d'usages civils et militaires de son temps. Il paraît avoir été écrit en 1462, sur l'ordre de Philippe le Bon, par David Aubert, écrivain du duc.

## II

*Dans la Flandre, de 1467 à la fin du quinzième siècle et au seizième.*

Occupons-nous maintenant des miniatures qui se sont produites durant la seconde période de l'école flamande, fondée par les frères Van Eyck.

Hans Memling est le plus grand maître de la seconde génération des peintres qui suivirent les sentiers tracés par ces illustres artistes. On ne sait pas encore la date de sa naissance ; mais comme il a été élève de Rogier Van der Weyden, qui mourut en 1464, et qu'il a peint quelques tableaux en société avec son maître, on peut la fixer vers 1440. Les découvertes récemment faites par M. Weale dans les archives de Bruges (1) ont fourni des renseignements certains sur d'autres points fort importants de la vie de ce grand artiste, et ont réduit au néant les fables admises jusque-là sur son compte. On sait maintenant qu'il jouissait d'une grande aisance, et qu'il possédait à Bruges une vaste maison en pierre ; qu'il eut trois enfants de sa femme, morte en 1487, et qu'il mourut en 1512, et non en 1499, comme on le croyait. En lui, l'école de Bruges atteignit son plus haut degré de perfection. Nous ne pouvons mieux faire connaître la nature de son talent, qu'en rapportant ce qu'en dit le savant M. Waagen, dont les opinions jouissent, à juste titre, d'une grande considération : « Memling comprit mieux qu'aucun des successeurs d'Hubert Van Eyck la grâce et » la beauté. Comparées aux œuvres de son maître, ses figures ont des proportions plus » exactes et des formes plus robustes ; les pieds et les mains plus de vérité ; les têtes de » femmes plus de douceur ; les têtes d'hommes ont moins de sévérité, quelquefois même » elles offrent une expression mélancolique ; les contours sont plus moelleux, il apporte » plus de délicatesse dans les demi-tons des chairs ; son coloris est à la fois plus lumineux » et plus transparent. Il connaît mieux aussi la perspective aérienne et la science du clair- » obscur. D'autre part, il est inférieur à Rogier Van der Weyden pour le grandiose de la » composition, pour l'exécution des détails et le rendu des étoffes (2). »

La variété que Memling apportait dans ses nombreuses compositions, la grâce dont il savait revêtir ses figures, la perfection avec laquelle il traitait les sujets dans de petites proportions, le soin qu'il mettait à rendre les plus petits détails, et le fini extrême de son exécution, devaient le porter naturellement à s'exercer dans la peinture des manuscrits, si fort en vogue de son temps. On lui attribue, en effet, quelques-unes des belles miniatures qui enrichissent le célèbre Bréviaire du cardinal Grimani, que conserve la bibliothèque de Saint-Marc de Venise. Cette attribution ne repose pas uniquement sur le style de ces pein-

---

(1) *Journal des beaux-arts*, 1861, numéro du 15 février.
(2) *Manuel de l'histoire de la peinture*, ÉCOLE FLAMANDE, t. I, p. 143.

tures, mais encore sur un document important. C'est un écrit anonyme remontant à 1521, qui fut découvert à la bibliothèque de Saint-Marc par Jacques Morelli, conservateur de cet établissement, et publié par lui (1). Il résulte de ce document, qu'on trouvait alors dans la maison du cardinal Grimani un livre de prières enrichi de miniatures par un grand nombre d'artistes qui avaient mis de longues années à l'exécution de ce travail : « Il s'y trouve, dit » en terminant le rédacteur de la note, des miniatures de la main de Jean Memelin au » nombre de....., de la main de Gérard de Gand cent vingt-cinq, de Livin d'Anvers cent » vingt-cinq. »

Le bréviaire du cardinal Grimani, petit in-folio (de 28 centimètres de hauteur sur 22 de largeur) de huit cent trente et une pages, renferme en effet un très-grand nombre de miniatures de mains très-diverses, mais qui toutes dénotent des peintres flamands. Douze miniatures à pleine page accompagnent le calendrier; puis viennent soixante-huit grandes peintures, qui représentent des sujets de l'Ancien et du Nouveau Testament : tantôt elles remplissent la page entière, sans aucun encadrement; tantôt elles sont accompagnées du côté de la marge extérieure d'une bande latérale, qui renferme des figures, peintes en or, se rapportant au sujet de la principale miniature ; enfin, plusieurs des moins grandes sont encadrées dans une riche bordure, où l'on trouve des fleurs, des fruits, des animaux divers, des figures humaines, et des rinceaux en or et en couleur (2).

Plusieurs des grandes miniatures de ce précieux livre sont attribuées à Jean Van Eyck (3) ; mais il faut dire que lorsqu'on a examiné en Belgique, à Berlin et à Paris, les œuvres authentiques de ce grand artiste, on ne peut admettre qu'il ait peint aucune des miniatures du manuscrit de Venise. Le nom de Sixte IV (1471 † 1484), qui est cité au folio 284, prouve d'ailleurs que le livre a été écrit postérieurement à 1471, et par conséquent après la mort de Jean Van Eyck, qui remonte à 1441. Les miniatures attribuées à Memling sont en assez grand nombre. Les principales sont les douze premières qui accompagnent le calendrier, la Vierge tenant l'Enfant adoré par plusieurs saintes (fol. 719), et sainte Catherine discutant avec les docteurs (fol. 824). Ces miniatures se font remarquer par l'harmonie de la composition, la correction du dessin, l'élégance des têtes, qui sont remplies d'expression ; par la précision et la vérité des monuments d'architecture, par la richesse des paysages et par un coloris clair, brillant et fin (4). Toutes ces qualités, qui signalent Memling, jointes au document de 1521, peuvent motiver l'attribution qui lui en a été faite; quelques connaisseurs ont pensé cependant que c'était plutôt à ses élèves qu'à lui-même qu'il fallait en faire honneur. M. Harzen, croyant trouver une grande ressemblance entre ces miniatures et celles qui décorent le psautier de Charles-Quint, peintes par Horebout, que conserve la Bibliothèque de Vienne, veut qu'on reconnaisse ce miniaturiste pour auteur des peintures du bréviaire de Venise ; mais M. Waagen ne partage pas l'admiration de M. Harzen pour les

---

(1) *Notizia d'opere di disegno della prima metà del secolo XVI*. Bassano, 1800.

(2) On trouvera plus de détails sur le bréviaire de Grimani dans une *Notice* de M. Curmer, contenue dans son *Appendice aux Évangiles*. Paris, 1864.

(3) M. Curmer a donné, à la page 17 de ses *Évangiles des dimanches et fêtes*, la reproduction de l'une de ces miniatures.

(4) M. Curmer a reproduit les miniatures du calendrier et d'autres encore de Memling, dans ses *Évangiles*, aux pages XI, XII, XV, XVI, XIX, XX, XXIII, XXIV, XXVII, XXVIII, XXXI, XXXII, XXXVI, 29, 339, 343, 354, 355, 357 et 361.

dessins du psautier, la plupart lui semblant médiocres, et les meilleurs même bien inférieurs aux miniatures du bréviaire du cardinal Grimani.

Gérard de Gand cité dans la note de 1521 doit être Gérard Van der Meire, qui fut admis en 1452 dans la confrérie de Saint-Luc de Gand. Il en faisait encore partie en 1454. On lui attribue plusieurs tableaux au musée d'Anvers, et un autre à Bruges, dans l'église Saint-Sauveur; mais le seul, suivant M. Waagen, qu'on devrait regarder comme étant de lui, est un grand triptyque de la cathédrale de Gand, dont le tableau central représente la crucifixion, le volet droit le serpent d'airain, et le volet gauche Moïse frappant le rocher. Le dessin est correct, mais les attitudes sont roides, les têtes assez uniformes et les draperies anguleuses; l'allongement des proportions et la maigreur des figures du Christ et des larrons rappellent l'ancienne école; cependant quelques physionomies, comme par exemple celle de la Vierge, sont empreintes d'une expression élevée; le paysage qui se termine au lointain par des montagnes est digne de Van Eyck. Il y a dans l'exécution une finesse qui rappelle les habitudes du miniaturiste. Le coloris a souffert, mais on peut juger par certaines parties du tableau bien conservées, qu'il ne manquait ni de force ni de profondeur. Il nous paraît presque impossible, avec aussi peu de pièces de comparaison, de faire la part de Gérard de Gand dans les miniatures du bréviaire de Grimani; cependant les administrateurs de la bibliothèque de Saint-Marc, qui ont fait une étude toute particulière de cette perle de leur écrin, lui attribuent dix des grandes miniatures. Nous ne voulons pas contester ces attributions, mais nous devons dire que si Gérard Van der Meire, dans le tryptique de Gand, se rapproche par le style de Jean Van Eyck, il montre dans ses miniatures l'influence que Memling a exercée sur tous les artistes de son temps (1).

Le Livin d'Anvers, désigné par l'anonyme de 1521 comme l'un des coopérateurs aux illustrations du bréviaire de Grimani, ne serait autre, suivant toute apparence, que Liévin de Witte, qui, au dire de Baldinucci (2), fut très-bon peintre, et entendait très-bien la perspective et l'architecture. Sa participation aux peintures de ce beau livre paraît devoir être restreinte aux bordures en grisaille relevées d'or, où les sujets sont accompagnés de motifs d'architecture (3).

Les miniaturistes si nombreux de l'école flamande du quinzième siècle sont malheureusement encore peu connus. Malgré les recherches faites par M. de Laborde (4) et M. Alexandre Pinchard (5) dans les archives de la maison de Bourgogne, ces savants n'ont pu y découvrir que les enlumineurs Guillaume Vrelant ou Wielant, Loyset (Louis), Lyédet, et non Lieder, comme l'a imprimé M. de Laborde, et Paul Fruit.

Guillaume Vrelant est cité dans un compte de 1454. Il paya sa cotisation dans la confrérie des peintres de Bruges jusqu'en 1481; mais l'année suivante ce fut sa veuve qui l'acquitta.

---

(1) M. Curmer a reproduit dans ses *Évangiles*, aux pages 9 et 353, deux des miniatures du bréviaire de Grimani, attribuées à Gérard Van der Meire.
(2) *Notizie de' professori del disegno.*
(3) M. Curmer a donné la reproduction de quelques-unes de ces bordures aux pages 316, 320, 333 et 358 de ses *Évangiles.*
(4) *Les Ducs de Bourgogne*, t. I, p. LXXXIII.
(5) *Miniaturistes, enlumineurs et calligraphes employés par Philippe le Bon et Charles le Téméraire, et leurs œuvres.* Bruxelles, 1865.

On sait par là la date de sa mort. Vrelant a peint soixante miniatures dans le deuxième volume des *Histoires de Haynnaut*, dont les trois parties existent dans la bibliothèque de Bourgogne à Bruxelles (n°s 9242 à 9244), et cinquante-cinq dans un livre nommé *Vita Christi*. Toutes les miniatures de Vrelant ne sont pas également bonnes. Il possède l'entente de la composition, mais son dessin manque de correction; ses draperies sont bien disposées, et son coloris est brillant à l'excès par l'abus qu'il fait du bleu et du pourpre dans les vêtements; il néglige les fonds.

Louis Lyédet florissait à Bruges dans les dernières années de Philippe le Bon, sous Charles le Téméraire et sous sa fille Marie. En 1469, il fut admis dans la confrérie des enlumineurs de Bruges. Son nom disparaît de la liste après 1478. Les extraits des comptes de la maison de Bourgogne publiés par M. Pinchard ont révélé des travaux de Lyédet dans un certain nombre de manuscrits. Nous citerons : 1° les cinq volumes de format in-folio du roman de *Regnault de Montauban* : les quatre premiers appartiennent à la bibliothèque de l'Arsenal à Paris (B F L 243 et 244), et le cinquième est dans la bibliothèque de Munich (n° 7 des mss. franç.); — 2° *la Vengeance de la mort de Notre-Seigneur Jésus-Christ*, ouvrage compris dans un volume de format in-folio qui est conservé à la Bibliothèque nationale (n° 181 franç.); — 3° *les Faictz et gestes d'Alexandre le Grand*, volume de format in-folio, au même établissement (n° 22547 franç.); — 4° *la Bible moralisée*; — 5° *les Chroniques de France*; — 6° *le Songe du vieil pellerin*; ces trois derniers manuscrits dans la bibliothèque de Bourgogne. Louis Lyédet est un miniaturiste de talent; plusieurs de ses peintures sont vraiment remarquables (1). La première miniature du *Regnault de Montauban* surtout est fort curieuse : le scribe présente le volume à Philippe le Bon, assis au milieu des seigneurs de sa cour; le jeune duc de Charolais est debout en face de son père. La figure du duc de Bourgogne est remplie d'individualité, et doit avoir été un portrait fort ressemblant. Les compositions de Lyédet témoignent en général de beaucoup d'imagination, et son dessin ne manque pas de correction; cependant on peut lui reprocher souvent les formes grêles de ses personnages et quelques attitudes peu naturelles. Son coloris, monté de ton, manque parfois d'harmonie.

Paul Fruit est signalé par les comptes comme ayant été chargé de peindre les lettres ornées du troisième volume des *Guerres de Locheran Guérin* (2).

On doit regarder comme un des meilleurs miniaturistes des derniers temps Gerhart Horebout, qui naquit probablement vers 1475 (3). La plus ancienne œuvre que l'on connaisse de lui est un livre d'heures appartenant au British Museum ; il fut dédié à la reine Isabelle d'Espagne, et paraît avoir été terminé entre les années 1496 et 1504. Plus tard, Horebout décora de miniatures plusieurs livres pour Marguerite d'Autriche, gouvernante des Pays-Bas, tante de Charles-Quint. La bibliothèque de Bruxelles en conserve un qui renferme les poésies de cette princesse ; on en reporte l'exécution à l'année 1510. Il résulte encore de deux comptes découverts récemment par l'archiviste M. Pinchart, que Horebout fit pour Marguerite les illustrations de deux livres d'heures, dont l'un existe à la Bibliothèque de Vienne sous le nom de Bréviaire de Charles-Quint ; on en fait remonter l'exé-

---

(1) Trois des miniatures du *Regnault de Montauban* sont reproduites dans les *Arts somptuaires*.
(2) *Comptes de Guilbert de Ruple du 1er janvier 1467 au 31 décembre 1468*, dans les *Ducs de Bourgogne*, p. 501 à 503.
(3) M. WAAGEN, *Manuel de l'histoire de la peinture*, ÉCOLE FLAMANDE, t. I, p. 177.

cution à l'année 1517 environ. Nous avons déjà parlé de ce livre ; il est enrichi de miniatures où l'on a cru voir de la ressemblance avec plusieurs de celles qui décorent le bréviaire du cardinal Grimani de Venise. Horebout a eu pour élèves ses enfants : une fille du nom de Susanne, citée par Albert Dürer dans le journal de son voyage aux Pays-Bas, et deux fils, signalés comme peintres dans les comptes publiés par M. Pinchart, et encore Simon Bening, qui acquit une grande réputation comme miniaturiste.

La renaissance italienne n'eut aucune influence sur les miniaturistes flamands ; ils restèrent tous dans la voie ouverte par les Van Eyck, et Memling exerça de son vivant une puissante influence sur la plupart d'entre eux. Cette influence se prolongea même après sa mort, en telle sorte qu'en tenant compte toutefois des qualités personnelles de chaque artiste, on peut ranger dans la même catégorie, et comme appartenant à la même école, toutes les productions de l'art de la miniature depuis la mort de Philippe le Bon, en 1467, jusque vers le milieu du seizième siècle, époque où l'illustration des livres par des miniatures cessa à peu près d'être en usage. Les bons miniaturistes durant cette période s'efforcèrent de donner une expression fidèle du sentiment religieux de leur temps. Cette expression est plutôt fine et douce qu'énergique ; elle offre même parfois une certaine langueur. Les physionomies sont belles et expressives, et présentent souvent une vérité étonnante, mais les têtes des femmes sont généralement assez monotones ; les figures sont ordinairement longues et ont les membres inférieurs fort grêles. Il est impossible de pousser plus loin la précision et le fini des détails dans les scènes d'intérieur ; la perspective aérienne est plus étudiée que dans la période précédente, et les fonds de paysages sont rendus avec plus de perfection. Il faut dire cependant qu'à côté des vrais artistes qui suivaient cette voie, il y eut beaucoup de praticiens qui exécutaient, comme en fabrique, l'enluminure d'un grand nombre de manuscrits. Ceux-ci abandonnèrent la manière naïve et sincère des grands maîtres, et s'éloignèrent de plus en plus de l'antique simplicité, pour s'adonner uniquement au genre vulgaire et familier, qui ne tarda pas à tourner au trivial.

Suivant notre usage, nous terminerons l'historique de la peinture flamande en miniature au quinzième et au seizième siècle, en signalant sommairement à l'attention des amateurs quelques-uns des plus beaux manuscrits illustrés conservés dans les dépôts publics, et dont l'exécution est postérieure à la mort de Philippe le Bon.

Nous indiquerons d'abord cinq manuscrits de la Bibliothèque nationale de Paris, qui ont été faits pour le célèbre amateur Louis de Bruges, seigneur de Gruthuyse, mort en 1492, dont nous avons parlé au commencement de ce paragraphe ; à savoir : Un volume de format grand in-folio (n° 181 fr.), intitulé *De vita Christi* : c'est l'histoire de Jésus-Christ divisée en sept parties. Il renferme dix grands dessins et sept petits, exécutés à l'encre de Chine en camaïeu très-foncé, avec des rehauts de blanc dans les lumières. On y trouve des compositions savantes ; une entente parfaite du modelé et de la perspective. Les grands dessins occupent ordinairement en largeur les deux colonnes du texte (16 centimètres de largeur sur 13 à 15 de hauteur) ; les petits ne sont que de moitié de cette dimension. Le premier dessin offre deux sujets. A gauche, l'auteur ou le scribe écrit à son pupitre ; à droite, il présente à genoux son livre au seigneur qui lui en a fait la commande. Les autres dessins ont pour sujet la vie et la passion du Sauveur. — Un volume de format in-folio renfermant une traduction de la *Cité de Dieu* de saint Augustin (n° 17 fr.). Les armes de Louis de Bruges étaient peintes dans les vignettes du premier et du neuvième feuillet, mais elles ont été recouvertes par celles de France. Ce livre est enrichi de plusieurs grandes miniatures (de 25 centimètres de haut, sur 21 de larg.), représentant des scènes de la vie de saint Augustin : ce sont de véritables tableaux d'une rare perfection. Les têtes, finement modelées, ont une beauté saisissante, qui résulte beaucoup plus de l'expression que des traits du visage. On y trouve des paysages profonds, dont la perspective est excellente.—Un volume de format in-folio (de 50 centimètres sur 37), intitulé *la Forteresse de la Foi* (n° 20067 fr.). Il ne renferme qu'une seule miniature, mais elle occupe toute une page. C'est une grande composition, où l'on a représenté la forteresse attaquée par les Vices et les Hérésies personnifiés, et défendue par un empereur, des évêques, des moines et des religieuses ; un pape est à une fenêtre, tenant un livre. Ce tableau est d'un naturalisme très-prononcé, mais fort remarquable par la correction du dessin, l'entente de la perspective et la vigueur du coloris. On trouve dans la bordure les armoiries de Louis de Bruges, sa devise : PLUS EST EN VOUS, et une bombarde, emblème qu'il avait adopté. — Une traduction française des *Métamorphoses d'Ovide* en un volume (n° 137 fr.) de format grand in-folio, de deux cent trente-sept feuillets à deux colonnes. Il est enrichi de nombreuses miniatures : les unes, de dix-huit centimètres carrés, occupent la largeur des deux colonnes ; les autres, la largeur d'une seule. Un très-grand nombre d'initiales renferment des sujets en camaïeu gris. Les compositions des miniatures font honneur à l'imagination de l'artiste, mais elles sont en général d'un réalisme exagéré et souvent ridicule. Ainsi, dans la scène de Phaéton qui demande à son père de conduire le char du Soleil, Phébus est représenté sous la figure d'un vieillard vêtu d'une ample robe à plis soyeux, et ayant la tête couverte d'un singulier bonnet. Il est assis sur une chaire élevée dans le style ogival du quinzième siècle ; Phaéton, portant la longue robe des seigneurs de la cour de Bourgogne, est à genoux devant son père. Le char du Soleil n'est autre chose qu'une de ces lourdes voitures à brancard attelée de quatre chevaux en flèche, dont se servent encore aujourd'hui les minotiers pour le transport des farines. Les autres tableaux sont traités dans le même genre ; il est assez singulier de voir les dieux de la Fable avec les costumes et les armes du temps, au milieu des habitations ou des campagnes flamandes. Le dessin manque de correction, mais les têtes, pleines de sentiment, sont modelées avec finesse ; les paysages sont charmants et du meilleur effet. Les bordures des miniatures sont composées, comme dans la plupart des manuscrits de cette époque, de tiges feuillues portant des fleurs et des fruits, au milieu desquelles se voient de petits animaux, des oiseaux, des insectes et quelques grotesques.— L'ouvrage de Boëce, *De consolatione*, avec la traduction en flamand (n° 1 néerlandais), volume de format grand in-folio (de 51 centimètres sur 38). Ce livre, écrit en 1491 par Jean Van Krickenborck, contient cinq grandes miniatures à pleine page, qui se font remarquer par la correction du dessin, la beauté et l'expression des têtes, la richesse des accessoires, la puissance et la finesse du coloris. La première (de 29 centimètres sur 26) est divisée en trois sujets par deux colonnes. A droite, Boëce écrit dans son cabinet ; au centre, la Philosophie, sous la figure d'une femme richement vêtue et couronnée, est assise sur un trône : deux vieillards sont agenouillés à ses pieds ; à gauche, la Philosophie présente un livre ouvert au yeux de Boëce couché sur un lit. Boëce est également représenté avec la Philosophie et d'autres personnages dans les quatre autres miniatures. Les bordures sont enrichies de rinceaux d'argent, de fleurs sur tige, d'oiseaux et de papillons se détachant sur un fond d'or (1).

Nous terminerons nos citations par un livre d'heures de la bibliothèque de l'Arsenal (T. L. 199) que nous aurions dû placer peut-être au premier rang, si nous avions eu à classer les peintures par ordre de mérite. Ce livre, de format in-quarto (de 27 centimètres et demi sur 19), renferme treize miniatures à pleine page de la plus grande perfection. Elles sont encadrées dans des bordures qui reproduisent des dispositions architecturales, de style ogival, exécutées en camaïeu brun rehaussé d'or, dans le style de celles qui sont attribuées à Liévin de Witte dans le bréviaire du cardinal Grimani. Ces membres d'architecture, où l'on voit de petites figures touchées avec finesse, encadrent dans la marge extérieure deux miniatures (de 8 centimètres de haut. sur 35 millimètres de larg.) reproduisant des sujets en rapport avec le tableau principal et rendues en figures souvent microscopiques, d'un fini merveilleux. Les grandes miniatures de ce beau livre sont attribuées à Memling ; et si elles ne sont pas de ce maître, elles sont en général dignes de lui. Il y en a trois surtout qui offrent de belles qualités : un roi assis sur son trône, auquel trois guerriers apportent des présents (fol. 11) ; la sainte Trinité (fol. 71), dont les deux figures principales ont beaucoup de style et de noblesse ; et la dernière, qui reproduit un groupe de trente-sept personnages de différentes conditions, reine, pape, cardinaux, évêques, moines, religieuses, seigneurs, hommes et femmes du peuple, tous à genoux, les mains jointes, et élevant les yeux vers le ciel, où apparaît le Sauveur qui les bénit. Les deux petites miniatures encadrées dans la bordure du tableau reproduisent, l'une dix-huit moines, l'autre dix-huit hommes et femmes à genoux qui tournent tous la tête vers la vision du tableau principal.

III

*Influence de l'école flamande en Allemagne, en Angleterre, en Hollande et dans le midi de l'Europe.*

Jusque vers le milieu du quinzième siècle, les artistes allemands persévérèrent dans le style de l'époque antérieure, mais en s'efforçant toutefois de ce l'améliorer ; aussi trouve-t-on dans les peintres de ce temps une couleur plus vigoureuse, un modelé plus large, une touche plus gracieuse que précédemment. L'école de Cologne persista plus que toutes les autres dans les traditions idéalistes et mystiques des anciens peintres. Stephan Lochner, connu sous le nom de maître Stephan, qui en est le chef renommé, brilla surtout de 1442 à 1451, et étendit son influence en Allemagne. Les miniaturistes s'approprièrent la manière de cet artiste. On peut citer comme exemple un très-beau psautier portant la date de 1453, qui est conservé dans la bibliothèque grand-ducale de Darmstadt. Plusieurs des compositions rappellent celles du grand retable de maître Stephan, qui est placé à la chapelle de sainte Agnès, dans le Dôme de Cologne. Le dessin est correct ; les têtes,

---

(1) Du Sommerard a donné deux des miniatures dans *les Arts au moyen âge*, Album, 8ᵉ série, pl. 29 et 30.

bien modelées, présentent, surtout dans celles des femmes, une ravissante douceur. Après la mort de maître Stephan, l'influence de Van Eyck s'étendit en Allemagne et y devint dominante. Les deux grands peintres allemands de la seconde moitié du quinzième siècle, Martin Schœn et Frédéric Herlen, s'approprièrent le naturalisme flamand, qu'ils exagérèrent souvent en dépassant le but. Les miniaturistes furent naturellement entraînés dans cette voie. Cependant les miniatures allemandes conservent un caractère qui leur est propre, la sévérité du style, un dessin arrêté et souvent sec et dur, qui ne manque pas néanmoins de correction ; mais elles n'ont pas la touche délicate ni la couleur vive et lumineuse de celles de l'école flamande des Van Eyck.

L'Allemagne ne produisit plus, à partir du seizième siècle, aucun monument important de l'art de la miniature.

L'école de miniature hollandaise se trouva entraînée dans le cercle de l'influence des Van Eyck. Elle adopta les conceptions réalistes de ces grands maîtres ; mais les artistes hollandais de la première époque ne s'élevèrent pas à la hauteur des miniaturistes flamands. Ils sont moins corrects dans le dessin des figures ; ils n'ont pas à un même degré que ceux-ci le sentiment de la beauté des formes, non plus que de la grâce des mouvements. Ils apportent, comme leurs modèles, un soin extrême dans l'exécution des détails ; mais leur coloris est d'un ton trop élevé à côté de la pâleur qu'ils laissent aux chairs. Cependant quelques bons miniaturistes se formèrent en Hollande et se montrèrent les émules des Flamands. Nous pouvons donner pour exemple les peintures d'un psautier conservé à la Bibliothèque nationale de Paris (n° 9473 lat.), qui renferme un grand nombre de miniatures à pleine page, d'une belle exécution. Le calendrier est encadré dans des bordures composées de tiges légères chargées de fleurs, au milieu desquelles se détachent quatre médaillons à sujets finement traités. Dans les grandes miniatures, la correction du dessin ne se dément pas, quelle que soit l'exiguïté des proportions. Il y a dans les vêtements des détails infinis d'ornementation, en broderies d'or d'un très-bon goût. Le coloris est vigoureux et éclatant. Nous devons faire observer que le titre, qui est renfermé dans une bordure de fleurs encadrant huit médaillons à sujets, a dû être ajouté au livre. C'est l'œuvre d'un artiste italien de la seconde moitié du quinzième siècle.

L'Angleterre produisit fort peu de manuscrits illustrés au quinzième siècle ; elle empruntait ceux dont elle avait besoin à la France et à la Belgique. Ses miniaturistes, peu nombreux, subirent l'influence de l'école flamande.

Le midi de l'Europe, l'Italie exceptée, fut également, pendant le quinzième siècle et toute la première partie du seizième, sous la domination exclusive des artistes flamands. A la fin de 1428, Jean Van Eyck fut envoyé en Portugal par le duc de Bourgogne pour y faire le portrait de l'infante Isabelle ; ce portrait achevé, Van Eyck en fit beaucoup d'autres et peignit aussi quelques tableaux pour les seigneurs de la cour. Les productions des Flamands qui avaient déjà pénétré en Portugal par la voie du commerce, acquirent encore par là un bien plus grand renom, et le style flamand fut adopté par les peintres portugais. Plusieurs des élèves de l'école de Van Eyck vinrent en Portugal durant le cours du quinzième siècle, et y maintinrent le goût des peintures flamandes. La Bibliothèque nationale de Paris possède plusieurs manuscrits portugais dont les illustrations se rapprochent tellement de celles des livres flamands, qu'on pourrait les attribuer à des élèves de Van Eyck (1). On peut citer entre autres un manuscrit, *la Chronique de la conquête de Guinée*, de 1453 (n° 41 portugais), où l'on voit le portrait en buste de l'infant don Henrique, qu'à son costume on pourrait prendre pour un seigneur de Bourgogne. C'est une peinture peu terminée, mais tout à fait dans le caractère de l'école flamande. Au commencement du seizième siècle, le roi Emmanuel († 1521) fit écrire une collection d'anciens documents qui furent illustrés par le miniaturiste Vasco ; celui-ci, qui, suivant M. de Santarem (2), avait étudié sous le Pérugin, a dû abandonner le style flamand. Au dix-septième siècle, l'école de miniature portugaise présentait encore beaucoup de perfection, à en juger par le beau missel du couvent de Jésus à Lisbonne, dont Estevão Goncasvel Neto peignit les miniatures.

L'influence de l'école flamande s'étendit également en Espagne, et des artistes flamands allèrent s'y établir : un peintre, Jean de Bourgogne, était attaché à la maison de l'archevêque de Tolède en 1495 (3).

## § VII

EN ITALIE, DEPUIS LE TREIZIÈME SIÈCLE JUSQU'A LA FIN DU SEIZIÈME.

### I

*Au treizième siècle.*

Vasari dit dans la Vie de Cimabué, par laquelle il a ouvert ses biographies, que la Seigneurie de Florence, vers le milieu du treizième siècle, voulant faire revivre la peinture, plutôt entièrement perdue qu'écartée de la bonne route, avait appelé des artistes grecs qui commencèrent par peindre les voûtes et les parois de la chapelle des Gondi. Plusieurs critiques italiens se sont élevés contre le dire de Vasari, qui avait eu le tort de citer pour exemple la chapelle Gondi bâtie un siècle plus tard, et ils ont prétendu que la peinture n'avait jamais cessé d'être pratiquée en Italie. Dans leur excellent commentaire de la Vie de Cimabué, MM. Milanesi, en soutenant cette opinion, ont cité les noms et les ouvrages d'un assez grand nombre de peintres qui exerçaient leur art en Italie au onzième siècle, au douzième et dans la première moitié du treizième (4). Nous sommes loin de mettre en doute le témoignage de ces savants ; mais s'il existait des peintres en Italie à ces époques, il faut reconnaître que l'art était très-dégradé. Tous les auteurs qui se sont occupés des origines de la peinture ont reconnu que le style byzantin de la décadence régnait uniquement dans la péninsule italique. Il n'y a donc rien d'étonnant que la Seigneurie de Florence, préférant se servir des maîtres plutôt que de leurs imitateurs, ait appelé des artistes grecs, vers le milieu du treizième siècle, pour leur confier certains

---

(1) DE LABORDE, *les Ducs de Bourgogne*, t. I, p. cxxix.
(2) *Mémoires de la Société des antiquaires de France*, t. XII.
(3) DE LABORDE, *les Ducs de Bourgogne*, t. I, p. cxxxiii.
(4) VASARI, *le Vite de' più eccellenti pittor:, scult. e archit.*, édit. Lemonnier. Firenze, 1846, t. I, p. 254.

travaux de peinture. Toujours est-il que les miniaturistes italiens de la première moitié du treizième siècle n'étaient, à proprement parler, que les imitateurs des Grecs. La bibliothèque Vaticane possède quelques manuscrits illustrés de cette époque qui proviennent d'artistes italiens (évangéliaires, n°ˢ 39 et 5974 ; psautier, n° 585, fonds d'Urbin ; Heures de la Vierge, n° 4763). D'Agincourt a reproduit des miniatures de ces différents manuscrits, et pour justifier l'imitation du style grec qui s'y fait voir, il a donné en regard la reproduction de miniatures tirées de manuscrits grecs du onzième et du douzième siècle (1). Mais les artistes grecs ne pouvaient donner plus qu'ils ne possédaient eux-mêmes, et l'art de la peinture étant arrivé dans leurs mains au treizième siècle à une décadence très-grande, les œuvres des Italiens, leurs élèves ou leurs imitateurs, ne valaient pas mieux que les leurs. Les Grecs néanmoins avaient, malgré l'affaiblissement de l'art, conservé une bonne technique qu'ils transmirent aux miniaturistes italiens ; ceux-ci en effet ne cessèrent jamais de se servir de la gouache et ne subirent pas l'influence de la méthode française du treizième siècle, qui consistait, comme on l'a vu, dans un dessin assez pur, mais simplement enluminé de couleurs d'aquarelle sans aucun modelé. Les manuscrits italiens de ce temps enrichis de miniatures sont assez rares ; nous pouvons cependant en citer quelques-uns en dehors de ceux du Vatican. La bibliothèque de la ville de Sienne possède un livre intitulé : *Ordo officiorum Ecclesiæ Senensis*, où l'on trouve quelques miniatures. On y voit des lettres initiales renfermant de petits sujets, et des bordures où sont figurés des animaux. Ces miniatures, empreintes du style byzantin, offrent beaucoup de sécheresse. Plusieurs écrivains les ont attribuées au chanoine Oderigo, qui n'est que l'auteur du livre et non le peintre, comme l'a établi le docteur Gaetano Milanesi (2). Il ne faut pas non plus confondre cet Oderigo avec Oderigi de Gubbio que Dante a cité dans son poëme et dont nous parlerons plus loin. On trouve encore à Pérouse, dans la bibliothèque publique, un manuscrit de saint Augustin, du même temps, dans lequel on voit le Christ avec plusieurs saints et des sujets tirés de la Genèse. Le style de ces miniatures dénote un élève de l'école byzantine.

Parmi les miniaturistes italiens qui vivaient à la fin du douzième siècle et dans la première moitié du treizième, on doit citer Giovanni Alighieri de Ferrare, qui a laissé son nom sur un manuscrit illustré de Virgile, appartenant à la bibliothèque du séminaire de Padoue, et Gelasio, fils de Niccolò, qui était cité dans une note d'une écriture fort ancienne qu'on lisait à la fin de ce livre, comme miniaturiste et élève de Théophanes, peintre grec établi à Venise (3).

Cependant Nicolas de Pise avait secoué le joug des Grecs et pris les anciens pour modèles, faisant ainsi le premier pas vers un style nouveau qui devait conduire au perfectionnement de la sculpture. D'un autre côté, les Margaritone, les Cimabué, les Tafi, les Guido de Sienne, dans la seconde moitié du treizième siècle, ravivèrent l'art byzantin en donnant plus de rondeur et plus de grâce aux types que les Grecs leur avaient enseignés. Les miniaturistes ne restèrent pas en arrière du mouvement artistique qui se fit alors

---

(1) *Histoire de l'art*, t. II, p. 98, pl. CIII et CIV.
(2) *Siena e il suo territorio*. Siena, 1862, p. 192.
(3) Lanzi, *Histoire de la peinture en Italie*, traduction de Mᵐᵉ Dieudé. Paris, 1824, t. V, p. 5.

sentir en Italie ; ils abandonnèrent le style grec, et se mirent simplement à étudier la nature, sans consulter d'autres modèles. Les manuscrits illustrés qui subsistent viennent démontrer qu'ils avaient déjà poussé fort loin la peinture avant que Giotto eût exécuté ses grands travaux (1).

À l'appui de ce fait, nous pouvons citer plusieurs manuscrits de cette époque appartenant à la Bibliothèque nationale de Paris, savoir : Un manuscrit (n° 688 fr.) qui renferme une traduction de la Chronique d'Isidore de Séville et d'autres ouvrages. Bien qu'il soit écrit en mauvais langage français, M. Paulin Paris n'hésite pas à le regarder comme italien et le juge du treizième siècle (2). Le frontispice, au folio 1$^{er}$, est divisé en huit compartiments où sont reproduites des scènes empruntées aux premiers faits de la Genèse. Les fonds d'or des Byzantins sont abandonnés ; deux des fonds sont bleus avec un semis de fleurs de lis d'or ; les autres sont en couleur et couverts d'un quadrillé d'une couleur différente. Un grand nombre d'initiales de quatre à cinq centimètres carrés servent de cadres à de jolies figures à mi-corps dont la plupart reproduisent des femmes. Le dessin en est très-fin et très-correct, et le modelé est obtenu par la dégradation des couleurs d'une gouache bien empâtée, sous laquelle le trait de l'esquisse a complétement disparu. — Un évangéliaire (n° 187 lat.) qui renferme un très-grand nombre de miniatures. On peut reprocher à certaines figures d'être un peu courtes et au modelé de présenter peu de relief, mais la couleur est savante et les draperies accusent des traditions de l'art antique. — Un fragment du roman abrégé de *Tristan*, manuscrit (n° 755 fr.) de format in-folio (de 33 centimètres sur 23), qui renferme à chaque page une miniature de la largeur du texte et de dix centimètres de hauteur. Le dessin est assez correct et le modelé bien accentué ; les attitudes et les mouvements sont remarquables pour cette époque ; les chevaux sont beaucoup mieux étudiés que dans les manuscrits français du même temps. Le coloris consiste en une gouache bien empâtée ; on y trouve encore quelques fonds d'or, mais la plupart sont en couleur et enrichis de quadrillés d'or qui contiennent dans leurs carreaux des ornements divers. — Enfin un évangéliaire vénitien (n° 112 italien), qui vient démontrer qu'à Venise même, où les artistes grecs s'étaient principalement établis, le style byzantin avait été abandonné par les miniaturistes.

Parmi les peintres en miniature de la fin du treizième siècle, on peut citer à Sienne : Sandro di Guidone ; Ser Cola, fils de maître Giovanni ; et Sozzo di Stefano, qui avait enrichi de miniatures un recueil des constitutions papales et impériales ajoutées aux lois constitutives de la république de Sienne (3). Nous ne devons pas non plus manquer de signaler Oderigi de Gubbio, qui devait être un grand artiste, puisqu'il est cité par Dante comme l'honneur de sa patrie et de l'art de la miniature :

O, dissi lui, non se' tu Oderisi,
L'onor d'Aggobbio, e l'onor di quell' arte,
Ch' alluminare è chiamata in Parisi (4).

---

(1) Lanzi, *Histoire de la peinture en Italie*, traduction de M$^{me}$ Dieudé, t. III, p. 12.
(2) *Les Manuscrits français de la Bibliothèque du Roi*, t. V, p. 333.
(3) Dott. G. Milanesi, *Siena e il suo teritorrio*, p. 193.
(4) *La Divina Commedia*, del Purgatorio, canto XI. Firenze, 1821, t. II, p. 129.

Nous ferons remarquer que la plupart des auteurs français qui ont écrit sur l'art de la miniature ont invoqué ce passage de Dante pour prétendre que le grand poëte italien avait signalé « Paris comme la cité par excellence dès qu'il s'agissait de trouver des peintres » habiles », et pour avancer que ces peintres parisiens « avaient sans doute enseigné ceux » que son pays admirait ». Mais Dante se borne à dire que l'art cultivé par Oderigi s'appelait à Paris enluminer. Ce grand poëte était en toute chose un esprit trop distingué pour préférer les enluminures de Paris aux charmantes miniatures à la gouache que produisaient les peintres italiens à la fin du treizième siècle.

II

*Au quatorzième siècle.*

Les grands peintres italiens de la seconde moitié du treizième siècle avaient réformé l'art byzantin. Au commencement du quatorzième, Giotto, élève de Cimabué, ne se croyant pas obligé de marcher sur les traces de son maître, imprima à la peinture une tendance plus originale; abandonnant les vieux types, il fonda un art tout nouveau en s'attachant à une étude plus libre de la nature. Les peintures de Giotto se faisaient remarquer par l'intelligence des groupes et des lignes dans l'ordonnance des compositions, par l'individualité prononcée des visages et la variété des figures, par la justesse des attitudes et la dignité des poses, par la noblesse et la simplicité des draperies et par la vérité des paysages. La nouvelle tradition fondée par Giotto triompha de presque toutes les résistances et fut mise en pratique d'un bout à l'autre de l'Italie dans toutes les écoles. Les miniaturistes, qui déjà avaient abandonné le style byzantin de la décadence, s'inspirèrent pour la plupart de la manière de Giotto. En visant principalement au dramatique et en empruntant souvent à l'époque contemporaine le costume et l'accessoire, ils se rapprochèrent sous ce rapport des miniaturistes français et flamands; mais ils les surpassèrent par un sentiment plus exquis dans le détail des compositions, par plus de naturel dans l'expression des têtes, par plus de précision dans le dessin, et par un agencement plus gracieux des gestes et des attitudes. Ils différaient surtout des miniaturistes du Nord et de l'Occident par le modelé qu'ils savaient obtenir au moyen d'une savante dégradation des couleurs.

Cependant quelques miniaturistes n'adoptèrent pas d'une manière absolue la réforme de Giotto, et conservèrent, tout en abandonnant le style byzantin, une prédilection particulière pour la manière de l'école de Sienne, représentée au commencement du quatorzième siècle par Duccio (1), et un peu plus tard par Simone di Martino, plus connu sous le nom de Simone, Memmi († 1344). Celui-ci, abandonnant complètement ce que Duccio avait pu conserver de la manière byzantine, se fit remarquer par la gracieuse élégance des contours, par un mélange de suavité et de majesté dans les types, et par le charme de son coloris. Les plus parfaits miniaturistes italiens du quatorzième siècle surent allier à l'énergie

---

(1) Le magnifique tableau peint sur ses deux faces, qu'il exécuta pour le maître autel de la cathédrale de Sienne, y fut porté en grande pompe le 9 juin 1310. (Dott. GAETANO MILANESI, *Siena e il suo territorio*, p. 165.)

réaliste de Giotto la grâce idéale des compositions de Simone di Martino, et la parfaite harmonie de son coloris. Dans le dernier quart du quatorzième siècle, les miniaturistes avaient su profiter de toutes les améliorations qui s'étaient produites dans la peinture, améliorations dont le célèbre Orcagna († vers 1376) à Florence, et Taddeo di Bartolo à Sienne, avaient été les principaux promoteurs.

On connaît quelques-uns des miniaturistes du quatorzième siècle qui avaient acquis de la réputation. Franco de Bologne paraît avoir été élève de Oderigi, et mérita d'être, comme son maître, célébré par Dante (1). Niccolò, aussi de Bologne, a laissé son nom sur un manuscrit de format grand in-folio enrichi de miniatures, appartenant à la bibliothèque Vaticane (n° 2639). Indépendamment d'un grand nombre de miniatures reproduisant des faits de l'Ancien et du Nouveau Testament, on y trouve de grandes initiales en or qui renferment des figures (2). Cola di Fuccio et Niccolò, fils de Ser Sozzo Tegliacci († 1363), appartiennent tous deux à l'école de Sienne, où l'art de la miniature était en grand honneur. Ce dernier a laissé sur la première page d'un volume contenant le Cartulaire de la république de Sienne, exécuté vers 1336, et que l'on conserve aujourd'hui dans les Archives des réformes de cette ville, une miniature où il a représenté l'Assomption de la Vierge entourée d'une foule d'anges, et dans le bas, saint Thomas. La sagesse de la composition, la correction du dessin et la suavité du coloris, font de cette miniature une œuvre très-remarquable. L'un des grands peintres de l'école de Sienne, Simone di Martino, cédant au goût de son temps, ne dédaigna pas la miniature. On conserve en effet, à la bibliothèque Ambrosienne de Milan, un manuscrit de Virgile qui a appartenu à Pétrarque, et dans lequel on voit une miniature à pleine page de la main de Simone. Virgile est représenté assis, dans l'attitude d'un homme qui se prépare à écrire, ayant les yeux élevés vers le ciel comme pour y chercher des inspirations ; Énée, auquel un génie montre Virgile, figure l'Énéide ; les Bucoliques sont représentées par un berger qui trait des brebis, et les Géorgiques, par un agriculteur qui taille la vigne ; en même temps, Servius, le commentateur de Virgile, tire vers lui un rideau, pour indiquer qu'il dévoile par ses explications ce qui pourrait paraître obscur au lecteur. Cette grande page est d'une composition savante et originale ; le coloris est vigoureux, et les draperies disposées avec art : mais c'est plutôt l'œuvre d'un peintre d'histoire que celle d'un miniaturiste ; elle manque de finesse, et les mains sont d'un dessin fort négligé.

Lippo di Vanni, élève de Simone di Martino, florissait à Sienne : il y a exécuté des fresques importantes dans les églises et dans la grande salle du palais public ; il termina en 1344, pour la chapelle de l'hôpital della Scala de cette ville, les miniatures d'un lectionnaire qui avaient été commencées par un miniaturiste du nom de Simone di Gheri (3).

Nous ne devons pas passer sous silence l'école de miniature qui se forma, dès le commencement du quatorzième siècle, dans le monastère des Anges, de l'ordre des Camaldules, fondé près de Florence en 1295. Vers le milieu du quatorzième siècle, deux moines de ce monastère, dom Jacopo, scribe éminent, et dom Silvestro, miniaturiste, dotèrent

---

(1) Lanzi, *Histoire de la peinture*, traduction de M<sup>me</sup> Dieudé, t. IV, p. 179.
(2) D'Agincourt, *Histoire de l'art*, pl. LXXV, a donné la reproduction de deux de ces miniatures.
(3) Dott. G. Milanesi, *Docum. per la storia dell' arte Senese*, t. I, p. 27.

l'église du couvent de livres de chœur qui firent plus tard l'admiration de Laurent de Médicis, et que Léon X aurait emportés à Rome s'ils avaient été écrits conformément à la liturgie romaine. Les livres du monastère des Anges sont passés dans la bibliothèque Laurentienne, mais presque tous dépouillés de leurs peintures. Deux de ces manuscrits cependant, renfermant les offices des dimanches, contiennent des miniatures si parfaites, que Cicognara a cru devoir les attribuer aux premières années du seizième siècle; et cependant l'un des manuscrits porte la date de 1409 et l'autre celle de 1410. On ne saurait trop déplorer l'acte de vandalisme, hélas! si fréquent, qui a fait enlever aux manuscrits leurs miniatures pour les disperser de tous côtés. Dans ses Commentaires sur Vasari, M. Leclanché nous apprend que M. Young Ottley, de Londres, possède une série de lettres ornées qui ont été arrachées à l'un des livres de chœur que dom Silvestro avait illustrés en 1350 (1). M. Ottley peut en être satisfait, mais nous regrettons fort pour les amis des arts qu'ils ne puissent voir les belles miniatures de ce moine artiste à leur place, dans les manuscrits que conserve la Laurentienne. Nous terminerons cette énumération des miniaturistes italiens du quatorzième siècle par Fra Giacomino de Sienne, qui écrivit un beau missel en 1389 et l'enrichit de peintures pour une société de Saint-Antoine (2).

Les livres du quatorzième siècle enrichis de miniatures ne sont pas très-communs en Italie. On peut en donner la raison. Ce sont surtout les livres d'église qui recevaient ce genre d'illustration; mais au quinzième siècle les livres anciens étaient devenus incomplets et défectueux, en raison des nombreux offices nécessaires à la célébration de la fête d'une grande quantité de saints canonisés durant le treizième et le quatorzième siècle; les églises et les corporations religieuses firent donc exécuter de nouveaux livres de chœur, et les anciens, abandonnés et dédaignés, ont disparu pour la plupart. La perfection à laquelle s'éleva au quinzième siècle l'art de la miniature fut également la cause de l'exécution de nouveaux livres et de la perte des anciens. Cependant on en trouve encore quelques-uns, mais ils sont dispersés dans les églises et dans les couvents, et il n'est pas toujours facile de les y découvrir. Parmi les plus beaux, nous devons placer un missel du quatorzième siècle appartenant à l'église Saint-Ambroise de Milan, où l'on trouve un grand nombre de miniatures d'un dessin très-correct, d'un coloris puissant, et d'une grande finesse d'exécution. L'une des peintures les plus importantes est celle qui représente le couronnement de Jean Galéas Visconti, duc de Milan (1395 † 1402).

La Bibliothèque nationale de Paris possède quelques beaux manuscrits italiens du quatorzième siècle. Parmi ceux dont les peintures accusent l'influence de la manière de Giotto, nous signalerons le manuscrit des Œuvres de saint Thomas d'Aquin (n° 233 ital., dont quelques-unes des miniatures ont encore gardé des traces du style byzantin; — le Livre de l'institution de l'ordre du Saint-Esprit, fondé par Louis, roi de Sicile, en 1352 (n° 4274 fr.) (3); — un manuscrit des romans de la Table ronde (n° 343 fr.), qui appartenait, au quinzième siècle, au duc de Milan Galeazzo Maria Sforza; — un manuscrit (n° 74 ital.) renfermant la première partie de la *Divine Comédie* de Dante. On y voit, au folio 1ᵉʳ,

---

(1) Vasari, *Vie des peintres*. Paris, 1843, t. VII, p. 221.
(2) Dott. G. Milanesi, *Siena e il suo territorio*, p. 194.
(3) Ce manuscrit, qui était sorti de la Bibliothèque nationale en 1852, pour prendre place dans le musée des Souverains au Louvre (n° 73 de la *Notice* de ce musée), lui a été restitué en 1872.

un curieux enfer ; les rochers et les arbres sont traités dans plusieurs des miniatures à la façon du sculpteur Leonardo dans ses bas-reliefs d'argent de l'autel de Pistoia (1).

La bibliothèque de l'Arsenal conserve un manuscrit de format petit in-folio, le *Miroir du salut*, *Speculum salvationis* (T. L., n° 384) : d'après une mention qu'on y trouve, il aurait été exécuté en 1324 : ses miniatures se rattachent, à certains égards, à la manière de Taddeo Gaddi, le plus habile des élèves de Giotto ; elles se distinguent par la sagesse des compositions et par la précision et la fermeté du dessin.

Comme exemple des productions qui rappellent l'école de Sienne et l'influence de Simone di Martino, nous citerons une Bible en images de format in-folio (de 29 centimètres de hauteur sur 20 de largeur), conservée à la Bibliothèque nationale (n° 9561). Ce beau volume a appartenu à la reine Jeanne d'Évreux, femme de Charles le Bel († 1328), et ensuite à Charles V. Il se compose de cent quatre-vingt-neuf folios qui offrent chacun une peinture avec une explication de quelques lignes seulement ; on a donc là plutôt un recueil de miniatures qu'un livre. Le folio 1$^{er}$ est entièrement occupé par Dieu le Père, tenant dans les mains l'univers sous la forme d'un globe bleu où l'on voit le soleil, la lune, les étoiles, et au centre une montagne de terre qui figure le globe terrestre. Jusques et y compris le folio 112, chaque page compte deux sujets : dans le haut, une ou plusieurs histoires tirées de la Bible, et dans le bas des scènes empruntées au Nouveau Testament. A partir du folio 113, les miniatures, à pleine page, ont pour sujets les faits de l'Évangile. Toutes ces peintures n'ont pas un égal mérite ; on y trouve souvent de la roideur dans les attitudes ; mais elles sont en général dessinées correctement ; les têtes sont bien modelées et remplies d'expression ; des couleurs claires sont ordinairement employées dans les vêtements. Nous pouvons encore citer comme appartenant à l'école de Simone di Martino plusieurs des miniatures d'un psautier de format in-folio (de 48 cent. de haut. sur 32 de larg.) qui est conservé à la Bibliothèque nationale (n° 8846 lat.). Ce précieux manuscrit renferme un très-grand nombre de peintures de différentes époques, et présente une sorte d'encyclopédie de l'art de la miniature en Italie au treizième et au quatorzième siècle. Les trois premiers folios, divisés en quatre lignes horizontales, renferment un très-grand nombre de petites miniatures sur fond d'or, dont l'exécution doit remonter aux premières années du treizième siècle. Les peintures qui se voient ensuite jusqu'au folio 72 peuvent appartenir à la seconde moitié de ce siècle ; mais, sur les folios suivants, on trouve des miniatures d'une exécution beaucoup plus parfaite ; le dessin annonce une main très-exercée, et les compositions un artiste original, dont la gouache est d'une grande délicatesse et d'un éclat très-suave. L'auteur de ces peintures, qui devait pratiquer son art vers le milieu du quatorzième siècle, est un de ces miniaturistes qui avaient su profiter tout à la fois de la manière de Giotto et de celle de Simone di Martino pour en composer un style délicieux.

Enfin, comme exemple des miniatures de la fin du quatorzième siècle, dans lesquelles on voit apparaître des tendances encore plus avancées, par rapport à la conception et à l'étude de la nature, nous signalerons celles qui enrichissent trois manuscrits de la Bibliothèque nationale : une Bible de format grand in-folio (n° 18 lat.) exécutée pour Clément VII (1378 † 1394) ; les Heures de Louis, duc d'Anjou, roi de Sicile († 1385), de format in-octavo

---

(1) Voyez la planche LX de notre album, et plus haut, page 80.

(n° 18014 lat.), et une Bible de format in-folio maximo, en latin et en français (n° 166 fr.), avec des moralités allégoriques. Ce magnifique manuscrit contient cent soixante-huit folios, soit trois cent trente-six pages, qui sont partagées en deux colonnes et contiennent chacune huit articles de texte, quatre fragments de la Bible et quatre commentaires s'y rattachant. Chacun de ces fragments et commentaires est accompagné d'une miniature de 65 à 70 millimètres de hauteur sur 45 et 50 de largeur ; c'est donc huit miniatures à la page, soit en tout deux mille six cent quatre-vingt-huit miniatures. Mais ces peintures sont de différentes époques et de différentes mains, et n'appartiennent pas toutes à l'Italie. Celles qui enrichissent les trente-trois premiers folios sont les seules qui puissent être rapportées à la fin du quatorzième siècle, époque de l'écriture du manuscrit. On peut y reconnaître la main de trois artistes différents, qui ne sont pas égaux en mérite, mais qui cependant sont attachés tous trois à l'école italienne de ce temps. Toutes ces peintures sont remarquables par la correction du dessin, la vigueur du modelé, l'expression des têtes et par la belle disposition des draperies, qui laissent deviner les formes et les mouvements du corps. Les fonds offrent des paysages et des monuments où l'entente de la perspective linéaire commence à se produire. En dehors de ces charmantes miniatures, on voit au folio de garde un dessin à pleine page fait à la plume, avec une correction et une délicatesse admirables. Il reproduit saint Jérôme assis devant un pupitre, dans une salle dont la décoration appartient au style ogival italien du quatorzième siècle. Rien de plus gracieux que les figures d'anges jouant de divers instruments qui sont disposées sur les rampants des pignons subtrilobés des arcades. Toute cette architecture est digne d'Orcagna. Les miniatures qui se voient au delà du folio 33 ont été exécutées dans la seconde moitié du quinzième siècle, et un assez grand nombre même sont du seizième. Celles qui remplissent les folios 41 à 47 peuvent être comptées parmi les chefs-d'œuvre de la peinture du quinzième siècle ; on les a attribuées à Jean Van Eyck. Nous n'avons pas à nous en occuper ici. A partir du folio 145, les figures ne sont que préparées ; l'ornementation du manuscrit n'a point été terminée.

### III

*Au quinzième et au seizième siècle.*

Une ère nouvelle s'ouvrit pour l'art, en Italie, avec le quinzième siècle. C'est alors que l'on vit paraître Donatello, Brunelleschi, Ghiberti et Michelozzo, qui produisirent, en marbre, en bronze et en argent, des ouvrages d'une perfection ravissante qui n'a pas été surpassée. La peinture ne resta pas en arrière. Giotto et les peintres de son école, en abandonnant le style byzantin de la décadence, avaient ouvert à l'art une nouvelle voie qui était celle de la vérité ; mais leurs productions laissaient beaucoup à désirer dans certaines parties, comme le clair-obscur et la perspective. Dès le commencement du quinzième siècle, Brunelleschi et Paolo Ucello avaient su en déterminer les règles, et bientôt Masolino da Panicale (1403 † 1440) et Masaccio, profitant de ces premiers efforts, donnèrent à la peinture une impulsion décisive en y introduisant des perfectionnements qui devinrent le point de départ d'un nouvel essor. Masolino, qui, d'après Vasari, aurait eu Ghiberti pour premier maître, substitua à la sécheresse dont les œuvres de l'école de Giotto étaient empreintes une douce harmonie de tons ; il sut donner de la suavité et de l'expression aux airs de tête, surtout dans les figures de femmes, et appliquer d'une manière très-heureuse les lois de la perspective. Masaccio (1402 † 1443), d'une nature plus énergique, se signala par une étude approfondie du corps humain, par la pureté et le goût exquis de son dessin, par la science qu'il déploya dans le modelé à l'aide d'heureux contrastes dans le jeu des ombres et des lumières, et par la façon dont il sut vaincre les plus grandes difficultés de la perspective linéaire. On peut le considérer comme un peintre naturaliste, en prenant cette expression dans son acception la plus élevée, car le naturalisme de Masaccio n'a rien de vulgaire, rien de trivial. A côté de ces deux grands artistes, il faut en placer un troisième, leur contemporain Fra Giovanni Angelico (1387 † 1455), qui prit l'habit en 1408, dans le monastère des Dominicains à Fiesole. Complétant d'une manière pieuse et touchante l'œuvre des Siennois, Fra Giovanni s'appliqua à étudier les différentes affections de l'âme et à les rendre dans les traits du visage et dans les gestes de ses personnages ; il élargit cette voie ouverte à la peinture, et sut s'en rendre maître par des moyens artistiques qui lui étaient propres. L'abandon des biens et des joies de la vie du monde, la pureté de son esprit et l'élévation de son âme concoururent à faire de lui le peintre le plus parfait des sentiments.

Les miniaturistes italiens cherchèrent à s'approprier les qualités de ces grands artistes, et surent unir dans leurs charmantes compositions, au réalisme intelligent et classique pour ainsi dire de Masaccio, l'idéalisme touchant de Fra Angelico. Les procédés matériels reçurent dès cette époque de grandes améliorations, et la gouache en arriva à des résultats qui ne purent être surpassés que par une pratique consommée de la peinture à l'huile. A partir du quinzième siècle et jusque vers le milieu du seizième, les peintres qui cultivaient la miniature en Italie s'associèrent à tous les progrès de la grande peinture, et suivirent pas à pas les maîtres qui, dans cette terre classique des arts, avaient porté l'art de peindre au plus haut degré de perfection.

Les miniaturistes ont été très-nombreux en Italie au quinzième siècle, et les noms de beaucoup d'entre eux sont parvenus jusqu'à nous. Leurs plus belles œuvres ont échappé pour la plupart à la destruction, et sont encore conservées dans les églises et dans les bibliothèques publiques. Nous pensons qu'il y a de l'intérêt à mentionner les plus connus d'entre ces artistes, et à rappeler en même temps les charmantes productions qui sont attribuées à chacun d'eux (1).

On a vu que le monastère des Anges de l'ordre des Camaldules, élevé près de Florence à la fin du treizième siècle, avait été dès l'origine de sa fondation une pépinière d'artistes. C'est dans cette abbaye que nous trouvons les premiers miniaturistes du quinzième siècle que nous ayons à nommer. Lorenzo, moine de ce monastère, se livra dès sa jeunesse à la peinture, et il y réussit parfaitement. Il a fait un grand nombre de tableaux. Vasari avait

---

(1) Les renseignements les plus importants que nous ayons obtenus sur ce sujet nous ont été fournis par les travaux de MM. Gaetano et Carlo Milanesi et Carlo Pini, qui, par de savants commentaires appuyés de documents recueillis dans les archives de l'Italie, ont rectifié et complété l'œuvre de Vasari, et en ont fait un livre entièrement nouveau qui offre le plus grand intérêt pour l'histoire de l'art (édition Felice Lemonnier, Firenze, 1846-1857). Les *Nuove Indagini con documenti inediti per servire alla storia della miniatura italiana*, t. VI, p. 159, de leur édition de Vasari, sont surtout un remarquable travail. Les travaux des savants que nous venons de signaler nous ont souvent servi de guide dans nos recherches des miniatures en Italie. Toutes nos citations de Vasari sont puisées dans cette édition.

cité comme l'un des plus remarquables celui qu'il peignit en 1413 pour le maître autel de son couvent. Ce tableau avait été remplacé, au seizième siècle, par une toile d'Allori, et l'on ne savait ce qu'il était devenu. Après de longues recherches, MM. Gaetano et Carlo Milanesi l'ont retrouvé dans l'église de l'abbaye de Saint-Pierre à Ceretto : c'est une œuvre magnifique, qui assure à son auteur un rang très-distingué parmi les peintres du commencement du quinzième siècle. Vasari, dans la première édition de ses œuvres, avait dit que Lorenzo, travailleur infatigable, avait illustré de miniatures une grande quantité de livres du monastère des Anges et de l'ermitage des Camaldules. Après avoir étudié avec soin les œuvres peintes de Lorenzo, les frères Milanesi se sont mis à la recherche de ses miniatures, et ont été assez heureux pour rencontrer un manuscrit illustré par lui dans la sacristie de l'église de l'hôpital de Santa-Maria Nuova de Florence. Cinq grandes miniatures représentent des sujets tirés de l'Évangile ; les autres, plus petites, des figures de saints. Toutes révèlent les belles qualités que Lorenzo a déployées dans ses tableaux. Sa manière se rapproche de celle de Taddeo Gaddi, qu'il surpasse par la finesse de l'exécution. Il se rapproche aussi de Fra Angelico par le charme de ses compositions (1).

A côté de Lorenzo on doit placer parmi les miniaturistes Fra Giovanni Angelico de Fiesole, que nous avons déjà nommé. Comme nous l'avons dit, il s'est fait une belle réputation par ses tableaux, dont un assez grand nombre sont conservés dans les églises d'Italie et dans les musées principaux de l'Europe. Il existait du temps de Vasari, dans le couvent de Saint-Marc de Florence, plusieurs livres d'église ornés de miniatures d'une beauté merveilleuse que Fra Angelico avait peintes avec l'aide de son frère Fra Benedetto, qui avait pris l'habit en même temps que lui. Santa-Maria del Fiore, cathédrale de cette ville, possédait aussi à cette époque deux livres d'un grand format, décorés de belles miniatures par Fra Angelico. Le grand nombre de tableaux exécutés par lui ne permet pas de supposer qu'il ait pu trouver le temps d'enrichir de miniatures une grande quantité de livres, et il est à croire que ceux que vit Vasari avaient été illustrés pour la plupart par Benedetto, qui, n'ayant pas la réputation de son frère comme peintre de tableaux, put consacrer à la miniature les loisirs que lui donnait la tranquillité de la vie claustrale. Benedetto mourut en 1448, revêtu des fonctions de prieur du couvent de Saint-Dominique de Fiesole. On ne peut signaler avec certitude aucune miniature des deux frères comme existant encore (2).

Nous avons encore un moine camaldule à inscrire parmi les miniaturistes du quinzième siècle, c'est dom Simone. Il a signé les miniatures d'un antiphonaire qui est conservé dans l'église Santa-Croce de Florence. Le style large qui s'y fait voir doit faire supposer que Simone s'est livré à la grande peinture (3).

Giovanni, fils de Paolo, peintre siennois, était déjà connu en 1423, et fut inscrit en 1428 parmi les membres de la corporation des peintres. Il a fait un grand nombre de tableaux, dont plusieurs sont conservés dans la galerie de l'Académie des beaux-arts de Sienne. Les grandes figures peintes par Giovanni di Paolo sont disgracieuses et d'un dessin peu correct ; mais il sait éviter ces défauts dans les petites, auxquelles il donne beaucoup

---

(1) Vasari, *Vita di Lorenzo*, édition Lemonnier. Firenze, 1846, t. II, p. 215.
(2) Idem, *Vita di frate Giovanni da Fiesole*, t. IV, p. 25, e il Commentario, p. 44.
(3) Idem, *Vita di dom Lorenzo*, t. II, p. 213, note 1.

de naturel ; il se fait remarquer par la fécondité de son imagination et par son bon goût. Il emploie toujours des couleurs vives et franches, et il s'étudie, dans les ornements, à imiter la nature. Sa manière pleine d'originalité permet de reconnaître ses œuvres sans craindre de se tromper ; aussi a-t-on pu lui attribuer treize des miniatures qui enrichissent un antiphonaire de format in-folio provenant du monastère des Ermites de Saint-Augustin de Lecceto, qui est aujourd'hui conservé à la bibliothèque publique de Sienne (1). M. Curmer a reproduit, mais dans une dimension plus petite, l'une de ces miniatures, qui occupe environ la moitié d'une page. Elle est renfermée dans la lettre initiale E et représente les Apôtres aux pieds du Christ. Les ornements qui entourent la page sont traités avec un goût parfait et une grande délicatesse d'exécution (2). Giovanni di Paolo vivait encore en 1481 ; on ne possède aucun document sur lui au delà de cette époque.

Dom Bartolommeo della Gatta était moine camaldule du monastère des Anges à Florence. D'après Vasari, il faudrait dater sa naissance de 1408. Dès sa jeunesse, il se montra habile dans le dessin et bon miniaturiste. On a supposé qu'il était élève de dom Lorenzo. Vasari parle des belles miniatures qu'il exécuta dans l'abbaye d'Arezzo pour les moines de Santa-Fiore e Santa-Lucilla, de celles dont il décora les livres qu'on voyait à Saint-Martin, cathédrale de Lucques, et surtout d'un beau missel qui fut donné plus tard au pape Sixte IV (1471 † 1484). Après avoir achevé ces ouvrages, il fut nommé abbé du monastère de Saint-Clément d'Arezzo par Mariotto Maldoli, général des Camaldules, et par reconnaissance il fit pour celui-ci et pour son ordre une foule de travaux. Il existe dans le Dôme (3) de Lucques sept livres de chœur ornés de miniatures, mais elles sont de différentes mains, et il est difficile de dire quelles sont celles qui peuvent appartenir à dom Bartolommeo. La bibliothèque Magliabecchiana de Florence conserve un volume contenant l'office de saint Éloi, qui provient de l'église de ce nom. On y voit plusieurs miniatures très-belles, qui rappellent le style de dom Lorenzo. Au folio 61, on trouve une mention qui donne au manuscrit la date de 1421, et qui désigne dom Bartolomeus comme auteur des illustrations. Il ne serait pas possible de reconnaître dans ce Bartolomeus de 1421 l'abbé dom Bartolommeo della Gatta, si Vasari ne s'est pas trompé sur la date de sa naissance ; mais Vasari commet souvent de très-grandes erreurs sur les dates, et pour peu que notre abbé soit né quelques années plus tôt que 1408, il pourrait avoir été le peintre du manuscrit conservé à la Magliabecchiana. L'abbé de Saint-Clément d'Arezzo a fait pendant sa vie un grand nombre de tableaux et de fresques. Il mourut en 1491 (4).

La célèbre église de Santa-Maria del Fiore, cathédrale de Florence, possède vingt-six livres de chœur, antiphonaires ou graduels, enrichis des plus splendides miniatures. Les plus anciens de ces livres ne remontent pas au delà de 1508 ; mais des documents qui

---

(1) C. et G. Milanesi et C. Pini, *Indagini per servire alla storia della miniatura italiana*, ap. Vasari, édit. Lemonnier, t. VI, p. 186 et 309.

(2) Curmer, *les Évangiles des dimanches et fêtes*. Paris, 1864, p. 156.—M. Curmer a rendu un grand service à l'histoire de l'art de la miniature en faisant reproduire dans ses *Évangiles* un très-grand nombre des plus belles œuvres des miniaturistes des anciens temps. Il est fâcheux seulement qu'il n'ait pas donné à sa publication une forme purement artistique, et qu'il ait souvent réuni dans la même page, pour en composer l'illustration, des œuvres de maîtres différents. Sa publication splendide offre néanmoins une grande utilité, et nous aurons souvent à la citer.

(3) On donne en Italie le nom de dôme, *duomo*, aux églises cathédrales.

(4) Vasari, *Vita di dom Bartolommeo*, t. V, p. 44, et note 1, p. 53 et note 7.

existent encore dans les archives de l'église établissent que depuis 1440 les administrateurs de la fabrique avaient constamment fait écrire des livres de chœur enrichis de miniatures exécutées par les meilleurs artistes. Les travaux des miniaturistes du seizième siècle ont éclipsé ceux de leurs devanciers, et en 1778 les livres de chœur qui étaient antérieurs à 1508 furent portés, pour la plupart, à la bibliothèque Laurentienne, où ils sont conservés (1).

L'élégante cathédrale de Sienne conserve également dans une magnifique salle, décorée des fresques de Pinturicchio, vingt-neuf grands volumes illustrés de charmantes miniatures exécutées par les meilleurs artistes de la seconde moitié du quinzième siècle (2). Les archives de l'église, dépouillées avec soin par les frères Milanesi, ont fourni les noms de ces miniaturistes, et l'examen de leurs œuvres signées ou suffisamment désignées par des documents authentiques a permis d'en reconnaître d'autres. Nous pouvons donc, grâce aux travaux de ces savants et à l'examen que nous avons fait nous-même d'un très-grand nombre de livres illustrés conservés dans les églises et les bibliothèques de Florence, de Sienne, de Rome et d'autres villes encore, fournir des renseignements sur les principaux peintres en miniature qui florissaient dans la seconde moitié du quinzième siècle, signaler leurs œuvres et en apprécier le mérite.

Filippo, fils de Matteo Torelli, avait peint en 1440 deux psautiers pour la cathédrale de Florence ; on ne sait ce qu'ils sont devenus. Mais en 1467 et 1468, il enrichit de miniatures un évangéliaire de format petit in-folio, qui est conservé à la bibliothèque Laurentienne de Florence (n° 115). Le coloris de cet artiste est faible dans les carnations, mais il sait disposer et modeler avec art les plis des vêtements ; l'ornementation dont il enrichit les pages est délicate et gracieuse.

Bartolommeo et Giovanni, fils d'Antonio, travaillaient à peu près à la même époque. En 1446, ils enrichirent de peintures, pour Santa-Maria del Fiore, un lectionnaire, en quatre parties, qui appartient aujourd'hui à la Laurentienne (n°° 144 à 147). Ce sont pour la plupart de petits sujets et des figures de saints en pied ou en buste. Dans la troisième partie, on trouve une miniature plus grande, qui représente saint Zanobi exorcisant un enfant. Le sujet est bien composé et traité avec assez d'art. Les motifs d'ornementation sont très-soignés. On reconnaît bien deux mains différentes et d'un mérite fort inégal dans les peintures de ces volumes, mais il n'est pas possible de dire ce qui appartient à l'un ou à l'autre des deux frères.

Les archives du Dôme de Florence donnent le nom du prêtre Benedetto Silvestri comme auteur des miniatures de deux graduels qu'il aurait été chargé d'illustrer en 1457.

Zanobi Strozzi, né en 1412, eut pour maître le célèbre Fra Giovanni Angelico (3). Les archives de Santa-Maria del Fiore constatent qu'on lui donna à faire les illustrations de deux grands antiphonaires, en société avec Francesco, fils d'Antonio. Ces deux livres, et un autre antiphonaire où l'on trouve également des peintures de ces deux artistes, sont

---

(1) Les savants commentateurs de l'édition de Vasari publiée à Florence par Lemonnier ont donné la description de tous les manuscrits existant tant dans l'église que dans la Laurentienne (t. VI, p. 159 et suiv.).

(2) MM. Milanesi et Pini ont fourni la description de tous ces manuscrits dans leurs *Nuove Indagini per servire alla storia della miniatura italiana*, ap. VASARI, édit. Lemonnier, t. VI, p. 211.

(3) VASARI et BALDINUCCI, dans la *Vie de Fra Giovanni Angelico da Fiesole*.

conservés à la Laurentienne (n°ˢ 149, 150 et 151). On doit attribuer à Zanobi Strozzi celles de ces peintures qui se rapprochent du style de Fra Angelico, son maître. Il faut remarquer comme les plus belles la scène de saint Thomas touchant du doigt la blessure faite au côté du Christ (fol. 48 v° du n° 149) ; une figure de David en prière, avec un délicieux paysage dans le fond (fol. 85 du même ms.), et une adoration des Mages renfermée dans une initiale E (fol. 87 du ms. 150). La page est bordée de feuillages au milieu desquels se jouent de jolis enfants.

Francesco fils d'Antonio, dont nous venons de parler comme ayant illustré plusieurs antiphonaires en société avec Strozzi, était élève de dom Lorenzo (1). Parmi les plus remarquables miniatures de ces livres attribués à Francesco, on doit surtout remarquer une très-belle page, folio 56 v°, de l'antiphonaire numéroté 150, où l'on voit à l'intérieur d'une grande initiale G le martyre de santa Reparata, et au folio 87, une adoration des Mages. Les bordures qui couvrent les quatre côtés des marges sont traitées dans un style classique d'un goût excellent : on y voit des enfants, des quadrupèdes et des oiseaux. Francesco a encore laissé des miniatures dans deux antiphonaires que possède la basilique Saint-Laurent de Florence (n°ˢ 204 et 205).

Les archives du Dôme de Sienne vont nous fournir maintenant les noms d'un grand nombre d'artistes qui ont enrichi de leurs délicieuses miniatures les livres de chœur que l'on conserve avec un soin tout particulier dans la belle bibliothèque de l'église.

Ansano, fils de Pietro di Domenico, est celui dont le nom paraît dans ces archives à l'époque la plus reculée. Né à Sienne en 1405, il y mourut en 1461. Il fit, durant sa longue carrière artistique, un grand nombre de beaux travaux. Les archives du Dôme établissent qu'il exécuta en 1445 six miniatures dans un psautier qui existe encore dans cette bibliothèque, mais qui a beaucoup souffert ; et en 1471, toutes celles d'un antiphonaire qui y est conservé et porte le numéro 15. MM. Milanesi croient devoir attribuer aussi à Ansano di Pietro quelques miniatures renfermées dans deux graduels (marqués I et T) qui proviennent de l'hôpital de Santa-Maria della Scala, et qui appartiennent aujourd'hui au Dôme. On trouve encore des miniatures de cet artiste à la bibliothèque de la ville de Sienne, dans les Statuts de la corporation des marchands de 1472, et dans un bréviaire qui provient du monastère de Santa-Chiara. Les ouvrages d'Ansano se font remarquer par la pureté du dessin, la vivacité du coloris, la finesse de l'exécution, et surtout par le sentiment religieux qui respire dans toutes ses compositions ; il peut être comparé, à cet égard, à Fra Giovanni Angelico.

En suivant l'ordre chronologique, nous avons à nommer maintenant trois artistes qu'on peut classer parmi les meilleurs, et dont les travaux sont très-multipliés dans les livres de chœur du Dôme de Sienne : Girolamo de Crémone, Liberale de Vérone et le Florentin Francesco Roselli.

Vasari nous apprend dans la vie du peintre Boccaccino de Crémone, qui florissait à la fin du quinzième siècle et mourut en 1518, que du temps de cet artiste il y avait à Milan un miniaturiste fort habile nommé Girolamo, duquel on voyait beaucoup d'ouvrages dans toute la Lombardie (2). Vasari ne dit pas que ce miniaturiste fût né à Milan, mais seulement

---

(1) Vasari, *Vita di dom Lorenzo*, t. II, p. 214.
(2) *Idem*, *Vita di Lorenzetto e Boccaccino*, édit. Lemonnier, t. VIII, p. 217.

qu'il y travaillait; et comme il en fait mention à la suite de la vie d'un artiste de Crémone, il est à croire que cette ville était la patrie de Girolamo. Aucune de ses œuvres n'avait été signalée au surplus par les biographes italiens, mais les archives du Dôme de Sienne, dépouillées par les frères Milanesi, ont fait connaître Girolamo comme étant l'artiste qui avait fourni le plus de miniatures aux livres de chœur de cette église. De 1467 à 1475, il a peint soixante et une miniatures dans onze volumes, et, après les avoir examinées, on ne peut se dispenser de classer cet artiste parmi les plus habiles miniaturistes de son temps.

On conserve à la bibliothèque Magliabecchiana de Florence le manuscrit d'un Traité de chimie de Raimundi Lulli, dont les miniatures peuvent être attribuées à Girolamo. Plusieurs des peintures qui enrichissent un bréviaire appartenant à l'église Santo-Egidio, à Florence, tout à fait dans sa manière, semblent également provenir de lui. Girolamo montre beaucoup de talent dans la composition des sujets; son dessin est correct, et son coloris, qui est peut-être un peu trop monté de ton, ne laisse pas cependant que d'être harmonieux; on peut lui reprocher trop d'uniformité dans les têtes. C'est dans l'ornementation que notre artiste arrive à la perfection; ses bordures de pages sont toujours d'un goût exquis. On doit surtout remarquer celle de la cinquième miniature d'un graduel n° 2 du Dôme de Sienne, où l'Assomption de la Vierge est représentée dans l'initiale G. Deux anges qui chantent et deux figures de femmes nues dont le buste se termine en feuillages gracieux, figurent dans cette bordure, qui est d'un style très-pur (1).

Liberale de Vérone doit être compté également parmi les plus habiles miniaturistes du quinzième siècle. Il fut amené à Sienne par le général de l'ordre des moines de Monte-Oliveto Maggiore de cette ville. De 1467 à 1469, il enrichit de miniatures plusieurs livres pour ce monastère, ainsi qu'il résulte d'une note des dépenses qui existe à Florence dans les archives des ordres supprimés. Ces livres sont aujourd'hui conservés dans la cathédrale de Chiusi. Le talent qu'il y déploya le fit charger, par les administrateurs de l'OEuvre du Dôme de Sienne, d'orner de miniatures plusieurs des précieux livres de chœur qu'ils avaient fait écrire. Les archives de l'église constatent dix payements faits à Liberale pour ses travaux de 1470 à 1474 (2). On voit aussi dans la bordure de la première miniature du graduel n° 1, marqué C, une couronne de laurier qui renferme la signature de notre artiste : OPUS LIBERALIS VERONENSIS. C'est surtout dans les illustrations du graduel n° 9, qui sont toutes de sa main, qu'on peut juger de son talent (3). Liberale se montre fort habile dans la composition des sujets et dans la manière de grouper les figures qu'il y fait entrer; son dessin est assez correct, et l'expression qu'il donne à ses personnages est savante et gracieuse à la fois; les plis des vêtements sont souvent tourmentés. Sa gouache est remarquable par l'éclat et la vigueur des tons, mais elle manque de transparence. Ses bordures de pages consistent en rinceaux feuillus, auxquels on doit reprocher trop

---

(1) M. CURMER, dans ses *Évangiles des dimanches et fêtes*, page 183, a donné dans une proportion réduite la reproduction de cette jolie bordure; il a encore reproduit des miniatures et des bordures de pages de Girolamo dans ses pages 30, 37, 41, 57, 60, 72, 93, 106, 151, 164, 187, 235 et 238.

(2) VASARI, édit. Lemonnier, t. VI, p. 180, 213, et suiv., doc. XIX, p. 345; t. IX, p. 169 et note.

(3) M. CURMER a reproduit dans ses *Évangiles des dimanches et fêtes*, pages 171, 215, 219, 227, 231, 239, 253, 257, 261, 265 et 287, presque toutes les miniatures de ce précieux volume. Il a encore donné d'autres miniatures et bordures de pages de Liberale aux pages 56, 61, 79, 87, 106, 124, 125, 151 et 187.

d'uniformité ; mais il compense ce défaut en y introduisant de jolis enfants nus, des animaux, des oiseaux, des papillons, et aussi des centaures marins et quelques animaux fantastiques. Vasari dit que Liberale est mort en 1536, à l'âge de quatre-vingt-cinq ans, ce qui porterait à 1451 la date de sa naissance ; mais les documents nouvellement découverts ayant établi qu'il peignait déjà en 1466 pour les moines de Monte-Oliveto, il y a lieu de reporter quelques années plus loin la date de la naissance et probablement aussi celle de sa mort.

Francesco, fils de Lorenzo Roselli et frère du célèbre peintre florentin Cosimo Roselli, fut élève de Liberale, qu'il aida dans ses travaux, ainsi qu'il résulte d'un document daté de 1470, conservé dans les archives du Dôme de Sienne. On trouve dans les livres appartenant à cette église plusieurs miniatures de la main de Francesco (1). Son dessin est plus correct que celui de son maître ; les poses de ses figures sont plus naturelles ; son coloris est généralement tranquille et vrai, mais on peut lui reprocher le ton pâle des carnations.

Les archives du Dôme de Sienne signalent encore, comme ayant travaillé aux illustrations des livres de cette église, savoir : en 1464, Giovacchino, fils de Giovanni ; en 1466, Giacomo Torelli, qui devint moine et continua à peindre dans son couvent, et Mariano, fils d'Antonio de Sienne ; et en 1467, Giovanni Pantaleoni d'Udine ; Venturino, fils d'Andrea dei Mercanti de Milan, et le prêtre Carlo de Venise. Leurs travaux ne peuvent être signalés faute de renseignements suffisants, et ils restent confondus parmi ceux dont les auteurs sont inconnus.

Les mêmes archives désignent encore Pellegrino († 1492), fils de Mariano Rossini, comme ayant fait un assez grand nombre de miniatures dans les livres du Dôme de 1468 à 1481 (2). Les miniatures des graduels marqués Y et Z sont entièrement de sa main. Il était élève d'Ansano di Pietro, dont il conserva la manière ; mais il fut loin d'égaler son maître. Pellegrino a peint encore deux livres de chœur pour l'hôpital de Sienne, et presque tous ceux de la cathédrale de la ville de Pienza ; il s'est montré plus habile dans ces derniers travaux (3).

Trois artistes inférieurs à ceux que nous venons de nommer ont encore travaillé de 1473 à 1482 à l'ornementation des livres de chœur du Dôme de Sienne : ce sont Bernardino, fils de Michele Ciglione ; Giovanni, fils de Taldo, et Giudoccio Cozzarelli, qui mourut en 1516. Cozzarelli a fait et signé dans l'antiphonaire n° 19 M, avec la date de 1482, une miniature représentant l'Assomption de la Vierge ; Bernardino, qui exécuta la bordure de la page, y a mis également son nom.

Pour compléter l'historique de l'art de la miniature au quinzième siècle en Italie, il nous reste à signaler encore quelques belles œuvres de cette époque, et à nommer des artistes qui se sont fait un nom en dehors de Sienne et de Florence.

La bibliothèque publique de Ferrare conserve de très-beaux livres de chœur illustrés de

---

(1) Notamment dans les graduels n° 1 C et n° 24 H. M. Curmer a reproduit trois pages de Roselli dans ses *Évangiles des dimanches et fêtes*, p. 77, 92 et 293.

(2) Vasari, édit. Lemonnier, t. VI, doc. XVII, p. 344.— M. Curmer a reproduit dans ses *Évangiles des dimanches et fêtes*, p. 51 et 82, deux miniatures de Pellegrino, tirées de l'antiphonaire n° 25 et du graduel n° 24 H.

(3) Dott. Gaetano Milanesi, *Siena e il suo territorio*, p. 195.

miniatures qui proviennent de la cathédrale et de la chartreuse. On en a longtemps attribué les peintures à Cosimo Tura (1406 † 1471), le peintre favori du duc de Ferrare Borso d'Este (1) ; mais des documents nouvellement découverts ont établi qu'elles avaient été exécutées à partir de 1477 par différents miniaturistes ferrarais et vénitiens. On suppose que quelques-uns d'entre eux, qui ont épousé la manière de Cosimo Tura, doivent avoir été ses élèves (2).

Le duc Borso, qui était un grand amateur des arts, fit exécuter par Tadeo de' Crivelli et par Francho, fils de messer Giovanni da Russi de Mantoue, des miniatures dans une Bible en deux volumes in-folio, que possède aujourd'hui la bibliothèque de Modène. Il résulte des registres de la Chambre ducale de Ferrare, que l'illustration de ces deux volumes, commencée en 1455, ne fut terminée que vers 1461 (3).

Un bréviaire qui est conservé dans le même établissement renferme des miniatures qui ont été peintes par Guglielmo de Magni et Guglielmo Ziraldi, sous le règne du successeur de Borso, Hercule I$^{er}$ (1471 † 1505), dont on y voit les armes et les devises (4).

Nous citerons encore les miniatures bien précieuses qui enrichissent vingt et un livres de chœur du quinzième siècle et du seizième, appartenant au monastère de San-Pietro de Pérouse. Deux de ces livres furent peints en 1471 par Pierantonio, fils de Giacomo de Pozzuolo. L'un des deux, un psautier marqué I, se distingue surtout par le luxe de l'ornementation. On y voit, au centre d'un B initial, le roi David en prière : c'est une figure d'un dessin très-correct et d'un coloris excellent. La bordure de la page se compose de feuillages d'un style classique, au milieu desquels sont des médaillons renfermant des sujets traités avec art. Deux autres livres, marqués K et M, ont été enrichis en 1473 de miniatures non moins précieuses par Giacomo Corporali. Quant à ceux de ces livres qui appartiennent au seizième siècle, nous en nommerons plus loin les auteurs.

Gherardo, fils de Giovanni di Miniato, est le dernier des miniaturistes de renom qui soit mort avant le commencement du seizième siècle. Vasari prétend qu'il était, au moment de son décès, âgé de soixante-trois ans. Les derniers documents trouvés dans les archives italiennes où il soit question de lui sont de 1494, en sorte qu'il faut admettre qu'il a cessé de travailler et probablement de vivre vers cette époque. Vasari, qui a consacré un de ses articles biographiques à la vie de Gherardo, avance qu'il enrichit de miniatures une énorme quantité de livres pour l'église de l'hôpital de Santa-Maria Nuova, pour la cathédrale de Florence et pour Matthias Corvin ; il établit cependant ensuite que Gherardo était avant tout mosaïste et peintre d'histoire, qu'il fit de grandes mosaïques, et qu'il peignit des fresques importantes dans différents endroits de cette ville ; il ajoute qu'il abandonna de bonne heure la miniature (5). Vasari s'était donc évidemment trompé en attribuant à Gherardo les peintures de tous les livres écrits pour l'hôpital, pour la cathédrale et pour le roi de Hongrie. En effet, les archives florentines ont constaté qu'un très-

---

(1) LANZI, *Histoire de la peinture en Italie*, trad. par M$^{me}$ DIEUDÉ, t. V, p. 10.
(2) GIUSEPPE ANTONELLI, *Memorie di Belle Arti*. — VASARI, édit. Lemonnier, *Commentario alla vita di Necolò intorno a Cosimo Tura*, t. III, p. 45.
(3) VASARI, édit. Lemonnier, t. VI, p. 322.
(4) *Idem, ibid.*, p. 323.
(5) *Idem, Vita di Gherardo*, t. V, p. 60.

grand nombre de miniatures ont été faites par Monte, frère de Gherardo, dont Vasari n'a pas dit un mot, et qui cependant s'est constamment livré à la peinture en miniature jusqu'en 1528 et peut-être au delà. Tous ces livres dont parle Vasari ont donc été illustrés plutôt par Monte que par Gherardo. Les documents recueillis dans les archives constatent seulement que Gherardo fit, de 1474 à 1476, un missel pour l'église Santo-Egidio, où on le voit encore, et, en société avec Monte, quatre missels pour Santa-Maria del Fiore, qu'ils furent chargés d'exécuter en 1492. De ces quatre livres, il en reste un qui est aujourd'hui conservé à la bibliothèque Laurentienne. Les miniatures des deux frères Gherardo et Monte se ressemblent beaucoup ; c'est le même style et la même manière dans l'exécution. Nous les apprécierons plus loin en parlant de Monte, dont les œuvres sont bien plus considérables que celles de Gherardo ; disons seulement ici quelques mots du missel de Santo-Egidio, pour donner une idée des dispositions vraiment magistrales de l'ornementation imaginée par Gherardo. C'est un manuscrit de format petit in-folio, qui contient trente-quatre grandes miniatures et un grand nombre de sujets renfermés dans de petites initiales. La première page est splendidement illustrée. Dans le haut, l'artiste a représenté la scène de l'Annonciation ; au-dessous du sujet, la page est divisée en deux parties par un riche candélabre avec deux petits enfants accroupis. L'initiale A contient la figure du roi David. La bordure est enrichie de médaillons qui renferment, soit la figure de l'un des évangélistes, soit des sujets empruntés à la vie de saint Éloi ; ils sont reliés entre eux par des ornements au milieu desquels sont de jolies figures d'enfants. Les miniaturistes italiens de la fin du quinzième siècle et ceux du seizième siècle ont enrichi les bordures des pages d'ornements et de figurines disposés avec un goût exquis, que les meilleurs miniaturistes français et flamands n'ont jamais pu égaler. Nous recommandons encore à l'attention des amateurs qui auront l'occasion d'examiner ce beau livre les peintures qui précèdent le canon de la messe. Elles sont répandues sur deux pages. Dans celle de droite, on voit l'ensevelissement du Christ en figures de grande proportion ; le paysage du fond, où l'on aperçoit Jérusalem, est traité dans le style flamand avec des détails d'une délicatesse extrême ; la bordure contient des médaillons qui renferment des sujets tirés de la vie du Sauveur, les figures des évangélistes et celles des quatre grands docteurs de l'Église. Dans celle de gauche, qui a également une bordure enrichie de médaillons historiés, l'artiste a représenté à l'intérieur de la lettre initiale le sacrifice de la messe au moment de l'élévation. Gherardo eut pour élève Stefano, fils de Tommaso, qui fut chargé en 1508 d'estimer le prix à payer à Attavante, miniaturiste dont nous parlerons plus loin, pour des peintures exécutées dans un antiphonaire destiné au Dôme de Florence (1).

Nous avons signalé d'après Vasari, parmi les travaux de miniature de Gherardo, ceux qu'il exécuta pour Matthias Corvin, roi de Hongrie (1458 † 1490), et nous ne pouvons terminer l'historique de la miniature au quinzième siècle sans payer un juste tribut d'hommages à ce prince, qui, au milieu des guerres continuelles qu'il entreprit et soutint victorieusement, sut donner aux lettres et aux arts de nobles encouragements. Passionné pour les livres, il avait à ses gages un très-grand nombre de scribes qui copièrent pour lui, à Florence, à Rome et ailleurs, les meilleurs manuscrits des auteurs anciens et modernes.

(1) Vasari, *Vita di Gherardo*, t. V, p. 63, et *Vita di Giovanni da Fiesole*, t. IV, p. 40, note 3.

Il était parvenu à réunir ainsi plus de cinquante mille volumes dans la bibliothèque de Bude, qui fut pillée par les Turcs en 1527. Un grand nombre de ces beaux manuscrits sur vélin avaient été décorés de miniatures par les meilleurs artistes de son temps. Nous allons avoir l'occasion d'en citer plusieurs.

Il semble que l'invention de l'imprimerie aurait dû faire abandonner sur-le-champ les transcriptions manuscrites, et, par une conséquence forcée, l'application de la peinture en miniature à l'ornementation des livres; il n'en fut pas ainsi cependant, et si le nombre des manuscrits illustrés devint moins considérable, rien de médiocre ne se produisit plus. Au commencement du seizième siècle, la peinture en Italie était en possession de toutes les ressources techniques du dessin, du clair-obscur et de la perspective, et elle atteignit bientôt le plus haut degré de perfection. Les miniaturistes suivirent pas à pas les traces des grands maîtres, et leurs miniatures sont les reflets des beaux ouvrages de peinture qui excitèrent alors, comme ils excitent encore aujourd'hui, un véritable enthousiasme. Les artistes dont il nous reste à parler ont presque tous commencé à se faire un nom à la fin du quinzième siècle; mais ils ont continué de travailler durant le premier quart du seizième, à l'époque où la peinture italienne était l'objet de l'admiration du monde entier.

Monte, fils de Giovanni, était le frère puîné de Gherardo, qui fut sans doute son maître. Le nom de Monte, l'un des premiers miniaturistes de l'école italienne, était cependant resté inconnu jusqu'au moment où les frères Milanesi, en dépouillant les archives de Florence, ont pu exhumer son nom de l'oubli et signaler des œuvres de sa main qui subsistent encore. Les archives ont apporté la preuve que Monte, durant trente-six années, de 1492 à 1528, n'avait cessé d'enrichir de miniatures les livres de chœur de la cathédrale de Florence. Il fit ses premiers travaux en communauté avec son frère Gherardo. La première mention qui soit faite en effet des deux frères dans les archives de l'OEuvre du Dôme de Florence, se trouve dans les délibérations des membres de l'OEuvre des 17 avril et 17 mai 1492, par lesquelles Monte et Gherardo sont chargés d'enrichir de miniatures un missel qui venait d'être écrit par le prêtre Zanobi Moschini. Le 14 décembre de la même année, une autre délibération fixe le prix qui leur sera payé pour les miniatures qu'ils auront à exécuter dans trois autres missels, qu'écrivaient alors Sèr Martino, frère Giovanni et Ser Geronimo. De ces premiers travaux faits en société par Monte et Gherardo, le missel écrit par Moschini subsiste encore; il est conservé à la bibliothèque Laurentienne. Les livres que Monte a illustrés à lui seul sont bien plus considérables. En 1500, les administrateurs du Dôme lui donnent à illustrer un épistolier petit in-folio, et en 1508 un manuel in-quarto; ces deux livres appartiennent aussi à la Laurentienne. De 1515 à 1528, il fit encore pour la cathédrale de Florence plus de cent miniatures dans quinze livres de chœur (1). Les nombreux travaux dont Monte était chargé par les administrateurs de l'OEuvre du Dôme n'absorbaient pas tout son temps. De 1510 à 1519, il décora deux missels pour l'église Saint-Jean (2). On peut voir des miniatures de Monte dans les livres ci-après appartenant au Dôme de Florence, savoir : les graduels A, B, C, E, F, G, R; les antiphonaires C, D, K, L, N, O, P, et le volume marqué S, contenant le Propre des saints. Ces nombreux ouvrages authentiques ont permis

(1) Les documents qui constatent les travaux de Monte ont été publiés par MM. Milanesi et Pini, dans la nouvelle édition de Vasari, t. VI, p. 329 et suiv.

(2) *Spoglio Strozzi*, ms. biblioth. Magliabecchiana de Florence.

d'attribuer encore à Monte plusieurs des miniatures d'un psautier que conserve l'église de la Badia de Florence, et la décoration de plusieurs pages d'un grand volume renfermant la *Cosmographie de Ptolémée*, qui appartient à la bibliothèque Magliabecchiana. M. Curmer a fait reproduire, dans sa belle publication des *Évangiles des dimanches et fêtes*, différentes miniatures de Monte (1). Il n'a pu malheureusement les donner dans la proportion des originaux, et il les a quelquefois encadrées dans des bordures empruntées à d'autres miniaturistes. Monte a montré un talent remarquable dans la composition des sujets et dans l'entente de la disposition des fonds ; il sait grouper les figures avec art et leur donner une attitude et des mouvements naturels ; il excelle dans le modelé des draperies. Sa gouache est bien empâtée, et ses couleurs, posées largement, offrent à l'œil une éclatante et agréable harmonie. Monte, comme le dit Vasari de Gherardo, avait certainement étudié les œuvres des Flamands, et l'on retrouve souvent dans ses compositions quelque chose de la manière de Van Eyck et de Memling ; mais Monte n'est point un copiste, et il sait approprier les beautés de la miniature des grands maîtres de la Flandre au génie de l'art italien. C'est ainsi qu'en leur empruntant leurs paysages profonds, dont les plans sont si bien disposés, il ne manque pas d'y introduire les fabriques et les arbres de l'Italie ; il sait donner aux têtes l'expression naturaliste et l'extrême délicatesse qu'on rencontre chez les peintres flamands, tout en leur conservant un certain air qui les rapproche de celles de Domenico Ghirlandajo, mais avec des tons plus chauds. On ne trouve rien dans les archives qui rappelle Monte au delà de 1528, et l'on peut en conclure que sa mort doit se rapprocher de cette date.

Le nom d'Attavante a été révélé pour la première fois par Vasari, qui, à la suite de la vie de Fra Giovanni Angelico, rapporte que, du temps de ce grand artiste, vivait un fameux miniaturiste florentin du nom d'Attavante, qui avait, ajoute-t-il, enrichi de très-belles miniatures un manuscrit de Silius Italicus, que possédait de son temps l'église Saints-Jean-et-Paul de Venise. Vasari s'était trompé en tous points, ainsi que l'ont prouvé les renseignements recueillis dans les archives italiennes. Attavante, fils de Gabriello di Vante, de la famille des Attavanti (2), ne peut avoir été le contemporain de Fra Angelico († 1455), puisqu'il vivait encore en 1511 et qu'il était chargé, à cette époque, d'enrichir de miniatures plusieurs livres de chœur de la cathédrale de Florence (3). Les peintures du Silius Italicus qui avaient attiré à Attavante les éloges de Vasari ne sont pas de lui ; elles valent mieux que les siennes (4). Mais Attavante a laissé deux manuscrits signés de son nom, dont les nombreuses peintures permettent d'apprécier son talent et de retrouver ses autres œuvres. Le premier, qui appartient à la bibliothèque de Saint-Marc de Venise, renferme les écrits de Marziano Capella et d'autres ouvrages encore ; le second est un missel romain conservé à la Bibliothèque royale de Bruxelles. Le manuscrit de Venise est un petit in-folio de deux cent soixante-sept feuillets. Le premier feuillet, qui n'est pas numéroté, contient au haut du recto cette inscription : ATTAVANTES FLOREN. PINXIT. On trouve au verso une belle

---

(1) Pages 16, 23, 29, 44, 79, 164, 195, 314, 317, 320, 326 et 359. Nous recommandons aux personnes qui ne pourraient voir les originaux, la belle reproduction donnée par M. CURMER, de la miniature de Jésus tenté par le démon, page 79 des *Évangiles*.

(2) DEL MIGLIORE, *Spogli mss. nella Magliabecchiana*, p. 386.

(3) VASARI, édit. Lemonnier, t. VI, p. 333.

(4) MORELLI, *Notizie d'opere di disegno*. Bassano, 1800, p. 171.

miniature qui représente vingt-neuf divinités réunies dans l'Olympe pour célébrer les noces de la Philologie et de Mercure. Sur le premier plan un faune, un satyre et un centaure se promènent sur un beau gazon. Dans le courant de l'ouvrage, au verso des feuillets, on voit sept miniatures reproduisant des figures de femmes qui personnifient la Grammaire et les six autres arts libéraux. La page qui est en regard de chacune de ces miniatures est enrichie d'une charmante bordure. On y trouve encore huit autres pages décorées dans le même genre (1). Les armoiries qui existaient dans le manuscrit ont été effacées, mais les corbeaux que l'on rencontre çà et là dans les bordures doivent faire supposer que ces armoiries étaient celles de Matthias Corvin, pour qui le manuscrit aurait été exécuté. Le missel de Bruxelles se compose de deux cent quinze feuillets de format in-folio. Il fut également fait pour le vaillant roi de Hongrie. Marie d'Autriche, sœur de Charles-Quint, veuve du roi Louis de Hongrie, l'apporta en Belgique, lorsqu'elle y vint pour gouverner les Pays-Bas. On y trouve quatre grandes miniatures, dont la plus remarquable est la scène de la Crucifixion, qui couvre une page entière au commencement du canon de la messe. Plusieurs grandes vignettes où sont représentés des martyrs et des saintes, et un grand nombre d'enroulements avec des camées et des médaillons, décorent presque toutes les pages du livre. Parmi les ornements composant la bordure de la page au verso du premier feuillet, on voit un autel avec une corniche de marbre blanc accompagnée de bas-reliefs d'une merveilleuse finesse ; sur le fronton brillent les armes du roi de Hongrie, et au bas on lit ces mots : ACTAVANTES DE ACTAVANTIBUS DE FLORENTIA HOC OPUS ILLUMINAVIT A. D. MCCCCLXXXV. « Attavante, de la famille des » Attavanti, Florentin, a peint cet ouvrage l'an de Notre-Seigneur 1485. » Dans le bas de la bordure de la page où la crucifixion est représentée, on lit : ACTUM FLORENTIÆ A. D. MCCCCLXXXVII ; on voit par là qu'Attavante avait employé au moins deux ans à cet ouvrage.

La bibliothèque de Modène possède sept manuscrits de format in-folio illustrés par Attavante ; ils proviennent de la collection de Matthias Corvin, dont on voit les armes en plusieurs endroits. Sur le recto du premier feuillet de l'un de ces manuscrits, renfermant les homélies de saint Grégoire, on lit : ATTAVANTES PINGIT. Les illustrations consistent surtout en bordures de pages, composées d'enroulements et d'arabesques aux couleurs vives et variées, entremêlés d'armoiries, de petits génies et de symboles. On voit encore dans les angles des pages et à moitié de leur hauteur des figures en buste qui correspondent l'une à l'autre ; dans ceux des manuscrits qui renferment des œuvres des Pères de l'Église, ce sont les évangélistes et des prophètes ; dans ceux qui ont pour sujets des auteurs profanes, des figures de fantaisie, comme un homme barbu et une jeune dame, Pallas et Hercule : toutes ces petites figures sont remarquablement belles et touchées avec une finesse extrême ; plusieurs doivent être des portraits de personnes vivantes. On voit encore dans ces manuscrits de belles lettres initiales servant de cadre à des figures et à des demi-figures d'une grande élégance.

La bibliothèque du Vatican possède un psautier de format in-folio (n° 112, fonds d'Urbin) qui est connu sous le nom de Bréviaire de Matthias Corvin, et dont les peintures sont attribuées, non sans raison, à Attavante. Il n'est pas douteux que le manuscrit n'ait été exécuté pour le roi de Hongrie, dont les armoiries sont reproduites dans plusieurs endroits du livre.

---

(1) M. CURMER a reproduit onze de ces bordures dans ses *Évangiles des dimanches et fêtes*, aux pages 165 à 169, 199, 200, et 265 à 268.

L'écriture en aurait été achevée, d'après une annotation, en 1487. Les illustrations n'ont été terminées que bien postérieurement, car on lit au bas d'une miniature, au folio 345, la date de 1492. On trouve dans ce manuscrit huit belles miniatures, des bordures de pages où se voient des médaillons qui renferment, soit des sujets, soit des figures, et un nombre infini de lettres ornées avec des figures et des sujets (1).

Les archives du Dôme de Florence constatent que, de 1508 à 1511, Attavante fut chargé d'enrichir de miniatures certains livres de chœur pour cette église. Les commentateurs de la nouvelle édition de Vasari ont cru devoir lui attribuer plusieurs des miniatures des antiphonaires marqués I et K, et du volume qui contient le Propre des saints (2). Ces miniatures sont loin de valoir celles du bréviaire de Matthias Corvin, et l'on peut les regarder comme des œuvres de la vieillesse d'Attavante. On ne trouve plus, en effet, aucun document sur ce peintre au delà de cette date de 1511, qui doit être peu éloignée de l'époque de sa mort. On voit encore à Florence, à la bibliothèque Laurentienne, un diurnal de format grand in-folio, provenant du monastère de Sainte-Marie des Anges, dont les nombreuses miniatures sont attribuées à Attavante par les commentateurs de la nouvelle édition de Vasari. Ces peintures sont bien supérieures à celles des antiphonaires du Dôme, et doivent être du meilleur temps de notre artiste. On doit y remarquer surtout (aux fol. 1 et 7) deux miniatures à pleine page (3), qui peuvent établir la réputation d'Attavante : elles doivent être de son bon temps.

On peut encore regarder comme de la main de cet artiste les illustrations d'un bréviaire de format in-folio (de 33 centim. de haut. sur 24 de larg.) qui est conservé à la Bibliothèque nationale (n° 8879 latin). Il avait été exécuté pour l'évêque de Gran, en Hongrie. La comparaison des peintures de ce livre avec celles du missel de Bruxelles qui est signé, ne peut laisser aucun doute sur l'exactitude de cette attribution. Les bordures des pages sont bien celles des manuscrits illustrés par Attavante. On doit surtout remarquer dans ce beau livre une miniature à pleine page, où David est représenté à genoux, élevant les mains vers le ciel ; le paysage du fond est délicieux : tout cela rappelle un peu la manière de Domenico Ghirlandajo. On y trouve aussi de belles initiales ornées de figures dans les vides. On a encore attribué à notre artiste les illustrations d'une Histoire romaine (in-folio de 33 cent. sur 24) de Paul Orose, qui appartient à la bibliothèque de l'Arsenal de Paris (H, L, 71). Ce livre, qui a été fait en 1480 pour Matthias Corvin, renferme un grand nombre de miniatures qui occupent les deux tiers des pages environ. Le dessin est correct, et le coloris, très-fin, a beaucoup d'éclat ; les têtes, bien modelées, offrent beaucoup d'expression. L'artiste a essayé de reproduire les costumes antiques, mais il y a mis peu d'exactitude, et a revêtu plusieurs de ses personnages du costume florentin. On voit quelques jolies têtes dans des lettres ornées, et, à la fin du livre, des médailles des empereurs soutenues par des génies. Toutes ces miniatures n'ont pas la même valeur ; quelques-unes ne peuvent être d'Attavante, et doivent provenir de ses élèves.

---

(1) M. Curmer a reproduit dans ses *Évangiles des dimanches et fêtes* deux miniatures de ce beau bréviaire, aux pages 215 et 315, et plusieurs des bordures de pages dans les pages 90, 91, 144 et 316.

(2) Vasari, édit. Lemonnier, t. VI, p. 199, 200, 206, 233. — M. Curmer a reproduit l'une de ces miniatures dans la page 307 de ses *Évangiles des dimanches et fêtes*.

(3) M. Curmer les a reproduites dans les pages 199 et 330 de ses *Évangiles des dimanches et fêtes*.

Attavante est assez inégal, et les jugements portés sur son talent ont été très-divers. On doit reconnaître qu'il n'avait pas fait une étude sérieuse de la figure humaine, et que son dessin n'offre pas toujours la correction que donne la connaissance anatomique du corps humain; mais il a une entente excellente de la composition des sujets : ses grandes miniatures du missel de Bruxelles, du diurnal de Florence et du bréviaire du Vatican, suffiraient seules pour le placer parmi les meilleurs miniaturistes de son temps. Ses bordures de pages sont surtout merveilleuses par l'élégance et la correction du style et par la finesse de l'exécution.

Litti ou Littifredi, fils de Filippo Corbizi, n'est connu que par une œuvre très-belle qu'il a signée, et par un document conservé dans la bibliothèque publique de Sienne. En 1494, il fit les illustrations d'un livre d'heures pour la confrérie de Santa-Catterina in Fontebranda de Sienne, et en 1496, celles d'un psautier pour la société de Saint-Sébastien in Camullia, comme on l'apprend par une mention faite sur un livre de compte de cette société qui est dans la bibliothèque de Sienne (1). On ne sait ce que le psautier est devenu, mais le livre d'heures de la confrérie de Sainte-Catherine est conservé dans cet établissement. C'est un volume de format petit in-folio, qui renferme quatre miniatures d'un grand mérite; elles sont entourées de bordures où l'on voit, au milieu de feuillages et d'enroulements d'un style délicieux, des médaillons avec des figures, des anges, de jolis enfants, des oiseaux et divers symboles. Dans le bas de la bordure de l'une des deux miniatures qui précède l'office de la Vierge, on lit cette inscription : HOC LITTES. PHILIPPI. DE CORBIZIS. PINXIT. OPUS. AN. DNI. M494. « Littes (fils) de Philippe de Corbizi a peint cette œuvre l'an de Notre-Seigneur 1494 (2). » Litti Corbizi paraît appartenir à l'école florentine, qui produisit Attavante, que nous connaissons déjà, Boccardino le Vieux et frère Eustachio, dont nous parlerons plus loin. Corbizi est le meilleur dessinateur de tous. Il réunit au plus haut degré toutes les qualités qui distinguent un peintre en miniature. Il sait unir à la correction du dessin et à la suave expression des têtes un riche coloris et une élégance accomplie dans la disposition des ornements. On sait qu'il habitait encore en 1515 à Sienne, dans une maison qui appartenait à la compagnie de San-Bernardino in San-Francesco (3); mais aucun document n'a pu être trouvé pour indiquer d'autres travaux que ceux que nous venons de mentionner ni la date de sa mort.

Vasari termine la biographie du miniaturiste Gherardo en disant qu'il laissa en mourant à son élève Stefano tous les ustensiles de son atelier; mais que celui-ci s'étant, peu de temps après, adonné exclusivement à l'architecture, avait abandonné à Boccardino le Vieux tout ce qui avait rapport à la miniature, c'est-à-dire, sans doute, sa clientèle et son atelier. Il y a donc lieu de croire que Boccardino a été l'élève de Gherardo, et ensuite de Stefano, auquel il succéda. Vasari ajoute que Boccardino orna de miniatures la plupart des livres de la Badia de Florence. Cet artiste se nommait Giovanni et était fils de Giuliano Boccardi; il reçut plus tard le nom de Boccardino Vecchio, pour le distinguer de son fils Francesco. Les livres de chœur de la Badia de Florence ont été vendus ou dis-

---

(1) *Libro della compagnia San-Sebastiano in Camullia*, f° 69 v°.

(2) M. CURMER a reproduit cette bordure à la page 357 de ses *Évangiles des dimanches et fêtes*, et page 25, dans une proportion plus petite, une page avec sa miniature.

(3) Livre marqué R. C. III; f° 4 v°, de l'*Archivio del Patrimonio ecclesiastico*. Archives du Dôme de Sienne.

persés lors de la suppression des couvents; il n'en reste que deux dans son église : un psautier et un antiphonaire, dans lesquels on trouve quelques miniatures attribuées à Boccardino. Les archives du Dôme de Florence constatent qu'en 1511 il fut chargé d'illustrer trois livres de chœur pour cette église, et pour l'église Saint-Laurent de cette ville; qu'en 1514 il faisait pour la même basilique quelques peintures et des lettres ornées dans un épistolier et dans un évangéliaire. Les administrateurs de l'OEuvre du Dôme de Sienne, qui faisaient exécuter de si beaux livres de chœur, ne pouvaient pas manquer de confier l'illustration de quelques manuscrits à Boccardino, dont la réputation était fort grande. Les archives constatent en effet qu'il reçut en 1518 la commande de plusieurs travaux. Les miniatures d'un antiphonaire, marqué n° 20 N, qui est conservé dans la bibliothèque de cette église, sont considérées comme étant de la main de Boccardino (1). Dans la même année, il fit pour le couvent de Saint-Pierre de Pérouse les miniatures de trois livres de chœur qu'on y voit encore. Enfin, en 1526, la Seigneurie de Florence le chargea des illustrations d'un manuscrit en trois volumes in-quarto des Pandectes de Justinien. On les conserve dans la bibliothèque Magliabecchiana de Florence (classe XXIX, n° 16). Ces illustrations consistent en bordures de pages, où l'artiste, au milieu d'enroulements et de feuillages de très-bon goût, a disposé des enfants, des centaures, des animaux de diverses sortes, des insectes, des armoiries et des emblèmes. On y voit aussi des camées, avec des figures qui pourraient bien être celles des magistrats de la république florentine. Ce travail n'a pas été entièrement achevé (2). On trouve encore dans le monastère du Mont-Cassin quelques beaux livres dont on attribue les illustrations à notre artiste. Boccardino est bien certainement un des premiers miniaturistes de son époque. Si pour la correction du dessin il n'égale pas Corbizi, il surpasse de beaucoup Attavante et même Fra Eustachio, dont nous allons parler. Ses bordures de pages et ses ornements sont remarquables par le style et l'élégance; son coloris a une légèreté et une transparence d'une grande suavité. Boccardino était encore inscrit en 1525 sur le livre de la corporation des peintres de Florence (3).

Fra Eustachio, moine convers dominicain, mérite une place distinguée parmi les peintres en miniature du commencement du seizième siècle. Il s'appelait Thomas dans le monde, et reçut l'habit des mains du célèbre Savonarole en 1496, à l'âge de vingt-trois ans. A partir de cette époque, il s'occupa de peinture ; il mourut à l'âge de quatre-vingt-trois ans, en 1555 (4). Les archives de l'Italie ont révélé un assez grand nombre de ses travaux. En 1502, il fut appelé à Sienne par les Dominicains du couvent du Saint-Esprit, et il enrichit d'illustrations pour leur église les deux volumes d'un antiphonaire ; on ne sait ce que ces livres sont devenus. En 1505, il exécuta les peintures d'un psautier pour l'église du couvent de Sainte-Marie de Florence. De 1518 à 1525, les administrateurs du Dôme lui confièrent aussi différents travaux : il décora notamment de miniatures un graduel et plusieurs

---

(1) M. Curmer a reproduit, dans une proportion réduite, une page de cet antiphonaire dans ses *Évangiles des dimanches et fêtes*, p. 340.

(2) Les documents puisés dans les archives de Florence et de Sienne, qui constatent les travaux de Boccardino, ont été publiés dans la nouvelle édition de Vasari, t. VI, p. 331.

(3) Gualandi, *Mem. di belle-arti italiane*, série IV, p. 176-190.

(4) P. Marchese, *Mem. degli artifici domen.*, t. I, p. 202 et 204, et t. II, p. 435.

antiphonaires. Les manuscrits conservés dans cette église dans lesquels on peut voir des peintures de Fra Eustachio sont au nombre de neuf (1). On peut reprocher à cet artiste de ne pas offrir beaucoup d'originalité dans la composition des sujets, et d'y introduire des figures dont les formes sont souvent grêles et mesquines. Son mérite se produit surtout dans l'ornementation, où il déploie une grâce et une légèreté exemptes de toute recherche ; les petites figures qu'il y introduit sont traitées d'une manière large et correcte. L'exécution se distingue par une extrême délicatesse, l'éclat et l'excellente distribution des couleurs; en cela il se rapproche d'Attavante et de Corbizi (2).

Après ces peintres, qui ont laissé de nombreuses productions, nous pouvons en citer encore quelques-uns que les recherches faites dans les archives de l'Italie ont fait connaître, mais dont les travaux sont moins importants. Francesco, fils de Giovanni Boccardino, et Matteo, fils de Terranuova, firent en société, en 1518, les miniatures de quatre livres de chœur pour le monastère de Saint-Pierre de Pérouse. Aloïse de Naples exécuta dans les années 1526 et 1527, pour le même monastère, les illustrations de deux livres qui y sont encore. Frère Lorenzo de Castro, Espagnol, moine franciscain, fit en 1521 les miniatures d'un graduel marqué H, qui est conservé dans l'église d'Ognissanti à Florence. Giovan Battista Benvenuti, surnommé l'Ortolano, Lodovico Mazzolino et Domenico Panetti, florissaient à Ferrare à l'époque où fut exécuté pour Alfonse I$^{er}$, duc de Ferrare, de 1521 à 1534, un office de la Vierge enrichi de belles miniatures, que possède aujourd'hui la bibliothèque de Modène. Giovanfrancesco, fils de Mariotto, peignit en 1525 pour le Dôme de Florence les miniatures d'un graduel des fêtes votives (marqué V), qui existe encore. Enfin, Antonio, fils de Girolamo d'Antonio d'Ugolino, exécuta un assez grand nombre de miniatures, de 1526 à 1530, dans les livres de chœur de cette église (3), et en 1529, il travailla pour la basilique de Saint-Laurent, à un lectionnaire (4).

Nous terminerons cette énumération des miniaturistes italiens du seizième siècle par Giulio Clovio, le plus habile de tous. Né en Croatie en 1498, il vint très-jeune en Italie, et suivit les leçons de Jules Romain, qui, lui voyant plus de dispositions pour les petites figures que pour les grandes, l'engagea à cultiver la miniature. Clovio y réussit parfaitement ; il a produit en ce genre des ouvrages d'une grâce et d'une beauté merveilleuses. Obligé de quitter Rome en 1527, à la suite du sac de la ville, il se réfugia à Mantoue et entra dans le monastère de San-Ruffino, de l'ordre des Flagellants, où il espérait trouver le repos qui lui était nécessaire pour se livrer au travail de la miniature ; il y prit l'habit et resta là pendant trois années. Les beaux travaux qu'il exécuta lui acquirent une grande réputation, et le cardinal Grimani, seigneur vénitien qui aimait passionnément les beaux livres illustrés, voulut l'attacher à sa personne, et obtint du pape de relever Clovio de ses vœux. Après la mort du cardinal Grimani, notre artiste s'attacha à la personne du cardinal Alexandre

---

(1) Vasari, édit. Lemonnier, p. 193 et suiv., et 138.

(2) M. Curmer a reproduit plusieurs des miniatures de Fra Eustachio dans ses *Évangiles*, aux pages 28, 38, 53, 137, 317 et 355.

(3) M. Curmer a reproduit des miniatures de cet artiste dans ses *Évangiles des dimanches et fêtes*, aux pages 256, 334 et 360.

(4) Les documents tirés des archives, qui sont relatifs à ces artistes, sont rapportés par MM. Milanesi et Pini dans la nouvelle édition de Vasari, t. VI, p. 165, 190, 199, 200, 207, 304, 318, 319, 323, 339.

Farnèse, auprès duquel il resta jusqu'à sa mort. Giulio Clovio a fait une quantité de beaux ouvrages dont Vasari, son contemporain et son admirateur, a donné l'énumération. Nous citerons seulement ceux qui appartiennent à des établissements publics. Le musée de Brera à Milan possède une miniature représentant la scène de la femme adultère, que fit Clovio d'après un tableau de Palma le Vieux. La bibliothèque du Musée royal de Naples conserve peut-être le plus bel ouvrage de Clovio : c'est un office de la Vierge qu'il exécuta pour le cardinal Farnèse; ce livre contient vingt-six miniatures délicieuses renfermées dans des bordures d'un goût exquis, qui sont ornées de figures et d'emblèmes en rapport avec le sujet. Une très-belle miniature, représentant la Madeleine au pied de la croix, appartient à la galerie de Florence; on y lit cette signature : IULIUS MACEDO FA. 1553. On voit encore à Florence, dans la galerie du palais Pitti (sous le n° 241), une miniature de notre artiste, représentant Jésus déposé de la croix ; on y lit la signature : IULIUS MACEDO, mais sans date. Ces deux derniers ouvrages avaient été faits pour Cosme de Médicis. Vasari était enthousiasmé des ouvrages de Clovio, et il s'est laissé aller dans ses éloges à des expressions qu'on pourrait taxer d'exagération. C'est surtout dans la description qu'il donne des peintures de l'Office de la Vierge qu'il s'est livré à son enthousiasme. « Il est impossible, dit-il, de » réunir plus d'originalité dans les figures, dont les attitudes sont bien étudiées et bien » rendues dans toutes leurs parties, et plus de variété dans l'ornementation. Une telle beauté » est répandue dans tout l'ouvrage, qu'on serait tenté de l'attribuer à une main divine plutôt » qu'à une main mortelle. » Et, en parlant d'une bordure de page où se déroule en figures microscopiques la procession du saint-sacrement telle qu'elle a lieu à Rome, il ajoute : « Cette composition frappe d'étonnement et émerveille tout esprit ami du beau. » Il est certain que Clovio joint à une remarquable entente de la composition une science profonde du dessin ; il excelle à perfectionner jusqu'aux plus minutieux détails; son coloris est d'une exquise suavité. On a voulu attribuer à Clovio les peintures d'un manuscrit de *la Divina Commedia* de Dante que possède la bibliothèque Vaticane (n° 365). Les miniatures de ce manuscrit ont été faites de plusieurs mains, et bien qu'elles ne soient pas sans mérite, elles sont loin de réunir les qualités qui ont assigné à Clovio le premier rang parmi les miniaturistes.

On pourrait plutôt le regarder comme auteur de celles qui enrichissent un manuscrit de format grand in-folio appartenant à la Bibliothèque nationale de Paris, *Codex priscæ romanæ psalmodiæ* (n° 8880 lat.), qui a été exécuté en 1542 pour Paul III. Il est vrai qu'on lit sur le dernier feuillet de ce livre quatre vers latins où il est dit que Frédéric de Pérouse achevait cette œuvre dans la huitième année du pontificat de Paul III; mais ce Frédéric est tout à fait inconnu comme peintre, et il est à croire qu'il était seulement l'auteur ou l'écrivain du livre. Les miniatures, d'une composition délicieuse et d'un dessin excellent, sont un véritable prodige de délicatesse et de fini d'exécution (1); elles rappellent les productions de Clovio qu'on voit en Italie, et justifient parfaitement la réputation dont a toujours joui ce grand artiste.

Nous terminerons ce qui a rapport à la miniature italienne en signalant un certain nombre

---

(1) M. CURMER a reproduit dans ses *Évangiles des dimanches et fêtes*, page 344, une page de ce manuscrit, dans une proportion réduite aux trois quarts environ.

de manuscrits illustrés qui appartiennent à la fin du quinzième siècle ou au commencement du seizième, la plus belle époque de ce bel art. On trouvera à la Bibliothèque nationale de Paris les Commentaires de saint Jérôme sur les psaumes (n° 16839 lat). On y voit au folio 1er, dans la lettre initiale P. une figure à mi-corps du saint, modelée avec beaucoup d'art. La bordure, d'un très-bon goût, est enrichie de six médaillons renfermant des figures d'hommes en buste ; dans le bas, deux anges soutiennent une couronne de laurier au centre de laquelle sont peintes les armoiries de Matthias Corvin. Tout cela est fait dans la manière d'Attavante, qui a beaucoup travaillé pour le roi de Hongrie : les peintures de ce manuscrit peuvent donc être attribuées à cet artiste. Le même établissement possède un manuscrit de la vie de Francesco Sforza, duc de Milan (n° 372 italien), exécuté à la fin du quinzième siècle. La première page offre une bordure délicieuse, composée d'élégantes arabesques dans le goût antique, rendues avec une rare perfection ; on y voit, dans le bas, un beau portrait en buste de Ludovico Maria Sforza, dit le More, duc de Milan. Le folio 4 est rempli par le portrait équestre de Francesco Sforza ; il est revêtu d'une brillante armure, mais la tête est nue, et l'artiste a su apporter dans la reproduction du visage une étonnante vérité : c'est un portrait d'un fini très-précieux. Le noble cavalier est placé sous un portique élevé dans le style de l'antiquité ; on aperçoit dans le fond un riche paysage. On ne sait trop à qui attribuer cette ravissante peinture, qui est empreinte de l'esprit de Léonard de Vinci ; on a voulu la donner à Girolamo de Crémone. Les ouvrages que cet artiste a laissés au Dôme de Sienne sont loin d'atteindre à la perfection de ce beau portrait, mais on peut supposer qu'il l'aurait exécuté d'après un dessin de Léonard. La Bibliothèque nationale conserve encore un livre de prières de format in-quarto, renfermant un nombre considérable de ravissantes miniatures (n° 10532 lat.) ; composition, dessin, coloris, tout est parfait dans ces belles peintures, qui doivent être l'œuvre de l'un des premiers maîtres de la fin du quinzième siècle. Nous devons citer encore un manuscrit de format in-folio, appartenant au même établissement (n° 22541 fr.), qui contient *les Triomphes* de Pétrarque. On y trouve six miniatures à pleine page, où sont représentés les triomphes de l'Amour, de la Chasteté, de la Mort, de la Renommée, du Temps et de la Divinité. Ces grandes peintures, dont la composition n'est pas très-variée, sont remarquables cependant par le mouvement qui convient bien à une marche triomphale et par le sentiment de l'art antique qui y règne. Le dessin des figures laisse quelquefois à désirer, mais les têtes sont très-finement touchées, très-bien modelées et fort expressives. Les scènes sont placées dans de vastes paysages dont les plans sont bien entendus ; on y voit des groupes d'arbres disposés avec goût, des eaux et un lointain agréable et bien en perspective. Nous ne savons à qui attribuer ces belles miniatures, mais nous pouvons signaler des œuvres du même artiste dans un manuscrit appartenant à la bibliothèque Vaticane (n° 1687), qui renferme des poésies en l'honneur de Jules II (1).

A Rome, on conserve dans différentes bibliothèques un assez grand nombre de beaux manuscrits illustrés de l'époque dont nous nous occupons. Nous signalerons principalement à la Vaticane, la belle Bible des ducs d'Urbin (2) et le manuscrit de *la Divina Commedia* de Dante (n° 365), dont nous avons déjà parlé ; — dans le palais Sciarra, le magnifique missel

---

(1) D'Agincourt, *Histoire de l'art*, Peinture, a donné la reproduction de l'une des miniatures de ce livre dans sa planche LXXX.

(2) M. Curmer, dans ses *Évangiles des dimanches et fêtes*, en a reproduit des miniatures aux pages ix, 78, 109 et 338.

du cardinal Colonna († 1522), dont les peintures sont d'un goût si pur et d'une exécution si merveilleuse, que quelques amateurs ont cru pouvoir les attribuer à Raphaël (1). Nous donnons dans le cul-de-lampe de nos Préliminaires, page 156, la reproduction de l'une des lettres ornées de ce manuscrit riche. — Dans la belle bibliothèque du palais Barberini, de cinquante mille volumes imprimés et de beaucoup de manuscrits, un beau livre de prières (n° 324) renfermant un grand nombre de miniatures qui proviennent d'un maître de l'école florentine du commencement du seizième siècle (2) ; un autre manuscrit (n° 325), où l'on voit aussi de belles miniatures du même temps (3), et un petit missel de la fin du quinzième (4). — Dans la bibliothèque du palais Chigi, très-riche en manuscrits grecs, latins et italiens, le missel du pape Pie II (1458 † 1464), dont les miniatures excellentes sont d'un maître qui florissait dans la seconde moitié du quinzième siècle, et le missel de Clément VII (1523 † 1534), appartenant à la plus belle époque de l'art en Italie (5). — Dans la bibliothèque du palais Corsini, un manuscrit de Pétrarque (n° 1081) de la seconde moitié du quinzième siècle ; un Office de la Vierge (n° 1232) de la même époque, et un missel (n° 1015) du seizième siècle, qui renferme un grand nombre de très-belles miniatures (6). — Dans la bibliothèque Casanatense, qui tient à l'église de la Minerve, le missel du cardinal Cornari, qui renferme d'admirables miniatures de la plus belle époque du seizième siècle dans le style de Raphaël (7). — Enfin, nous signalons dans la bibliothèque de Brera, à Milan, un missel romain de la seconde moitié du quinzième siècle (8).

## § VIII

EN FRANCE DEPUIS 1410 ENVIRON JUSQU'À LA FIN DU QUINZIÈME SIÈCLE, ET AU SEIZIÈME.

I

*De 1410 environ jusque vers le milieu du quinzième siècle.*

Il faut maintenant revenir sur nos pas pour étudier les destinées de la miniature à partir du moment où la France, déchirée par la guerre civile et la guerre étrangère, vit s'éteindre l'essor qui s'était produit dans les arts au commencement du quinzième siècle. Nous avons dit plus haut que l'école de miniature qui s'était formée en France sous Charles V avait fait à cette époque des progrès très-sensibles, et nous avait laissé des productions remarquables.

(1) M. Curmer a reproduit deux pages de ce manuscrit dans les pages 13 et 45 de ses *Évangiles*.
(2) M. Curmer a reproduit quatre pages de ce manuscrit dans ses *Évangiles*, p. 13, 113, 149 et 339.
(3) M. Curmer a donné des fragments de ce manuscrit dans les pages 24 et 61 de ses *Évangiles*.
(4) On trouvera dans les *Évangiles* de M. Curmer, aux pages 183 à 186, des bordures de pages empruntées à ce livre.
(5) M. Curmer a reproduit dans ses *Évangiles*, aux pages 22, 36, 113, 138, 161 et 327, des miniatures de ces livres.
(6) M. Curmer a donné dans ses *Évangiles*, aux pages 76, 269, 272, 283, 88, 89, 116, 218, 301, 319, 321, 341 et 348, des miniatures de ces trois manuscrits.
(7) M. Curmer a reproduit deux de ces miniatures dans les pages 139 et 342 de ses *Évangiles*.
(8) M. Curmer a donné quelques-unes des illustrations de ce livre dans ses *Évangiles*, aux pages 39, 83, 103, 104, 105 et 261.

Parmi les plus belles miniatures de l'école française de ce temps, nous avons cité notamment (1) celles qui enrichissent deux superbes manuscrits conservés à la Bibliothèque nationale de Paris : le psautier du duc de Berry en latin et en français (n° 13091 fr.) et les grandes Heures exécutées pour ce prince et terminées en 1409 (n° 919 lat.). Nous pouvons joindre à ces belles productions une œuvre du même temps, c'est la première miniature d'un manuscrit appartenant à la Bibliothèque nationale : *les Antiquités des Juifs* de Josèphe (n° 247 fr.), dont nous aurons à nous occuper plus loin. Le livre avait été écrit pour le duc de Berry, mais trois miniatures et tous les entourages des pages avaient été seulement terminés du vivant de ce prince. La première de ces miniatures, folio 3, peut à elle seule constater à quel point l'art de peindre était parvenu en France au commencement du quinzième siècle. Elle représente le Père éternel unissant en mariage Adam et Ève. Le Créateur est représenté sous la figure d'un vieillard, dont la belle tête dévoile une grande énergie tempérée par la douceur : c'est un admirable type, qui n'a pu être surpassé que bien rarement par les plus grands artistes du seizième siècle. Deux anges soutiennent et étendent le manteau qui couvre les épaules du Tout-Puissant, et sur le fond que forme ce manteau, se détachent les figures nues d'Adam et Ève, se tenant debout et unissant leurs mains. C'est une qualité rare chez les peintres que l'invention, mais on peut dire que le peintre du duc de Berry a montré qu'il possédait cette qualité à un très-haut degré : il n'était pas possible de représenter d'une manière plus convenable l'union religieuse de nos premiers parents. L'ordonnance du tableau répond à l'invention; tous les éléments en sont disposés et combinés avec art, et chacun des acteurs de l'action y remplit bien le rôle qui lui est propre. La scène se passe dans le paradis, qui est entouré de murailles percées de portes d'où s'échappent des fleuves; les animaux, reproduits dans une proportion plus petite que les personnages, errent dans l'Éden: c'est là qu'est la partie faible du tableau. Le fond, qui offre quelque chose d'indéfini, comme une mer vaporeuse, ne manque pas de charme. Nous n'irons pas certainement comparer les figures d'Adam et Ève à celles que dessinèrent cent ans plus tard les grands peintres du seizième siècle, mais elles sont néanmoins le témoignage d'une étude consciencieusement faite de la nature humaine, et elles offrent pour cette époque un modèle très-satisfaisant. Il est impossible de dire quel est celui des artistes employés par le duc de Berry qui fut l'auteur de cette belle page : Paul de Limbourg et ses frères, Jacquemart de Hodin et Andrieu Beauneveu étaient les plus habiles au commencement du quinzième siècle. L'inventaire des livres du duc de Berry, rédigé en 1416, ne décrit qu'un seul psautier qui soit écrit en latin et en français et « très-richement enluminé » ; on peut donc reconnaître ce livre dans le psautier de format in-quarto de la Bibliothèque nationale n° 13091. Eh bien, cet inventaire indique que, dans ce manuscrit « il y a plusieurs histoires au commencement de la main de maistre Andrieu Beauneveu » (2). En rapprochant les figures de saints et de prophètes qui enrichissent les vingt-quatre premiers feuillets de ce psautier de celle du Créateur dans la première miniature des *Antiquités des Juifs*, on trouve beaucoup d'analogie dans le modelé si fin et si correct des têtes, et nous pensons qu'on pourrait attribuer à Beauneveu le délicieux tableau de l'union

---

(1) Voyez plus haut, p. 235.
(2) M. BARROIS, *Bibliothèque protypographique, ou Librairies des fils du roi Jean*. Paris, 1830, p. 94, n° 548.

d'Adam et d'Ève. Quoi qu'il en soit de l'auteur, cette peinture et celles qui décorent les autres manuscrits que nous avons cités donnent une grande idée de la miniature française au commencement du quinzième siècle, à une époque où les frères Van Eyck n'avaient pas encore acquis leur grande réputation, et où ils n'avaient pu dès lors exercer aucune influence sur les écoles de peinture en Allemagne et en France.

De ce point de départ, les maîtres de l'école française auraient certainement fait des progrès réguliers par leurs propres études en dehors de toute influence; mais la guerre civile et la guerre étrangère qui désolèrent la France vinrent arrêter tout à fait leur essor. En 1407, le duc d'Orléans était assassiné, et l'année suivante Charles VI quittait Paris, qui était livré aux fureurs des Cabochiens; en 1416, mourait le duc de Berry, le plus grand amateur de l'illustration des manuscrits. Les bons peintres qu'il employait encore au commencement du quinzième siècle avaient sans doute cessé de vivre avant lui, car on ne trouve d'eux aucune mention postérieure; et l'on peut croire que l'exercice de la peinture en miniature dans les provinces soumises au roi de France cessa presque entièrement jusque vers 1444, que la trêve avec l'Angleterre vint rendre au pays un peu de repos. On ne peut signaler, en effet, aucun manuscrit qui y ait été illustré convenablement en France pendant les trente années qui précédèrent cette trêve. Durant ce temps, les ducs de Bourgogne, dont les Etats étaient florissants, avaient marqué une grande prédilection pour les grands artistes flamands, leurs sujets, qui avaient élevé l'art à un haut degré de perfection, et c'est à ces artistes que les amateurs de manuscrits illustrés avaient eu recours. Lorsque la tranquillité rétablie dans le royaume de France eut ranimé le goût des arts, les peintres en miniature français, qui avaient végété si longtemps, durent nécessairement subir l'influence de l'école florissante des Pays-Bas. Néanmoins cette influence fut moins grande qu'on ne le pense généralement, et ne se produisit pas jusqu'au point d'éteindre le caractère particulier de l'école française. Nous pouvons citer un certain nombre de manuscrits exécutés antérieurement à la mort de Charles VII (1461), dont on peut regarder les miniatures comme appartenant à cette école, et qu'il est impossible de confondre avec les peintures des Flamands, à savoir : Le *Roman de Tristan*, appartenant à la Bibliothèque nationale (n° 99 fr.) : il fut achevé en 1453, et renferme plus de cent cinquante miniatures. — Un livre d'Heures in-octavo de la bibliothèque de l'Arsenal (T. L. 252). Dans les nombreuses miniatures de ce beau livre, l'artiste s'est montré d'une grande fécondité dans la composition des sujets; ses figures, quoique souvent microscopiques, sont d'un dessin correct et spirituel; les têtes ont de l'expression; bien qu'il s'attache à copier la nature, il ne tombe jamais dans le réalisme trop souvent exagéré des Flamands; ses intérieurs, d'un style gothique, sont très-exacts, et ses paysages offrent une bonne perspective. — Le livre des *Dialogues entre la Fortune et la Vertu*, conservé dans le même établissement (B. L. E. 94) : c'est un ouvrage de Martin Franck, prévôt de Lusace, qui se donne le titre de secrétaire du pape Nicolas V (1447 †1455). Dans presque toutes les miniatures, on voit dans différentes situations la Fortune et la Vertu discutant devant la Raison assise comme un juge. Le dessin est médiocre, mais les têtes sont bien modelées et expressives. Dans la marge de la première miniature, un homme se montre à une fenêtre: ce doit être l'auteur. La tête est bien étudiée et remplie d'individualité; ce portrait devait être ressemblant. — *Le Château périlleux* : ce manuscrit de format in-folio, appartenant à la Bibliothèque nationale (n° 445 fr.), n'a qu'une miniature, qui couvre les deux tiers d'une page. Un château fort occupe le fond ; la Peur est en sentinelle sur la tour du donjon ; deux femmes à droite et deux autres femmes à gauche, « la Vergoigne, la Chasteté, la Prudence et la Sapience », paraissent en garder les abords. En avant et au premier plan, trois jeunes femmes vêtues de blanc et couronnées, la Force, la Justice et la Tempérance, sont debout ; à leur gauche et à genoux, se tient devant elles un moine, frère Robert, l'auteur du livre, et à leur droite une religieuse, la sœur Rose, à laquelle il est dédié. Cette composition tout idéale est remarquable par sa bonne ordonnance ; le dessin en est très-correct. Les figures des Vertus personnifiées, appartenant à un monde surnaturel, ne sont que légèrement modelées ; mais quand l'artiste doit représenter des personnages vivants, il se montre naturaliste, et présente deux portraits fort bien étudiés dans les figures du moine et de la religieuse. Une mention qui se trouve à la suite d'un second traité : *l'Horloge de la sapience*, que renferme le livre, fait connaître en ces termes le nom du peintre : « Anluminé de la main de Jehan Pierre. » Jean Pierre était un artiste de talent qui ne devait rien certainement aux grands maîtres des Pays-Bas, et qui n'avait fait que continuer les bons miniaturistes français qui florissaient quarante ans avant lui. — Le livre intitulé *les Douze périls d'enfer*, appartenant aussi à la bibliothèque de l'Arsenal (T. F. 96) : c'est un manuscrit de format in-folio, qui renferme douze sermons sur « les douze périls conduisant les pécheurs en enfer ». L'auteur est un chapelain de la reine Marie d'Anjou, femme de Charles VII ; il était précepteur de Charles de France, quatrième fils du roi : c'est ce qu'apprend le prologue qui contient la dédicace de ce livre à la reine. En tête de l'épître dédicatoire est une grande miniature où l'on voit l'auteur offrant son livre à Marie d'Anjou assise sur son trône et entourée de ses femmes. Chaque sermon était précédé d'une miniature, mais il n'en reste plus que quatre. La plus curieuse est la dernière, qui représente un moine prêchant devant Charles VII et les grands seigneurs de sa cour. A la droite du roi est un jeune seigneur, dans lequel il faut certainement reconnaître l'élève royal de l'auteur du livre. L'ordonnance de tous les tableaux est excellente ; les groupes sont disposés avec art, le dessin est correct, les têtes sont bien modelées et expressives : on doit y trouver des portraits ressemblants. Le peintre appartient en cela à l'école naturaliste ; mais, au besoin, il sait idéaliser ses compositions, comme dans la seconde des miniatures, où il a représenté une jeune femme courant après des boules d'or que lance un beau jeune homme. Montfaucon, qui a donné la gravure de quelques-unes des miniatures de ce manuscrit, en fixe l'exécution à l'année 1458 (1). Nous avions terminé, dans notre première édition, nos citations des miniatures françaises du milieu du quinzième siècle en signalant un magnifique manuscrit qui, par ses nombreuses peintures, pouvait à lui seul faire complétement apprécier le caractère de l'école française à cette époque. Il appartenait à la ville de Paris, et était conservé à la bibliothèque de l'hôtel de ville. Mais il a malheureusement péri dans l'incendie qui a détruit le palais municipal en 1871, pendant l'insurrection de la Commune. Cependant nous conserverons ici, en raison de son importance, ce que nous avions dit autrefois de ce précieux manuscrit, en ajoutant même dans une note ce que nous avions préparé pour cette seconde édition. C'était un missel qui avait été exécuté pour Juvénal des Ursins, pair de France, alors qu'il était administrateur perpétuel de l'évêché de Poitiers, après s'être démis de l'ar-

---

(1) *Les Monuments de la monarchie française*, t. III, p. 278.

chevêché de Reims, c'est-à-dire de 1449, date de sa nomination à l'administration de l'évêché de Poitiers, à 1456, date de sa mort. Le texte du missel prouvait tout d'abord qu'il avait été fait pour un prélat revêtu des plus hautes dignités ecclésiastiques ; on trouvait aussi la preuve de sa destination pour un évêque de Poitiers dans une rubrique écrite au folio 176 ; enfin, les armoiries de Jacques Juvénal, répandues à profusion dans ce beau volume, ne pouvaient laisser aucun doute sur le grand personnage pour qui il avait été écrit et peint. Il est vrai que les armes des Ursins, suivant un usage fort ridicule, avaient été recouvertes par celles de l'évêque Raoul du Fou, qui était devenu propriétaire du manuscrit vers 1478 ; mais les armoiries de ce prélat avaient été effacées en plusieurs endroits, et l'écu des Ursins reparaissai au-dessous, comme dans la bordure de la miniature à pleine page du folio 135, où l'on voyait Jacques Juvénal lui-même, avec un ange qui se tenait devant lui en soutenant l'écusson de ses armes (1). Ce livre était incontestablement l'un des plus curieux produits de la peinture française au milieu du quinzième siècle. On y voyait figurer, sous l'éclat des plus vives couleurs, les hommes de toutes les conditions, avec leurs costumes et leurs armes ; les monuments de l'architecture civile et militaire, l'intérieur des habitations, les meubles, les ustensiles de la vie privée y étaient reproduits ; les usages, les cérémonies de l'Église,

(1) Nous avons plus longuement discuté les preuves concernant l'origine et la date du livre dans la description que nous en avons faite en 1847 dans le Catalogue de la collection Debruge-Duménil, à laquelle il appartenait ; le lecteur peut se reporter à cet ouvrage (*Description des objets d'art qui composent la collection Debruge-Duménil*). M. Ambroise-Firmin Didot a également établi cette origine et cette date dans son écrit sur le *Missel de Juvénal des Ursins* (Paris, 1861). Un savant archéologue anglais, dont nous tenons les opinions en grande estime, croit que le manuscrit aurait été fait pour le duc Jean de Bedford, et il en trouve la preuve dans les devises « J'en suis contente — A vous entier », qu'on rencontrait quelquefois dans les bordures des pages, devises qui seraient celle du duc, se disant alors régent de France, et celle de sa femme Anne de Bourgogne, et dans les initiales Y. A. qu'on y lisait deux fois, et qu'il interprète par Yohannes et Anna. Les devises inscrites isolément dans les marges, sans qu'on rencontre nulle part les armoiries du duc ni celles de sa femme, ne pouvaient balancer les preuves qui résultaient du texte du manuscrit constatant qu'il avait été fait spécialement pour un évêque de Poitiers, des armoiries de Jacques Juvénal des Ursins répandues à profusion dans les marges, et de son portrait qu'on y voyait plusieurs fois. Il est possible que le duc de Bedford, qui a séjourné à Paris ou en Normandie pendant quinze ans, de 1420 à 1435, ait commandé à Paris un manuscrit dont quelques bordures de pages étaient seulement faites à l'époque de sa mort (1435), et que le peintre à qui elles avaient été commandées, et dans l'atelier duquel elles seraient restées, les ait fait servir à l'encadrement de miniatures qui lui auraient été demandées plus tard pour le missel de Jacques Juvénal. Quant aux initiales Y. A. qui étaient réunies ensemble, nous les avions désignées dans notre description de 1847 comme étant celles de Jacobus, prénom du célèbre archevêque. Cependant, depuis la publication de notre première édition, un érudit très-distingué, feu Vallet de Viriville, a partagé l'opinion de l'archéologue anglais et a développé ses raisons dans une dissertation insérée dans la *Gazette des Beaux-Arts* de 1866, tome XXI, page 471. Il a prétendu que les armes de Bedford existaient sous celles de Juvénal des Ursins, et que si l'on n'en a retrouvé aucune trace, c'est qu'elles ont été grattées avec soin. Avec les Y, les A et les devises, qu'il expliquait comme l'archéologue anglais, il trouvait dans les bordures de pages des antilopes et des troncs d'arbres avec leurs racines, qu'il regardait comme les attributs personnels de Bedford. Il en concluait que le manuscrit avait été fait pour ce prince durant son premier mariage avec Anne de Bourgogne, c'est-à-dire de 1424 à 1432.

On ne sait pas où ce manuscrit fut conservé après la mort de Raoul du Fou, jusqu'au moment où il entra dans la bibliothèque de M. Masson de Saint-Amand, préfet de l'Eure en l'an VIII. M. Debruge-Duménil en fit l'acquisition des héritiers de M. de Saint-Amand, par l'entremise de du Sommerard, moyennant 3000 francs. Lors de la vente qui fut faite de la collection Debruge de décembre 1849 à mars 1850, il fut adjugé au prince Pierre Soltykoff moyennant 10 395 francs. La collection de cet amateur ayant été mise en vente aux enchères en avril 1861, ce beau livre, compris dans le catalogue sous le n° 4, adjugé moyennant 35 962 francs à M. Ambroise-Firmin Didot, qui avait eu pour concurrent le Muséum Britannique. Par une délibération du 3 mai 1861, le conseil municipal de la ville de Paris avait autorisé le préfet à faire l'acquisition de ce précieux manuscrit, en remboursant à M. Didot le prix coûtant.

les combats, les supplices même y étaient exprimés dans leur vivante réalité. Ce manuscrit pouvait donc passer justement pour une encyclopédie complète des édifices, des costumes, des meubles, des armes et des instruments de toute espèce de son temps, servant ainsi à révéler l'histoire intime d'une époque tout entière. Plusieurs des miniatures reproduisaient des monuments de Paris, et l'on ne peut douter qu'elles n'aient été exécutées dans cette ville.

Sous le rapport de la peinture, qui doit nous occuper ici spécialement, le manuscrit de Juvénal des Ursins n'offrait pas moins d'intérêt. Il était en effet illustré de deux grandes miniatures à pleine page de trente-trois centimètres de hauteur sur dix-sept centimètres de largeur, non compris une large bordure historiée (1), et de cent trente-huit autres miniatures, toutes encadrées dans de grandes lettres initiales richement enjolivées, savoir : vingt-six de seize à dix-huit centimètres carrés, soixante et onze de dix à onze centimètres, et quarante et une de six à huit centimètres ; chacune d'elles était un tableau complet. Les lettres ornées, toutes en couleurs sur un fond d'or enrichi de rinceaux, de fleurs, de fruits et d'armoiries, étaient au nombre de trois mille deux cent vingt-trois. Deux cent trente-huit pages étaient enrichies de bordures ; vingt-huit étaient complètement embordurées, quatre-vingt-six l'étaient aux trois quarts ; et les cent vingt-quatre autres décorées sur la marge extérieure seulement. Cette immense quantité de miniatures, de vignettes, de lettres ornées, présentait une variété infinie dans les compositions, et bien que quatre siècles se fussent écoulés depuis la confection de ce beau livre, les peintures se trouvaient encore dans le plus bel état de conservation, et presque aussi fraîches que si elles sortaient des mains de l'artiste. Les cent quarante miniatures n'étaient pas toutes de la même main, et l'on s'apercevait facilement que plusieurs peintres avaient apporté leur concours à la formation du petit musée que présentait ce beau livre : quelle que fût la diversité de leur talent, il faut reconnaître que ces artistes devaient être les premiers maîtres de leur temps. Quelques-uns avaient subi jusqu'à un certain point l'influence des Van Eyck, comme celui qui avait peint la grande miniature de l'Annonciation que reproduit la planche XCIII de notre album (2) ; mais la plupart étaient restés attachés aux principes de l'école française, et suivaient la manière des grands miniaturistes du commencement du quinzième siècle, qu'ils avaient améliorée.

L'examen des miniatures dans les différents manuscrits que nous venons de signaler, permet de déterminer le caractère de l'école de peinture française au milieu du quinzième siècle. Ce qui distingue tout d'abord les productions de cette école, c'est qu'elles sont riches d'invention et remarquables par la bonne ordonnance des compositions. Les bons peintres ne s'arrêtent pas aux types connus et généralement reproduits avant eux, ils savent en créer de nouveaux. Ils ne s'effrayent pas de rassembler dans leurs tableaux un grand nombre de personnages, parce qu'ils entendent fort bien la disposition des groupes, leur balancement et leur contraste. Ils cherchent à copier la nature avec une simplicité et une naïveté exemptes de l'exagération qu'on peut reprocher souvent aux miniaturistes flamands, et ils n'ont pas comme ceux-ci répudié absolument l'idéalisme de leurs compositions. Les maîtres

---

(1) Du Sommerard, les Arts au-Moyen Age, a reproduit, d'une façon malheureusement peu gracieuse, ces deux grandes miniatures, l'une dans son Atlas, chap. VIII, pl. II ; l'autre dans son Album, VIIIe série, pl. XXII. Il a reproduit aussi deux des miniatures moyennes dans son Album, VIIIe série, pl. XXIV.

(2) Les pierres de cette belle planche sont malheureusement au nombre de celles qui ont été effacées avant que l'éditeur se fût décidé à faire une seconde édition.

français ont en général un dessin correct, mais ils excellent surtout dans les têtes : elles sont toujours pleines d'intention et de sentiment, et empreintes d'une individualité qui constate l'habileté de l'artiste à obtenir la ressemblance des personnages contemporains qu'il avait à représenter. C'est en cela surtout que tous se montrent naturalistes, mais sans jamais tomber dans la trivialité. Ils ont d'ailleurs plus de style que les Flamands et un goût plus élevé qu'eux dans la disposition des vêtements. Ils savent reproduire avec une délicatesse infinie tous les détails de l'architecture ogivale, et ils justifient dans leurs paysages une connaissance déjà assez avancée de la perspective, sans égaler en cela les Flamands. Leur coloris a beaucoup d'éclat et s'est parfaitement conservé.

II

*Jean Foucquet.*

L'habileté des peintres de l'école française à obtenir la ressemblance allait retenir en Italie un jeune artiste de cette école, qui, par suite des études qu'il y fit, arriva à modifier profondément la manière qu'il avait reçue de ses maîtres et devint l'initiateur en France du style de la Renaissance : nous voulons parler de Jean Foucquet.

Ce peintre, après avoir conservé une grande réputation jusque vers le milieu du seizième siècle, était tout à fait tombé dans l'oubli : aujourd'hui sa réhabilitation est complète, et personne ne lui conteste le premier rang parmi nos peintres du quinzième siècle. En 1828, M. Chalmel avait donné quelques renseignements sur Foucquet dans son *Histoire de la Touraine* (1) ; mais c'est en réalité à M. Auguste de Bastard que revient l'honneur d'avoir assigné à cet artiste le rang qui lui appartient (2). Depuis, les recherches de M. Léon de Laborde (3), de M. Vallet de Viriville (4) et de quelques autres érudits, ont apporté des renseignements précieux sur Foucquet (5). Cependant, malgré tant de patientes investigations, sa vie est à peu près ignorée, et l'on ne connaît encore qu'approximativement la date de sa naissance et celle de sa mort. Nous allons résumer ce qu'on sait sur ce grand artiste ; nous tâcherons aussi de préciser la date de sa naissance à l'aide de quelques faits historiques, et nous essayerons ensuite de faire apprécier son talent en signalant ses œuvres, qui sont assez nombreuses.

Jean Foucquet naquit à Tours. Cette ville, demeurée entièrement française au milieu des discordes civiles qui déchiraient notre pays, était alors le centre d'un grand mouvement artistique. Sa cathédrale, ses églises et ses monastères renfermaient en sculpture, en peinture et en orfévrerie, des richesses vantées par un poëte contemporain de Foucquet. On a

---

(1) Tome IV, p. 186. Tours, 1828.
(2) M. DE BASTARD a publié en 1834 deux des miniatures de Foucquet dans son grand ouvrage *Peintures et ornements des manuscrits*.
(3) *La Renaissance des arts à la cour de France*, t. 1er, et *Additions* au t. 1er, p. 155 et suiv., 691, 720 et 722.
(4) *Revue de Paris*, 1er août et 1er novembre 1857.
(5) M. CURMER, dans son *Appendice aux Évangiles* (Paris, 1864), a réuni tout ce qui a été écrit sur Foucquet.

vu que sous le fils de Charlemagne le couvent de Saint-Martin de Tours renfermait une célèbre école de peinture en miniature ; elle s'était sans doute perpétuée dans la ville jusqu'au quinzième siècle. C'est là que Foucquet fit ses premières études auprès de maîtres qui cherchaient par la seule étude de la nature à arriver à la perfection. Mais le génie de Foucquet le poussait vers de plus hautes destinées. La renommée des grands artistes qui illustraient alors l'Italie étant venue jusqu'à lui, il se décida, vers 1440, à visiter cette terre classique des arts. Des documents certains ne peuvent laisser aucun doute sur le voyage de notre artiste et sur les conséquences que ce voyage eut pour lui. Un Florentin, Francesco Florio, qui avait étudié à Rome, fit connaissance en Italie du comte Jean d'Armagnac, exilé par Charles VII ; il suivit ce grand seigneur lorsqu'il rentra en France, dans les premières années du règne de Louis XI. Après avoir parcouru le royaume et habité Paris, Florio vint s'établir à Tours, qui était au quinzième siècle, pour la cour de France, une sorte de capitale. Retiré chez un chanoine, il composa divers ouvrages qui lui valurent de son temps une certaine réputation littéraire. Parmi ces ouvrages, il en est un, en latin, ayant pour titre *Éloge de la Touraine*, qu'il a adressé vers 1477 à Jacopo Tarlato, habitant de Castiglione (1). Voici la traduction d'un passage de cet écrit, où il cite Foucquet comme un peintre d'un grand talent : « A l'aspect de cet édifice (l'église Notre-Dame la Riche, près de Tours), je
» compare les anciennes images des saints aux modernes, et je suis frappé de la supériorité
» de Jean Foucquet (*Fochetus*) dans son art sur les peintres de beaucoup de siècles écoulés.
» Ce Foucquet dont je parle est un citoyen de Tours qui l'emporte incontestablement par le
» talent, non-seulement sur ses contemporains, mais encore sur tous les anciens. Que
» l'antiquité loue Polygnote, que d'autres exaltent Apelle, pour moi, je me trouverais assez
» bien partagé si je pouvais atteindre par un digne langage au mérite exquis des œuvres de
» son pinceau. Et ne croyez pas que ce soit là fiction de poëte ; vous pouvez prendre un avant-
» goût du talent de cet artiste dans le sanctuaire de notre église de la Minerve (à Rome), si
» vous voulez porter les yeux sur le portrait du pape Eugène, qu'il a peint sur toile. L'artiste,
» lorsqu'il a peint cet ouvrage, était, à proprement parler, dans l'âge de la jeunesse, et
» cependant l'effigie qu'il a produite fait apparaître aux yeux comme une vision de la réalité.
» N'en doutez pas, Foucquet a le pouvoir de donner la vie aux visages par son pinceau et
» d'égaler presque Prométhée. »

Vasari a confirmé le fait signalé par Florio, et bien qu'en traduisant en italien le nom de Foucquet il l'ait estropié, il est impossible de se méprendre sur l'auteur du portrait du pape Eugène. A la fin des vies d'Antonio Filarete et Simone, le biographe italien s'exprime ainsi : « Filarete, étant retourné à Rome, y mourut âgé de soixante-neuf ans ; il fut enterré à la
» Minerve, où, pendant qu'il était au service du pape Eugène, il avait fait peindre le portrait
» du pontife par Jean Foucquet (Fochetta, dans la première édition), artiste de beaucoup de
» talent. » Le séjour de Foucquet à Rome est donc parfaitement établi par Florio et par Vasari. Il est intéressant de savoir à quelle époque notre artiste s'y trouvait, parce que par là on pourrait établir approximativement la date de sa naissance. Les érudits qui se sont occupés de Foucquet l'ont fixée de 1415 à 1420, mais sans en donner la preuve ; nous croyons

(1) Il a été publié dans les *Mémoires de la Société archéologique de Touraine* de 1855. Le passage latin a été donné dans les *Archives de l'art français*, DOCUMENTS, t. IV, p. 168. M. VALLET DE VIRIVILLE a fourni la traduction de ce passage dans la *Revue de Paris*, 1er août 1857.

qu'on peut arriver à l'obtenir. Vasari, à cet égard, fournit un renseignement qui peut mettre sur la voie. « Eugène IV, dit-il, venait de monter sur le trône pontifical, lorsqu'il » résolut d'orner l'église Saint-Pierre d'une porte de bronze. Antonio Filarete et Simone, » frère de Donato, tous deux sculpteurs florentins, furent choisis pour l'exécuter. Ils » employèrent douze années pour la mener à fin. La fuite d'Eugène IV ne les empêcha pas » de continuer leur travail. » Vasari nous apprend encore qu'aussitôt que la porte eut été terminée, Filarete alla à Milan pour y élever divers édifices (1). L'histoire maintenant va nous venir en aide. Ce fut seulement le 3 mars 1431 que le conclave fit choix, pour remplacer Martin V, de Gabriel Condolmieri, qui prit le nom d'Eugène IV. Avant que le nouveau pape eût été installé et qu'on eût pu faire venir de Florence les deux sculpteurs, on peut bien penser que l'année 1431 dut s'écouler, ou à peu près; les douze années que les deux artistes employèrent à l'exécution de la porte de bronze de Saint-Pierre durent expirer vers la fin de l'année 1443 : Foucquet aurait donc exécuté le portrait d'Eugène IV de 1432 à 1443. Mais il est facile, à l'aide des documents que nous fournit l'histoire, de fixer une date beaucoup plus précise. En effet, moins de trois ans s'étaient écoulés depuis l'avénement d'Eugène, lorsqu'il fut obligé (1434) de quitter Rome sous un déguisement pour éviter la fureur des Romains, qui l'assiégèrent dans l'église Saint-Chrysogone, où il s'était réfugié, et qui proclamèrent, après sa fuite, le rétablissement de leur ancienne république (2). Bien que les Romains eussent été contraints de rentrer peu de temps après sous la domination du pape, Eugène IV résida dans les années qui suivirent à Florence, à Bologne ou à Ferrare ; il ne revint s'établir à Rome qu'en 1443 (3). Le portrait d'Eugène IV n'a pu être exécuté par Foucquet avant la fuite du pape de Rome, puisque le peuple, révolté et maître de la ville, n'aurait pas manqué de le détruire, et qu'ainsi Florio n'aurait pu le voir longtemps après le soulèvement des Romains ; il faut donc reconnaître qu'il a dû être peint précisément en cette année 1443, et comme pour célébrer le retour du pontife dans sa capitale. Filarete terminait alors la porte de bronze. On doit bien supposer que Foucquet avait atteint l'âge de vingt-quatre à vingt-cinq ans avant d'avoir acquis assez de réputation pour être chargé de peindre le portrait du pape ; il y a lieu dès lors de fixer la date de sa naissance à 1418 ou 1419.

Foucquet s'était donc lié avec Filarete, le sculpteur florentin, et celui-ci, en allant à Milan, dut bien certainement s'arrêter et séjourner quelque temps dans sa ville natale, qui se trouvait sur la route qu'il avait à parcourir. Foucquet l'aura sans doute accompagné, et n'aura pas manqué de rester quelque temps à Florence. C'est là que florissaient à cette époque Donatello, Brunelleschi, Jacopo della Quercia, Masaccio, Fra Giovanni de Fiesole, et des artistes fort distingués dans la miniature. Foucquet a dû fréquenter les ateliers de ces maîtres, où il se sera formé, car on trouve dans ses compositions comme un certain vernis du goût florentin. On ne peut savoir combien de temps Foucquet resta en Italie. A l'époque de la mort de Charles VII (juillet 1461), il résidait à Paris et fut chargé de mettre en couleur l'empreinte moulée sur le visage du roi. C'est ce qui résulte du compte des funérailles de ce prince, où on lit entre autres articles : « Pour le voyage dudit Pierre de Hennes, de Bourges

---

(1) VASARI, *Vies de Filarete et de Simone.*
(2) RAYNALDO, *Annales ecclesiastici*, t. VIII, p. 171. — DE SISMONDI, *Histoire des républiques italiennes*, t. IX, p. 19, 33, 43, 85, 177 et 179.
(3) M. DREYSS, *Chronologie universelle.* Paris, 1853, p. 434.

» à Paris, pour apporter l'empreinte dudict visaige, y cuidant trouver Foulquet le peintre(1). »
Le cinquième compte de M° André Briçonnet, notaire et secrétaire de Louis XI, pour treize
mois entiers commencés le 1ᵉʳ octobre 1471, constate que Foucquet reçut alors une somme
à valoir sur ce qui pouvait lui être dû pour certains tableaux que le roi l'avait chargé de
faire pour servir aux chevaliers de l'ordre de Saint-Michel. Une quittance datée de 1472, qui
était conservée dans les archives de Joursanvault (n° 824 du catalogue), établit que Foucquet,
auquel on donne alors la qualité de peintre du roi, fut chargé « de l'enluminure d'un livre
» d'heures pour la duchesse d'Orléans ». Enfin, Louis XI, voulant, en 1474, faire préparer
son tombeau, chargeait Foucquet de lui fournir un projet peint; cela résulte des comptes
de cette année, où on lit : « A Michau Colombe, tailleur d'images, et Jehan Foucquet, peintre
» à Tours, 22 liv., sçavoir : audit Colombe 13 liv. 15 s., pour avoir taillé en pierre un petit
» patron en forme de tombe qu'il a fait du commandement du roy à sa portraiture et sem-
» blance...; et audit Fouquet, pour avoir tiré et peint sur parchemin un autre patron pour
» semblable cause. » Enfin, dans le neuvième compte de sire Jehan Briçonnet, conseiller du
roi, pour l'année finie en 1475, on trouve notre artiste mentionné avec sa qualité de peintre
du roi : « A Jehan Foucquet, peintre du roy, pour entretenir son estat (2). » Les termes dont se
sert Florio en parlant de Foucquet dans son écrit sur la Touraine, « non solum sui temporis,
» sed omnes antiquos superavit », devraient faire supposer que cet artiste n'existait plus
en 1474, époque à laquelle écrivait Florio. Cependant M. de Laborde a cru devoir fixer la
date de sa mort vers 1485; mais M. Grandmaison, archiviste du département d'Indre-et-
Loire, a récemment trouvé un document, daté de 1481, où figurent la veuve et les héritiers
de Jehan Foucquet. Il faut donc renoncer à prolonger la carrière de ce grand artiste jusqu'en
1485 (3).

Les rares renseignements sur l'existence de Foucquet n'auraient pu aider en rien
à retrouver ses œuvres, dont aucune n'est signée; mais une précieuse note, inscrite par
Robertet, secrétaire des ducs Jean et Pierre de Bourbon, sur un manuscrit renfermant
des miniatures, a fait connaître d'une manière incontestable des peintures de ce
grand artiste, qui ont dès lors servi de point de départ à la critique pour découvrir et
restituer son œuvre. Ce manuscrit, que nous avons déjà cité, renferme une traduction
française des *Antiquités des Juifs* de Josèphe; il est conservé à la Bibliothèque nationale de
Paris (n° 247 fr.). Ce livre avait été écrit avec beaucoup de soin par le calligraphe du
duc de Berry, frère de Charles V. Suivant l'usage, l'emplacement des vignettes avait été laissé
en blanc, et après que le calligraphe eut terminé son travail, les feuillets qui devaient recevoir des miniatures furent livrés aux enlumineurs du duc. Mais les bordures de pages et
trois miniatures seulement étaient exécutées lorsque le duc de Berry vint à mourir (1416).
Ce manuscrit inachevé passa, on ne sait comment, en la possession de Jacques d'Armagnac, duc de Nemours. On lit en effet, à la dernière page, cette mention à demi-effacée :
« Ce présent bon livre de Josèphe est au duc de Nemours. » Ce prince fit achever les
miniatures du livre par Foucquet vers 1465, à une époque où il possédait des biens considé-

---

(1) M. DE LABORDE, *la Renaissance des arts à la cour de France*, t. I, p. 158.
(2) IDEM, *ibid.*, t. I, p. 158 et suiv.
(3) *Gazette des Beaux-Arts*, de 1867, t. XXIII, p. 113.

rables et les faveurs du roi. En 1477, le duc de Nemours eut la tête tranchée sur l'échafaud, et sa fille Catherine hérita du manuscrit, qu'elle porta depuis dans la famille de Bourbon en épousant le duc Jean II en 1484. Ce prince étant décédé sans enfants, en 1488, son frère Pierre II, gendre de Louis XI, hérita de ses biens, et c'est à ce moment que Robertet, qui était devenu son secrétaire après l'avoir été du duc Jean II, inscrivit sur le précieux manuscrit l'annotation suivante : « En ce livre a douze histoires, les troys premeires de l'enlu- » mineur du duc Jehan de Berry et les neuf de la main du bon peintre et enlumineur du roy » Loys XI$^e$, Jehan Foucquet, natif de Tours. » — « Ce livre de Josephus De Antiquis est » à monseigneur Pierre deuxième de ce nom, duc de Bourbonnais et d'Auvergne, comte » de... Signé ROBERTET. »

Ainsi voilà des œuvres de Foucquet très-bien constatées. Robertet était son contemporain, et il avait dû apprendre de M$^{me}$ la duchesse de Bourbon, Catherine d'Armagnac, au service de laquelle il avait été, le nom du véritable auteur des belles miniatures que son père avait fait peindre dans le livre des *Antiquités des Juifs*. Il faut dire cependant qu'il y a dans le livre quatorze miniatures et non pas douze ; mais ce n'est pas une raison pour que Robertet se soit trompé : suivant M. Paulin Paris, la sixième miniature et la dernière paraîtraient plutôt de la main d'un très-bon élève de Foucquet que de Foucquet lui-même ; cette opinion nous paraît très-justifiable, et il est fort possible que ces deux miniatures n'aient été exécutées que postérieurement à la note de Robertet par un élève de Foucquet, sur les dessins du maître. Toujours est-il qu'on trouve dans ce beau manuscrit neuf peintures incontestables de la main de Foucquet. L'espace nous manque pour décrire et apprécier ces miniatures ; nous ne saurions d'ailleurs que répéter ce que MM. de Bastard, de Laborde, Paulin Paris et Vallet de Viriville en ont dit. Nous ne pouvons cependant résister au désir de signaler la onzième miniature, où l'artiste a reproduit la Clémence de Cyrus. Les principaux d'entre les Juifs, répandus sur les marches du trône, offrent des actions de grâces au puissant monarque qui vient de leur rendre une patrie. Le roi des Perses est assis sur un trône élevé, placé sous un dais que soutiennent quatre colonnes d'ordre composite ; ses ministres sont à ses côtés, au milieu est un groupe de courtisans debout. La foule du peuple, qui occupe le fond du tableau, se perd sous une porte de style antique. Le dessin, le style, l'expression, l'entente de la perspective, sont au niveau de cette admirable composition. Aucun artiste du temps de Foucquet, même en Italie, n'a produit un tableau supérieur sous le rapport de l'invention et de l'ordonnance.

Nous avons été appelé à parler en premier lieu du manuscrit des *Antiquités des Juifs*, à cause de la note de Robertet ; mais en suivant l'ordre chronologique des œuvres de Foucquet, il aurait fallu placer en première ligne un manuscrit que possède la Bibliothèque royale de Munich (cod. Gall. 6, sec. XV et cim. n° 38), qui a été écrit, ainsi qu'il résulte de la mention inscrite sur le livre, par Pierre Faure, prêtre à Aubervilliers, près de Saint-Denis, en 1458, pour Étienne Chevalier. Étienne Chevalier dut à la protection d'Agnès Sorel son entrée en faveur, mais il conquit par son talent et sa probité les grandes charges qu'il occupa ; il était, sous Charles VII, trésorier de France, maître des comptes et secrétaire d'État, et fut envoyé en Angleterre avec le titre d'ambassadeur pour traiter de la paix. Le roi Louis XI lui continua la même confiance, et lui donna des missions importantes, parmi lesquelles il faut compter son ambassade auprès du pape Paul II en 1470. Il aimait les arts, et devint le protecteur de Jean Foucquet, qui exécuta pour lui plusieurs manuscrits fort importants. Le volume que conserve la Bibliothèque de Munich contient la traduction française par Laurent de Premierfait de l'ouvrage de Boccace qui a pour titre *les Cas* (les infortunes) *des nobles hommes et femmes malheureux*. La première infortune commence avec Adam et Ève, et se continue jusqu'à l'époque où vivait l'auteur. Le manuscrit renferme quatre-vingt-onze miniatures. Sur le premier feuillet, une grande peinture à pleine page (de 40 centimètres de hauteur sur 29 de largeur) sert de frontispice ; en tête de chacun des neuf livres de l'ouvrage se trouve une miniature occupant les deux tiers de la page ; les autres, de diverses grandeurs, sont réparties sur les feuillets du texte. Ces peintures sont de différentes mains, mais il est facile d'y reconnaître une manière uniforme et une sorte d'unité. Elles offrent toutes, au surplus, une grande analogie avec celles des *Antiquités des Juifs* ; on y remarque l'influence de l'art antique et de l'école florentine. Il en a dû être des peintures du manuscrit de Boccace comme de celles de beaucoup d'autres ; les illustrations du livre étant nombreuses, le maître n'a exécuté de sa main que les principales, et a fait faire les autres sous sa direction, et probablement sur ses esquisses, par les élèves attachés à son atelier. Le frontispice et presque toutes les grandes miniatures en tête des chapitres sont de la main de Foucquet ; la plupart des petites doivent appartenir à ses élèves. Le frontispice surtout est remarquable, tant sous le rapport de l'art qu'en raison du sujet qui s'y trouve représenté : il y a reproduit, en effet, le jugement de Jean, duc d'Alençon, qui fut condamné à mort au moment où Étienne Chevalier faisait faire la copie du livre de Boccace sur les nobles malheureux. Charles VII, assis sur son trône, occupe le fond du tableau qui fait face au spectateur ; le comte du Maine, le chancelier, le connétable et les autres officiers de la couronne, sont à ses côtés. Les présidents et conseillers du parlement sont assis sur les fleurs de lis. Le procureur général, debout, lit une pièce judiciaire qu'il tient à la main. Le public environne l'enceinte. Près de trois cents têtes ou personnages, réduits à des proportions souvent microscopiques, se distinguent dans cette miniature ; elle est peinte avec ensemble et harmonie, et fait bien voir les hautes qualités de Foucquet dans la composition et l'ordonnance des tableaux.

L'œuvre de Foucquet qui vient après le Boccace de Munich, est un Livre d'heures qu'il exécuta, vers 1460, pour son Mécène, Étienne Chevalier. Au dix-septième siècle, la bibliothèque de cet amateur fut vendue. Le livre d'heures, tombé on ne sait en quelles mains de Vandale, fut lacéré par le possesseur, dans l'espoir sans doute de faire un lucre plus considérable en vendant en détail les feuillets enrichis de miniatures, qui toutes étaient de la main de Foucquet. Aujourd'hui, quarante de ces feuillets illustrés sont la propriété de M. Louis Brentano, banquier à Francfort ; un feuillet appartient à M. le baron Feuillet de Conches, et un autre à miss Pringle, après avoir fait partie du cabinet très-important du poëte Roger, mort à Londres en 1855. M Curmer avait déjà donné, dans son édition illustrée des Évangiles, quatre des miniatures qui sont chez M. Brentano ; mais il a fait mieux encore, car, avant de mourir, il a publié l'*Œuvre de Foucquet*, où l'on trouve la reproduction de quarante et une des quarante-deux miniatures du livre d'heures (1), et plusieurs

(1) *Œuvre de Jehan Foucquet*. Paris, Curmer, 1866. — Malgré ses sollicitations, M. Curmer n'a pu obtenir de faire copier la miniature que possède miss Pringle.

autres tirées des manuscrits dont nous avons déjà parlé ou de ceux que nous allons citer plus loin. Sa publication mérite les plus grands éloges. Nous ne pouvons faire ici la description de toutes les peintures que contient le livre d'heures, nous en signalerons seulement trois. Les deux premières devaient être placées dans le livre, l'une à gauche, au verso d'un feuillet, l'autre à droite, au recto du feuillet suivant, de manière à ne former qu'un seul tableau. A gauche, Étienne Chevalier est à genoux, ayant derrière lui son patron saint Étienne. A droite, la Vierge, assise sur un trône disposé au-dessous d'une arcade ogivale, tient l'enfant Jésus et lui donne le sein. Un chœur d'anges et d'enfants aux blanches tuniques occupe tout le fond. Ceux-ci chantent, ceux-là accompagnent en jouant de divers instruments, d'autres encensent. Le lieu où la scène se passe est fermé en arrière du chœur par un corps d'architecture élevé dans le style florentin de la Renaissance, dont le principe résidait dans la restauration des ordres grecs et l'imitation des motifs d'ornementation des monuments antiques. La tête d'Étienne Chevalier est modelée avec un art infini. Une autre miniature présente un grand intérêt : c'est celle où l'artiste, en reproduisant la scène de l'adoration des rois mages, a peint l'un d'eux, qui est agenouillé devant Jésus, sous les traits de Charles VII. On trouve encore là un portrait d'une vérité frappante. Les quarante-deux miniatures connues sont autant de chefs-d'œuvre. « On avait dans ce manuscrit, » suivant l'heureuse expression de M. Vallet de Viriville, une œuvre homogène et calme » qui offrait la manifestation continue et multiple, une et diverse tout ensemble, d'un pur, » et souverain génie. »

On ne peut pas malheureusement émettre la même opinion sur d'autres manuscrits auxquels Foucquet a travaillé. Avec la grande réputation qu'il avait acquise, il dut recevoir de nombreuses commandes ; mais il n'aurait pu exécuter de sa main toutes les illustrations qui lui étaient demandées pour certains manuscrits. Il se contentait d'en peindre quelques-unes et confiait les autres à ses élèves, auxquels il fournissait sans doute une esquisse et qu'il dirigeait. Plusieurs des illustrations ont dû même n'avoir été peintes que postérieurement à la mort de Foucquet.

La Bibliothèque nationale possède deux de ces manuscrits, qui contiennent tous deux les Décades de Tite-Live traduites en français par Bersuire, écrivain du quatorzième siècle. Le premier (n° 20071 fr.) grand in-folio de 52 centimètres sur 38, renferme évidemment, d'après l'opinion de M. de Laborde (1), que nous partageons, des miniatures de Foucquet. Nous citerons entre autres, au folio 11, un charmant petit tableau où l'on voit un temple dans le style antique exécuté avec une délicatesse extrême ; au folio 14, un combat digne de Mantegna, avec un fond de paysage délicieux ; au folio 61, le triomphe de Fabius, grande composition (de 27 centimètres et demi sur 12) où sont reproduits plusieurs des arcs de triomphe de l'ancienne Rome encore subsistants ; et au folio 96, la prise d'assaut de la ville d'Antium. Le folio 5 offre une miniature à pleine page (de 31 centimètres sur 23) qui doit être postérieure à la mort de Foucquet, mais de la main de l'un de ses meilleurs élèves. Un messager à genoux remet une lettre à un roi entouré de sa cour ; un jeune seigneur tient l'épée du prince dans un fourreau décoré de fleurs de lis ; dans le fond, on voit la rue d'une ville du quinzième siècle avec de petits personnages portant les

(1) *La Renaissance des arts à la cour de France*, p. 167.

costumes de cette époque. Les figures du premier plan ont vingt centimètres de hauteur ; les têtes, remplies d'individualité et d'un modelé excellent, doivent offrir des portraits.

Le second manuscrit (n° 273 fr.) est en trois volumes. En tête de chaque livre de l'ouvrage est une miniature. Ces peintures sont de différentes mains, mais elles appartiennent toutes à l'école de Foucquet. Parmi celles qu'on peut attribuer au maître, nous en signalerons une (fol. 73) qui offre une grande singularité. On y voit un combat entre les Romains et les Véiens. Au premier plan, est un guerrier qui est exactement dans la même position que le Romulus de David dans le beau tableau des *Sabines* du Musée du Louvre ; c'est à croire que ce grand artiste a vu cette miniature : mais il a représenté son Romulus entièrement nu, tandis que Foucquet avait donné au guerrier romain une armure d'or complète. Le second volume, qui commence aux guerres avec Carthage, s'ouvre par un très-beau tableau de vingt centimètres carrés. Au fond est une ville dont les remparts sont baignés par la mer ; elle renferme de délicieux monuments dans le style gothique du quinzième siècle. Au premier plan, un vieux roi est conduit sur le bord de la mer par un enfant, qui lui montre une flotte à l'ancre devant la ville. Le volume ne renferme qu'un petit nombre de miniatures, qui sont toutes dans le style de Foucquet. Celle qui enrichit le folio 225 est remarquable, et pourrait être attribuée au maître : elle représente le repas de Scipion et d'Asdrubal chez le roi Syphax. Le troisième volume ne contient qu'une seule miniature d'un autre style et fort médiocre.

On attribue à Foucquet plusieurs tableaux peints à l'huile : 1° Un diptyque dont un volet appartient à M. Brentano de Francfort : maître Etienne Chevalier y est représenté avec saint Étienne, son patron ; l'autre, qui reproduit la Vierge avec l'enfant Jésus, est au musée d'Anvers. Ce tableau avait été exécuté pour l'église Notre-Dame de Melun : c'était un ex-voto d'Étienne Chevalier, et la tradition signalait dans la Vierge un portrait d'Agnès Sorel ; il disparut dans la tourmente de 1793 (1). — 2° Un portrait de Charles VII ; — 3° un portrait de Guillaume Juvénal des Ursins. Ces deux derniers tableaux sont au Louvre ; l'attribution qui en est faite à Foucquet n'a pas reçu l'assentiment unanime des connaisseurs. Nous n'avons pas à nous occuper de ses peintures à l'huile ; on peut consulter sur ce point les dissertations de MM. de Laborde, Waagen et de Viriville, dans les ouvrages que nous avons cités plus haut. Résumons ici en quelques mots le caractère du talent que Foucquet a déployé dans ses miniatures.

L'invention des nombreux sujets qu'il a traités constate une fécondité d'imagination qui n'a été surpassée par aucun des artistes du quinzième siècle, et ses compositions, toujours animées, ne laissent rien à désirer quant à l'ordonnance générale, à la disposition des masses, à la distribution de la lumière et à l'accord des couleurs et des tons : il a véritablement le génie de l'ordonnance. Son dessin est toujours correct, et la hardiesse de ses raccourcis est le plus souvent couronnée de succès. Peintre aussi naïf, mais observateur plus naturel que Memling, il donne à ses figures des mouvements d'une vérité incomparable et une élégance dont il avait puisé le sentiment auprès des grands maîtres qui illustraient la Toscane à l'époque de son voyage en Italie. Il excelle surtout dans le modelé des têtes, auxquelles il sait imprimer un caractère surprenant d'individualité ; c'est en cela qu'il se montre réaliste. Ses

---

(1) Le diptyque de Melun a été reproduit par M. Curmer dans *l'OEuvre de Jehan Foucquet*, 2ᵉ partie.

draperies, toujours noblement disposées, accusent les mouvements du corps. Il reproduit rarement des édifices gothiques dans ses compositions; l'art antique a ses préférences, et il en épouse le style à la manière des maîtres italiens dans les gracieux monuments qu'il y introduit. Dans les paysages, il surpasse les plus grands maîtres de la Flandre, tant il sait éclairer avec harmonie ses plans successifs et les pénétrer de perspective aérienne, tant il sait imiter la nature par la profondeur de ses lointains d'une réalité saisissante. Son coloris est excellent, et ses miniatures ont un éclat merveilleux. Cet éclat provient surtout de l'emploi de l'or, dont Foucquet a usé jusqu'à en faire abus; il ne se contente pas d'en rehausser les lumières des vêtements, il en enrichit les monuments, le terrain et quelquefois le ciel même. C'est peut-être là le seul reproche que l'on puisse lui adresser. Malgré ce défaut, les grandes qualités de Foucquet lui assignent, à juste titre, le premier rang parmi les peintres français du quinzième siècle, et doivent le faire considérer comme ayant initié notre pays au style de la Renaissance.

Le Musée du Louvre possède un portrait d'homme peint en camaïeu d'or sur fond d'émail, dans le champ duquel on lit en lettres d'or du quinzième siècle : JOHANNES FOUCQUET (1). Le personnage représenté paraît avoir trente-cinq à quarante ans; le costume convient à un peintre, et le style de la peinture est dans le sentiment des productions de Foucquet. On a donc généralement supposé que ce portrait était celui de ce grand artiste : soit; mais nous ne saurions admettre que l'émail ait été peint par Foucquet. Les émaux incrustés étaient encore seuls en usage au milieu du quinzième siècle, et il faut se reporter presque au tiers du seizième pour trouver des peintures de ce genre sur fond d'émail. Nous pensons donc que c'est bien là le portrait de Foucquet, mais qu'il aura été exécuté sur émail par un de nos meilleurs artistes émailleurs du seizième siècle, d'après un ancien portrait de notre grand miniaturiste peint par lui-même ou par un de ses bons élèves.

### III

*Du milieu du quinzième siècle jusqu'au seizième.*

Jean Foucquet eut deux fils, Louis et François, qui cultivèrent l'un et l'autre l'art qui avait fait la gloire de leur père. Ce fait important est attesté par Jean Brêche, avocat et littérateur tourangeau (2). On ne peut douter que les fils de Foucquet et peut-être encore d'autres élèves n'aient été associés à ses travaux. La preuve en est acquise par l'examen des manuscrits que nous avons signalés ; car, à côté de miniatures incontestablement de la main du maître, on en trouve d'autres où sa manière est complètement imitée par des mains inférieures. A la suite des premiers élèves de Foucquet, imbus des principes de notre grand artiste, surgirent beaucoup d'imitateurs moins habiles, qui néanmoins propagèrent son style. A la même époque, d'autres artistes français, éblouis par l'éclat et la renommée bien méritée des Van Eyck, s'attachèrent à l'école des Pays-Bas, dont ils épousèrent entièrement la

---

(1) Ce médaillon a 68 millimètres de diamètre. Il a été publié par M. CURMER dans l'*Œuvre de Jehan Foucquet*.
(2) JOHANNIS BRECHÆI, TURON, JURISCONSULTI, *ad titulum Pandectarum De verborum et rerum significatione commentarii*. Lyon, 1586, p. 410.

manière. Malgré ces courants contraires, l'ancienne école française, dont nous avons déterminé plus haut le caractère (1), continua de subsister. Elle sut certainement profiter des enseignements qui lui vinrent des Pays-Bas ou de l'Italie, mais sans subir une influence exclusive de l'un ou de l'autre de ces pays, et sans abandonner le style qui lui était propre.

Il faut donc reconnaître en France, à partir du milieu du quinzième siècle environ, trois écoles de miniature. La première, à la tête de laquelle se trouve Jean Foucquet, développe et propage le style de la renaissance italienne, légèrement modifié par des influences réalistes ; la seconde, que l'on peut regarder comme une branche détachée de l'école des Pays-Bas, s'efforce d'en imiter les productions, et la troisième, qui est véritablement l'école nationale, s'attache à continuer les principes des grands artistes qui avaient illustré l'art de la miniature au commencement de ce siècle, en ne cessant toutefois de faire des progrès sensibles. Si, quant à l'originalité, elle ne peut égaler les écoles d'Italie et des Pays-Bas, elle réunit leurs qualités contradictoires en les assimilant à sa manière. Si elle ne peut se mesurer avec l'art flamand pour la variété des représentations de la nature ni pour l'énergie du naturalisme, elle sait maintenir sa supériorité dans la composition et l'ordonnance des sujets, dans l'agencement des draperies et la disposition des ornements. Si, au point de vue du dessin, elle n'arrive pas à égaler les miniaturistes italiens, elle les surpasse dans l'application des lois de la perspective à la reproduction des édifices, des intérieurs et des paysages.

Citons maintenant les manuscrits où l'on trouvera des peintures qui viennent justifier cette division des miniaturistes français en trois écoles distinctes.

De l'école franco-italienne, dont Foucquet fut le fondateur, nous signalerons :

1° A la Bibliothèque nationale de Paris : Un Livre d'heures (n° 1179 lat.) exécuté à Tours en 1475 pour Macé Prestesaille, bourgeois de Tours. — *La Fleur des histoires*, par Jean Mansel (n° 53 fr.) ; — une traduction française de Tite-Live (n° 364 fr.). Ces deux derniers manuscrits ont été exécutés pour l'amiral de Graville. Le dessin des miniatures est correct, le coloris vigoureux, les paysages profonds, variés et toujours fort gracieux. L'artiste a revêtu ses personnages des armures et des costumes contemporains. — *La Légende dorée*, traduction de Jean de Vignay (n° 243 fr.). On y trouve au folio 4 une très-bonne miniature (de 16 centimètres de hauteur sur 21) qui se rapproche par le style des productions italiennes de la première moitié du quinzième siècle. La Vierge y est représentée assise sur un croissant, des saints sont à genoux devant elle. Dieu le Père et des anges occupent le fond du tableau ; dans le bas, on voit saint Jean-Baptiste et un autre saint. Le dessin est excellent, les draperies sont bien jetées et les têtes modelées avec finesse. — *Les Antiquités des Juifs* de Josèphe, traduites en français par Coquillard, chanoine de Reims, en deux volumes de format in-folio (n°s 405 et 406 fr.). Les miniatures très-nombreuses qui enrichissent ces deux volumes sont évidemment l'œuvre d'un élève de Foucquet, qui s'est efforcé d'imiter le style du maître, mais sa main était peu habile ; elles sont bien inférieures aux peintures renfermées dans les *Antiquités des Juifs* peintes par Foucquet (ms n° 247 fr.) pour le duc de Nemours. — Le Livre d'heures du roi René (n° 10491 lat.), rempli de délicieuses miniatures d'un style plus élevé peut-être que celles de Foucquet ; on peut les comparer à ce que les miniaturistes italiens de la seconde moitié du quinzième siècle ont fait de mieux : le dessin en est excellent, les

---

(1) Voyez page 283.

têtes, fort expressives, sont modelées avec art ; le coloris est harmonieux et acquiert beaucoup d'éclat par l'emploi des rehauts d'or dans les vêtements. Nous citerons la miniature (folio 7) où David couronné est représenté tenant sa harpe et accompagné de quatre prophètes (1). — *La Retraite des Dix mille*, de Xénophon, traduction de Claude de Seyssel (n° 701 fr.) : on y voit, dans une miniature à pleine page, l'auteur présentant son livre à Louis XII assis sur son trône et entouré d'une foule de personnages.

2° A la bibliothèque de l'Arsenal, à Paris : Un Livre d'heures latin (T. L. n° 255), en deux volumes de format in-quarto, qui renferment un assez grand nombre de miniatures du meilleur style. Les figures sont remarquables par l'excellent modelé des mains et des pieds ; les têtes sont pleines d'expression et de sentiment ; les paysages, fort gracieux, dénotent chez le peintre une entente parfaite de la perspective ; les encadrements des pages sont d'un goût exquis. — Le Bréviaire du roi René, de format in-quarto (T. L. n° 139 B). Il y a dans ce livre un très-grand nombre de miniatures qui ne sont pas toutes recommandables au même degré ; elles sont de différentes mains, comme l'indique le frontispice : on y voit en effet trois personnages assis, entourés de groupes de femmes et d'hommes revêtus de costumes de fantaisie et jouant de divers instruments. Le principal personnage, le roi René sans doute, est représenté sous les traits de David : il y a là vingt figures qui doivent être autant de portraits. La scène se passe dans une belle salle décorée dans le style de la Renaissance. Au bas on lit dans un cartouche : « Yci sont ceulx et celles qui ont fait le psaultier. » Parmi les miniatures, il y en a de remarquables par la richesse de l'invention, la correction du dessin et la vivacité du coloris.

3° A la bibliothèque Mazarine, un Livre d'heures (T. 813) qui, d'après les armoiries qui s'y trouvent, paraît avoir été fait, de 1465 à 1469, pour Charles, duc de Normandie († 1472), frère de Louis XI (2). Les illustrations de ce livre n'ont pas été terminées. Deux des miniatures sont seules achevées ; les autres sont à l'état d'esquisses ou d'ébauches plus ou moins avancées, ce qui permet de se rendre compte des procédés qu'employaient les miniaturistes de ce temps pour préparer leur travail et le conduire à fin.

L'école franco-néerlandaise a laissé de très-beaux ouvrages. Nous signalerons : 1° A la Bibliothèque nationale de Paris : Un manuscrit (n° 18 fr.) contenant la traduction, par Raoul de Praelles, de la *Cité de Dieu* de saint Augustin, en deux volumes de format in-folio maximo, qui paraissent avoir été exécutés pour Louis Mallet, sire de Graville, amiral de France sous Charles VIII († 1516), dont on y voit les armoiries. Indépendamment d'une miniature de présentation qui sert de frontispice, on trouve en tête de chacun des livres de l'ouvrage une très-grande peinture, où sont souvent représentés plusieurs sujets sacrés ou profanes. Dans la première miniature, le traducteur Raoul présente son livre au roi de France, qui est sur son trône, entouré de la cour ; sur le devant sont les plus illustres docteurs de l'Église. Les figures du premier plan ont dix à douze centimètres de hauteur. La scène se passe dans une grande salle dont le trône du roi occupe le fond. Le dessin de cette grande page est très-correct, le modelé des têtes est excellent, les attitudes et les mouvements des figures sont

---

(1) On trouvera la reproduction de cette peinture dans le *Moyen Age et la Renaissance*, MINIATURES DES MANUSCRITS, pl. XXVII, t. II.

(2) M. VALLET DE VIRIVILLE, *Revue de Paris*, 1er août et 1er novembre 1857.

en parfaite harmonie; la profondeur de la salle est bien rendue par une entente parfaite de la perspective. On peut admirer dans d'autres miniatures la finesse extrême et l'exécution minutieuse des moindres détails; les rehauts d'or prodigués dans les vêtements ajoutent un grand éclat à la vigueur du coloris. A côté de cette merveilleuse exécution, il faut blâmer, dans les compositions, l'exagération du naturalisme, qui est souvent poussé jusqu'au ridicule. Nous en citerons un exemple. Le tableau qui est en tête du quatrième livre renferme trois sujets. Dans le bas, on voit deux scènes dans le même tableau. A gauche, Phaéton, portant une longue robe que couvre un grand manteau doublé d'hermine et la tête couronnée d'un cercle d'or gemmé, comme les princes du sang, est à genoux devant Phébus, revêtu du costume des rois de France. Il demande à son père de conduire le char du Soleil, qui est représenté par un lourd chariot à quatre roues, garni de cerceaux pour recevoir une bâche et attelé de quatre chevaux accouplés par paire. A droite, le char et les chevaux sont précipités dans l'Eridan. Dans le haut du ciel, on voit le Christ étendant la main sur le téméraire. Dans d'autres tableaux, l'artiste, en traitant le nu, a prouvé qu'il avait fait des études sérieuses du corps humain. — Un manuscrit de format in-folio, contenant la traduction, par Jehan de Vignay, de la *Légende dorée* (n° 244 fr.): on y trouve un très-grand nombre de miniatures excellentes; les têtes sont d'un fini précieux, et les paysages justifient dans l'artiste une parfaite entente de la perspective aérienne. — Les *Chroniques* de Froissart, manuscrit de format grand in-folio (n° 2643 fr.), qui renferme un grand nombre de miniatures dont beaucoup ont la grandeur d'une demi-page. On y trouve reproduits des combats sur terre et sur mer, des prises de villes et les sujets les plus divers. Les costumes et les armures, de la première moitié du quinzième siècle, y sont rendus avec une précision remarquable; les têtes sont toujours d'un modelé excellent. Les paysages offrent une grande profondeur, et les détails des monuments d'architecture et des intérieurs sont rendus avec une délicatesse extrême; le coloris est très-vigoureux. On trouve donc dans ces peintures toutes les qualités de l'école des Pays-Bas.

2° A la bibliothèque de l'Arsenal: un Livre d'heures en latin avec quelques prières en français (T. L. n° 278), de format in-quarto: on y trouve des miniatures de dix centimètres carrés environ, très-finement traitées dans le style des Van Eyck; — et un autre Livre d'heures (T. L. n° 273), de format in-octavo: il renferme un grand nombre de miniatures du même genre. Ce dernier manuscrit avait appartenu à Charles I<sup>er</sup>, duc de Guise († 1550). Au seizième siècle, on y a ajouté un cahier avec une délicieuse miniature de l'école française, où l'on voit les trois apôtres endormis, pendant que le Christ, sur un point plus éloigné, implore son Père.

Citons enfin quelques-uns des manuscrits qui renferment des miniatures exécutées par des artistes qui représentaient l'ancienne école française: 1° A la Bibliothèque nationale: *Les Chants royaux*, manuscrit (n° 1537 fr.) de format petit in-folio (de 31 centimètres de hauteur sur 21 centimètres de largeur), qui renferme cinquante miniatures à pleine page. — *Les Épistres d'Ovide*, traduites par Octavien de Saint-Gelais, évêque d'Angoulême. Ce manuscrit (n° 874 fr.), de même format que le précédent, contient quarante-trois miniatures à pleine page où sont reproduites, en figures de grande proportion, des femmes qui écrivent, donnent ou reçoivent des messages. Le dessin n'est pas toujours d'une correction parfaite, les figures tendent à l'allongement des proportions, mais les têtes sont charmantes, modelées avec art et remplies d'individualité : on doit avoir là des portraits de personnages contemporains du peintre. Quelques-unes des miniatures reproduisent des sujets parmi lesquels une singulière représentation du crime des Danaïdes : les cinquante lits des jeunes époux sont disposés à la suite les uns des autres comme dans un dortoir; les filles de Danaüs, à l'exception d'Hypermnestra, viennent de poignarder leurs maris. — Un manuscrit du même ouvrage (n° 873 fr.), de format in-folio (de 34 centimètres sur 22), contenant vingt et une miniatures à pleine page avec des figures de quinze à dix-huit centimètres de hauteur. Le dessin est assez correct; les mains laissent à désirer, mais les têtes sont toujours fort bien dessinées et très-expressives. On y trouve des monuments d'architecture dans le style de la Renaissance, avec de délicieux ornements qui rappellent ceux du château de Gaillon; le coloris reçoit beaucoup d'éclat de rehauts d'or posés par hachures dans les lumières des vêtements. — Enfin un manuscrit (n° 2692 fr.), de 40 centimètres sur 30, qui renferme un très-grand nombre de peintures à pleine page représentant, en figures de grande proportion, toutes les phases d'un tournoi et la reproduction des armures et des accessoires qui y furent employés (1).

2° A la bibliothèque de l'Arsenal, un Livre d'heures (T. L., n° 263) de format in-octavo. On y trouve vingt-deux miniatures à pleine page, avec des figures d'assez grande proportion, d'un dessin correct; les têtes, fort expressives, sont modelées par des tons doux du meilleur effet; le coloris est très-brillant et bien fondu. Les pages où sont des miniatures sont décorées d'une bordure en camaïeu brun avec des rehauts d'or.

Le chef-d'œuvre de l'école française à la fin du quinzième siècle est renfermé dans un livre bien connu sous le nom d'*Heures d'Anne de Bretagne*. Cet admirable manuscrit a été en effet exécuté pour cette princesse dans les dernières années du quinzième siècle. Il est conservé à la Bibliothèque nationale (n° 9474 lat.) (2). Le volume est de format petit in-folio (de 30 centimètres de hauteur sur 19 de largeur). Au centre du recto du premier feuillet, sont les armoiries de la reine, parti de France et de Bretagne, avec les chiffres L. A. et A. L., qui indiquent son union avec Louis XII. A la suite, au verso du folio suivant et au recto du troisième feuillet, on voit deux miniatures à pleine page en regard l'une de l'autre comme les deux volets d'un diptyque ; elles forment le frontispice du livre. A gauche, le Christ repose sur les genoux de sa Mère, au pied de la croix ; saint Jean soutient la tête du Sauveur, les saintes femmes à genoux présentent des parfums ; deux groupes de disciples sont disposés à droite et à gauche de la croix, au second plan. A droite, la reine Anne est à genoux, les mains jointes, devant son prie-Dieu, sur lequel est ouvert un livre de prières illustré : elle paraît contempler le Christ descendu de la croix ; derrière elle sont les trois saintes ses patronnes : sainte Anne, sainte Ursule, qui porte l'étendard de la Bretagne, et sainte Marguerite, qui tient une croix. La figure de la reine à genoux n'a pas moins de seize centimètres : on a là un très-beau portrait de cette princesse. Les douze folios suivants

---

(1) On trouvera la reproduction de certaines parties de trois miniatures de ce manuscrit dans les *Arts somptuaires*, tome II des planches.

(2) En 1852, ce manuscrit avait été porté au Louvre, où il était exposé dans le musée des Souverains (n° 51 de la *Notice* de ce musée par M. Barbet de Jouy); il a été rendu en 1872 à la Bibliothèque nationale. M. Curmer a publié en 1861 un *fac-simile* de ce superbe manuscrit ; toutes les miniatures, toutes les bordures de pages, exécutées en chromolithographie, sont reproduites de la façon la plus heureuse.

contiennent le calendrier, avec douze miniatures à pleine page, qui ont pour sujets les travaux ou les plaisirs qu'offre chacun des mois de l'année. Les Heures sont précédées de quatre des évangiles du dimanche, empruntés à chacun des évangélistes, dont on voit les figures dans quatre miniatures à pleine page. A la suite, on trouve dans le courant du livre quarante-trois miniatures toutes à pleine page comme les premières. Elles ont pour sujets les principales scènes de l'Évangile ou des figures de saints ; ce sont autant de tableaux dont la description nous conduirait beaucoup trop loin. Nous nous contenterons d'indiquer les plus remarquables : saint Jean l'évangéliste, l'Annonciation, la Descente du Saint-Esprit sur les apôtres, l'Adoration des Mages, David à genoux, la Résurrection de Lazare, Job visité par ses amis ; saint Michel, revêtu d'une armure complète d'or d'un travail exquis, au milieu d'un groupe d'anges, la figure de l'Ange gardien qui vient ensuite ; saint Nicolas avec trois jeunes enfants, saint Hubert à genoux devant le cerf portant un crucifix entre ses cornes, les figures de sainte Madeleine et de sainte Catherine d'Alexandrie ; et enfin une grande composition représentant le Christ dans le ciel, ayant la Vierge à sa droite, à sa gauche saint Jean, et au pied de son trône une foule de saints. Il est difficile de trouver des expressions assez exactes pour caractériser la finesse des figures, leur grâce et leur délicatesse ; mais au milieu de ces nombreux tableaux d'un si grand effet et d'une exécution si parfaite, il s'en trouve cependant quelques-uns d'une composition médiocre et dont les figures sont roides et maniérées. C'est qu'il en est de ce manuscrit comme de beaucoup d'autres, les miniatures ne sont pas toutes de la même main. Néanmoins il règne dans toutes une uniformité de style qui nous fait supposer une direction unique de l'ensemble. Les paysages offrent beaucoup de profondeur et sont traités avec une entente parfaite de la perspective aérienne ; les monuments contemporains qui y sont reproduits offrent de charmants détails. Nous ne pensons pas qu'on puisse regarder ces belles miniatures comme appartenant à l'école fondée par Foucquet. Le style qui règne dans tous ces tableaux est bien celui de l'école française, sans aucune influence des écoles de l'Italie ou des Pays-Bas. Si l'on y rencontre quelques intérieurs décorés dans le style de la Renaissance, c'est que des monuments de ce genre se construisaient déjà en France à l'époque de l'exécution du manuscrit, sous les yeux du peintre qui en avait la direction. Nous n'avons jusqu'à présent parlé que des sujets peints, mais ce qui fait de ce livre un dessin hors ligne, ce sont les délicieux ornements qui enrichissent les marges du livre. Quelques pages sont entièrement embordurées, mais en général les ornements ne couvrent que la marge extérieure. Ils reproduisent des plantes et quelques branches d'arbres avec leurs feuilles, leurs fleurs et leurs fruits, sur lesquels se posent des papillons ou rampent des insectes de toutes sortes. Tout cela est imité avec une grâce et une élégance parfaites, et un éclat de couleurs merveilleux ; l'art de la miniature n'offre rien de comparable en ce genre, et l'on peut dire que ces reproductions de fleurs et de fruits égalent les ouvrages les plus parfaits de Van Huysum et de Van Heem. Tous ces ornements se détachent sur un fond d'or. M. de Laborde en attribue l'exécution à Jean Poyet, miniaturiste de Tours, qui faisait sa spécialité des bordures de pages (1). Il appuie cette attribution sur deux articles d'un compte de Jacques de Beaune, trésorier général des finances de la reine Anne, ainsi conçu : « A Jean Riveron, escripvain,

---

(1) *La Renaissance des arts à la cour de France*, p. 169 et 275.

» demourant à Tours, pour avoir escript à la main unes petites heures, que la dicte dame
» a fait faire à l'usaige de Romme et pour avoir fourni le velin (4 sept. 1497), xiiij livres. — A
» Jehan Poyet, enlumineur et historieur, demourant au dict Tours, la somme de sept vingt
» treize livres trois sols tournoys, pour avoir faict ès dites heures vingt trois histoires riches,
» deux cent soixante et onze vignettes et quinze cens verse. » Ces articles de comptes où il
s'agit de « petites heures à l'usaige de Romme » peuvent-ils s'appliquer à un volume de deux
cent trente-sept feuillets, de format petit in-folio, renfermant soixante et une miniatures
et un grand nombre de prières avec titres en français, qui ne sont pas comprises dans le
psautier romain? On serait tenté d'en douter. Cependant on peut dire que les Heures ont
été qualifiées de petites parce qu'elles ne contenaient pas le bréviaire romain en entier,
mais seulement quelques morceaux choisis. Cette explication est très-acceptable. Le
rédacteur de la Notice du musée des Souverains au Louvre a fait observer que le livre se
divise en deux parties, les Heures proprement dites, qui finissent au folio 152, et les prières
à la suite qui le complètent; que les Heures seules contiennent vingt-trois miniatures, et que
ce nombre de miniatures, se rapportant exactement à celui qui est porté dans le compte
cité, rattache évidemment ce compte aux Heures de la reine Anne. Mais le rédacteur de la
Notice s'est trompé. Les Heures seules renferment trente miniatures. Toujours est-il que
Poyet a pu en faire vingt-trois. Il resterait encore à chercher l'auteur des sept autres et des
trente et une qui enrichissent les prières écrites à la suite des Heures. Dans son numéro
du 25 juillet 1869, la *Chronique des arts* a annoncé que M. Steyert, son collaborateur, avait
trouvé un document, duquel résulterait que l'artiste à qui sont dues les peintures du livre
de la reine Anne serait Bourdichon, qui en aurait reçu le prix en 1508. Ce document n'a pas
encore été publié et nous ne pouvons l'apprécier. Bourdichon a-t-il exécuté le livre en
entier? Doit-on continuer à regarder Poyet comme auteur de vingt-trois des trente miniatures des Heures et de deux cent soixante et onze des vignettes, beaucoup plus nombreuses, qu'on trouve dans le livre? Il n'est pas possible de résoudre encore ces questions.

Quoi qu'il en soit, Jean Poyet doit être compté parmi les peintres en miniature de l'école
de Tours à la fin du quinzième siècle. On connaît les noms de quelques autres miniaturistes :
Jean d'Amboise, Bernard et Jean de Pozay, cités par Jean Brèche, le jurisconsulte tourangeau, comme appartenant à cette école; Jean Gossard de Maubeuge, Marmion, Boniface de
Remenaut et Jean Riveron (1). Robinet Testart figure, en 1487, comme enlumineur, dans
l'état des officiers de Charles d'Orléans, comte d'Angoulême, et on le retrouve en la même
qualité, en 1515, au service de François Ier (2). Jehan Bourdichon, déjà peintre du roi sous
Louis XI, et Jehan Perréal, dit Jehan de Paris, qui à la fin du quinzième siècle jouissaient
comme peintres d'une grande réputation, ont dû certainement, pour se conformer au goût
de leur temps, appliquer leur talent à l'illustration de quelques-uns des beaux manuscrits
de cette époque : le document découvert par M. Steyert vient déjà changer cette conjecture
en certitude à l'égard de Bourdichon.

(1) M. Ferdinand Denis, *Histoire de l'ornementation des manuscrits*, p. 110.
(2) M. de Laborde, *la Renaissance des arts à la cour de France*, t. I, p. 170.

## IV

*Au seizième siècle.*

L'invention de l'imprimerie et l'essor que prit cet art à la fin du quinzième siècle amenèrent promptement l'abandon de la transcription des livres. Néanmoins on conserva longtemps encore une prédilection marquée pour les miniatures, et les amateurs français de la calligraphie illustrée, imitant en cela les Italiens, firent encore écrire un assez grand nombre de livres afin de les faire orner de peintures. Les expéditions de Charles VIII et de Louis XII en Italie avaient répandu le goût du style italien parmi les grands seigneurs français : néanmoins les miniaturistes des écoles de Paris, de Tours, de Troyes et de Toulouse, surent généralement résister aux séductions du genre italien ; ils conservèrent, durant tout le règne de Louis XII (1498 † 1515), la minutieuse exactitude des peintres du quinzième siècle, leur patience à étudier la nature et à la rendre avec simplicité ; ils ne purent même pas se défendre toujours de la sécheresse qu'il faut souvent reprocher à leurs maîtres. Mais ce qui caractérise surtout les miniaturistes de ces écoles au commencement du seizième siècle, c'est que tout en se refusant à l'imitation des maîtres italiens, ils bannirent de leurs compositions toutes les formes exclusivement gothiques et toute influence de l'école flamande. Loin d'altérer par ces modifications le cachet de l'école française, ils lui imprimèrent plus d'originalité. On en trouve la preuve dans les peintures dont sont enrichis de très-beaux manuscrits que nous allons citer : 1° A la Bibliothèque nationale : Un Livre d'heures (n° 1171 lat.) conservé comme ayant appartenu à Henri IV, mais dont l'exécution remonte aux premières années du seizième siècle. C'est un mince volume (de 23 centimètres de hauteur sur 15), qui renferme soixante et une grandes miniatures à pleine page, avec des figures d'une assez grande proportion. Le dessin offre généralement de la correction ; les têtes sont modelées avec soin et pleines d'expression ; les fonds témoignent d'une entente parfaite de la perspective. Le coloris est assez singulier : les carnations sont en couleur, mais les cheveux sont rehaussés d'or ; ceux de la Vierge, notamment, se répandent en longues tresses d'or sur ses épaules ; tous les vêtements, largement drapés, sont en camaïeu gris ou violet, avec des broderies et des ornements en or ; les fonds de paysages ou d'intérieur sont également en camaïeu gris violacé avec des rehauts d'or. En faisant abstraction de cette singularité du coloris, on trouve dans les compositions et dans les figures une assez grande analogie avec le faire des peintures du livre d'Heures d'Anne de Bretagne, que nous avons décrites plus haut. Les intérieurs accusent souvent le style de la Renaissance, adopté en France sous le règne de Louis XII ; mais les peintures sont tout à fait françaises, et la correction du dessin est la seule trace d'influence italienne qui s'y laisse voir (1). — *Les Remèdes de l'une et l'autre fortune*, traduction du latin de Pétrarque. Ce manuscrit (n° 225 fr., de 44 centimètres de hauteur sur 32) paraît avoir été terminé en 1503. Sur le folio de garde, l'artiste a repré-

---

(1) En 1852, ce livre avait été porté au Louvre (n° 97 de la *Notice du musée des Souverains*, déjà citée); il a été restitué en 1872 à la Bibliothèque nationale. M. Cormer en a reproduit huit miniatures dans son édition illustrée des *Évangiles des dimanches et fêtes*, p. 4, 36, 200, 277, 307, 335, 340 et 346.

senté le traducteur offrant son livre à Louis XII. Les deux figures du traducteur et du roi sont évidemment des portraits. Le volume renferme en outre un grand nombre de miniatures à pleine page, avec des figures de grande proportion. Elles reproduisent, pour la plupart, des compositions allégoriques assez singulières. La plus intéressante de toutes est au folio 165. On y voit Louis XII, suivi du cardinal d'Amboise et de toute sa cour, venant se plaindre à la Raison, couronnée et assise sur un trône, de n'avoir qu'une fille et pas de fils pour lui succéder. Sur le devant, la reine Anne est assise, tenant sur ses genoux la petite Claude, sa fille, âgée de quatre ans (1). — *La Fleur des histoires*, par Jean Mansel, manuscrit (n° 54 fr., de 52 centimètres de hauteur sur 38) qui a été exécuté pour le cardinal d'Amboise (†1510), dont on y voit les armoiries. On y trouve quatre cent vingt-huit miniatures. La première (fol. 2), qui occupe presque toute la page, représente l'auteur écrivant dans son cabinet. Cette peinture offre de bonnes qualités : la bordure de la page est décorée de rinceaux sur fond d'or largement traités dans le style de la Renaissance ; les autres peintures, qui ne paraissent pas de la même main que la première, sont loin de la valoir. — Les *Chroniques* de Monstrelet : ce manuscrit (n°ˢ 20360 à 20362 fr.), en trois volumes de format in-folio, renferme un grand nombre de compositions riches de détails. On voit au verso du folio 1, dans une peinture à pleine page, Louis XII à cheval, armé de toutes pièces. — Un manuscrit (de 49 centimètres sur 34) connu sous le nom de : *les Échecs amoureux* (n° 143 fr.). Il renferme un commentaire sur un ancien poëme ainsi intitulé, commentaire qui se rattache à l'explication des fables de la mythologie païenne. Ce manuscrit paraît avoir été écrit pour servir à l'éducation du jeune comte d'Angoulême, depuis roi sous le nom de François Iᵉʳ, et de sa sœur Marguerite, qui fut plus tard reine de Navarre. La première miniature (fol. 1) représente l'auteur, en longue robe, assis dans son cabinet, tenant un livre sur ses genoux ; au fond de la pièce on voit, autour d'un échiquier, un tout jeune homme jouant avec une jeune dame, et derrière cette dame un homme d'un âge mûr, décoré de l'ordre du roi, et tenant un chien en laisse. Tout porte à croire (2) que cette miniature représente le jeune François, sa sœur, et Artus de Gouffier, leur gouverneur. Le manuscrit renferme trente miniatures charmantes composées avec beaucoup d'art. Les nus ne sont pas toujours irréprochables, le dessin des mains et des pieds laisse quelquefois à désirer ; mais les têtes, d'un excellent modelé, sont remplies d'expression, et l'ensemble, plein de délicatesse et de fraîcheur, est d'une exécution parfaite. La dernière miniature, qui est à pleine page, est surtout remarquable : Junon, Pallas et Vénus sont dans un jardin clos de toutes parts ; une femme de la plus belle figure va en ouvrir la porte, au-dessus de laquelle on lit le mot NATURE. Pâris, revêtu du plus galant costume des jeunes gens de la cour et conduit par un vieillard, semble impatient d'entrer dans le jardin où sont les déesses. Tout en conservant à ses peintures le cachet de l'école française, on sent que l'artiste avait connu les productions italiennes de la fin du quinzième siècle. — Un manuscrit (n° 599 fr.) contenant une traduction française du livre de Boccace : *De claris et nobilibus mulieribus*. Les peintures que renferme ce livre doivent être de l'auteur des miniatures des *Échecs amoureux*. Le livre a été

---

(1) Du Sommerard, *les Arts au moyen âge*, a reproduit cette miniature et trois autres de ce manuscrit dans son Album IVᵉ série, pl. XXXVII à XL.

(2) M. Paulin Paris, *les Manuscrits français de la Bibliothèque du roi*, t. I, p. 281.

exécuté pour Louise de Savoie, mère de François Iᵉʳ. La première miniature représente cette princesse assise sur son trône, entourée de ses femmes et recevant le livre de la main du traducteur ; les autres reproduisent, pour la plupart, des figures de femmes à mi-corps dont les têtes sont délicieuses. L'auteur devait être un portraitiste très-distingué ; mais quand il veut traiter une figure nue en entier, il laisse voir son infériorité dans le dessin. Son coloris, comme dans les peintures des *Échecs amoureux*, est d'une vigueur et d'un éclat merveilleux.

2° A la bibliothèque de l'Arsenal : Un livre de prières en latin et en français, de format in-octavo (T. L. 277), enrichi de très-nombreuses miniatures à pleine page, bien composées, d'un coloris éclatant, mais un peu faibles de dessin ; — un Office de la Vierge, de format in-octavo (T. L. 222), renfermant également un grand nombre de miniatures à pleine page, dans lesquelles on trouve les mêmes qualités et les mêmes défauts ; — et *les Triomphes* de Pétrarque, manuscrit de format in-folio (BL.F. 24), décoré d'un grand nombre de miniatures à pleine page, d'un dessin assez médiocre et d'un coloris un peu froid, mais dont les compositions ont du style et du caractère.

A ces manuscrits de l'époque de Louis XII, nous en ajouterons deux autres des premières années du règne de François Iᵉʳ (1515 † 1547), parce que leurs peintures se rattachent exclusivement à l'école française du commencement du seizième siècle ; ils appartiennent à la Bibliothèque nationale. L'un, de format in-folio maximo (n° 145 fr.), *les Chants royaux en l'honneur de la Vierge*, a été offert en 1517, par la ville d'Amiens, à Louise de Savoie. Il renferme quarante-sept grandes miniatures. La première représente cette princesse vêtue de noir et assise sur un trône ; autour d'elle sont les dames de sa maison, et plus bas deux bourgeois d'Amiens, dont l'un, à genoux, lui présente le volume (1). Cette miniature est d'un dessin correct et d'une fort bonne exécution ; les autres, qui ne sont pas de la même main, sont des copies plus ou moins bonnes des peintures votives appendues dans la chapelle de la cathédrale d'Amiens, consacrée à Notre-Dame du Puy (2). M. Gilbert, dans sa description de cette église, a fourni l'extrait d'un ancien compte, d'où il résulterait que ces dernières miniatures auraient été peintes en grisaille par Jacques Plastel, et mises en couleur par Jean Pinchon, enlumineur à Paris. L'autre manuscrit (n° 1537 fr.) renferme des poésies françaises datées de 1519 à 1528, avec un grand nombre de miniatures à pleine page. Le dessin est souvent médiocre et sec, mais le coloris est éclatant.

Ainsi, au commencement du seizième siècle, durant le règne de Louis XII, et même dans les premières années qui suivirent l'avènement de François Iᵉʳ, l'école française de miniature avait conservé, sans grande altération, le caractère qui lui était propre ; mais il faut reconnaître que le dessin des artistes qui persistaient dans cette voie était devenu beaucoup plus faible que celui des miniaturistes des dernières années du quinzième siècle. Il y avait, sous ce rapport, sauf de rares exceptions, dans lesquelles il faut comprendre les Heures de Henri IV, un affaiblissement très-marqué dans leurs ouvrages, si l'on veut les comparer aux belles peintures des Heures d'Anne de Bretagne. On peut, ce nous semble, en trouver la

---

(1) Cette miniature a été reproduite par VILLEMIN dans les *Monuments français inédits* ; par M. DUSEVEL, dans son *Histoire d'Amiens*, et par DU SOMMERARD, *les Arts au moyen âge*, Album, IXᵉ série, pl. XXXII.

(2) DU SOMMERARD en a reproduit trois dans son Album, pl. XXX, XXXI et XXXIII.

cause dans la désertion des meilleurs miniaturistes français, qui, cédant au goût du jour, adoptèrent le style italien.

Déjà, sous Louis XII, quelques miniaturistes, continuateurs de l'école de Foucquet, répudiant les dernières traces qui pouvaient subsister de l'art flamand dans les compositions du maître, s'étaient complétement italianisés. Nous citerons, parmi les productions appartenant aux artistes qui suivaient cette manière, les peintures d'un manuscrit de format in-folio appartenant à la Bibliothèque nationale (n° 594 fr.), *les Triomphes* de Pétrarque, avec la traduction des commentaires d'Illicinius. On voit, au verso du folio 2, l'écu de France soutenu par les deux porcs-épics de Louis XII. Le volume renferme treize miniatures à pleine page, avec des figures de grande proportion, reproduisant d'ingénieuses allégories inspirées par le poëme, comme le triomphe de l'Amour sur l'Humanité, de Laure sur l'Amour et de la Mort sur Laure, de la Renommée sur la Mort, et de la Religion sur la Mort et sur le Temps. Si, sous le rapport de l'exécution matérielle, ces compositions peuvent ne pas égaler celles de Foucquet, elles nous paraissent leur être supérieures au point de vue de la conception idéale, de l'ordonnance et du style, qui est complétement italien ; mais on peut reprocher à notre artiste, comme à ses contemporains de l'école exclusivement française, de ne pas apporter toujours dans le dessin de ses figures une correction irréprochable ; son coloris est d'ailleurs fort éclatant (1).

L'expédition de François I$^{er}$ en Italie, au commencement de son règne, eut une grande influence sur la marche de l'art en France. A ce moment, Léonard de Vinci achevait majestueusement sa carrière ; Titien venait de succéder à Giorgion, Michel-Ange et Raphaël étaient dans toute leur splendeur. Le jeune roi de la Renaissance revint en France, enthousiasmé des beautés de l'art italien ; il avait su gagner l'affection des maîtres de l'Italie, moins encore par sa libéralité que par son admiration intelligente, et il s'efforça d'en attirer plusieurs à sa cour. Léonard de Vinci consentit à venir s'établir en France, et le roi le combla d'égards et de bienfaits. Bien que ce grand artiste, déjà fort âgé, n'ait séjourné en France qu'un peu plus de trois années, de 1516 à 1519, sa présence et ses conseils exercèrent une grande influence sur les artistes français. Le séjour que fit également Andrea del Sarto à la cour de François I$^{er}$ eut aussi sur eux sa part d'influence. Enfin, l'arrivée des chefs-d'œuvre de la peinture que François I$^{er}$ faisait venir d'Italie leur offrit de nouveaux modèles, et tous à peu près se convertirent au goût du roi. Les miniaturistes ne restèrent pas en arrière. Les manuscrits illustrés, qui deviennent assez rares, n'offrent en effet, pour la plupart, à partir de cette époque, que des peintures empreintes du style italien. Nous pouvons en citer plusieurs. *Les Chants royaux en l'honneur de la Vierge*, manuscrit de format grand in-folio, appartenant à la Bibliothèque nationale (n° 379 fr.), est un des plus intéressants : il renferme un grand nombre de jolies miniatures (de 18 à 20 centimètres de hauteur sur 12 de largeur). Elles sont de différentes mains, mais toutes dans le style italien de la Renaissance. La première (fol. 1) est tout à fait hors ligne. La Vierge y est représentée assise sur un rocher, et tenant auprès d'elle l'Enfant Jésus ; au second plan, en arrière de la Vierge, est un groupe de femmes drapées à l'antique et dans les attitudes les plus gracieuses (2). On trouve dans ce charmant

---

(1) On trouvera dans les *Arts somptuaires* quatre planches reproduisant quelques fragments des miniatures de ce manuscrit.

(2) Cette miniature a été reproduite dans les *Arts somptuaires*, ainsi qu'une autre du même ms., tome II des planches.

petit tableau les formes pures et suaves de l'école de Lombardie et cette finesse veloutée et transparente qui distingue les œuvres de Léonard. On est porté à croire que ce grand artiste a inspiré à un de ses élèves cette délicieuse composition. Les autres miniatures ne valent pas celle-là. Nous signalerons cependant, au folio 15, un figure d'Ève très-belle, et dont la tête est modelée avec beaucoup d'art ; elle peut être de la main qui a peint la Vierge et l'Enfant. Dans le même volume, à la suite des *Chants royaux*, est un autre ouvrage, *la Chasse d'ung cerf privé*; on y trouve huit bonnes miniatures à pleine page, reproduisant des compositions allégoriques. Le dessin est correct, le modelé des têtes est excellent ; les paysages accusent une bonne entente de la perspective. Bien que l'auteur de ces jolis tableaux ait subi l'influence de l'Italie, il sait conserver à ses compositions quelque chose du caractère de l'école française. — *L'initiatoire instruction en la religion chrestienne pour les enffants*. Ce manuscrit, qui appartient à la bibliothèque de l'Arsenal, renferme aussi de charmantes miniatures dans le goût italien. Sur le feuillet de garde, on voit les armoiries de France et de Navarre, et au-dessous une belle marguerite blanche. Le folio 1$^{er}$ offre un petit tableau : Henri d'Albret, roi de Navarre, est debout dans un jardin, tenant à la main une marguerite, par allusion à la princesse Marguerite de Valois, veuve du duc d'Alençon (†1525), qu'il voulait épouser (1) ; la princesse est représentée dans le lointain, se promenant derrière la balustrade du jardin. On lit au bas de la page : INVENI UNAM PRECIOSAM MARGARITAM QUAM INTIMO CORDE COLLEGI, « J'ai trouvé une précieuse marguerite, que j'ai enfermée dans mon cœur. » Cette jolie composition est d'un dessin excellent : la tête du roi, très-bien modelée, doit offrir un portrait fort exact ; le paysage dénote chez le peintre une entente parfaite de la perspective aérienne (2). Parmi les autres miniatures, nous signalerons le Christ apparaissant aux apôtres (fol. 56), et l'Ascension du Sauveur (fol. 57).

Nous devons citer encore deux ouvrages dans lesquels on trouve de nombreuses miniatures dues au pinceau élégant de Geofroy ou Godefroy Tory, imprimeur, éditeur, dessinateur et graveur, né à Bourges vers 1485, et qui vivait encore en 1556 (3). Le premier, qui a pour titre *les Commentaires de César*, est en trois volumes ; ce n'est pas une traduction des célèbres mémoires écrits par le conquérant des Gaules, c'en est un commentaire en forme de dialogue entre César et François I$^{er}$, à qui le livre est dédié. Le premier volume se trouve à Londres, au Musée Britannique, le second est conservé à la Bibliothèque nationale de Paris (n° 13429 fr.), et le troisième est la propriété de M. le duc d'Aumale. Le second ouvrage, qui contient *les Triomphes* de Pétrarque, est un petit volume (de 12 centimètres sur 9), qui appartient à la bibliothèque de l'Arsenal (LL.F. 24 *bis*). M. de Laborde, qui a eu la chance de pouvoir examiner successivement les trois volumes dispersés des *Commentaires de César*, a donné une description bien complète des deux ouvrages ; nous engageons le lecteur à consulter cet excellent travail (4). Nous nous bornerons ici à fournir quelques renseignements sur les deux volumes qui sont à Paris, les seuls que nous ayons vus ; ils suffiront pour faire apprécier le talent de Godefroy et pour appeler l'attention des amateurs de

---

(1) Le mariage eut lieu en 1526.
(2) MONTFAUCON a reproduit cette miniature dans les *Monuments de la monarchie française*, t. IV, p. 260.
(3) M. AUG. BERNARD, *Geofroy Tory, peintre et graveur, premier imprimeur royal*. Paris, 1857.
(4) *La Renaissance des arts à la cour de France*, t. I, additions, p. 891.

la miniature sur les ravissants portraits dont est enrichi le second volume des *Commentaires*, qui est certainement le plus important des trois.

Ce volume (de 218 millimètres de hauteur sur 135 de largeur) renferme vingt et une miniatures (de 7 à 9 centimètres de hauteur sur 5 à 6 de largeur environ), treize dessins reproduisant des engins de guerre et la vue d'une ville forte, quinze médailles imitées de l'antique et sept médaillons renfermant des portraits de personnages du temps. La première miniature (folio 1) représente François I$^{er}$ à cheval, en costume de chasse, poursuivant un cerf; à sa gauche et au second plan, un cavalier le suit en sonnant de la trompe. Une banderole, qui flotte au-dessus de sa tête, porte le nom de Perot, le veneur favori du roi. On voit sur une pierre, entre les jambes du cheval de François I$^{er}$, le G initial du nom de l'artiste, et dans un cartel auprès d'un chien courant, la date de 1519 (1). L'encadrement du tableau, d'une élégance tout italienne, se compose de colonnes d'or soutenant une architrave peinte en bleu et rehaussée d'arabesques d'or, au centre desquelles est un médaillon renfermant deux figures exécutées dans le style antique en camaïeu noir; à droite et à gauche, et reposant sur les chapiteaux des colonnes, sont deux figures de femmes nues : Didon se perçant le sein d'une épée, et Cléopâtre se faisant piquer le bras par un aspic. Au-dessous du terrain qui porte les colonnes est un bas-relief dont les figures se détachent en camaïeu gris sur un fond bleu. Les autres miniatures reproduisent la rencontre du roi et de la chaste Diane; François I$^{er}$ et César conversant ensemble dans la forêt, tantôt à cheval, tantôt à pied; divers faits de la vie de César; des combats, le passage d'un pont, l'assaut donné à une ville et la mort du dictateur. La dernière reproduit le roi s'apprêtant à daguer un cerf que ses deux chiens favoris, Arbault et Greffière, attaquent avec fureur. Toutes ces compositions sont remplies d'animation et de mouvement; l'artiste s'y montre plein de ressources dans l'agencement des groupes et dans les détails. Il est bien l'élève des maîtres qui illustrèrent l'Italie à la fin du quinzième siècle et dans les premières années du seizième, et particulièrement d'Andrea Mantegna; on voit bien qu'il les a connus et étudiés durant les voyages qu'il avait faits en Italie dans sa jeunesse. Si, comme le suppose avec quelque raison M. Bernard (2), Godefroy a été initié dans l'art du dessin par le peintre de Louis XII, Jean Perréal, son ami, il a peu conservé du style de l'école française, et s'est voué à l'imitation italienne. Quant aux procédés d'exécution qu'il met en pratique, M. de Laborde les a parfaitement expliqués, et ne pouvant dire mieux, nous transcrivons ici l'appréciation du savant auteur de la *Renaissance des arts à la cour de France* : « Les compositions de Godefroy sont des
» à peu près de grisailles, à peu près coloriées; système bâtard et conventionnel, d'un goût
» très-contestable. Le peintre dessinait tout son sujet à la plume avec une fermeté, il faut le
» dire, qui n'a pas sa pareille dans les dimensions microscopiques qu'il a adoptées, surtout
» pour les physionomies et les fonds de paysages; puis il mettait son ensemble à l'effet avec
» le pinceau et la sépia dans une gamme générale assez pâle. Jusque-là il ne sortait pas des
» conditions de l'art; mais il ajoute quelques costumes coloriés, des armures, des harna-
» chements dorés et une foule de détails qui papillotent dans la grisaille et s'éloignent de la

---

(1) Toutes les miniatures du premier et du second volume des *Commentaires* sont signées d'un G; quelques-unes portent la date de 1519. Une des miniatures du troisième est signée en toutes lettres Godefroy, et plusieurs autres, signées G., sont datées de 1520.

(2) *Geofroy Tory, peintre et graveur*, p. 34.

» nature d'une étrange façon. » Nous devons ajouter que la délicatesse extrême et la netteté des dessins, de même que la sobriété de couleur, distinguent les illustrations de Tory de celles des miniaturistes de profession, et établissent qu'elles ne peuvent provenir que de la main d'un graveur, et Godefroy Tory était avant tout graveur, imprimeur et éditeur d'un grand nombre d'ouvrages. Ce ne fut certainement que par passe-temps qu'il fit les illustrations des *Commentaires de César* et de la traduction de Pétrarque; s'il en était autrement, Godefroy, d'après le talent qu'il a déployé, aurait été chargé d'un grand nombre de travaux, tandis que ceux que nous venons de signaler sont les seuls qui existent. Les médailles, imitées de l'antique, reproduisent les douze Césars, Pompée, Brutus et Cassius. Elles sont exécutées en camaïeu d'or sur fond bleu, dans la dimension de quarante-cinq millimètres de diamètre. On y trouve une certaine sécheresse qui semble indiquer la main d'un graveur, et nous sommes disposé à les attribuer à Godefroy Tory; mais quant aux portraits, c'est autre chose. Ces portraits reproduisent sept personnages en buste, portant le costume du temps de François I$^{er}$. La miniature, de quatre centimètres de diamètre, est renfermée dans un médaillon composé de trois cercles noirs et or. Le scribe a donné à chacun des portraits un nom romain; mais une main différente, celle du peintre peut-être, a écrit en marge et en caractères cursifs, les noms des personnages représentés, qui sont : le grand maître de Boissy, l'amiral Bonnivet, le sieur de Lautrec, le maréchal de Chabannes, Anne de Montmorency, âgé de vingt-deux ans et depuis connétable, le maréchal de Fleuranges et le sieur de Tournon. Ces miniatures délicieuses ne peuvent émaner que d'un peintre consommé dans son art et portraitiste avant tout; l'auteur s'y montre fin observateur, simple et presque naïf dans l'exécution; il rend les physionomies en reproduisant fidèlement l'individualité; à la minutieuse exactitude et à la patience studieuse des maîtres français, il unit la finesse veloutée qui distingue les beaux portraits exécutés en Lombardie, comme ceux des Sforza (1), que nous avons cités. M. de Laborde, après avoir longtemps hésité, dit-il (2), s'est décidé à voir dans Godefroy le peintre des portraits comme des compositions. Nous ne pouvons nous rendre à cette opinion, ni reconnaître dans le graveur, dont la fermeté va souvent jusqu'à la sécheresse, et qui n'ose dans ses compositions manier la couleur, le miniaturiste distingué qui a peint avec empâtement des portraits comparables à tout ce que nous avons de plus fin en miniature française du seizième siècle. Ne pourrait-on pas les attribuer à Jean Clouet, le second des Janet, ou du moins à l'un de ses meilleurs élèves?

Le manuscrit que conserve la bibliothèque de l'Arsenal, *les Triomphes* de Pétrarque, renferme quatorze miniatures à pleine page (de 86 millimètres de hauteur sur 68), exécutées comme celles des *Commentaires de César*, en camaïeu gris avec des ciels et des eaux bleus, avec quelques rehauts d'or dans certaines parties des vêtements, et quelque peu de couleur dans les accessoires. Le G initial du nom de l'auteur se rencontre sur plusieurs dessins; celui qui reproduit le triomphe du Temps est signé Godefroy, mais aucun n'est daté. Les qualités de même que les défauts qui s'y font remarquer, doivent faire supposer que cette œuvre est postérieure de plusieurs années aux *Commentaires de César*. Godefroy s'y montre plus consommé dans l'invention, ses plans s'échelonnent mieux, ses groupes sont disposés

---

(1) Du manuscrit de la Biblioth. nationale (n° 372 it.). Voyez page 277.
(2) *La Renaissance des arts à la cour de France*, t. I, *Additions*, p. 894.

LABARTE.

avec plus d'art ; il a des ressources nouvelles ; mais à l'abondance qui règne dans ses compositions, aux détails un peu licencieux qu'on y rencontre, à sa manière de dessiner tout de pratique et sans se soucier de la nature, et au relâchement dans l'exécution, on reconnaît que, cédant au goût du jour, il avait adopté la manière de l'école de Fontainebleau, que dirigeait le Rosso. On devrait donc fixer l'exécution des illustrations de ce manuscrit postérieurement à 1532. Quoi qu'il en soit des défauts de Godefroy, on ne peut s'empêcher de trouver un grand charme dans ses figures microscopiques si spirituelles et si finement touchées.

Tous les miniaturistes français n'avaient pas subi au même point que Godefroy l'influence de l'école italienne; quelques-uns d'entre eux, en adoptant la correction du dessin italien, avaient conservé dans une juste mesure la précision et la fermeté du vieux style français. Parmi les bons ouvrages traités de cette manière, nous devons citer le livre d'Heures, exécuté pour Henri II (1), que conserve la Bibliothèque nationale (n° 1409 lat.). C'est un volume de format in-octavo (de 19 centimètres de hauteur sur 12). On y voit un grand nombre de charmantes peintures d'un dessin très-pur et offrant des compositions excellentes ; elles sont exécutées soit en couleur, soit en camaïeu de différentes couleurs. Il n'en est aucune où l'on ne trouve les qualités qui distinguent l'école française, la clarté en tout, dans le coloris comme dans le dessin, dans l'effet comme dans la composition (2). Nous signalons la miniature qui représente Henri II touchant les écrouelles (3) ; les trois jeunes Hébreux dans la fournaise ardente, en camaïeu rouge ; le Serpent d'airain, en camaïeu brun rehaussé d'or ; Élie montant au ciel, en camaïeu rouge, et Daniel dans la fosse aux lions, en camaïeu brun (4). Nous indiquons encore, bien que ne pouvant pas être comparé aux Heures de Henri II, un manuscrit du temps de ce prince, conservé à la bibliothèque de l'Arsenal (H. F. 411). Ce volume, intitulé *Création du collége des notaires et secrétaires du roy et maison de France*, renferme une jolie miniature dans le style français, représentant Henri II signant, dans la chambre des notaires, un édit en faveur de cette corporation (5).

Dès le milieu du quatorzième siècle, les miniaturistes français s'étaient appliqués à peindre le portrait. Nous avons cité un grand nombre de manuscrits du quatorzième siècle et du quinzième, dont la première miniature représente l'auteur ou le scribe présentant son œuvre au grand personnage qui la lui avait commandée. L'observation consciencieuse de la nature, la fidélité au modèle, le soin des détails et l'exécution précieuse qui caractérisent l'école française de ces époques, peuvent donner l'assurance qu'on a dans ces peintures de véritables portraits. Le portrait eut encore alors un rôle officiel, en intervenant d'une manière prudente et sage dans les négociations de mariage. Le religieux de Saint-Denis nous apprend, dans ses Chroniques, que les oncles de Charles VI, ne pouvant se mettre d'accord sur le choix de la princesse qu'ils devaient lui faire épouser, résolurent de s'en remettre à la décision du roi, et qu'ils se contentèrent d'envoyer un peintre habile en Bavière, en Autriche et en Lorraine, pour faire le portrait des princesses dont chacun d'eux voulait faire une reine de France. Ce fut certainement un miniaturiste qui fut chargé de

---

(1) Ce manuscrit avait été porté au Louvre en 1852 (n° 63 de la *Notice du musée des Souverains*, déjà citée).
(2) M. DE LABORDE, *la Renaissance des arts à la cour de France*, t. I, p. 7.
(3) M. DE BASTARD, *Peintures et ornements des manuscrits*, a donné la reproduction de cette miniature.
(4) On trouve dans *le Moyen Age et la Renaissance* la reproduction de quatre des miniatures de ce manuscrit.
(5) Cette miniature est reproduite dans les *Arts somptuaires*, tome II des planches.

cette mission. Le roi donna la préférence à Isabelle de Bavière, alors âgée de quatorze ans. Plus tard, au seizième siècle, le goût des portraits s'étendit à toutes les classes de la société ; il était de mode d'avoir sur sa table des livres de portraits, recueils qui commençaient ordinairement par des séries de rois et de reines, et qui se terminaient par les plus illustres contemporains (1). Le plus ravissant de ces recueils qui soit parvenu jusqu'à nous, est un livre d'Heures ayant appartenu à Catherine de Médicis, et qui, après des fortunes diverses, a été acheté, il y a quelques années, par le Musée du Louvre, où il est conservé avec soin (2). C'est un petit volume de dix centimètres de hauteur sur soixante-cinq millimètres de largeur, contenant 206 feuillets encadrés de trois côtés dans de charmantes bordures. Il est couvert d'une ravissante reliure, enrichie de ces délicieux ornements d'orfévrerie émaillée que Cellini avait mis en vogue. Les cinquante-huit portraits que renferme ce livre ne sont pas tous de la même main, vingt et un y ont été intercalés, après la mort de Catherine, par les heureux possesseurs de ce joli recueil ; mais les plus anciens pourraient, à bon droit, à cause de leur perfection, être attribués à François Clouet, le troisième des Janet, qui avait succédé à son père, à la fin du règne de François I$^{er}$, dans l'office de peintre du roi. A l'intérieur du plat supérieur de la couverture est le portrait de Henri II, recouvert d'une feuille de maroquin rouge sur laquelle est imprimé le monogramme de ce prince, formé de l'initiale H, auquel viennent s'unir les deux C adossés de la reine, et à l'intérieur du plat inférieur, le portrait de Catherine en deuil de Henri II. Le premier des portraits renfermés dans ce livre est celui de Louise de Savoie, mère de François I$^{er}$. Parmi les plus curieux qui viennent ensuite, on doit citer les suivants : Catherine de Médicis en sainte Claire, le duc de Joyeuse ; les quatre enfants de François I$^{er}$, la reine Claude, la reine Éléonore et les trois filles de François I$^{er}$ ; René, duc d'Alençon, Charles IX et sa femme Élisabeth ; Charles, duc d'Alençon, beau-frère de François I$^{er}$ ; Philippe II, roi d'Espagne, et Élisabeth de France, sa femme ; Henri IV, encore jeune et alors roi de Navarre, et Marguerite de France, sa femme ; Catherine de Médicis à l'âge de soixante-huit ans ; le duc d'Alençon, frère de Henri III. Nous énonçons ces miniatures non dans l'ordre chronologique, mais telles qu'elles se présentent dans le livre. On juge de quel intérêt est cette collection, où le charme de la peinture s'unit à des souvenirs historiques, et l'on doit savoir bon gré à l'administration du Musée du Louvre de ne pas avoir hésité à donner un très-gros prix pour conserver à la France la propriété d'un objet si précieux.

Un autre beau livre renfermant des portraits est le manuscrit que Dutillet présenta à Charles IX, de son ouvrage ayant pour titre : *Recueil des rois de France, leur couronne et maison*. C'est un volume de deux cent quatre-vingt-quatorze feuillets (de 34 centimètres et demi de hauteur sur 26 et demi). Il est conservé à la Bibliothèque nationale (n° 2848 fr.). On y trouve un grand nombre de figures en pied des rois de France, occupant des pages entières ; mais jusques et y compris celle de Charles VI, on ne saurait y voir des portraits : les têtes n'ont aucune individualité et présentent à peu près la même physionomie ; les seuls portraits certains sont ceux de Louis XII, de Charles VIII, et celui de François I$^{er}$, qui s'y trouve

---

(1) M. DE LABORDE, *la Renaissance des arts à la cour de France*, t. I, p. 123.
(2) N° 65 de la *Notice du musée des Souverains*, déjà citée.

deux fois (1). Le peintre a montré un très-grand talent comme miniaturiste, son coloris est d'un éclat merveilleux. Ce qu'il y a peut-être de plus remarquable chez le peintre comme production originale, ce sont les bordures dont il a encadré les figures des rois. Elles sont d'une variété infinie, et toutes enrichies de bouquets de fleurs et de fruits, de caryatides ou de figures d'enfants traités dans le style le plus élégant de la Renaissance.

Nous avons déjà fait remarquer que les livres illustrés deviennent rares à partir de l'avénement de François I$^{er}$. Dès cette époque les peintres de quelque talent cessèrent de se livrer à la miniature, qui avait été pour eux une branche si productive. Ils s'adonnèrent à la peinture monumentale, qui plaisait au roi, et peignirent des lambris et des plafonds dans les palais royaux et chez les grands seigneurs; plusieurs se mirent à faire des portraits. L'imprimerie avait tué les copistes ordinaires; les calligraphes étaient à peu près seuls restés miniaturistes, et avaient essayé de résister en unissant à la plume le charme du pinceau. C'est ainsi que l'on trouve, dans le compte des menus plaisirs du roi pour l'année 1528, un payement de soixante-douze livres tournois fait à Estienne Collault, « pour son payement » de six livres en parchemins, escripts à la main, contenant les ordonnances et chapitres de » l'ordre du dit seigneur, qu'il a escripts, enluminez, reliez et couverts » (2). Les guerres de religion qui éclatèrent avec violence en 1562, portèrent le désordre et la ruine dans toutes les villes de province où s'élevaient des écoles de peinture. Les réactions sanglantes de 1572 ne furent pas moins fatales aux arts. Lorsqu'au retour du calme et de la paix, le public se reprit de passion pour les beaux-arts, on retrouva des architectes, des peintres et des sculpteurs, mais les miniaturistes avaient à peu près tous disparu. Durant cette période, l'imprimerie avait fait de grands progrès, les livres s'étaient multipliés, les manuscrits n'avaient plus raison d'être. Il y eut bien encore quelques missels, quelques livres d'heures illustrés pour des souverains ou de hauts dignitaires de l'Église, mais c'étaient là des exceptions : l'art de l'illustration des livres n'existait plus.

(1) M. de Bastard a donné la reproduction du plus beau des deux portraits de François I$^{er}$, dans ses *Peintures et ornements des manuscrits*. On la trouve aussi dans *le Moyen Age et la Renaissance*, Miniatures des manuscrits, t. II.
(2) M. de Laborde, *la Renaissance des arts à la cour de France*, t. I, p. 283.

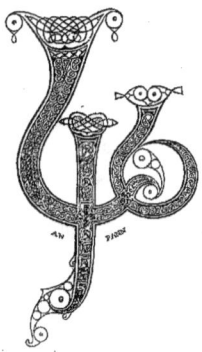

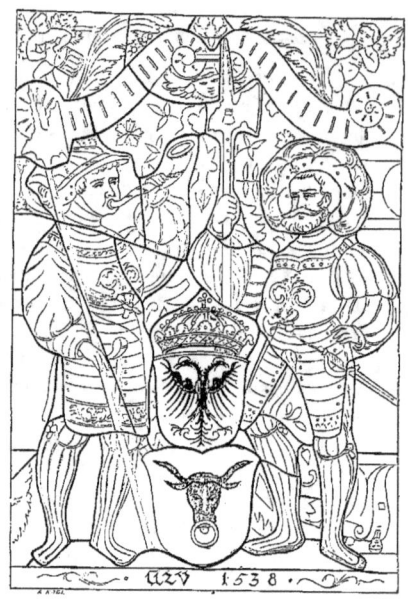

# PEINTURE SUR VERRE

## § I

DE L'INVENTION DES VITRES ET DE LA PEINTURE SUR VERRE.

### I

*De l'invention des vitres et de leur emploi dans les fenêtres.*

L'étude sérieuse, approfondie, de la peinture sur verre, celle de son histoire surtout, est une des plus difficiles que puisse aborder l'archéologue. Beaucoup de causes compliquent cette difficulté, et ne permettent encore aujourd'hui que des résultats souvent douteux et des conclusions incomplètes. Cependant un assez grand nombre de bons ouvrages ont été déjà publiés sur ce sujet (1) ; mais ceux que cette étude intéresse doivent surtout visiter nos anciennes églises, qui conservent encore à peu près intacts ces grands tableaux transpa-

(1) Parmi les ouvrages qui traitent de l'histoire de la peinture sur verre, on peut surtout consulter : LEVIEIL, *l'Art de la peinture sur verre*. — LANGLOIS, *Essai historique et descriptif de la peinture sur verre*. — M. DE LASTEYRIE, *Histoire*

rents, ces splendides vitraux qui émerveillaient à bon droit les yeux de nos pères, et qui sont aussi prodigieux par l'effet qu'ils produisent que surprenants par la science et par le goût qui ont présidé à leur exécution.

Nous ne pouvons, dans une encyclopédie des arts industriels comme celle que nous avons entrepris d'écrire, nous livrer à de très-longs développements ; nous nous contenterons de faire le résumé des connaissances acquises, tout en discutant à notre point de vue les questions les plus intéressantes, et en apportant quelques documents qui n'ont pas été indiqués dans les ouvrages publiés jusqu'à ce jour.

De graves questions se présentent dès le début de cette étude. Les anciens, qui savaient si bien teindre le verre de diverses couleurs, le façonner en vases de toutes sortes (1), le faire entrer par petits cubes dans la composition des mosaïques, pouvaient-ils le disposer en feuilles? A quelle époque commença-t-on à faire usage du verre pour clore les fenêtres? Les auteurs qui, les premiers, ont traité de l'histoire de la peinture sur verre, n'avaient eu, pour résoudre ces questions, que des textes peu nombreux et dont l'interprétation était controversée. Ceux qui voulaient faire remonter l'usage des vitres au premier siècle de l'ère chrétienne tiraient leurs inductions d'un passage de Sénèque (2), et de la narration que le Juif Philon nous a laissée de la réception que lui fit l'empereur Caligula (3). Plusieurs philologues soutenaient au contraire que les quelques mots de Sénèque et de Philon qu'on voulait rapporter aux vitres devaient s'entendre d'une pierre transparente, d'une espèce de talc, ou d'une coquille translucide dont les anciens fermaient leurs fenêtres. Levieil, peintre sur verre, qui a publié un ouvrage très-étendu sur l'art qu'il cultivait (4), quelque jaloux qu'il fût de voir remonter au plus haut possible l'art de la vitrerie, reconnaissait qu'il ne pouvait s'autoriser des passages invoqués de Sénèque et de Philon, à cause de l'incertitude de leur interprétation. Langlois, qui a écrit aussi une histoire de la peinture sur verre, n'admettait pas que l'usage de clore les fenêtres avec des vitres eût existé avant le troisième siècle (5).

Winckelmann s'était prononcé en faveur de la première opinion, en affirmant qu'il avait vu des fragments de vitres à la fenêtre d'une maison d'Herculanum (6). Les nouvelles découvertes faites depuis le temps où Winckelmann écrivait sont venues à l'appui de son opinion. On a trouvé dans les fouilles de Pompéi des fragments de vitres et des châssis qui sont conservés au musée des *Studj*, à Naples (7).

---

de la peinture sur verre, d'après les monuments en France. — E. Thibaud, *Considérations historiques et artistiques sur les vitraux anciens et modernes, et sur la peinture sur verre.* — M. Batissier, *Histoire de la peinture sur verre.* — M. Lévy, *Histoire de la peinture sur verre en Europe.* — M. Bontemps, *Guide du verrier.* Paris, 1868. — Les monographies et descriptions de vitraux sont en nombre considérable. Parmi les auteurs qui ont traité de la technique de l'art, on doit citer Néri, Merret, Kunckel, d'Holbach, Levieil, Bastenaire-Daudenart et M. Bontemps, dans plusieurs ouvrages et surtout dans le *Guide du verrier*.

(1) Nous traitons de l'invention du verre au titre de la Verrerie, tome III ; le lecteur peut s'y reporter.
(2) Sénèque : « Quædam nostra demum prodiisse memoria scimus, ut speculariorum usum, perlucente testa clarum transmittentium lumen. » (Epist. 90.)
(3) Philon, *Opera græca-latina*. Paris, 1640.
(4) *L'art de la peinture sur verre et de la vitrerie*, in-folio, 1774, p. 10.
(5) *Essai historique et descriptif sur la peinture sur verre.* Rouen, 1832, p. 5.
(6) *Monum. inédits*, fol. 17, t. I, p. 267.
(7) Mazois, *Antiq. de Pompéi*, 3ᵉ partie, p. 77, 1ʳᵉ partie, p. 54.

A partir du troisième siècle, l'emploi du verre dans les fenêtres ne permet plus aucun doute. Les témoignages abondent et ne laissent, on peut le dire, que l'embarras du choix. Les Pères de l'Église, les auteurs profanes, chantent à l'envi les merveilles de ces fenêtres multicolores, qui fournissent à la poésie des images nouvelles et des métaphores inédites; les premiers surtout confirment d'une manière irrécusable l'emploi qui en fut fait dans les églises.

Lactance, écrivain chrétien, qui fut précepteur de Crispus, fils de Constantin, écrit que « l'esprit perçoit les objets extérieurs par les yeux du corps comme à travers les fenêtres » garnies de verre » (1). Saint Jérôme, dans son Commentaire sur le chapitre XLI d'Ézéchiel, parle également de l'emploi du verre pour clore les fenêtres.

Prudence, dès le quatrième siècle, parle des vitraux dont était enrichie la basilique de Saint-Paul hors des murs à Rome. « Dans les fenêtres cintrées, dit-il, se déploient des » verres de diverses couleurs ; ainsi brillent les prairies ornées des fleurs du printemps (2). » Galla Placidia (†450), fille de l'empereur Théodose, enrichit de vitres les fenêtres orientales de l'église Saint-Jean, qu'elle fit construire à Ravenne (3).

Au sixième siècle, les fenêtres de l'abside de Sainte-Sophie, à Constantinople, reçurent, dit Paul le Silentiaire, des verres très-minces (4) qui laissaient pénétrer la lumière du soleil dans tout son éclat; ce qui fait dire à Procope (5) qu'il semblait que le jour prît naissance sous les voûtes du temple, tant il était rempli de lumière. Les expressions dont se servent les deux Grecs n'indiquent pas que les verres fussent colorés, comme l'ont avancé certains auteurs; on ne doit y voir que des vitres très-blanches, puisqu'elles n'altéraient en rien la lumière du soleil.

De Grèce et d'Italie, l'usage des vitres ne tarda pas à se répandre dans le reste de l'Occident, et particulièrement en France. Dès le cinquième siècle, plusieurs basiliques des Gaules furent décorées de vitres blanches ou de vitres colorées, à l'imitation de celles de Rome et de Constantinople.

Citons quelques auteurs dont les écrits l'ont démontré.

L'illustre évêque de Clermont, Sidoine Apollinaire, constate dans une inscription en vers qu'il avait faite à l'occasion de la dédicace d'une église bâtie à Lyon par saint Patient, vers 450, que cette église était enrichie de vitres de différentes couleurs (6). Au sixième

---

(1) *De opificio Dei*, cap. VII.
(2)
    Tum camuros hyalo insigni varie cucurrit arcus ;
    Sic prata vernis floribus renident.
      (PRUDENTII *Carmina*, liber Περὶ στεφάνων, hymn. XII.)
(3) *Spicilegium Ravennatis historiæ*, ap. MURATORI, *Rer. Ital. script.*, t. I, pars 2ª, p. 567.
(4) Λεπταλέαις ὑάλοις. (PAULI SILENTIARII *Descriptio Sanctæ Sophiæ*, v. 410. Bonnæ, p. 21.)
(5) *De ædificiis*, lib. I. Bonnæ, p. 175.
(6)
    Ac sub versicoloribus figuris
    Vernans herbida crusta saphiratos
    Flectit per prasinum vitrum lapillos.

Un archéologue, qui veut que l'emploi des verres peints remonte au moins au cinquième siècle, trouve dans ces vers fort obscurs « des expressions trop claires pour laisser le moindre doute que saint Patient n'ait embelli son église » de vitraux coloriés à figures peintes » (M. LÉVY, *Histoire de la peinture sur verre*, p. 41). L'interprétation nous semble fautive. Le mot *figura* n'a jamais pu être traduit en français par le mot figure dans le sens que nous y attachons en

siècle, Fortunat († 558), en décrivant dans ses poésies la basilique de Saint-Vincent, bâtie sous le règne de Childebert, dit positivement que les fenêtres avaient des vitres : *vitreis occulta fenestris* (1). Grégoire de Tours nous apprend, dans son *Histoire des Francs*, que sous Clotaire (584 † 628) des voleurs pénétrèrent dans l'église Saint-Martin en brisant une vitre (2), et dans un autre ouvrage (3), qu'un voleur, ayant brisé des fenêtres closes avec des vitres, emporta le métal qui enchâssait le verre. Enfin saint Ouen, dans la Vie de saint Eloi († 663), rapporte que son saint ami étant entré dans la ville de Limoges, les portes des prisons s'ouvrirent, et que saint Éloi ayant conseillé aux prisonniers de chercher un refuge dans une église, ceux-ci se dirigèrent en toute hâte vers la basilique de Saint-Sulpice; mais qu'ayant trouvé toutes les portes fermées, ils brisèrent une des grandes verrières qui éclairaient le portail (4). Il est donc constant que les vitres étaient d'un usage ordinaire au septième siècle, et que l'on possédait non-seulement des verres blancs, mais aussi des verres colorés.

Dans ces verrières éclatantes de diverses couleurs, il n'y avait encore aucune figure, aucun ornement peint sur le verre; elles se composaient d'un grand nombre de pièces diversement colorées, teintes chacune uniformément dans la masse, coupées sur différents patrons, et assemblées de manière à rendre des motifs. On ne doit les regarder que comme des mosaïques transparentes.

Il y a en effet une grande différence entre colorer le verre et peindre dessus. Les verres colorés s'obtiennent en mêlant à la pâte en fusion, pendant la fabrication, certains oxydes métalliques qui communiquent à toute la pâte une couleur uniforme. Cette coloration n'est pas superficielle; elle existe dans toute la substance du verre, les matières colorantes s'étant intimement combinées par la fusion avec la masse vitreuse. Ce procédé produit ce qu'on appelle des verres teints, qu'il ne faut pas confondre avec les verres peints. Pour obtenir ceux-ci, on prend une table de verre translucide, incolore ou déjà teinte dans la masse, et sur l'une de ses surfaces ou sur toutes deux on rend le dessin et le coloris avec des couleurs vitrifiables. Ces couleurs, véritables émaux, sont le produit d'oxydes métalliques, donnant la coloration, qui sont mêlés et combinés avec des composés vitreux auxquels on a donné le nom de fondants. Ces fondants deviennent les véhicules des couleurs, et c'est par leur intermédiaire, à l'aide de l'action d'une forte chaleur, que les matières colorantes sont fixées sur la table de verre et incorporées avec elle.

Cette distinction est nécessaire à établir; car c'est faute de la faire ou de se la rappeler, que bien des commentateurs ont pris des textes un peu au rebours de ce qu'ils voulaient dire, et soulevé des discussions qui n'ont fait souvent qu'embrouiller des questions déjà obscures.

parlant des personnages représentés dans les ouvrages de peinture ou de sculpture. S'il avait voulu parler de représentations graphiques, le poëte se serait servi des mots *effigies* ou *imago*, ou de *vultus*, s'il n'y avait eu que des têtes. On ne peut voir dans la description de Sidoine que des verres de diverses couleurs découpés sous différentes formes.

(1) *De Eccles. Paris.*, lib. II.
(2) *Hist. Franc.*, lib. VI, ap. Duchesne, *Hist. Franc. script.*, t. I, p. 359.
(3) *Libri miracul.*, lib. I, cap. LIX.
(4) Audoenus, *Vita S. Eligii*, ap. d'Achery, *Spicilegium*, t. V, p. 209.

## II

*De l'invention de la peinture sur verre avec des couleurs vitrifiables.*

Maintenant que nous avons établi que dès le premier siècle de l'ère chrétienne on a fait emploi de vitres dans les fenêtres, et que dans un temps très-reculé on s'est servi pour les vitrages de verre coloré, recherchons à quelle époque on a commencé à peindre sur le verre avec des couleurs d'émail qui étaient incorporées par la fusion dans la table de verre blanc ou coloré sur laquelle elles avaient été appliquées. Cette question n'a pas, comme la première, reçu de solution définitive ; elle est encore très-controversée.

Parmi les archéologues qui ont voulu aborder ou résoudre cette question, Levieil (1), Alexandre Lenoir (2), Langlois (3) et M. de Caumont (4) ont exprimé cette opinion, que la peinture sur verre n'avait commencé à se montrer qu'au onzième siècle. Émeric David, au contraire, a pensé que l'invention de la peinture sur verre devait remonter au règne de Louis le Débonnaire ou tout au moins au temps de Charles le Chauve (5). M. Édouard Didron, qui a commencé à écrire une histoire de la peinture sur verre, a été plus loin. « Nous avons la conviction, dit-il, que le vitrail peint, le vitrail arrivé au degré de perfec-
» tionnement qui en fait un art, date des premières années du neuvième siècle, et qu'il est
» dû à l'immense impulsion que Charlemagne a donnée aux lettres, aux sciences et aux
» arts, pendant les quarante-six années qu'il fut empereur. Le grand développement de l'in-
» dustrie du verre, préparé depuis plus de deux cents ans par l'addition du verre de cou-
» leur au verre incolore, est une conséquence naturelle des progrès apportés à cette époque
» dans toutes les choses de l'intelligence. Le siècle auquel sont dues les premières minia-
» tures de nos manuscrits peut bien nous avoir donné les premiers vitraux peints (6). »

Malgré tout ce que cet aperçu a de jeune et d'ingénieux, la preuve manque et la conclusion n'est pas rigoureuse. Alcuin, Éginhard, Ermold le Noir et le moine anonyme de Saint-Gall, qui ont écrit l'histoire de Charlemagne et célébré ce prince (7), n'ont pas dit un mot de la peinture sur verre, et cependant ils ont décrit avec assez de détails les constructions élevées par l'empereur des Francs : la grande basilique d'Aix-la-Chapelle, le palais d'Ingelheim et sa belle chapelle ; ils ont parlé des peintures, des sculptures, des marbres, des grilles de bronze dont ces édifices furent embellis. Comment auraient-ils oublié la peinture sur verre, qui produit un si grand effet, si elle avait existé ?

Nous pouvons encore citer des chroniqueurs qui naturellement devaient entrer dans plus de détails que les historiens et les poëtes que nous venons de nommer, et qui ne disent rien

---

(1) Levieil, ouvrage cité, p. 20.
(2) *Musée des monuments français.*
(3) Ouvrage cité, p. 9.
(4) *Cours d'antiquités monum.*, t. VI, p. 465.
(5) *Histoire de la peinture*, édit. 1842, p. 79.
(6) *Annales archéologiques*, t. XXIII, ann. 1863, p. 53.
(7) Nous avons cité les ouvrages de ces auteurs dans notre tome Ier, page 77.

non plus de la peinture sur verre. Le moine Hariulfus, qui a écrit, au onzième siècle, la chronique du monastère de Centula (1), rend compte de la reconstruction de trois églises de ce monastère, faite par Angilbert, gendre de Charlemagne, qui en était devenu abbé; il parle des colonnes, des bronzes, du pavage de marbre de diverses couleurs, mais il ne dit pas un mot des vitraux, qu'il n'aurait pas manqué de signaler si les églises de son monastère en avaient possédé. Même silence de la part des chroniqueurs qui ont retracé successivement, et aussitôt après leur mort, l'histoire des évêques qui ont gouverné l'église d'Auxerre. Cependant Aaron, qui avait accompagné Charlemagne en Italie, et qui mourut dans les premières années du neuvième siècle, avait enrichi son église Saint-Étienne d'une foule de belles choses. Angelelme, son successeur, restaura cette église et celle de Saint-Germain, et fit de grandes dépenses pour les enrichir; il les pourvut de tout ce qui se faisait de plus nouveau de son temps, comme par exemple de cloches très-grosses et très-sonores. Le chroniqueur n'oublie rien et entre dans les plus petits détails, mais ne dit pas un mot de vitres peintes (2).

Les historiens (3) et les chroniqueurs qui nous ont fourni l'histoire de Louis le Débonnaire († 840) ne laissent pas supposer davantage que la peinture sur verre fût en usage à l'époque où régnait le fils de Charlemagne. La Chronique du riche monastère de Fontanelle, dans le diocèse de Rouen, rend compte avec détail des constructions que le célèbre abbé Ansigise, qui en prit le gouvernement en 823, y avait fait élever; elle mentionne les belles peintures dont les lambris étaient décorés et les vitres mises aux fenêtres, « *fenestræ vitreæ* », ce qui était encore à cette époque un objet de luxe; mais quant à des vitres peintes, il n'en est nullement question.

Héribalde, élu évêque d'Auxerre (827 † 860), qui restaura complètement son église cathédrale, dédiée sous l'invocation de saint Étienne, l'enrichit de vitres et d'excellentes peintures, et non pas de vitres peintes, comme on a voulu le dire en torturant le texte (4).

Si de la France nous passons en Italie, nous pouvons constater que la peinture sur verre n'y existait pas plus que dans notre pays au neuvième siècle.

Le *Liber pontificalis*, dont les auteurs se sont complu à étaler toutes les magnificences déployées par les papes dans les églises, ne parle jamais de vitres peintes, mais seulement de vitres teintes en couleur. Ainsi, lorsque le chroniqueur de la vie de Léon III (795 † 816), l'ami de Charlemagne, rapporte que ce pontife fit garnir de vitres l'abside de la basilique Constantinienne, c'est dans des termes qui ne permettent pas de supposer une peinture quelconque sur les vitraux employés : « fenestras de apsida ex vitro diversis coloribus » conclusit » (5). On trouve encore dans la vie de Sergius II († 847) : « ...in dicta vero ecclesia » (Sancti Martini) fecit in absidam fenestras, quas ex vitro et diversis coloribus decoravit» (6).

---

(1) Hariulfi *Chronicon Centulense*, lib. II, cap. vii et seq., ap. d'Achery, *Spicilegium*, t. IV, p. 457 et seq.
(2) *Historia episcoporum Autissiodurensium*, ap. Labbe, *Nova Biblioth. mss. libr.*, Parisiis, 1657, t. I, p. 431 et seq.
(3) Thégan, imprimé dans toutes les collections des historiens de France, et l'Astronome, ap. Pertz, *Monum. germ. hist.*, t. II, p. 104.
(4) « Ecclesiam Sancti Stephani et parietibus et laquearibus renovavit, vitreis quoque ac picturis optimis decoravit. » (*Hist. episc. Autissiod.*, cap. xxxvi, ap. Labbe, *Nova Biblioth.*, t. I, p. 432.)
(5) *Liber pontificalis*, edit. Vignolii, t. II, p. 296.
(6) *Ibid.*, t. III, p. 54.

Rien de plus dans la vie des autres papes. On ne peut voir dans tout cela que des verres teintés, et il faut regarder comme établi que la peinture sur verre n'était pas plus connue en Italie qu'en France, à l'époque de Charlemagne et de Louis le Débonnaire; car, s'il en avait été autrement, les papes, si jaloux de décorer les églises, n'auraient pas manqué d'accueillir avec transport ce nouveau moyen de les embellir, et les auteurs, dont les chroniques réunies ont composé le *Liber pontificalis*, auraient parlé de ce genre si splendide de décoration.

Les historiens qui nous ont transmis les événements du règne de Charles le Chauve ne font pas davantage mention de la peinture sur verre. Les Annales de saint Bertin, écrites au neuvième siècle, qui sont la chronique contemporaine la plus détaillée et la plus exacte, n'en laissent pas soupçonner l'existence. Flodoard, qui a écrit une histoire très-détaillée de l'église de Reims et des annales, est également muet. En rendant compte des grands travaux de restauration de l'église Notre-Dame que fit faire le célèbre évêque Hincmar (845 †882), il se contente de dire qu'il orna la voûte de peintures et décora le temple par des fenêtres vitrées, « fenestris etiam decoravit vitreis » (1).

Cependant Émeric David (2) a cru devoir faire remonter l'invention de la peinture sur verre au règne de Charles le Chauve, en s'appuyant sur quelques lignes d'un chroniqueur du onzième siècle, l'historien du monastère de Saint-Bénigne de Dijon, qui écrivait vers 1052. Cet historien, dit Émeric David, « assure qu'il existait encore de son temps, dans » l'église de ce monastère, un très-ancien vitrail représentant le martyre de sainte Pas- » chasie, et que cette peinture avait été retirée de la vieille église restaurée par Charles le » Chauve ». Comme le texte rapporté par Émeric David est le seul d'où l'on pourrait induire que la peinture sur verre existait au temps de Charles le Chauve, il est nécessaire de l'examiner sérieusement. Nous devons avant tout le transcrire en entier. C'est en rendant compte de la construction de l'église du monastère, élevée en l'an 1001, qu'il en arrive à citer les noms des saints dont les corps y reposent, et après avoir nommé sainte Paschasie, il ajoute : « ...pro confessione deitatis sententia fuit multata capituli; ut quædam vitrea » antiquitus facta et usque ad nostra perdurans tempora eleganti permonstrabat pictura (3) ». On peut donc s'assurer que la citation d'Émeric David est infidèle et que sa traduction est fautive. L'église du monastère avait été précédemment restaurée plusieurs fois, et notamment du temps de Charles le Chauve; mais l'auteur ne dit pas que le vitrail de sainte Paschasie ait été retiré de la vieille église restaurée par ce prince. C'est donc sur le mot *antiquitus* seul qu'Émeric David a dû se fonder pour faire remonter aussi loin l'exécution de ce vitrail. Mais le mot *antiquitus* ne saurait être traduit par très-ancien ; il signifie seulement « anciennement, autrefois, jadis, depuis assez longtemps » (4). Le chroniqueur, écrivant dans la seconde moitié du onzième siècle, pouvait bien se servir du mot *antiquus* en parlant d'un vitrail peint depuis soixante années, mais cela en reporterait l'exécution

---

(1) FLODOARDI PRESB. ECCL. REMENSIS, *Historiarum libri IV*, lib. III, cap. v.

(2) *Histoire de la peinture au moyen âge*, édition de 1842, p. 79.

(3) « Elle fut condamnée par les juges à la peine capitale, ainsi qu'on le voit dans une élégante peinture sur une » vitre anciennement faite, qui a subsisté jusqu'à nos jours. » (*Vetus Chronicon abbatiæ S. Benigni Divion.*, ap. D'ACHERY, *Spicilegium*, t. I, p. 486.)

(4) M. QUICHERAT, *Dictionn. latin-français*.

à la fin du dixième siècle, au temps d'Othon II ou d'Othon III, époque à laquelle on peut supposer que la peinture sur verre a été inventée ; or, il y a plus de cent années entre cette époque et celle de la mort de Charles le Chauve (877).

Maintenant, en admettant que le vitrail de sainte Paschasie ait été exécuté au neuvième siècle, ne peut-on pas dire que le chroniqueur a appliqué le mot peinture à une représentation exprimée par un assemblage de verres teints, et confondu, comme le fait remarquer Alexandre Lenoir (1), l'art de teindre le verre avec celui de le peindre avec des couleurs d'émail. Nous hasarderons une autre supposition. Il est constant, comme on l'a vu, que les anciens savaient colorer le verre, et que le verre teint de diverses couleurs était employé au neuvième siècle dans les fenêtres des églises. Il est fort possible que les différentes parties d'une figure ayant été rendues par des verres teintés taillés de façon à en exprimer les principaux contours, on se soit servi ensuite de couleurs ordinaires pour rendre sur les grandes parties de verre teinté les traits de détail du dessin ; en un mot, qu'on ait pris du verre pour y tracer un dessin comme on l'aurait fait sur le bois ou sur la toile. Ces verres, étant disposés pour clore une fenêtre, pouvaient avoir l'aspect, sinon la durée, des premiers vitraux peints. Cette supposition n'est pas toute gratuite de notre part et s'appuie sur un fait qui semble indiquer que des peintures de ce genre se sont effectivement exécutées sur les vitres de certaines églises. En effet, on verra plus loin que ce ne fut qu'au quinzième siècle que l'on commença à Florence à décorer les églises de vitraux peints en couleurs vitrifiables. Les administrateurs du Dôme avaient appelé d'Allemagne à cette époque un habile verrier pour en peindre les vitraux. Cet artiste eut quelques élèves, et en 1477 les fabriciens de la chapelle de l'évêché d'Arezzo chargèrent deux moines de Florence d'en faire les verrières ; dans le traité qu'ils passèrent avec eux, ils stipulèrent que les couleurs employées ne seraient pas des couleurs à l'huile, mais des couleurs vitrifiables [*detti colori debano essere cotte al fuoco e non messi a olio* (2)]. Cette stipulation ne serait pas venue à la pensée, si l'on n'avait jamais peint à l'huile sur les vitres, et elle semble bien indiquer que ce genre de peinture était en usage avant l'introduction en Toscane de la peinture en couleurs vitrifiables.

Le dixième siècle a été en proie à tant de calamités, et les arts, privés presque partout de l'appui des princes, étaient alors tombés dans un tel état d'avilissement, qu'il n'est pas probable que cette époque ait pu donner naissance à une découverte aussi importante que celle de la peinture sur verre en couleurs d'émail. Ne doit-on pas supposer plutôt que cette admirable invention n'a pu se produire que dans un temps de renaissance ; à une époque où la société, sortie des agitations du dixième siècle, qui avaient paralysé toute activité toute industrie, s'élançait vers une vie nouvelle ; à une époque où les hommes, de quelque condition qu'ils fussent, unissaient à l'envi leurs efforts pour édifier, restaurer et embellir les temples consacrés au Seigneur ; à une époque enfin où l'art s'ouvrait des voies nouvelles, se créait un nouveau style, et s'efforçait d'étaler aux yeux des œuvres originales, étrangères à ce qui avait paru jusqu'alors? Nous avons établi précédemment, en traitant de la sculpture, de l'orfèvrerie et de l'ornementation des manuscrits (3), que le mouvement de

---

(1) *Traité de la peinture sur verre.*
(2) Dott. GAYE, *Carteggio d'artisti*, t. II, p. 446.
(3) Voyez tome 1er, p. 80 et 379, et plus haut, p. 215 et suiv.

retour vers les études artistiques se produisit d'abord en Allemagne, à la fin du dixième siècle, sous le règne d'Othon II (†983); serait-ce donc qu'il faudrait attribuer l'invention de la peinture sur verre à l'Allemagne? Il n'y a sur ce point rien de décisif. M. de Lasteyrie a cité comme les plus anciens vitraux ceux de l'abbaye de Tegernsee, en Bavière, dont un comte Arnold aurait fait présent à la fin du dixième siècle (1). Un vieux texte viendrait à l'appui de la tradition. Suivant le chroniqueur du monastère, l'abbé Gosbert remerciait le comte Arnold en ces termes : « Jusqu'à présent, les fenêtres de notre église n'étaient fermées qu'avec de vieilles toiles. Grâce à vous, pour la première fois, le soleil promène ses rayons dorés sur le pavé de notre basilique en pénétrant à travers des peintures qui s'étalent sur des verres de diverses couleurs (2). » Mais il faut dire que les vitraux de Tegernsee n'existent plus depuis longtemps et que l'interprétation du texte du chroniqueur est fort douteuse; on peut voir en effet dans les vitraux décrits des verres teints dont les couleurs étaient reflétées sur le sol par l'action du soleil. Un autre texte plus ancien constate l'existence des vitres peintes dans la cathédrale de Reims. Richer, moine du monastère de Saint-Remy, rapporte dans sa chronique, qui s'étend jusqu'à l'année 995, qu'Adalbéron, archevêque de Reims (968 † 989), ayant fait restaurer son église, l'éclaira par des fenêtres où étaient représentées diverses histoires (3). Reims est à la vérité une ville française, mais Adalbéron était Allemand. Fils de Godefroy, comte des Ardennes, il était, au moment de son élection à l'archevêché de Reims, chanoine de l'église de Metz, ville qui appartenait alors à l'Empire (4).

Si les textes de la fin du dixième siècle que nous venons de citer peuvent réellement s'appliquer à la peinture sur verre avec des couleurs d'émail, il faut reconnaître que cet art était alors tout à fait à son origine et fort peu répandu, car les chroniqueurs qui nous ont transmis avec détail les travaux de Willegis, archevêque de Mayence (976-1011), de saint Bernward, évêque d'Hildesheim (992 † 1022), et du bienheureux abbé Richard de Verdun (1004 † 1046), qui furent les promoteurs de la renaissance de l'art dans les provinces allemandes du Rhin, ne disent rien de la peinture sur verre, qui certainement ne fut pas employée dans les constructions que ces restaurateurs de l'art firent élever et qu'ils embellirent avec tant de soins et d'amour (5).

Ce ne peut donc être qu'à la fin du premier quart du onzième siècle, et peut-être même vers la moitié, que la pratique de la peinture du verre a été mise réellement en usage. Il y a lieu de croire aussi que ce fut dans les provinces qui avoisinent le Rhin que l'invention en a été faite.

---

(1) M. de Lasteyrie, *Quelques mots sur la peinture sur verre*. Paris, 1852, p. 155.

(2) « Auricomus sol primum infulsit basilicæ nostræ pavimenta per discoloria picturarum vitra... (Pez., *Thesaur. anecdot. Eccles.*, t. VI, part. I, p. 122.)

(3) « Quam fenestris diversas continentibus historias dilucidatam, campanis mugientibus aeri tonantem dedit. » (Richeri, *Hist. libri*, lib. III, ap. Pertz, *Monum. germ. hist.*, t. V, p. 613.)

(4) Richerus, *loc. cit.* — *Gallia christiana*. Lutet. Par., 1656, t. I, p. 498.

(5) Voyez tome Iᵉʳ, p. 82, 369 et suiv. et les citations que nous avons faites.

## § II

DES VITRAUX AUX DIFFÉRENTES ÉPOQUES DU MOYEN AGE ET AU SEIZIÈME SIÈCLE.

I

*Vitraux du onzième, du douzième et du treizième siècle. — Technique.*

A l'époque de l'invention de la peinture sur verre, le peintre verrier avait à sa disposition cinq sortes de verre teint dans la masse : le rouge, le bleu, le jaune, le vert et le violet; mais il n'avait pour peindre qu'une seule couleur d'émail d'un ton brun.

Le moine Théophile, qui écrivait le *Diversarum artium Schedula* à la fin du onzième siècle, comme nous l'avons établi (1), et qui avait assisté, ou peu s'en est fallu, au début de la peinture sur verre, a consacré tout le livre second de son ouvrage à l'art de la vitrification et de la peinture sur verre. Après avoir décrit la manière de faire les verres teintés dans la masse, il enseigne la composition de l'émail à l'aide duquel on traçait le dessin sur les verres blancs ou colorés. « Prenez, dit-il, du cuivre mince battu, et brûlez-le dans un
» petit vase de fer jusqu'à ce qu'il soit entièrement réduit en poudre; prenez ensuite de
» petits fragments de verre vert et de verre bleu des Grecs, que vous broierez séparément
» entre deux pierres de porphyre ; puis vous mêlerez le tout ensemble, de manière qu'il y
» ait un tiers de poudre de cuivre, un tiers de verre vert et un tiers de verre bleu. Vous
» broierez également le tout soigneusement sur la même pierre avec du vin ou de l'urine.
» Vous mettrez ce mélange dans un vase de fer ou de plomb, et vous vous en servirez pour
» peindre avec exactitude, en suivant les traits qui sont marqués sur la table » (2).

Ce texte nous apprend que l'émail qui servait à peindre était composé : 1° comme matière colorante, d'oxyde de cuivre provenant de l'oxydation de ce métal obtenue dans un vase de fer; 2° de deux fondants, l'un de verre déjà coloré par l'oxyde de cuivre, l'autre de verre coloré en bleu, probablement par le safre, dont la matière colorante est l'oxyde de cobalt. Ce mélange n'aurait produit qu'un émail bleuâtre; mais le cuivre ayant été calciné dans un vase de fer, une certaine quantité de ce métal s'est transformée en oxyde rouge, qui, mêlé avec le verre bleuâtre, a fourni cet émail brun ou bistré que l'on remarque dans les verrières anciennes.

Nous ne pouvons mieux faire que d'emprunter encore les préceptes de Théophile, en les analysant, pour faire connaître de quelle manière le peintre verrier, après s'être procuré l'émail, dessinait ses compositions, comment il coupait le verre et comment il le peignait.

Sur une table de bois préalablement blanchie avec de la craie pulvérisée et délayée dans l'eau, l'artiste traçait d'abord à la règle et au compas la dimension exacte de la verrière ou du panneau de cette verrière qu'il voulait composer. Ceci fait, il dessinait au trait avec du plomb ou de l'étain, puis il repassait avec de la couleur rouge ou noire le sujet qu'il comptait représenter dans la verrière, ainsi que la bordure et les détails des ornements qui

---

(1) Voyez tome 1er, p. 85.
(2) THEOPHILI *Diversarum artium schedula*, lib. II, cap. XIX, édit. de M. DE L'ESCALOPIER, p. 99.

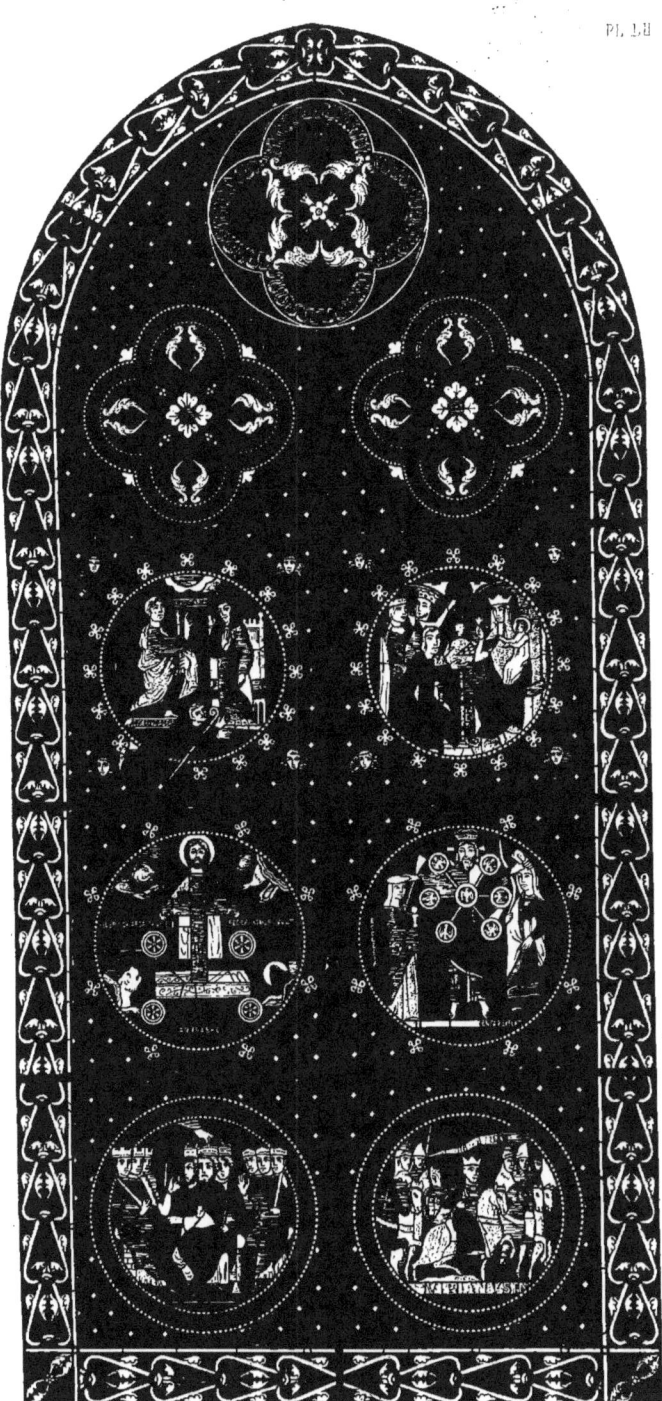

devaient la décorer, indiquant les ombres par des hachures, telles qu'elles devaient être reproduites par l'émail brun. Il déterminait ensuite la couleur de chacune des parties de la composition, soit par de la couleur appliquée sur la table dans les différents compartiments que formait le dessin, soit par une lettre de convention qui renvoyait à une couleur donnée. Le verrier, d'après ces indications, prenait alors autant de morceaux de verre teint qu'il y avait de compartiments différents dans le dessin; et posant sur la table ces morceaux de verre l'un après l'autre, à la place qu'ils devaient occuper, il traçait dessus, avec de la craie broyée dans l'eau, les contours extérieurs du dessin qui se laissaient voir au-dessous.

Les verriers ne connaissaient pas alors le moyen de couper le verre avec le diamant : on ne commença à en faire usage qu'au seizième siècle. Pour découper tous ces morceaux de verre, on se servait d'une tige de fer rougie au feu ; on la promenait sur le tracé, qu'on avait soin d'humecter légèrement si le verre résistait à se fendre ; le verre ainsi divisé laissait-il quelques aspérités, on employait pour les enlever une espèce de pince ou de griffe de fer nommé *grésoir* (*grosarium ferrum*).

Tous les morceaux de verre ainsi découpés étaient alors reportés sur la table où le dessin se trouvait tracé, chacun à la place qu'il devait couvrir, et le peintre, avec cette couleur d'émail brun dont nous avons indiqué la composition, retraçait sur le verre les lignes du dessin et les ombres marquées sur cette table. Théophile enseigne au surplus à dégrader les tons avec cette seule couleur d'émail, de telle sorte qu'on puisse supposer qu'il y a trois couleurs différentes, et fait connaître quelques autres ressources des peintres verriers de son temps.

Lorsque la peinture d'émail, ainsi appliquée sur le verre teint, était sèche, on portait les pièces de verre dans le fourneau de cuisson. La cuisson opérée et le verre refroidi, les différents morceaux qui composaient le dessin étaient réunis de nouveau et joints ensemble par des tiges de plomb. Ces procédés, que Théophile développait à la fin du onzième siècle, ne subirent aucune modification au douzième ni au treizième.

Nous ne connaissons pas de vitraux du onzième siècle. M. de Lasteyrie a cité ceux d'Hildesheim, qu'on croit avoir été exécutés de 1029 à 1039, par un nommé Buno, et ceux de l'abbaye de Tegernsee, en Bavière, qui ont été peints par le moine Wernher, de 1068 à 1091 (1); mais ces vitraux n'existent plus, du moins à leur ancienne place.

Ceux du douzième siècle ont été conservés en plus grand nombre. A Angers, on trouve dans la cathédrale quelques verrières qui y furent placées par ordre de l'évêque Ulger (1125 † 1149). L'église Saint-Serge et la chapelle de l'hôpital, dans la même ville, conservent aussi quelques débris de vitraux de ce temps. Au fond de l'abside de l'ancienne église abbatiale de Saint-Denis, on voit plusieurs des verrières que l'abbé Suger (1122 † 1152) y fit établir, comme il le constate lui-même dans le livre si curieux qu'il nous a laissé sur les actes de son administration. M. de Lasteyrie a consacré quatre planches à ces beaux vitraux, dans son excellent ouvrage l'*Histoire de la peinture sur verre, d'après ses monuments en France*. Nous lui avons emprunté et avons reproduit, dans notre planche LII (2),

---

(1) *Quelques mots sur la théorie de la peinture sur verre*, p. 155.

(2) Nous n'avons pu donner dans notre Encyclopédie des arts industriels qu'un très-petit nombre de planches de vitraux ; ceux qui, sans sortir de leur cabinet, voudraient connaître les vitraux des différents âges, pourront consulter le bel ouvrage de M. de Lasteyrie que nous venons de citer ; — les *Vitraux peints de Saint-Étienne de Bourges*, des

le vitrail où Suger s'est fait représenter prosterné aux pieds de la Vierge. A Chartres, sous la rose occidentale de la cathédrale, se trouvent trois belles verrières dont l'éclat fait pâlir, suivant l'expression de M. Lassus, tous les vitraux dont le treizième siècle a enrichi cette admirable église (1). A Vendôme, l'église de la Trinité possède un vitrail dont le sujet est une glorification de la Vierge; il a été reproduit par M. de Lasteyrie dans l'ouvrage que nous venons de citer.

On peut donc parfaitement indiquer le caractère des vitraux du douzième siècle. Ils sont composés de petits médaillons historiés de différentes formes, symétriquement distribués sur des fonds de mosaïque de verre de couleur empruntés au siècle précédent. Ces fonds présentent des compartiments, soit en carré, soit en losange, remplis de fleurs à quatre pétales, de trèfles et d'autres ornements; ils sont encadrés dans des bordures très-variées, qui offrent souvent des feuilles recourbées en crochet et des entrelacs sur lesquels s'épanouissent des palmettes de différentes sortes. Les sujets des médaillons sont empruntés à l'Ancien et au Nouveau Testament, ou bien encore aux histoires légendaires des saints. Ils sont empreints d'une naïveté touchante qui n'exclut ni la vie ni le mouvement. Les linéaments principaux du dessin, soit dans les sujets, soit dans les fonds, sont dessinés par des filets de plomb qui encadrent et réunissent ensemble toutes les pièces de verre, ordinairement teintes, très-rarement incolores, dont se compose un vitrail. Sur ces pièces de verre, toujours d'assez petite dimension, les plis des draperies et les détails des ornements sont rendus par une couleur bistrée ou brune appliquée au pinceau. Quelques hachures de cette couleur indiquent les ombres. Les carnations elles-mêmes ne sont pas exprimées par une couleur d'application; un verre légèrement teint en violet en forme le fond, et les traits sont tracés avec cet unique émail brun. Quelquefois un modelé en bistre, exécuté avec ce même émail, parvient à produire un rendu plus détaillé, et des hachures, enlevées en clair sur un fond de couleur, produisent un effet lumineux très-heureux; en sorte qu'avec une seule couleur d'émail les peintres verriers arrivaient à obtenir trois teintes différentes. Théophile a indiqué dans son traité de la peinture sur verre les moyens d'obtenir cet effet (2).

Au treizième siècle, les procédés d'exécution sont les mêmes qu'au douzième. Aucune découverte nouvelle ne vient au secours du peintre verrier, qui n'a toujours en sa possession qu'un seul émail brun ou bistré. Cependant les verrières changent d'aspect. Les peintres sur verre ont su profiter des améliorations qui se sont produites dans les arts du dessin. Ils suivent l'élan de la sculpture et de l'architecture. De même que les peintres en miniature, les verriers donnent à leurs figures des contours gracieux et réguliers; les têtes ont de la grâce, le jet des draperies n'est pas encore très-savant, mais les plis en sont réguliers. Les médaillons légendaires du douzième siècle sont conservés au treizième, et continuent à garnir les fenêtres des basses nefs et celles du pourtour du chœur; mais dans l'étage supérieur de la nef, on voit paraître de grandes figures de patriarches, de saints ou de rois. Elles se détachent souvent sur un fond en grisaille, qui laisse passer dans l'intérieur une lumière

---

RR. PP. ARTHUR MARTIN et CAHIER; — *l'Histoire de la peinture sur verre en Europe*, de M. LÉVY, et les *Annales archéologiques*. Les planches sont traitées dans tous ces ouvrages avec beaucoup de soin, et le texte est fort instructif.

(1) *Annales archéologiques*, t. I, p. 82.
(2) *Diversarum artium Schedula*, lib. II, cap. xx.

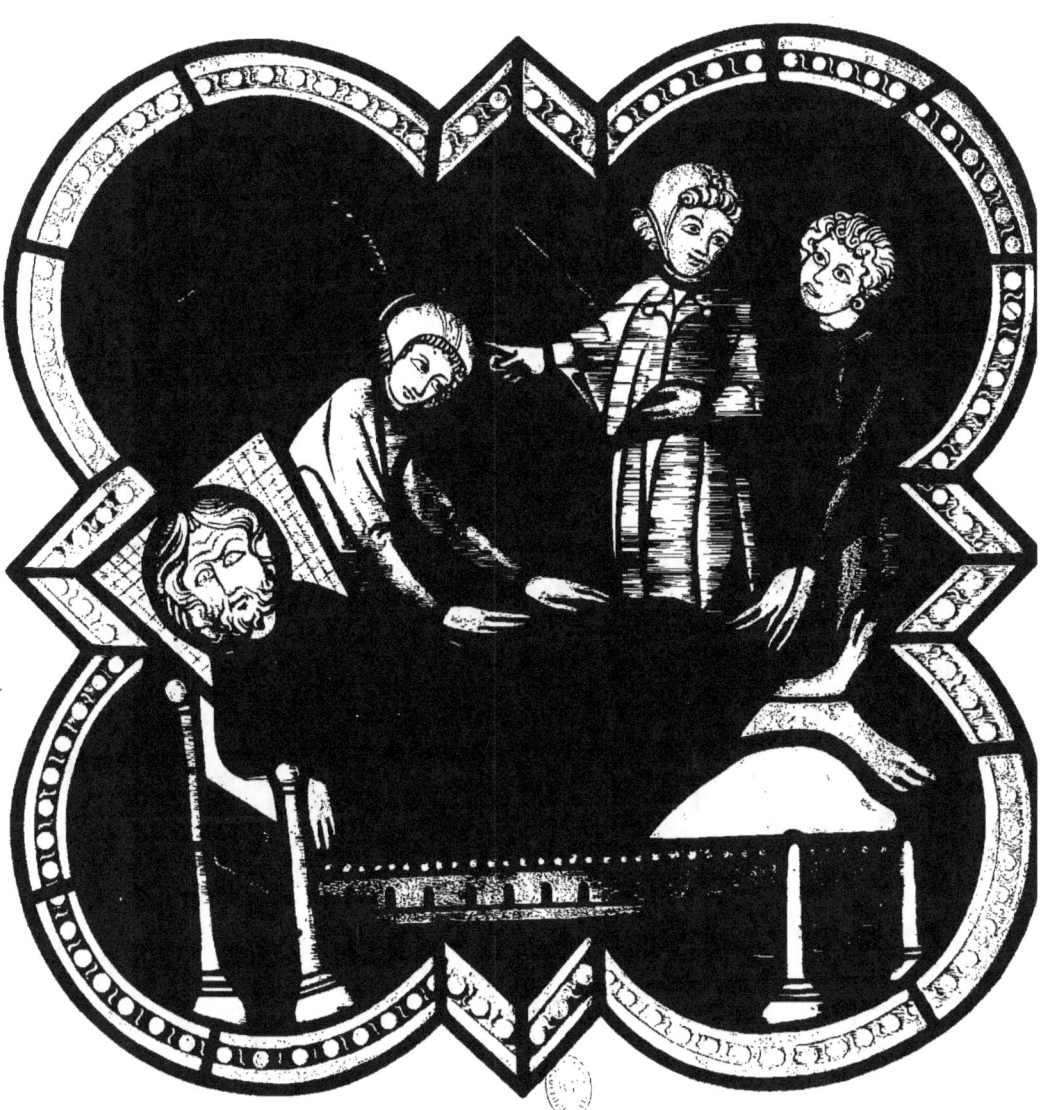

PEINTURE SUR VERRE
Vitrail du XIIIe Siècle

plus vive qu'avec des fonds de verre coloré. La grisaille, qui n'avait pas été pratiquée au douzième siècle, est aussi employée dans des bordures d'ornements composés d'entrelacs ingénieusement combinés ; le contour en est indiqué tantôt par un trait d'émail foncé, tantôt par les plombs; le dessin en est toujours gracieux, d'une originalité charmante et d'une variété infinie. Souvent la monotonie de la grisaille est relevée par quelques ornements de verre coloré. Le style du dessin, la variété dans les formes des médaillons, le changement survenu dans les bordures, les ornements et les feuilles constamment découpés en un triple feston lancéolé, sont les signes qui servent à distinguer les vitraux du treizième siècle de ceux du douzième.

Les verrières du douzième et du treizième siècle se rattachent avec une délicieuse harmonie à l'édifice qu'elles décorent, et c'est là ce qui en fait le principal mérite. A quelque distance qu'on les examine, on est frappé de leur élégance singulière et du prestige de leur coloris. Le verrier n'a pas eu l'intention de faire une œuvre qui doive être examinée à part; il a laissé de côté les fantaisies de l'imagination ou les réalités des couleurs de la nature ; son but a été de concourir sous la direction de l'architecte à l'ornementation du monument, et il n'a jamais manqué d'y parvenir par l'agencement de couleurs harmonieusement distribuées, qui, tout en brillant du plus vif éclat, répandent dans l'intérieur du temple un jour mystérieux qui ajoute à la sévérité grandiose de l'architecture.

Les vitraux du treizième siècle ne sont pas rares comme ceux du onzième et du douzième. C'est dans la cathédrale de Chartres qu'on peut en faire l'étude la plus complète, parce qu'on trouve dans ce splendide monument des spécimens de tous les genres : médaillons légendaires, grandes figures, grandes et petites roses, figures avec les costumes du temps, blasons, inscriptions et bordures très-variées. La cathédrale de Rouen possède aussi de fort belles verrières, parmi lesquelles il en est une qui porte le nom du peintre qui l'a exécutée : CLEMENS VITREARIUS CARNOTENSIS M(*agister*), « maître Clément, verrier de » Chartres ». La sainte Chapelle de Paris offre des vitraux qui sont le type le plus parfait du style légendaire. Nous donnons ici dans notre planche LIII la reproduction d'un vitrail provenant de cet édifice. On voit encore de belles verrières du treizième siècle dans les cathédrales de Reims, d'Amiens, de Bourges, de Lyon, du Mans, de Poitiers et de Strasbourg. Les trois roses du portail et des transsepts de Notre-Dame de Paris sont des plus belles qu'on puisse voir. Beaucoup d'autres églises de France possèdent des vitraux d'une moindre importance. On peut citer à l'étranger les cathédrales de Cantorbéry, de Salisbury, de Münster, de Tolède, et l'église Saint-Cunibert de Cologne, comme possédant aussi de belles verrières du treizième siècle. Il existe aussi des vitraux de cette époque en Allemagne, à Augsbourg, à Heiligenkruz et à Bücken.

II

*Vitraux du quatorzième siècle.*

Au quatorzième siècle les verrières changent entièrement d'aspect. L'art du dessin est en voie de progrès. Le peintre verrier sort de son rôle modeste; il essaye de copier la nature, et la copie quelquefois avec une fidélité remarquable. Peu à peu il cherche des effets de clair-obscur; il introduit dans les ornements et dans les draperies des reflets et des ombres ; il donne aux figures un modelé plus exact ; il exprime les carnations non plus par du verre teinté en violet, mais en les peignant en grisaille sur du verre blanc. Sa manière de draper est plus savante ; les vêtements ne descendent plus en plis roides et droits, ils tombent sur les pieds des personnages en plis un peu tourmentés. En même temps les compartiments s'agrandissent, les plombs se raréfient ou s'espacent ; les figures isolées se multiplient et prennent de grandes proportions ; elles sont placées sous des décorations architecturales d'une grande élégance ; le fond de mosaïque est remplacé par un fond uni, rouge ou bleu, ou par un fond damassé. Toutefois le peintre n'ose pas aborder encore les scènes compliquées en grandes figures ; il se borne à délaisser les petits médaillons, les compartiments exigus, et quand il traite encore les sujets légendaires, il les dessine et les superpose sans encadrement ni séparation ; enfin il se détache de la tradition : les œuvres individuelles du siècle suivant sont en voie de préparation. Aussi, bien que soucieux encore de l'effet général de la verrière, les artistes de cette époque ont produit des œuvres d'un effet moins saisissant que leurs devanciers ; car rien ne surpasse, comme aspect, les mosaïques des deux siècles précédents, vives de tons, chaudes de couleur, relevées de médaillons historiés. Le caractère de cette seconde période est d'offrir des dispositions architecturales très-favorables à la décoration de l'édifice, dont elles semblent élargir les dimensions et prolonger l'étendue.

Dès le commencement du quatorzième siècle, la charpente de fer du vitrail avait subi une modification, elle était devenue indépendante du travail du verrier ; mais les procédés matériels de la peinture étaient les mêmes, et jusque vers le milieu du siècle les peintres sur verre en étaient restés aux anciens errements. A cette époque, une importante découverte, celle du jaune d'argent (1), procura aux peintres verriers une nouvelle couleur d'émail qui apporta de grandes facilités dans le travail. Jusqu'à ce moment il avait fallu, pour rendre la dorure dans les ornements et dans les vêtements, se servir d'un verre jaune teint dans la masse, découpé suivant les besoins du dessin et enfermé dans un plomb qui en suivait tous les contours ; mais à partir de la découverte du jaune d'argent, on peignit tous les ornements avec cette couleur d'application, ce qui simplifia le travail et permit de supprimer beaucoup des linéaments de plomb.

La possession de deux couleurs d'émail, brune et jaune, et la science que les peintres avaient acquise de modeler et d'ombrer leurs personnages, les portèrent à peindre souvent des sujets et de grandes figures en grisaille rehaussée de jaune. On en voit des exemples fréquents dans les édifices qui ont conservé des vitraux du quatorzième siècle.

Les nouvelles facilités offertes à la peinture sur verre multiplièrent les peintres verriers ; les églises ne conservèrent plus seules le privilége des vitraux de couleur : les édifices publics, ainsi que les châteaux des grands seigneurs, en furent décorés. A l'époque de Charles V, les fenêtres du Louvre et de l'hôtel Saint-Pol étaient garnies de vitres peintes reproduisant des images de saints et des armoiries (2). On ne se borna même pas aux

---

(1) Cet émail était composé d'ocre jaune calcinée, broyée et mêlée à du sulfure d'argent. Après avoir passé au feu les pièces de verre peintes avec ce mélange, on enlevait la croûte desséchée de l'ocre, et il restait une très-belle teinte d'un jaune plus ou moins foncé, suivant la quantité plus ou moins grande de sulfure employée.

(2) SAUVAL, *Antiquités de Paris*. Paris, 1724, t. II, p. 24. — LEVIEIL, *L'art de la peinture sur verre*. Paris, 1774, p. 73.

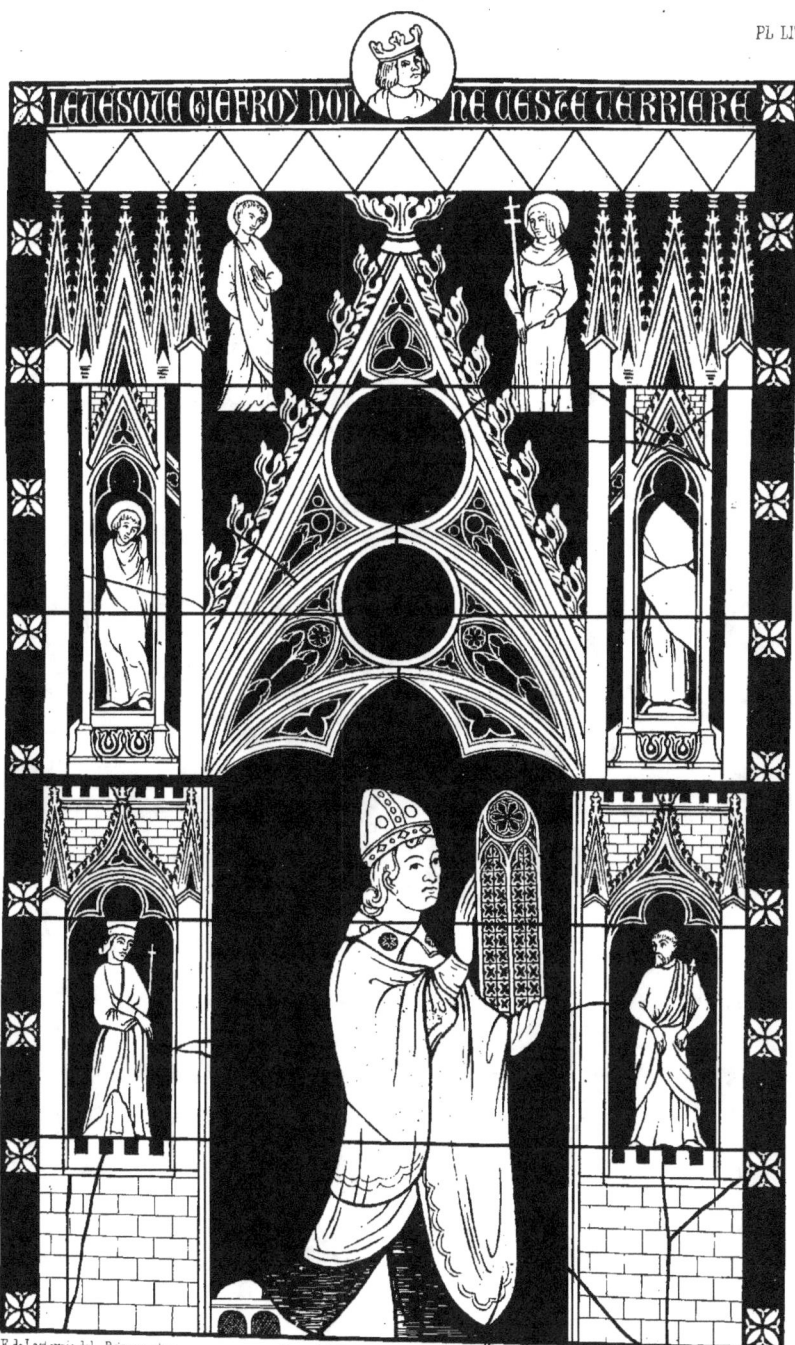

PEINTURE SUR VERRE

sujets religieux; les peintres puisèrent aussi dans les romans des scènes amoureuses et chevaleresques. C'est ce que nous apprend un poëme de l'époque de Charles VI cité par Langlois (1).

Les vitraux du quatorzième siècle qui existent encore sont en nombre assez considérable. La cathédrale de Cologne, dont le chœur, qui seul était alors achevé, fut dédié en 1322, et celle de Strasbourg, offrent les plus anciens. Les cathédrales de Beauvais, de Chartres, d'Évreux, de Limoges, de Narbonne, de Carcassonne, de Toulouse, et l'église de Nieder-Hasslach (Bas-Rhin), en possèdent de fort beaux. On en trouve aussi hors de France, dans les cathédrales de Lincoln et de Hereford; dans la chapelle Merton, à Oxford; dans l'abbaye de Sainte-Croix (basse Autriche); à Oppenheim, près de Mayence; à Wilsnack (province de Brandebourg), et dans la cathédrale d'Orvieto.

Comme exemple de la peinture sur verre du quatorzième siècle, nous avons fait reproduire dans notre planche LIV un vitrail de la cathédrale d'Évreux.

Bien que les artistes verriers dussent être très-nombreux, leurs noms sont encore bien rarement révélés. Le nom de Jean de Kirchheim est conservé dans l'histoire de la cathédrale de Strasbourg. Les recherches de M. Achille Deville dans les archives de la cathédrale de Rouen ont fait connaître Guillaume Canonce comme verrier de cette église, de 1384 à 1386 (2). Grâce aux investigations de M. de Laborde dans les inventaires de la maison de Bourgogne et dans les archives du duc d'Orléans, frère de Charles VI, nous pouvons encore citer Perrin Girole, qui refit en 1372 les verrières de la chambre de Philippe le Hardi, duc de Bourgogne; Jean de Beaumes, peintre et valet de chambre de ce prince, pour lequel il peignit un grand nombre de verrières, de 1375 à 1390; Guillaume de Francheville et Girard de la Chapelle, qui furent également employés par Philippe le Hardi; Pierre et Thibaut d'Arras; Henry de Malines, chargé par le duc de Bourgogne de faire, de 1383 à 1394, les vitraux de la chartreuse de Dijon; Hennequin Moulone, qui succéda au titre de verrier du duc de Bourgogne, après la mort de Beaumes, en 1397; Philippe Blanquart de Soissons, qui fit, en 1398, une grande verrière avec le portrait du duc d'Orléans; Pierre David, de Paris, qui travaillait en 1399 (3), et Claux le Loup, verrier de l'hôtel du duc d'Orléans à Paris (4).

Ce que nous avons dit jusqu'à présent de la peinture sur verre peut s'appliquer à la France, à l'Allemagne, à la Belgique et à l'Angleterre. Si nous n'avons pas encore cité l'Italie, c'est que cette terre classique des arts s'était laissé devancer par l'Occident et par le Nord dans l'exercice de cet art. Le onzième siècle n'y a laissé aucune trace de la peinture sur verre. Didier, le célèbre abbé du Mont-Cassin (1058 † 1086), qui s'était donné tant de peine pour enrichir les églises et les autres édifices de son monastère de tout ce que les différents arts pouvaient fournir (5), décora les fenêtres d'armatures de fer et de belles vitres serties dans des filets de plomb, mais de vitres blanches

---

(1) *Essai historique et descriptif de la peinture sur verre.* Rouen, 1832, p. 150.
(2) Langlois, *Essai sur la peinture sur verre*, p. 181.
(3) M. de Laborde, *les Ducs de Bourgogne*, t. I, aux tables, et t. III, p. 161 et 181.
(4) *Inventaire de 1397*, ms. Biblioth. nation., n° 12999 fr., ancien 2573.
(5) Voyez tome Ier, p. 74.

et non de vitres peintes (1). Aucun document ne vient apprendre que la peinture sur verre ait été exercée en Italie au douzième siècle, et ce n'est que dans les dernières années du treizième qu'on l'y voit paraître. La cathédrale d'Orvieto, commencée en 1290, et dont la construction dura plus de vingt années, est une des premières églises qui aient été décorées de verrières peintes. Lorenzo Maitani, Siennois, fut l'architecte de cet édifice. Sienne possédait à la fin du treizième siècle quelques maîtres verriers, et l'on peut croire que Maitani appela de sa ville natale les artistes qu'il chargea de peindre les vitraux de ce magnifique temple.

Dono et Giunta sont les plus anciens verriers de Sienne. On les regarde comme les auteurs d'une grande fenêtre exécutée en 1287 au chevet de la cathédrale. On peut nommer encore Frate Giusto, qui, de 1310 à 1321, faisait les verrières du palais public, et Andrea di Mino, cité comme ayant travaillé à Orvieto. On trouve encore un peu plus tard à Sienne Giacomo di Castello, qui peignit pour le Dôme plusieurs verrières aujourd'hui détruites, et qui fit, pour la chapelle Saint-François à Pise, une grande fenêtre où il avait représenté l'Assomption de la Vierge en présence de plusieurs saints et de la donatrice à genoux. Il eut pour élèves Giacomo et Ranieri. Enfin, Sienne compte encore parmi ses peintres verriers Francesco Formica, qui travailla pour le Dôme en 1379 (2). Florence avait aussi, à la fin du quatorzième siècle, quelques peintres verriers, parmi lesquels nous pouvons citer Tuccio, qui peignait en 1389 les armoiries de la corporation des marchands sur des vitres destinées à l'église San-Miniato al Monte (3).

## III

*Vitraux du quinzième siècle.*

Durant le quinzième siècle, la palette des peintres sur verre ne s'enrichit que d'une teinte de carnation, obtenue probablement par la terre d'ombre calcinée et l'oxyde de fer. Cette teinte légère, qui servait à modeler les têtes, est difficile à apercevoir. Mais aux couleurs brune et jaune et à cette couleur de carnation les verriers ajoutèrent les ressources des verres doublés. Déjà, dans les siècles précédents, on s'était servi du verre blanc doublé d'une couche de verre rouge. Suivant les exigences du dessin, on usait certains endroits du verre rouge de manière à découvrir la couche de verre blanc, et dans ces parties ainsi champlevées on introduisait des verres teints de diverses couleurs ; par ce moyen, on pouvait simuler dans les draperies des franges, des broderies et des pierres précieuses. Au quinzième siècle, on fit des verres doublés de différentes couleurs. Rien n'était plus facile que de les obtenir. Le verrier, ayant près de lui des creusets où se trouvaient en fusion des verres de diverses teintes, commençait par cueillir au bout de sa

---

(1) « Fenestras omnes plumbo simul ac vitro compactis tabulis ferroque connexis inclusit. — Habet (domus) » fenestras...... omnes vitro, tam gipso quam plumbo insigniter laboratas. — Habet fenestras vitreas speciosissimas » novem... » (Leo Ost., *Chronica S. mon. Casinensis*, lib. III, cap. xxix et xxxiii. Lutet. Par., 1668, p. 354, 362 et 363.)
(2) Dott. G. Milanesi, *Siena e il suo territorio*, p. 197.
(3) *Libro uscita di S. Miniato nell' arte de' mercatanti*, ann. 1389. Spoglio Strozzi.

canne une masse de verre blanc, par exemple ; il la soufflait légèrement, puis il la plongeait dans le creuset contenant le verre bleu, il couvrait ainsi le verre blanc d'une couche de verre bleu ; il pouvait encore cueillir une nouvelle dose de matière vitreuse dans un creuset de verre en fusion d'une autre couleur et souffler de nouveau ; il obtenait ainsi un manchon de trois couches de verre superposées de couleurs différentes (1). On comprend que par ce procédé on obtenait des verres de teintes très-variées. Les verres doublés procurèrent de grandes ressources dans l'exécution des vitraux : qui offrirent alors une grande variété de couleurs, bien que les peintres verriers n'eussent réellement encore à leur disposition que deux couleurs d'application, le brun et le jaune. Voulait-on, par exemple, reproduire l'écu de France, d'azur à trois fleurs de lis d'or, on prenait un verre blanc doublé de bleu, taillé dans la forme de l'écu ; puis, après avoir déterminé l'emplacement des fleurs de lis sur le verre bleu, on enlevait, à l'aide de l'émeri, toute la surface du verre bleu renfermé dans le contour des trois pièces héraldiques qui se trouvaient ainsi rendues par le verre blanc ; elles étaient alors teintées en or par l'application de l'émail jaune du côté lisse du verre blanc (2), et modelées avec l'émail brun dans la partie champlevée de la vitre. La pièce étant portée dans le fourneau, les émaux s'identifiaient avec le verre. Les verriers obtinrent encore la couleur verte en teignant la surface d'un verre teinté en bleu dans la masse avec l'émail jaune. Pour empêcher la pénétration d'une couleur sur l'autre, ils ne manquaient pas, lorsqu'ils voulaient disposer deux teintes sur le même verre, de les placer sur les deux faces opposées.

Tous les arts se tiennent et marchent d'un pas à peu près égal. La peinture sur verre suivit les progrès de la peinture à l'huile pendant le quinzième siècle. La correction du dessin, le costume des personnages et le style de la composition servent surtout à déterminer l'âge des vitraux de cette époque. La tendance des artistes verriers à produire des œuvres individuelles se fait sentir de plus en plus à partir du commencement du quinzième siècle. Ce ne sont plus de simples décorateurs préoccupés avant tout de l'œuvre architectonique, mais des peintres qui s'efforcent de donner à leurs tableaux la plus grande valeur possible. Les décorations, toujours empruntées à l'architecture du temps, qui encadrent les personnages et les sujets, s'accroissent chaque jour davantage et présentent une grande complication de lignes et d'ornements, souvent d'un très-bel effet. Pendant une grande partie du quinzième siècle, des légendes peintes sur des phylactères expliquent les sujets, la plupart du temps par un verset tiré des saintes Écritures. Les tentures bleues ou rouges, figurées derrière les personnages, offrent des étoffes damassées d'une grande richesse. Les bordures sont rares, et quand il s'en trouve, ce sont des rinceaux de feuillage assez maigres, peints sur de longues bandes de verre. Les verriers arrivent à faire un grand usage des grisailles, qui laissent pénétrer beaucoup de jour dans l'intérieur des édifices, mais qui ne produisent aucun des beaux effets des mosaïques colorées du douzième et du treizième siècle. On trouve même fort souvent, surtout dans les hautes voûtes des églises, de grandes

(1) La canne est l'outil principal de la fabrication des objets de verre ; c'est celui qui sert à souffler le verre et à en faire un manchon, sorte de cylindre de matière vitreuse qu'on obtient par le soufflage ; on coupe et l'on étend le manchon pendant que la matière est encore molle, pour faire les feuilles de verre à vitres. Cueillir le verre, c'est le prendre du creuset avec la canne.

(2) Le jaune d'argent ayant été posé sur la surface dépolie, n'aurait pas donné un ton uniforme.

figures colorées se détachant sur un fond de verre blanc. Le vitrail du quinzième siècle que nous reproduisons dans notre planche LV est exécuté de cette façon. Dans la seconde moitié du quinzième siècle on commença à peindre des édifices et des paysages en perspective ; les sujets tirés des légendes furent abandonnés entièrement, et des compositions souvent assez mondaines apparurent sur les vitraux des églises.

Jamais la peinture sur verre ne fut plus en honneur qu'à cette époque : les châteaux et les maisons furent ornés de vitraux comme les églises, aussi reste-t-il encore un très-grand nombre de verrières de ce temps. En France, les cathédrales de Bourges, d'Évreux, du Mans, de Tours, de Metz, de Limoges, la sainte Chapelle de Riom, et l'église Saint-Ouen de Rouen, possèdent de très-belles verrières du quinzième siècle. On voit de beaux vitraux de ce temps en Belgique, dans les cathédrales de Tournai, de Dietz et d'Anvers. On en trouve en Allemagne dans l'église de Werben (haute Saxe), dans les cathédrales d'Ulm, de Munich et de Nuremberg, et à Grimberg, en Silésie. En Angleterre, on voit de très-belles verrières de l'époque dont nous nous occupons : la plus grande qui existe en Europe est à York ; Oxford possède, dans le New-College, des vitraux remarquables.

Les artistes verriers ont dû être fort nombreux, et cependant peu de noms sont parvenus jusqu'à nous. On connaît Guillaume de Gradville, Robin Damaigne, Guillaume et Jean Barbe, désignés dans les archives de la cathédrale de Rouen comme ayant peint des vitraux pour l'église ; Henri Mellein, de Bourges ; Antoine Chenesson, d'Orléans, qui travailla avec Jean Barbe aux vitraux du château de Gaillon, pour le cardinal d'Amboise ; Guillaume Delanoe et Jean le Normand, qui firent les vitraux du château de Tancarville, en Normandie. M. Lévy cite encore plusieurs verriers français dont les noms ont été trouvés dans différentes archives : Balthazard, Brisetout, Girard le Nogat, Hermant, Madrin, Michelet, Pierre Jehan du Pins, Jehan de Vertus et Blanc-Mantel, à Troyes ; Bréhal, à Évreux ; Jehan Simon, à Bar-sur-Aube ; Montglarive, à Orléans ; Rechambault, à Limoges, et Thibaut la Lèvre, à Dijon. Les listes de M. Lévy renferment aussi les noms d'un certain nombre de verriers flamands et espagnols (1). Nous ne devons pas oublier, pour l'Allemagne, Jacques d'Ulm, (†1491), de l'ordre de Saint-Dominique, qui fut mis par l'Église au rang des bienheureux. On lui a attribué bien à tort l'invention du jaune d'argent, puisque cet émail était déjà en usage vers le milieu du quatorzième siècle.

On a vu que Sienne possédait à la fin du treizième siècle quelques peintres verriers, et qu'au quatorzième ses peintres sur verre, devenus fort habiles, étaient appelés à Orvieto et à Pise pour y pratiquer leur art. Sienne compta encore, au quinzième siècle, d'habiles verriers : fra Ambrogio, moine de l'ordre des Dominicains, fit pour le Dôme un assez grand nombre de verrières, de 1404 à 1411 (2), et en 1416 il peignit celles qui fermaient les fenêtres de la salle à manger du palais public (3). On peut citer encore parmi les verriers de Sienne, Giustiniano de Todi, chapelain du Dôme en 1432 ; Cristoforo di Mone, qui exerça son art de 1439 à 1477 ; fra Girolamo di Contro, moine augustin, dont les travaux connus sont de 1452 ; fra Tommè di Luca, fra Giovanni Falesome, fra Giacomo di Paolo, et Dome-

---

(1) M. Lévy, *Histoire de la peinture sur verre*, p. 201.

(2) *Inventario del Duomo et dell' opera di Santa-Maria di Siena*, fatto nell' anno 1467. — *Libro debit. e credit. ad ann.* 1411. Archives du Dôme de Sienne.

(3) Dott. G. Milanesi, *Siena e il suo territorio*, p. 198.

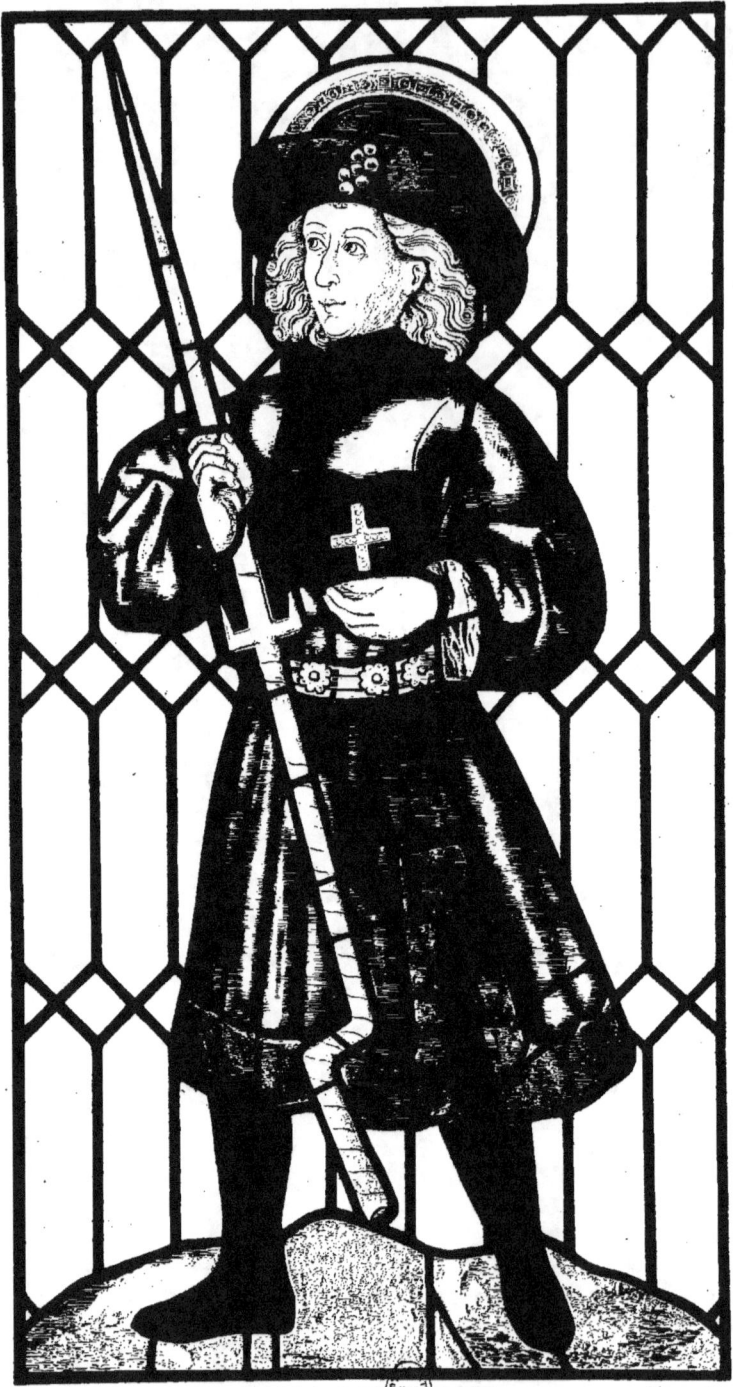

PEINTURE SUR VERRE

nico di Stefano, qui travailla à Orvieto ; enfin, on peut ranger parmi les peintres verriers de Sienne, le prêtre Guaspre di Giovanni de Volterra, qui vint s'y établir et qui y mourut en 1474 (1).

On voit que la peinture sur verre n'était à peu près exercée à Sienne que par des moines et des prêtres. Toujours est-il que cette ville possédait, depuis la fin du treizième siècle, une école de peinture à laquelle les villes des provinces voisines avaient recours.

Florence, qui pouvait se glorifier des plus grands artistes au commencement du quinzième siècle, manquait de bons peintres verriers. En 1434, les administrateurs de l'œuvre de Santa-Maria del Fiore, prenant en considération que, pour achever la décoration du temple, il était nécessaire d'en enrichir les fenêtres de vitres peintes, écrivirent à un peintre verrier et mosaïste de Lubeck, François, fils de Dominique Livi de Ghanbass, qui passait pour le maître le plus habile de son temps, *che era tenuto il migliore maestro del mondo,* de venir s'établir à Florence, afin d'y peindre les verrières du Dôme. Ce verrier y étant arrivé en octobre 1436, les administrateurs de l'œuvre firent avec lui un traité par lequel il s'engagea à s'établir avec sa famille à Florence, et à y rester dix ans pour y peindre les verrières qui lui seraient demandées par eux. On lui donna cent florins d'or pour son voyage ; on lui assura la jouissance d'une grande maison, quarante florins d'or d'appointements par année, et on l'exempta de toute contribution et de toutes les charges imposées aux habitants de la ville (2). Baldinucci prétend qu'après l'arrivée du maître verrier de Lubeck, Ghiberti et Donatello furent chargés de faire des verrières pour le Dôme (3) : il n'est pas à croire que ces grands artistes, occupés d'importants travaux de sculpture et d'architecture, se soient livrés à l'exercice de la peinture sur verre ; ils ne furent sans doute chargés que de fournir les cartons des sujets que François Livi peignit sur les vitres. Celui-ci dut faire des élèves, car en 1477 les fabriciens de la chapelle de l'évêché d'Arezzo chargèrent deux moines de Florence, fra Cristofano et fra Bernardo, de faire une verrière. Ce qui paraît constater que la peinture en émail était alors une chose nouvelle à Arezzo, c'est que le marché fait avec les moines stipule que les couleurs seront cuites au feu et non simplement à l'huile (4). La stipulation était inutile si l'usage de la peinture sur verre en couleurs vitrifiables avait été depuis longtemps en usage.

## IV

*Vitraux du seizième siècle.*

Le premier tiers du seizième siècle s'écoula sans que les procédés matériels de la peinture sur verre se fussent améliorés, et si ce n'était le goût de la Renaissance, qui commençait à se faire jour dans les compositions, on ne pourrait établir aucune différence entre les vitraux de cette première période du seizième siècle et ceux de la seconde moitié du quinzième.

(1) Dott. G. Milanesi, *Siena e il suo territorio*, p. 198 et suiv.
(2) Dott. G. Gaye, *Carteggio d'artisti*, t. II, p. 441 et 445.
(3) Baldinucci, *Notizie dei professori del disegno*. Firenze, 1767, t. II, p. 24.
(4) Dott. Gaye, *Carteggio d'artisti*, t. II, p. 446.

Vers 1540, un nouvel émail, le rouge de fer, vint s'ajouter à ceux que les verriers possédaient : on l'a observé pour la première fois à Bruxelles, sur les vitraux de la chapelle du Saint-Sacrement, à Sainte-Gudule. Quelques années plus tard, vers 1550, les découvertes de la chimie avaient agrandi largement la palette des peintres, en leur fournissant de nouvelles couleurs, qui, préparées avec un fondant, pouvaient par la cuisson s'incorporer aux tables de verre. A qui doit-on la découverte des nouveaux émaux? on n'a sur cela aucune notion de quelque valeur. A cette époque, les émailleurs de Limoges étaient en possession de beaucoup d'émaux dont ils savaient user merveilleusement sur le métal ; plusieurs d'entre eux étaient tout à la fois émailleurs et peintres verriers, et il est à croire qu'ils essayèrent d'appliquer sur le verre les émaux dont ils faisaient emploi sur le cuivre.

A peu près à la même époque, on découvrit encore la propriété du diamant de couper le verre, et l'on inventa le tire-plomb, qui permit au verrier de se procurer de longs rubans de plomb tout prêts à sertir le verre. Les verreries améliorèrent aussi les procédés de la fabrication des vitres, et purent livrer aux peintres des tables de verre d'une assez grande dimension. Toutes ces améliorations matérielles amenèrent une révolution complète dans l'art de la peinture sur verre. Les verrières changèrent de nouveau d'aspect.

La grande quantité de couleurs d'émail dont les peintres pouvaient disposer leur permit d'abandonner entièrement les verres teints dans la masse, et de peindre sur une seule pièce de verre blanc avec des émaux étendus à sa surface. Le verre ne fut plus alors que la matière subjective de la peinture, comme la toile ou le bois dans la peinture à l'huile. Les verriers en vinrent à traduire sur des vitres blanches comme sur une toile les chefs-d'œuvre de Raphaël, de Michel-Ange et des autres grands peintres de la Renaissance italienne. Ils exécutèrent de petits tableaux d'une finesse extrême, et surent obtenir une grande richesse de coloris par l'habileté avec laquelle ils marièrent les émaux les uns aux autres. L'emploi de la grisaille devint très-fréquent : un simple trait sur le verre blanc traçait le dessin ; de légères teintes grises pour les ombres et quelques rehauts de jaune clair complétaient l'ensemble de la composition. C'est ainsi qu'a été exécuté le vitrail que nous avons fait reproduire dans notre planche LVI, comme exemple de peinture sur verre du seizième siècle. On vit aussi des dessins monochromes appliqués à des fenêtres entières.

Les peintres verriers se tinrent au surplus à la hauteur de toutes les améliorations qui s'étaient produites au seizième siècle dans les arts du dessin ; ils exécutèrent des œuvres d'une grande pureté de dessin et d'une exécution remarquable. Ils se montrèrent souvent fort habiles dans les fonds qui représentent des édifices en perspective et des paysages aux lointains profonds ; ils excellèrent dans les arabesques. Mais les artistes verriers ne se préoccupèrent plus en aucune façon du monument auquel leur œuvre était destinée ; ils composèrent leur tableau sur verre sans même s'inquiéter des meneaux des fenêtres, qui, comptés pour rien, semblent disposés comme par mégarde en avant d'une grande peinture. C'était fait de la peinture sur verre. Du moment qu'on voulut transformer en art d'expression un art de pure décoration monumentale, on dénatura son but, ce qui nécessairement dut le conduire à sa perte : la peinture sur verre n'offrait pas toutes les ressources de la peinture à l'huile et ne pouvait lutter avec elle. Elle était en décadence dès la fin du seizième siècle, et elle fut à peu près abandonnée vers le milieu du dix-septième. Ce n'est que de nos jours qu'elle a été réhabilitée.

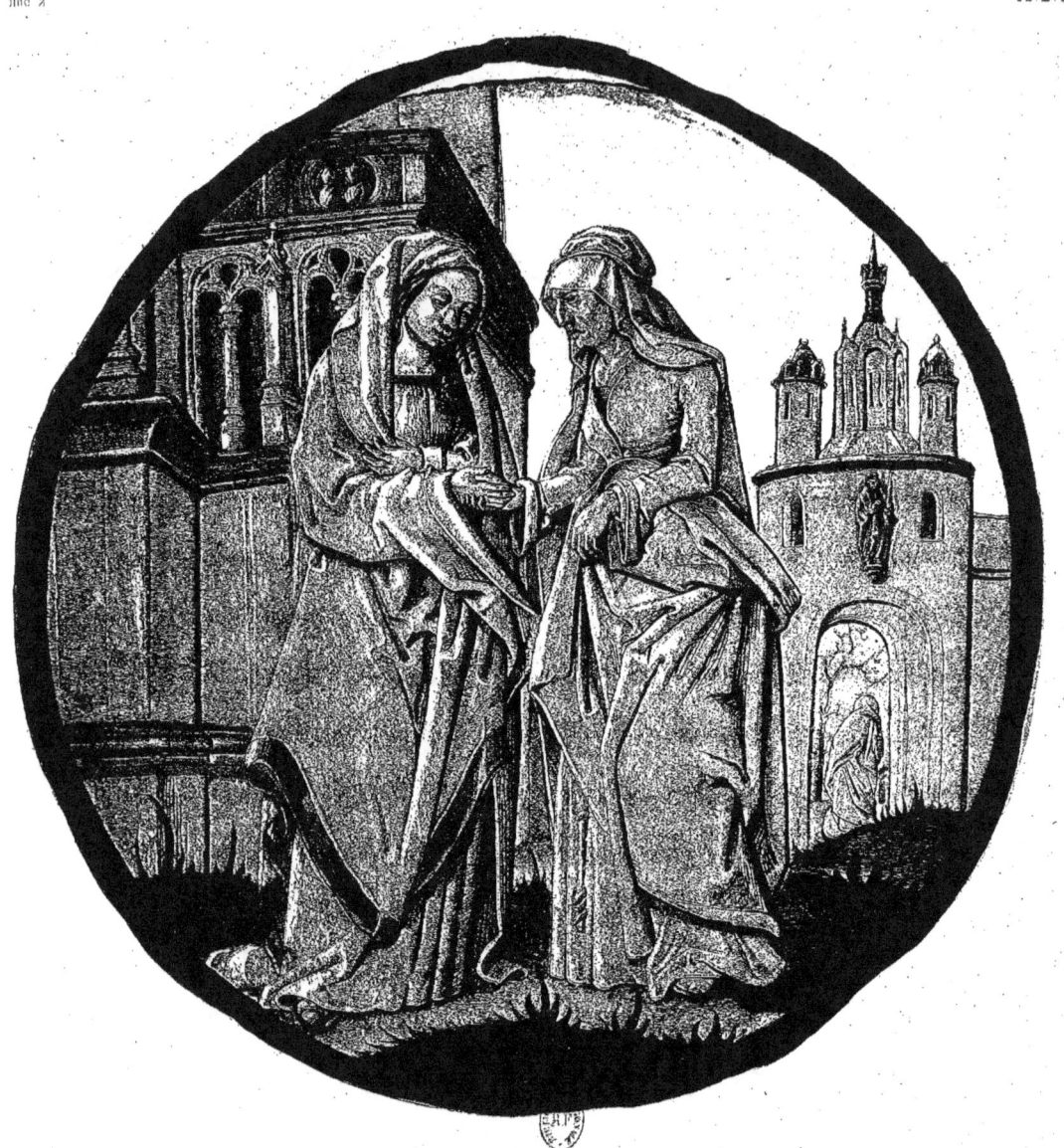

PEINTURE SUR VERRE
LA VISITATION
Vitrail du 16ᵉ Siècle

Les églises s'enrichirent, au seizième siècle, d'un nombre considérable de verrières. A Paris, Saint-Germain l'Auxerrois, Saint-Séverin et Saint-Étienne du Mont en possèdent encore de très-belles, qu'on attribue aux premiers maîtres. La chapelle du château de Vincennes en a qui sont entièrement dues à Jean Cousin. On en voit de fort belles à Rouen, dans les églises Saint-Patrice, Saint-Godard, Saint-Vincent, Saint-Maclou et Saint-Romain. Beauvais, qui était le centre d'une école de peinture sur verre, en a conservé plusieurs qui sont des chefs-d'œuvre. On en trouve encore dans les cathédrales de Bourges, de Metz, de Quimper, d'Auch, de Sens, de Reims et d'Auxerre, dans plusieurs des églises de Limoges et de Châlons-sur-Marne, et dans celle de Dol en Bretagne; la célèbre église de Brou, près de Bourg en Bresse, contient peut-être les plus parfaites verrières que le seizième siècle ait produites. Hors de France, nous pouvons signaler comme en possédant de très-belles : en Belgique, Sainte-Gudule de Bruxelles et Saint-Jacques de Liége; en Angleterre, les cathédrales de Lichfield, de Winchester, l'église de Fairford, et l'abbaye de Westminster; en Allemagne, Saint-Sebald de Nuremberg et Sainte-Catherine de Brunswick; en Italie, les églises d'Arezzo et de Cortone, et en Espagne les cathédrales de Burgos, de Séville, de Tolède, et l'église de Cuença.

Les peintres verriers furent très-nombreux. Il serait beaucoup trop long de donner ici les noms de tous, on les trouvera dans les ouvrages spéciaux que nous avons indiqués; nous ne nommerons que les plus célèbres. Angrand Leprince († 1530) fut l'un des chefs de l'école de Beauvais, où il était né. Jean et Nicolas le Pot, de la même ville, y firent de beaux ouvrages. Maître Claude, appelé à Rome sous Jules II, travailla aux vitres du Vatican. Guillaume de Marcillat, qui lui succéda, peignit à Rome et à Cortone un assez grand nombre de vitraux; mais ceux qui lui donnèrent une grande réputation furent exécutés à Arezzo, où il s'était retiré, et où il mourut en 1537. Vasari a fait un grand éloge de Guillaume, dont il avait suivi les leçons (1). Il le nomme Guglielmo da Marcilla. Plusieurs auteurs qui ont écrit sur la peinture sur verre ont cru que Vasari, par cette dénomination, avait indiqué Marseille comme la patrie de Guillaume; mais les recherches faites dans les archives d'Arezzo ont établi qu'il était né dans le diocèse de Verdun, et que Marcillat était le nom patronymique de Guillaume, qui signait « lo Gugielmo de Piero de Marcillat » (2). Jean Cousin, habile géomètre, peintre, sculpteur et architecte, s'adonna à la peinture sur verre et fournit les cartons d'un grand nombre de vitraux. Ses principaux ouvrages furent exécutés dans les églises Saint-Gervais et Saint-Étienne du Mont, de Paris, dans la chapelle du château de Vincennes, à Anet et à Moret; il vivait encore en 1584. Robert Pinaigrier rivalisa avec Jean Cousin. Il exécuta, de 1527 à 1530, les vitraux de Saint-Hilaire de Chartres, et en peignit de très-beaux pour le charnier de Saint-Étienne du Mont. Il eut un fils, Nicolas, et des petits-fils, Robert, Jean et Louis, qui furent aussi d'habiles peintres verriers. Bernard Palissy, si connu par ses poteries de terre émaillée (3), s'exerça à la peinture sur verre. Ses meilleurs travaux connus sont les vitraux de moyenne grandeur qu'il fit pour la salle d'armes du château d'Écouen; il y a peint en grisaille l'histoire de Psyché, d'après Raphaël.

---

(1) Vasari, *Vita di Guglielmo da Marcilla*, édit. Lemonnier, t. VIII, p. 96.
(2) Dott. Gaye, *Carteggio d'artisti*, t. II, p. 449.
(3) Voyez notre notice sur Palissy, t. III.

Ces charmants vitraux, enlevés d'Écouen après la révolution de 1792, avaient été recueillis au Musée des monuments français. Ils sont aujourd'hui la propriété de M. le duc d'Aumale.

Parmi les peintres verriers étrangers nous citerons : en Belgique, Bernard van Orley et Michel van Coxie ; en Allemagne, Albert Dürer, auquel on attribue les verrières du bas côté nord de la nef de la cathédrale de Cologne, et Hirschvogel, auteur du vitrail des Margraves, à Saint-Sebald de Nuremberg ; en Hollande, les frères Crabeth ; en Italie, Pastorino, de Sienne. Tout jeune encore Pastorino fut conduit à Arezzo, auprès de Guillaume de Marcillat, dont il devint élève. Après la mort de cet artiste, Pastorino revint dans sa ville natale, et fit pour le Dôme un assez grand nombre de verrières ; appelé à Rome par Paul III, en 1545, il y peignit les vitres de la salle des Rois, au Vatican ; de retour à Sienne, il y fit la grande fenêtre de la façade du Dôme, où il représenta Jésus-Christ faisant la cène avec ses apôtres. Cette verrière, qui subsiste encore, donne une grande idée du talent de Pastorino. Il mourut à Florence en 1592 (1). Pastorino fut le dernier peintre verrier en Italie, et l'on peut dire qu'après lui la peinture sur verre cessa d'y être pratiquée.

## V

*Vitraux héraldiques de la Suisse allemande.*

Dès la fin du quatorzième siècle, les vitraux peints avaient été employés, comme nous l'avons dit, à la décoration des édifices privés ; ce fut surtout en Allemagne et en Suisse que ce goût se propagea. Nuremberg, Ulm, Fribourg en Brisgau, possédaient, à la fin du quinzième siècle et au commencement du seizième, des maîtres verriers du premier mérite (2). De ces écoles sortirent des peintres verriers qui s'établirent dans la Suisse allemande. Ces artistes surent conserver jusqu'au commencement du dix-huitième siècle le style des grands vitraux du quinzième, en réunissant au charme produit par l'éclat des vives couleurs des verres teints dans la masse et des verres doublés, toute la finesse qu'on peut obtenir dans les carnations et dans les petits sujets, par l'application de couleurs vitrifiables sur du verre incolore. Ces charmants vitraux furent employés, surtout en Allemagne et en Suisse, dans les fenêtres des châteaux, des hôtels de ville, des riches abbayes, et même souvent dans celles des maisons bourgeoises, reproduisant chez les nobles les armes de la famille encadrées dans des décorations architecturales ; dans les maisons communes, les armoiries de la ville ou du canton, soutenues par des porteurs de bannières revêtus des costumes et des armures du temps ; dans les abbayes, la figure en pied du fondateur de l'ordre. Les bourgeois, les artisans y faisaient placer dans un écu les insignes de leur profession. Souvent enfin, nobles, bourgeois et artisans s'y faisaient représenter avec leurs femmes et leurs enfants.

Indépendamment du mérite de l'exécution, ces vitraux présentent donc un très-grand intérêt, puisqu'ils font connaître des usages, des costumes, des armes d'un temps déjà bien loin de nous, et qu'ils donnent les portraits de personnages qui, sans avoir un nom

---

(1) Dott. G. MILANESI, *Siena e il suo territorio*, p. 200.
(2) KUGLER, *Handbuch der Kunstgeschichte*, p. 766.

historique, ont cependant occupé un rang distingué dans les cités qu'ils habitaient. On nomme, parmi les plus habiles maîtres verriers en ce genre de travail, les frères Stimmer et Christoph Maurer, qui florissaient dans le troisième quart du seizième siècle (1).

Les vitraux héraldiques de la Suisse allemande sont assez communs; on en rencontre dans tous les musées et dans un grand nombre de collections particulières. Comme exemple de ces vitraux nous donnons, dans la vignette en tête de ce chapitre, la reproduction d'un vitrail appartenant au Musée du Louvre (2); il provient de la collection Sauvageot.

## VI

*Restauration de la peinture sur verre.*

Les fourneaux des peintres verriers s'étaient à peu près tous éteints vers le milieu du dix-septième siècle; mais au commencement de notre siècle, la peinture sur verre en couleurs vitrifiables devint un objet d'étude de la part de savants chimistes. Brongniart et Dihl produisirent des séries très-importantes de couleurs fusibles. A peine Brongniart fut-il nommé directeur de la manufacture de Sèvres, qu'il présenta à l'Académie des sciences un tableau peint sur verre. Dihl et Mortelèque exposèrent bientôt après, à Paris, des glaces de plus d'un mètre et demi de hauteur, peintes sans le secours des verres teintés ni des plombs. La route était ouverte. On créa une école de peinture sur glaces à la manufacture de Sèvres, école qui produisit des peintures recommandables sous le rapport du dessin, mais qui ne pouvaient atteindre le but que doit se proposer la peinture sur verre. On voulait en commencer la restauration en suivant un mode d'exécution qui précisément en avait amené la décadence au seizième siècle et l'anéantissement au siècle suivant. Cet art, pour réussir, ne devait être envisagé que comme un des plus puissants éléments de la décoration monumentale, et non comme un art d'imitation propre à faire valoir le talent d'un peintre. Aussi, lorsqu'on se fut mis à restaurer nos anciennes basiliques, et lors surtout que le style d'architecture du moyen âge eut repris toute la faveur qu'il méritait, on comprit que ces glaces peintes comme un tableau sur toile, ne pouvaient entrer d'une manière convenable dans la clôture des fenêtres des édifices religieux; que la magnificence du dessin de nos plus grands artistes n'arrivait pas à compenser l'absence des riches et puissantes couleurs des anciennes verrières, et que le style des figures et la connaissance des rapports résultant du contact et du choix des couleurs étaient les véritables éléments du succès. Tout en conservant dans les peintures sur verre la correction du dessin des nouvelles écoles, il fallait en revenir aux vitraux du moyen âge; il fallait surtout que le peintre, imbu de connaissances archéologiques, en vînt à s'identifier dans la composition des vitraux pour les églises avec les sentiments religieux de cette époque. Ce ne fut pas de prime abord qu'on put en arriver là, et les archéologues eurent à soutenir des luttes fort vives pendant plusieurs années. Les écrits de MM. Bontemps, Lassus, Didron, de Lasteyrie, contribuèrent surtout à mettre la peinture sur verre dans la bonne voie. Aux développements des bons

---

(1) Kugler, *Handbuch der Kunstgeschichte*, p. 795.
(2) N° 213 de la *Notice de la verrerie et des vitraux*, par M. Sauzay, 1867.

principes qu'il s'efforçait de faire valoir dans ses écrits, M. Bontemps joignait la pratique. Prétendait-on qu'on ne pouvait se procurer en France les verres rouges, aussitôt cet habile chimiste produisait dans la verrerie de Choisy, dont il était le directeur, « des verres rouges » de bonne qualité colorés sur une de leurs faces, imitant parfaitement les plus beaux » verres rouges des anciens vitraux peints (1). » Il fit mieux encore, et ouvrit dans son établissement de Choisy des ateliers de peinture sur verre, d'où sont sortis plusieurs de nos meilleurs peintres verriers. MM. Lassus et Didron, voulant fournir un exemple à l'appui des préceptes, firent exécuter en 1839, par Henri Gérente, pour Saint-Germain l'Auxerrois, une verrière à peu près calquée sur les vitraux de la sainte Chapelle. Bientôt plusieurs peintres verriers, imbus des bons principes, surgirent à la fois. MM. Maréchal à Metz, Henri Gérente à Paris, Lusson au Mans, furent des premiers, et se firent une belle réputation. Mieux que personne, le savant M. Didron pouvait diriger un atelier de peinture sur verre. Il en ouvrit un qui a déjà produit des verrières remarquables, tant par la composition des sujets que par l'exécution, et qui est le résumé de tous les progrès accomplis par la science moderne. La peinture sur verre est revenue complétement en honneur ; un très-grand nombre de peintres verriers de beaucoup de talent produisent aujourd'hui en France de très-beaux vitraux : il serait impossible de les nommer tous ici. En Angleterre, en Belgique, en Allemagne, cet art jouit de la même faveur qu'en France ; nos voisins possèdent d'excellents ateliers et des artistes de talent. L'avenir de la peinture sur verre est donc des plus beaux, pourvu, bien entendu, qu'elle reste dans sa véritable voie et remplisse toutes les conditions qui doivent l'y maintenir. Pour s'en convaincre, et pour éviter les écueils qui les attendent, les peintres verriers doivent lire les judicieux conseils de M. de Lasteyrie (2). Le discernement et le choix des procédés anciens et des procédés nouveaux, la connaissance du style et du dessin voulus, la surveillance de la fabrication, le soin de la mise en plomb, en un mot le sentiment de l'unité de l'œuvre et de la variété des détails, sont les règles et les lois rigoureuses du succès.

(1) *Rapport de M. d'Arcet à la Société d'encouragement*, Bulletin d'août 1826.
(2) *Quelques mots sur la théorie de la peinture sur verre.* Paris, 1852.

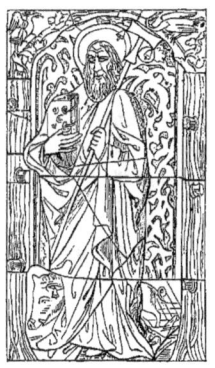

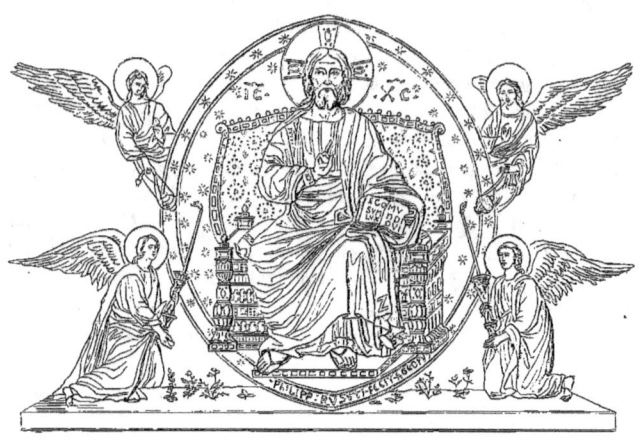

# MOSAÏQUE

## § I

PRÉLIMINAIRES.

### I

*L'art de la mosaïque dans l'antiquité.*

On entend par mosaïque une sorte de peinture produite par l'assemblage de petits morceaux de matières dures ou endurcies, colorées naturellement ou artificiellement, qui sont fixés sur une surface à l'aide d'un ciment. Les pierres dures, les marbres et les pâtes de verre sont les matières le plus ordinairement employées dans ce genre de travail.

L'invention de la mosaïque remonte à une très-haute antiquité. Les Égyptiens en faisaient usage. Elle était également en pratique dans l'ancien empire des Perses. La Bible, dans le livre d'Esther (1), constate que le palais d'Assuérus était enrichi d'un pavé de porphyre et de marbre blanc, qui était embelli de plusieurs figures avec une admirable variété. On croit que l'art de la mosaïque a été importé de la Perse en Assyrie, et de là

---

(1) Chap. I, verset 6.

dans les villes de l'Asie Mineure et en Grèce. Pline a cité Sosus comme le plus habile des artistes grecs dans l'exécution des mosaïques, *lithostrota*. « Il fit, dit-il, à Pergame l'Asa-
» rotos œcos (maison non balayée) : on la nomme ainsi parce qu'il y avait représenté en
» petits cubes teints de différentes couleurs les débris du repas qu'on a coutume d'enlever
» avec le balai et qui semblent y avoir été laissés. On y voit une colombe qui boit et l'ombre
» portée de sa tête sur l'eau. D'autres s'épluchent au soleil, sur le bord d'un canthare (1). »
Les mots dont se sert Pline, « *parvis tessellis tinctisque in varios colores* », doivent faire supposer que la mosaïque de Sosus était composée non pas de pierres naturelles, mais de cubes de verre teints de différentes couleurs. C'est en effet aux Grecs que l'on a attribué l'invention des cubes de verre teintés dans la masse, qui remplacèrent avec avantage les pierres colorées par la nature.

Les mosaïques commencèrent à être en usage à Rome dès le temps de Sylla. Après avoir vaincu Marius le jeune, il fit faire de cette façon le pavé du temple de la Fortune à Préneste. Jusqu'à cette époque, la mosaïque n'avait été employée que pour la décoration des pavés dans les temples et dans les riches habitations ; mais dans les derniers temps de la république, les mosaïques s'étendirent du sol sur les murs. Marcus Æmilius Scaurus, beau-fils de Sylla, paraît être le premier qui ait fait exécuter, à Rome, des mosaïques de verre dans le fameux théâtre dont Pline a donné la description (2). Le goût de la mosaïque ne fit que s'accroître sous les empereurs. Les musées, surtout en Italie, possèdent de très-belles mosaïques qui appartiennent aux deux premiers siècles de notre ère. Pompéi en a fourni un grand nombre au musée de Naples, et plusieurs pièces intéressantes ont été laissées en place dans cette ville rendue à la lumière.

Les pavés formant une sorte de marqueterie de marbre recevaient, chez les Grecs de l'antiquité, le nom de *lithostrotos* (λιθόστρωτος), qui fut adopté par les Romains ; les mosaïques proprement dites, le nom de *mouseion* (μουσεῖον). Les Byzantins les désignaient sous celui de *pséphis* (ψηφίς). Le nom qui prévalut dans la langue latine fut celui d'*opus musivum*.

Les Romains connaissaient trois sortes de mosaïques : l'*opus tessellatum*, qui était le plus ancien, l'*opus vermiculatum* et l'*opus sectile*. L'*opus tessellatum* était composé de petits morceaux de pierres dures ou de marbres taillés sous des formes géométriques régulières et qui étaient assemblés de manière à former des compartiments à dispositions gracieuses. L'*opus vermiculatum* recevait ce nom à cause de la petitesse des fragments de marbre ou de pâtes de verre dont on le composait, de la variété de leurs nuances, et surtout de leurs figures, qui étaient disposées de manière à épouser tous les contours des sujets qu'ils devaient rendre. L'emploi le plus important de ce genre de mosaïque consistait à reproduire des compositions souvent très-compliquées et formant de véritables tableaux. Nos planches LVII, LVIII, et LIX, fig. 1, en offrent des exemples. L'*opus sectile* était formé de plaques de marbre sciées en feuilles minces que l'on taillait suivant le dessin que l'on voulait exécuter, et que souvent on incrustait dans un marbre d'une couleur différente, de manière à former, ou des compartiments de formes régulières, ou des représentations d'hommes, d'animaux, d'ornements ou de feuillages. Cette espèce de marqueterie

---

(1) Plinius, *Naturalis Historia*, lib. XXXVI, cap. lx.
(2) Idem, *ibid.* cap. xxiv et lxiv.

de marbre s'employait pour les pavés et pour le revêtement des murs. Notre planche LIX, fig. 2, 3 et 4, en fournit des exemples empruntés à Sainte-Sophie de Constantinople. Nous nous occuperons séparément de l'*opus sectile*, qui diffère de la mosaïque proprement dite (*opus tessellatum* et *opus vermiculatum*), composée de petits fragments de pierres dures ou de pâtes de verre.

II

*Technique de la mosaïque.*

Disons quelques mots de la technique de la mosaïque. Que le peintre mosaïste travaille comme inventeur ou comme copiste, il doit avant tout exécuter ou faire exécuter un carton colorié de la grandeur de l'ouvrage qu'il se propose de faire. Ce carton de l'ensemble lui servira à préparer à l'avance les différents morceaux de pierre ou de verre colorés qui lui seront nécessaires pour rendre avec fidélité le modèle qu'il doit copier. Comme il ne faut pas que le mosaïste hésite à tracer le trait de ses figures sur le mortier frais dont nous allons parler, il est obligé d'avoir également des dessins au net des différentes parties du tableau, pour les décalquer partiellement sur ce mortier. Le mosaïste fait alors le choix des petits cubes de pierre ou de pâte de verre qui lui sont nécessaires pour rendre la composition qu'il veut reproduire. Il les taillera ensuite, à l'aide du ciseau, de la scie, du touret et de la roue, de façon qu'ils rendent les contours du dessin.

Tout étant ainsi disposé pour l'exécution de la mosaïque, l'artiste couvrira la pierre qui doit servir de fond d'une sorte de mortier composé de chaux et de poudre de pierres dures délayées dans une eau gommée avec de la gomme adragant. Il ne couvre ainsi que l'espace qu'il pourra remplir avant que le mortier ait séché. Le mosaïste décalque alors sur cet enduit la partie du dessin qu'il se propose d'exécuter; puis, en consultant le carton colorié, il choisit les différents morceaux de pierre ou de verre nécessaires pour reproduire le dessin qu'il a devant lui et il les enfonce dans le mortier de façon qu'il n'y ait pas de vide entre eux, qu'ils soient posés à la même hauteur et qu'ils présentent une surface plane. A cet effet, et quand il a couvert un petit espace, il égalise l'ouvrage au moyen d'une forte règle qu'il passe dessus. Si le mortier déborde entre le joint des pierres, il l'enlève avec une ratissoire. Lorsque le tableau mosaïque doit être placé à une assez grande élévation, loin de l'œil du spectateur, on se contente de frotter l'ouvrage avec un morceau de bois tendre et du sable fin délayé dans de l'eau, afin d'enlever tout ce qui pourrait rester du mortier et de le nettoyer complétement. Si le tableau doit être vu de près, ou s'il s'agit d'un pavé, on polit l'ouvrage lorsque le mortier est complétement sec et qu'il a acquis une grande solidité. Le polissage a lieu avec des pierres de grès plates et du grain le plus fin, que l'on fait passer d'un mouvement égal et doux sur la surface de la mosaïque, qu'elles unissent et polissent en rongeant les parties qui excèdent. Quand le grès court également partout, ce qui se sent au tact, on lave le tableau avec une éponge.

L'emploi des cubes de verre coloré apporta un grand secours aux mosaïstes en leur fournissant des nuances de couleurs d'une variété infinie. Ce fut aux Grecs que l'on en dut

l'invention dans l'antiquité. Au moyen âge, ils conservèrent la suprematie dans l'exécution de ce produit céramique, et ils inventèrent les cubes de verre doré et argenté, qui donnèrent aux mosaïques un éclat merveilleux. Le moine Théophile leur attribue, pour ainsi dire, le monopole de la fabrication de ces cubes de verre au moyen âge. « Les Grecs, dit-il,
» font, de la même manière que le verre à vitres, des feuilles de verre blanc translucide, de
» l'épaisseur d'un doigt. Ils les coupent avec un fer chaud en petits morceaux carrés, les
» couvrent d'un côté d'une feuille d'or qu'ils enduisent d'une couche de verre translucide
» broyé comme il est dit plus haut (broyé avec de l'eau sur une pierre de porphyre) ; ils les
» réunissent sur une plaque de fer couverte de chaux ou de cendres et les cuisent dans le
» fourneau du verre à vitres (1). »

Les verres dorés devinrent très-communs au moyen âge et formèrent le fond de la plupart des mosaïques, surtout dans l'empire d'Orient. Les Grecs firent aussi des cubes de verre revêtus d'argent qui produisaient un très-bel effet dans les bordures d'ornement, ainsi qu'on peut le voir sur notre planche LVIII, qui reproduit l'une des mosaïques de Sainte-Sophie. Ils s'en servirent aussi dans les lumières des vêtements, comme dans la robe du Christ et dans celle de l'archange qui y sont représentés. Ces cubes de verre argentés ont été très-rarement employés en Occident.

Une fois que le mortier dans lequel les morceaux de pierre ou de verre ont été encastrés est devenu complétement sec, il fait corps avec la pierre sur laquelle on l'a étendu, en sorte que la peinture doit durer autant que le mur sur lequel elle est faite. La dureté et l'inflexibilité des matières colorées que la mosaïque emploie ont donc garanti une longue durée à ses productions, dont les teintes ne peuvent subir d'altération sous l'influence du temps, du soleil ou de l'humidité. La facilité avec laquelle on nettoie et l'on repolit les tableaux mosaïques permet d'en faire reparaître l'éclat primitif sans altérer en rien les couleurs ni le dessin. Par ces qualités, la mosaïque a atteint un caractère éminemment historique, puisqu'elle transmet avec fidélité les types et les origines, et ses œuvres sont devenues, dans les temples chrétiens où elles ont été conservées, une véritable tradition figurée pour les rites et pour les costumes. Elles servent aussi, de même que les miniatures des manuscrits et les vitraux, à faire connaître l'état et la marche de la peinture durant le moyen âge.

§ II

MOSAÏQUES EXÉCUTÉES SOUS L'INFLUENCE DE L'ART ROMAIN.

I

*Au quatrième siècle en Italie.*

La mosaïque avait été en grand honneur sous les empereurs romains durant les trois premiers siècles de l'ère chrétienne, ainsi que le démontrent les belles pièces tirées des ruines des édifices antiques (2). Les premiers chrétiens, durant le temps de la persécution,

(1) *Diversarum artium Schedula*, lib. II, cap. xv, édit. de M. DE L'ESCALOPIER, p. 94.
(2) FURIETTI, *De musivis*, cap. IV, p. 48.

s'étaient eux-mêmes servis des revêtements en mosaïque pour la décoration des monuments religieux et funéraires qu'ils élevèrent dans les Catacombes, où l'on rencontre de nombreux vestiges d'ouvrages de cette nature. Le cimetière de Saint-Calixte renferme un arcosolium (1) qui était décoré d'une mosaïque où l'on voyait le Sauveur entre saint Pierre et saint Paul. Le R. P. Marchi a découvert au cimetière Saint-Hermès, dans la crypte des saints Protus et Hyacinthe, une mosaïque qui servait de décoration à un autre arcosolium. On y distingue encore la résurrection de Lazare, Daniel dans la fosse aux lions, et un personnage dans lequel le savant archéologue a cru reconnaître le paralytique emportant son grabat (2).

Lorsque Constantin, après avoir embrassé la religion chrétienne et vaincu Maxence, eut fait son entrée à Rome, il se montra plein de zèle pour la majesté du culte divin. Il employa des sommes considérables à relever, à Rome et dans les provinces, les anciennes églises que la persécution avait détruites en partie, et à en construire de nouvelles. Plus tard il prescrivit aussi l'édification de nouvelles églises en Orient, particulièrement à Jérusalem, et il en éleva de magnifiques à Constantinople lorsqu'il eut fait de cette ville la nouvelle capitale de l'empire. Toutes ces églises s'enrichirent de mosaïques (3), et pour encourager les artistes qui se livraient à ce genre de travail, il les exempta par une loi des charges personnelles qui pesaient sur les citoyens (4). Les papes successeurs de saint Sylvestre, qui seconda si bien Constantin dans ses pieuses constructions, employèrent le même genre de décoration dans les églises qu'ils firent édifier. Les évêques suivirent leur exemple. Ursus, archevêque de Ravenne (378 † 398), ayant construit une église, en fit décorer l'abside d'un tableau en mosaïque.

Les mosaïques du quatrième siècle qui subsistent encore sont en bien petit nombre. Les plus anciennes appartiennent à une catacombe découverte en 1838 et qui porte le nom de sainte Hélène, parce qu'elle en a été, croit-on, la fondatrice. Plusieurs des chambres de ce cimetière sont pavées de mosaïques exécutées dans le goût de l'antiquité. Elles sont remarquables par leur beau style, la variété et l'élégance de leurs compartiments et de leurs entrelacs. Au centre de l'un de ces pavés est une charmante colombe tenant un rameau vert entre ses pattes. M. Louis Perret en a donné d'excellents dessins coloriés (5).

Constantin avait enrichi de mosaïques plusieurs églises de Rome, et notamment la basilique de Saint-Pierre au Vatican; mais les seules qui subsistent aujourd'hui sont celles qui décorent les voûtes de la galerie circulaire de la petite église Sainte-Constance, située hors des murs de Rome, à un kilomètre et demi de la porte Pie, à quelques pas de Sainte-Agnès. Les savants du seizième siècle, qui voyaient de l'antique partout, avaient prétendu que cet édifice était un ancien temple de Bacchus consacré par Constantin au culte chrétien, et Ciampini avait suivi cette opinion (6). Mais son origine ne saurait être douteuse; le *Liber pontificalis* s'explique à ce sujet d'une manière catégorique : « L'empereur Constantin fit à la

---

(1) Sarcophage surmonté d'un arc.
(2) *Monum. delle art. crist.*, tab. XLVII.
(3) Eusebius, *Vita Constantini*, lib. II, cap. XLVI, et lib. IV, cap. LVIII.
(4) In leg. 2, C. Theodos., *De excus. artif.* (*Notitia dignit. imper. Rom.*, et in eam Panciroli *Comm.*, Lugd., 1608, p. 197).
(5) *Catacombes de Rome*. Paris, 1851, t. II, pl. LXIV et LXV.
(6) *De sacris ædificiis a Constantino Magno constructis.* Romæ, 1693, p. 132.

» même époque (que la basilique de saint Paul) la basilique de sainte Agnès, martyre, à la
» demande de Constantine, sa fille, et un baptistère dans le même lieu où fut baptisée par
» l'évêque Sylvestre sa sœur Constance Auguste (1). » M. Vitet, dans une savante dissertation
sur les mosaïques de Rome, a discuté l'opinion des savants du seizième siècle et de Ciampini,
et a établi péremptoirement que l'église Sainte-Constance n'était autre que le baptistère
bâti par Constantin (2). Cet édifice est de forme ronde et d'un diamètre de vingt et un
mètres environ. L'intérieur comprend une salle ronde, dont le contour est déterminé par
vingt-quatre colonnes disposées deux à deux, l'une en arrière de l'autre, et une galerie circulaire voûtée qui contourne la salle ronde en arrière des colonnes. Quatre petites absides
sont ouvertes sur la galerie dans le mur de la rotonde. Les colonnes portent douze arcades,
sur lesquelles s'appuie une coupole. Douze travées correspondant aux douze colonnes
géminées coupent la voûte de la galerie circulaire à intervalles égaux. Elles sont enrichies de
mosaïques, dont le dessin varie à chaque travée. On y voit des scènes de vendange, puis des
figures d'hommes et d'animaux mêlées à des croix à branches égales qui sont encadrées une
à une dans des enroulements d'un joli dessin. Ciampini a donné la figure de l'ornementation
de l'une des travées (3). A la fin du dix-septième siècle, à l'époque où écrivait le savant
Italien, une partie de ces mosaïques tombées de vétusté avaient été remplacées par des peintures, mais l'édifice a été restauré par Grégoire XVI, et les mosaïques détériorées ont été
refaites dans le style de celles qui subsistaient encore. Les sujets de vendange qui y sont reproduits avaient porté Ciampini à soutenir que l'édifice devait être un temple de Bacchus ; mais
la vigne et la vendange avaient un sens symbolique pour les premiers chrétiens ; les pampres,
les raisins et le culte de la vigne se rencontrent fréquemment dans les Catacombes accompagnant des sujets chrétiens. Ainsi, dans la catacombe de Saint-Calixte, une peinture reproduit
le Christ jeune assis sur un siége élevé et entouré d'enfants tenant des pampres chargés de
raisins, et l'on voit à la voûte d'une chambre de la catacombe de la voie Latine le bon Pasteur au centre, et autour de lui, dans quatre compartiments, des enfants tenant des pampres et des raisins (4).

Les mosaïques de la voûte de la galerie circulaire de Sainte-Constance sont donc chrétiennes, mais il faut reconnaître qu'elles sont empreintes du style de l'antiquité. Ce sont
des peintures purement décoratives d'un effet agréable et harmonieux, mais bien inférieures
aux œuvres d'art purement antiques du deuxième et du troisième siècle (5) ; elles appartiennent bien au quatrième siècle, à l'époque où la décadence de l'art romain se faisait
sentir. Les voûtes en cul-de-four de deux des petites absides, ouvertes dans les parois du
mur circulaire, sont décorées de mosaïques qui datent d'une autre époque. Nous nous en
occuperons plus loin.

C'est ici le moment de parler de la belle mosaïque qui décore l'abside de Sainte-Pudentienne, dont notre planche LVII donne la reproduction, bien que, dans notre opinion, cette
magnifique peinture n'appartienne pas entièrement au quatrième siècle. Malgré sa beauté,

(1) *Liber pontificalis*, in S. Silvestr., edit. Vignol. Romæ, 1724, t. I, p. 97.
(2) *Journal des savants*, décembre 1862, p. 717.
(3) *De sacris ædific.*, p. 130, pl. XXX.
(4) Bottari, *Sculture e pitture sacre*, Romæ, 1737, pl. LXXIV et XCIII.
(5) M. Vitet, *Dissertation sur les mosaïques chrétiennes* (*Journal des savants*, 1862, p. 723).

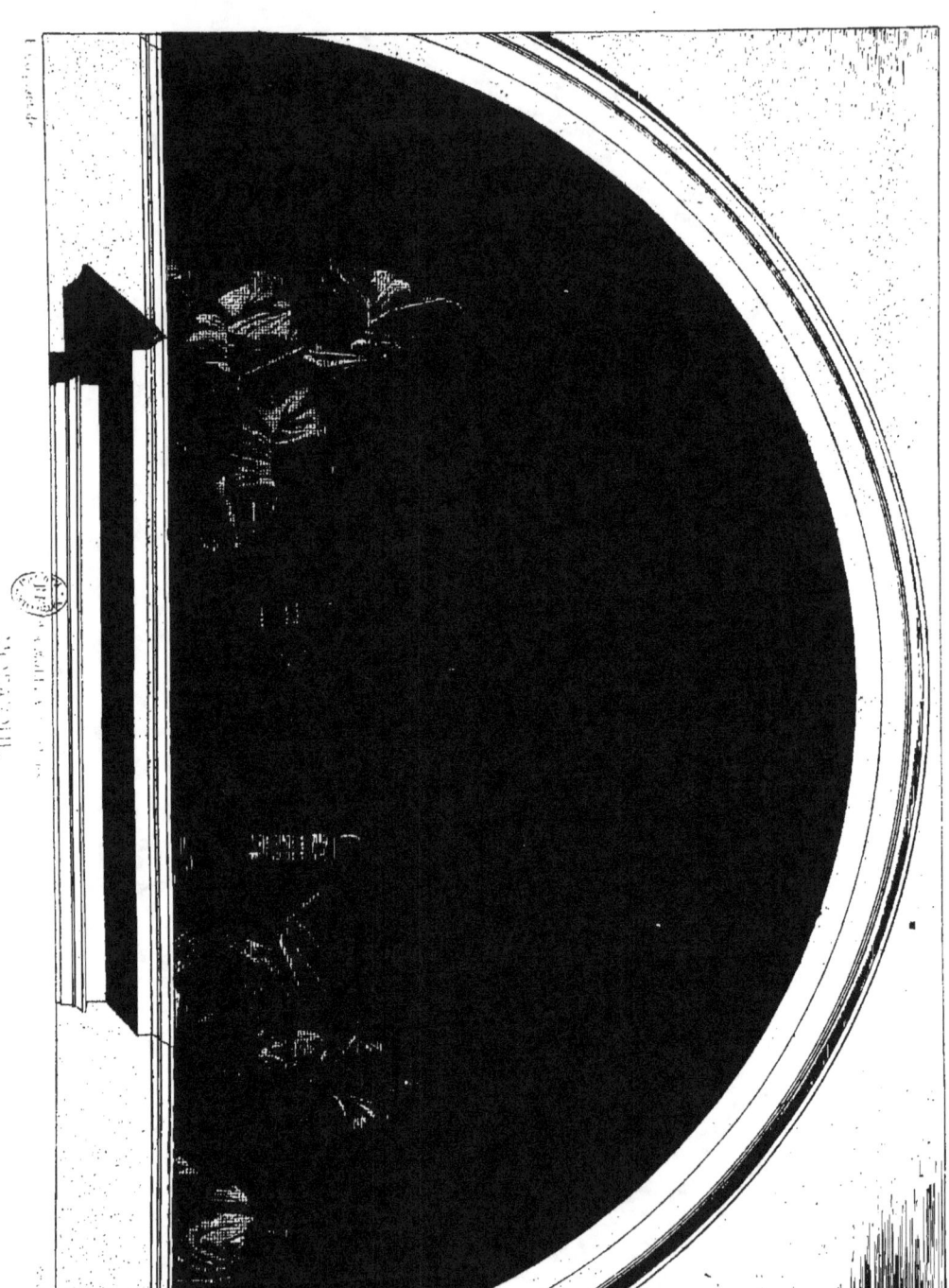

elle était presque ignorée. Nibby, dans les différentes éditions de son *Itinéraire de Rome*, jusqu'à celle de 1853, n'en dit pas un mot, et les *Guides* étant muets, les touristes et même les amateurs et artistes ne visitaient pas Sainte-Pudentienne. M. Barbet de Jouy a le premier révélé l'importance de sa mosaïque absidale (1) en la signalant comme la plus remarquable de toutes celles qui existent à Rome. Il l'a classée parmi les monuments du huitième siècle et la regarde comme ayant été exécutée sous le pontificat d'Adrien I$^{er}$. M. Vitet, au contraire, qui a donné dans le *Journal des savants* (2) une excellente dissertation sur les mosaïques chrétiennes, veut qu'elle appartienne au quatrième siècle. Notre planche et le texte explicatif que l'on trouvera à la fin de ce volume nous dispensent d'en faire ici la description ; mais pour en apprécier l'âge et l'origine, il est nécessaire de résumer ce que l'on sait de la construction de l'église et des diverses transformations et reconstructions qui l'ont modifiée. Le *Liber pontificalis* rapporte qu'un sénateur nommé Pudens aurait logé saint Pierre dans la maison qu'il possédait à Rome entre le Viminal et l'Esquilin, près de l'endroit où s'élève aujourd'hui la basilique de Sainte-Marie Majeure. Ce sénateur avait deux filles, Praxède et Pudentienne, et deux fils, Novatus et Timothée, qui, comme leur père, se convertirent au christianisme. Pudentienne étant morte la première en odeur de sainteté, la maison de Pudens fut consacrée à Dieu par le pape Pie I$^{er}$ (142 † 157) sous le vocable de sainte Pudentienne (3). Le *Liber pontificalis* constate encore que, sous Adrien I$^{er}$ (772 † 795), l'église étant tombée en ruine, le saint pontife la fit réparer : « *In ruinis po-» sitam noviter reparavit* (4). » Les recherches archéologiques en ont appris davantage. Déjà Onuphre Panvinio avait établi qu'après le triomphe du christianisme, l'église avait été agrandie, que plusieurs chapelles y avaient été ajoutées et qu'elle avait été ornée d'un ambon de marbre par le pape Simplice († 483) ; que, de plus, cette inscription : SALVO SIRICO EPISCOPO ECCLESIÆ SANCTÆ, gravée sur l'autel de marbre de l'église, constatait qu'elle avait été élevée sous le pontificat de saint Sirice (384 † 398) (5). Les recherches de M. de Rossi ont été plus loin. Les inscriptions par lui retrouvées dans l'église lui ont appris que les travaux exécutés du temps de saint Sirice par un nommé Maximus avaient duré huit années, et qu'on lisait cette inscription : MAXIMUS FECIT CUM SUIS, au bas d'une peinture en mosaïque qui n'avait été détruite qu'à l'époque de la reconstruction par le cardinal Gaetani, en 1598. Enfin, une inscription mortuaire, gravée sur une pierre tombale, constate qu'en 384 l'église Sainte-Pudentienne possédait des lecteurs, ce qui supposait un clergé complet, le clergé d'une grande église (6). Il résulte donc des documents recueillis que la petite église édifiée vers le milieu du deuxième siècle sur l'emplacement de la maison du sénateur Pudens a été reconstruite sous saint Sirice à la fin du quatrième, et que le pape Simplice y a ajouté quelques chapelles un siècle environ plus tard. Cet édifice tombant en ruine, Andrien I$^{er}$ l'a réparé, mais non pas reconstruit ; enfin le cardinal Gaetani, en 1598, l'a fait en grande partie rebâtir, et il se trouve aujourd'hui dans l'état où ce prélat l'a laissé. Il est constant

---

(1) *Les Mosaïques chrétiennes des basiliques et des églises de Rome*.
(2) Décembre 1862 ; janvier, juin et août 1863.
(3) *Liber pontificalis*, t. I, p. 30.
(4) *Ibid.*, t. II, p. 221.
(5) ONUPHRII PANVINII *De præcip. urbis Romæ basilicis*. Romæ, 1570, p. 266.
(6) *Journal des savants*, 1863, p. 33.

que l'abside n'appartient pas au seizième siècle : elle faisait partie de l'ancien édifice, et le cardinal Gaetani l'a respectée. On ne peut savoir en quoi a consisté la restauration entreprise par le pape Adrien; mais du moment qu'il se contentait de réparer l'église, on peut être certain qu'il a dû en agir comme le cardinal et se borner à restaurer l'abside, qui, dans toutes les anciennes églises, en est toujours la partie la plus solide. Il faut donc en reporter l'édification à l'époque de la construction faite par saint Sirice à la fin du quatrième siècle. Tel a été l'avis de MM. Rossi et Vitet, et nous ne pouvons que le partager. Mais M. Vitet en a tiré cette conséquence que la mosaïque qui enrichit la demi-coupole de l'abside appartient à cette époque. Nous ne pouvons sur ce point admettre entièrement son opinion.

Il est certain que la mosaïque de Sainte-Pudentienne est la meilleure de toutes celles que le moyen âge a produites à Rome. « On a là, comme le dit avec tant d'autorité » M. Vitet, un véritable tableau où toutes les conditions du style pittoresque sont fidèle- » ment conservées : disposition savante et animée des personnages, distribution par » groupes à des plans divers, draperies franchement accusées, nobles plis, amples étoffes, » attitudes variées, accent individuel; tous les traits essentiels de l'art antique se trouvent » là encore vivants; vous ne sentez la décadence qu'à certaines faiblesses d'exécution et » de détail, et, par compensation, vous découvrez dans ces figures des trésors tout nou- » veaux d'austères et chastes expressions, et une grandeur morale dont les œuvres de » l'antiquité, même les plus belles, ne sont jamais qu'imparfaitement pourvues (1). » Tout cela est fort juste et s'applique parfaitement au groupe des apôtres et aux deux figures de sainte Pudentienne et de sa sœur sainte Praxède, dont la tête est remarquablement belle. Le tableau, dans toutes ces parties, est profondément empreint des grandes traditions de l'antiquité. Mais en est-il de même de la figure du Christ? Non sans doute. Il est facile de voir, à la première inspection, que la mosaïque a subi de nombreuses retouches. La figure entière du Sauveur et la partie supérieure du tableau, où sont les symboles des évangélistes, ne peuvent appartenir au quatrième siècle. Jusque vers le milieu du cinquième, le Christ n'a jamais été représenté que sous la figure d'un jeune homme imberbe, revêtu de la toge romaine et souvent même d'une simple tunique. On le voit souvent au milieu de ses disciples, assis sur une chaise curule ou sur un siége de pierre élevé, mais d'une grande simplicité. Il tient ordinairement un volumen, et non pas un livre, sur lequel des mots sont écrits. C'est ainsi qu'il est représenté sur plusieurs peintures des Catacombes, dans les cimetières de Saint-Calixte, de Sainte-Agnès, de Sainte-Priscille (2), et sur plusieurs sarcophages du quatrième siècle, notamment sur celui de Junius Bassus, de 359, sur celui de Probus, de 395 (3), et sur un sarcophage du même temps, conservé à Sainte-Marie Majeure (4). Si le Sauveur, à cette époque, est représenté dans l'action de bénir, c'est avec la main complétement déployée, comme sur un sarcophage de Vérone (5). Le Christ, barbu, au visage sévère, de la mosaïque de Sainte-Pudentienne, revêtu

---

(1) *Journal des savants*, 1863, p. 28.
(2) BOTTARI, *Sculture e pitture sacre*, t. I, pl. LIV. — M. LOUIS PERRET, *Catacombes de Rome*, t. II, pl. XXIV ; t. III, pl. VII, XXXV et XLIII.
(3) IDEM, *ibid.*, pl. XV, XVI, XXI et XXIII.
(4) FONTANA, *Raccolta delle chiese di Roma*, pl. XLI.
(5) MAFFEI, *Verona illustr.*, part. III, p. 54. On voit le Christ bénissant même encore de cette manière dans la mo-

d'étoffes tissues d'or, assis sur un trône d'or gemmé, recouvert d'un coussin de pourpre, et bénissant à la manière grecque, appartient à un autre âge. On retrouve là le Christ exécuté en mosaïque, au sixième siècle, au-dessus de la porte du narthex de l'église Sainte-Sophie de Constantinople, qui a servi de modèle pendant plusieurs siècles à la plupart des représentations du Sauveur (1). Le trône de la mosaïque de Sainte-Pudentienne est même d'une forme beaucoup moins ancienne que celui sur lequel est assis Notre-Seigneur dans la mosaïque de Sainte-Sophie. Ces piliers lourds et massifs se voient dans les siéges reproduits sur les manuscrits grecs du neuvième et du dixième siècle.

Les symboles des évangélistes, qui occupent le haut du tableau à Sainte-Pudentienne, ne sauraient non plus appartenir au quatrième siècle Jusqu'à présent on avait admis que les plus anciennes reproductions des animaux d'Ézéchiel et de l'Apocalypse, appliqués aux évangélistes, ne dataient que du milieu du cinquième siècle. On regardait comme les premières celle que l'on voit dans la coupole du mausolée de Galla Placidia à Ravenne, et celle qui existe, à Rome, dans la voûte de l'oratoire de Saint-Jean-Baptiste annexé au baptistère de Saint-Jean de Latran de 462 (2). Ce n'est pas par ce motif cependant qu'il faudrait écarter comme n'appartenant pas au quatrième siècle les symboles des évangélistes de l'abside de Sainte-Pudentienne, puisqu'ils auraient pu être négligés et mis en oubli par les archéologues qui ont signalé les plus anciennes de ces représentations mystiques ; mais il est à remarquer que, dans les reproductions primitives, les artistes s'attachaient à reproduire l'aigle, le bœuf et le lion dans leurs formes naturelles, sauf l'addition des ailes pour les deux quadrupèdes. Nous pouvons ajouter plusieurs spécimens à ceux qui ont été déjà signalés comme les plus anciens : par exemple ceux qu'on voit à la voûte de l'oratoire de Saint-Satyre (3), dont nous parlerons plus loin ; ceux qui figurent au-dessus du trône dans le grand arc en avant de l'abside de Sainte-Marie Majeure, décoré par Sixte III (432 † 440) ; l'aigle qui subsiste encore dans le grand arc de l'abside de l'église SS. Cosme et Damien du sixième siècle (4) ; les trois animaux qui accompagnent, avec l'ange, le buste du Christ dans le grand arc de Saint-Apollinaire in Classe à Ravenne (5) ; et enfin les trois animaux de la belle couverture d'évangéliaire en ivoire de la cathédrale de Milan, dont notre planche V a donné un des côtés. On retrouve même les animaux symboliques sous leur forme naturelle dans l'arc de la tribune de l'oratoire de Saint-Venance à Rome, qui appartient cependant au second quart du septième siècle (6). Ce n'est que plus tard qu'ils prirent une forme fantastique, provenant, soit de l'incapacité des artistes à reproduire les belles formes de la nature, soit de la volonté de donner à ces symboles une forme hiératique plus en rapport avec leur origine surnaturelle. Les animaux symboliques de la mosaïque de Sainte-Pudentienne ne peuvent donc pas appartenir, plus que

---

saïque de l'église SS. Cosme et Damien, et dans celle de l'abside de Saint-Laurent hors des murs de Rome, qui sont du sixième siècle.

(1) Voyez-en la reproduction sur notre planche LVIII.
(2) Labus, *Fasti della Chiesa*, 1re édit., t. XII, p. 510. — Ciampini en a fourni la reproduction dans ses *Vetera monumenta*, t. I, p. 241.
(3) Forrario, *Monum. della basil. di S. Ambrogio in Milano*, 1824, p. 177, pl. XXV.
(4) Fontana, *Raccolta delle chiese di Roma*, pl. V.
(5) Ciampini, *Vetera monum.*, t. II, p. 80, pl. XXIV.
(6) *Ibid.*, t. I, pl. 106, pl. XXX.

le Christ, à l'œuvre du quatrième siècle. M. Vitet le reconnaît lui-même. « Ce sujet », dit-il en parlant de la mosaïque de l'église SS. Cosme et Damien du sixième siècle, « était » alors nouveau, car ni dans les Catacombes, ni même après l'émancipation, dans les » monuments publics décorés au quatrième siècle et au commencement du cinquième, » on ne voit aucune trace de cette imagination mystique (1). » Ainsi, il faut tenir pour constant que le Christ et la partie supérieure de la mosaïque de Sainte-Pudentienne ont été refaits entièrement lors de la restauration de cette église par le pape Adrien à la fin du huitième siècle. Il est probable que cette restauration est due à la main d'un très-bon artiste de l'école grecque. La partie inférieure, au contraire, où sont représentés les apôtres, doit être du quatrième. Elle nous offre une nouvelle preuve de la persistance du style de l'antiquité romaine dans les œuvres artistiques des chrétiens de ce temps.

II

*Mosaïques du cinquième siècle.*

Le goût pour les grandes peintures en mosaïque devint encore plus vif au cinquième siècle. Théodoric († 526), après avoir vaincu Odoacre et s'être établi à Ravenne, voulant décorer de mosaïques la basilique qu'il avait fait élever sous le vocable de saint Hercule, écrivait au préfet de Rome de lui envoyer des mosaïstes tailleurs de marbre, *mar morarios*, assez habiles « pour rendre avec des marbres de diverses couleurs toute la variété de la peinture (2). » Le portrait de ce prince avait été exécuté en mosaïque dans le forum de Naples (3). Les saints papes Célestin I$^{er}$ († 432), Sixte III († 440), Léon le Grand († 461) et Hilaire († 468) firent embellir de mosaïques les églises qu'ils construisirent à Rome (4). Exuperantius († 418) et Néon († 453), évêques de Ravenne, enrichirent également de mosaïques les églises et les oratoires qu'ils élevèrent dans cette ville. Galla Placidia, mère et tutrice de Valentinien III, suivit leur exemple. Enfin saint Paulin, évêque de Nola († 431), nous apprend qu'il avait fait décorer l'abside de son église d'une peinture en mosaïque (5).

Les mosaïques du cinquième siècle sont plus nombreuses en Italie que celles du quatrième. Nous allons en donner une description succincte, afin d'en faire apprécier le style. La plus ancienne appartient à l'église Sainte-Sabine à Rome. Ce n'est qu'un fragment d'une très-grande mosaïque qui s'étendait à l'intérieur sur le mur de la façade au-dessus de la porte d'entrée. Elle avait été exécutée en 424, sous le pontificat de Célestin I$^{er}$, ainsi que le constate une longue inscription en lettres d'or sur fond bleu. Il n'en reste plus que deux figures de femmes qui personnifient l'Église des circoncis et l'Église des gentils (6).

(1) *Journal des savants*, 1863, p. 357.
(2) Cassiodori *Opera omnia*, Variorum, lib. I, epist. sexta. Rotom., 1676, p. 6.
(3) Procopius, *De bello gothico*, lib. I, cap. xxiv. Romæ, p. 116.
(4) *Liber pontificalis*, t. I.
(5) S. P. M. Paulini *Opera*, epist. xxxii ad Severum. Parisiis, 1685, t. I, p. 206.
(6) M. Barbet de Jouy, *les Mosaïques chrétiennes des basiliques et des églises de Rome*, a donné d'excellentes descriptions de toutes les anciennes mosaïques de Rome. Nous engageons le lecteur à consulter cet ouvrage.

Elles sont d'un dessin correct, et leur pose est pleine de noblesse. Leurs costumes sont drapés à la manière antique (1).

Vient ensuite la mosaïque qui décore la chapelle Saint-Satyre, annexée à la basilique Saint-Ambroise de Milan. Au centre est la figure de saint Victor en buste. Il est revêtu de la toge romaine ; sa barbe et ses cheveux sont taillés à la façon des Romains. Cette demi-figure, renfermée dans un médaillon chargé de feuillages et d'épis de blé, est empreinte du style de l'antiquité ; elle est encadrée dans quatre triangles qui renferment les symboles des évangélistes. Au-dessous de la coupole, sur les parois du mur, sont six figures de saints d'un bon dessin. Saint Ambroise et saint Materne portent un costume ecclésiastique qui diffère peu de la toge. Les autres figures sont entièrement romaines de type et de costume (2).

Nous signalerons ensuite comme des plus remarquables les mosaïques qui enrichissent une chapelle bâtie à Ravenne, vers 440, par Galla Placidia, sous le vocable des saints Celse et Nazaire ; elle est aujourd'hui connue sous le nom de Mausolée de Galla Placidia. Cette petite chapelle, en forme de croix latine (de 12 mètres et demi de longueur sur 10 de largeur environ), est voûtée et surmontée, au centre, d'une coupole. Dans la branche supérieure de la croix, en arrière de l'autel qui est placé au-dessous de la coupole, est le tombeau de Galla Placidia, de marbre grec sans aucun ornement sculpté ; dans la branche à droite de l'autel est celui de l'empereur Honorius, frère de Galla Placidia, et dans la branche à gauche celui de Constance, mari de cette princesse et père de Valentinien III. La coupole, les voûtes et les grands arcs qui ferment les quatre branches de la chapelle sont entièrement revêtus de mosaïques. Au centre de la coupole est une croix d'or environnée des symboles des évangélistes et se détachant sur un ciel étoilé. Au-dessous, dans les quatre arcs de cercle qui soutiennent la coupole, ont voit huit personnages vêtus à la romaine, des prophètes sans doute. Dans le grand arc, au fond, au-dessus du tombeau de Placidia, est un tableau allégorique où est représenté le Christ portant sur son épaule une croix fixée sur une hampe et tenant un livre à la main ; près de lui est un gril, au-dessous duquel est un grand feu, et plus loin une armoire renfermant les livres des Évangiles. Dans les arcs des branches de la croix sont deux hommes vêtus du costume romain et tenant des volumen, et au-dessous d'eux deux cerfs. Des rinceaux, qui n'ont pas toute la pureté de ceux qui appartiennent à l'ornementation antique, se déploient sur le fond. Le grand arc au-dessus de la porte d'entrée renferme une très-bonne composition. Le Christ, sous la figure du bon Pasteur, est assis sur un rocher au milieu d'un riche paysage ; il est entouré de brebis et tient, en guise de houlette, sa croix fixée au haut d'une hampe. Les figures reproduites dans ces mosaïques ont conservé le caractère antique ; le dessin en est correct, les attitudes sont justes, et les têtes ne manquent ni d'expression ni de sentiment.

Les mosaïques du baptistère de Ravenne ne méritent pas moins d'attention. Cet édifice, élevé à la fin du quatrième siècle par l'archevêque Ursus, fut rebâti et décoré, soixante ans plus tard, par l'un de ses successeurs, Néon (449 † 453), ainsi que le constate une ancienne

---

(1) CIAMPINI, *Vetera monum.*, t. I, p. 190, pl. XLVIII.
(2) FERRARIO, *Monumenti di S. Ambrogio in Milano*, p. 170, pl. XXV et XXVI.

inscription (1). C'est un bâtiment de forme octogone surmonté d'une coupole entièrement revêtue de mosaïques. L'ornementation est divisée en trois parties. Au sommet de la coupole, dans un médaillon circulaire, on voit le baptême du Christ par saint Jean. Le Sauveur, entièrement nu, est plongé dans les eaux du Jourdain jusqu'aux hanches, et le Précurseur, tenant une croix de la main gauche, lui verse avec la droite de l'eau sur la tête. Le fleuve est personnifié sous la figure d'un homme barbu qui sort à moitié des eaux. Le dessin académique des figures constate que le mosaïste avait étudié la nature et les productions de la statuaire antique. La seconde partie forme une zone qui se déroule autour du médaillon central. Elle renferme les figures des douze apôtres séparées par des tiges feuillues et fleuries ; ils portent des tuniques recouvertes de manteaux largement drapés qui n'ont pas exactement la forme de la toge romaine ; ils tiennent à la main des couronnes. La troizième zone, qui sert de bordure, renferme des autels, des trônes et quatre tables portant un livre (2).

La voûte de la chapelle particulière du palais archiépiscopal de Ravenne est aussi décorée de mosaïques qui remontent à peu près à la même époque. Elles reproduisent, au milieu, les symboles des évangélistes, et au-dessous, dans vingt-huit médaillons circulaires, les figures du Christ, des apôtres et de plusieurs saints. Elles conservent le caractère du dessin classique et se rattachent par le style à l'antiquité.

Ces mosaïques de Ravenne, exécutées de 440 à 450 environ, sont bien supérieures aux mosaïques faites à Rome à peu près à la même époque et dont nous allons parler. Il n'y a pas lieu de s'en étonner. On sait les relations de Constantinople avec Ravenne. Galla Placidia, princesse grecque établie dans cette ville et qui gouverna l'empire d'Occident au nom de son fils Valentinien, a dû certainement faire venir de Constantinople, où les arts étaient cultivés et florissants, des artistes de talent pour exécuter les mosaïques dont elle enrichissait les églises.

Revenons à Rome. On trouve à Sainte-Marie Majeure des mosaïques que fit exécuter le pape Sixte III (432 † 440), ainsi que le constatent une lettre d'Adrien I$^{er}$ à Charlemagne et une inscription qui existait autrefois sur la porte principale et qui n'a été effacée qu'au seizième siècle par suite d'une restauration (3). Elles consistent dans la décoration du grand arc en avant de l'abside et dans une suite de tableaux qui ornent les attiques au-dessus des colonnes des deux côtés de la nef. Les mosaïques du grand arc sont divisées en quatre zones, dont la première s'étend au-dessus de l'ouverture de l'arc dans toute l'étendue de l'abside ; les trois autres sont divisées en deux parties par l'ouverture de la baie. Au centre de la première zone, au-dessus de l'arc, un trône portant un volumen et surmonté d'une croix est accompagné des figures en pied des apôtres saint Pierre et saint Paul. Les symboles des évangélistes sont disposés au-dessus, à demi cachés par des nuages ; au-dessous, on lit cette épigraphe : XISTUS EPISCOPUS PLEBI DEI (4). Les deux champs à droite et à gauche, de même que la seconde et la troisième zone, sont remplis par des scènes tirées de l'Évangile, exécutées en figures de très-petite proportion. Les deux villes saintes désignées par les mots

(1) FABRI, *Le sagre Memorie di Ravenna antica.* In Venetia, 1664, p. 214.
(2) CIAMPINI, *Vetera monumenta*, t. I, p. 233, pl. LXX.
(3) IDEM, *ibid.* p. 198.
(4) « Sixte évêque au peuple de Dieu. »

Hierusalem et Bethleem occupent les deux parties de la zone inférieure. Les sujets des tableaux en mosaïque, exécutés sur les attiques au nombre de vingt-sept, sont tous empruntés à l'Ancien Testament. Quelques peintures, qui datent du seizième siècle, remplacent ceux des tableaux en mosaïque détruits par le temps. Bien que ces mosaïques soient placées à une assez grande élévation et en partie détériorées, on peut cependant en apprécier le caractère (1). Les compositions ne manquent pas d'intérêt et ont conservé certaines traces des traditions de l'antiquité, mais elles présentent en général beaucoup de confusion; les figures sont revêtues de la toge ou du costume militaire des Romains, dont elles ont aussi conservé les armes; mais les corps sont courts et trapus, et les têtes trop fortes. Les fonds sont en couleur, et quelques-uns des paysages ne manquent pas d'effet; mais les monuments qui y sont reproduits ne sont pas en perspective. Ces peintures en mosaïque, en un mot, constatent que la décadence avait fait d'immenses progrès depuis le commencement du cinquième siècle.

Avant l'incendie de 1823, la basilique de Saint-Paul hors des murs de Rome possédait, sur le grand arc dit de Placidie, des mosaïques qui avaient été exécutées sous le pontificat de Léon le Grand (440 † 461). Elles ont été refaites il y a peu d'années, et l'on a cherché à les reproduire telles qu'elles étaient, du moins quant aux sujets représentés; mais le travail moderne ne nous permet pas de juger du style et de la valeur artistique de ce qui a péri.

Il y a encore à Rome, de l'époque du cinquième siècle, la voûte en mosaïque de l'oratoire de Saint-Jean l'évangéliste, attenant au baptistère de Saint-Jean de Latran, qui fut exécutée sous le pontificat de saint Hilaire († 468). L'agneau symbolique, renfermé dans une couronne de fleurs, occupe le sommet de la voûte; les arêtes sont ornées de rinceaux et de guirlandes. Des oiseaux, au nombre de seize, sont distribués par couples dans huit compartiments; ils sont affrontés en face d'un vase chargé de fruits (2). Les oiseaux, les fleurs et les fruits sont rendus avec assez de vérité, et la distribution méthodique de l'ornementation nous apprend que, malgré les malheurs dont Rome avait été accablée, les artistes qui s'y trouvaient encore s'attachaient à étudier les beaux modèles de l'antiquité.

Les premières mosaïques que nous puissions signaler à Rome, après celles qui furent exécutées sous saint Hilaire, ont été faites sous Félix IV (526 † 530). Les cinquante-huit années qui s'écoulèrent entre les deux pontificats peuvent compter parmi les plus funestes que l'Italie ait eu à traverser. Durant cet espace de temps, Rome avait été prise et pillée par les barbares pour la troisième fois, et l'empire romain d'Occident s'était écroulé sous les coups des Hérules et des Rugiens d'Odoacre. Lorsque, dans le second quart du sixième siècle, le pape Félix IV fit faire des mosaïques dans l'église SS. Cosme et Damien, l'art avait subi une transformation. Nous examinerons dans les paragraphes suivants en quoi elle consistait, et quels en furent les promoteurs.

Avant de terminer l'historique de la mosaïque en Italie au cinquième siècle, nous devons signaler quelques restes de pavés mosaïques composés de petits cubes de marbre gris, noir et blanc. Le pavé de la cathédrale de Novare, qui est exécuté de cette façon, a été

---

(1) CIAMPINI, *Vetera monum.*, t. I, p. 200, pl. XLIX à LXIV, a donné la reproduction des mosaïques de Sainte-Marie Majeure ; on la trouvera également dans l'ouvrage déjà cité de M. G. FONTANA.

(2) CIAMPINI, *Vetera monum.*, t. I, pl. LXXIV.

refait en grande partie, mais il reste quelques fragments anciens fort curieux (1). Il existe encore deux belles mosaïques dans le pavé du maître autel de la cathédrale d'Aoste. M. Ferdinand de Lasteyrie en a donné la description dans son *Étude archéologique* sur cette église (2).

Les Romains avaient fait exécuter des mosaïques dans les Gaules durant leur domination. Les trouvailles qui ont été faites de mosaïques antiques dans diverses régions de la France et dans les provinces rhénanes en ont apporté la preuve. Grégoire de Tours nous apprend que, sous le règne de Valérien et de Gallien (253-267), les Allemands, sous la conduite de leur roi Chrocus, se répandirent dans les Gaules et y détruisirent le temple de Vasso, en Auvergne, dont l'intérieur était décoré de marbres et de mosaïques (3). Après le triomphe du christianisme, la mosaïque fut employée à l'ornementation des églises. Numatius, évêque de Clermont au cinquième siècle, avait enrichi d'une mosaïque de marbre les parois des murs qui entouraient l'autel dans la magnifique église qu'il avait fait construire (4). Fortunat, évêque de Poitiers, en donnant dans ses poésies la description des églises qu'avaient fait bâtir de saints évêques, semble indiquer des mosaïques de marbre dans l'ornementation de ces églises (5).

## § III

### LA MOSAÏQUE DANS L'EMPIRE D'ORIENT.

#### I

*Au sixième siècle sous Justinien.*

C'est surtout en Orient que l'art de la mosaïque avait pris un grand développement. Dès le règne de Constantin, et avant que l'empire romain eût été divisé en deux grands états, les églises orientales furent en grand nombre décorées de mosaïques. Thessalonique, capitale de la Macédoine, a le privilége d'en avoir conservé quelques-unes dans des églises converties en mosquées par les Turcs. C'est dans l'église Saint-George que sont les plus anciennes et les plus remarquables. On a cru longtemps que cette église avait été établie dans un temple antique ; mais M. Texier a fait observer avec raison que les sigles chrétiens imprimés sur les briques qui entrent dans sa construction prouvent d'une manière irréfutable qu'elle est de fondation chrétienne. M. Texier est disposé à croire qu'elle a été bâtie par Constantin, lors de son premier séjour à Thessalonique ; mais on ne peut douter qu'elle ne soit tout au moins contemporaine de l'un des successeurs directs de ce prince. Cet édifice est bâti sur un plan circulaire, et forme à l'intérieur une vaste salle de vingt-quatre mètres

---

(1) M. Durand en a donné la description dans les *Annales archéol.*, t. XV, p. 225.
(2) *La Cathédrale d'Aoste, étude arch.* Paris, 1854.
(3) Gregorii Turon. *Hist. Franc. libri*, lib. I, cap. xxx.
(4) *Ibid.*, lib. II, cap. xvi.
(5) Fortunati lib. III.

de diamètre, couverte d'une voûte hémisphérique dont l'arc est un peu surbaissé. Huit cellules sont prises dans l'épaisseur du mur. La principale porte est ouverte dans celle qui regarde l'ouest; la cellule qui est en face, à l'est, se prolonge à l'extérieur pour se terminer en hémicycle voûté : c'est là qu'était le béma. La grande coupole, dont le pourtour a soixante-douze mètres de développement, est divisée en huit compartiments s'étendant au-dessus de chacune des huit cellules. Voici la description que donne M. Texier des huit grandes mo-
» saïques qui les décorent « Ce sont de riches palais construits dans le style fantastique,
» familier aux peintres de Pompéi; des portiques ornés de colonnes resplendissantes de
» pierreries; des pavillons fermés par des rideaux de pourpre flottant au gré du vent, ou
» retenus par des torsades; des arcades sans nombre, avec des frises décorées de dauphins,
» d'oiseaux et de palmettes; les modillons et les palmettes soutiennent des corniches d'azur
» et d'émeraude. Au centre de chacune de ces compositions est un édicule octogone ou circu-
» laire, entouré de colonnes et couvert par une coupole; des rideaux en cachent l'enceinte
» aux regards, et ses abords sont défendus par des barrières. Une lampe suspendue à la voûte
» indique son caractère religieux. C'est le nouveau tabernacle ou *Sanctus sanctorum* des chré-
» tiens. Quoique la composition de l'architecture de ces tableaux soit variée, le sujet est
» toujours le même; il représente un petit temple au milieu d'une splendide colonnade.
» A droite et à gauche de chacun de ces temples sont des personnages vêtus de toges et de
» chlamydes, les mains élevées dans l'attitude de l'adoration (1). » C'était la pose des premiers chrétiens au moment de la prière.

Le contour des innombrables petits cubes de verre teinté dont ces grands tableaux mosaïques sont formés suit la forme de chaque objet, aussi bien dans les plis des vêtements que dans les traits des visages. C'est à ce genre de mosaïque qu'on donnait le nom d'*opus vermiculatum*. Un entablement figuré en mosaïque de couleur règne à la base de la coupole. Les voûtes des cellules ouvertes dans le mur de la rotonde sont également ornées de charmantes mosaïques traitées dans le style romain. Ce sont des caissons de diverses formes élégantes, dans le centre desquels sont représentés des oiseaux ou des corbeilles de fruits (2). Le béma est aussi enrichi de mosaïques; mais, en cet endroit, l'ornementation est cachée par un épais badigeon.

Justinien embellit de mosaïques la plupart des nombreux édifices qu'il fit construire à Constantinople. Les voûtes de Sainte-Sophie furent entièrement recouvertes de mosaïques à fond d'or, qui reproduisaient les images du Christ, de la Vierge, des anges et des saints vénérés dans l'Église grecque (3), et même de grandes pages comme celle que fait connaître notre planche LVIII. Les édifices profanes furent ornés de mosaïques où les sujets les plus variés et les plus compliqués étaient traités. Ainsi, dans la chalcé, vestibule du palais impérial, Justinien avait fait représenter les combats, les batailles et les assauts livrés par ses troupes en Italie et en Afrique. On y voyait encore Bélisaire rentrant à Constantinople avec son armée et présentant à Justinien et à Théodora les rois captifs, les villes et les provinces

---

(1) MM. Ch. Texier et Popplewell Pullan, *l'Architecture byzantine*. Londres, 1864, p. 149. Les planches XXX à XXXIII de cet ouvrage reproduisent plusieurs de ces tableaux mosaïques.
(2) M. Texier, dans sa planche XXXIV, a donné un fragment de l'entablement et quelques parties de l'ornementation des voûtes des cellules.
(3) Paulus Silentiarius, *Descr. S. Sophiæ*, v. 251.

conquises. Les sénateurs et les grands dignitaires de l'État entouraient le trône de l'empereur (1).

Les mosaïques qui restent de cette époque ne font que confirmer l'appréciation que nous avons déjà faite de l'art byzantin en traitant de la sculpture et de l'ornementation des manuscrits (2); elles font reconnaître que l'art chrétien subit alors une transformation complète, et que si les artistes grecs s'attachèrent à étudier les belles productions de l'antiquité et à suivre les traditions de leurs ancêtres, ce ne fut que pour arriver à traduire dans la langue harmonieuse du passé les sentiments du christianisme et les idées nouvelles.

Les plus belles mosaïques byzantines du sixième siècle existent encore à Sainte-Sophie de Constantinople, convertie en mosquée. Toutes les figures ont été malheureusement recouvertes d'une épaisse couche de peinture; mais nous avons expliqué comment M. Salzenberg a pu, à l'époque de la restauration du monument, en relever de précieux dessins, qu'il a publiés (3). Nous avons eu déjà l'occasion de parler de la belle mosaïque qui existe au-dessus de la porte du narthex et que reproduit notre planche LVIII (4). On a là devant les yeux un tableau véritable où toutes les conditions de l'art sont observées. Mais le Christ n'est plus ce beau jeune homme imberbe revêtu de la toge romaine, tel que le représentaient les artistes romains du quatrième siècle et du cinquième. Le Sauveur a conquis le monde, et sa doctrine a triomphé de toutes les résistances; c'est un roi qui, du haut de son trône, bénit les mortels qui entrent dans le temple où on l'adore; l'empereur, dans la posture la plus humble, rend hommage au Roi des rois. Ce tableau n'était pas le seul; beaucoup ont été détruits ou fort endommagés, mais il en existe encore plusieurs. Au fond de l'église, au-dessus des fenêtres qui éclairaient le béma, la Vierge, assise sur un trône, tient devant elle, entre ses genoux, l'Enfant Jésus debout. Un vêtement bleu clair qui l'enveloppe se relève sur sa tête. L'enfant bénit, la main droite levée; sa robe blanche est ceinte d'un cordon d'or. Les petites coupoles qui existent dans les catéchumènes (étage supérieur au-dessus des bas côtés) étaient couvertes de sujets en mosaïque tirés du Nouveau Testament. L'un de ces tableaux, conservé en partie, est d'un très-bel effet. Au sommet de la coupole, le Christ est assis sur son trône et bénit, comme dans la mosaïque du narthex; les douze apôtres, couverts de vêtements blancs, sont rangés circulairement au-dessous du trône; des flammes qui s'en échappent descendent sur leurs têtes. Dans les quatre angles, en dehors du cercle des apôtres, des groupes de gens du peuple, dans les attitudes les plus variées, contemplent cet acte de la toute-puissance du divin Maître. Les figures du bas peuple, prises sans doute sur nature, contrastent avec les belles et nobles figures des apôtres (5). Les personnages isolés sont en grand nombre à Sainte-Sophie. Deux anges placés au-dessus de la corniche, à la naissance de la voûte du béma, paraissent en garder l'entrée. Comme le Christ, les messagers du Très-Haut ont subi une transformation. On les voit revêtus du riche costume des grands dignitaires de l'empire d'Orient, la tunique talaire et la longue chlamyde enrichie du

---

(1) Procopius, *De ædificiis*, lib. I, cap. x. Bonnæ, p. 203.
(2) Voyez tome I$^{er}$, p. 26 et suiv.; t. II, p. 163 et suiv.
(3) Voyez tome I$^{er}$, p. 27.
(4) Voyez tome I$^{er}$, p. 28.
(5) W. von Salzenberg, *Alt-christliche Baudenkmale von Constantinopel*, pl. XXV et XXXI.

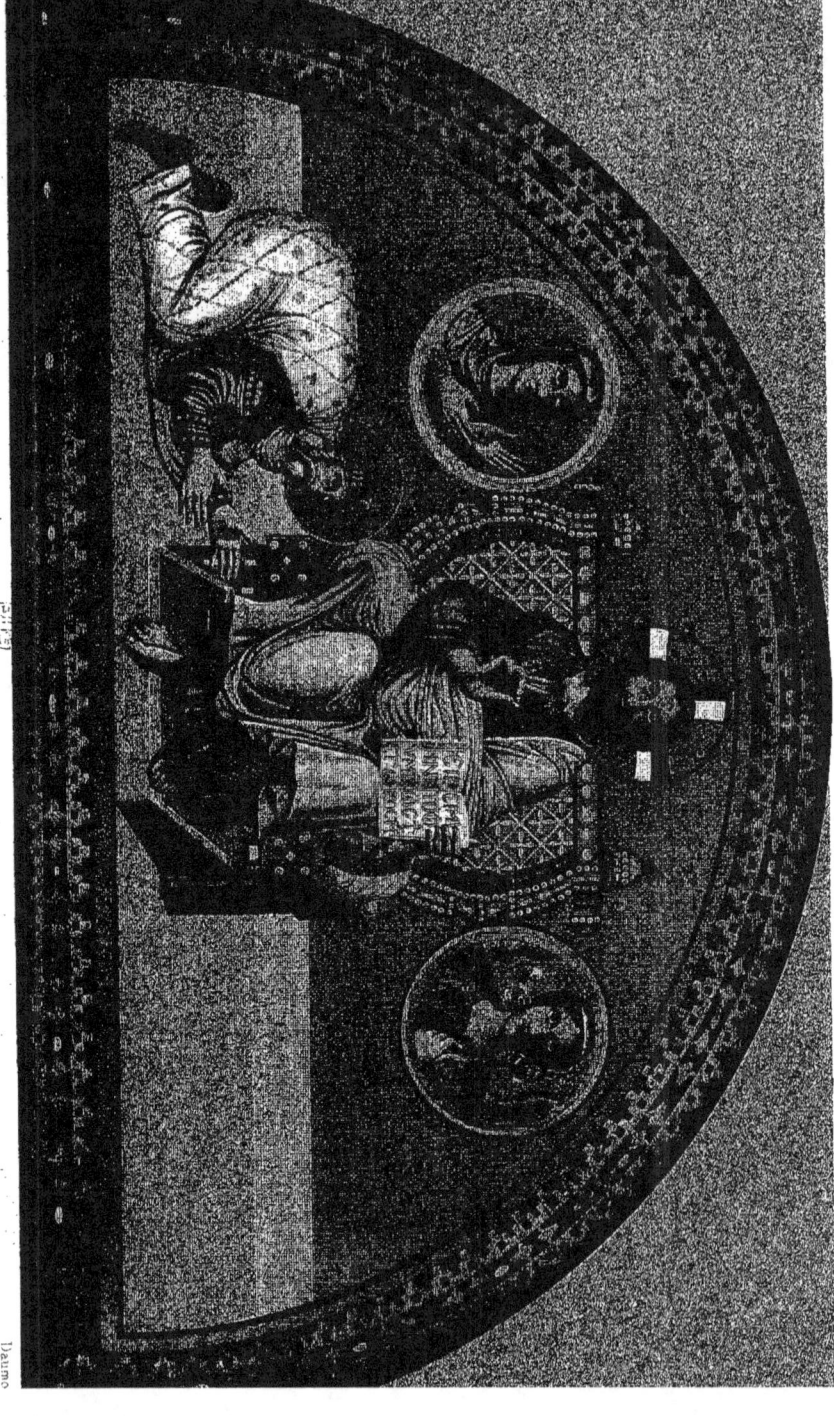

MOSAÏQUE.
Tableau au dessus de la porte impériale du Narthex de S^te Sophie de Constantinople.

tablion. Notre planche LIX, n° 1, en reproduit un. Dans la nef, on voyait, sur les murs sud et nord, au-dessous des grands arcs, un riche développement de figures, dont la plupart sont conservées. Immédiatement au-dessus de la corniche et sous la première rangée de croisées, sept niches renferment des martyrs et des évêques dans leurs vêtements pontificaux. Des prophètes portant la toge antique sont représentés aux deux extrémités des fenêtres et dans les trumeaux (1). Le dessin de toutes ces figures est très-correct, leur attitude respire une majesté calme, les têtes sont belles et pleines de sentiment et d'expression. Ces mosaïques sont exécutées avec des cubes de petite dimension, les ombres légères sont données par des tons verts. Les évêques ont des vêtements blancs ornés de laticlaves bleus ou rouges; ils portent le pallium avec les trois croix. Les lumières de ces vêtements blancs sont rendues par des cubes de verre plaqués d'argent. Ceux des prophètes sont de diverses couleurs peu foncées. Toutes les figures se détachent sur un fond d'or. On faisait encore usage en Italie, au milieu du cinquième siècle, des fonds de paysages ou d'intérieur, comme on le voit dans les mosaïques de Sainte-Marie Majeure : à Rome, et dans celles du Mausolée de Galla Placidia ; ce sont les Byzantins qui les premiers firent usage des fonds d'or dans les tableaux en mosaïque. Le sérieux sublime dont était pénétré alors l'art byzantin ne permettait pas aux artistes chargés de décorer l'intérieur d'un édifice religieux de rien produire qui pût en altérer le caractère architectural, et de représenter par conséquent sur un mur qui devait rester plein pour soutenir les voûtes, un paysage et un ciel que, dans la réalité, on n'aurait pu apercevoir si le plein avait été remplacé par un vide. Le mosaïste, devant se borner à concourir à l'ornementation de l'édifice, se contenta de couvrir les murs ou les voûtes d'un brillant revêtement d'or qui, sans en modifier la forme, changeait, pour l'œil, la pierre en matière précieuse.

Les motifs de simple ornementation exécutés en mosaïque dans le temple de Sainte-Sophie sont quelquefois empruntés à l'antiquité, mais ils se produisent le plus souvent sous un aspect entièrement nouveau, tout en conservant une régularité parfaite et des dispositions symétriques qui les rattachent sous ce point de vue au style classique. Ces motifs, d'une grande variété, sont toujours d'un très-bon goût; les couleurs, d'un éclat merveilleux, y sont disposées avec adresse (2). Dans l'ensemble, ces mosaïques devaient produire une impression ravissante.

Une église consacrée également sous le vocable de sainte Sophie fut élevée à Thessalonique du temps de Justinien. C'est en quelque sorte une copie, réduite au tiers, du grand temple de Constantinople. Les Grecs en restèrent en possession pour leur culte jusqu'en 1589; le gouverneur turc de Thessalonique l'enleva alors aux chrétiens et la convertit en mosquée, tout en lui conservant son nom grec d'Aïa Sophia. Il respecta en grande partie les tableaux en mosaïque qui décorent la coupole. On trouve donc encore dans cet édifice un spécimen des belles œuvres des mosaïstes grecs du sixième siècle. La coupole hémisphérique, de dix mètres de diamètre, qui couronne la nef, est décorée d'une grande mosaïque à fond d'or qui en couvre toute la surface. Au centre, dans une auréole circulaire soutenue par deux anges, est la figure du Christ, debout et s'élevant au ciel. On ne voit plus que les

---

(1) W. von Salzenberg, *Alt-christl. Baudenkm. von Constantinopel*, pl. IX, XXVIII, XXIX et XXX.
(2) *Ibid.*, pl. XVI, XVII, XXI à XXIX et XXXII.

pieds du Sauveur et les anges. La partie supérieure de la figure est cachée par un badigeon sur lequel on a tracé une inscription arabe. Au-dessous, le pourtour de la coupole est occupé par la figure de la Vierge entre deux anges et par les douze apôtres. Des oliviers s'élèvent entre les personnages et les séparent. Nous avons déjà signalé cette disposition toute byzantine, dans la mosaïque de la coupole du baptistère de Ravenne, qui appartient au milieu du cinquième siècle. L'inscription qui est tracée sur l'ivoire que reproduit notre planche IX est transcrite en mosaïque au-dessous de l'auréole. La Vierge, qui a le même costume que sur cet ivoire, tient les deux mains élevées dans l'attitude que prenaient les premiers chrétiens en prière. Les apôtres, vêtus de l'ancien costume romain, ont tous des mouvements en rapport avec la scène dont ils sont témoins. M. Texier, dans son grand ouvrage sur l'*Architecture byzantine*, a donné la reproduction de cette grande mosaïque dans ses planches XL et XLI. Elle justifie au surplus ce que nous avons dit sur le style de la peinture à l'époque de Justinien.

II

*Depuis Justin II (565) jusqu'à la chute de l'empire.*

Les successeurs de Justinien, pendant près de cent années, continuèrent à élever à Constantinople de splendides constructions qui furent certainement enrichies de mosaïques, genre de décoration que ce prince avait mis en grande vogue; mais l'usage en était si habituel, que les historiens négligent d'en parler. Nous savons seulement par l'auteur anonyme qui a laissé au onzième siècle des notes sur les monuments de Constantinople, que le tyran Phocas († 610) avait fait exécuter en mosaïque les portraits de Constantin et de sa mère Hélène dans l'oratoire élevé à son patron saint Phocas dans le forum Augustéon (1), et c'est sans doute à l'importance des personnages représentés que nous devons ce détail. On peut reporter à peu près à cette période une curieuse mosaïque récemment découverte par M. Renan à Sour, l'ancienne Tyr des Phéniciens. Elle couvrait le pavé d'une petite église qui a été consacrée en 652 ou 653. M. Renan croit que la mosaïque avait été achevée antérieurement (2), et M. de Rossi voudrait en faire remonter l'exécution jusqu'à l'époque constantinienne (3). M. Durand a discuté la question et a fourni des reproductions de la mosaïque (4). Elle a été apportée à Paris et sera placée dans un musée.

Après la mort des Héraclius (641), l'histoire du Bas-Empire n'offre qu'une série de crimes et de violences jusqu'à l'avénement de Léon l'Isaurien (717), qui proscrivit le culte des images (726). Sous le règne de ce prince et de ses successeurs, pendant plus de cent années, on détruisit une grande quantité de mosaïques dans les églises, et l'interdiction des images religieuses, qui contraignait les mosaïstes à ne produire que de simples ornements décoratifs, dut certainement porter un coup funeste à l'art de la mosaïque. Aussi existe-t-il une lacune de près de deux cents années, durant lesquelles nous ne pouvons constater l'exé-

---

(1) *Antiq. Constant.*, lib. I, ap. BANDURI, *Impér. orientale*, p. 11.
(2) *Moniteur universel* du 11 juillet 1861.
(3) *Journal général de l'instruction publique*, 1862.
(4) *Annales archéologiques*, t. XXIII, p. 279, et t. XXIV, p. 209 et 286.

cution d'œuvres de mosaïque. C'est sous le dernier des empereurs iconoclastes, Théophile (829 † 842), que nous les voyons revenir en faveur. Ce prince, ami des arts, fit élever un grand nombre d'édifices. Il avait construit notamment, comme annexes au palais impérial, plusieurs bâtiments destinés à son habitation personnelle, et dont les principales salles étaient ornées de mosaïques (1). Le vaste salon d'un appartement, qui portait le nom de Camilas, avait ses murs revêtus d'une mosaïque qui représentait des personnages mangeant des fruits. Les murs du salon d'un corps de logis qui s'élevait à la suite du Camilas étaient décorés d'arbustes et de divers ornements de marbre vert se détachant sur un fond de mosaïque d'or. Les grandes galeries, nommées Lausiacos et Justinianos, avaient été embellies de mosaïques à fond d'or par Théophile (2). A la mort de ce prince (842), l'impératrice Théodora, tutrice de Michel III, rétablit le culte des images. Il fallut restaurer dans les églises toutes les peintures qui avaient été détruites. Ce fut l'occasion d'une véritable renaissance pour l'art de la mosaïque. Les tableaux en mosaïque que fit exécuter dans le palais Basile le Macédonien (867 † 886), qui succéda à Michel III, fils de Théophile, constatent par leur importance l'activité de cette renaissance. Nous en avons déjà donné la description (3) que nous a fournie l'empereur Constantin Porphyrogénète dans la Vie qu'il a écrite de son illustre aïeul. On ne trouve pas là de simples motifs d'ornements comme dans les mosaïques de Théophile, mais des tableaux véritables et de grandes compositions dont les sujets étaient très-variés. Basile avait bâti ou restauré plus de cent églises, qu'il avait décorées avec magnificence. Nous avons également donné dans les Notions générales la description des splendides mosaïques qui enrichissaient les cinq coupoles de la Nouvelle-Église-Basilique que ce prince avait édifiée dans l'enceinte de la demeure impériale (4). Nous prions le lecteur de s'y reporter. En sortant de l'église par les portes latérales, on trouvait de longues galeries dont les voûtes étaient décorées de mosaïques représentant les luttes et les combats des martyrs (5). Il reste encore dans l'église Sainte-Sophie de Constantinople un spécimen des mosaïques religieuses exécutées du temps de Basile. Nous avons déjà parlé de cette belle œuvre (6), qui suffit pour faire apprécier la pureté du style et la correction du dessin dans les mosaïstes de cette époque.

La mosaïque continua à être en grand honneur dans l'empire d'Orient sous les successeurs de Basile le Macédonien. Les artistes byzantins conservèrent une grande réputation et furent seuls en possession de la pratique de cet art durant le dixième et le onzième siècle. Ce fut en effet de Constantinople que le doge Domenico Selvo (1071 † 1084) et Didier, le célèbre abbé du Mont-Cassin, firent venir des mosaïstes, le premier pour décorer l'église Saint-Marc à Venise, et le second, non-seulement pour enrichir de tableaux mosaïques l'église de son monastère, mais pour ouvrir des écoles et instruire de jeunes enfants dans l'exercice de cet art dont il voulait doter l'Italie, qui depuis cinq cents ans en avait aban-

(1) Anonym., *De Theophilo*, ap. *Script. post Theoph.*, Paris., p. 86 et seq.; Bonnæ, p. 140 et seq.
(2) Anonym., *De Theophilo*, ap. *Script. post Theoph.*, Paris., p. 86 et seq.; Bonnæ, p. 140 et seq. — M. Jules Labarte, *le Palais impér. de Constantinople*, p. 71, 72, 73, 74 et 83.
(3) Voyez tome I$^{er}$, p. 39, et *le Palais de Constant.*, p. 77 et suiv.
(4) Voyez tome I$^{er}$, p. 37. — M. Jules Labarte, *le Palais impér. de Constant.*, p. 87 et 195.
(5) Const. Porphyr., *De Basilio Mac.*, lib. V, § 86, ap. *Script. post Theoph.*, Paris., p. 201; Bonnæ, p. 328.
(6) Voyez tome I$^{er}$, p. 35.

donné la pratique. Il ne reste plus rien des mosaïques grecques au Mont-Cassin, mais l'église Saint-Marc a conservé quelques belles mosaïques du onzième siècle, qui justifient la réputation que les mosaïstes grecs avaient acquise.

Les mosaïstes byzantins firent, au dixième et au onzième siècle, de petits tableaux mosaïques portatifs, dont plusieurs spécimens intéressants sont parvenus jusqu'à nous. On en conservait dans les églises et dans les palais. Le palais impérial en possédait d'excellents. On en faisait tant de cas, qu'ils étaient déposés dans le pentapyrgion, espèce d'armoire coffre-fort placée dans l'abside orientale de la salle du trône, et où l'on renfermait les pièces les plus précieuses du trésor impérial (1). Ces petits tableaux, qui reproduisaient le plus ordinairement des sujets de sainteté, recevaient la même destination que les diptyques d'ivoire : ils étaient offerts, dans les églises, à la vénération des fidèles, se plaçaient dans les palais auprès du lit, comme tableaux de dévotion, et étaient transportés avec les bagages précieux dans les voyages et surtout dans les expéditions militaires. Le garde-meuble de la cathédrale de Florence possède deux charmants tableaux mosaïques de ce genre, de vingt-sept centimètres de hauteur sur dix-huit de largeur, non compris la bordure, qui est d'argent émaillé. Ils sont divisés en six compartiments et offrent ainsi douze sujets tirés des Évangiles : l'Annonciation, la Nativité, la Présentation au Temple, le Baptême du Christ, la Transfiguration, la Résurrection de Lazare, l'Entrée de Jésus à Jérusalem, la Crucifixion, la Descente du Christ aux enfers, l'Ascension, la Descente du Saint-Esprit sur les apôtres et la Mort de la Vierge. Dans ces petits tableaux, qui renferment un assez grand nombre de personnages, les compositions sont simples et bien ordonnées, les attitudes excellentes, les draperies bien jetées ; les figures, un peu allongées, sont gracieuses ; la perspective seule est vicieuse. Les fonds sont composés de petits cubes de cuivre doré ; les figures et les accessoires, de cubes de verre d'une ténuité extrême et d'une variété infinie de couleurs. Ces mosaïques sont tellement finies, qu'à une certaine distance on les prendrait pour des miniatures. Elles doivent appartenir au dixième siècle. Gori en a donné des gravures assez médiocres (2).

Nous avons reproduit dans la planche CXX de notre album une autre mosaïque portative qui appartient au Musée du Louvre. C'est une œuvre de la fin du dixième siècle ou des premières années du onzième. La fidélité de notre reproduction et le texte explicatif qui accompagne la planche font parfaitement connaître ce bel ouvrage à nos lecteurs.

Le règne long et glorieux de Manuel Comnène (1143 † 1180), qui tient une grande place dans le douzième siècle, vit exécuter beaucoup de mosaïques. Ce prince éleva, notamment dans l'ancien palais impérial et dans le palais de Blaquernes, des salles enrichies de mosaïques, dont les sujets étaient empruntés aux combats qu'il avait livrés aux barbares et aux actes de son règne, qui avait procuré de grands avantages à l'empire (3). L'église de la Nativité à Bethléem, restaurée par ses ordres, fut entièrement décorée à l'intérieur de mosaïques à fond d'or. Jean Phocas, écrivain grec, qui avait visité la Terre sainte en 1185, a constaté ce fait (4). Plus tard, le père Quaresmius a donné une description minutieuse de

---

(1) Voyez, sur le pentapyrgion et les mosaïques qu'il renfermait tome I<sup>er</sup>, p. 296 et 305.
(2) *Thesaurus veter. diptych.*, t. III, p. 128.
(3) Nicetæ *Historia*, lib. VII, § 3. Bonnæ, 1835, p. 269.
(4) J. Phocas, cap. xxvii, ap. L. Allatii Σύμμικτα, p. 39.

toutes les mosaïques qui subsistaient de son temps et relevé les inscriptions qui les accompagnaient (1). A la fin du dix-septième siècle, Ciampini a publié un dessin du côté nord de la nef de la basilique (2). A l'aide de ces documents, M. le comte Melchior de Vogüé a pu faire, sur place, une restitution complète de cette belle église, et a donné d'excellents dessins de ce qui subsiste encore des mosaïques exécutées par les ordres et aux dépens de l'empereur Comnène (3). Dès l'entrée de l'église, un arbre de Jessé s'étendait sur le mur occidental. Les murs de la nef, qui est divisée en onze travées, étaient couverts de mosaïques depuis l'architrave des colonnes jusqu'à la charpente qui soutient le toit. Différentes seulement par les détails, elles offraient des deux côtés la même ordonnance et la même nature de sujets disposés dans l'ordre suivant : 1° Un rang de personnages vus à mi-corps, représentant la généalogie du Christ. 2° Une série de tableaux représentant des arcades géminées ou des portiques surmontés de coupoles. Entre chaque entre-colonnement et sous des portiques est un autel, et au-dessus une longue inscription contenant un résumé des décrets de l'un des conciles. Les arcades géminées et les portiques sont séparés par un faisceau d'arabesques fantastiques. 3° Une frise formée de rinceaux feuillagés verts et jaunes et bordée d'un rang de perles, sur lequel s'appuient les fenêtres ; 4° un rang d'anges dans les trumeaux ; 5° et au-dessus une frise semblable à la première. Les arabesques, de la nature la plus bizarre, s'éloignent tout à fait des ornements de l'antiquité et tout autant de ceux de l'époque de Justinien, dont l'église Sainte-Sophie conserve de beaux spécimens. Elles simulent des plantes imaginaires, dont les tiges chargées de feuillages, d'ailes, d'enroulements, de fleurs, de fruits, affectent les formes et les couleurs les plus capricieuses et s'échappent du goulot étroit d'un vase à large panse. Les deux absides latérales, les parois du chœur et l'abside orientale qui termine l'église, offraient une série de tableaux mosaïques présentant un résumé complet du Nouveau Testament, et dont les principaux appartenaient à l'histoire de la Mère de Dieu et de l'enfance du Christ. La crypte sacrée qui existe à l'entrée du chœur, au centre du transsept, sous un exhaussement du sol, était également enrichie de peintures en mosaïque sur un fond d'or. L'iconographie grecque et les usages adoptés par l'Église orientale dominaient dans toutes les compositions. De toute cette vaste décoration, il reste relativement peu de chose. Dans la nef du sud, sept des bustes représentent les derniers ancêtres de Joseph et deux groupes d'arcades géminées séparées par des arabesques ; dans la nef du nord, deux portiques d'église (celles d'Antioche et de Sardique), avec les inscriptions, et le fragment d'un troisième, une grande partie des deux frises et trois figures d'anges dans les trumeaux : ils sont debout, nimbés, vêtus de longues robes blanches à plis, et portent deux ailes, l'une tombant verticalement, l'autre s'élevant diagonalement en arrière de la tête. Ce ne sont plus là les anges du sixième et du neuvième siècle, qu'on voyait toujours la tête ceinte d'un diadème, revêtus de la tunique talaire, de la toge ou de la chlamyde des empereurs, et portant à la main une longue verge d'or. Il ne subsiste plus dans le transsept que deux des tableaux : l'Entrée de Jésus à Jérusalem (4) et saint Thomas touchant les plaies du Christ ; et un fragment

(1) *Elucidatio Terræ sanctæ*, t. II, p. 645.
(2) *De sacris ædific. a Const. Magn. const.*, p. 150.
(3) *Les Églises de la Terre sainte*, p. 64 et suiv.
(4) M. M. DE VOGÜÉ, *les Églises de la Terre sainte*, p. 96, a donné un dessin de cette mosaïque.

de l'Ascension. Dans le chœur, il ne reste plus que quelques mots d'une inscription dont le texte grec a été heureusement transcrit par Quaresmius. Elle constatait que la mosaïque avait été achevée par Éphrem, peintre et mosaïste, sous le règne de l'empereur Manuel Porphyrogénète Comnène († 1180). Voici comment M. de Vogüé apprécie ces mosaïques qu'il a dessinées : « Les figures ont du mouvement, de la naïveté, et ne manquent pas » d'une certaine grandeur : elles sont fort supérieures aux peintures romanes du douzième » siècle, telles que nous les connaissons par les rares monuments de l'Occident. On y » remarque plus de correction dans le dessin, plus de justesse dans les poses, plus de science » dans les moyens d'exécution. Leur style est celui des miniatures grecques du douzième » siècle. Le modelé est obtenu à l'aide de hachures concentriques rehaussées d'or; les plis » des vêtements sont multipliés et indiqués avec soin (1). » Toutes ces mosaïques sont exécutées avec grand soin sur un fond d'or en petits cubes de verre; les couleurs employées sont le rouge, le jaune, le bleu, le vert et le brun pourpre. Dans la nef, les blancs vifs, tels que les parties brillantes des encensoirs et des chandeliers et le champ des inscriptions, sont rendus au moyen de plaques de nacre.

La mosaïque continua à être exercée avec succès à Constantinople jusqu'à la fin du douzième siècle. L'historien Nicétas nous apprend qu'Isaac l'Ange (1185 † 1195) fit réparer dans toutes les églises les mosaïques détériorées (2). La prise de Constantinople par les croisés, quelques années plus tard, et les malheurs de toute sorte qui accablèrent l'empire d'Orient à partir de cette époque, furent aussi funestes à l'art de la mosaïque qu'aux autres arts. On fit certainement encore des mosaïques en Orient, et il en existe quelques-unes dans les couvents du mont Athos qui peuvent remonter au treizième siècle et au quatorzième, mais ces rares mosaïques se ressentent de l'abaissement général de l'art.

§ IV

MOSAÏQUES EXÉCUTÉES PAR DES ARTISTES GRECS EN OCCIDENT, DU SIXIÈME SIÈCLE JUSQUE VERS LA FIN DU ONZIÈME.

I

*En Italie depuis le sixième siècle jusque vers la fin du neuvième.*

Les mosaïques dont nous allons parler maintenant appartiennent à l'Italie; cependant nous les regardons toutes comme exécutées par des Grecs ou par des artistes italiens élèves des Grecs. Cette attribution ne saurait être contestée pour les mosaïques de Ravenne du sixième siècle, qui ont toutes été faites postérieurement aux victoires de Bélisaire sur les Goths et à la prise de cette ville (540), qui devint le siége du gouvernement des empereurs grecs en Italie. Mais les archéologues italiens ne veulent reconnaître ni la main des Grecs ni leur influence dans les mosaïques de Rome; ils affir-

(1) M. M. de Vogüé, *les Églises de la Terre sainte*, p. 98.
(2) Nicetæ *Historia*, lib. III. Bonnæ, p. 584.

ment au contraire qu'elles sont dues à des artistes nationaux, et que jamais l'art de la mosaïque n'avait cessé d'être cultivé en Italie. Il existe cependant un document fort important, d'une authenticité incontestable, qui dément cette prétention. Nous avons eu déjà l'occasion de le citer : c'est la Chronique du Mont-Cassin, écrite par Léon, évêque d'Ostie. Il raconte qu'en 1066, Didier, le célèbre abbé du Mont-Cassin, voulant décorer de mosaïques l'église du monastère qu'il avait fait reconstruire, fut obligé d'envoyer quelques-uns de ses moines à Constantinople « pour y engager des ouvriers habiles dans l'art de la mo- » saïque et de la taille des marbres, les uns pour décorer l'abside, l'arc et le vestibule » de la grande basilique d'œuvres de mosaïque, les autres pour couvrir le sol de l'église » d'un pavé formé des diverses pierres variées. » Puis il ajoute que le génie de ces deux arts étant éteint en Italie depuis plus de cinq cents ans, le digne prélat, plein de prudence, voulant les faire revivre et empêcher que la pratique n'en disparût complétement, fit instruire dans ces arts des enfants élevés dans le monastère. L'auteur, au surplus, fait un grand éloge du talent des artistes grecs et vante la beauté de leurs productions (1). Léon, cardinal de l'Église romaine, qui ne mourut que dans le premier quart du douzième siècle, devait bien connaître les mosaïques qui existaient de son temps dans les églises de Rome et qui avaient été exécutées du sixième au dixième siècle, et l'on voit cependant qu'il n'hésite pas à dire qu'en 1066, il y avait plus de cinq cents ans que les Italiens avaient abandonné la pratique de l'art de la mosaïque ; il reconnaissait donc par là que toutes ces mosaïques étaient dues à des artistes étrangers appelés par les papes. Il est constant au surplus qu'à l'époque de Didier la mosaïque était tout à fait abandonnée en Italie, car ce vénérable abbé n'aurait pas fait venir à grands frais des mosaïstes de Constantinople, s'il avait pu trouver dans son pays des artistes capables de répondre à ses vues. Le style des mosaïques faites en Italie depuis le sixième siècle jusqu'à la fin du neuvième fait assez voir, au surplus, à quelle école en appartenaient les auteurs.

Commençons notre examen par celles qui décorent les églises de Ravenne. Elles existent encore en grand nombre et sont bien supérieures à celles de Rome. Les plus belles se voient dans la basilique de Saint-Vital, dans ce qui reste de l'ancienne église Saint-Michel, à Saint-Apollinaire Nuovo, dans l'ancien baptistère de Sainte-Marie in Cosmedin, et dans la belle basilique de Saint-Apollinaire in Classe, à trois kilomètres environ de la ville.

La basilique de Saint-Vital, dont la construction avait été entreprise par l'archevêque saint Ecclesius († 542), fut consacrée par l'un de ses successeurs, saint Maximianus, en 547. Le chœur et l'abside sont entièrement couverts de mosaïques. On y voit non-seulement des figures isolées, comme celles des évangélistes et de quelques-uns des prophètes, mais des compositions, telles que le Sacrifice d'Abraham, et Moïse sur le mont Sinaï, avec un groupe d'Israélites au pied de la montagne, attendant son retour. Tous ces tableaux, toutes ces figures sont empreintes du style classique ; les costumes sont ceux des Romains (2). Deux grands tableaux décorent les parois de l'abside, au-dessous de la voûte. A droite, Justinien, suivi des grands dignitaires de l'empire et de quelques officiers, accompagne l'évêque Maximianus, qui procède, assisté de son clergé, à la dédicace de l'église.

(1) *Chronica S. Mon. Casin.*, lib. III, cap. xxix. Lut. Par., 1668, p. 351.
(2) CIAMPINI, *Vetera monum.*, t. II, p. 65, pl. XIX à XXII.

L'empereur porte une tunique blanche et la grande chlamyde à tablion d'or; sa tête, nimbée, est couronnée du stemma. A gauche, l'impératrice Théodora, précédée de ses officiers et suivie de ses femmes, tient dans ses mains un vase d'or qu'elle va offrir à l'église, dont un officier soulève la portière. Ces deux tableaux sont placés à trois ou quatre mètres au-dessus du sol ; les figures sont un peu plus grandes que nature (1). Ils offrent des dispositions scéniques dont la composition est heureuse : le caractère en est un peu rude, mais n'est pas dépourvu de grandeur ; le dessin est correct, les têtes sont belles et expressives. Dans la voûte de l'abside, le Christ, assis sur un globe entre deux anges, tient un livre de la main gauche et de la droite donne une couronne à saint Vital, qui lui est présenté par l'un des deux anges : l'autre lui présente l'évêque saint Ecclesius, qui tient dans ses mains le modèle de la basilique. Le Christ porte la grande tunique talaire et le manteau comme dans la mosaïque du narthex de Sainte-Sophie, mais il est représenté avec une figure plus jeune et imberbe (2). Les deux anges ont le costume adopté par les Byzantins pour les messagers de Dieu, la tunique talaire et le grand manteau drapé, comme l'ange reproduit dans notre planche III ; ils ont la tête ceinte d'un diadème et tiennent une longue verge à la main. Saint Vital est revêtu du costume des grands dignitaires de l'empire d'Orient.

L'église Saint-Michel, bâtie en 545, n'a conservé que son abside. Sur le grand arc, au-dessus de l'ouverture de la voûte, on a représenté le Christ assis et bénissant; deux anges sont debout à ses côtés; d'autres anges sonnent de la trompe ; plus bas, à la hauteur de l'ouverture de la voûte, d'un côté la figure de saint Cosme, de l'autre celle de saint Damien. Dans la voûte, le Christ est debout, tenant d'une main une très-grande croix et de l'autre un livre; il est accompagné des archanges Michel et Gabriel, représentés à la manière byzantine (3).

L'église Saint-Apollinaire Nuovo, bâtie au commencement du sixième siècle par Théodoric, fut consacrée au culte catholique par l'archevêque saint Agnellus († 566), qui y fit faire les mosaïques très-remarquables qu'on y voit encore. Les principales occupent une large frise au-dessus des colonnes dans toute la longueur de la nef. A droite en entrant dans l'église, on a représenté le palais de Théodoric, au-dessus duquel on aperçoit les principaux monuments de Ravenne ; de là paraissent sortir vingt-cinq bienheureux qui se dirigent tous, à la suite les uns des autres, tenant à la main une couronne, vers le Christ, qui est représenté à l'extrémité de la nef, assis sur un trône, comme dans la grande mosaïque de Sainte-Sophie; il bénit de la main droite et tient un sceptre de la gauche. Tous les saints sont vêtus de blanc, sauf le premier, saint Clément, dont le manteau est violet. A gauche en entrant, on voit le port de Ravenne, puis une suite de vingt-deux figures de vierges saintes tenant aussi des couronnes. Elles s'avancent vers la Vierge assise sur un trône et tenant sur ses genoux l'enfant Jésus, qu'adorent les Rois mages. Tous les personnages, dans ces deux séries, exécutent la même action, à peu près dans le même mouvement; mais, dans l'expression du sentiment qui les conduit, on trouve quelques diversités indivi-

---

(1) On trouvera de bonnes reproductions de ces tableaux dans la *Revue archéol.*, t. VII, p. 354, et dans la publication de M. DE HEFNER ALTENECK, *Trachten der Christlichen Mittelalters*. Francf., 1840.
(2) Le cul-de-lampe de ce chapitre reproduit la figure du Christ.
(3) CIAMPINI, *Vetera monum.*, t. II, p. 63, pl. XVII.

duelles, surtout parmi les saints ; les vierges présentent moins de variété. Le dessin est correct, et la belle manière de draper les vêtements indique dans le mosaïste l'étude des productions classiques ; mais il faut convenir qu'on voit déjà poindre dans ces figures un art particulier se dégageant, avec une physionomie qui lui est propre, des imitations de l'antiquité. Au-dessus des deux grandes frises, entre les fenêtres, sont encore un grand nombre de figures de saints et de prophètes (1). La paroi intérieure du mur au-dessus de la porte d'entrée était aussi décorée de mosaïques ; il n'y reste plus aujourd'hui qu'un portrait en buste de Justinien ; encore est-il caché par l'orgue qu'on a établi là, à une époque peu éloignée, comme dans la plupart des temples chrétiens. Nous avons déjà parlé de ce portrait (tome I⁺ʳ, page 29).

L'église Sainte-Marie in Cosmedin, bâtie au commencement du sixième siècle, servait de baptistère aux Goths ariens. L'archevêque Agnellus la consacra au culte catholique et l'embellit de mosaïques. On voit, au centre de la coupole, le Baptême du Christ par saint Jean. Le Jourdain est représenté sous la forme d'un vieillard appuyé sur une urne d'où l'eau s'épanche. Les figures nues sont d'un bon modelé, qui accuse les muscles d'une manière très-prononcée. Autour du médaillon qui renferme cette scène sont placés circulairement les douze apôtres. Entre saint Pierre et saint Paul, qui se font face, s'élève un riche trône, sur lequel est posée la croix. Les autres apôtres se dirigent cinq par cinq des deux côtés vers le trône, en tenant dans les mains des couronnes. Il y a peu de diversité dans les attitudes (2).

La belle basilique de Saint-Apollinaire in Classe a été dédiée, en 549, par le saint archevêque Maximianus. Le grand arc et l'abside sont décorés de mosaïques assez bien conservées, qui datent de l'époque de la construction de l'édifice. Dans la partie supérieure du grand arc, au-dessus de l'ouverture de la voûte, on voit un médaillon renfermant le buste du Christ, et, de chaque côté, deux des symboles des évangélistes. Au-dessous, et distribués en quatre zones sur les deux côtés de l'arc, sont des brebis qui sortent des villes saintes, deux palmiers, les figures des archanges Michel et Gabriel, tenant à la main un labarum comme les empereurs grecs, et deux figures d'apôtres à mi-corps. Au centre de la demi-coupole de l'abside, saint Apollinaire, au milieu d'une forêt, étend les mains dans l'action de prêcher ; à ses pieds sont des brebis qui représentent les fidèles accourus à sa voix. Dans le haut est une singulière représentation de la Transfiguration. Le Christ y est figuré sur une croix renfermée dans un médaillon, dont le fond est étoilé. Moïse et Élie, dont la partie inférieure du corps est perdue dans les nuages, sont à droite et à gauche ; les trois apôtres sont représentés par trois agneaux. Au-dessous de cette grande composition et dans les quatre trumeaux entre les fenêtres sont les figures de quatre saints archevêques de Ravenne, et au delà, à droite et à gauche, deux tableaux, dont l'un représente la consécration de l'église par saint Maximianus, et l'autre un homme à table, et près de lui, debout, deux hommes et un enfant. On veut y voir Abel, Melchisédech et Abraham avec son fils Isaac, ce qui nous paraît fort douteux. Toutes ces mosaïques sont d'un bel effet et ne le cèdent en rien à celles que nous avons déjà décrites (3).

---

(1) Ciampini, *Vetera monum.*, t. II, p. 89, pl. XXVI et XXVII.
(2) *Idem, ibid.*, pl. 77, pl. XXIII.
(3) *Idem, ibid.*, p. 79, pl. XXIV.

Rome, après la mort de Théodoric, avait eu cruellement à souffrir des guerres de Bélisaire contre les Goths; la pratique des arts s'y était à peu près éteinte, et ce n'est pas là que les officiers de Justinien durent aller chercher des mosaïstes pour décorer les églises de Ravenne, capitale de l'exarchat, alors que l'art de la mosaïque était si florissant à Constantinople et dans l'empire d'Orient. Il ne peut donc rester aucun doute sur l'origine grecque des mosaïques exécutées à Ravenne depuis la prise de cette ville par Bélisaire.

L'état de l'art de la mosaïque à Rome au sixième siècle donne la justification de cette opinion. Depuis le pape saint Hilaire († 468), qui fit faire les voûtes des oratoires attenants au baptistère de Saint-Jean de Latran (1), les mosaïques avaient été à peu près abandonnées. Les seules qui soient signalées par le *Liber pontificalis* comme ayant été exécutées durant le règne de Théodoric, sont celles que fit faire le pape saint Symmaque († 514) au portique de la basilique de Saint-Pierre, et encore ne s'agissait-il que de simples motifs de décoration : des agneaux, des croix et des palmes (2). Théodoric, il est vrai, avait fait demander des mosaïstes à Rome pour décorer l'église qu'il faisait bâtir à Ravenne; mais il est à remarquer que les artistes dont il réclamait le concours étaient des *marmorarii*, comme le dit Cassiodore, c'est-à-dire des tailleurs de marbre chargés de décorer les murs et les pavés, et non pas des *musivarii*, qui faisaient avec des cubes de verre des compositions diverses et de véritables tableaux. Ce ne fut qu'après la mort de Théodoric, sous le pontificat de Félix IV, de 526 à 530, que l'on recommença à Rome à exécuter des mosaïques de ce genre. On voit encore dans l'église SS. Cosme et Damien celles dont ce pape fit décorer l'arc et la voûte de l'abside. Sur l'arc, au-dessus de l'ouverture de la voûte, dans un médaillon circulaire, l'Agneau symbolique est représenté couché sur un trône d'or gemmé qui est surmonté d'une croix. Deux anges, quatre candélabres et l'aigle, symbole de saint Jean, sont à la gauche du trône; à la droite, trois candélabres, deux anges et l'homme ailé, symbole de saint Mathieu. Les symboles des deux autres évangélistes auront disparu par la diminution qui fut faite de l'arc lorsque l'église fut réparée dans les temps modernes. Deux bras étendus de chaque côté vers l'Agneau indiquent que sur la partie retranchée de l'arc existaient, en deux groupes, les vingt-quatre vieillards nommés dans la vision apocalyptique de saint Jean. Le Christ marchant sur les nuages et élevant la main droite pour bénir, occupe le haut du tableau qui couvre la voûte hémisphérique de l'abside. Un peu plus bas, sur la terre, saint Pierre et saint Paul présentent au Sauveur, l'un saint Cosme suivi de saint Théodore, l'autre saint Damien, auprès de qui se tient le pape Félix, qui porte dans ses mains le modèle de la nouvelle église (3). Au-dessous de cette composition, dans une large frise, l'Agneau symbolique est représenté sur un tertre; douze brebis, six à six, sortent des deux villes saintes et se dirigent vers lui (4). Dans la voûte de l'abside, les figures sont de très-grande proportion. Saint Pierre et saint Paul portent encore le costume romain, saint Théodore est revêtu de la chlamyde byzantine ornée du tablion, et le pape Félix du costume ecclésiastique de son époque.

Le style de ce tableau est tout différent de celui qui se révélait dans les mosaïques du

---

(1) Ciampini, *Vetera monum.*, t. I, p. 240, pl. LXXIV et LXXV.
(2) *Liber pontificalis*, t. I, p. 177.
(3) La figure de Félix a été refaite au dix-septième siècle.
(4) Ciampini, *Vetera monum*, t. II, p. 59, pl. XV et XVI.

quatrième et du cinquième siècle. On y reconnaît la transformation qui s'était opérée dans l'art chrétien sous l'initiative des Grecs. Dans les sujets purement religieux, dans ceux surtout qui devaient orner le sanctuaire des églises, les Byzantins aimaient à ne représenter qu'un très-petit nombre de personnages. Il ne s'agissait pas pour eux de reproduire là une action, mais bien plutôt d'offrir à l'adoration ou à la vénération des fidèles le Christ, la Vierge ou quelques saints protecteurs de l'Église. Le calme de l'attitude et l'austérité du visage formaient le caractère principal de ces figures, ce qui n'excluait pas la correction du dessin et la pureté des formes chez les bons artistes de l'école grecque, comme le démontrent les mosaïques de Sainte-Sophie et la plupart de celles de Ravenne.

Le mosaïste de l'église SS. Cosme et Damien n'avait pas beaucoup de talent. Ce n'est pas qu'il ait mis en oubli toutes les lois de la composition pittoresque. Le Christ, placé dans une position plus élevée que les autres personnages, est debout sur les nuages et descend vers la terre, où se tiennent les deux apôtres qui portent une main sur l'épaule de leurs protégés en étendant l'autre vers le Sauveur pour les lui présenter. Ce qui nuit à l'ordonnance du tableau, c'est que tous sont tournés plutôt vers les spectateurs que vers le Christ, comme cela devrait être. Le dessin ne manque pas de correction, l'attitude des personnages est satisfaisante et sans roideur, les draperies sont souples et bien jetées, et se rattachent encore par le style à l'antiquité ; mais les physionomies ont quelque chose de rude et d'insolite qui diffère du galbe romain et qui dénote chez l'artiste l'usage habituel de modèles étrangers à l'Italie. Il faut donc reconnaître, dans l'ensemble de la composition comme dans l'exécution, la main d'un artiste byzantin.

Si l'on consulte l'histoire, on ne s'étonnera pas de l'introduction du style byzantin à Rome à cette époque. Un édit rendu par Justin contre ses sujets ariens, sans en excepter les Goths auxiliaires, avait excité au plus haut degré la colère de Théodoric, qui députa vers l'empereur le pape Jean I$^{er}$ (523 † 526), afin d'en obtenir la révocation. Le pape fut accueilli à Constantinople avec les plus grands honneurs, et s'il ne put réussir à obtenir ce que voulait le roi des Ostrogoths, il ne revint cependant à Rome que comblé des présents de l'empereur (1). Il y a lieu de supposer que Jean I$^{er}$ fut frappé du bel effet des mosaïques dans les églises de Constantinople, et qu'il ramena avec lui quelques artistes, dans l'intention de restaurer à Rome l'art de la mosaïque, abandonné depuis près de soixante ans. Jean I$^{er}$ mourut dans les prisons de Théodoric, à Ravenne, peu de temps après son retour. Ses soins ne furent pas perdus néanmoins, et son successeur Félix IV († 530) utilisa le talent des artistes byzantins dans la décoration de l'église SS. Cosme et Damien qu'il fit élever (2).

Cependant l'art de la mosaïque ne prit pas encore de développement à Rome. Les guerres de Bélisaire contre les Ostrogoths et le siège que cette ville eut à subir y avaient éteint la culture des arts, et il faut nous reporter à cinquante années après Félix IV pour trouver la trace de l'exécution d'une œuvre de mosaïque. Celle dont nous voulons parler existe sur le grand arc qui subsiste encore de l'ancien sanctuaire de l'église Saint-Laurent hors des murs, bâtie par le pape Pélage II (578 † 590) (3), reconstruite par Adrien I$^{er}$, qui changea l'orien-

---

(1) *Liber pontificalis*, t. I, p. 190.
(2) *Ibid.*, p. 195.
(3) *Ibid.*, p. 231. — CIAMPINI, *Vetera monum.*, t. II, p. 101, pl. XXVIII.

tation de l'église, et agrandie au treizième siècle par Honorius III. Le Christ y est représenté assis sur le globe du monde, comme dans l'abside de Saint-Vital de Ravenne, élevée trente-cinq ans plutôt; saint Pierre, saint Laurent et le pape Pélage sont à la droite du Christ; saint Paul, saint Étienne et saint Hippolyte à sa gauche. Cette mosaïque a subi de nombreuses restaurations à différentes époques; malgré tout, on peut reconnaître qu'elle est fort inférieure à celle de l'église SS. Cosme et Damien. L'artiste n'a pas eu l'idée de faire concourir les personnages qu'il a placés auprès du Christ à une action quelconque. Ils sont tous sur le même plan, sans aucune espèce de lien entre eux. Les proportions néanmoins sont assez régulières, les draperies amples et disposées convenablement, mais les physionomies sont laides et n'ont rien conservé du caractère romain. Le Christ, suivant la très-juste expression de M. Vitet (1), a l'air farouche, ascétique : c'est une vraie figure de moine d'Orient. Les bons mosaïstes grecs restaient à Constantinople, occupés des nombreux et magnifiques travaux qui s'y faisaient dans les églises et dans les palais ; ceux du second ordre venaient à Ravenne pour y décorer les édifices qu'on y élevait par ordre des empereurs. Les artistes médiocres, sortis sans doute des couvents de la Thessalie ou de la Macédoine, se risquaient seuls à venir exercer leur industrie à Rome, si cruellement éprouvée par l'invasion des Lombards.

Durant le septième siècle et les premières années du huitième, les églises de Rome s'enrichirent d'un certain nombre de mosaïques, dont l'exécution nous est révélée par le *Liber pontificalis* et par quelques autres documents. Nous pouvons signaler : 1° celle de la voûte de l'abside dans l'église Sainte-Agnès, que fit rééditier le pape Honorius (625 † 638) (2) ; 2° celle dont Severinus (640) enrichit l'abside de la basilique de Saint-Pierre (3) ; 3° celle de l'arc et de la voûte de l'abside dans l'oratoire Saint-Venance attenant au baptistère de Saint-Jean de Latran que construisit Jean IV (640 † 642) (4) ; 4° dans Saint-Étienne, celle de la voûte d'un autel consacré par Théodore I$^{er}$ (642 † 649) aux saints Prime et Félicien (5) ; 5° une figure en pied de saint Sébastien élevée dans l'église de Saint-Pierre aux liens sous le pontificat d'Agathon (679 † 682) (6). Le *Liber pontificalis* nous apprend encore que le pape Sergius I$^{er}$ (687 † 701) fit réparer les mosaïques qui décoraient la façade de l'atrium de la basilique de Saint-Pierre (7), et que Jean VII (705 † 708) avait décoré de mosaïques une chapelle, dédiée à la Vierge, par lui construite dans la basilique de Saint-Pierre au Vatican (8). On conserve dans les souterrains de la basilique actuelle quelques fragments de ces mosaïques, à savoir : un portrait de Jean VII exécuté sur un fond d'or : le nimbe carré dont la tête du pape est ornée indique bien que le portrait a été fait de son vivant ; — un saint Pierre bénissant et tenant deux clefs ; — et une Vierge avec l'enfant Jésus sur ses genoux, entre deux personnages debout.

(1) *Les Mosaïques chrétiennes* (*Journal des savants*, 1863, p. 384).
(2) *Liber pontificalis*, t. I, p. 245.
(3) *Ibid.*, p. 250.
(4) *Ibid.*, p. 251.
(5) *Ibid.*, p. 256.
(6) Baronius, *Annales eccles.* Lucæ, 1742, t. XII, p. 17.
(7) *Liber pontif.*, t. I, p. 311.
(8) *Ibid.*, p. 316.

Le *Liber pontificalis* ne manque jamais de rapporter les travaux d'art qui ont été exécutés sous chacun des papes, et, depuis le seizième siècle, les archéologues italiens ont fouillé les archives de leur pays pour y puiser ce qui pouvait intéresser l'histoire de l'art; cependant on n'a pu trouver la trace d'aucune autre mosaïque jusqu'au pontificat de Zacharie (741). Si l'on fait attention à leur petit nombre durant l'espace de cent cinquante années, et au long intervalle de temps qui s'est écoulé souvent entre l'exécution de l'une et de l'autre, on pourra se convaincre qu'il n'existait pas d'école de mosaïque à Rome, et que les tableaux qui sont signalés sont dus à des artistes étrangers appelés spécialement pour les faire. Ces artistes appartenaient évidemment à l'empire d'Orient. On remarquera d'abord, en effet, que sur les sept papes qui, depuis la mort de Pélage II jusqu'à l'avénement de Zacharie, ont fait faire des mosaïques, trois, Jean IV, Sergius et Jean VII, étaient Grecs d'origine, et que deux autres, Théodore et Agathon, étaient nés, le premier en Palestine, et le second en Sicile, provinces qui appartenaient encore à l'empire d'Orient, où l'art de la mosaïque était usuel et très-cultivé. On comprend sans peine que ces papes, par suite de leurs relations avec leur pays natal, aient appelé des artistes byzantins pour décorer les églises de Rome. Plusieurs des tableaux mosaïques dont les textes ont constaté l'exécution subsistent encore au surplus à Sainte-Agnès, dans l'oratoire de Saint-Venance, à Saint-Étienne, à Saint-Pierre aux liens, à Sainte-Marie in Cosmedin et dans les cryptes de la basilique de Saint-Pierre, où l'on a transporté, comme nous venons de le dire, des fragments de celles que fit faire Jean VII (1), et l'on peut reconnaître que ces peintures sont empreintes du style byzantin. Ainsi, à Sainte-Agnès, la sainte patronne de l'église, qui figure dans la voûte de l'abside entre les deux souverains pontifes Symmaque et Honorius, porte le costume tout à la fois riche et sévère des impératrices d'Orient; sa tête est couronnée du stemma. L'austère sévérité des visages, la gravité des attitudes, l'ampleur et la simplicité des vêtements sacerdotaux que portent les deux papes, sont caractéristiques de l'art byzantin. Les idées grecques se manifestent également dans les autres mosaïques avec des qualités diverses, suivant le talent des artistes. A Saint-Venance, où l'arc et la voûte de l'abside sont ornés de mosaïques, on voit sur l'arc huit saints martyrs, dont cinq sont revêtus d'un costume byzantin, la longue tunique enrichie de médaillons aux épaules et la chlamyde ornée du tablion qui appartenait aux grands dignitaires de la cour de Constantinople. Dans le haut de la voûte, le Christ est représenté à mi-corps au milieu des nuages, bénissant à la manière grecque. Au-dessous, est la Vierge au milieu de huit saints, dans le costume et dans l'attitude (les deux mains élevées) que lui donnent ordinairement les artistes byzantins en pareille situation et telle qu'on la voit à Sainte-Sophie de Thessalonique. A Saint-Étienne, les deux saints Prime et Félicien, qui sont représentés à droite et à gauche d'une grande croix, portent aussi la chlamyde ornée du tablion. Le saint Sébastien de Saint-Pierre aux liens est reproduit sous la figure d'un personnage honorable de la cour de Constantinople. La mosaïque provenant de l'ancienne basilique de Saint-Pierre, et que l'on voit dans la sacristie de Sainte-Marie in Cosmedin, n'est qu'un fragment d'un grand tableau qui représentait l'Adoration des mages; il n'en reste que le groupe de la Vierge et de l'Enfant, avec saint Joseph et un ange dont la tête est

---

(1) Ces mosaïques, de même que toutes les autres qui subsistent encore à Rome, ont été savamment décrites par M. H. BARBET DE JOUY, *les Mosaïques chrétiennes des basiliques et des églises de Rome*. Paris, 1857.

ceinte d'un diadème et qui porte à la main la longue verge, attribut des anges chez les Byzantins. L'exécution matérielle de la mosaïque laisse beaucoup à désirer : les cubes sont d'une assez grande dimension, les joints trop espacés ; mais le style des figures et la manière dont elles sont groupées dénotent dans la composition un art qui, à cette époque, n'existait plus que dans l'empire grec. Cependant, si l'on retrouve encore dans toutes ces mosaïques quelques vestiges des anciennes traditions, il faut reconnaître qu'elles sont bien inférieures à celles qui furent exécutées sous Félix IV, dans l'église SS. Cosme et Damien. Il n'y a pas lieu de s'en étonner. Nous avons déjà eu l'occasion de constater, en effet, qu'un abaissement du niveau de l'art s'était produit dans l'empire d'Orient, à partir de la mort d'Héraclius (641), qui devint comme le signal d'une série de crimes et de violences, et l'on a pu remarquer que depuis cette époque jusqu'au règne de Théophile (829 † 842), les monuments des différents arts industriels, de même que les textes qui en constateraient l'existence, nous ont fait défaut (1).

L'art byzantin était donc déjà entré dans la voie de la décadence, lorsque Léon l'Isaurien proscrivit le culte des saintes images et en interdit la reproduction aux artistes sous les peines les plus sévères (726). Exécutés par lui et par ses successeurs avec la plus grande rigueur, les édits de Léon eurent pour effet l'émigration d'artistes grecs en Italie ; mais ces artistes, nés et élevés au milieu des troubles de l'empire d'Orient, abandonnés à eux-mêmes et privés des beaux modèles qu'ils avaient sous les yeux à Constantinople, ne purent produire que des œuvres de plus en plus médiocres. Néanmoins, comme ils avaient encore conservé quelques bonnes traditions, ils surent arracher l'art à l'anéantissement presque complet où il était arrivé en Italie, et ils devinrent les promoteurs du réveil qui commença dès cette époque à se produire dans toutes les branches de l'industrie artistique, et qui reçut plus tard une vive impulsion des efforts simultanés de Léon III et de Charlemagne (2). Il ne paraît pas néanmoins que les mosaïstes grecs aient émigré en grand nombre au huitième siècle en Italie, car les œuvres de mosaïque y sont encore très-rares. Le pape Zacharie (741 † 752), qui était Grec d'origine, fit enrichir de mosaïques l'arc de la voûte qui couvrait le tombeau de Grégoire III, son prédécesseur, dans la basilique de Saint-Pierre (3), et le triclinium du palais de Latran qu'il avait fait reconstruire (4). Paul I$^{er}$ (757 † 767) orna de marbres et de mosaïques l'église du monastère de Saint-Étienne, édifiée par lui (5). Enfin Adrien I$^{er}$ (772 † 795) enrichit d'une mosaïque la voûte de l'abside de l'église Saint-Théodore (6). Ce tableau mosaïque subsiste encore. Il offre un sujet déjà traité bien souvent par les mosaïstes : le Christ est assis sur le globe du monde ; à sa gauche, saint Pierre lui présente saint Théodore revêtu du costume byzantin ; à sa droite, saint Paul présente un jeune homme qui offre une couronne. On pourrait reporter à la même époque l'exécution des mosaïques qui décorent deux petites absides de Sainte-Constance dont nous avons parlé.

Les mosaïques que le *Liber pontificalis* nous signale comme ayant été exécutées par les

---

(1) Voyez tome I$^{er}$, p. 32.
(2) Voyez les Notions générales, t. I$^{er}$, p. 62 et suiv.
(3) Romanus, *Basilicœ veter. Vaticanœ descript.*, cap. vii. Romæ, 1646, p. 16.
(4) *Liber pontificalis*, t. II, p. 74.
(5) *Ibid.*, p. 129.
(6) *Ibid.*, p. 221.

ordres de Léon III (795 † 816) dépassent en nombre celles qui ont été faites durant tout le cours du huitième siècle. Voici les localités qui en furent enrichies : la voûte de l'abside d'un grand triclinium annexé à la basilique de Saint-Pierre (1); celle de la chapelle de la Sainte-Croix dans cette basilique (2); un oratoire élevé à l'archange saint Michel dans le palais de Latran (3); les murs supérieurs et l'abside de l'église Sainte-Susanne (4); l'abside du grand triclinium du palais de Latran (5), et celle de l'église SS. Nérée et Achillée (6). Toutes ces mosaïques ont disparu, sauf celles qui couvrent l'arc de l'abside de cette dernière église. On trouve bien sur la place de Saint-Jean de Latran une sorte de tribune ornée de mosaïques, où l'on voit, d'un côté Jésus-Christ donnant les clefs à saint Sylvestre et un étendard à Constantin, et, de l'autre, saint Pierre remettant le pallium à Léon III et un étendard à Charlemagne ; mais ce n'est là qu'une reproduction de l'abside du triclinium de Latran, faite en 1743, d'après un ancien dessin (7). Comme on ne peut savoir quelle était l'exactitude de ce dessin, et que d'ailleurs les artistes du dix-huitième siècle ne se piquaient pas de copier avec fidélité, il n'est pas possible de se fier à cette reproduction pour juger de la valeur de la mosaïque primitive. On ne saurait se fier davantage à un dessin des peintures de Sainte-Susanne publié par Ciampini, d'après un ancien manuscrit (8). On n'a donc plus, pour juger les mosaïques du temps de Léon III, que celles qui couvrent l'arc de l'abside de l'église SS. Nérée et Achillée, et il faut convenir que nous n'en avons pas encore signalé d'aussi mauvaises. Le sujet principal, qui se développe au-dessus de l'ouverture de la voûte, est une Transfiguration. La figure du Christ, de très-grande proportion, et cependant lourde et trapue, est reproduite au centre d'une auréole; les deux prophètes Moïse et Élie, de proportion beaucoup plus petite, paraissent comme des nains auprès du Sauveur ; les trois apôtres, enveloppés dans leurs manteaux, semblent enfermés dans des sacs et rampent à terre comme des vers. A gauche, un ange annonce à la Vierge les décrets de Dieu; à droite, Marie, assistée d'un ange, tient devant elle son Fils. La Mère de Dieu est debout, et porte une sorte de vêtement monacal serré à la taille par un cordon. Le dessin est au niveau de la composition : toutes les figures sont roides et sans mouvement, les têtes laides et sans expression, les vêtements n'offrent que de gros plis droits et durs (9). On ne rencontre plus dans ce tableau, si l'on en excepte les deux anges, qui sont un peu moins disgracieux que les autres figures, aucune trace des anciennes traditions ; c'est à peine si l'on peut le rattacher à l'art byzantin dégénéré.

On s'étonnera peut-être de rencontrer une œuvre atteinte d'une pareille décadence au temps de Léon III et de Charlemagne, qui a été signalé avec raison comme une époque de retour au culte de l'art; mais il faut faire attention que la mosaïque, cultivée seulement en

---

(1) *Liber pontificalis*, t. II, p. 256.
(2) *Ibid.*, p. 279.
(3) *Ibid.*, p. 303.
(4) *Ibid.*, p. 242.
(5) *Ibid.*, p. 344.
(6) *Ibid.*, p. 314. — CIAMPINI, *Vetera monum.*, t. II, p. 124, pl. XXXVIII.
(7) CIAMPINI, *Vetera monum.*, t. II, p. 128, pl. XL.
(8) *Idem, ibid.*, p. 138, pl. XLII.
(9) *Idem, ibid.*, p. 124, pl. XXXVIII.

Orient depuis près de trois siècles, avait eu plus à souffrir que tous les autres arts des édits rendus contre les images. Sauf quelques tableaux dont les mosaïstes les plus habiles pouvaient décorer les palais de l'empereur, les peintres en mosaïque ne trouvaient généralement à employer leur talent que dans les églises, dont les absides, les voûtes et souvent même les murs se couvraient de sujets tirés de l'Ancien et du Nouveau Testament, afin de faire connaître au peuple illettré les scènes principales de la Bible et de l'Évangile, et de compléter son éducation religieuse. Lorsque les édits des empereurs iconoclastes eurent interdit la reproduction des images dans les églises, les mosaïstes en furent réduits à ne plus produire que des motifs d'ornements. Ils négligèrent bientôt pour la plupart l'étude de la composition et de la figure, et d'artistes ils devinrent ouvriers. L'émigration avait amené en Italie, au commencement de la persécution, quelques mosaïstes, habiles praticiens, qui, malgré l'affaiblissement de l'art en Orient, étaient encore capables de composer des tableaux et d'exécuter des figures; mais ces premiers mosaïstes émigrés n'existaient plus à l'époque de Léon III, soixante-quinze ans après la promulgation des édits, et l'état de trouble et de guerre dans lequel fut plongée l'Italie durant la seconde moitié du huitième siècle n'ayant pas permis aux papes de fournir assez de travaux à leurs élèves pour entretenir une école de mosaïque, ce fut encore aux mosaïstes de l'Orient que Léon III dut avoir recours pour faire exécuter les mosaïques assez nombreuses dont il enrichit les églises de Rome et le palais de Latran. On comprend dès lors l'état d'infériorité de leurs œuvres, malgré cette aspiration vers la renaissance qui se fit sentir alors dans les autres branches des arts.

Ce qui constate que les travaux en mosaïque de Léon III avaient attiré à Rome plusieurs mosaïstes grecs, c'est que Pascal I$^{er}$ (817 † 824), qui monta sur le trône pontifical sept mois après lui, put faire faire un grand nombre de mosaïques, à savoir : dans la basilique de Saint-Pierre, au-dessus du tombeau de saint Sixte ; à Sainte-Praxède et dans la chapelle de Saint-Zénon annexée à cette église ; à Sainte-Marie in Dominica (aujourd'hui SS. Marie de la Nacelle) et à Sainte-Cécile (1). La mosaïque du tombeau de saint Sixte a disparu avec l'ancienne basilique de Saint-Pierre ; mais les autres subsistent encore, et ce sont les plus complètes et les mieux conservées qui soient à Rome. Il serait beaucoup trop long, et sans intérêt d'ailleurs, d'en faire ici une description étendue (2) ; nous nous bornerons à faire ressortir ce qu'elles offrent de plus remarquable au point de vue de leur origine et de l'histoire de l'art. Elles ont au surplus un caractère très-authentique, car elles portent le nom ou tout au moins le monogramme de Pascal I$^{er}$.

De toutes les anciennes églises de Rome, Sainte-Praxède est la plus remarquable par l'abondance des mosaïques. L'effet de l'ensemble est imposant, et les yeux en sont éblouis quand on entre. Un grand arc attenant à la nef, la voûte hémisphérique de l'abside et son arc, et l'entrée de la chapelle Saint-Zénon, en sont couverts. L'ouvrier mosaïste qui a fait le grand arc et la voûte de l'abside étant sans doute incapable de composer un tableau, a emprunté son sujet aux mosaïques de l'arc et de l'abside de l'église SS. Cosme et

---

(1) *Liber pontif.*, t. II, p. 323, 327, 328, 329 et 333.

(2) Elles ont été décrites avec le plus grand soin par M. BARBET DE JOUY, *les Mosaïques chrétiennes de Rome*, et publiées par CIAMPINI, *Vetera monum.*, t. II, et par M. G. FONTANA, *Raccolta delle migliori chiese di Roma* (Roma, 1855).

Damien, qu'il a reproduites en se contentant de substituer aux deux frères Cosme et Damien sainte Praxède et sainte Pudentienne, sa sœur, à saint Théodore saint Zénon, et au pape Félix IV le pape Pascal I$^{er}$. Du reste, la disposition du tableau est la même, les attitudes des personnages sont semblables; tout, en un mot, jusqu'aux accessoires, est imité servilement. Des dissemblances notables se font néanmoins sentir dans les deux tableaux. Respectant les règles les plus vulgaires de l'art, le mosaïste du sixième siècle avait donné à tous ses personnages des proportions empruntées à la même échelle. L'auteur des tableaux de Sainte-Praxède, adoptant l'usage, qui commençait à s'introduire, de proportionner la grandeur des figures à l'importance morale des personnages représentés, a donné au Christ une taille d'un tiers au moins plus élevée que celle des autres figures, bien qu'il soit même placé sur un plan plus éloigné. Cette faute de goût donne à l'ensemble de la composition un caractère étrange. Le dessin du mosaïste de Sainte-Praxède, sans être absolument défectueux, n'atteint pas à la correction qu'on remarque encore dans le tableau qui lui a servi de modèle. Les formes sont plus exiguës, les physionomies plus rudes, les draperies moins amples et moins bien jetées. Les brebis étaient déjà fort médiocrement rendues dans la mosaïque de l'église SS. Cosme et Damien; à Sainte-Praxède, elles semblent avoir été copiées sur des animaux taillés grossièrement dans du bois par quelque pâtre des montagnes. Les vingt-quatre vieillards qui manquent dans l'arc de l'abside à l'église SS. Cosme et Damien, se retrouvent à Sainte-Praxède. Ils sont répartis en deux groupes sur chacun des côtés de l'arc. Disposés symétriquement en trois lignes par quatre, et à des distances égales comme des soldats dans les rangs, ils sont tous drapés de la même façon, font tous le même geste, et présentent au Christ une couronne semblable. Cette uniformité appliquée à un si grand nombre de personnages est tout à fait déplaisante.

La chapelle Saint-Zénon offre des mosaïques plus gracieuses et surtout d'un meilleur goût. La voûte a reçu une ornementation d'un style élevé. Au centre, le Christ est représenté à mi-corps dans un médaillon circulaire; quatre anges vus de face, disposés à des intervalles égaux, élèvent les bras au-dessus de la tête pour soutenir ce médaillon. Le corps des anges est trop long, mais les formes n'en sont pas mauvaises; les draperies sont bien disposées. Il y a là un souvenir de l'antiquité, et l'on peut croire que le mosaïste s'est inspiré d'un ancien modèle dans cette ornementation.

Dans la voûte de l'abside de Sainte-Marie de la Nacelle, la Vierge, parée du costume des impératrices byzantines, est représentée assise sur un riche trône à coussin, tenant sur ses genoux l'enfant Jésus, qui se présente de face, bénissant à la manière grecque et tenant de la main gauche le livre des Évangiles. Sur les côtés sont disposés deux groupes d'anges qui s'inclinent. Le pape Pascal, agenouillé sur le tapis du trône, tient en ses mains le pied droit de la Vierge. Trois anges de chaque côté sont au premier plan des groupes, vêtus de longues robes et de manteaux flottants; on aperçoit, en arrière d'eux, le buste ou les têtes de ceux qui sont au second plan, puis, au delà, le haut des têtes seulement; on ne voit plus ensuite que la partie supérieure des nimbes, qui vont en diminuant d'étendue jusqu'au sommet du tableau. Cette manière d'indiquer la profondeur d'une foule en échelonnant et superposant des têtes, des coiffures ou des nimbes, était très-usitée dans l'école de peinture byzantine; on en voit de nombreux exemples dans les miniatures des manuscrits. Nos lecteurs en trouveront deux spécimens dans celles qui sont reproduites sur notre planche XLIX. Nous avons signalé aussi, tome II, page 183, une curieuse miniature grecque où cet effet de perspective est reproduit.

Le mosaïste de Pascal Ier ne s'est pas mis en frais d'imagination à Sainte-Cécile, où il a répété, dans la voûte de l'abside, le sujet qu'il avait exécuté à Sainte-Praxède. C'est encore le Christ sur les nuages, bénissant à la manière grecque, et six personnages sur la terre, disposés par trois sur le même plan, à droite et à gauche du Sauveur, qui les dépasse en taille de tout le buste. Les mêmes palmiers sont reproduits aux deux bouts du tableau; et dans la frise au-dessous, des brebis, qui sortent des villes saintes, s'avancent vers l'Agneau symbolique placé au centre. Le tableau de l'église SS. Cosme et Damien du sixième siècle est encore celui qui a servi de modèle au mosaïste de Sainte-Cécile.

Les successeurs de Pascal, jusqu'à Nicolas Ier, firent exécuter à leur tour des mosaïques, comme nous l'apprend le *Liber pontificalis*. Grégoire IV (827 † 844) fit orner ainsi la voûte de l'abside de l'oratoire qu'il éleva dans la basilique de Saint-Pierre, pour y déposer, sous un autel d'argent, le corps de saint Grégoire, et l'abside de l'antique église Saint-Marc, qu'il avait rebâtie (1). Sergius II († 847), son successeur, fit décorer d'une mosaïque à fond d'or celle de l'église SS. Sylvestre et Martin (2). Benoît III (855 † 858) orna de peintures en mosaïque les fenêtres et l'abside de Santa-Maria in Transtevere (3). Enfin son successeur, Nicolas Ier († 868), en enrichit différentes parties de l'église Sainte-Marie Nouvelle, aujourd'hui dédiée sous le vocable de Sainte-Françoise Romaine.

Les mosaïques des absides de Saint-Marc et de Sainte-Françoise sont les seules qui subsistent aujourd'hui. Celle de Saint-Marc témoigne de l'absence de toute étude et de toute notion d'art chez le mosaïste. Le sujet est le même que celui qui est reproduit dans les absides de Sainte-Praxède et de Sainte-Cécile : c'est le Christ d'une taille colossale, ayant trois personnages à sa droite et autant à sa gauche, et, dans une frise au-dessous, l'Agneau symbolique avec les brebis qui se dirigent vers lui. Le défaut d'expression dans les figures, l'allongement disgracieux des corps, le manque d'ampleur des draperies, ne sauraient être portés plus loin. Bien que les sept personnages soient compris dans le même tableau et doivent concourir à une action, le mosaïste les a isolés en les posant sur des dalles peu élevées au-dessus du sol; et tout isolés qu'ils sont ainsi, saint Marc porte cependant la main droite sur l'épaule du pape Grégoire : c'est l'oubli de toute notion d'ordre et de toute raison. Il en est autrement dans la mosaïque de Sainte-Françoise Romaine, qui a été exécutée de 858 à 868, quatorze ans au moins et plus de vingt ans peut-être après celle de Saint-Marc. L'artiste, ne voulant pas faire concourir à une action commune les personnages représentés dans la voûte absidale qu'il était chargé de décorer, a compris qu'il fallait alors les rendre complètement indépendants les uns des autres. Il a donc divisé le champ inférieur de la voûte en cinq arcades plein cintre soutenues par des colonnes, ce qui présente ainsi cinq niches, dans lesquelles il a placé ses personnages. Au centre, la Vierge, assise sur un trône byzantin et revêtue d'un riche costume de la cour orientale, tient auprès d'elle son divin Fils, qui est debout, les pieds posés sur le siège du trône; saint Jacques et saint Jean, saint Pierre et saint André, remplissent les autres niches, à droite et gauche de la Vierge. Ils sont

(1) *Liber pontif.*, t. III, p. 11 et 12.
(2) *Ibid.*, p. 55.
(3) *Ibid.*, p. 164.

représentés debout sur un socle, tenant à la main un volumen. Toutes ces figures, de même que le groupe de la Vierge et de l'Enfant, se détachent sur un fond d'or. Les apôtres sont largement drapés à la manière antique. La partie supérieure de la voûte est ornée d'une sorte de velarium où l'on voit, avec la main tenant une couronne et la croix, des vases chargés de fleurs ou de fruits qui rappellent l'antiquité. La guirlande de fleurs et de fruits qui encadre la voûte est également d'un goût assez pur. Cette mosaïque, qui est d'ailleurs finement exécutée, diffère donc par son style de celles qui l'ont précédée. On s'aperçoit facilement qu'elle est le produit d'une école nouvelle qui cherche à se frayer des voies meilleures, qui s'efforce de retourner vers les anciennes traditions et qui aspire à relever la mosaïque. Elle ne justifie pas encore de la renaissance de l'art, mais elle constate un progrès qui doit y conduire. On aura l'explication de l'heureux changement qui se produisait à Rome dans l'art de la mosaïque, si l'on fait attention aux événements qui s'étaient passés en Orient. A la mort de Théophile (842), l'impératrice Théodora, tutrice de Michel III, avait rétabli le culte des images. Cette heureuse révolution avait donné aux arts une vive impulsion. Les premières œuvres de la mosaïque, qui avait été à peu près abandonnée, durent être fort médiocres; mais les immenses travaux qui furent alors entrepris pour rétablir dans les églises les peintures et les mosaïques des murs, des voûtes et des absides, eurent pour résultat une véritable renaissance, qui se produisit en effet dans tout son éclat sous Basile le Macédonien (867 † 886) (1). L'exécution de la mosaïque de Sainte-Françoise Romaine coïncide avec les dernières années du règne de Michel III († 867); le mosaïste grec qui en est l'auteur n'était pas fort habile, mais il était entré dans cette voie nouvelle qui allait conduire à la restauration complète de son art en Orient.

Cette mosaïque est la dernière qui ait été exécutée à Rome au neuvième siècle, du moins on n'a trouvé la trace d'aucune autre dans les églises et les textes n'en mentionnent aucune. La lacune est complète pendant deux siècles, et pour retrouver l'exercice de cet art en Italie, il faut arriver jusqu'au moment où Didier, le célèbre abbé du Mont-Cassin, fit venir de Constantinople (1066) des artistes pour décorer de mosaïques la nouvelle église qu'il avait édifiée dans l'enceinte de son monastère et où le doge Selvo (1071 † 1084) fit également enrichir de mosaïques les voûtes et les murs de la basilique de Saint-Marc.

Il nous reste à dire quelques mots des mosaïques exécutées dans les provinces italiennes au neuvième siècle.

Les traces des mosaïques qui furent exécutées en Italie, en dehors de Ravenne et de Rome, du sixième siècle à la fin du neuvième, sont fort rares, et cette pénurie des monuments dans les provinces italiennes vient démontrer de nouveau que l'art de la mosaïque n'avait plus été cultivé en Italie après le cinquième siècle, et qu'il s'était depuis lors monopolisé dans la main des artistes grecs, appelés de loin en loin, lorsque la tranquillité du pays et l'état des finances des villes et des églises le permettaient, pour y faire quelques tableaux de cette façon. Les seules mosaïques que nous puissions citer sont celles de l'abside de Saint-Ambroise de Milan, celles que fit faire le doge Pierre Tradonico, en 837, dans l'église Sainte-Marguerite de Venise (2), et celles du grand arc et de l'abside de la cathédrale de Capoue. Les

---

(1) Voyez les NOTIONS GÉNÉRALES, t. I$^{er}$, p. 34 et suiv., et plus haut, page 351.
(2) SANSOVINO, *Venezia descritta*. In Venezia, 1585, f° 88 v°.

mosaïques de Sainte-Marguerite ont été détruites avec l'église elle-même. Nous ne connaissons celles de Capoue que par la gravure qu'en a publiée Ciampini (1) et par la dissertation dont il l'a accompagnée. La Vierge, revêtue d'un riche costume byzantin, est assise sur un trône, tenant devant elle l'enfant Jésus ; la colombe symbolique vole au-dessus de sa tête. Aux côtés de la Vierge sont les apôtres saint Pierre et saint Paul, portant le costume antique largement drapé ; saint Étienne et sainte Agathe, dont l'habillement consiste en une robe d'une riche étoffe. Le monogramme grec de la Mère de Dieu : MP ΘΥ (Μήτηρ Θεοῦ), se lit au-dessus du trône. Au haut du grand arc on a représenté, dans un médaillon, la figure à mi-corps de Dieu le Père, et sur les côtés, les figures en pied d'Isaïe et de Jérémie. Une inscription au bas du tableau constate qu'il fut exécuté sous l'épiscopat d'Ugon, qui gouvernait l'Église de Capoue à la fin du neuvième siècle. Ciampini, qui regarde ce travail comme étant de la main d'un artiste grec, le croit de l'auteur de la mosaïque de Sainte-Françoise Romaine. A en juger par la gravure de Ciampini, le dessin était correct, les figures avaient du mouvement et de l'expression. Ceci n'aurait rien d'étonnant, puisque la mosaïque de Capoue a été exécutée à une époque où l'art byzantin était en pleine voie de renaissance. La grande mosaïque de Saint-Ambroise existe encore, et nous avons eu plusieurs fois l'occasion de l'admirer. On veut qu'elle ait été exécutée par les soins de l'abbé Gaudentius, du temps d'Angilbert II, archevêque de Milan, à peu près à la même époque qui vit s'élever le magnifique autel d'or dont nous avons donné la description, c'est-à-dire vers 835 (2). Il est impossible de n'y pas reconnaître l'œuvre d'un Byzantin. Le Christ, assis sur un trône d'or gemmé, à coussin et à dossier, est représenté bénissant de la main droite et tenant de la gauche le livre des Évangiles. On trouve là une reproduction presque complète du Christ de la grande mosaïque du narthex de Sainte-Sophie, que notre planche LVIII a fait connaître à nos lecteurs. La parole du Sauveur inscrite sur le livre est la même dans les deux compositions, en grec à Sainte-Sophie, en latin à Saint-Ambroise : JE SUIS LA LUMIÈRE DU MONDE. Au-dessus de sa tête, on lit cette inscription dont les Grecs accompagnaient ordinairement sa figure lorsqu'ils le représentaient dans cette situation : IH XC (Ἰησοῦς Χριστός) O BACIΛEYC THC ΔΟΞΗC : JÉSUS-CHRIST, ROI DE GLOIRE. Les deux archanges Michel et Gabriel volent à la hauteur de la tête du Christ. Leurs noms grecs sont inscrits auprès de leurs têtes. Saint Gervais et saint Protais, dont les noms sont tracés en latin, se tiennent à droite et à gauche du trône, revêtus des riches costumes de la cour byzantine. Au-dessous, trois médaillons renferment les bustes de saint Satyre et des saintes Marcelline et Candide. Le surplus du champ, à droite et à gauche, est rempli par deux compositions qui sont encadrées entre deux palmiers et ainsi séparées de la composition centrale, objet principal du tableau. L'une représente l'intérieur de la basilique de Tours, où l'on célèbre les obsèques de saint Martin, en présence de saint Ambroise, qui cependant, dit la légende, se trouvait à Milan, où il s'était endormi en disant la messe ; l'autre, l'intérieur de la basilique de Milan, dans laquelle saint Ambroise est endormi auprès de l'autel. Les petits monuments sont enrichis de coupoles dans le style byzantin. L'effet de cette grande composition est des plus imposants. Le dessin ne manque pas de correction.

(1) *Vetera monum.*, t. II, p. 165, pl. LV.
(2) Voyez tome Ier, p. 70 et 357. — FERRARIO, *Monumenti sacri di Sant'Ambrogio.* Milano, 1824, p. 156. On trouve une reproduction de la mosaïque dans cet ouvrage, et aussi dans DU SOMMERARD, *les Arts au moyen âge*, ALBUM, IXe série, pl. XIX.

L'excellente attitude des deux anges volants a été inspirée à l'artiste par l'étude des Victoires sur les arcs de triomphe antiques. Les archéologues italiens supposent, comme nous l'avons dit, que cette grande œuvre de mosaïque grecque est du temps de l'archevêque Angilbert II ; nous la supposons plutôt de la seconde moitié du neuvième siècle. Elle est bien supérieure aux mosaïques exécutées à Rome sous Pascal Ier, et ne peut avoir été faite qu'à une époque de régénération de l'art byzantin.

## II

*Dans l'empire des Francs du sixième au neuvième siècle.*

Nous avons dit plus haut que des mosaïques avaient été exécutées dans les Gaules à l'époque de la domination romaine, et nous en avons cité quelques exemples. Cependant l'art de la mosaïque ne prit pas racine dans le pays. La seule mention que nous ayons trouvée de l'exécution de mosaïques en France antérieurement au temps de Charlemagne, nous est fournie par l'histoire des évêques d'Auxerre. Didier, qui occupa le siége pontifical d'Auxerre pendant près de onze années, au commencement du septième siècle, augmenta, dit le chroniqueur qui a écrit la vie de cet évêque, l'étendue de l'église cathédrale Saint-Étienne en faisant construire à l'orient une grande abside, qu'il fit décorer d'une mosaïque à fond d'or, à l'instar de celle qu'avait fait faire Syagrius, évêque d'Autun, à la fin du sixième siècle (1). Ainsi, sous le règne de Chlother II (584 † 628), qui avait réuni sous sa puissance toutes les provinces de l'empire des Francs et assuré la paix du pays, des mosaïques y avaient été exécutées. Quels en étaient les auteurs? Les documents manquent absolument pour répondre à cette question. Il n'est pas à croire cependant que les mosaïstes romains du cinquième siècle aient pu se perpétuer par leurs élèves durant le sixième, lorsque les Gaules furent bouleversées par l'invasion et l'établissement des Francs, et il faut plutôt admettre que des artistes grecs y furent appelés, de même qu'en Italie, à la fin du sixième siècle et au septième. Ce qui tend à le prouver, c'est que Charlemagne, voulant avoir des mosaïques dans les églises et dans les palais qu'il faisait construire, fut obligé de les enlever de Ravenne, en même temps que des marbres et des colonnes (2). Il faut cependant que des mosaïstes aient accompagné ces mosaïques en France pour les mettre en place et les réparer; car Angilbert, gendre de Charlemagne, qui fut abbé du monastère de Centula, fondé par saint Riquier, ayant fait construire somptueusement l'église de ce monastère, la fit décorer de quatre mosaïques. La première, sous le portique, près des portes, reproduisait la Nativité; la seconde, au fond de l'église, la Passion ; la troisième, dans le chœur, du côté du nord, la Résurrection ; et la quatrième, du côté sud, l'Ascension (3). Ciampini a donné la gravure d'un dessin qui lui aurait été adressé d'une mosaïque existant de son temps dans la basilique d'Aix-la-Chapelle, et qu'on attribuait à l'époque de Charlemagne (4). Il est impos-

---

(1) *Historia episcoporum Autissiodurensium*, ap. Labbe, *Nova Bibl. mss. libr.*, t. I, p. 413.
(2) Baronius, *Annales eccl.* ad ann. 795. Lucæ, 1743, t. XIII, p. 287. — Ciampini, *Vetera monum.*, t. II, p. 131.
(3) Anscherus abbas Centul., *Vita Angilberti*, ap. *Acta SS. ord. S. Benedicti*, sæc. IX, pars 1ª, p. 127.
(4) *Vetera monum.*, t. II, p. 134.

sible de juger de l'âge et de la qualité d'une mosaïque uniquement d'après les gravures de Ciampini; mais cependant, tel qu'il est, le dessin gravé ne permet pas de reporter la mosaïque au neuvième siècle, tant elle s'éloigne du style de cette époque.

Au delà de Charlemagne, il n'existe aucun document qui puisse faire supposer qu'on ait exécuté des mosaïques en France antérieurement à la fin du onzième siècle.

### III

*Restauration de la mosaïque en Occident au onzième siècle.*

Depuis le milieu du neuvième siècle jusqu'à la fin du dixième, un voile épais s'était étendu sur l'Occident, et la culture des arts avait été à peu près abandonnée durant cette longue période. Nous avons expliqué que ce fut en Allemagne que se produisit, à la fin du dixième siècle, le retour vers les études artistiques. Le mariage d'Othon II et de la princesse grecque Théophanie (972), et surtout le gouvernement de l'empire que la veuve d'Othon II obtint après la mort de son mari (983), eurent pour conséquence d'attirer en Allemagne des artistes grecs, auxquels on dut la restauration des différents arts industriels. Saint Bernward, évêque d'Hildesheim (993 † 1022) et précepteur d'Othon III, en fut l'un des plus ardents promoteurs (1). La mosaïque n'avait pas encore été cultivée en Allemagne; mais saint Bernward, qui encourageait toutes les branches des arts libéraux et industriels, après avoir relevé les édifices que ses prédécesseurs avaient possédés, les enrichit de très-beaux ouvrages de mosaïque (2). Cependant cet essai d'introduction de l'art de la mosaïque en Allemagne n'eut pas de suite. On avait hâte de relever et de restaurer les églises tombées en ruine durant le dixième siècle, et, pour aller vite en besogne, on préféra la peinture, qui demandait beaucoup moins de temps et était bien moins coûteuse que la mosaïque.

Ce fut en Italie, où la mosaïque, après avoir joui d'une grande faveur, avait été abandonnée complétement depuis deux cents années, qu'on vit reparaître la pratique de cet art. Nous avons déjà expliqué (3) qu'en 1066, Didier, abbé du Mont-Cassin, qui depuis fut pape sous le nom de Victor III, voulant décorer l'église qu'il avait rebâtie, avait fait venir de Constantinople des artistes qui enrichirent de mosaïques le vestibule, le grand arc de l'abside et sa voûte. Il y a mieux, il ouvrit dans son monastère des écoles où ces artistes enseignèrent leur art à des enfants qui y étaient élevés.

Un peu plus tard une plus importante école de mosaïque s'établit à Venise. L'église Saint-Marc, édifiée durant le premier quart du neuvième siècle, avait été incendiée en 976, pendant l'émeute populaire qui coûta la vie au doge Candiano IV. Pierre Orseolo, son successeur, entreprit la construction d'une nouvelle église, qui ne fut achevée que sous le doge Domenico Contarini. Domenico Selvo (1071 † 1084), qui succéda à Contarini, la fit revêtir de marbres et de tableaux en mosaïque. Elle fut dédiée en 1085, sous le doge Ordelafo

---

(1) Voyez tome I$^{er}$, p. 80 et suiv., 180 et 379.
(2) Tangmarus, *Vita S. Bernwardi*, ap. Leibnitz, *Script. rer. Brunsvic.*; Han. 1707, p. 445.
(3) Voyez plus haut, page 367, et tome II, p. 215.

Faliero (1). Lors même qu'on n'aurait pas le témoignage des anciens historiens de Venise, la forme de l'église et le style de son ornementation suffiraient seuls pour indiquer la main des Grecs dans la construction et dans la décoration du monument.

Aucune mosaïque du onzième siècle n'existe plus au Mont-Cassin. Celles de Saint-Marc de Venise ont été en grande partie refaites au quinzième siècle et surtout au seizième ; cependant il y reste encore un assez grand nombre de mosaïques primitives, exécutées par les Grecs, pour qu'on puisse juger du talent de ces artistes. Les inscriptions grecques qu'on lit sur plusieurs en constatent l'origine. Il serait beaucoup trop long de décrire toutes ces mosaïques ; nous nous contenterons d'en signaler deux des plus importantes, qui appartiennent au onzième siècle : la figure du Christ entre la Vierge et saint Marc, qu'on voit au-dessus de la porte d'entrée à l'intérieur, et le Baptême du Sauveur, qui décore la chapelle des fonts baptismaux. Ce dernier tableau est surtout remarquable par la chaleur et la richesse de sa composition. Le Christ est descendu dans les eaux du Jourdain ; saint Jean, à demi-nu, les cheveux en désordre et la barbe longue, se tient sur la rive du fleuve et pose la main droite sur la tête de Jésus ; sur l'autre rive, on voit une suite d'anges dans une attitude de recueillement. La colombe symbolique vole dans les airs, au-dessus de la tête du divin baptisé, et une étoile répand sa lumière radieuse sur cette grande scène.

L'école grecque était déjà entrée dans la voie de la décadence, à l'époque où furent exécutées les mosaïques du Mont-Cassin et de Saint-Marc ; néanmoins elle n'avait pas encore mis en oubli les anciennes traditions, et son dessin avait conservé de la correction ; ses œuvres prouvent que c'était encore une savante école (2). Elle a eu la gloire de restaurer l'art de la mosaïque en Italie, et surtout de former des élèves qui devinrent bientôt plus habiles que leurs maîtres.

Le pavé de l'église Saint-Marc est enrichi, de même que les murs et les voûtes, d'une vaste mosaïque. On y voit des animaux tranquilles ou luttant : lions, griffons, paons et autres ; des vases, des guirlandes, des bouquets, des rinceaux, des entrelacs et d'autres ornements d'une variété infinie. Tout cela est traité dans un style byzantin très-prononcé et doit avoir été exécuté par les mosaïstes grecs, à la fin du onzième siècle. On voit encore des fragments pareils au pavé de Saint-Marc dans quelques églises aux environs de Venise. A Santa-Maria e Donato, dans l'île de Murano, on trouve sur un pavé de ce genre la date de 1140.

Il ne paraît pas que l'art de la mosaïque ait été cultivé en France, mais quelques artistes grecs ont pu venir y exercer leur art. Le seul exemple de mosaïque que nous puissions citer est le pavé de l'église Saint-Remi de Reims. Suivant Baugier, c'est Widon, religieux et trésorier de l'abbaye, qui l'avait fait faire en 1090. D'après la description qu'en donne l'historien de la province de Champagne, on reconnaît que ce pavé, qui remplissait le chœur d'un bout à l'autre, était en mosaïque de marbre et de verre, avec quelques disques de marbres précieux, à la manière byzantine. « Il est assemblé, dit-il, de petites pièces » de marbre, les unes en leur couleur naturelle et les autres teintées et émaillées à la

---

(1) ANDREA DANDOLO, *Chronicon Venetum*, ap. MURATORI, *Rer. ital. script.*, t. XII. — SANSOVINO, *Venezia descritta*, libro sec. In Venezia, 1581, p. 30 et 228. — ZANETTI, *Della pittura veneziana*. In Venezia, 1771, p. 561.

(2) Voyez tome I$^{er}$, p. 50 et suiv., et tome II, p. 180 et suiv.

» mosaïque, si bien rangées et mastiquées ensemble, qu'elles représentent une infinité de
» figures faites comme au pinceau. » Et après avoir fait la description de tous les sujets, il
ajoute : « Toutes ces figures sont faites de pierres peintes à la mosaïque, dans un champ
» jaune de même ouvrage, dont les plus gros pavés n'excèdent pas la largeur de l'ongle,
» excepté quelques touches noires et blanches, et quelques pièces rondes de jaspe qui sont
» appliquées dans certains compartiments faits de pièces de marbre, comme si c'étaient
» des pierres précieuses enchâssées dans un anneau (1). » On reconnaît bien là le système
des pavés-mosaïques byzantins du neuvième siècle que nous avons décrits plus haut.

## § V

### DE LA MOSAÏQUE DU DOUZIÈME SIÈCLE À LA FIN DU QUATORZIÈME.

### I

*Douzième siècle.*

Les premières mosaïques que l'on puisse citer comme appartenant à un maître italien élève des mosaïstes grecs attirés en Italie par l'abbé Didier et par les doges de Venise, sont celles que l'on voit encore aujourd'hui dans l'église Santa-Maria in Transtevere à Rome, sur la façade et sur le grand arc et la voûte de l'abside. Elles ont été faites sous le pape Innocent II (1130 † 1143), dont le nom se lit dans l'inscription qui borde le grand tableau de l'abside. Dans une large frise qui se prolonge sur toute la paroi supérieure de la façade, le mosaïste a représenté la Vierge assise sur un trône richement orné, ayant à sa droite les cinq vierges sages et à sa gauche les cinq vierges folles de l'Écriture (2). Bien que ce tableau ait subi quelques restaurations inintelligentes (3), il permet de juger favorablement du talent de l'artiste qui l'a exécuté. Nous ne pouvons mieux le faire apprécier qu'en rapportant l'opinion d'un savant très-distingué que nous avons déjà cité plusieurs fois : « L'œuvre,
» dit M. Vitet, donne prise assurément à plus d'une critique. Il n'en est pas moins vrai qu'elle
» est sagement conçue, avec une simplicité toute monumentale. L'ordonnance, bien que trop
» symétrique encore, ne tourne pas à la roideur ; les poses sont variées, les mouvements
» naturels : ces dix jeunes femmes, et la Madone qui semble les présider, ne manquent en
» vérité ni de charme, ni d'élégance ; en un mot, vous êtes devant une œuvre qui satisfait
» suffisamment vos yeux et votre raison (4). » Sur le grand arc de l'abside, on voit dans la partie supérieure une croix accompagnée de sept chandeliers d'or et des symboles des

---

(1) *Mémoires historiques de la province de Champagne.* Châlons, 1721, t. 1er, p. 101 et 103.
(2) S. Mathieu, chap. xxv, vers. 1 à 13.
(3) Trois des vierges à gauche ont leurs lampes allumées comme les vierges sages. L'Écriture nommant cinq vierges folles dont les lampes étaient sans huile, l'addition de la flamme à la lampe de trois des vierges folles ne peut être que le résultat d'une restauration faite par un mosaïste ignorant les termes de la sainte Écriture.
(4) *Les Mosaïques chrétiennes (Journal des savants,* 1863, p. 491).

évangélistes, et plus bas, à la hauteur de l'ouverture de l'arc, d'un côté une grande figure en pied du prophète Isaïe, et de l'autre celle de Jérémie. Au-dessous des prophètes, deux motifs d'ornementation d'un bon style terminent la décoration de l'arc. L'abside renferme une grande page qui sort du sentier rebattu par les mosaïstes du neuvième siècle. Au-dessous d'un velarium, le Christ et la Vierge sont assis près l'un de l'autre, sur un vaste trône richement décoré. Leur attitude est majestueuse. Jésus, embrassant le corps de sa Mère de son bras droit et lui posant la main sur l'épaule, semble l'attirer vers lui. La tête du Sauveur est noble et belle, celle de Marie est d'une suavité toute chrétienne, et, pour nous servir de l'expression de M. Vitet, a presque la pureté des traits d'une tête antique. Vêtue comme une impératrice d'Orient, elle a la tête ornée d'une couronne d'or gemmé. A la gauche du groupe sont les figures en pied de saint Pierre, de saint Corneille et de saint Jules, papes; à la droite, celles du pape Calixte I$^{er}$, de saint Laurent et du pape Innocent II, qui, comme fondateur du monument, tient dans ses mains, suivant l'usage, un petit édifice. Tous ces personnages ne sont pas d'un aussi haut style que les figures du Christ et de la Vierge, mais ils ne manquent pas de correction; les visages, un peu allongés, suivant la méthode des Grecs, ont des traits réguliers et expressifs. Saint Pierre est drapé à l'antique dans la toge romaine; les autres portent un vêtement ecclésiastique, dont les plis variés sont ajustés avec ampleur. Les mosaïques de Santa-Maria in Transtevere renferment donc toutes les qualités qui constituent une œuvre d'art, et témoignent de la connaissance chez leur auteur des lois du style de l'antiquité; elles laissent bien au-dessous d'elles toutes celles qui avaient été exécutées à Rome au neuvième siècle. On ne peut supposer qu'une œuvre de cette valeur ait pu surgir subitement sans être précédée par des essais moins heureux, et comme depuis plus de deux cents ans l'art de la mosaïque avait cessé d'être pratiqué à Rome, il faut reconnaître que le mosaïste de Santa-Maria in Transtevere avait dû puiser la science dont il a fait preuve dans une école étrangère au pays. Les auteurs de cette renaissance de la mosaïque, les éducateurs des mosaïstes italiens, peuvent-ils être autres que les Grecs appelés à Venise et au Mont-Cassin, à défaut d'artistes italiens?

A peu près à la même époque, l'art de la mosaïque reçut une grande impulsion en Sicile sous les princes normands. Cette grande île était restée l'une des provinces de l'empire d'Orient, depuis l'époque où Bélisaire s'en était rendu maître (535), jusqu'au moment où les Aglabites d'Afrique s'en emparèrent (827). Depuis, sous Basile le Macédonien, les Grecs, après avoir détruit la flotte des Sarrasins, étaient rentrés en possession d'un grand nombre de villes. L'art byzantin était alors en pleine voie de renaissance, et la mosaïque surtout était cultivée avec un très-grand succès par les Grecs. Lorsque le comte Roger s'empara de la Sicile (1067), il y trouva donc des mosaïstes pour décorer les églises et les palais. Sous Roger II (1105-1154), qui constitua le royaume des Deux-Siciles, et sous les successeurs de ce prince, plusieurs basiliques furent enrichies de mosaïques. Trois églises renferment des mosaïques du douzième siècle : Sainte-Marie de l'Amiral, la chapelle royale du palais de Palerme et la cathédrale de Monreale. Sainte-Marie, la plus ancienne, connue aujourd'hui sous le nom de Martorana, n'a conservé que deux tableaux en mosaïque, par suite de transformations modernes. L'un des tableaux représente le roi Roger couronné par Jésus-Christ, et l'autre l'amiral George d'Antioche aux pieds de la Vierge. Une prière en grec, inscrite sur un volumen déroulé que la mère du Christ tient à la main, implore le

Sauveur en faveur de ce fondateur de l'église (1). Ces deux tableaux sont des spécimens très-purs de l'art byzantin régénéré, dont nous avons déjà signalé de beaux exemples en traitant de la sculpture, de l'orfévrerie et de l'ornementation des manuscrits au neuvième et au dixième siècle. On peut les regarder comme sortis de la main de très-bons mosaïstes grecs.

La chapelle palatine de Palerme est entièrement revêtue de marbres précieux et de mosaïques. Au-dessus d'un lambris de marbres variés, de trois mètres environ de hauteur, se déploient des peintures en mosaïque sur fond d'or. On est là dans un véritable musée, où sont reproduites les grandes scènes de l'Ancien et du Nouveau Testament, et les figures du Christ, de la Vierge, des apôtres et des prophètes. La voûte de l'abside est occupée par un buste colossal du Christ; au-dessous, on voit dans la partie hémicirculaire, en figures plus grandes que nature, la Vierge, ayant à sa droite sainte Marie-Madeleine et saint Pierre, et à sa gauche saint Jean-Baptiste et saint Jacques. Au point culminant de la coupole qui domine le chœur, un médaillon renferme la figure en buste du Sauveur, auquel huit anges font cortége. Au-dessous, les figures en pied de David, de Salomon, de Zacharie et de saint Jean-Baptiste occupent chacune un des côtés; les angles sont remplis par celles des évangélistes. Toutes les figures sont désignées par leurs noms inscrits en grec. Une inscription grecque, qui se déploie sur un bandeau au bas de la coupole, désigne le roi Roger comme fondateur de la chapelle. Il serait beaucoup trop long et sans intérêt de décrire ici toutes ces mosaïques; il suffit de dire qu'elles couvrent tous les murs des nefs, les archivoltes et les tympans des arcades, et les petites absides qui terminent les bas côtés de la chapelle. Dans la nef et dans les bas côtés de la nef, les tableaux et les figures sont accompagnés d'inscriptions en latin. Toute cette partie inférieure et occidentale de l'église, qui doit être moins ancienne que la partie supérieure et orientale, peut avoir été décorée par des artistes siciliens, élèves des mosaïstes grecs, mais ceux-ci ont dû faire toute la partie orientale comprenant le chœur et ses bas côtés, et les trois absides. La sagesse des compositions, de même que la correction du dessin de toutes les mosaïques, vient démontrer que l'influence de la grande école byzantine du dixième siècle n'avait pas encore entièrement disparu. A ces qualités, il faut joindre la simplicité des moyens employés pour produire cependant un grand effet. Deux ou trois gradations de couleurs suffisent pour former les ombres et les demi-teintes, qui donnent cependant un grand relief, surtout dans les draperies. L'exécution matérielle des mosaïques est d'ailleurs d'une finesse remarquable (2). Quelques parties détériorées ont appris de quelle façon les mosaïstes préparaient et conduisaient leur travail. Ils étendaient sur la pierre une sorte de ciment qui possédait une grande ténacité, tout en conservant de la mollesse. On en ignore la composition. Sur ce ciment, ils peignaient entièrement leur sujet dans les couleurs que la mosaïque devait reproduire, et enfonçaient ensuite dans le ciment les différents cubes de verre coloré. Si, malgré le soin apporté au travail, le ciment, par la pression, surgissait à certains endroits entre les cubes de verre, la coloration du ciment, qui était égale en valeur à celle du verre employé, ne

---

(1) M. Barbet de Jouy, *les Mosaïques chrétiennes des églises de Rome*, Introduction, p. xx, en a donné le texte.
(2) Nicola Buscemi (*Notizie della basilica di S. Pietro detta la capella Regia*, Palermo, 1840) a donné les gravures au trait de quelques-uns des tableaux en mosaïque et d'un grand nombre de figures.

laissait pas à l'œil la possibilité de juger du petit intervalle qui séparait les cubes de verre.

Les mosaïques de la cathédrale de Monreale, qui fut construite par Guillaume le Bon (1166 † 1189), ont été encore exécutées sous l'influence de l'art grec et dirigées peut-être par un maître byzantin, mais elles attestent l'intervention d'artistes siciliens. Elles sont loin de valoir celles de la chapelle du palais royal.

A la même époque, le pape Clément III (1187 † 1191) fit faire des mosaïques dans la basilique de Saint-Jean de Latran, et son successeur, Célestin III († 1198), en enrichit le Vatican et le palais de Latran (1). L'art de la mosaïque reprit donc dans le courant du douzième siècle une grande faveur en Italie.

On avait continué à faire des mosaïques à Venise durant le douzième siècle. Une inscription, malheureusement détruite en partie, se lit au-dessus de la porte latérale de Saint-Marc, près de la chapelle Saint-Clément, et nous apprend que le mosaïste Pietro exécutait en 1150 les mosaïques qui sont en cet endroit (2).

L'art de la mosaïque resta dans le domaine exclusif de l'Italie au douzième siècle et ne franchit pas les Alpes. Le seul exemple de l'exécution d'une mosaïque en Occident se rencontre à l'église Saint-Denis, reconstruite par Suger ; mais le célèbre abbé a soin de nous apprendre, dans le livre qu'il a écrit sur les actes de son administration, que ce travail était inusité en France : « A gauche, dit-il, nous avons replacé les anciennes portes, au-
» dessous d'une mosaïque que nous avons fait incruster dans l'arc ; c'est un travail nouveau
» et inusité que nous avons fait faire là (3). » Doublet, dans son *Histoire de l'abbaye de Saint-Denis*, parle encore d'une mosaïque « d'une très-grande antiquité » qui couvrait le sol de la chapelle Saint-Firmin : « Elle est faite, dit-il, de petites pièces rapportées, les unes dorées
» d'or très-fin et les autres de marbres, jaspes, porphyres et autres couleurs, et au milieu
» du pavé, dans un rondeau, est la figure d'un abbé vêtu de son habit de religieux (4). »
Cette mosaïque remontait sans doute au temps de Suger, et avait dû être exécutée par l'artiste qui avait fait celle de l'arc de la porte latérale.

II

*Treizième et quatorzième siècles.*

L'art de la mosaïque prit un grand développement en Italie dès le commencement du treizième siècle. A Rome, à Florence, à Venise, et dans d'autres villes encore, on exécuta de très-beaux tableaux en mosaïque. A Rome, Innocent III (1198 † 1216) fit refaire entièrement la mosaïque qui décorait la tribune de la basilique de Saint-Pierre au Vatican. Avant la démolition de cette ancienne église, un dessin en couleur fut fait de cette mosaïque. Il

---

(1) PLATINA, *In vitas summ. pontif. ad Sixtum IV prœclarum opus :* in Vit. Clement. III et Celest. III.
(2) ZANETTI, *Della pittura venez.*, p. 563.
(3) « Quod et novum contra usum hic fieri et in arcu portæ imprimi elaboravimus. » (*Liber de rebus in administr. sua gestis*, ap. DUCHESNE, *Hist. Franc. script.*, t. IV, p. 342).
(4) *Hist. de l'abbaye. de Saint-Denis*, p. 317.

était conservé dans les archives de Saint-Pierre, et Ciampini en a donné la gravure (1). Le Christ, assis sur un trône, bénit à la manière grecque. A sa gauche est saint Pierre, à sa droite saint Paul. Les deux apôtres ne sont pas représentés de face comme dans les mosaïques du neuvième siècle ; tournés vers le Christ et dans l'attitude de personnes qui parlent et discutent, ils semblent lui adresser la parole. On n'a donc plus là, comme précédemment, une simple représentation de saints personnages offerts à la vénération des fidèles, mais un véritable tableau, où toutes les règles de la composition sont observées. Dans la frise qui règne au-dessous du sujet principal, l'artiste a représenté, suivant l'usage, les brebis se dirigeant vers l'Agneau symbolique, placé au centre ; mais, en reproduisant ce sujet si rebattu, il a modifié les anciennes traditions et a donné carrière à son imagination. Le pape Innocent III et l'Église romaine, sous la figure d'une femme couronnée, sont aux côtés de l'Agneau, dont le sang, s'écoulant par cinq plaies, forme cinq ruisseaux qui se réunissent dans un vaste fleuve. On trouvait donc dans cette mosaïque le début d'une école nouvelle qui, secouant l'ancienne routine, faisait preuve de liberté et d'indépendance.

Honorius III († 1227), successeur d'Innocent, fit refaire en totalité la mosaïque qui couvrait la voûte de l'abside de la basilique de Saint-Paul hors des murs. Cette mosaïque a été détruite dans l'incendie de 1823 ; il en reste quelques fragments qui ont été engagés dans les murs de la salle d'entrée qui conduit au monastère. Elle a été refaite sous Grégoire XVI, en 1840, d'après un ancien dessin. Il est impossible de juger du style de la mosaïque primitive par cette belle reproduction, où le mosaïste moderne a dû mettre beaucoup du sien ; mais on peut apprécier la composition. L'artiste du treizième siècle, au lieu de s'en tenir à l'ancien sujet des brebis se dirigeant vers l'Agneau symbolique, les avait remplacées dans la frise par les douze apôtres disposés à droite et à gauche d'un trône d'or gemmé qui porte une croix et les instruments de la Passion. Le besoin de sortir de la routine et d'innover se faisait donc sentir de plus en plus.

Grégoire IX († 1241), qui succéda à Honorius, hérita du goût de ses prédécesseurs ; il fit enrichir de mosaïques la façade de la basilique de Saint-Pierre. On y voyait les images du Sauveur, de la Vierge, de saint Pierre et des évangélistes. Les vingt-quatre vieillards de l'Apocalypse y étaient aussi représentés, avec le pape Grégoire prosterné aux pieds du Christ. Ces mosaïques ont été détruites lorsque l'ancienne basilique a été démolie sous Paul V (2).

La mosaïque ne fut pas moins en honneur à Florence durant la première moitié du treizième siècle. La république fit exécuter en 1225, ainsi que le constate une ancienne inscription, les mosaïques de la tribune du baptistère de Saint-Jean par Fra Jacopo, de l'ordre des Franciscains. La plupart des auteurs qui ont écrit sur l'art en Italie ont confondu ce mosaïste avec Jacopo Torriti, qui travaillait à Rome en 1295, comme on le verra plus loin ; ce dernier ne peut avoir fait les mosaïques de Florence, sorties de la main d'un homme fort habile qui devait être déjà, en 1225, dans la force de l'âge (3). Parmi les mosaïstes florentins de cette époque, le plus célèbre de tous est Andrea Tafi, qui naquit en 1213 et mourut à

---

(1) *De sacris ædific.*, p. 42, pl. XIII.
(2) FURIETTI, *De musivis*, p. 93.
(3) Dott. MILANESI, *Comment. alla vita di Andrea Tafi*. — VASARI, édit. de Lemonnier. Firenze, 1846, t. I, p. 287.

plus de quatre-vingts ans en 1294. D'après Vasari, il aurait eu pour maître un Grec, Apollonius, duquel il aurait appris la méthode de cuire les verres et la composition du ciment nécessaire pour les assembler. Un auteur italien, del Migliore, dans ses Commentaires sur l'œuvre de Vasari, a prétendu que cet Apollonius n'était pas Grec, mais bien Florentin, et qu'il avait vu un contrat de 1279 dans lequel on lui donnait la qualité de *pictor Florentinus* MM. Milanesi, dans l'édition qu'ils ont donnée de Vasari, semblent adopter l'opinion de del Migliore. Jusqu'à présent les auteurs italiens se sont toujours refusés à reconnaître l'intervention des Grecs dans le réveil de l'art; mais aujourd'hui qu'on est plus éclairé sur la marche qu'il a suivie, le récit de Vasari n'a rien que de très-naturel; le contrat dont l'existence est attestée par del Migliore n'est pas produit, et, le fût-il, il ne prouverait rien contre la nationalité d'Apollonius, qui aurait pu recevoir le titre de citoyen de Florence par suite des travaux exécutés pour la république, et des services qu'il aurait rendus en restaurant à Florence les bons procédés de la mosaïque.

Andrea Tafi continua les travaux de Jacopo, et exécuta une grande partie des mosaïques de la tribune du baptistère de Saint-Jean; il s'associa pour les terminer Gaddo Gaddi (1239 † 1312), qui fit seul les figures de prophètes au-dessous des fenêtres de l'église. Ce travail ayant acquis une grande réputation à ce mosaïste, les administrateurs de la fabrique de Santa-Maria del Fiore lui confièrent le soin d'exécuter au-dessus de la porte principale un grand tableau représentant le Couronnement de la Vierge (1). Cette belle mosaïque, qui est bien conservée, témoigne du talent de Gaddo Gaddi. Plus tard il fut appelé à Rome; mais avant de nous occuper des travaux qu'il y fit, il nous faut mentionner de belles mosaïques qui y avaient été exécutées avant son arrivée et qui subsistent encore.

Nous citerons, en premier lieu, les mosaïques de l'église Saint-Clément. La voûte de l'abside et l'arc en avant en sont enrichis; mais celles de l'abside paraissent être d'une tout autre époque que celles de l'arc. Le milieu de la voûte est occupé par une grande croix sur laquelle le Christ est attaché. A sa droite est la Vierge, à sa gauche saint Jean. Le pied de la croix se perd dans un buisson de feuillages, d'où s'échappent, à droite et à gauche, des branches feuillues qui se répandent sur toute la surface de la voûte en décrivant de nombreux enroulements, qui renferment dans leur centre des fleurons, des paniers chargés de fruits ou des vases. Dans les espaces que les enroulements laissent entre eux, on voit des oiseaux, des enfants ailés montés sur des dauphins, des groupes de personnages et les quatre docteurs de l'Eglise; dans le bas, au-dessous des enroulements, les travaux des bergers, de petits animaux, deux paons et deux cerfs buvant aux ruisseaux qui sortent du buisson qui couvre le pied de la croix. La figure du Christ en croix, longue et maigre, est traitée dans la manière de l'école byzantine de la décadence. Dans la frise au-dessous de la composition principale, ce sont les douze brebis se dirigeant vers l'Agneau symbolique; répétition des frises des mosaïques du neuvième siècle. Tout cela est d'un style bien différent de celui qui régnait en Italie dans la seconde moitié du treizième siècle, même chez les artistes qui restaient encore attachés à la manière grecque, qu'ils avaient améliorée; cet ensemble n'est, à vrai dire, que la copie d'une miniature de la fin du douzième siècle ou du commencement

---

(1) Vasari, *Vita di Gaddo Gaddi*, éd. Lemonnier, Firenze, 1846, t. 1er, p. 294.

du treizième. Bien loin de là, le grand arc offre des figures d'un style qui annonce la renaissance de l'art.

Les mosaïques des absides de Saint-Jean de Latran et de Sainte-Marie Majeure vont nous révéler les noms de deux mosaïstes de talent, Jacopo Torriti et Jacopo de Camerino, son élève, tous deux moines franciscains. A Saint-Jean de Latran, on voit au haut de la voûte l'image en buste du Sauveur sortant du milieu des nuages et accompagnée d'anges ; plus bas est une croix gemmée au-dessus de laquelle plane la colombe symbolique. La sainte Mère de Dieu, qui appuie une main sur la tête du pape Nicolas IV agenouillé, saint Pierre, saint Paul et saint François d'Assise sont à droite de la croix, levant les yeux et les mains vers l'image du Rédempteur ; à gauche, l'artiste a représenté, dans le même sentiment, saint Jean-Baptiste, saint Antoine de Padoue, saint Jean l'évangéliste et saint André. Le terrain qui forme le sol est émaillé de fleurs, on y voit des enfants et des oiseaux ; deux cerfs et des agneaux viennent se désaltérer aux sources qui, sortant du pied de la croix, forment un fleuve sur le premier plan du tableau. Deux petits génies à droite et à gauche répandent leur urne dans le fleuve, où sont représentés des enfants qui naviguent, pêchent ou se jouent dans l'eau avec des canards. Toutes ces scènes ne sont que des réminiscences ou des imitations de l'art antique. Sur le terrain, à gauche, une inscription fait connaître le nom du mosaïste : IACOBUS. TORITI. PICT. OH. OP. FECCIT (Jacques Toriti, peintre, a fait cet ouvrage). Une inscription qui borde le bas de la composition désigne le pape Nicolas IV (1288 † 1294) comme ayant fait rebâtir le temple et orner l'abside d'une mosaïque. Quatre grandes fenêtres sont ouvertes dans l'abside, au-dessous du tableau principal. Dans le champ, à gauche des fenêtres, sont les figures en pied des apôtres Jude, Simon et Jacques le Majeur, et, entre ces deux derniers, celle du mosaïste Jacques Torriti, revêtu de sa robe de moine et tenant dans les mains l'équerre et le compas ; du côté opposé, les figures des apôtres Barthélemi, Mathieu et Mathias, et, entre les deux premiers, celle de Jacques de Camerino, l'élève de Torriti, ainsi que l'indique cette inscription : FR. IACOB. DE. CAMERINO. SOCI' MAGRI. OPIS. RECONMDAT. SE.... ITIS BEATI IO-IS (Frère Jacques de Camerino, compagnon du maître de l'œuvre, se recommande à l'intercession du bienheureux Jean). Enfin, entre les fenêtres sont représentés saint Thomas, saint Jacques le Mineur et saint Philippe. Ainsi les douze apôtres se trouvent reproduits soit dans le tableau principal, soit dans la grande frise qui règne au-dessous.

Le tableau qui occupe la voûte de l'abside de Sainte-Marie Majeure a pour sujet le Couronnement de la Vierge. Au centre d'une auréole étoilée que surmonte un velarium, le Christ et sa Mère sont assis sur un trône richement décoré. Le Sauveur pose une couronne sur la tête de Marie. Deux groupes d'anges, en adoration, se pressent aux côtés du trône. Le pape Nicolas IV et le cardinal Colonna sont représentés à genoux près des groupes d'anges, l'un à droite, l'autre à gauche du trône. En arrière du pontife sont les figures en pied de saint Pierre, de saint Paul et de saint François d'Assise, et derrière le cardinal celles de saint Jean-Baptiste, de saint Jean l'évangéliste représenté jeune, et de saint Antoine de Padoue. Les apôtres sont revêtus de la toge romaine, les deux saints portent la robe des moines de leur ordre. Le tableau est terminé de chaque côté, au delà des deux groupes, par une tige feuillue qui, en s'élevant, se déploie au-dessus des saints personnages en enroulements gracieux pour remplir le haut du tableau. Sur le terrain, près de l'angle gauche, on lit cette inscription : ✠ IACOB. TORRITI. PICTOR. H'. OP'. MOSAIC. FEC. (Jacques Torriti, peintre, a fait cet ouvrage de mosaïque). En avant des terrains qui forment le sol, l'artiste a figuré un fleuve animé par des enfants qui naviguent dans des barques ou qui le traversent sur le dos de cygnes. Deux figures à demi nues, assises de chaque côté sur le bord, sont appuyées sur des urnes d'où l'eau s'épanche ; elles personnifient le fleuve à la manière antique. La frise qui règne au-dessous du tableau principal est divisée en cinq parties par le sommet de quatre fenêtres en ogive, et présente cinq compositions, en figures de proportions beaucoup plus petites que celles du tableau principal : l'Annonciation, la Nativité, la Mort de la Vierge, qui occupe au centre un espace plus large que les autres, l'Adoration des Mages, la Présentation de Jésus au temple. Enfin, à la hauteur de cette frise, on voit sur chacun des piliers qui reçoivent la retombée de l'arc de la voûte une composition qui complète l'histoire de Marie : la Purification de sainte Anne, qui est à genoux devant le grand prêtre, et le vieillard Siméon venant au temple le jour de la Purification. Les mosaïques des absides de Saint-Jean de Latran et de Sainte-Marie Majeure sont des œuvres monumentales d'une grande magnificence.

Jacques Torriti n'a rien conservé de la manière des Grecs de la décadence. Ses compositions sont empreintes d'une harmonieuse symétrie. Tous les personnages qu'il y introduit concourent à l'action qui en est le sujet. Les figures, correctement dessinées, ont du mouvement ; les attitudes sont variées et les physionomies expressives. Les draperies sont jetées avec art, et laissent à supposer qu'il avait étudié les œuvres de l'antiquité. On pourrait en trouver la preuve dans les imitations complètes de l'art antique qu'il a introduites dans les parties accessoires de ses grandes compositions. Un savant très-distingué, que nous aimons à citer, a supposé que ces mosaïques du treizième siècle avaient remplacé des décorations en mosaïque du quatrième ou du cinquième, tombant de vétusté, que Torriti aurait reproduites exactement (1). Ne peut-on pas supposer aussi que ces réminiscences de l'art antique sont dues à l'influence de Nicolas et de Jean de Pise, qui avaient répandu dans toute l'Italie le goût de l'étude des monuments antiques et qui avaient formé une foule d'élèves dans les différentes branches des arts industriels (2) ?

Nous avons déjà fait remarquer que Jacopo Torriti, qui travaillait à la fin du treizième siècle, ne devait pas être confondu avec le moine Jacopo qui avait commencé les mosaïques de la tribune de Saint-Jean de Florence, en 1225. Il y a eu deux mosaïstes du nom de Jacopo, l'un à Florence, au commencement du treizième siècle ; l'autre à Rome, à la fin de la même époque. Nous devons dire encore que c'est à tort que l'on a ajouté jusqu'à présent au nom de l'auteur des mosaïques de Saint-Jean de Latran et de Sainte-Marie Majeure la qualification de da Torrita, comme s'il était originaire de la ville de Torrita. Ce mosaïste signe en effet ses ouvrages, non pas Jacopo da Torrita, mais Jacopo Toriti et Torriti, ce qui ne peut signifier autre chose que fils de Torrito (3).

(1) M. VITET, les Mosaïques chrétiennes des églises de Rome (Journal des savants, 1863, p. 501).
(2) Les belles mosaïques de Saint-Jean de Latran et de Sainte-Marie Majeure sont reproduites dans l'ouvrage de M. FONTANA, Raccolta delle chiese di Roma. Les Annales archéologiques ont reproduit les figures de Jacopo Torriti et de Jacopo de Camerino tirées de la mosaïque de Saint-Jean de Latran (t. XV, p. 175 et 176).
(3) Dott. G. MILANESI, Siena e il suo territorio, p. 196. — Comment. alla vita di Tafi, dans l'édition de VASARI de Lemonnier. Firenze, 1846, t. I$^{er}$, p. 291.

Jacopo Torriti, d'après Vasari, n'aurait pas entièrement terminé les mosaïques de Saint-Jean de Latran, et en 1308, après l'incendie de cette église et du palais de Latran, Gaddo Gaddi aurait été appelé pour les achever. Il est à croire que ce fut plutôt pour faire la restauration de quelques parties endommagées. Gaddo Gaddi fut chargé à cette époque, à Rome, de travaux plus importants. Il exécuta dans la basilique de Saint-Pierre beaucoup de mosaïques qui toutes ont disparu par la démolition de cette ancienne église. On l'employa encore à terminer quelques mosaïques historiques qui décorent la façade de Sainte-Marie Majeure. De retour en Toscane, il s'occupa de différents travaux de mosaïque, dont la plupart ont péri. Il reste cependant un bel ouvrage de sa main dans le Dôme de Pise, la Vierge assise sur un trône et entourée d'anges. Gaddo Gaddi étant revenu à Florence pour y prendre un repos que nécessitait son âge, occupait ses loisirs à composer, à l'imitation des Grecs, des mosaïques portatives qu'il formait de petits fragments de coquilles d'œufs. Un ouvrage de ce genre, de soixante-trois centimètres de hauteur sur cinquante centimètres de largeur environ, est conservé dans la galerie des Offices, à Florence. L'artiste y a représenté, sur fond d'or, la figure du Christ à mi-corps. Cet ouvrage est traité dans le style byzantin.

Ayant eu à citer Gaddo Gaddi à l'occasion des travaux de Jacopo Torriti, nous avons voulu terminer ce que nous avions à dire de cet artiste ; mais nous aurions dû faire passer avant lui une famille de mosaïstes romains composée de trois personnes : Jacopo, son fils Cosmè, et Jean, fils de celui-ci. Jacopo et Cosmè ont fait, au-dessus de la porte d'une ancienne maison de l'ordre de la Trinité et des Captifs, un médaillon circulaire où ils ont représenté, sur un fond d'or, le Christ attirant à lui des captifs qui sont debout à droite et à gauche. Jean, fils de Cosmè, a décoré le tombeau du cardinal Consalvi, évêque d'Albe, dans l'église Sainte-Marie Majeure, d'un tableau où la Vierge est représentée avec l'enfant Jésus dans les bras, entre saint Mathias et saint Jérôme ; l'évêque d'Albe est agenouillé devant la Mère et l'Enfant. Jean prend la qualité de citoyen romain dans l'inscription gravée sur le marbre du tombeau. Le même artiste a fait dans l'église Sainte-Marie sur Minerve, pour la décoration du mausolée de Guillaume Durant, évêque de Misna, une mosaïque où l'on voit la Vierge tenant l'enfant Jésus, et à leurs pieds Guillaume Durant soutenu par saint Privat, et du côté opposé saint Dominique.

Nous avons dit que Gaddo Gaddi avait travaillé aux mosaïques de la façade de Sainte-Marie Majeure ; mais les termes dont se sert Vasari ne permettent pas de supposer qu'il soit l'auteur de la composition de l'ensemble ; il a seulement prêté son concours aux artistes chargés d'achever les tableaux reproduisant les faits miraculeux qui précédèrent la construction de cette basilique (1). L'auteur doit être Rusuti, qui a inscrit son nom dans la composition principale qui surmonte ces tableaux. Cette ancienne façade, si brillamment décorée de mosaïques, est aujourd'hui précédée d'un vaste péristyle à deux étages, qui fut bâti sous Benoît XIV (1740 † 1758). C'est dans la partie supérieure, en arrière des balcons du second étage du péristyle moderne, que sont conservées en partie les mosaïques de Rusuti. Elles se divisent en deux parties distinctes. Une grande frise occupe le haut de la

---

(1) « Ed aiutando a finire alcune storie, che sono nella facciata di Santa Maria Maggiore, di musaico, migliorò alquanto la maniera, e si partì per un poco da quella greca. » (Édit. Firenze, 1846, t. I$^{er}$ p. 294.)

composition, et au-dessous sont les tableaux dont nous avons parlé. Au centre de la frise, dans une auréole étoilée, l'artiste a représenté le Christ assis sur un trône richement orné, bénissant de la main droite et tenant de la main gauche le livre des Évangiles où sont écrits ces mots : EGO SUM LUX MUNDI (Je suis la lumière du monde). Le monogramme grec du Sauveur, $\overline{\text{IC}}$ $\overline{\text{XC}}$, est inscrit sur le fond. Quatre anges accompagnent le Sauveur en dehors de l'auréole ; les deux premiers agitent des encensoirs à la hauteur de sa tête, les deux autres sont agenouillés à ses pieds et portent des flambeaux dont les cierges sont allumés. Dans la bordure de l'auréole on lit cette inscription : PHILIPP'. RUSUTI. FECIT. HOC. OPUS. (Philippe Rusuti a fait cet ouvrage). Les symboles des évangélistes, à demi cachés par des nuages, sont disposés dans le haut du tableau. On voit à la droite du Christ la Vierge, désignée par les sigles grecs $\overline{\text{MP}}$ $\overline{\text{ΘY}}$ ; saint Paul, qui tient une épée et un volumen déroulé, puis saint Jacques, et enfin un autre des apôtres dont on n'aperçoit plus que le buste, le surplus de la figure, de même que l'inscription qui l'accompagnait, ayant été recouvert par les constructions modernes. A la gauche, ce sont les figures de saint Jean-Baptiste, de saint Pierre, de saint André, et, de même que de l'autre côté, le buste d'un apôtre dont le surplus a également disparu. Il y a une remarque à faire ici, c'est que la figure du Christ (que nous reproduisons dans la vignette qui ouvre ce chapitre) est une copie exacte de celle qui décore la porte principale du narthex de l'église Sainte-Sophie de Constantinople, et que notre planche LVIII a fait connaître à nos lecteurs. L'artiste a même traduit en latin l'inscription grecque ΕΓΩ ΕΙΜΙ ΤΟ ΦΩC ΤΟΥ ΚΟCΜΟΥ, qu'on lit sur le livre que tient le Christ, à Sainte-Sophie. Ainsi cette belle figure, après un intervalle de plus de sept siècles, était encore le type adopté par les artistes, lorsqu'ils avaient à présenter le Sauveur comme le roi du ciel à l'adoration des fidèles. Cette reproduction est la seule chose que Rusuti ait empruntée à l'art grec ; et ne peut-on pas dire qu'en lui faisant cet emprunt, il se montrait déjà partisan de la renaissance italienne, à laquelle l'étude des monuments antiques venait de donner naissance ; car l'art grec du siècle de Justinien cherchait, comme nous l'avons démontré(1), toutes ses inspirations dans les productions de l'antiquité. Du reste, les autres figures de la composition font connaître Rusuti comme l'un des adeptes de la nouvelle école ; elles n'ont en effet rien conservé du style des Byzantins de la décadence ; toutes sont tournées vers l'image du Rédempteur et expriment le bonheur qu'elles éprouvent à sa vue ; les mouvements sont justes, les attitudes variées, les draperies sont traitées avec une grande souplesse et beaucoup de naturel.

Au-dessous de cette grande composition sont quatre tableaux dont les figures ont des proportions beaucoup moins grandes que celles de la composition supérieure. Ils ont pour sujet l'apparition de la Vierge au pape Liberius endormi, afin de lui ordonner de bâtir une église dans un endroit indiqué par la neige ; la Vierge apparaissant également au patricien Jean, durant son sommeil, pour lui donner le même ordre ; le patricien Jean à genoux devant le pape, avec les gens de sa suite, et lui révélant la vision qu'il a eue ; et le pape Liberius, suivi des grands dignitaires de l'Église et d'une foule de peuple, bénissant le champ sur lequel l'église doit s'élever ; une neige abondante, qui s'échappe d'une auréole où l'on voit le Christ et sa Mère, couvre l'étendue du terrain qui doit être consacré au nouveau temple.

(1) Voyez tome I$^{er}$, p. 26 et suiv.

Ces tableaux ne doivent avoir été composés que dans les premières années du quatorzième siècle ; ils ont été terminés, comme nous l'avons dit, par Gaddo Gaddi en 1308. Baldinucci prétend que Rusuti était élève de Gaddo Gaddi, et l'appelle Rossuti. Pourquoi ne pas laisser à l'artiste le nom qu'il a signé sur son œuvre ? Il reconnaît au surplus que Rusuti était contemporain de Jacopo Torriti.

Faut-il compter Giotto parmi les mosaïstes de cette époque ? Le plus grand ouvrage de mosaïque qui lui soit attribué est ainsi décrit par Vasari : « Giotto est aussi l'auteur de la » mosaïque de la Nacelle qui est au-dessus des trois portes du portique de Saint-Pierre sur » l'atrium, œuvre merveilleuse et justement appréciée de tous les amis des arts. Outre la » correction du dessin, on y admire l'attitude des apôtres qui luttent contre la tempête. Les » vents enflent une voile qui est rendue avec une vérité inimaginable. Le pinceau le plus » délicat obtiendrait difficilement les jeux de lumière et d'ombre que Giotto y produisit avec » de simples morceaux de verre. Un pêcheur à la ligne placé sur un rocher montre sur son » visage toute la patience qu'exige cet exercice, ainsi que l'espoir et l'envie de prendre » quelques poissons (1). »

Il n'est pas à croire que Giotto, qui fit pendant son séjour à Rome des travaux considérables de peinture dans la basilique de Saint-Pierre, ait eu assez de loisir pour exécuter de ses mains une aussi grande mosaïque, ouvrage de longue haleine et de patience ; il est plus probable au contraire qu'on ne lui dut que le carton. Cette mosaïque, après avoir été déplacée plusieurs fois et après avoir subi de nombreuses restaurations, était, au dire de Baldinucci, « réduite au dernier degré de son existence, et s'en allait se consumant peu à peu », lorsque Clément X († 1676) la fit restaurer ou, pour mieux dire, refaire en entier par Orazio Manetti. On la voit sous le portique de la basilique de Saint-Pierre : Jésus tend la main au prince des apôtres, qui vient à lui en marchant sur la mer, dans laquelle ses pieds enfoncent ; onze apôtres, dont les attitudes diverses expriment l'effroi, sont dans une barque dont la voile est enflée par le vent. Le pêcheur à la ligne dont parle Vasari se voit à l'angle du tableau. Un carton qui a dû être fait d'après l'original est conservé dans l'église des Capucins. On suppose que c'est lui qui aurait servi à Manetti. On attribue encore à Giotto le carton d'une mosaïque représentant un ange, qui était placée dans l'ancienne basilique au-dessus de l'orgue. On la conserve dans les souterrains de Saint-Pierre.

Boniface VIII (1294 † 1303) avait hérité du goût de ses prédécesseurs pour la mosaïque. S'étant fait élever de son vivant un tombeau dans la chapelle de l'ancienne basilique de Saint-Pierre, dédiée à saint Abundius, il la décora d'une mosaïque où l'on voyait le Christ, la Vierge, saint Pierre, saint Paul et Boniface lui-même. La démolition de l'église a entraîné la perte de la mosaïque (2).

Le transport du saint-siége à Avignon (1305) empêcha les papes de s'occuper de l'embellissement des églises de Rome, et l'art de la mosaïque y fut dès lors beaucoup moins cultivé. Mais les mosaïstes trouvèrent de l'occupation dans plusieurs autres villes d'Italie où ce bel art resta en vogue. A Pise, Tura, fils de Affone, exécuta des mosaïques sous la direction de Cimabué, en 1301. A Sienne, la façade du Dôme en fut alors enrichie. A Orvieto, Andrea,

---

(1) Vasari, *Vita di Giotto*, édit. Firenze, 1846, t. Ier, p. 322.
(2) Romanls, *Basilicæ veteris Vaticanæ descriptio, cum notis* Pauli de Angelis. Romæ, 1646, p. 121.

fils de Mino, artiste siennois, travailla pendant plusieurs années à celles dont la cathédrale est décorée (1). Il ne fut certainement pas le seul mosaïste employé à ces travaux; car ceux de la façade sont certainement les plus considérables qui aient été exécutés au quatorzième siècle. A Pise, en 1321, Vicino, élève de Gaddo Gaddi, termina dans la grande abside du Dôme des mosaïques qui avaient été commencées par Andrea Tafi et par son maître (2). A Venise, on ne cessa jamais durant le quatorzième siècle de travailler aux mosaïques de Saint-Marc. Les plus importantes furent celles de la chapelle de Saint-Isidore, que fit construire, en 1348, le doge Andrea Dandolo, pour y déposer le corps du saint qui venait d'être retrouvé (3). Le mosaïste y a retracé en plusieurs tableaux toute la vie de saint Isidore et le transport qui se fit de son corps à Venise, en 1125, par les ordres du doge Domenico Michele. Au-dessus de l'autel, on voit le Sauveur entre saint Marc et saint Isidore, et en face, le Christ, saint Jean-Baptiste et un saint évêque. Ces mosaïques, qui ne sont pas toutes dans un très-bon état de conservation, laissent souvent à désirer sous le rapport du dessin.

La mosaïque se releva brillamment à Rome sous la main du peintre Pietro Cavallini (†1364), élève de Giotto. Il avait été d'abord associé par ce maître à l'exécution de la grande mosaïque de la Nacelle au-dessus des portes de Saint-Pierre. Il entreprit seul plus tard une suite de tableaux en mosaïque dans l'église Santa-Maria in Transtevere, et dans la basilique de Saint-Paul hors des murs de Rome (4).

Les mosaïques de Saint-Paul ont disparu dans l'incendie de 1823; mais celles de Santa-Maria, que Cavallini exécuta en 1351, subsistent et justifient les éloges que Vasari lui donne. Ses compositions, d'un ordre très-élevé, sont en effet très-supérieures aux tableaux et aux fresques les plus célèbres de son époque (5). On en compte six qui sont disposées dans l'abside au-dessous de la grande mosaïque du douzième siècle que nous avons décrite plus haut. Les sujets traités par l'artiste sont : la Naissance de Marie, l'Annonciation, la Nativité, l'Adoration des Mages, la Présentation au temple et la Mort de la Vierge. Au-dessous de ces compositions est une figure de la Mère de Dieu vue jusqu'aux genoux, tenant l'enfant Jésus, et ayant auprès d'elle saint Pierre et saint Paul. Saint Pierre appuie sa main droite sur la tête d'un donateur agenouillé (6).

Parmi les mosaïstes contemporains de Cavallini, il faut citer Michele, fils de ser Memmo, qui travailla aux mosaïques de la façade du Dôme de Sienne. On signale comme une œuvre remarquable de cet artiste une grande figure de saint Michel archange qu'il exécuta en 1358 (7). L'art de la mosaïque ne sortit pas de l'Italie au quatorzième siècle. Le seul spécimen qui en existe en dehors de la Péninsule est un grand tableau incrusté dans la façade méridionale de la cathédrale de Prague par les ordres de l'empereur Charles IV. Il est divisé en trois compartiments. Le sujet reproduit est le Jugement dernier : on voit au milieu le

---

(1) Dott. G. Milanesi, *Siena e il suo territorio*, p. 197.
(2) Vasari, *Vite di Andrea Tafi et di Gaddo Gaddi*. Firenze, 1846, t. I$^{er}$, p. 285 et 296.
(3) Sansovino, *Venet. citta nob.* Venet., 1581, fol. 25 v°.
(4) Vasari, *Vita di Pietro Cavallini*, t. I$^{er}$, p. 81.
(5) M. Vitet, *les Mosaïques chrétiennes* (*Journal des savants*, 1863, p. 491).
(6) On trouve la description détaillée de ces belles mosaïques dans *les Mosaïques chrétiennes de Rome*, par M. H. Barbet de Jouy.
(7) Dott. G. Milanesi, *Siena e il suo territorio*, p. 197, et *Docum. per la storia dell' arte senese*, t. I$^{er}$, p. 103.

Christ entouré d'anges; au-dessous sont les six patrons de la Bohême, et plus bas, les donateurs, Charles IV et sa femme; à gauche est la Vierge, à droite saint Jean-Baptiste, plusieurs saints les entourent; tout en bas, on a représenté à droite les bienheureux et à la gauche les damnés. Nous avons déjà parlé des efforts que Charles IV avait faits pour développer le culte de l'art dans ses États héréditaires (1). Il est à croire qu'il avait appelé d'Italie des mosaïstes pour faire ce grand tableau; mais tous n'étaient pas de la force de Cavallini. La mosaïque de Prague est d'un travail assez grossier, qui cependant ne manque pas de caractère.

## § VI

### DE LA MOSAÏQUE A L'ÉPOQUE DE LA RENAISSANCE EN ITALIE.

#### I

*Quinzième siècle.*

'essor que prit la peinture en Italie dans la première moitié du quinzième siècle, et les progrès qui s'accomplirent dans cet art sous l'impulsion des grands artistes qui illustrèrent cette époque (2), ne furent pas favorables à la propagation de la mosaïque : on préférait la fresque, qui s'exécutait d'une façon plus expéditive et coûtait beaucoup moins cher. Mais si les mosaïstes furent moins nombreux que dans les deux siècles précédents, ils devinrent plus habiles : ils répudièrent tout à fait la manière des Byzantins de la décadence, et marchèrent résolûment dans la voie nouvelle que l'art de la peinture s'était ouverte. Quelques artistes qui se sont fait un grand nom dans la peinture ne dédaignèrent pas d'exécuter de leurs mains des mosaïques.

A Rome, Nicolas V (1447 † 1455) fit réparer les mosaïques des églises et commença dans la basilique de Saint-Pierre celles d'une abside; elles furent terminées sous Paul II (1464 † 1471). Sixte IV († 1484), successeur de celui-ci, ayant annexé à cette église une magnifique chapelle, en fit couvrir l'abside d'un tableau en mosaïque. Cette chapelle fut détruite lors de la démolition de l'ancienne basilique, et l'on transporta dans la crypte de la nouvelle une très-bonne image de saint Pierre qui en provenait, et que l'on y voit encore.

A Florence, on ne négligea pas absolument la mosaïque au quinzième siècle. Giuliano, fils d'Arrigo († 1457), peintre connu sous le nom de Pesello, fit quelques mosaïques et fut chargé en 1446 de décorer le tabernacle de l'église Or-San-Michele (3).

Alesso Baldovinetti (1422 † 1499), qui avait enrichi de ses fresques un grand nombre d'églises de Florence, se livra à de nombreuses recherches sur les véritables procédés de

---

(1) Voyez plus haut, page 237.
(2) Voyez plus haut, page 259.
(3) *Libro dell' arte dei mercatanti*, segnato Q., Spoglio Strozzi, Cod. 305, class. 37, bibl. Magliabecchiana à Florence.

la mosaïque sans y réussir d'abord; mais un Allemand, auquel il avait offert l'hospitalité, lui ayant dévoilé les procédés de cet art, il s'y livra tout à fait et le pratiqua longtemps. Il fit au-dessus des portes de bronze du baptistère de Saint-Jean quelques anges tenant la tête du Christ (1). Le fait, rapporté par Vasari, est constaté par le grand-livre de la communauté des marchands, qui mentionne à l'année 1455 un payement de trente-quatre florins fait à Baldovinetti pour cet ouvrage (2). La réputation qu'il acquit dès lors comme mosaïste le fit charger de différents travaux du même genre. En 1481, la même communauté lui confia le soin de restaurer la mosaïque qui décorait le dessus de la porte de l'église San-Miniato à Monte (3), et en 1483, celles de la voûte du baptistère de Saint-Jean, qui avaient été exécutées, comme on l'a vu, par Andrea Tafi (4). Alesso Baldovinetti enseigna l'art de la mosaïque à Domenico Ghirlandajo (1449 † vers 1498). Ce grand artiste avait commencé les mosaïques de la chapelle San-Zanobi à Santa-Maria del Fiore; la mort de Laurent de Médicis l'empêcha de terminer son travail. Mais il a laissé un magnifique spécimen de son talent comme mosaïste dans le tableau qui surmonte la porte latérale de cette église faisant face à la rue dei Servi : il y a représenté l'Annonciation. C'est un ouvrage d'un beau style, et qui pour la correction du dessin peut être placé au premier rang des œuvres de Domenico Ghirlandajo. Vasari lui a encore attribué quelques mosaïques de la façade de la cathédrale de Sienne, mais il s'est trompé à cet égard. Un acte du 24 avril 1493, conservé aux archives du Dôme de Sienne, constate que ces travaux ont été alloués à David Ghirlandajo (1460 † 1525), frère de Domenico. David travailla aussi à la façade de la cathédrale d'Orvieto, ainsi que le constatent les livres de la fabrique. Il y fit un tableau du mariage de la Vierge et restaura les anciennes mosaïques qui étaient endommagées. Les œuvres de David Ghirlandajo à Orvieto et à Sienne n'existent plus (5).

Il faut encore compter parmi les mosaïstes florentins de cette époque Gherardo et son frère Monte, que nous avons eu l'occasion de citer déjà comme miniaturistes de talent (6), et Landro Botticelli. En 1491, Gherardo, Domenico et David Ghirlandajo, et Botticelli, furent chargés de couvrir de mosaïques les quatre voussoirs de la voûte de la chapelle Saint-Zanobi à Santa-Maria del Fiore. En 1493, les administrateurs de l'œuvre donnèrent à faire aux deux frères Gherardo et Monte l'un des compartiments de cette voûte. Gherardo et Domenico Ghirlandajo étant morts, le travail des mosaïques de la chapelle fut suspendu. En 1504, lorsque les consuls de la corporation des marchands voulurent le reprendre, il fut alloué à Monte, à la suite d'un concours où il avait eu pour concurrent David Ghirlandajo. Le sujet du concours était une tête de saint Zanobi. Pierre Pérugin, Lorenzo di Credi et Giovanni delle Corniole en avaient été les juges (7). Cette tête, grande comme nature, existe encore et est exposée sur l'autel de la chapelle le jour de la fête de saint Zanobi.

(1) Vasari, *Vita d'Alesso Baldovinetti.* Firenze, 1848, t. IV, p. 105.
(2) *Libro grande dell' arte dei mercatanti,* segn. B., Spoglio Strozzi, t. I*er*, p. 9. Archives de l'État à Florence.
(3) *Libro di ricordanze dell' arte dei merc. dal 1481 al 1493,* Spoglio Strozzi, t. II, p. 120. Arch. de l'État à Florence.
(4) Vasari, *Vita d'Al. Baldovinetti,* t. IV, p. 105. — *Archivio delle decime, catasto dell' anno 1498,* Spoglio Strozzi, bibl. Magliabecchiana à Florence.
(5) I fratelli Milanesi, *Comment. alle vite di* Vasari, édit. Lemonnier, t. V, p. 83, et t. XII, p. 286.
(6) Voyez plus haut, p. 267 et 269.
(7) Carlo et Gaet. Milanesi et Carlo Pini, *Nove Indagini per servire alla storia della miniatura ital.,* dans Vasari, édit. Lemonnier, t. VI, p. 167.

Ce fut surtout à Venise que la mosaïque prit un grand développement au quinzième siècle. Dès 1430, on avait entrepris de refaire dans le nouveau style les mosaïques exécutées par les Grecs dans l'église Saint-Marc. Deux incendies qui, en 1419 et 1429, détruisirent en partie la charpente de la toiture, servirent d'abord de prétexte à ce remplacement, qui se continua durant tout le seizième siècle, et il ne serait pas resté une seule mosaïque grecque, si en 1610 un décret du gouvernement vénitien n'avait défendu expressément la destruction de ces anciennes mosaïques et ordonné que, lorsqu'elles menaceraient ruine, il en serait fait un dessin fidèle, afin de pouvoir les rétablir avec exactitude dans leur premier état (1). Le plus habile des mosaïstes du commencement du quinzième siècle fut Michele Giambono ou Zambono, qui, en 1430, a enrichi de ses ouvrages la chapelle Notre-Dame dei Mascoli, où il a représenté toute la vie de la Vierge avec une délicatesse exquise et en adoptant le nouveau style des grands maîtres de son temps. Il était peintre, et ne laissait pas à d'autres le soin de faire ses cartons. Un tableau signé de lui fait partie de la collection de l'Académie royale de Venise. Les mosaïques de Giambono offrent tant de perfection, que Zanetti et Lanzi ont cru devoir fixer la date de leur exécution au commencement du seizième siècle, mais les archives vénitiennes ne laissent aucun doute sur l'époque où vivait ce mosaïste (2). Quelques artistes du quinzième siècle ont laissé leurs noms sur certaines mosaïques dans Saint-Marc. Ainsi, au-dessous du petit arc du bras gauche de l'église, les figures de saint Antoine abbé et de saint Vincent sont signées : SILVESTER FECIT 1458; celles de saint Bernardin et de saint Paul ermite : ANTONIUS FECIT, avec la même date. Dans une petite voûte surmontant l'escalier qui conduit à une tribune, on lit, près d'une figure de saint Serge l'inscription : LAZARUS B. FECIT. Sur la façade de l'église, du côté de la Piazzetta, on lisait autrefois, au-dessous d'une figure de saint Marc, l'inscription : PETRUS FECIT 1482, et le nom ANTONIUS au-dessous d'une figure de saint Viton qui fait pendant au saint Marc (3).

II

*Seizième siècle.*

L'époque où nous sommes parvenus a été la plus brillante de la peinture moderne. Plusieurs grands génies parurent à la fois dans ce temps, et l'art de la peinture fut porté au plus haut degré de gloire, dès le commencement du seizième siècle, par Léonard de Vinci et Michel-Ange, que suivirent bientôt Raphaël, le Corrége, Giorgione et Titien. Les nombreux élèves de ces grands artistes, grands artistes eux-mêmes, répandirent à leur tour le goût pour les tableaux. La peinture remplaça la mosaïque même dans les voûtes des églises, et les incrustations de verres colorés furent généralement abandonnées en Italie, sauf à Venise. Vasari, qui écrivait vers 1560, constate ce fait tout en le déplorant. Il s'en explique ainsi en terminant la Vie de Titien. : « Cette sorte de peinture qu'on appelle la mosaïque, aujourd'hui
» presque universellement abandonnée, se maintient florissante à Venise, grâce aux encou-

---

(1) ZANETTI, *Della pittura veneziana.* In Venez., 1771, p. 570.
(2) *Venezia e le sue lagune.* Venez., 1847, p. 54.
(3) *Ibid.*, t. II, parte 2ª, p. 30.

» ragements du sénat et surtout grâce à Titien, qui n'a rien négligé pour que cet art y fût
» toujours en vigueur, et pour que les maîtres qui l'exerçaient fussent honorablement
» récompensés. C'est ainsi que divers beaux ouvrages ont été faits dans l'église Saint-Marc,
» et que presque toutes les anciennes mosaïques ont été renouvelées. L'art de la mosaïque
» fut alors porté aussi loin qu'il pouvait aller et dépassa le point où il était parvenu à Rome
» et à Florence du temps de Giotto, d'Alesso Baldovinetti, de Ghirlandajo et du miniaturiste
» Gherardo. Tout ce qui s'est fait alors en ce genre à Venise a été exécuté d'après les dessins
» et les cartons coloriés de Titien et d'autres excellents peintres. »

Nous allons faire connaître les mosaïstes vénitiens qui se sont rendus célèbres durant le seizième siècle, et signaler, en suivant autant que possible l'ordre chronologique des compositions, les principaux ouvrages de ces artistes que l'on peut encore admirer dans l'église Saint-Marc. Le premier qui se présente à nous est un nommé Pietro, qui a laissé son nom en latin, avec la date 1502, au-dessous d'une image de la Vierge, sur un petit arc entre le chœur et la chapelle Saint-Clément, et, avec la date de 1506, au-dessous d'une grande figure du Sauveur qui occupe la voûte en cul-de-four du sanctuaire (1). Ce Pietro peut bien être l'artiste qui avait mis son nom en latin et la date de 1482 au-dessous de la figure de saint Marc exécutée sur la façade du côté de la Piazzetta. Il a conservé quelque chose de l'ancienne manière. Du même temps est un artiste grec, Grisogonos, qui a signé, avec la date de 1507, une belle figure de saint Paul, incrustée à droite sous le grand arc, en avant du sanctuaire.

Viennent ensuite Marco Luciano Rizzo et Vicenzo Bianchini, qui furent engagés, en 1517, par les administrateurs de Saint-Marc pour travailler aux mosaïques de l'église que l'on voulait renouveler, comme nous l'avons dit. Leurs premiers travaux furent les deux anges tenant une croix que l'on voit dans le sanctuaire. Celui qui a été exécuté par Rizzo est vêtu d'une tunique bleue et signé MARC. L. R.; celui que fit Bianchini a une tunique verte et porte la signature VICENTIUS ANTONII F(*ilius*). Ces figures sont très-gracieuses et d'une exécution soignée. Les murs du sanctuaire sont décorés en outre d'une grande quantité de figures de saints et de prophètes de différentes mains. Au pied d'une figure de saint Ambroise, on lit encore le nom de Vincenzo Bianchini : VINCENTIUS ANT(*onii*) FILIUS. Cet artiste ne reparaît plus à Saint-Marc qu'en 1538; il avait été banni pour dix ans, en 1523, pour avoir blessé un homme, et il subit une nouvelle condamnation à l'expiration de sa peine, parce qu'on le soupçonnait de se livrer à la fabrication de la monnaie (2). Nous nous occuperons des autres travaux de cet artiste quand nous en arriverons aux mosaïques du second quart du seizième siècle.

Lorsque les mosaïques du sanctuaire eurent été achevées, les administrateurs de Saint-Marc voulurent enrichir les voûtes de la grande sacristie de ce splendide revêtement. Rizzo et le prêtre Alberto Zio en furent chargés. On leur adjoignit un jeune peintre, Francesco Zuccato, qui en 1524 avait été inscrit au nombre des mosaïstes; il était tout particulièrement protégé par Titien, qui avait reçu, étant enfant, ses premières leçons du père de Zuccato. La décoration de cette sacristie est splendide, et quand on entre, les yeux sont

---

(1) ZANETTI, *Della pitt. venez.*, p. 565. — *Venezia e le sue lagune*, p. 30 et 43.
(2) ZANETTI, *Della pitt. venez.*, p. 569.

éblouis par l'or et les couleurs. Un nombre considérable de figures de saints et de prophètes, ainsi que celles des apôtres et des évangélistes, enrichissent la voûte. Les artistes ont inscrit leurs noms au-dessous de quelques-unes des figures. Des ornements d'un goût exquis remplissent les espaces libres. Ces ornements appartiennent à la meilleure époque de l'art byzantin ; ils ont été certainement refaits en grande partie au seizième siècle et restaurés même postérieurement, mais ces restaurations ont fidèlement reproduit les anciens modèles. Quant aux figures, elles appartiennent par leur style à l'école vénitienne du seizième siècle, et il est certain que Titien a fourni plusieurs des cartons. On attribue à Rizzo et à Alberto Zio celles qui sont dans les arcs à gauche, et à Zuccato celles qui sont dans les arcs à droite. Une excellente figure de la Vierge, au-dessus des portes, est un très-bel ouvrage de Rizzo, ainsi que l'indique cette inscription : MARCUS LUCIANUS RICCIUS. V. F. MDXXX ; elle doit avoir été exécutée d'après un carton de Titien.

Rizzo et Zio ne paraissent plus après cette date de 1530. Francesco Zuccato et son frère Valerio, qui fut admis vers cette époque à travailler dans Saint-Marc, fournirent au contraire une longue et brillante carrière, et remplirent l'église de leurs ouvrages. A l'instigation de Titien, les administrateurs de Saint-Marc avaient décidé non-seulement qu'on remplirait de mosaïques l'emplacement des anciennes qui étaient tombées en ruine, mais que même on remplacerait par de nouveaux tableaux dans le style du jour les vieilles mosaïques qui subsistaient encore dans l'atrium. Valerio Zuccato exécuta d'abord une demi-figure de saint Clément au-dessus de la porte à gauche ; au pied de l'œuvre on lit son nom et la date de 1532. Les deux frères furent ensuite chargés collectivement de décorer de mosaïques toute la partie de l'atrium entre les deux grandes portes du milieu, celle par laquelle on entre de la place Saint-Marc dans l'atrium, et celle d'en face, qui donne accès de l'atrium dans l'église. Ils ont fait là, au-dessus de cette dernière porte, le saint Marc exécuté en 1545 d'après un carton de Titien ; en face, au-dessus de la porte qui s'ouvre sur la place Saint-Marc, la Crucifixion et la Descente de croix, ouvrages de 1549, dont on croit les cartons du Pordenone ; sur les deux demi-lunes à droite et à gauche de cette porte, la Résurrection de Lazare et la Mort de la Vierge ; sur les angles latéraux inférieurs, les quatre évangélistes ; sur les supérieurs, huit prophètes ; et sur la frise, qui est enrichie de feuillages et de fruits, des figures d'anges et de docteurs de l'Église. Des inscriptions disposées tant au-dessus de la porte ouvrant sur la place qu'au-dessus de celle qui donne accès dans l'église, désignent les deux Zuccato comme auteurs de ces beaux travaux. Le haut de la voûte de cette partie de l'atrium ne leur appartient pas ; nous en parlerons plus loin.

Tandis que les frères Zuccato exécutaient de magnifiques mosaïques dans l'atrium de Saint-Marc, Vincenzo Bianchini était revenu à Venise et produisait une œuvre remarquable dans une autre partie de cet atrium ; nous parlerons plus loin de cet ouvrage et des autres travaux de Bianchini, afin de ne pas interrompre ce que nous avons à dire sur les deux Zuccato. Lorsqu'ils eurent terminé les mosaïques de l'atrium, ils reçurent des administrateurs de Saint-Marc la commission de couvrir de mosaïques l'intrados du grand arc de la nef principale qui s'élève à l'entrée de l'église, au delà de la porte, et qui précède la première coupole. Ils reproduisirent en cinq compartiments des sujets tirés de l'Apocalypse. Au centre est le Christ, entouré des symboles des évangélistes. Ces compositions excitèrent une grande admiration et portèrent très-haut la réputation des frères Zuccato. Vasari, qui les appelle à tort Zuccheri, dit qu'en regardant d'en bas ces belles mosaïques, elles paraissent être des peintures à l'huile (1). Les éloges que les deux frères reçurent en cette occasion excitèrent l'envie des mosaïstes. Vincenzo Bianchini, son frère Domenico, Bozza, élève des Zuccato, et quelques autres, se réunirent pour les dénoncer aux administrateurs de Saint-Marc, en prétendant qu'ils avaient employé les pinceaux et les couleurs dans quelques parties de leurs mosaïques du grand arc de la nef et dans les nuages qui entouraient les évangélistes de l'atrium. Ils accusaient encore Valerio de ne rien entendre aux procédés de l'art de la mosaïque. Une expertise fut ordonnée en 1563, afin d'éclaircir le fait dénoncé. Titien, Jacopo Pistoja, Andrea Schiavone, Paul Véronèse et le Tintoret furent chargés d'examiner ces mosaïques et de donner leur avis. Ces grands artistes, après un examen attentif, émirent un avis à peu près unanime sur tous les points. Ils reconnurent positivement qu'en certains endroits les mosaïques des Zuccato étaient accompagnées de quelques touches de couleurs posées au pinceau, mais ils déclarèrent en même temps qu'elles n'avaient rien perdu de leur effet après que ces couleurs eurent été enlevées avec du sable et une éponge. Francesco Zuccato s'excusait en disant qu'il était l'auteur des cartons, et que s'il avait ajouté quelques parties en couleurs, c'était pour juger de l'effet de ces additions avant de les exécuter en mosaïque. Valerio se défendait de l'accusation de ne pas savoir la pratique de l'art en montrant les mosaïques qu'il avait exécutées seul, comme par exemple la belle figure de saint Clément dans l'atrium et une sainte Catherine au-dessus du tombeau du doge Morosini. Le jugement qui fut rendu condamna les Zuccato à refaire, à leurs frais, en mosaïque les petites parties qu'ils avaient rendues en couleurs. A cette occasion, les artistes qui avaient été chargés de l'expertise furent également consultés sur le mérite des différents mosaïstes employés alors à Saint-Marc. Après avoir examiné leurs travaux, ils placèrent au premier rang Francesco Zuccato, et après lui Vincenzo Bianchini. Cependant la méfiance des administrateurs de Saint-Marc avait été éveillée par le fait reproché aux Zuccato ; ils voulurent faire de nouveaux règlements et réduire le nombre des artistes employés. Ils ouvrirent donc entre eux un concours dont le sujet était le dessin et l'exécution en mosaïque d'une figure de saint Jérôme. Le célèbre sculpteur Sansovino, Paul Véronèse et le Tintoret en furent les juges. Le tableau de Francesco Zuccato fut placé au premier rang ; les autres concurrents furent classés dans cet ordre : Gian Antonio Bianchini, fils de Vincenzo, Bozza et Domenico Bianchini. Les tableaux de ces trois artistes sont encore à Saint-Marc ; quant à celui de Zuccato, qui avait été couronné, on en fit présent au duc de Savoie (2). Les deux frères Zuccato ont fait un grand nombre de portraits en mosaïque. Vasari cite ceux de Charles-Quint, de son frère Ferdinand I$^{er}$ et de l'empereur Maximilien, fils de celui-ci (3). On conserve dans la galerie royale de Florence un portrait à mi-corps du cardinal Bembo, sur le fond duquel on lit : F$^s$ ET VALERIUS ZUCCATUS VEN. 1542. Francesco Zuccato dessinait bien et avait sur les autres mosaïstes l'avantage de pouvoir faire ses cartons. Lorsqu'on les lui fournissait, une simple esquisse lui suffisait pour en former un tableau. Les deux frères savaient rendre parfaitement les teintes et la morbidesse des chairs : leurs tableaux de la

---

(1) Dans la *Vie de Titien*.
(2) ZANETTI, *Della pittura ven.*, p. 573 et suiv.
(3) Dans la *Vie de Titien*, édit. Lemonnier, t. XIII, p. 52.

Résurrection de Lazare et de la Mort de la Vierge ne laissent rien à désirer sous ce rapport; ils entendaient très-bien l'art de rompre et d'accorder les ombres pour donner de l'harmonie à leurs compositions.

Nous devons revenir à Vincenzo Bianchini, dont les premiers travaux datent de 1517, et qui, par conséquent, devait être plus âgé que Francesco Zuccato. Lorsque après une absence de quatorze ans il fut rentré à Venise, les administrateurs de Saint-Marc l'admirent de nouveau parmi les mosaïstes chargés de décorer l'église. Son premier travail fut le Jugement de Salomon, que l'on voit encore dans l'atrium de Saint-Marc, à gauche, au-dessus du tombeau du doge Bartolommeo Gradenigo. On y lit cette inscription : VINCENTIUS B. F. 1538. On croit généralement que le dessin de cet ouvrage avait été fourni à l'artiste par le sculpteur Sansovino, qui avait reçu du gouvernement de Venise la commission de faire des cartons pour les mosaïstes de Saint-Marc (1). Vasari, qui faisait un grand cas de cet ouvrage, dit qu'on ne pourrait vraiment mieux faire avec des couleurs (2). En 1542, Vincenzo Bianchini commença, sur les cartons de Salviati, un grand travail que l'on voit encore sur le mur au-dessus de la porte de la chapelle Saint-Isidore. C'est l'arbre généalogique de la Vierge, qui est placée à la cime, tenant l'enfant Jésus dans ses bras ; Jessé est au pied de l'arbre; David, Salomon et les autres ancêtres du Christ sont assis sur les branches. Vasari a également donné ses éloges à cette composition, qui est d'un bel effet. Parmi les ouvrages que Vincenzo a laissés à Saint-Marc, il faut encore mentionner la figure du prophète Malachie et celle de sainte Thécla dans la grande coupole qui s'élève au-dessus du croisillon sud de l'église (à droite en regardant l'autel). On a pu remarquer que Vincenzo Bianchini n'avait pas paru dans le concours qui fut ouvert postérieurement à 1563 entre les meilleurs mosaïstes. Un artiste de cette valeur n'aurait pas manqué d'y être admis, s'il avait encore été vivant : il est donc à croire qu'il avait cessé de vivre à cette époque.

Domenico Bianchini, surnommé Rosso ou Rossetto, frère de Vincenzo, avait été admis au nombre des maîtres mosaïstes en 1537. Il fut adjoint à son frère en 1542, avec un autre artiste, Giovanni Visentin, pour l'exécution de la grande mosaïque de l'arbre généalogique de la Vierge, qui exigea un travail de dix années (3). Mais Domenico produisit seul quelques bonnes compositions qu'on voit sur la voûte qui s'étend, dans le croisillon nord, entre la nef principale et le sanctuaire, à savoir : la Guérison du lépreux, la Résurrection du fils de la veuve de Naïm, la Chananéenne et l'Ascension du Christ, d'après les cartons de Salviati, et la Cène, d'après ceux de Domenico Tintoretto. On voit encore de Domenico Bianchini, dans la nef latérale, au nord (à gauche en entrant dans l'église), les figures de saint Procès et de saint Martinien (4). Le saint Jérôme, son morceau de concours, est dans la sacristie. Les mosaïques de cet artiste sont loin de valoir celles de son frère Vincenzo, cependant l'exécution en est très-régulière et d'un bel effet de couleurs.

Bartolommeo Bozza, élève des deux Zuccato, fut un des artistes qui ont fourni le plus de mosaïques à Saint-Marc dans la seconde moitié du seizième siècle. Entre autres travaux de lui, on doit citer les Noces de Cana, dans la voûte du croisillon nord de l'église, travail qui

---

(1) ZANETTI, Della pitt. venez., p. 570.
(2) Dans la Vie de Titien, édit. Lemonnier, t. XIII, p. 51.
(3) ZANETTI, Della pitt. venez., p. 572.
(4) IDEM, ibid., p. 580. — Venezia e le sue lagune, p. 49.

était en cours d'exécution lors de l'examen des mosaïques de Saint-Marc, qui fut fait, comme nous l'avons dit, après l'expertise de 1563, par Titien, Paul Véronèse et autres ; les figures d'Isaïe et de David ; la plus grande partie des mosaïques de la voûte de la nef latérale, à gauche en entrant, exécutées sur les cartons du Tintoret et représentant le Paradis, et la partie supérieure de la voûte de l'atrium, au-dessus des mosaïques des frères Zuccato. Bozza a représenté là, d'après les cartons du Tintoret, le Christ sur les nuages avec la Vierge et saint Jean-Baptiste, deux anges et deux chérubins qui tiennent des lis et sont en adoration devant la croix. Il faut encore compter au nombre des œuvres de Bozza le saint Jérôme qu'il fit dans le concours ouvert entre lui, Zuccato, Domenico et Gian Antonio Bianchini (1).

Gian Antonio Bianchini, fils de Vincenzo, avait été admis antérieurement à 1557 (2) parmi les mosaïstes de Saint-Marc. Ses premiers travaux furent certainement les figures de saint Pigasio et de saint Exaudinos que l'on voit, accompagnées de son nom et de cette date de 1557, dans les angles près du grand mur que couvre l'arbre généalogique de la Vierge. Le dessin de ces figures est médiocre, et dans l'examen qui fut fait des mosaïques de Saint-Marc par les grands artistes que nous avons nommés, il avait été vivement blâmé par le Tintoret, qui reconnaissait en même temps que le travail de la mosaïque était excellent. Le saint Jérôme, qui obtint le second rang dans le concours dont nous avons parlé, est un ouvrage remarquable sous tous les rapports. On le voit dans la sacristie. Parmi les contemporains de Gian Antonio Bianchini, il faut citer Domenico Santi, qui a fait, en 1566, dans l'atrium, une figure d'Isaïe et une autre de la Vierge (3) ; Girolamo Vinci, qui a travaillé à la restauration du pavé de l'atrium ; et Jacopo Pasterini, qui, après avoir fait des mosaïques dans une des petites coupoles, fut également chargé de la restauration du pavé (4).

Les mosaïstes qui travaillèrent à Saint-Marc dans le dernier quart du seizième siècle sont Gian Antonio Marini, Arminio Zuccato, fils de Valerio, Gaetano et Lorenzo Ceccato. Marini était élève de Bozza. Son premier ouvrage à Saint-Marc est un tableau incrusté sur le mur dans lequel s'ouvre la porte Saint-Jean ; il représente la Lapidation des vieillards accusateurs de Susanne : Domenico Tintoretto en avait fourni les cartons. Marini a beaucoup travaillé ; ses principales mosaïques sont : dans la voûte de l'atrium auprès des travaux de son maître Bozza, d'un côté le Choix des élus d'après les dessins de Domenico Tintoretto, et de l'autre la Condamnation des réprouvés d'après Maffeo Verona ; sur le grand arc, à l'entrée du sanctuaire, au-dessus de la clôture (cancelli), plusieurs tableaux exécutés sur les cartons de Domenico Tintoretto, à savoir : l'Annonciation, l'Adoration des Mages, la Présentation au temple, le Baptême du Christ et la Transfiguration ; dans le croisillon nord de l'église, un ange qui remet son épée dans le fourreau ; enfin, dans la nef principale, les figures de Job et de Jérémie. L'habileté que Marini a déployée dans l'art d'unir les différents cubes de verre qui entrent dans la composition des mosaïques et de leur faire produire les effets de la peinture qui lui servait de modèle, doit le faire placer au premier rang des mosaïstes. Il était assez bon dessinateur (5).

(1) ZANETTI, *Della pitt. venez.* — *Venezia e le sue lagune*, t. II, parte 2ª, p. 48, 39, 50 et 33.
(2) ZANETTI, p. 574. — *Venezia e le sue lagune*, t. II, parte 2ª, p. 48.
(3) *Venezia e le sue lagune*, t. II, parte 2ª, p. 32.
(4) ZANETTI, *Della pitt. venez.*, p. 588.
(5) IDEM, *ibid.*, p. 581 ; — *Venezia e le sue lagune*, t. II, parte 1ª, p. 33, 39, 40 et 48.

Arminio Zuccato était élève de son père et de son oncle; il a produit de très-bons ouvrages. On voit de lui dans Saint-Marc, au bas du grand arc où ses parents ont incrusté des sujets de l'Apocalypse, d'un côté la figure de saint Jean l'évangéliste et de l'autre celle de saint Pierre; au-dessus de la première, on lit : ARMINIUS ZUCCATUS MDLXXIX, et son nom seulement au-dessous de la seconde; sur une petite voûte non loin de cet arc, un sujet tiré de l'Apocalypse, et dans l'angle gauche, sous le grand arc en avant du sanctuaire, une très-belle figure de saint Pierre, signée de lui. On conserve dans l'église Saint-Sébastien, à Venise, une table d'autel en mosaïque signée d'Arminio, où l'on voit représentée la chute de saint Paul (1).

Parmi les beaux ouvrages de Lorenzo Ceccato, il faut compter l'histoire de Suzanne, en quatre tableaux, disposés au-dessus de la porte de Saint-Jean, à l'intérieur de l'église ; non loin de là, les figures d'Osée et de Moïse, exécutées en 1590, et au pied de l'arcade, à gauche de l'autel Saint-Paul, celles de Moïse et d'Élie (2).

Gaetano, qui reçoit le prénom de Luigi et d'Alvise, termine la série des mosaïstes qui sont sortis des écoles des grands maîtres en mosaïque, Francesco et Valerio Zuccato, Vincenzo Bianchini et Bozza. Ses travaux dans l'église Saint-Marc sont considérables. On voit de lui, dans la grande nef, sur la voûte, au delà de la première coupole, les figures des saints Castorio, Claudio, Nicostrato et Sinforiano, qu'il exécuta en 1590. Il termina ensuite la grande voûte de la nef latérale nord (à gauche en entrant) commencée par Bozza; il y a représenté le martyre des saints apôtres Pierre et Paul, et la chute de Simon le Magicien. En 1602, il fit saint André sur la croix, saint Thomas en présence du roi indien Gondofar, et saint Jean plongé dans une cuve d'huile bouillante. L'étage supérieur de la façade de Saint-Marc est divisé en cinq arcades; celle du milieu est remplie par une grande fenêtre qui donne du jour à l'église, les quatre autres par des mosaïques. Ces mosaïques avaient été originairement exécutées au onzième siècle par des artistes grecs, mais elles étaient très-dégradées au commencement du dix-septième siècle : Gaetano fut chargé de les refaire. Mais on n'a pas oublié qu'un décret du gouvernement de Venise de 1610 avait défendu de détruire les anciennes mosaïques, et ordonné d'en faire un dessin très-fidèle lorsqu'elles ne pourraient être réparées, afin de les rétablir avec exactitude dans leur premier état. Maffeo Verona fut donc chargé de faire les dessins sur lesquels opéra Gaetano. Ces mosaïques représentent Jésus descendu de la croix, le Rédempteur dans les Limbes, la Résurrection et l'Ascension. Zanetti, qui avait vu les dessins de ces mosaïques grecques, dit que dans le tableau de la Descente de la croix on lisait cette inscription : IC XC O BACIΛEYC THC ΔΟΞΗC (Jésus-Christ, le Roi de gloire), dont les Grecs accompagnaient ordinairement la figure du Sauveur (3). Si les dessins de Maffeo Verona ont été fidèles, comme il y a lieu de le croire d'après les recommandations du décret de 1610, on a dans ces mosaïques une nouvelle preuve de l'habileté des Grecs du onzième siècle. Dans le tableau de la Résurrection, on lit une inscription qui fournit le nom du mosaïste et la date de l'exécution : GAIETANUS F. MDCXVII.

---

(1) *Venezia e le sue lagune*, t. II, parte 2ª, p. 198.
(2) ZANETTI, *Della pitt. venez.*, p. 582. — *Venezia e le sue lagune*, t. II, parte 2ª, p. 49.
(3) ZANETTI, *Della pitt. venez.*, p. 583. — *Venezia e le sue lagune*, t. II, parte 2ª, p. 39, 50 et 28.

Nous citerons encore parmi les artistes qui ont suivi les méthodes des écoles du seizième siècle : Scipione Gaetano, Pietro Lunna et Jacopo Pasterini, qui ont travaillé à Saint-Marc, comme Gaetano, dans les premières années du dix-septième siècle.

On s'occupa peu de mosaïques au seizième siècle en Italie en dehors de Venise, et nous avons fort peu d'ouvrages à signaler. A Orvieto, on termina la décoration de la façade de la cathédrale; Francesco Salviati, de Florence, y travailla en 1541 (1). A Rome, on détruisit toutes les anciennes mosaïques de la basilique de Saint-Pierre au Vatican, avec l'église elle-même, et l'on en produisit fort peu de nouvelles. Nous ne trouvons à citer que celles de la chapelle souterraine de la basilique de Sainte-Croix en Jérusalem, et celles de la voûte en arrière de l'autel, dans l'église Santa-Maria Scala Cœli. La décoration de la voûte de la chapelle de Sainte-Croix en Jérusalem offre au centre l'image en buste du Christ, renfermée dans un médaillon dont le contour est tracé par des têtes de chérubins, et autour duquel sont disposées les figures en pied des évangélistes accompagnées de leur symbole. Quatre tableaux, renfermant des sujets qui se rattachent à l'invention de la Croix par sainte Hélène, séparent les médaillons ovales qui renferment les évangélistes (2). Ces mosaïques sont attribuées à Baldassare Peruzzi (1481 † 1537); mais il n'est pas à croire que ce grand artiste, occupé à Rome de nombreux travaux de peinture et d'architecture, ait pu se livrer par lui-même au travail long et minutieux des incrustations; il a dû seulement en fournir les cartons. Ces tableaux, qui devaient être terminés en 1509 (3), sont empreints du style de la grande école de cette époque. La mosaïque de Santa-Maria Scala Cœli a été exécutée à la fin du seizième siècle par Francesco Zucca, Florentin, sur les dessins de Giovanni de' Vecchi (4). La sainte Vierge tenant l'enfant Jésus y est représentée sur les nuages avec des anges. On voit au-dessous le pape Clément VIII, saint Anastase, saint Bernard abbé, saint Zénon, saint Vincent, et le cardinal Pierre Aldobrandini. Le travail de la mosaïque est très fin.

Les dernières mosaïques exécutées à Rome au seizième siècle furent faites dans la basilique de Saint-Pierre par Paolo Rossetti et Marcello Provenzale de Cento. Celui-ci, sur l'ordre de Grégoire XIII (1572 † 1585), décora d'abord la chapelle Grégorienne (aujourd'hui chapelle de la Vierge) d'après les cartons de Girolamo Muziano († 1592) (5), qui, suivant quelques auteurs, a travaillé de ses mains à la mosaïque; puis, à la demande de Clément VIII (1592 † 1605), il exécuta la figure du Père éternel sur la voûte de la lanterne de la grande coupole.

Provenzale fut également chargé de la décoration en mosaïque de la concavité de cette coupole, où l'on voit dans le haut les différents ordres des anges, et au-dessous le Christ, la Vierge, les apôtres et un grand nombre de saints. Il ne fit pas seul cet immense travail, auquel participèrent Angelo Sabbatini, Ambrogio Giosio, Vitale, Pietro Lamberto, Matteo Cruciano, Giambattista Cataneo et Cinthio Bernasconi. Il faut encore compter au nombre

---

(1) FURIETTI, *De musivis*, p. 101.
(2) M. BARBET DE JOUY a donné une description détaillée de ce tableau mosaïque et de celui de l'église Santa-Maria dans les *Mosaïques chrétiennes*, p. 130 et 136.
(3) Ils sont cités par D'ALBERTINI, *De mirabilibus novæ et veteris urbis Romæ*, opuscule de cette date.
(4) FURIETTI, *De musivis*, p. 105.
(5) IDEM, *ibid.*, p. 103.

des œuvres de Provenzale l'un des quatre évangélistes qui décorent le haut des grands piliers de la coupole ; les trois autres sont dus aux mosaïstes Paolo Rossetti, Francesco Zuccha et Cesare Torelli (1). Durant la première moitié du dix-septième siècle, toutes les voûtes de Saint-Pierre se couvrirent de mosaïques, principalement sous le pontificat d'Urbain VIII (1623†1644), et un grand nombre de mosaïstes se firent connaître. Mais notre histoire des arts industriels ne doit pas dépasser le seizième siècle, et notre tâche est remplie à l'égard de la mosaïque. Il se fit d'ailleurs dans cet art, à l'époque où nous sommes parvenus, une véritable révolution qui en changea la portée. Tout en empruntant aux grands peintres de l'école vénitienne la richesse de la composition et la correction du dessin, les mosaïstes de Saint-Marc, au seizième siècle, avaient su conserver à leurs œuvres une certaine naïveté, et surtout la largeur et l'effet, caractère essentiel de la mosaïque, qui ne devrait jamais être envisagée que comme un puissant élément de décoration monumentale et non comme un art d'imitation. Mais à Rome on ne voulut pas s'en tenir là : les mosaïstes s'efforcèrent de rivaliser avec les peintres, comme s'il était possible, quelle que soit la ténuité des émaux employés, d'arriver à imiter ce que le pinceau peut produire. Un auteur italien, Baglione, qui attribue ce changement dans les procédés de la mosaïque à Muziano, l'appelle « l'inventeur de la manière de travailler les mosaïques à l'huile ». Cependant Provenzale paraît être le premier qui ait cherché à imiter la peinture dans ses incrustations de la chapelle Grégorienne que nous avons citées. Il exécuta aussi en mosaïque le portrait du pape Paul V, qu'on voit aujourd'hui dans la galerie du palais Borghèse, et l'on prétend qu'il fit entrer dans le visage seul sept cent mille pièces de rapport, dont chacune était moins grosse qu'un grain de millet. Les améliorations obtenues dans la fabrication des émaux ou verres colorés qui entrent dans la composition des mosaïques conduisirent donc les mosaïstes à produire des tableaux portatifs.

Cette nouvelle direction donnée à l'art de la mosaïque engagea, dès l'époque d'Urbain VIII, à remplacer tous les tableaux d'autel sur toile ou à fresque de la basilique de Saint-Pierre, que l'humidité de cette église avait déjà altérés sensiblement, par des tableaux en mosaïque. Le premier, représentant un saint Michel, fut exécuté par Giambattista Calandra, élève de Provenzale, qui fit aussi, d'après un carton de Josepin, la belle figure de saint Pierre que l'on voit sur la porte Sainte (2). En s'étudiant à imiter la peinture, la mosaïque dut chercher à améliorer ses procédés. Aux petites pierres de plusieurs couleurs, aux cubes de verre rapprochés les uns des autres, elle substitua des émaux colorés, réduits en filets variés dans leurs formes et dans leurs grosseurs, dont les nuances ont été portées jusqu'au nombre de plus de dix mille. A l'aide de ces émaux, on parvint à obtenir toutes les couleurs et toutes les demi-teintes, et à produire des dégradations de tons. A la fin du dix-septième siècle, ces perfectionnements permirent à Pietro Paolo Cristofori, élève de son père Fabio, célèbre mosaïste, de créer cette école de mosaïque qui subsiste encore aujourd'hui dans le palais du Vatican, et qui est une des gloires de Rome. Encouragé par le pape Clément XI (1700†1721), cet artiste se mit à l'œuvre avec ses élèves, afin de fournir à chacun des nombreux autels érigés dans la splendide basilique de Saint-Pierre un tableau en mosaïque, copié sur ceux

(1) FURIETTI, De musivis, p. 103 et 104.
(2) IDEM, ibid., p. 105 et 106.

des grands maîtres italiens du seizième et du dix-septième siècle. Parmi ses plus beaux ouvrages, on doit citer l'Exhumation de sainte Pétronille d'après le beau tableau du Guerchin, la Communion de saint Jérôme d'après la célèbre toile du Dominiquin que conserve le Musée du Vatican, et le Baptême du Christ d'après l'original de Carle Maratte. Les autres mosaïstes de cette époque appartenant à l'école de Christofori, qui ont participé à l'exécution des mosaïques dont s'enrichit la basilique de Saint-Pierre, furent : Giambattista Brughio, Filippo Coccei, Liborio Fattori, Giuseppe de Comitibus, Domenico Gassone et Giuseppe Ottaviano (1). Les artistes se succédèrent dans l'école de Rome, et c'est ainsi que durant le dix-septième et le dix-huitième siècle cette célèbre église a pu enrichir ses autels de la copie en mosaïque des plus beaux tableaux des grands peintres, tels que la Transfiguration, de Raphaël; le Crucifiement de saint Pierre et le saint Michel de Guido Reni; le Martyre de saint Sébastien, du Dominiquin ; la Barque de saint Pierre près d'être submergée, de Lanfranc, et le Martyre de saint Erasme, de notre Poussin. On y trouve encore la copie de beaucoup de tableaux d'un ordre moins élevé, mais assurément d'un grand mérite. C'est ainsi que la mosaïque, tout en sortant de la sphère dans laquelle elle devrait se renfermer, a encore rendu à l'art un important service, en reproduisant d'une manière inaltérable des chefs-d'œuvre que l'influence du temps, le soleil et l'humidité finiront par détruire, malgré les soins qu'on en prend aujourd'hui.

La manufacture de mosaïque de Rome, soutenue par le Pape, est la seule où l'on exécute à présent des mosaïques monumentales.

## § VII

### DE LA MOSAÏQUE DE PLAQUES DE MARBRE (OPUS SECTILE).

#### I

*Ce que c'est que la mosaïque de marbre, et du nom qu'on lui donnait dans l'antiquité.*

L'art de tailler et de découper des plaques de marbre de diverses couleurs, sous des formes particulières, pour en composer des ornements, des fleurs, des fruits et même des figures d'hommes et d'animaux, afin d'en revêtir les pavés ou les murs des édifices, ne saurait être confondu avec la mosaïque dont nous venons de retracer l'histoire. Bien que le mosaïste ne soit pas toujours capable de faire un dessin, il doit être quelque peu artiste et avoir le sentiment de l'art, pour copier avec fidélité le carton qu'il est chargé de reproduire, pour choisir avec tact les couleurs, et pour rendre avec soin les nuances et les dégradations de tons du modèle. Il suffit au contraire d'être un ouvrier habile à tailler et à polir le marbre, pour découper, sur des patrons fournis, des plaques de marbre, même sous les formes les plus contournées, et pour les assembler suivant le modèle. C'est là un ouvrage de marbrerie et non de mosaïque. C'est donc abusivement que l'on donne à ce genre de travail le nom de mosaïque de marbre, mais la langue française n'en a pas d'autre. Les Grecs, nous l'avons

(1) FURIETTI, *De musivis*, p. 168.

dit, le nommaient *lithostrotos*, et appelaient *lithoxooi* les ouvriers qui s'y adonnaient (1). Les Romains, comme on l'a vu, ont employé plusieurs mots pour désigner les mosaïques, et les auteurs qui en ont parlé ont été longtemps en désaccord sur la signification des mots *tessellatum, sectile, vermiculatum*. Le cardinal Furietti, dans son excellent ouvrage *De musivis*, donnait les deux noms de *vermiculatum* et de *sectile* à la mosaïque dont les éléments prenaient tous les contours exigés par le dessin que le mosaïste devait reproduire. Vitruve, en donnant le nom de *pavimenta sectilia* aux pavés composés de marbres de diverses couleurs, découpés sous différentes formes, n'a laissé, ce nous semble, aucune matière à la controverse. Le nom d'*opus sectile* est donc bien celui qui était appliqué au travail dont nous nous occupons. Quelques auteurs l'ont encore nommé *opus alexandrinum*. Plus tard, au moyen âge, on lui a donné le nom d'*ars quadrataria*. Léon d'Ostie, qui l'appelle de ce nom, fait bien sentir la différence qu'il y avait entre les mosaïstes et les ouvriers occupés à tailler et à découper le marbre, les *marmorarii*. « Didier, écrit-il, envoya des mandataires à Constantinople, afin d'y
» engager des ouvriers habiles dans l'art de la mosaïque, *in arte musiaria*, et dans l'art de
» la taille des pierres, *quadrataria;* les uns pour revêtir de mosaïques l'abside, le grand arc
» et le vestibule de la Grande Basilique, les autres pour couvrir le pavé de l'église de divers
» marbres de couleurs variées (2). »

La décoration des pavés et des murs en mosaïque de marbre remonte à une très-haute antiquité. Ce genre de travail était pratiqué en Perse, en Assyrie et en Égypte. Le pavé de porphyre et de marbre blanc dont le palais d'Assuérus était enrichi, d'après la Bible (3), en est un exemple. Les Grecs, qui étaient fort habiles dans cet art, en portèrent la pratique à Rome, où les temples, les édifices publics et les maisons des riches reçurent cette splendide ornementation. Le goût s'en répandit dans toute l'Italie. La Gaule, conquise par les Romains, adopta les mœurs et les coutumes des vainqueurs. Les arts de la métropole s'y introduisirent bientôt, et l'on y retrouve le pavage en mosaïque de marbre, employé dans les temples des faux dieux, et plus tard dans les églises chrétiennes.

On a employé au moyen âge, dans la mosaïque de marbre, non-seulement les marbres tirés des carrières ouvertes, mais encore les beaux marbres antiques dont les carrières sont perdues et qu'on ne trouvait plus que dans les ruines, et même des matières plus précieuses que le marbre, comme les différents porphyres.

Lorsque Constantin eut transporté en Orient le siége du gouvernement de l'empire, ce fut à Constantinople que se développa l'art de tailler et d'assembler les marbres de différentes couleurs pour le revêtement des pavés et des murs. Nous donnerons donc d'abord quelques notions sur la pratique de cet art dans l'empire d'Orient.

---

(1) Voyez notre tome I$^{er}$, page 38, note 2$^e$.
(2) Leo Ost., *Chronica sac. mon. Casinensis,;* Lutet. Par., 1668, lib. III, cap. XXIV, p. 351.
(3) Livre d'*Esther*, chap. I, verset 6.

# MOSAÏQUE

1. Tableau à la voûte du Béma.
2 à 4. Mosaïques de marbre des murs dans l'église Ste Sophie

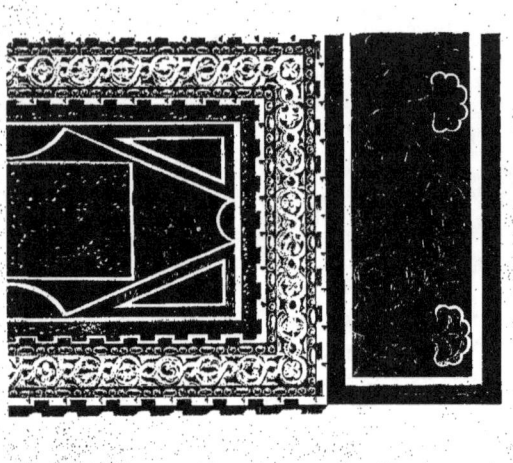
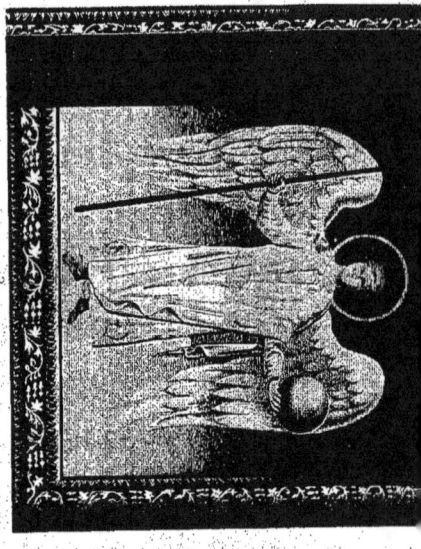
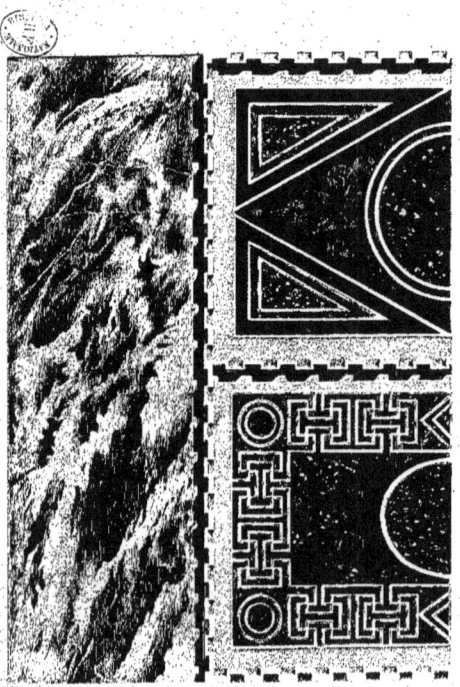
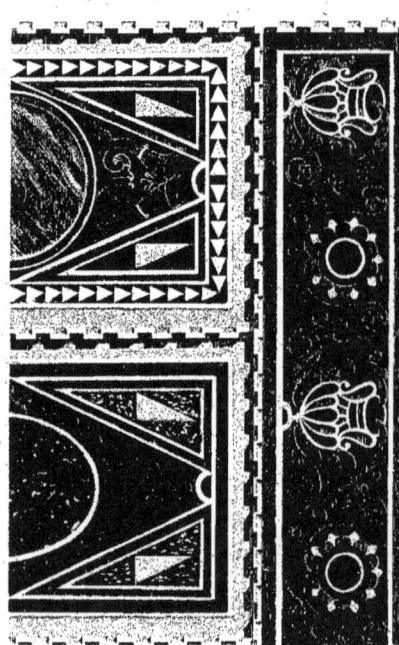

I l

*La mosaïque de marbre dans l'empire d'Orient.*

Il ne peut être douteux que les églises et les palais que Constantin fit élever en si grand nombre à Constantinople n'aient été enrichis de pavés mosaïques, mais il ne reste rien de cette époque. Le plus ancien monument qui subsiste encore dans cette ville doit être l'église Saint-Jean du monastère de Studios, que du Cange suppose avoir été bâtie sous le règne de Léon 1$^{er}$ (457 † 474); elle a été convertie en mosquée et porte le nom d'Imrachor-Dschamissi. On y trouve un pavé mosaïque dans le style de l'antiquité; il consiste en vastes compartiments carrés de marbre vert antique dont le contour est tracé par de larges bandes formées d'entrelacs, qui sont composées de plusieurs rubans de porphyre, de serpentin et de marbre rouge et jaune antiques. Chacun des grands carrés de marbre vert renferme au centre un carré du même marbre tracé par des bandes de jaune antique. Dans quelques-unes des bandes transversales des grands carrés, les entrelacs sont tracés par des bandes étroites composées de petits fragments de marbre blanc, rouge et vert, offrant des étoiles, des triangles et autres dessins réguliers. Il est bien difficile de faire parfaitement comprendre, par une simple description, une ornementation composée d'autant d'éléments; mais M. de Salzenberg a fourni une très-belle planche de ce pavé dans son livre sur les vieux monuments de Constantinople (1). C'est dans Sainte-Sophie qu'on retrouve les plus beaux spécimens de la mosaïque de marbre; c'est là qu'on peut juger de la grande habileté des artistes byzantins dans ce genre de travail. L'abondance des marbres provenant de la dépouille des temples antiques, transportés à Constantinople par ordre de Justinien (527 † 565), permit d'en recouvrir entièrement, à l'intérieur, les murs de cette église, que ce prince avait voulu rendre aussi magnifique que le temple de Salomon.

A l'aide de notre planche LIX, où nous avons reproduit quelques détails de la décoration en marbre du sanctuaire (le béma), nous allons essayer de donner une idée de l'ornementation variée de la grande basilique bâtie par Justinien.

Nous avons fourni, dans notre tome I$^{er}$, page 287, une description succincte du temple de Sainte-Sophie. On a vu que les bas côtés, qui ne s'élèvent pas au delà de la naissance des grands arcs, sont divisés en deux étages. La division des deux étages est indiquée par deux corniches de marbre blanc. La première règne au-dessus des arcs que portent les colonnes du rez-de-chaussée et se profile sur les murs à cette hauteur. La seconde couronne l'étage supérieur et reçoit la retombée des grands arcs de la coupole et des voûtes. Ces deux corniches, qui se prolongent sur le contour de l'édifice, sauf dans l'abside du sanctuaire, servent à tracer deux divisions dans l'ornementation des murs de la grande nef centrale. Cette ornementation consiste dans chacune d'elles en larges bandes horizontales de marbre entre lesquelles s'élèvent de beaux panneaux de marbre, de forme oblongue, posés verticalement et bordés, soit de marbres plus précieux, soit d'encadrements sculptés. Entrons dans quelques détails, en commençant par l'étage du rez-de-chaussée.

(1) *Alt-Christliche Baudenkmale von Constantinopel*, pl. IV.

Au-dessus du pavé s'élève d'abord un soubassement composé d'un socle de marbre blanc, enrichi de plusieurs moulures et d'un large dé de vert antique ; ce soubassement règne sur tout le contour de la nef. Au-dessus de ce soubassement, la surface du mur, jusqu'à la première corniche, est divisée en trois zones tracées par quatre bandes horizontales d'un marbre jaune violacé richement veiné, auquel M. de Salzenberg donne le nom de *pavonazzetto*, et qui est surmonté d'une bande de jaune antique. La première zone renferme des panneaux d'un marbre foncé à fond jaunâtre, avec veines en zigzag tirant sur le brun et le brun noir ; ils sont bordés de larges bandes de pavonazzetto. La seconde zone, qui est plus large et plus riche que les deux autres, est remplie par des panneaux de rouge antique, entre deux panneaux d'un marbre plus foncé, assez semblable au portor, mais n'en ayant pas les veines jaune d'or. Ces panneaux sont encadrés dans des bordures saillantes de marbre blanc sculpté, dont on voit un exemple dans la figure 2 de notre planche LIX. La troisième zone au-dessus est semblable à la première.

Le mur du second étage, qui s'élève au-dessus de la première corniche, est ainsi décoré : Immédiatement au-dessus de cette corniche règnent deux larges bandes horizontales : la première, de pavonazzetto ; la seconde, de marbre vert. Au-dessus sont deux zones de panneaux oblongs séparés par une bande horizontale de pavonazzetto. La première renferme des panneaux de porphyre rouge entre deux panneaux de marbre foncé, tous encadrés de marbre jaune ; les panneaux de la seconde sont semblables à ceux de la première zone de l'étage du rez-de-chaussée. Cette splendide ornementation est couronnée par une frise en mosaïque de marbre ainsi composée : sur un fond de marbre de couleur bistre se détachent des feuillages entremêlés de croix en blanc jaunâtre, avec quelques parties d'ornement en serpentin d'un vert très-brillant ; le tout est renfermé, haut et bas, entre deux lignes de rouge antique. Les frises du béma, que nous avons fait reproduire planche LIX, figures 2 et 3, feront parfaitement comprendre à nos lecteurs les dispositions de celles de la nef.

Le second étage, au-dessus des bas côtés de l'église, est ouvert en grande partie sur la nef centrale, et des colonnes, espacées dans les ouvertures, reçoivent des arcades qui portent la corniche. La face entière de ces arcades est décorée d'une mosaïque de marbre dans le style de celle de la frise. Au centre du tympan triangulaire, au-dessus des colonnes, est un disque de marbre vert qui est enveloppé par des enroulements de feuillages se détachant en blanc jaunâtre sur le fond de couleur bistre. A la clef des arcs sont des disques rouges sur lesquels sont des croix de ce blanc jaunâtre. Toute cette ornementation est encadrée dans une petite bande de rouge antique qui se rattache à la bordure semblable de la frise. L'intrados de l'arcade est orné d'une mosaïque de verre.

Le sanctuaire, qui se compose d'une partie rectangulaire terminée par une abside en hémicycle, est plus magnifiquement décoré que la nef, par des panneaux en mosaïque de marbre. La planche LIX, où nous avons fait reproduire les deux frises et cinq des panneaux de marbre, en facilitera la description. Dans la partie rectangulaire, un soubassement, semblable à celui de la nef, existe au-dessus du pavé. Toute la partie du mur correspondant à la première zone de la nef est remplie par trois larges bandes horizontales de marbre. Le surplus du mur, jusqu'à la première corniche, est décoré de deux rangées superposées de quatre panneaux oblongs qui reposent chacun sur une large bande horizontale de vert antique. Dans chaque rangée, deux des panneaux sont en rouge antique et deux en mosaïque de marbre; tous sont encadrés dans des bordures en saillie de marbre blanc sculpté. Au-dessus de la seconde rangée de panneaux règne une frise de marbre rouge antique décorée de feuillages et d'ornements en serpentin, et bordée d'une bande de porphyre. La figure 2 de notre planche LIX reproduit la moitié de l'un des panneaux supérieurs en mosaïque de marbre et une partie de la frise. Au-dessus de la première corniche règnent, comme dans la nef, deux larges bandes horizontales, l'une de pavonazzetto, l'autre de vert antique, puis au-dessus un panneau oblong de porphyre sculpté en léger relief, encadré dans de larges bandes de jaune antique qui sont bordées, de même que le panneau, par de légers méandres de marbre blanc en relief dont on voit un exemple dans les figures 3 et 4 de notre planche LIX. Le surplus du champ dans cette partie est occupé par une fenêtre plein cintre ouverte dans l'étage supérieur. Au-dessus, une bande horizontale de pavonazzetto supporte cinq panneaux oblongs, celui du centre en porphyre d'un rouge léger; les quatre autres en mosaïque de marbre; une frise en rouge antique, enrichie d'ornements verts rehaussés de jaune, surmonte ces cinq panneaux supérieurs. Les figures 3 et 4 de notre planche LIX reproduisent une partie de cette frise et la moitié de chacun des quatre panneaux en mosaïque de marbre. La grande corniche supérieure de l'édifice couronne cette riche ornementation, et c'est au-dessus, presque à la naissance de la voûte, que s'étend, dans toute la longueur de la partie rectangulaire du sanctuaire, cette belle mosaïque de verre que reproduit la figure 1 de cette planche.

L'abside a reçu une décoration plus sévère. Toute la partie basse du mur hémicirculaire, correspondant en hauteur à la première zone de la nef, est remplie par des bandes de marbre gris veiné qui doivent être modernes; c'est là qu'étaient les siéges du patriarche et de son clergé, que les Turcs auront enlevés. Au-dessus règne une large bande horizontale de vert antique, en continuation de celle qui porte la première rangée de panneaux de marbre dans le sanctuaire; elle sert de base à l'ornementation. Le mur en surélévation, qui est percé de deux rangées superposées de trois fenêtres, est revêtu d'un marbre brun veiné; mais ce fond sévère est égayé par des bandes de marbre clair qui bordent le cintre des fenêtres et se relient l'une à l'autre, et par de longs panneaux de porphyre encadrés dans des bordures de marbre sculpté, qui sont disposés dans les champs de chaque côté des fenêtres. L'ornementation est terminée par une frise de rouge antique sculpté encadrée dans une bordure de serpentin, qui est décorée elle-même de petits disques alternant avec des losanges de marbre blanc.

Le placage de marbre des nefs latérales et de l'intérieur du second étage est également fort riche.

M. de Salzenberg, qui a étudié et dessiné sur place ces curieuses mosaïques, estime qu'elles devaient être exécutées à peu près de cette manière : Le marbre scié en plaques minces, qui dans les pampres et les feuillages n'ont pas plus de 6 à 7 millimètres d'épaisseur, était ensuite taillé exactement dans la forme indiquée par un dessin; puis les différentes parties étaient réunies sur le fond d'une boîte où le dessin complet de la mosaïque était reproduit; le côté poli des marbres, qui devait être apparent lorsque la mosaïque serait en place, était posé sur le dessin, et le côté brut restait en dessus. Les divers morceaux étant ainsi bien assemblés, on versait dans la boîte une couche de 2 centimètres environ d'une résine brun foncé mêlée à de la râpure de marbre et de tuile. Cette résine, dont la combustion donne l'odeur de l'encens, acquérait la dureté de la pierre et unissait très-solidement les uns aux autres les différents morceaux de marbre entrant dans la composition de la mosaïque ; elle présentait ainsi une plaque de 26 à 30 millimètres environ d'épaisseur. Cette plaque était ensuite, à l'aide de la même résine liquéfiée, collée sur le mur, auquel elle restait intimement unie. Les grandes tables de marbre ou de porphyre, de 25 à 50 millimètres d'épaisseur, étaient attachées à la muraille avec des crochets de fer et du mortier de chaux (1).

Le pavé de Sainte-Sophie était composé d'une mosaïque de marbres précieux : Paul le Silentiaire et l'Anonyme en ont constaté la beauté (2) ; mais il a péri, et a été remplacé par un marbre blanc veiné de gris. Il n'en reste plus qu'un seul compartiment carré, de 6 mètres 70 centimètres environ de côté, dans la partie sud-est de la nef, au-dessous de la grande coupole. Un disque de granit brun, de 3 mètres 50 centimètres de diamètre, en occupe le centre, et est entouré de disques de marbres de différentes couleurs et de diamètres divers. Tous ces disques, de même que la plaque de granit, sont encadrés dans une bordure de marbre gris. Quelques-uns ont une première ceinture de mosaïque composée de petits carrés de marbres de différentes couleurs. Les angles sont décorés de la même façon. Toute cette ornementation est renfermée dans de larges bandes de vert antique qui tracent le carré. Il reste encore de l'ancien pavé, dans l'étage supérieur, une bande de vert antique de 35 centimètres environ de largeur, ayant de chaque côté une bordure en jaune antique de 12 centimètres, décorée d'ornements délicats dans le style de l'antiquité, de rouge antique dans l'une, de serpentin d'un beau vert dans l'autre.

Sainte-Sophie est le seul monument qui subsiste de l'époque de Justinien ; mais nous savons par les auteurs que plusieurs des nombreux édifices bâtis par ce prince étaient enrichis, comme cette église, tant sur les murs que sur le pavé, de belles mosaïques de marbre. Ainsi tous les murs de la chalcé, grand vestibule du palais impérial, étaient revêtus depuis le sol jusqu'aux voûtes d'une mosaïque composée de divers marbres précieux. Le pavé en était également décoré (3). Au-dessous de la coupole qui surmontait l'édifice, ce pavé offrait, au centre, une grande dalle de porphyre de forme circulaire, à laquelle on donnait le nom d'*omphalion*, τὸ ὀμφάλιον. On accomplissait certains actes sur ce disque. Ainsi l'empereur Romain Lécapène († 944), après avoir racheté pour une somme considérable les dettes souscrites par des citoyens de Constantinople devenus insolvables, en fit brûler les titres sur l'omphalion de porphyre de la chalcé (4). On trouvait des omphalions encastrés dans le pavé de différentes salles du palais impérial, et notamment au devant des trônes ; l'empereur s'arrêtait sur ces dalles pour accomplir certaines cérémonies (5).

La mosaïque de marbre continua à être cultivée dans l'empire d'Orient postérieurement à Justinien. Les historiens nous en ont parfois conservé le souvenir.

---

(1) M. DE SALZENBERG, *Alt-Christliche Baudenkmale von Constantinopel*, p. 28.
(2) PAULI SILENTIARII *Descriptio S. Sophiæ*, v. 245. Bonnæ, p. 33. — ANONYMI *Antiq. Const.*, lib. IV. Parisiis, p. 73.
(3) PROCOPIUS, *De ædificiis*, lib. I, cap. x. Paris., p. 24 ; Bonnæ, t. III, p. 204.
(4) ANONYM., *De Rom. Lec.* ap. *Script. post. Theoph.*, lib. VI, § 44. Paris., p. 266 ; Bonnæ, p. 429. — CEDRENI *Hist. compend.* Paris., p. 631 ; Bonnæ, t. II, p. 318. — THEOPH. *Chronogr.*, in Maurico. Paris., p. 289 ; Bonnæ, p. 438.
(5) M. JULES LABARTE, *le Palais impérial de Constantinople*, passim.

Au commencement du huitième siècle, Justinien Rhinotmète († 711) fit ajouter au palais impérial une très-longue galerie qui fut magnifiquement décorée, et qu'on nommait le Justinianos, du nom de son fondateur. Le pavé, en mosaïque de marbre, était divisé en compartiments, au centre de chacun desquels était un omphalion de marbre ou de porphyre. Une procession devant être organisée dans cette galerie, à l'occasion d'une fête, par le chef des Varanges, soldats de la garde de l'empereur, ce dignitaire, qui devait en parcourir toute l'étendue, se prosternait, dit le Livre des cérémonies de la cour, chaque fois que dans sa marche il foulait aux pieds l'un des grands omphalions (1).

Au neuvième siècle, à l'époque de la restauration de l'art à Constantinople, on exécuta de belles mosaïques de marbre. L'empereur Théophile (829 † 842) ajouta un grand nombre de corps de logis au palais impérial, et presque toutes les salles reçurent ce genre d'ornementation. Les murs du sigma, péristyle du palais sacré, et ceux du triconque, qui en était le vestibule, furent revêtus de marbres précieux. Des représentations d'animaux, exécutées en mosaïque de marbre, enrichissaient les murs du salon de la Perle, triclinium (2) que ce prince avait également fait construire, et ceux des galeries qui en dépendaient. Dans un autre corps de logis, non loin du triconque, Théophile avait fait disposer une chambre à coucher pour l'impératrice. Les murs étaient couverts d'une mosaïque composée de marbres de différents pays, dont les couleurs variées avaient été disposées avec tant de goût, que la chambre en avait reçu le nom de Μουσικὸς, que l'on peut traduire par Harmonie. La variété des dessins et des couleurs de la mosaïque de marbre qui couvrait le sol donnait à ce dallage, dit l'auteur de la Vie de Théophile, l'aspect d'une prairie émaillée de fleurs (3). Après Constantin et Justinien, Basile le Macédonien est certainement le prince qui a fait élever le plus grand nombre d'édifices dans l'empire d'Orient. Tous les palais, toutes les églises qu'il fit édifier ou restaurer, reçurent plus ou moins une ornementation en mosaïque de verre ou de marbre. Nous avons eu l'occasion de décrire dans notre tome I$^{er}$ toutes les splendeurs de la Nouvelle-Église-Basilique et du corps de logis qu'il ajouta au palais impérial (4), nous prions le lecteur de s'y reporter; il verra dans la description que nous en ont fournie de visu les auteurs, quel grand rôle jouait la mosaïque de marbre dans la décoration des murs et du pavé de ces édifices. Celle de l'église surtout exalte leur admiration. « Les parties de l'église que l'or n'enchâsse pas, disent-ils, ou que l'argent n'a pas envahies,
» trouvent leur ornementation dans un curieux travail de marbres de diverses couleurs...
» Le sol semble recouvert de brocart de soie et de tapis de pourpre, tellement il est embelli
» par les mille nuances des plaques de marbre dont il est formé, par l'aspect varié des
» bandes de mosaïque dont elles sont bordées, par l'agencement délicat des compartiments;
» par la grâce, en un mot, qui règne dans tout ce travail. On y a représenté des animaux et
» mille choses les plus diverses (5). » La magnificence de l'empereur Basile exigeait parfois

---

(1) *De cerim. aulæ byzant.*, lib. 1, cap. II, p. 86, et lib. II, cap. III, p. 524.

(2) Chez les Byzantins, ce nom avait une signification plus étendue que dans la haute grécité. Ils le donnaient à un édifice complet comprenant plusieurs appartements, à de grandes salles et à de grandes galeries, comme le Justinianos dont nous venons de parler.

(3) ANONYM., *De Theophilo*, ap. *Script. post Theoph.*, lib. III. Parisiis, p. 86 et seq.; Bonnæ, p. 140 et seq.

(4) Voyez tome I$^{er}$, p. 37 et suiv.

(5) CONSTANT. IMP. *Hist. de vita Basilii imp.*, ap. *Script. post Theoph.* Paris., p. 201; Bonnæ, p. 326. — PHOTII PATR. *Descript. Eccl. Novæ.* Bonnæ, p. 198.

LABARTE.

qu'on ajoutât l'éclat des métaux précieux aux mosaïques de marbre dans l'ornementation des pavés. Dans l'oratoire du pentacoubouclon, vaste triclinium qu'il avait fait élever dans l'enceinte de la demeure impériale, les compartiments du pavé mosaïque étaient bordés d'argent (1).

Constantin Porphyrogénète († 959), grand amateur des arts et artiste lui-même, ne fut pas moins magnifique que son aïeul Basile. Il fit refaire sur ses dessins le pavé mosaïque du chrysotriclinium, salle du trône du palais impérial. L'auteur anonyme de la Vie de Constantin décrit ainsi ce pavé : « Ce prince, d'une invention si féconde, voulut que le pavé » présentât l'aspect d'un parterre émaillé de mille fleurs, et que les compartiments de » mosaïque les plus délicats et les plus divers de couleurs imitassent les nuances des fleurs » nouvellement écloses. Ce travail, dans ses innombrables entrelacements et dans son » agencement si savamment combiné, est vraiment incomparable. Puis il l'encadra dans » de l'argent, à la manière d'un cercle, et produisit par là un effet qu'on ne se lasse pas » d'admirer (2). »

Le médecin Jean Comnène, qui visita le mont Athos à la fin du dix-septième siècle, et qui a laissé une description de ses couvents, parle avec éloge des pavés mosaïques des chapelles du monastère de Sainte-Laure, fondées au dixième siècle par les deux généraux Nicéphore Phocas et Jean Zimiscès, qui occupèrent tour à tour le trône de Constantinople pendant la minorité des petits-fils de Constantin Porphyrogénète (3). La mosaïque de marbre ne dégénéra pas au onzième ni au douzième siècle dans l'empire d'Orient. L'église du Pantocrator, bâtie par Irène, femme de l'empereur Jean Comnène (1118 † 1143) conserve un pavé d'un charmant dessin, qui en fournit la preuve. Il est formé de plaques rectangulaires et de disques de marbres et de porphyres de diverses couleurs, qui sont encastrés dans des bordures d'un marbre jaune rehaussé d'un filet de marbre blanc. Dans les angles des carrés où sont inscrits les grands disques de marbre, on a incrusté, sur porphyre rouge, des aigles au milieu de rinceaux exécutés en marbre jaune, et dans d'autres parties de même porphyre, des figures de très-petite proportion, mais d'un bon dessin, qui paraissent représenter les travaux d'Hercule (4). Les artistes grecs en mosaïque de marbre, ou leurs élèves italiens, nous ont encore laissé de beaux exemples de leurs œuvres dans la décoration des murs et des pavés de l'église Santa-Maria in Transtevere à Rome, de la chapelle royale de Palerme et de la cathédrale de Monreale, dont nous nous occuperons dans l'article suivant.

A partir du treizième siècle, nous n'avons plus rien à citer en œuvres de mosaïque de marbre dans l'empire d'Orient. Nous avons eu déjà plusieurs fois l'occasion de parler de la décadence complète de l'art byzantin à partir de cette époque (5) ; il est probable que la mosaïque de marbre cessa à peu près d'être cultivée au milieu des troubles et des commotions qui amenèrent la chute de l'empire byzantin.

(1) Const. Imp. Hist. de vita Basilii. Paris., p. 204 ; Bonnæ, p. 331.
(2) Anonym., De Const. Porphyr., ap. Script. post Theoph. Paris., p. 284 ; Bonnæ, p. 456.
(3) Descriptio montis Atho, ap. De Montfaucon, Palæographia græca, p. 452.
(4) M. de Salzenberg a reproduit ce charmant pavé mosaïque dans son ouvrage, Alt-Christliche Baudenk. von Const., pl. XXXVI.
(5) Voyez tome Ier, p. 54 et suiv., et plus haut, p. 189.

## III

*La mosaïque de marbre en Occident au moyen âge.*

Malgré l'invasion des barbares et les malheurs dont l'Italie fut accablée au cinquième siècle, Rome avait encore conservé des artistes marbriers, et l'on a vu que Théodoric, au commencement du sixième siècle, demandait au préfet de la ville de lui envoyer des *marmorarios* à Ravenne, pour enrichir de leurs travaux les édifices qu'il y faisait construire. Le pape saint Symmaque (498†514) put faire enrichir le pavé de l'ancienne basilique de Saint-Pierre d'une belle mosaïque de marbre (1). On en conserve quelques fragments dans la crypte de la basilique élevée au seizième siècle. Ce sont des disques de porphyre qu'entourent des marbres disposés symétriquement autour. L'un de ces disques a même été encastré dans le pavé actuel au bas de la grande nef. Ces disques, qui reçoivent dans les anciens ordres romains le nom de *rotæ*, avaient la même destination que les omphalions des églises et des palais de Constantinople, dont nous venons de parler. Les papes se tenaient sur ces disques pour exécuter certaines cérémonies. Ainsi, le pape, porté sur la sedia, s'arrête encore, la veille de la fête de saint Pierre, sur l'ancienne rota, qui a été conservée au bas de la nef, pour lancer l'excommunication majeure contre ceux qui ne payent pas le tribut dû au saint-siége. Il est à croire cependant que la pratique de la mosaïque de marbre était fort restreinte en Italie au commencement du sixième siècle, et que l'on employait de préférence dans les pavés l'*opus tessellatum*, la mosaïque en petits cubes de marbre de différentes couleurs. Nous avons cité quelques fragments de cette époque. Nous n'avons plus rien à mentionner pour l'Italie, en mosaïque de marbre, jusqu'au neuvième siècle; mais la Gaule, qui était restée romaine malgré la domination des Francs, nous en offre un exemple. Saint Bertin, appelé par saint Omer, avec saint Mommolin et saint Ébertran, pour l'aider dans ses travaux apostoliques, bâtit, à son arrivée en Flandre (638), dans le pays de Thérouanne, une belle église de pierre et de brique, qu'il orna de colonnes à l'extérieur, et dont l'intérieur fut magnifiquement décoré. Le pavé, formé de marbres de différentes couleurs, était enrichi de lames d'or en plusieurs endroits (2). C'était là un luxe dont nous avons signalé plusieurs exemples dans les pavés des églises et des palais de Constantinople.

Plus rien jusqu'au neuvième siècle, jusqu'au moment où Léon III et Charlemagne s'efforcèrent de ranimer le culte de l'art. Léon III bâtit et restaura beaucoup d'églises dans lesquelles il fit exécuter, comme nous l'avons dit, un grand nombre de mosaïques de verre. Il a dû certainement décorer ces édifices de pavés riches; cependant nous ne trouvons dans le *Liber pontificalis* qu'une seule mention d'un pavé en mosaïque de marbre exécuté par lui. Après avoir édifié un grand triclinium dans le palais de Latran, le pape, dit le chroniqueur qui nous a transmis l'histoire de son règne, en fit couvrir le [pavé de marbres divers (3). Pascal Ier († 824), qui monta sur le trône un an après la mort de Léon III, fit aussi décorer

---

(1) *Liber pontificalis*, t. I, p. 176.
(2) Folquini *Cartularium Sithiense*, ap. Guérard, *Collect. des cartulaires*, t. III, p. 17.
(3) *In Leone III*, t. II, p. 264.

le pavé du sanctuaire dans l'église Santa-Maria ad Præsepe (Sainte-Marie Majeure) de marbres très-précieux (1). Au delà de cette époque, le *Liber pontificalis* ne nous offre aucune mention de pavé mosaïque en marbres de prix. La plupart des marbres existants dans les monuments antiques tombés en ruine avaient été enlevés et transportés à Constantinople, et l'on peut bien supposer que Léon III, durant son règne, et les papes ses successeurs, pendant le petit nombre d'années de tranquillité dont jouit l'Italie après lui, n'eurent ni le temps ni les ressources nécessaires pour faire rechercher et exploiter les carrières qui avaient fourni aux anciens des marbres précieux.

Lorsque Charlemagne voulut élever un palais et une chapelle à Aix, il fit venir de Rome et de Ravenne les marbres qui lui étaient nécessaires et les ouvriers chargés de les mettre en œuvre (2) ; il n'est donc pas douteux qu'il n'ait fait exécuter dans cette église et dans son palais des pavés en mosaïque de marbre ; mais le manque des matières premières et des ouvriers nationaux ne permit pas à ce genre de travail de se vulgariser en France. Le seul exemple que nous en puissions citer en dehors d'Aix-la-Chapelle, au neuvième siècle, nous est fourni par Flodoard. L'archevêque Hincmar (845 † 882), dit-il, fit couvrir de marbres le pavé de l'église Notre-Dame (3). On ne peut même pas conclure absolument des termes dont se sert l'historien, *pavimentis quoque stravit marmoreis*, qu'il y eût là une mosaïque, c'est-à-dire un assemblage de marbres de diverses couleurs offrant des dessins artistiques.

Le dixième siècle nous a toujours présenté une lacune à peu près complète, en Italie comme en France et en Allemagne, dans la culture des arts industriels dont nous avons eu à retracer l'histoire, et rien n'est venu nous révéler que la mosaïque de marbre ait été plus heureuse que les autres arts.

On a vu que le retour au culte de l'art, après l'obscurcissement du dixième siècle, avait eu lieu d'abord en Allemagne sous l'impulsion des artistes grecs (4). Tangmar, l'historien de la vie de saint Bernward, nous apprend que ce prélat, artiste universel (5), s'était livré à l'étude de l'ornementation des pavés par la mosaïque. Mais, d'après les termes dont se sert l'historien, on ne peut voir, dans les essais de saint Bernward, que des pavés en petits cubes de marbre ou de verre, *opus tessellatum*, et non une ornementation en plaques de marbres de différentes couleurs disposés artistement (6). Il n'y a pas lieu de croire qu'on se soit occupé en Allemagne, au moyen âge, de ce genre de travail.

Ce fut en Italie qu'on vit renaître la mosaïque de marbre, grâce au célèbre abbé du Mont-Cassin, Didier, qui, parmi les artistes qu'il avait engagés à Constantinople (1066), avait fait comprendre des gens habiles dans l'art de tailler le marbre, dont la pratique avait cessé en Italie depuis plus de cinq cents ans (7). Ce digne prélat, nous l'avons dit, ouvrit dans son monastère des écoles où les artistes grecs qu'il avait appelés enseignèrent à des jeunes gens tous ces arts oubliés en Italie au milieu des calamités du dixième siècle.

(1) *Liber pontificalis*, t. II, p. 340.
(2) Voyez tome I$^{er}$, p. 77.
(3) FLODOARDI *Ecclesiæ Remensis historiarum libri IV*, lib. III, cap. v. Parisiis, 1611, p. 159.
(4) Voyez tome I$^{er}$, p. 80, 180, 192, et suiv. ; et plus haut, page 216.
(5) Voyez tome I$^{er}$, p. 82 et 380.
(6) « Musivum præterea in pavimentis ornandis studium.... composuit. » (TANGMARUS, *Vita S. Bernwardi*, ap. *Script. rerum Brunsw.* Han., 1707, p. 444.)
(7) Voyez tome I$^{er}$, p. 74, et plus haut, p. 370 et suiv.

Nous avons parlé des belles mosaïques de verre de l'église Santa-Maria in Transtevere à Rome, que nous avons attribuées à un artiste italien élève des mosaïstes grecs; cette église, rebâtie par Innocent II (1130 † 1143), offre encore un pavé, composé de plaques de porphyre, de serpentin et d'autres beaux marbres, qu'on peut faire remonter à la même époque.

C'est surtout en Sicile, dans la chapelle royale de Palerme et dans l'église de Monreale, que l'on rencontre les plus belles mosaïques de marbre du douzième siècle. Nous avons dit que la chapelle royale avait été construite par le roi Roger II (1130 † 1154), et nous avons décrit les beaux tableaux en mosaïque de verre qui décorent ses murs (1). Ces mosaïques s'élèvent au-dessus d'un lambris magnifique. Dans le sanctuaire et dans l'abside qui le termine, la plinthe de marbre blanc, de 76 centimètres de hauteur, est bordée d'un ornement composé de marbres et de porphyres de diverses couleurs, dont le centre offre une série d'étoiles à huit pointes qui sont encadrées dans une figure géométrique tracée par des bandes de marbre blanc. Ce charmant ornement est renfermé entre deux tores de marbre blanc. Au-dessus de la plinthe s'élèvent des plaques de porphyre et de marbre blanc de 1 mètre 84 centimètres de hauteur sur une largeur de 45 centimètres; elles sont disposées alternativement et séparées l'une de l'autre par une bande d'ornement en mosaïque de porphyre et de marbre de diverses couleurs. Un ornement semblable à celui qui sépare la plinthe du lambris borde le haut de ce lambris. Le chœur et la nef sont décorés de lambris de 3 mètres environ de hauteur, exécutés en mosaïque de marbre dans le même style. Plusieurs des plaques de marbre blanc du lambris de la nef sont ornées au centre d'un disque de porphyre incrusté dans le marbre. Le pavé de marbre blanc est disposé en compartiments décorés de disques au centre et bordés d'entrelacements où le porphyre alterne avec le serpentin, et qui sont disposés sous des figures géométriques régulières (2). Après Sainte-Sophie de Constantinople, la chapelle royale de Palerme est le monument où l'on rencontre les plus splendides spécimens de mosaïque de marbre.

L'église de Monreale, bâtie par Guillaume le Bon (1166 † 1189), doit être citée, quoique moins riche, à côté de cette chapelle. Le pavé du chœur et celui du sanctuaire sont formés d'une belle mosaïque de marbre composée de compartiments de formes variées dont le contour est déterminé par de larges bandes de marbre blanc. Le centre est occupé par un disque de porphyre ou de serpentin qui est encadré dans une ceinture de mosaïque de marbre offrant les couleurs les plus variées (3). Les inscriptions grecques qui se rencontrent dans quelques-uns des tableaux en mosaïque de verre de la Chapelle palatine et de l'église de Monreale démontrent l'intervention des Grecs dans ce travail. On ne peut douter qu'ils n'aient tout au moins dirigé l'exécution des pavés mosaïques. On a vu au surplus, dans l'historique que nous avons tracé de l'art de la mosaïque de marbre en Orient, qu'au douzième siècle les Grecs n'avaient rien perdu de leur habileté dans ce genre d'ornementation.

---

(1) Voyez plus haut, page 373 et suiv.
(2) Buscemi, *Notizie della basilica detta capella Regia*, Palermo, 1840, a donné des reproductions de ces mosaïques de marbre.
(3) Il duca di Serradifalco, *Del Duomo di Monreale*, a donné des planches qui reproduisent ces pavés mosaïques. — M. Darcel, *Gazette des Beaux-Arts*, t. 1er, p. 153, a publié une gravure de M. Gaucherel reproduisant un fragment de ce pavé.

## IV

*La mosaïque de marbre en Italie à l'époque de la Renaissance.*

Ce fut, comme on le voit, à l'intervention des artistes marbriers grecs que l'on dut en Italie, au douzième siècle, l'exécution des plus belles mosaïques de marbre. Mais la prise de Constantinople par les croisés, et les guerres qui en furent la suite, amenèrent la décadence complète de tous les arts industriels cultivés en Orient, et dispersèrent les artistes (1). L'absence des maîtres en mosaïque de marbre doit être considérée sans doute comme le premier motif de l'abandon de cet art en Italie, mais la difficulté de se procurer les beaux marbres nécessaires à sa mise en pratique en fut surtout la cause déterminante. On se contenta donc de décorer le pavé des temples et des palais avec des marbres d'une seule ou de deux couleurs, disposés en compartiments simples et réguliers, sans aucune prétention artistique, et souvent même avec de simples dalles de pierre d'une seule couleur. Cependant, à une époque où les arts du dessin étaient entrés dans la voie de la renaissance et prenaient un essor merveilleux, on ne pouvait se contenter partout d'un dallage aussi simple. Souvent en Occident, au moyen âge, on avait gravé en intailles quelques figures sur les dalles des églises, principalement sur les pierres tumulaires. A Sienne, on étendit ce système d'ornementation à tout le pavé de la cathédrale. L'édification de ce temple fut entreprise au commencement du treizième siècle ; des documents conservés dans ses archives constatent qu'on y travaillait en 1229 et 1236, et que la coupole fut terminée en 1264. En 1266, les administrateurs de l'œuvre avaient commandé à Nicolas de Pise la magnifique chaire de marbre qui en est aujourd'hui le plus bel ornement ; enfin, en 1317, on allongea l'église de manière à l'étendre au-dessus du baptistère de Saint-Jean, bâti dans une partie inférieure de la colline sur laquelle s'élève Sienne. Cependant, en 1339, les Siennois décidèrent de construire une nouvelle cathédrale beaucoup plus grande que l'ancienne. Les travaux furent entrepris ; mais en 1356, ce grand travail, dont quelques parties subsistent, fut abandonné, et l'on en revint à l'idée d'achever et d'embellir l'ancien Dôme, qui est aujourd'hui un des plus curieux monuments de l'Italie (2). Son pavé de marbre est enrichi de figures et de sujets composés avec art et dessinés magistralement. Cette ornementation a été exécutée par deux procédés différents. Le plus ancien consiste en un dessin des contours et des traits intérieurs des figures, tracé dans le marbre à l'aide du ciseau, et dont les intailles sont remplies d'une composition noire et dure. On trouve donc dans les sujets rendus de cette façon une sorte de nielle sur marbre. Tout en usant des intailles niellées pour tracer les traits du dessin, on se servit dans le second procédé de marbres blancs, gris et noirs, découpés suivant les contours du dessin, et dont les teintes, mariées habilement, donnèrent les moyens de produire une sorte de clair-obscur dans les

---

(1) Voyez tome I$^{er}$, p. 56 et suiv.
(2) *Siena e il suo territorio.* Siena, 1862, p. 209. — Dott. GAET. MILANESI, *Docum. per la storia dell' arte senes$^e$*.

figures. On a là une véritable mosaïque de marbre, traitée dans un style grandiose. L'église de Sienne offre donc le plus vaste et le plus magnifique pavé qui ait jamais été fait, car il a quatre-vingt-dix mètres de long sur cinquante de large, et des artistes d'un grand talent en ont dessiné la surface. Il serait sans intérêt de décrire ici les nombreux sujets qui couvrent une aussi vaste étendue. Nous nous contenterons de donner une idée générale de l'ensemble et d'indiquer quelques-unes des compositions dont les auteurs sont connus, grâce surtout aux investigations du docteur Gaetano Milanesi dans les archives du Dôme.

L'église est partagée en trois nefs. Le transsept déborde les nefs d'une travée de chaque côté; il est divisé ainsi en cinq parties; la partie centrale, faisant suite à la nef principale, est couverte d'une coupole. Au delà du transsept, le chœur, le sanctuaire et l'arrière-chœur occupent en profondeur trois travées. Avant d'entrer dans le temple, on trouve déjà des dalles historiées au-devant des trois portes. Au seuil de la porte principale, on a représenté les différentes fonctions religieuses, d'après un carton du peintre Guasparre; et devant les portes latérales, d'un côté le Pharisien et de l'autre le Publicain qui prient dans le temple de Jérusalem. La première de ces compositions, ainsi que les bordures et les ornements qui les contiennent toutes trois, fut exécutée en 1447 par Bastiano, fils de Corso de Florence (1). Ce marbrier, très-habile, demeura longtemps à Sienne; les archives du Dôme constatent qu'il y travaillait dès 1420; il mourut dans cette ville vers 1455 (2). On lui doit une très-grande partie des beaux encadrements des sujets, et sans doute aussi l'exécution de la plupart des cartons qui furent faits de 1420 jusqu'à l'époque de sa mort. Les deux compositions du Pharisien et du Publicain furent mises en œuvre en 1513, dans les encadrements préparés par Bastiano, sur les dessins de Giacomo Cozzarelli (3). Le pavé de la nef centrale, depuis la porte d'entrée jusqu'au transsept, est divisé en cinq travées. Dans la première, on voit Mercure Trismégiste, l'Hermès égyptien, donnant à deux personnages, la Gentilité et le Christianisme, qui sont à sa droite et à sa gauche, un livre renfermant les lettres et les lois de l'Égypte, comme l'indique cette inscription :

Suscipe, o, litteras et leges Ægyptii (4).

On attribue le carton de cette composition, qui fut exécutée en 1488, à Giovanni, fils de Stefano (5). La seconde travée, qui remonte à 1373 (6), est composée de petits fragments de marbre, *opus tessellatum*. Elle renferme au centre les armoiries de Sienne, la louve qui allaite les deux jumeaux, et autour les emblèmes des villes ses alliées, au nombre de douze. La troisième travée, qui est un travail de la même époque, représente une roue de vingt-quatre rayons, dont l'axe renferme un aigle aux ailes étendues, portant sur la tête la couronne impériale. La quatrième offre une grande composition. Sur le haut d'une montagne

---

(1) *Libro verde dal 1441 al 1457*, C. 89;—*Libri de' delib. an.* 1451. Archivio dell' opera del Duomo di Siena; apud Dott. G. MILANESI, *Docum. per la storia dell' arte senese*. Siena, 1854.
(2) Dott. G. MILANESI, *Docum. per la storia dell' arte senese*, t. II, p. 113.
(3) *Siena e il suo territorio*, p. 211.
(4) Presque tous les tableaux sont accompagnés d'inscriptions latines; comme elles sont étrangères à notre sujet, nous ne les rapporterons pas.
(5) *Siena e il suo territorio*, p. 221.
(6) *Documenti per la storia dell' arte senese*, p. 177.

couverte de ronces et de serpents, la Vertu est assise, richement vêtue et couronnée comme une reine; elle engage à monter jusqu'à elle, par quelques paroles gravées sur un cartouche au-dessus de sa tête. Socrate et Cratès sont à ses côtés. La foule, qui cherche à gagner le sommet, est arrêtée par la difficulté du terrain, par les bêtes venimeuses et surtout par la Fortune, représentée dans le fond sous la figure d'une femme qui cherche à séduire les hommes par sa beauté sans vêtement. Pour caractériser son inconstance, elle a le pied droit sur un globe, le gauche dans une barque, et tient à la main une voile que gonfle le vent. On ne connaît pas l'auteur de ce tableau. La cinquième travée reproduit l'histoire de la Fortune, représentée sous le symbole d'une roue à huit rayons. Au sommet, l'homme fortuné est figuré par un roi couronné, assis sur un trône; plus bas, trois hommes saisissent la roue de leurs mains et de leurs pieds; à gauche, l'un d'eux monte et n'est pas loin du sommet; un autre, à droite, descend la tête en bas, et le troisième, à l'opposite du souverain, est renversé et ne se tient au cercle de la roue qu'avec les plus grands efforts. La roue est renfermée dans un losange; les figures à mi-corps d'Épictète, d'Aristote, de Sénèque et d'Euripide, tenant des banderoles où se lisaient des inscriptions, sont renfermées dans des médaillons qui se rattachent à chacun des côtés du losange. Cette grande dalle (de 3 mètres 75 centimètres sur près de 4 mètres) est fort endommagée, on ne voit plus que les silhouettes des personnages, mais les contours suffisent pour justifier la pureté que devait avoir le dessin (1), qui est d'un artiste renommé, Bernardino, dit le Pinturicchio. On trouve en effet, dans l'un des livres des archives du Dôme, à la date du 13 mars 1504, un payement à lui fait pour « son travail, d'avoir exécuté un carton de dessin pour l'histoire de la Fortune, que l'on fait à présent dans le Dôme » (2). On ne saurait appliquer cette mention de payement au sujet de la quatrième travée. Dans celle-ci, c'est la Vertu qui est le sujet principal de la composition et dont l'histoire est représentée; la Fortune n'y paraît qu'accessoirement. Elle est au contraire l'objet principal du tableau qui remplit la cinquième travée, et c'est bien l'histoire des vicissitudes où elle jette les hommes qui y est reproduite d'une façon symbolique. S'il pouvait rester un doute sur ce point, il serait levé par les inscriptions qui se lisaient sur les banderoles que tiennent les philosophes; elles sont aujourd'hui effacées, mais elles ont été conservées; toutes ont trait à la Fortune (3).

Chacune des cinq travées des nefs collatérales est occupée par la figure d'une sibylle. Les archives du Dôme de Sienne ont fourni tantôt les noms des peintres qui ont dessiné les cartons, tantôt ceux des marbriers qui ont exécuté les figures et taillé les marbres, rarement les noms de l'artiste et du praticien. En désignant chacune des sibylles, nous allons indiquer ceux que les archives ont fait connaître. Dans la nef collatérale à droite, on voit, en partant de la porte d'entrée, la Delphique, par Guiliano di Biagio et Vito di Marco;

---

(1) M. Didron, *Annales archéologiques*, t. XVI, p. 339, a donné une gravure de cette composition dans son état actuel, avec une description détaillée du pavé de l'église de Sienne comprenant les inscriptions qui s'y trouvent. C'est un excellent travail; mais M. Didron, n'ayant pas eu connaissance des documents découverts dans les archives du Dôme, a commis quelques erreurs sur les attributions faites des compositions à certains artistes.

(2) Dott. Gaetano e Carlo Milanesi, *Comment. alla vita di Bernardino Pinturicchio*, dans l'édition Lemonnier de Vasari, t. V, p. 291, note 2.

(3) *Illustrazione della Chiesa metrop. di Siena*. Siena, 1844. M. Didron a reproduit ces inscriptions, *Ann. arch.*, t. XVI, p. 347.

la Cumée, par Luigi di Ruggiero, dit l'Armellino, et Marco di Vito; la Cumane, par Giovanni di Stephano; l'Érythréenne, par Antonio di Frederigo. Ces quatre travées furent faites en 1482; les susnommés ne sont que les marbriers (1) qui ont taillé et gravé les marbres. La dernière sibylle de ce côté, la Persique, a été exécutée en 1481 par Urbano, fils de Pietro de Cortone, qui, recevant dans les documents le nom de sculpteur, a très-probablement fait le dessin, taillé et gravé les marbres. Dans la nef collatérale à gauche, les cinq sibylles, qui furent exécutées en 1483, sont : la Libyenne, gravée sur un dessin de Guidoccio Cozzarelli; l'Hellespontine, sur un carton de Neroccio di Bartolommeo Landi; la Phrygienne, dont l'auteur est inconnu; la Samienne, gravée sur un dessin de Matteo di Giovanni Bartoli, peintre; et l'Albunée ou Tiburtine, sur le carton de Benvenuto di Giovanni del Guasta (2).

Comme on le voit, les tableaux des trois nefs sont empruntés au paganisme ou à la religion naturelle; le transsept, au contraire, est rempli par des sujets tirés de l'Ancien et du Nouveau Testament, sauf un seul, celui des Ages de l'homme, qui, avec la montagne de la Vertu et la roue de la Fortune, complète les allégories de la vie humaine. On y trouve au-dessous de la coupole, dans différents losanges et compartiments, la parabole de la poutre (3) et celle des aveugles (4), dont le carton a été fait en 1459 par Antonio di Frederigo, sculpteur et architecte (5); l'histoire d'Élie et du roi Achab, en plusieurs tableaux, exécutés sur les cartons fournis de 1518 à 1525 par Domenico Beccafumi (1488 † 1551), et une grande composition où l'on voit Moïse recevant les tables de la loi sur le mont Sinaï, l'Adoration du veau d'or et les divers faits qui en furent la conséquence, également exécutée sur les cartons de Beccafumi, en 1531 (6). Ce célèbre artiste fit encore, à la même époque, le dessin d'une grande scène représentant Moïse frappant le rocher d'où l'eau jaillit (7); elle est disposée entre les deux grandes colonnes qui portent l'arc supérieur sur lequel s'appuie la coupole. Vasari a fait, avec raison, l'éloge de cette vaste composition, et nous ne pouvons mieux la faire connaître qu'en rapportant ce qu'il en dit : « Au travers de l'église, en face de la chaire, est un cadre renfermant un grand
» nombre de figures; le sujet est composé et dessiné avec beaucoup d'art. On y voit Moïse
» dans le désert, frappant le rocher d'où l'eau jaillit, pour donner à boire au peuple altéré.
» Domenico représenta dans toute la longueur du tableau l'eau du fleuve où le peuple
» vient boire. On ne saurait exprimer combien sont ravissantes les attitudes de tous les
» personnages : les uns se baissent jusqu'à terre pour boire, les autres s'agenouillent
» devant le rocher qui verse l'eau; ceux-ci prennent de l'eau avec des vases ou des coupes,
» ceux-là avec la main; d'autres amènent des animaux pour les abreuver. Tout ce peuple
» est en joie. On admire surtout un enfant qui tient un petit chien par la tête et par le cou,

---

(1) Ils reçoivent dans les documents les noms de *lapicidi*, *scarpellini* ou *maestri di pietra*.
(2) Les documents qui fournissent les noms de ces artistes et de ces marbriers ont été publiés par le docteur Gaetano Milanesi, dans ses *Documenti per la storia dell' arte senese*, t. II, p. 377 et suiv.
(3) *Évangile de saint Mathieu*, xv, 3.
(4) *Ibid.*, xv, 14.
(5) *Docum. per la storia. dell' arte senese.*, t. II, p. 436.
(6) *Ibid.*, t. III, p. 165 et 166.
(7) Dott. Gaetano e Carlo Milanesi, ap. Vasari, *Vita di D. Beccafumi*, ed. Lemonnier, t. X, p. 188 et 196.

» et lui plonge le museau dans l'eau (1).... » On peut juger par cette description de l'importance des compositions dont Beccafumi a enrichi le pavé du Dôme de Sienne.

On voit dans les bras du transsept la bataille que Jephté livra aux Ammonites, et le sacrifice qu'il fit à Dieu de sa fille, exécutés en 1485, d'après les cartons de Benvenuto di Giovanni del Guasta, peintre (2) ; les batailles de Saül ; la Mort d'Absalon ; la Délivrance de Béthulie, de 1473 ; le Massacre des prêtres idolâtres et le Massacre des Innocents, de 1482, attribué à Matteo di Giovanni (3). Nous ne devons pas oublier, à l'entrée du croisillon sud du transsept, le tableau des Ages de l'homme dont nous avons parlé. Antonio di Frederigo, sculpteur et architecte, en fit le carton en 1475 (4) ; il y a représenté sept individus, dont chacun personnifie l'un des âges de la vie : le premier âge, l'enfance, l'adolescence, la jeunesse, l'âge mûr, la vieillesse et la décrépitude.

Au delà de la coupole, au centre du chœur, on voit dans un médaillon David assis sur son trône entre quatre musiciens et tenant dans ses mains un psaltérion, et, dans deux compartiments qui joignent ce médaillon, David lançant une pierre à Goliath et le géant renversé. Ces compositions sont de Domenico di Niccolò, architecte du Dôme, qui en a fourni les cartons en 1423. Agostino di Niccolò, de Sienne, et Bastiano di Corso en firent la bordure (5).

Le sol du sanctuaire est couvert d'une grande quantité de sujets. Devant l'autel, on a représenté Abraham se disposant à sacrifier son fils. Cette grande scène est accompagnée de la représentation des faits qui s'y rattachent. Autour de cette composition sont quatorze petits compartiments qui renferment des sujets et des figures, comme Abel offrant à Dieu les prémices de ses troupeaux, Melchisédech qui offre le pain et le vin, et Adam et Ève. Sur les côtés et au bas du tableau du sacrifice d'Abraham, règne une bordure couverte de personnages qui portent des vases et autres objets destinés au sacrifice préparé sur un autel, auprès duquel sont des musiciens. Tous les sujets qui couvrent le pavé du sanctuaire ont été exécutés sur les dessins de Beccafumi, de 1544 à 1546, d'après le procédé de marbres blancs, gris et noirs, *a chiaro e scuro*, que nous avons fait connaître (6).

En sortant du transsept, on trouve à l'entrée des bas côtés du chœur, du côté sud, près de l'autel du Saint-Sacrement, une figure de l'empereur Sigismond, entouré de ses ministres, exécutée en 1434, sur le dessin de Domenico di Bartoli (7) ; puis Samson combattant les Philistins, d'après le dessin de Domenico di Niccolò, de 1423, entre Moïse tenant les tables de la loi et Judas Machabée. De l'autre côté de l'église, dans les bas côtés du chœur, le combat de Josué contre les Amorrhéens, et la pendaison de leurs cinq rois, exécutés sur les cartons de Domenico di Niccolò, en 1423 (8), entre la figure de Josué arrêtant le soleil et celle de Salomon.

Enfin, dans le pourtour du sanctuaire, on voit cinq figures : la Tempérance, la Prudence,

---

(1) VASARI, *Vita di Beccafumi*, ed. Lemonnier, t. X, p. 187.
(2) *Docum. per la storia dell' arte senese*, t. III, p. 79.
(3) LANZI, *Hist. de la peinture*, traduction de M<sup>me</sup> DIEUDÉ. Paris, 1824, t. I<sup>er</sup>, p. 489.
(4) *Docum. per la storia dell' arte senese*, t. II, p. 437.
(5) *Ibid.*, t. I, p. 178.
(6) *Docum. per la storia dell' arte senese.*, t. III, p. 165. — VASARI, *Vita di Dom. Beccafumi*, edit. Lemonnier, t. X, p. 187 et 188.
(7) *Docum. per la storia dell' arte senese*, t. II, p. 161.
(8) *Ibid.*, t. I, p. 178.

la Miséricorde derrière le maître autel, la Justice, et, près de la sacristie, la Force, exécutée en 1406 par Marchesse d'Adamo (1), mais qui a dû être retouchée depuis.

Vasari avait attribué à Duccio, peintre siennois, l'invention des tableaux en marbres de différentes couleurs du Dôme de Sienne : « Duccio, dit-il, mérite des éloges pour avoir été » le premier à mettre en pratique, dans le pavé de marbre du Dôme de Sienne, les figures » en clair obscur (2). » Puis, dans la Vie de Beccafumi, il semble se contredire et ne laisser à Duccio que l'invention du tracé des figures à l'aide du ciseau : « Beccafumi s'était engagé » à finir dans le Dôme une partie du pavé de marbre que Duccio, peintre siennois, avait » commencé en employant un nouveau mode de travail. Et comme les figures et les sujets » étaient déjà gravés avec le ciseau, remplis d'un enduit noir et accompagnés de bordures » et de champs en marbres de couleur, il jugea qu'on pouvait améliorer beaucoup cet » ouvrage. Il prit donc des marbres gris pour en former des ombres, en les joignant aux » marbres blancs qui donnaient les lumières; et, en traçant le dessin avec le ciseau, il » trouva, à l'aide de ces marbres blancs et gris, le moyen de produire parfaitement un » clair-obscur (3). » M. Gaetano Milanesi, qui a dépouillé avec beaucoup de soin les archives de Sienne, et surtout celles de la cathédrale, soutient que Duccio n'a pu rien faire dans ce pavé en mosaïque de marbre. Il fait observer que les archives ne contiennent aucun document d'où l'on puisse induire que Duccio se soit occupé du pavé de ce temple; qu'au surplus Vasari s'est trompé sur l'époque à laquelle florissait Duccio, qu'il fixe à 1350 et 1356, tandis que les plus anciens documents qui signalent cet artiste sont de 1282, et les derniers de 1339, et que son principal ouvrage, le tableau d'autel du Dôme, fut achevé en 1310; qu'enfin les premiers documents sur l'établissement d'un pavé de marbre de couleur sont de 1369 (4). Ces raisons sont très-concluantes. A l'égard de l'invention du pavé en mosaïque de marbre à clair-obscur, Lanzi n'a pas laissé à Beccafumi l'honneur de l'avoir inventé. « Matteo di Giovanni, dit-il, considérant attentivement les ouvrages de ses » prédécesseurs (qui travaillaient à *sgraffio*, d'après le premier procédé), trouva occasion » de les surpasser. Il remarqua, dans la robe d'un David, une veine de marbre qui y » formait le pli le plus naturel, et qui, par l'opposition de la couleur, faisait paraître » presque en saillie le genou et la jambe de la figure. Il trouva même dans le marbre d'un » Salomon une diversité de couleur dont on pouvait obtenir un effet semblable. Ayant donc » choisi des marbres de différentes couleurs, et les ayant combinés ensemble comme on le » faisait dans les marqueteries de bois colorés de différentes nuances, il en forma un » ouvrage que l'on pourrait appeler un clair-obscur en marbre. Ce fut de cette manière » qu'il exécuta de lui-même un Massacre des Innocents. Il ouvrit ainsi la voie à » Beccafumi (5). » Que Beccafumi n'ait pas été, plus que Duccio, l'inventeur des figures en mosaïque à clair obscur, cela paraît prouvé; mais les sujets dont il a fourni les cartons, et dont il a dû surveiller l'exécution, sont certainement les meilleurs du pavé du Dôme; ils sont composés avec beaucoup d'art et dessinés d'une façon toute magistrale.

(1) M. Didron a publié dans les *Annales archéologiques* les bustes de la Prudence et de la Justice, d'après un estampage fait sur place.
(2) Vasari, *Vita di Duccio*, ed. Lemonnier, t. II, p. 165.
(3) Vasari, *Vita di Beccafumi*, ed. Lemonnier, t. X, p. 186.
(4) *Docum. per la storia dell' arte senese*, t. I, p. 168 et 176.
(5) Lanzi, *Histoire de la peinture en Italie* trad. de M<sup>me</sup> Dieudé, t. I, p. 489.

Les pavés à dessins, comme celui de Sienne, sont fort rares ; mais les églises en Italie nous offrent de belles mosaïques de marbre exécutées au quinzième et au seizième siècle, pour le revêtement des murs, pour les parements d'autel et même pour les pavés. Nous pouvons citer à Rome, dans la basilique de Saint-Pierre, les murs et piliers, et le pavé, formés de beaux marbres sur les dessins de Jacques de la Porte et du Bernin, et tous les devants d'autel qui sont composés de marbres très-précieux; dans l'église Sainte-Marie Majeure, la magnifique chapelle du Saint-Sacrement, que Sixte V († 1590) fit ériger sur les dessins de Fontana, et dont les murs sont entièrement revêtus d'une belle mosaïque en plaques de marbre, et celle de la Vierge, décorée par les ordres de Paul V (1605 † 1621), qui n'est pas moins belle ; la chapelle bâtie par les Ginetti dans l'église Saint-André, sur les dessins de Charles Fontana ; et l'église de Jésus, commencée en 1575 sur les dessins de Vignole, et entièrement ornée de beaux marbres par son élève Jacques de la Porte. On voit aussi de belles mosaïques de marbre à Venise, dans l'église SS. Jean et Paul, qui fut consacrée en 1430, et dans celle de Sainte-Marie des Miracles, bâtie par Lombardo en 1480.

## V

*Mosaïque florentine.*

Il existe encore dans les différentes provinces d'Italie d'autres églises où l'on rencontre ce précieux genre d'ornementation, mais nous finirons en signalant la chapelle des Médicis, dans l'église Saint-Laurent, à Florence. Ses murs sont décorés d'une riche mosaïque composée de marbres précieux, de porphyres, de granits et de jaspes. On y voit les armoiries de toutes les villes de la Toscane, exécutées en pierres dures. Nous avons cité la chapelle des Médicis, bien qu'elle n'ait été commencée qu'en 1604, sous Ferdinand I$^{er}$, et terminée seulement de nos jours, parce que nous tenions à faire honneur à Florence d'avoir conservé jusqu'à présent la pratique de la mosaïque de marbre. Ce n'est pas que la mosaïque florentine ressemble en rien à la grande mosaïque de marbre byzantine et italienne dont nous venons de retracer l'histoire; elle n'est pas destinée à couvrir les pavés et les murailles de plaques de marbre ou de porphyre, elle se borne à l'ornementation des autels et des meubles, et ne produit que des tableaux ou des figures de petite proportion : c'est par exception, comme dans la chapelle des Médicis, qu'elle concourt à l'ornementation des murs.

Pour arriver à la reproduction des peintures qui lui servent de cartons, la mosaïque florentine emploie non-seulement les marbres les plus précieux et les porphyres, mais encore les cailloux colorés que roulent les fleuves et les torrents de la Toscane, le lapis-lazuli, les coraux, la nacre de perles, les jaspes, les agates dont les couleurs et les ondulations sont si variées, toutes les pierres dures en un mot, et jusqu'aux pierres précieuses. Toutes ces matières sont sciées en plaques de très-peu d'épaisseur, qui sont ensuite taillées diversement de manière à s'agencer les unes avec les autres, selon la forme et la couleur du modèle qu'il s'agit de reproduire. Pour les nuances et pour les dégradations de lumière, l'ouvrier se sert de toutes les ressources que lui présentent les accidents et les veines des matières que le hasard lui présente, lorsque tous les morceaux qui doivent entrer dans la composition d'un ouvrage de mosaïque ont été choisis et disposés dans la forme nécessaire. Voici,

d'après un auteur qui a fait une étude toute particulière de la mosaïque en Italie, comment on procède à l'exécution. « L'ouvrier principal, celui qu'on peut appeler le peintre ou le
» metteur en œuvre, a devant lui, sur un plan incliné, une grande pièce de pierre brune
» appelée lavagna, plus compacte et plus pesante que l'ardoise. Cette pierre est couverte
» d'un mastic épais sur lequel il place les différents morceaux de pierres dures, de cailloux
» colorés ou de marbres qu'il emploie. Ces morceaux, pour tenir solidement les uns aux
» autres, doivent avoir au moins sept à huit lignes de hauteur (16 à 18 millimètres), quel-
» ques-uns ont même davantage (1). Plus ils sont minces, plus ils doivent être longs. Que
» l'on imagine la quantité de coups de pinceau nécessaires pour former une draperie, une
» boucle de cheveux, un visage, une fleur, un fruit, un nuage, et l'on pourra prendre une
» idée de la multitude de pièces différentes qu'il faut employer pour rendre les différents
» objets qu'on a à représenter, et dont plusieurs, à l'éclat près, sont rendus avec beaucoup
» de vérité. Dans l'architecture, où il semble qu'il faudrait moins de pièces, on en met en
» œuvre qui ne paraissent pas plus grosses que des crins.

» Les différentes pièces, unies ensemble par le mastic, sont resserrées par un cercle de
» fer qui les entoure et les tient très-serrées les unes contre les autres et avec la lavagna,
» sur laquelle il a son principal appui. Quand le travail est fini, lorsque le mastic est durci
» et ne fait plus qu'un corps avec la lavagna et les pierres mises en œuvre, on polit le ta-
» bleau et on le rend uni comme une glace ; ce qui se doit faire avec beaucoup de précau-
» tion, pour ne pas écailler les matières différentes qui ont été mises en œuvre. Ce poli se
» donne avec une sorte d'émeri et de sable très-fin qu'on mouille légèrement, et qui ronge
» les parties excédantes. L'ouvrier chargé de ce travail, qui demande de l'intelligence, lave
» de temps en temps quelques parties pour voir si le travail qui sort de dessous le polissoir
» est uni et brillant (2). »

Dans les ornements, dans la reproduction des ustensiles, des rubans et des perles, et même dans celle des fleurs, des fruits et des oiseaux, la mosaïque florentine arrive à des résultats souvent merveilleux ; mais dans les figures d'hommes et d'animaux et dans les paysages, elle laisse beaucoup à désirer et ne donne que bien rarement des représentations satisfaisantes sous le rapport du dessin et de la couleur.

L'origine de la mosaïque florentine remonte à la seconde moitié du seizième siècle. Des marbres de toutes couleurs, et d'une grande variété, ayant été découverts dans les montagnes de la Toscane en 1561, sous Cosme I$^{er}$, ce prince encouragea le travail de la mosaïque. Une manufacture spéciale fut créée et a toujours été protégée depuis, à grands frais, par les grands-ducs ses successeurs, de manière à porter à la perfection ce genre de travail. Ferdinand I$^{er}$ († 1609) et François II († 1765) surtout, ne négligèrent rien pour favoriser les progrès de cette espèce de mosaïque. Ce fut sous les règnes de ces princes qu'on fabriqua les superbes mausolées de la chapelle des Médicis et les magnifiques tables qui ornent les salons de la galerie de tableaux du palais Pitti. La galerie des Offices de Florence possède aussi quelques belles tables en mosaïque de ces époques. Il y en a quatre fort remarquables dans la salle du Baroccio. La table octogone, qui est au milieu, est peut-être la plus

---

(1) On en emploie qui ont beaucoup moins.
(2) L'abbé RICHARD, *Description historique et critique de l'Italie*, t. III, p. 82 et suiv.

riche de toutes celles qui sont sorties de la manufacture ducale. Elle fut commencée en 1613 par Jacques Autelli, d'après le dessin de Ligozzi; vingt-deux ouvriers y travaillèrent sans interruption pendant vingt-cinq ans. Le Musée du Louvre en conserve une fort belle, qui fut, sans doute, donnée par l'un des grands-ducs à Louis XIV; elle est aujourd'hui placée dans la galerie d'Apollon.

L'industrie privée s'est emparée de nos jours de ce genre de travail. On fait à Florence, et même à Paris, de fort jolies tables, des coffrets, des plaques qui entrent dans la composition des meubles, et jusqu'à des bijoux, en mosaïque florentine. C'est un délicieux moyen d'ornementation, et l'on doit encourager ce beau travail lorsqu'il se borne à reproduire des fleurs, des fruits et des motifs de décoration; mais il ne doit pas chercher à rivaliser avec la peinture et tenter la reproduction des figures humaines et des paysages.

On comprend improprement, sous le nom de mosaïque, une sorte de sculpture polychrome de haut relief, découpée dans la forme des objets qu'elle reproduit, et exécutée en pierres dures. Elle réussit surtout dans la reproduction des fruits et est ordinairement employée à la décoration des meubles. Quelquefois elle se détache sur un fond de pierres ou de marbres de couleur. Des ouvrages de cette sorte ont commencé à se faire à Florence sous Cosme I<sup>er</sup>, et la manufacture ducale depuis lors en a toujours produit de très-remarquables. Elle n'en a pas toutefois conservé le monopole, et l'industrie privée produit aujourd'hui de ces sculptures polychromes en pierres dures qui, employées surtout à l'ornementation des portes dans les consoles fermées, en font des meubles de luxe d'un très-bel effet.

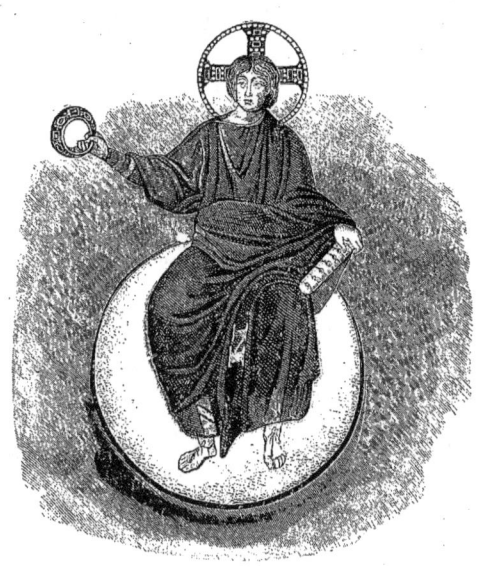

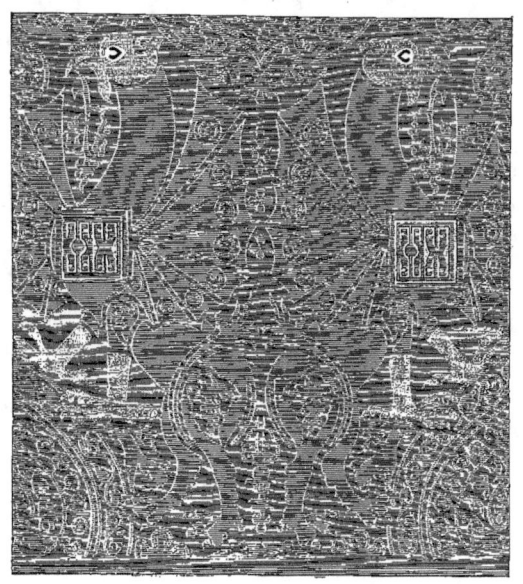

# PEINTURE EN MATIÈRES TEXTILES

### PRÉLIMINAIRES

#### I

*Difficultés que présente l'historique de cet art.*

Nous n'avons pas pris à tâche de retracer l'histoire des diverses industries au moyen âge et à l'époque de la Renaissance, mais bien celle de l'application de l'art aux différents produits industriels. Des textes plus ou moins obscurs sont tout à fait insuffisants pour éclaircir une semblable matière; ce sont surtout les œuvres des différents âges qu'il faut étudier pour arriver à un résultat. C'est une histoire de l'art industriel par les monuments que nous tentons d'écrire, avons-nous dit dans notre préface, et jusqu'à présent nous avons pu faire concourir tout à la fois les monuments subsistants et les textes à l'appui de l'historique que nous avons donné des différents arts industriels; mais en ce qui touche l'histoire de la peinture en matières textiles, nous sommes arrêté dans notre travail par l'absence presque absolue des monuments tout au moins jusqu'au quinzième siècle. De toute la période du moyen âge, il ne reste que quelques lambeaux d'étoffes, et ceux qui contiennent une ornementation artistique sont extrêmement rares et disséminés de tous côtés ; en sorte qu'il est impossible, à l'aide de ces fragments, de pouvoir tracer d'une manière tant soit peu certaine la marche de l'art dans son application à l'industrie des étoffes. Quand on a recours aux textes, plusieurs difficultés presque insurmontables se présentent. Leur peu de précision permet rarement de distinguer si l'ornementation des étoffes qu'ils signalent a été exécutée avec l'aiguille sur un tissu préexistant, ou si elle a été tissée en même temps que l'étoffe et si elle fait corps avec elle. D'un autre côté, les diverses dénominations que l'on rencontre dans les auteurs non-seulement pour les étoffes, mais encore pour les procédés d'ornementation, sont très-multipliées ; mais ces dénominations, grecques ou latines, sont le plus souvent intraduisibles. De longues dissertations, auxquelles l'espace qui nous reste ne nous permet pas de nous livrer, se sont souvent élevées entre les savants sur la valeur d'un mot, sans amener une explication complétement satisfaisante, en sorte que nous n'avons aucun moyen de rapprocher les noms des choses et d'appliquer aux lambeaux qui subsistent les noms que l'on rencontre dans les auteurs. Nous renonçons donc à retracer un historique un peu suivi de l'ornementation des tissus au moyen âge, et nous nous bornerons à quelques aperçus et à la production de quelques documents puisés dans les auteurs. Nous voudrions apporter dans notre travail, tout incomplet qu'il sera, l'ordre et la méthode que nous avons cherché à introduire dans l'historique des autres arts industriels ; mais nous trouvons encore en cela une difficulté dans l'impropriété des expressions que l'on employait au moyen âge et que l'on emploie encore de nos jours pour désigner les différents tissus. Ainsi on donne indifféremment le nom de tapisserie au tissu décoré à la main, avec l'aiguille, sur une étoffe ou un canevas qui préexistaient avant l'ornementation, et au tissu dont le fond, de même que l'ornementation, sont produits en même temps à l'aide d'un métier à haute ou à basse lisse. Nous formerons cependant trois divisions de l'historique de l'ornementation des tissus. Sous le titre de *Broderie*, nous traiterons de l'ornementation exécutée à la main, à l'aide de l'aiguille, sur tout tissu préexistant ; sous celui d'*Ornementation brochée*, de celle qui fait corps avec l'étoffe et qui est obtenue, sur le métier, par une navette courant d'un bord à l'autre de la chaîne et à l'aide de certaines combinaisons dans la levée des fils de la chaîne ; enfin, sous le titre de *Tapisserie*, nous nous occuperons des tapisseries proprement dites, de soie ou de laine, mais le plus ordinairement de laine, qui sont exécutées sur les métiers à haute et basse lisse (1), et dans lesquelles la navette ne couvre les fils de la chaîne que partie par partie, suivant les nécessités du dessin (2). La confusion qui existe chez les auteurs du moyen âge dans les descriptions qu'ils donnent des étoffes ne nous permettra pas toujours, en examinant celles de cette époque, de nous en tenir à ces divisions. Jetons d'abord un coup d'œil rapide sur l'ornementation des étoffes dans l'antiquité.

---

(1) On appelle *lisses* les fils qui servent de chaîne au tissu ; les fils qu'on vient intercaler entre les fils de la chaîne sont la *trame* du tissu. Quand les fils de la chaîne sont tendus horizontalement, on dit que le métier est de *basse lisse* ; quand, au contraire, ils sont tendus verticalement, on a alors un métier de *haute lisse*.

(2) M. Alf. Darcel, aujourd'hui directeur de la manufacture des Gobelins, a déjà proposé de rectifier la terminologie de l'ornementation des étoffes (*Gazette des Beaux-Arts*, t. XX, p. 77).

## II

*De l'ornementation en matières textiles dans l'antiquité.*

Du moment que les hommes surent fabriquer des étoffes pour leurs vêtements, ils cherchèrent à les embellir à l'aide des matières qui avaient servi à les tisser. La peinture en matières textiles doit donc être l'un des moyens les plus anciennement usités de rendre des ornements et des figures ; et de fait, les textes qui la constatent abondent à partir de la plus haute antiquité. Cet art, comme beaucoup d'autres, a son berceau dans l'Asie. L'usage des tissus historiés paraît remonter, dans l'Inde et dans la Perse, au delà des temps historiques.

La broderie a dû bien certainement précéder de beaucoup l'ornementation qui s'exécute par le tissage, cependant ce procédé était déjà connu du temps de Moïse. Dieu prescrit à Moïse d'entourer le tabernacle de dix rideaux de fin lin, qui seront parsemés d'ouvrages de broderie (1) ; et plus loin, lorsque Moïse a eu fait choix des ouvriers, il annonce au peuple que Dieu les a remplis de sagesse pour faire toutes sortes d'ouvrages en étoffes de différentes couleurs et en broderie, d'hyacinthe, de pourpre, d'écarlate teinte deux fois et de lin fin, afin qu'ils travaillent tout ce qui se fait par le tissage (2). Et s'il pouvait rester quelques doutes sur l'interprétation de ces passages de l'Exode, on voit dans le livre de Job, qui vivait, croit-on, avant Moïse, le saint homme comparer la rapidité de la vie à celle de la navette du tisserand.

L'*Iliade* fait en plusieurs endroits mention de riches étoffes brodées. Junon revêt un manteau divin, œuvre admirable de Minerve, orné de dessins merveilleux. Plus loin, le poëte nous montre Andromaque tissant une toile double, éclatante de pourpre, et l'ornant de fleurs diverses au moment où des cris de détresse lui apprennent la mort d'Hector (3). Dans une antiquité moins reculée, les Perses et les Égyptiens obtinrent une grande vogue pour leurs tissus décorés. Hérodote parle d'une cuirasse de lin, brodée d'une multitude de figures diverses, que le roi Amasis avait donnée aux Lacédémoniens (4). L'invention du métier à chaîne verticale, ou de haute lisse, est attribuée aux Égyptiens : les peintures que l'on voit dans les hypogées de Beni-Hassan reproduisent en effet des femmes occupées à tisser sur un métier à chaîne perpendiculaire.

Pline attribue aux Phrygiens l'art de broder à l'aiguille, à l'Asie le tissage en fil d'or, et à Babylone les tissus qui reproduisaient des sujets en couleurs (5). Il nous montre encore les Parthes et les Gaulois, nos ancêtres, ayant chacun un procédé différent pour exécuter en laine des tapis décorés de peintures (6).

Le goût des riches étoffes se répandit dans la Grèce : le *Traité des récits merveilleux*, attri-

---

(1) *Exode*, chap. XXVI, verset 1.
(2) *Ibid.*, chap. XXXV, vers. 35.
(3) Chants XIV et XXII.
(4) *Histoire* d'HÉRODOTE, livre III, n° XLVII, traduction de M. GIGUET. Paris, 1860, p. 175.
(5) Lib. VIII, cap. LXXIV.
(6) Lib. VIII, cap. LXXIII.

bué à Aristote, donne la description d'un peplum magnifique qu'on fit, dit-on, pour Alcisthène de Sybaris. Il était d'une étoffe couleur de pourpre et orné en haut et en bas de figures ouvrées dans le tissu. Les vases peints, grecs et étrusques, qui offrent tant de sujets divers, nous font voir des personnages revêtus d'étoffes historiées, et, sur les meubles, des tapis enrichis de figures.

Les Romains, sous les empereurs, eurent un goût très-prononcé pour les riches étoffes décorées d'ornements. Virgile, Horace et d'autres poëtes, aiment à signaler des étoffes enrichies de figures et d'ornements brodés ou tissés. Cicéron, dans les *Tusculanes*, parlant du lit d'or de Denys de Syracuse, dit qu'il était couvert d'un magnifique tissu enrichi de sujets, *strato pulcherrimo textili stragulo, magnificis operibus picto*. Le tissu était produit par le tissage, cela résulte évidemment des termes employés par le grand orateur romain, mais l'ornementation de l'étoffe avait-elle été obtenue pendant la fabrication, avait-elle été brodée postérieurement? Sur ce point le texte ne présente que de l'incertitude.

Il en est à peu près ainsi de tous les passages empruntés aux auteurs qui, jusqu'à la chute de l'empire d'Occident, ont parlé des riches étoffes. Ce qu'on doit regarder comme constant, c'est que les étoffes de soie enrichies d'ornements tissés ou brodés venaient des fabriques asiatiques ou égyptiennes.

§ 1

DE LA BRODERIE ET DE L'ORNEMENTATION BROCHÉE DES ÉTOFFES DANS L'EMPIRE D'ORIENT.

Lorsque Constantin eut assuré le triomphe du christianisme, tous les arts de luxe furent mis au service du culte, et l'on a vu qu'avant de quitter Rome, l'empereur avait doté les églises de magnifiques présents; mais les riches étoffes n'y furent pas comprises. Saint Sylvestre, qui gouvernait alors l'Église romaine, avait interdit l'emploi des étoffes de soie et même des étoffes de couleur dans la cérémonie du saint sacrifice de la messe, que le prêtre devait célébrer revêtu de tissus de lin (1). Le *Liber pontificalis*, qui nous offrira plus tard de précieux documents sur la nature des étoffes de luxe au huitième et au neuvième siècle, nous fait complètement défaut pour les premiers siècles du moyen âge. Les malheurs dont l'Occident, et l'Italie particulièrement, furent accablés jusqu'à l'époque de Charlemagne, ne permettent pas de supposer que la fabrication des étoffes précieuses y ait été pratiquée. C'est dans l'empire d'Orient seulement que nous trouvons des notions sur ce sujet. Cependant les mentions en sont encore assez rares dans les auteurs jusqu'au temps de Justinien. Eusèbe, en rendant compte du costume que portait Constantin dans les jours de cérémonie, le représente revêtu d'une tunique de tissu d'or, enrichie de diverses fleurs tissées (2). Puis, lorsqu'il énumère les dons que fit l'empereur à l'église de la Nativité à Bethléem, il y comprend des tentures enrichies de broderies (3). Le goût pour les étoffes ornées de figures

---

(1) *Liber pontificalis, seu de gestis Rom. Pontif. quem cum codd. mss. Vat. aliisq. emend.* VIGNOLIUS, *in S. Silvestro*, t. I, p. 82.
(2) *De laudibus Const. oratio.* Parisiis, 1659, p. 613.
(3) *De vita imp. Const.*, cap. XLIII, p. 504.

devint bientôt dominant dans l'empire d'Orient. En effet, dans la seconde moitié du quatrième siècle, les fabricants de tissus avaient déjà trouvé le moyen de tisser des figures dans les étoffes; ils y reproduisaient le portrait de l'empereur. On possède une lettre de Gratien (1) à Ausone, qui avait été chargé de son éducation, dans laquelle il dit au poëte : « Je t'ai envoyé une tunique palmée dans laquelle est tissée la figure de notre aïeul Con- » stantin. » Nous avons déjà rappelé les paroles de saint Jean Chrysostome, qui reprochait aux hommes de son temps de réserver toute leur admiration pour les orfévres et pour les tisserands; et l'on trouve encore dans une homélie d'Astérius, évêque d'Amasée, dans le Pont, à la fin du quatrième siècle, un document sur l'habileté des fabricants de l'empire d'Orient dans la confection des tissus historiés : « Ils n'ont pas mis de limites à leur folle » industrie. Dès qu'on eut inventé l'art aussi vain qu'inutile du tissage, qui, rivalisant avec » la peinture, sait rendre dans les étoffes, par la combinaison de la chaîne et de la trame, » les figures de tous les animaux, ils achetèrent avec empressement, tant pour eux que pour » leurs femmes et leurs enfants, des habillements couverts de fleurs et offrant des images » d'une variété infinie..... On y voit des lions, des panthères, des ours, des taureaux, des » chiens, des forêts, des rochers, des chasses, et en un mot tout ce que le travail du peintre » peut produire pour imiter la nature...... Les plus pieux de ces hommes opulents emprun- » tent les sujets aux Évangiles (2)... » Théodoret, évêque de Cyr, en Syrie († 458), constate aussi, dans son quatrième sermon sur la Providence, l'habileté des tisserands de son temps (3). L'histoire entière de la vie du Christ se trouvait souvent brodée ou tissée, dit-il, sur la toge d'un sénateur chrétien.

Les Byzantins, dès le cinquième siècle, avaient donc obtenu une très-grande renommée dans tout ce qui touchait au tissage et à la teinture des tissus. Mais ils se trouvaient obligés d'acheter aux Perses, avec lesquels ils étaient souvent en guerre, la soie, matière première des étoffes qu'on enrichissait plus que toutes les autres de figures et d'ornements. Justinien fit tous ses efforts pour affranchir l'empire du tribut onéreux qu'il était obligé de payer à ses ennemis. Il chercha d'abord à obtenir la soie par le moyen des Éthiopiens; mais il n'y put réussir, et les fabricants d'étoffes étaient encore contraints de tirer la soie de la Perse, lorsque des moines qui avaient pénétré jusque dans la Sérinde (la Chine), lui proposèrent d'y retourner et d'en rapporter les œufs des vers qui produisaient et filaient la soie. Justinien les excita par de grandes promesses à exécuter ce voyage. Ces moines ayant réussi dans leur entreprise et rapporté à Justinien des œufs de vers à soie, l'empire d'Orient cessa bientôt d'être tributaire de la Perse (4). Procope, dans son *Histoire secrète*, témoigne de l'importance qu'eut dès lors le commerce de la soie, et raconte les moyens peu honorables que Justinien employa, suivant lui, pour s'en assurer le monopole (5). Mais en admettant même la véracité de l'historien, souvent douteuse, il est certain que les fabriques d'étoffes de soie brochées prirent un très-grand développement dans l'empire d'Orient, et qu'elles alimentèrent l'Occident de ces riches produits jusqu'au douzième siècle; elles n'eurent jusqu'à cette

---

(1) Ap. MURATORI, *Vetera monum.*, t. I, p. 93.
(2) ASTERII *Orationes et homiliœ*. Parisiis, 1648, t. I, p. 3.
(3) THEODORETI *Opera*. Lutet. Paris., t. IV, p. 461.
(4) PROCOPIUS, *De bello Persico*, lib. I, cap. XX. — *De bello Gotthico*, lib. IV, cap. XVII.
(5) *Historia arcana*, cap. XXV.

époque d'autres concurrents que les manufactures asiatiques. Dans l'examen que nous allons faire des textes qui parlent des étoffes historiées et des lambeaux qui en subsistent, il sera souvent difficile de distinguer la provenance byzantine de la provenance asiatique, car il est certain que les fabricants d'étoffes dans l'empire d'Orient ont persisté longtemps dans la reproduction des emblèmes et des figures appartenant à l'Asie.

Le premier usage que fit Justinien des fabriques d'étoffes brochées qu'il établit à Constantinople fut d'y faire exécuter des tissus pour les ornements sacerdotaux et les tentures de Sainte-Sophie. Paul le Silentiaire, dans sa description en vers de cette basilique(1), ne laisse aucun doute sur l'emploi du tissage dans la reproduction des figures qui décoraient les tentures appendues aux colonnes du ciborium de l'autel. Comme ce mode de fabrication était nouvellement introduit à Constantinople, le poëte ne manque pas de le signaler : « Cette » ornementation n'est pas produite, dit-il, à l'aide de l'aiguille introduite à travers le tissu » par des mains laborieuses, mais par la navette changeant par moments la couleur et la » grosseur des fils que fournit la fourmi barbare. » Tel est le nom qu'il donnait au ver à soie.

Les fabriques d'étoffes brochées prirent un grand développement, mais elles ne firent point abandonner à Constantinople, non plus qu'en Asie, les procédés de la broderie, qui permettaient de rendre plus facilement que par le tissage les sujets compliqués. Lorsque l'empereur Héraclius eut vaincu Chosroès (628), il trouva dans le palais de ce prince, à Dastagerd, non-seulement des étoffes de soie brochées, mais des tapis brodés à l'aiguille (τάπητας ἀπὸ βελόνης) (2) ; les fabriques de Constantinople fournissant tous ces beaux produits, ce qu'on ne put emporter facilement fut livré aux flammes.

Nous avons déjà fait remarquer combien l'hérésie des iconoclastes avait été fatale aux arts industriels dans l'empire d'Orient ; mais elle fut profitable à l'Occident. Les persécutions des empereurs qui avaient amené à Rome des orfèvres, des ciseleurs, des peintres et des mosaïstes (3), y conduisirent aussi des brodeurs et des tisserands. Antérieurement à l'hérésie, on ne trouve mentionnées dans le *Liber pontificalis* d'autres étoffes précieuses que celles qui sont envoyées en présent aux papes par les empereurs ; mais à partir de l'époque de la persécution, on y rencontre la citation d'une grande quantité de riches étoffes dont les noms, toutefois, constatent la fabrication par des artistes grecs. C'est dans la Vie du pape Zacharie (741 † 752), dont le pontificat coïncide avec l'époque des plus violentes persécutions, que l'on trouve la première mention d'étoffes de soie fabriquées à Rome. Le saint pape, Grec de naissance, ne pouvait manquer d'accueillir les artistes ses compatriotes, et d'employer à la splendeur de l'Église leur habileté dans les divers arts industriels. « Le » Pape, dit le chroniqueur, fit faire, pour couvrir l'autel de saint Pierre, une étoffe tissée » d'or, où l'on voit la nativité de Notre-Seigneur Jésus-Christ (4). » Il ne s'agit pas là d'une étoffe achetée, mais bien d'une étoffe fabriquée à Rome, dans laquelle était tissé un sujet saint. On ne peut douter, par la suite du récit, que le travail ne soit sorti de la main des

---

(1) Pauli Silentiarii *Descriptio S. Sophiæ*, pars 2ª, v. 340 et seq.
(2) G. Cedreni *Compendium hist*. Paris., 1647, t. I, p. 732.
(3) Voyez tome I*er*, pages 63 et 69, et plus haut, page 362.
(4) « Fecit vestem sub altare Beati Petri ex auro textam, habentem Nativitatem Domini nostri Jesu Christi. » (*Lib. pontif.*, t. II, p. 75.)

tisserands grecs. « Il fit faire en même temps, continue le chroniqueur, quatre rideaux de
» soie alytina, ornés de cercles et d'ornements divers tissés en or (1). » La qualification
d'*alytina* donnée à l'étoffe de soie doit venir du mot grec ἄλυτος, qui signifie qu'on ne
peut détacher, indissoluble ; elle indique donc une étoffe dont l'ornementation faisait corps
avec le tissu.

Les mentions d'étoffes sont plus abondantes dans la Vie d'Adrien I$^{er}$ (772 † 795), et on les
rencontre, pour ainsi dire, à chaque page dans celle de Léon III, son successeur († 816).
Elles sont le plus souvent désignées par la qualification de *holoserica*, tout de soie (2). Si
elles reçoivent un nom particulier, ce nom est ordinairement grec, comme *blatta* ou *blattin* (3), et *stauracin* (4). Le tissu qui reçoit le nom de *blatta* était une étoffe de soie couleur
de pourpre, dont il est souvent fait mention dans le livre *Des cérémonies de la cour de Byzance*
écrit par Constantin Porphyrogénète (5). Les bordures des tentures sont toujours désignées
par le mot grec *periclysis* (6). L'étoffe et l'ornementation des tissus qu'on rencontre le
plus fréquemment dans le *Liber pontificalis* porte encore le nom grec de *chrysoclavum*
(χρυσόκλαβον) que l'on trouve aussi dans le curieux ouvrage que nous venons de citer (7).
On n'a pu se mettre d'accord sur l'interprétation de ce mot. En examinant avec attention
les différents passages du *Liber pontificalis*, il nous semble qu'on doit voir dans le chrysoclavum, soit une étoffe exécutée en fils d'or trait ou plutôt en fils d'or filé, soit une ornementation brochée rendue également par des fils d'or trait ou d'or filé (8) sur une étoffe
de soie. Ainsi on lit souvent dans la description des étoffes que font faire les papes à la fin
du huitième siècle et au neuvième : *vestem de chrysoclavo*, ou *vestem chrysoclavam*, expressions qui nous paraissent synonymes, et qu'on doit traduire, suivant nous, par étoffe tissée
de fils d'or, ce qu'on a appelé plus tard en Occident du drap d'or. Ces étoffes de drap d'or
offrent souvent des sujets et des figures exécutés également en chrysoclavum, et qui
devaient être en relief. En voici deux exemples : « *Fecit vestem de chrysoclavo habentem historiam Nativitatis et sancti Simeonis.* » « Il fit faire une étoffe de chrysoclavum sur laquelle on
voyait l'histoire de la Nativité et de saint Siméon. » — « *Fecit vestem chrysoclavam habentem historiam Dominicæ Ascensionis et Pentecostem.* » « Il fit faire une étoffe en chrysoclavum où étaient représentées l'Ascension de Notre-Seigneur et la Pentecôte (9). » La
qualification de *chrysoclavam* ne s'applique pas seulement au tissu, mais encore à son
ornementation ; les exemples en sont très-fréquents, en voici deux : « *Fecit vela de stauraci*

---

(1) *Liber pontif.*, t. II, p. 76.
(2) De ὅλον, entièrement.
(3) De βλάττιον. (Du Cange, *Notes sur l'Histoire d'Alexis* par Anne Comnène. Paris, 1670, p. 275.)
(4) De σταυρὸς, croix.
(5) *De cerim. aulæ Byzant.* Bonnæ, 1829, p. 473, 571, 573 et passim.
(6) Περίκλυσις, entourage, bordure.
(7) Φορῶν ὁ βασιλεὺς σκαραμάγγιον δίασπρον χρυσόκλαβον. (*De cerim. aulæ Byzant.*, cap. xvii, p. 99.)
(8) « Ce qu'on appelle proprement *fil d'or* ou *or trait* se fait avec un petit lingot d'or ou d'argent doré que les tireurs
d'or amènent à n'avoir plus que la finesse d'un cheveu en le faisant passer successivement par des trous de filière
qui vont toujours en diminuant de grosseur. On aplatit ce fil de métal entre deux cylindres d'acier, c'est ce qu'on
nomme de l'or *en lame*, qui est propre à être filé sur la soie ou employé seul. Quand il est filé ou enroulé sur la soie,
on l'appelle *or* ou *filé d'or*. » (M. Douet d'Arcq, *Comptes de l'argenterie des rois de France*, p. 393.)
(9) *Liber pontif.*, in *Leone III*, t. II, p. 239 et 273.

» *numero* XCVI, *ex quibus duo habentia in medio cruces de chrysoclavo cum orbiculis, et
» alias* VIII *cum periclysi de chrysoclavo.* » — « *Fecit vestem albam holosericam rosatam,
» habentem in medio tabulam de chrysoclavo cum historia Præsentationis Domini nostri Jesu
» Christi et sancti Simeonis, cum periclysi de Tyrio.* » — « Il fit faire des rideaux de stauracin, au nombre de quatre-vingt-seize, dont deux ont au milieu des croix avec des cercles en chrysoclavum (probablement des croix renfermées dans des cercles), et huit autres, des bordures de chrysoclavum. » — « Il fit faire une étoffe blanche tout de soie, enrichie de roses, et ayant au milieu un tableau de chrysoclavum, où sont reproduites la Présentation de Notre-Seigneur Jésus-Christ et l'histoire de saint Siméon, avec une bordure d'étoffe de Tyr (1). » Dans ces étoffes, les croix, les cercles et les sujets étaient brochés en filé d'or et se détachaient sur un fond de soie. Nous croyons trouver une preuve de la nature du chrysoclavum dans plusieurs expressions employées dans la Vie de Grégoire IV (827 † 844), la première de celles qui ont été écrites par Anastase (2), qui aimait à préciser plus que les chroniqueurs d'une époque antérieure, et à employer des mots latins au lieu des noms grecs (3). Ainsi le savant bibliothécaire de la cour de Rome, craignant de ne pas être compris de tous ses lecteurs, remplace quelquefois le mot grec *chrysoclavum* par *vestem auro textilem* : « *Fecit vestem auro textilem, habentem
» Nativitatem, Baptismum, Præsentationem et Resurrectionem* (4). » — « Il fit faire une étoffe d'or textile où la Nativité, le Baptême, la Présentation et la Résurrection sont reproduits. » Dans un autre passage, il dit : « *Fecit aliam vestem (de fundato) habentem
» in medio historiam depictam cum chrysoclavo* (5). » — « Il fit une étoffe de fundatum (6) sur laquelle était un sujet peint (rendu) en chrysoclavum. » Dans le premier exemple, il s'agit d'une étoffe en filé d'or avec des sujets tissés en relief ; dans le second, c'est une étoffe de soie dont l'ornementation brochée en filé d'or repoduit un sujet à figures. Les sujets qui sont le plus fréquemment reproduits dans les étoffes signalées par le *Liber pontificalis* sont empruntés aux Evangiles, et nous venons d'en fournir quelques exemples ; mais on y voit encore des figures d'hommes au milieu d'enroulements, et des animaux de toutes sortes : des éléphants, des lions, des tigres, des paons, des oiseaux de différentes espèces (7), et même des animaux fabuleux, comme les griffons et les licornes (8). On rencontre également, après le règne de Pascal I$^{er}$ († 824), des sujets bizarres, comme des paons montés par des hommes. L'une de ces représentations n'est pas tissée avec l'étoffe, mais brodée : « *Velum
» acupictile habens hominis effigiem sedentis super pavonem.* » — « Rideau brodé où est représenté un homme assis sur un paon (9). » Ces étoffes à figures d'animaux, fort en

---

(1) *Liber pontif.*, p. 270 et 297.
(2) Voyez tome I$^{er}$, page 64.
(3) Voyez tome au titre de l'*Émaillerie*, chap. 1$^{er}$, § III, art. IV.
(4) *Liber pontif.*, t. III, p. 17.
(5) *Ibid.*, t. III, p. 15.
(6) Sorte d'étoffe de soie dont on n'a pu déterminer la nature particulière. Sur les différentes sortes d'étoffes et leur histoire, il faut consulter l'excellent ouvrage de M. FRANCISQUE MICHEL, *Recherches sur le commerce, la fabrication et l'usage des étoffes de soie, d'or et d'argent et autres tissus précieux.* Paris, 1852.
(7) *Liber pontif.*, t. III, p. 72 ; t. II, p. 267 ; t. III, p. 17 ; t. II, p. 304, 329, 71, 241 ; t. III, p. 20 et 71.
(8) *Ibid.*, t. II, p. 241 ; t. III, p. 14 et 26.
(9) *Ibid.*, t. III, p. 71 et 72.

vogue dans l'empire d'Orient, étaient souvent employées dans les vêtements, ainsi qu'on le voit dans les miniatures des manuscrits, à partir du dixième siècle. Dans le beau volume des OEuvres choisies de saint Jean Chrysostome, qui fut écrit pour l'empereur Nicéphore Botaniate (1), on voit dans la première miniature l'un des officiers de l'empereur, le grand maître de la garde-robe, revêtu d'une tunique talaire d'étoffe de soie violette, enrichie de médaillons renfermant des lions. Cette étoffe recevait le nom de *leucoléonté* (λευκολέοντες) (2).

Dès que l'impératrice Théodora, tutrice de Michel III, eut rétabli le culte des images (842), les fabriques de tissus historiés reprirent une grande activité. Michel, après qu'il eut pris les rênes de l'État, envoya au pape Benoît III († 858) de magnifiques présents, parmi lesquels on comptait de riches étoffes de soie brochées d'or, et plus tard, au pape Nicolas I$^{er}$ († 867), une étoffe de chrysoclavum, où l'on voyait l'histoire du Sauveur et les figures des apôtres, avec des inscriptions grecques et le nom de l'empereur (3). Basile le Macédonien († 886), qui donna une si grande impulsion à tous les arts, n'oublia pas l'industrie textile. Il enrichit de superbes étoffes de soie et de riches tapis les édifices qu'il fit construire. La Nouvelle-Basilique, qui était une merveille de l'art, resplendissait de tissus de soie (4). Bien que les historiens byzantins nous aient laissé peu de renseignements sur les arts industriels, on y trouve toujours quelques passages qui font bien voir que l'industrie textile ne cessa pas d'être en voie de prospérité jusqu'au treizième siècle. Romain Lécapène (915-948), dit l'auteur anonyme de la Vie de cet empereur, enrichit les églises et les monastères, qu'il avait fait construire en grand nombre, d'étoffes tissées d'or, ἐνδύτας χρυσουφάντους (5). Constantin Porphyrogénète († 959), plus artiste qu'empereur, ne laissa pas dépérir l'industrie textile. En même temps qu'il renouvela les vêtements impériaux, il combla de présents les temples consacrés à Dieu et leur prodigua des ornements sacrés, tissus d'or et rehaussés de perles et de pierres précieuses, « qui, dit l'auteur de sa Vie, » ajoutent à la splendeur et à la magnificence des sanctuaires, et témoignent de sa » libéralité (6). » Ce prince, en rendant compte, dans son livre *Des cérémonies de la cour*, de la réception qu'il fit aux ambassadeurs sarrasins et de l'exposition qui eut lieu, à cette occasion, des richesses du palais impérial (7), énumère une grande quantité de tentures de soie. Il y en avait dans toutes les salles du palais. Plusieurs offraient dans le tissu, des lions, des vautours, des chevaux, des aigles. Quelques-unes de ces étoffes étaient enrichies de pierres précieuses (8).

A la fin du onzième siècle, les historiens de la première croisade firent souvent mention des riches étoffes qui se fabriquaient dans l'empire d'Orient (9) ; et lorsque l'empereur Michel Ducas demanda (1076) pour son fils la main d'Hélène, fille de Robert Guiscard, il comprit

---

(1) Nous avons décrit ce manuscrit page 186.
(2) Φοροῦντες σκαράμαγγια λευκολέοντας. (*De cerim. aulæ Byzant*. Bonnæ, p. 576.)
(3) *Lib. pontif.*, t. III, p. 167 et 182.
(4) *De Basilio Maced.*, ap. *Script. post Theoph.* Parisiis, p. 200; Bonnæ, p. 326.
(5) *Romani Lecapeni imperium*, ap. *Script. post Theoph.* Paris., p. 266 ; Bonnæ, p. 430.
(6) Anonymus, *De Const. Porphyr.*, ap. *Script. post Theophanem.* Parisiis, p. 282; Bonnæ, p. 452.
(7) Voyez tome I$^{er}$, page 304.
(8) *De cerim. aulæ Byzant.*, p. 570 et seq.
(9) *Gesta Dei per Francos*, p. 386. — Willelmus Tyr. archiep., lib. II, cap. xxii.

de très-précieuses étoffes de drap d'or parmi les présents qu'il envoya à ce prince (1). Ce sont encore de riches étoffes byzantines qu'au douzième siècle l'empereur Alexis Comnène († 1118) envoya à l'abbé du Mont-Cassin, pour satisfaire à sa piété envers saint Benoît (2).

Les fabriques de belles étoffes historiées restèrent très-prospères à Constantinople jusqu'à la prise de cette ville par les croisés en 1204 ; et l'on sait, par les chroniqueurs du pillage, quelle énorme quantité de tissus de toutes sortes les Français et les Vénitiens y trouvèrent (3). Ceux-ci, toujours fort habiles en matière d'industrie et de commerce, ne manquèrent pas d'utiliser leur victoire au profit de leurs fabriques. Malgré les malheurs du temps, les empereurs grecs, retirés à Nicée, continuèrent à entretenir la fabrication des étoffes de leur empire restreint ; et pour la protéger, Jean Ducas († 1255) défendit l'introduction dans ses États des tissus sarrasins et italiens, et prescrivit à ses sujets de ne se servir que des étoffes provenant des manufactures nationales (4). Aussi, lorsque Michel Paléologue fut rentré à Constantinople, il put donner à l'église Sainte-Sophie, qui avait été dépouillée par les croisés, des rideaux et des tapisseries d'un grand prix (5). Plus tard, et pour se rendre le pape Grégoire X († 1276) favorable et lui faire accepter le projet de réunion des deux Églises latine et grecque, il lui envoya de riches présents, parmi lesquels se trouvait un dorsale (6) de samit rouge (sorte d'étoffe de soie très-forte), dont toute l'ornementation était exécutée en argent trait doré par parties. On y voyait la figure dorée du Christ se détachant sur une gloire ovale d'argent ; une main bénissante, la colombe symbolique ; deux anges et des chérubins occupaient le haut du tableau. Au-dessous du Christ était la Vierge assise sur un trône, et sur les côtés des saints portant des livres. Au bas du tableau, le pape Grégoire, tenant l'empereur Paléologue par la main, le présentait à saint Pierre. Un assez grand nombre de sujets tirés des Actes des apôtres encadraient la composition principale. Des perles décoraient les nimbes du Christ et des saints, et les plis des vêtements. Des inscriptions grecques et latines indiquaient les sujets. Une longue description de cette magnifique étoffe existe dans l'inventaire du trésor du saint-siége dressé en 1295, que nous avons souvent cité (7). L'ornementation en était-elle brochée en argent trait ou brodée ? Le rédacteur de l'inventaire ne s'explique pas sur ce point intéressant ; les mots *laboratum totum de argento tractitio*, qu'il emploie, nous laissent dans l'incertitude.

Ainsi, jusqu'à la chute de l'empire, la fabrication des étoffes précieuses à sujets tissés ou brodés fut en pleine activité à Constantinople. Mais rien n'est plus périssable qu'une étoffe de soie, et ce n'est à peu près que dans les cercueils et dans les reliquaires qu'on a trouvé quelques lambeaux de celles qui avaient servi à envelopper de grands personnages ou des reliques. Il est souvent aussi fort difficile de distinguer les étoffes byzantines des étoffes persanes ou sarrasines. En effet, on ne sait rien de positif sur l'époque de l'introduction des fabriques de soie parmi les Arabes ; il est seulement certain qu'elles étaient déjà floris-

---

(1) *L'Ystoire de li Normant*, liv. VII, chap. xxvi, éd. Champollion.
(2) Leo Ost., *Chron. S. Mon. Casin.*, lib. IV, cap. xvii.
(3) Voyez tome I<sup>er</sup>, page 55.
(4) Niceph. Gregoræ *Imper. Joh. Ducæ historia*, cap. ii. Bonnæ, 1829, p. 42.
(5) Georg. Pachymeri *Historia* Venetiis, 1724, p. 298.
(6) Grande pièce d'étoffe dont on garnissait les murs en arrière des trônes ou des siéges épiscopaux
(7) Ms. Biblioth. nationale. n° 5180 lat., f° 88.

santes au huitième siècle (1). D'un autre côté, on a pu se convaincre, avec le peu de spécimens qui restent, que souvent, et surtout dans les premiers temps de la fabrication, les ouvriers chrétiens ont copié les modèles qui leur venaient de l'Asie et reproduit ainsi des emblèmes appartenant aux anciennes religions de l'Orient, sans y attacher une signification plus précise que n'en ont pour nous les dessins des cachemires de l'Inde que copient nos fabricants. Nous nous bornerons donc, en terminant, à citer un petit nombre de fragments d'étoffes dont l'origine byzantine paraît incontestable et qui ont été publiés.

1° Une étoffe trouvée dans le tombeau élevé, dans la cathédrale de Bamberg, à Gunther, qui fut évêque de cette ville en 1062. On y voit un empereur à cheval, couronné du stemma et tenant à la main le labarum. Il est vêtu d'une longue tunique violet pourpre et d'une chlamyde bleue enrichie d'un tablion d'or orné de pierreries. Le cheval porte un équipement chargé de plaques d'or gemmées, comme ceux que montaient les empereurs Théophile et Basile le Macédonien lors de leur entrée triomphale à Constantinople (2). Deux femmes couronnées présentent à l'empereur, l'une une couronne, l'autre un casque. Les personnages se détachent sur un fond vert chargé de fleurettes alternativement rouges et bleues de deux tons et bordé de rosaces, qui sont renfermées dans une suite de médaillons enchaînés les uns aux autres. Le R. P. Arthur Martin, qui a eu la patience de reconstituer cette étoffe trouvée en mille morceaux dans le tombeau de l'évêque Gunther, en a fourni la description accompagnée de fort belles planches (3). Malheureusement le savant archéologue ne nous a pas fait savoir si l'ornementation de l'étoffe est tissée ou brodée. Elle appartient évidemment à la belle époque de l'art byzantin, à la fin du neuvième ou au dixième siècle.

2° Une étoffe de soie à fond jaune et ornementation bleue, et une étoffe de soie à fond rouge et ornementation verte. Toutes deux reproduisent des canards. Elles sont conservées dans le trésor du Dôme d'Aix-la-Chapelle (4). Le R. P. Arthur Martin les croit antérieures à la dynastie macédonienne (867). On trouve des étoffes de ce genre décrites dans le *Liber pontificalis* (5).

3° Une très-belle étoffe de soie fond rouge, qui existe dans la châsse de Charlemagne à Aix-la-Chapelle et qui enveloppe ses ossements. Elle est décorée d'une suite de médaillons renfermant des éléphants. L'ornementation est jaune, bleu lapis, vert et blanc. Le cul-de-lampe de ce chapitre reproduit l'un des médaillons (6). Une inscription grecque, tissée dans l'étoffe à l'un des angles, donne le nom d'un Michel, primicier de la chambre impériale, qui sans doute l'avait commandée ; malheureusement cette inscription n'est pas entière. Il est possible que ce tissu soit du neuvième siècle, mais il peut tout aussi bien appartenir au douzième. Il est probable qu'elle aura été employée à envelopper les os de Charlemagne en 1166, lorsque Frédéric Barberousse les a retirés de son tombeau.

4° Un morceau d'étoffe de soie violette, tissu croisé qui se rapproche par sa fabrication de celui du suaire de Charlemagne. On y voit Daniel dans la fosse aux lions. Le sujet et

---

(1) Ch. Lenormant, *Mém. sur les anciennes étoffes du Mans et de Chinon*, dans les *Mélanges d'arch.*, t. III, p. 120.
(2) Constant. Porphyr., *De cerim. aulæ Byzant.*, p. 505, 509, et aussi p. 80 et 99.
(3) *Mélanges d'arch.*, t. II, p. 254, pl. XXXII à XXXIV, et t. III, pl. XVII.
(4) *Ibid.*, t. II, p. 242, pl. XI et XII.
(5) « Vela modica de olovero X, habens unumquodque eorum anates. » (In *Gregorio* IV [† 844,] t. III, p. 15.)
(6) Cette étoffe est reproduite en couleur dans les *Mélanges d'arch.*, t. II, pl. IX, X et XI.

l'ornementation tissés dans l'étoffe sont rendus en violet foncé, en vert, en jaune, en blanc et en argent (1). Elle appartient à l'abbaye des religieuses bénédictines à Eichstadt en Bavière.

5° Une étoffe de soie verte, à ornementation brochée rose et or, de près de deux mètres de longueur, qui appartient à la cathédrale d'Aix-la-Chapelle (2). L'ornementation se compose de griffons adossés et de paons affrontés, disposés au-dessus les uns des autres, au milieu d'arabesques de style oriental. Les griffons portent sur la poitrine une sorte de tablion qui renferme un ornement qu'on prendrait, dit le R. P. Arthur Martin, pour des caractères arabes, mais qui n'en a que l'apparence; et de là il conclut qu'on peut attribuer ce travail d'imitation à la Sicile, parce que les manufactures byzantines étaient trop accréditées pour avoir pu éprouver le besoin de copier un art étranger. Nous croyons que l'étoffe est byzantine, parce que les feuillages et les fleurs de lis qui se rencontrent dans l'ornementation du tissu se voient fréquemment sur les monuments byzantins, et que les dessins du tableau n'indiquent pas suffisamment une imitation des lettres arabes et sont plutôt dus au caprice de l'artiste. Les griffons et les paons se rencontrent d'ailleurs à chaque instant dans les étoffes byzantines décrites, au neuvième siècle, dans le *Liber pontificalis*. La vignette qui ouvre ce chapitre reproduit un des sujets de cette étoffe.

6° Une pièce d'étoffe dite le suaire de saint Germain; elle appartient à l'église Saint-Eusèbe d'Auxerre (3).

7° Une dalmatique, qui est conservée dans le trésor de la basilique de Saint-Pierre de Rome. Sur le devant du vêtement, on voit cinquante-quatre personnages, qui concourent à une scène dont le centre est le Christ dans sa gloire. Les sujets sont élucidés par des inscriptions grecques qui constatent la provenance byzantine de l'étoffe. M. Sulpice Boisserée a publié sur cette dalmatique une importante dissertation à laquelle sont jointes cinq planches, dont une en chromolithographie (4). M. Didron en a publié un dessin au trait dans les *Annales archéologiques* (5). L'étoffe doit appartenir au dixième siècle ou au commencement du onzième.

## § II

#### DE LA BRODERIE EN OCCIDENT.

Les fabriques asiatiques, celles de l'Égypte et celles de l'empire d'Orient conservèrent le monopole de la fabrication des étoffes de soie brochées pendant les huit premiers siècles du moyen âge, et la broderie fut le seul moyen employé en Occident pour l'ornementation des étoffes durant cette longue période de temps. Dès l'origine de la monarchie française, la broderie fut la principale occupation des femmes nobles. Grégoire de Tours parle souvent

---

(1) Cette étoffe est reproduite dans les *Mélanges d'arch.*, t. II, pl. XVIII, et décrite page 250.
(2) On trouve la reproduction de cette étoffe dans les *Mélanges d'arch.*, t. II, pl. XIII et XIV, et la description page 243.
(3) Cette étoffe a été reproduite par M. Gaussen dans le *Portefeuille archéol. de la Champagne*.
(4) *Ueber die Kieser-Dalmatica in der S. Peterskirche zu Rom*. München, 1842.
(5) Tome I, p. 286, et XXV, p. 287.

de tapisseries historiées. Clovis ayant consenti à se faire chrétien, « on apporta cette
» nouvelle à l'évêque, qui, transporté d'une grande joie, ordonna de préparer les fonts
» sacrés. On couvrit d'étoffes historiées les portiques de l'église, *velis pictis adumbrantur*
» *plateæ ecclesiæ* (1). » La broderie seule avait pu servir à l'ornementation de ces tentures.
Bien avant la conquête de l'Angleterre par le duc Guillaume, les femmes anglaises avaient
acquis de la réputation pour leurs broderies à l'aiguille (2). Sainte Etheldreda, première
abbesse du monastère d'Ely, offrit à saint Cuthbert une étole et un manipule qu'elle avait
brodés et enrichis d'or et de pierreries (3). La reine Berthe, mère de Charlemagne, s'est
fait une réputation proverbiale par son habileté à filer, et un vieux poète la représente
comme sachant « d'or et de soie ouvrer » (4). Les filles de ce grand homme avaient appris,
au dire d'Éginhard, à travailler la laine et à manier la quenouille et le fuseau (5).

La broderie était donc en grande vogue dès le huitième siècle en France. C'est à cette
époque qu'on a cru devoir faire remonter la première exécution des tapis sarrasinois. On a
prétendu que des ouvriers arabes échappés au carnage de la bataille de Poitiers seraient
venus à Aubusson, et que s'y étant établis sous la protection du seigneur du lieu, ils y
auraient fondé une fabrique de tapisseries (6). Nous parlons ici des tapis sarrasinois, parce
qu'ils n'étaient qu'une sorte de broderie, ainsi qu'il semble résulter de quelques documents,
et, entre autres, d'un inventaire de Charles VI, du 11 mars 1421, où on lit : « Une
» chambre à façon sarrasinoise, vieille et usée... brodée à fleurs de lis et doublée de toile
» vermeille. — Une petite courtepointe de façon sarrasinoise brodée sur cuir au milieu, de
» véluyau pers (7).... » Les termes des inventaires sont souvent bien vagues, et l'on ne
saurait s'y fier absolument ; mais on a trouvé en 1861, dans une ancienne demeure d'Aubusson, des lambeaux d'une tapisserie sarrasinoise qui justifient de la nature de l'étoffe
désignée sous cette dénomination. C'est un canevas de fine toile de lin recouvert en entier
de soie blanche. Sur les deux tissus ont été brodés, en fine laine, des feuilles d'acanthe
et divers ornements d'un dessin très-correct. On ne saurait dire exactement l'âge de cette
broderie ; mais elle ne saurait être postérieure au quatorzième siècle, époque de la décadence de ce genre de travail (8).

Comme spécimen de l'art de la broderie en France au onzième siècle, on possède cette
longue pièce d'étoffe historiée conservée à Bayeux, à laquelle on a donné le nom de tapisserie de la reine Mathilde. C'est une bande de toile de 50 centimètres environ de hauteur
sur 71 mètres environ de longueur. Une broderie à l'aiguille, en laine de diverses couleurs,
y représente une espèce de drame historique de la vie de Guillaume, duc de Normandie,
et de la conquête de l'Angleterre. Il règne dans le haut et dans le bas de cette tapisserie
une bordure de 11 centimètres environ, où sont représentées des figures d'hommes et
d'animaux sans rapport avec le sujet. La tradition attribue l'exécution de cette broderie

---

(1) Gregorii Tur. episc. *Hist. Franc. libri*, lib. II, ap. Duchesne, *Hist. Franc. script.*, t. I, p. 287.
(2) Guillelmus archid., *Gesta Guillelmi ducis*, ap. Duchesne, *Hist. Norm. scrip.. antiqui*, p. 211.
(3) *Acta S. ord. S. Benedicti*, sæc. II, p. 748.
(4) *Li romans de Berte aux grands piés*, éd. de M. Paulin Paris, p. 79.
(5) Einhardi *omn. quæ exstant opera*, éd. de M. A. Teulet. Parisiis, 1840, p. 64.
(6) M. Pérathon, *Not. sur les manuf. de tapisseries d'Aubusson*, p. 15.
(7) M. Lacordaire, *Notice historique sur les manufactures de tapisseries des Gobelins et de la Savonnerie*, p. 10.
(8) M. Pérathon, *Not. sur les manuf. de tapisseries d'Aubusson*, p. 22.

à la reine Mathilde, femme de Guillaume, sans que rien ait pu justifier cette attribution. Le dessin est médiocre; mais ce vieux monument de la fin du onzième siècle ou du douzième offre un grand intérêt, en reproduisant, en paix comme en guerre, dans leurs demeures comme sur le champ de bataille, avec leurs armes, leurs costumes et leurs meubles, les Normands et les Anglais du onzième siècle.

Ce ne fut pas seulement en France et en Angleterre que la broderie fut en honneur au onzième et au douzième siècle. L'Allemagne produisit également des brodeuses d'un grand mérite. Le docteur Kugler cite avec éloge les tissus conservés dans le trésor de l'église de Quedlinbourg; ils furent brodés, vers 1200, par l'abbesse Agnès, avec l'aide de ses nonnes, pour servir d'ornement aux murs du chœur de cette église (1). Parmi les objets de broderie du douzième siècle qui subsistent, on doit citer encore les ornements pontificaux de Thomas Becquet, conservés dans le trésor de la cathédrale de Sens (2).

Au treizième siècle, la broderie suivit le mouvement de rénovation et de progrès imprimé à tous les arts; c'est à partir surtout de ce moment qu'on peut dire, avec M. de Laborde, « que broder était un art, une branche sérieuse de la peinture. L'aiguille, véritable » pinceau, se promenait sur la toile et laissait derrière elle le fil teint, en guise de couleur, » produisant une peinture d'un ton soyeux et d'une touche ingénieuse, tableau brillant » sans reflet, éclatant sans dureté (3). » On continua de broder dans les couvents des ornements d'église, et les dames nobles et riches ne cessèrent pas de faire de la broderie leur occupation la plus ordinaire; mais le goût pour cette ornementation des étoffes devint si générale, que dans toutes les principales villes de l'Occident la broderie fut un travail lucratif pour un grand nombre d'ouvriers des deux sexes.

L'inventaire du trésor du saint-siége, rédigé en 1295 par ordre de Boniface VIII, fait bien voir que la broderie était un art répandu partout. On y trouve en effet la mention de broderies de Venise, de Lucques, d'Espagne, d'Angleterre et d'Allemagne, qui provenaient sans doute de dons faits par les rois et les princes aux souverains pontifes pendant le cours du treizième siècle. On ne manque pas d'y rencontrer aussi des broderies de Romanie, nom sous lequel on désignait alors les provinces européennes de l'empire d'Orient (4). Nous devons dire cependant que les expressions positives comme celles-ci : *brodatam de opere Cyprensi, brodatam de auro de opere Romaniæ, de opere recamato ad aurum et sericum, operatum ad acum de auro et serico*, sont rares (5); mais ce n'est pas, suivant nous, une raison pour ne considérer comme brodées que les étoffes dont l'ornementation est désignée par l'une ou l'autre de ces expressions. Ainsi, nous pensons qu'on doit regarder comme brodés les tissus dont l'ornementation est spécifiée par le mot *laboratus*, travaillé. Cette phrase : « *Unum dorsale pro altari cum imaginibus beate Virginis... et est laboratum* » *super xamito rubeo ad aurum filatum* » (6), indique positivement qu'il s'agit là d'un

---

(1) *Handbuch der Malerei*, t. I, p. 171.
(2) Ces ornements ont été reproduits par M. Gaussen dans le *Portefeuille archéol. de la Champagne.*
(3) *Revue archéol.*, t. VII, p. 39.
(4) *Invent. de omnibus reb. inv. in thesauro Sedis Apostolicæ.* Ms. Biblioth. nat., n° 5180, passim.
(5) *Ibid.*, fol. 97, 99, 107, 117, 140, 141, 190.
(6) F° 89 « Un dorsale pour autel avec les figures de la Vierge, de..., et il est travaillé sur samit (étoffe de soie forte) rouge avec de l'or filé. »

travail exécuté sur samit rouge avec du filé d'or, d'un travail fait sur une étoffe préexistante; en un mot, d'un travail de broderie. Mais le qualificatif *laboratus* n'est pas toujours accompagné d'une explication aussi positive, et cependant nous pensons, par suite de l'interprétation qui lui est donnée par l'article ci-dessus, qu'on doit toujours le considérer comme l'équivalent de *brodatus*. Ainsi nous voyons des broderies dans ces phrases : « *Tunicam de diaspro albo laborato ad aves in rotis porfilatas de rubeo; — tunicam de panno venetico laborato ad leones, grifones et vites ad aurum* (1)... » On doit aussi reconnaître que l'expression *de opere anglicano*, qui revient très-souvent dans l'inventaire du saint-siége, indique plutôt le genre de travail que la provenance anglaise. La supériorité des Anglais dans la broderie, dès le dixième siècle, avait fait donner ce nom à une sorte de broderie inventée en Angleterre, et qui était en usage dans toute l'Europe (2). Ce qui nous confirme dans cette opinion, c'est qu'on trouve aussi dans l'inventaire du saint-siége des pièces brodées qui sont dites anglaises, et non pas *de opere anglicano*; dans ce cas, c'est bien la provenance qui est indiquée, comme dans cet article : « *Unum pluviale anglicanum cum campo de auro filato cum multis imaginibus sanctorum* (3).... »

Plusieurs de ces broderies à la façon anglaise devaient, sans aucun doute, provenir de la France et de Paris, dont on ne voit pas le nom figurer dans l'inventaire du saint-siége, car on brodait beaucoup en France, et à Paris surtout, au treizième siècle. Les brodeurs de Paris et les « faiseuses d'aumônières sarrasinoises » formaient des corps de métiers importants qui avaient leurs règlements (4). Guillaume de Seillenay, évêque de Paris († 1240), donnait par son testament, à l'église Notre-Dame, entre autres objets, deux chapes de « soie d'un grand prix, où des figures précieuses étaient brodées » (5).

Parmi les ouvrages de broderie du treizième siècle qui ont été conservés, nous citerons la chasuble de saint Dominique, de l'église Saint-Sernin à Toulouse, dont l'orfroi est enrichi de figures brodées en soie de couleur se détachant sur un fond ouvragé d'or (6); l'aumônière sarrasinoise, brodée en or et en soie, de Thibaut IV, comte de Champagne (7); et la broderie sur canevas du Musée du Louvre, où l'on voit la légende de saint Martin (n° 319 du Catal.). On trouvera une reproduction de cette pièce dans les *Annales archéologiques*, avec une bonne description de M. Alfred Darcel (8).

Au quatorzième siècle et au quinzième, le goût pour la broderie ne fit que s'accroître. Elle est employée partout. On brodait non-seulement les ornements destinés à l'Église, mais les vêtements, les souliers, les gants, les chapeaux. Mieux que cela, des chambres entières furent enrichies de broderies. On entendait par « chambre » toutes les pièces d'étoffe nécessaires tant à la garniture du lit (la courtepointe, le ciel, le cheveciel, les gouttières et les carreaux) qu'à la tenture des murs, et l'on peut juger par là de l'énorme travail

---

(1) *Inv. thesaur. Sed. Apost.* f°s 100 et 101. «Une tunique de diaspre (sorte d'étoffe de soie) blanc brodée d'oiseaux dans des roues profilées de rouge. — Une tunique d'étoffe de Venise brodée de lions, de griffons et de pampres en or. »
(2) M. John Gaye, *Archæologia*, t. XXV.
(3) F° 96. « Une chape anglaise avec le champ en or filé et beaucoup d'images de saints..... »
(4) *Règlements sur les arts et métiers de Paris rédigés au treizième siècle*, publiés par M. Depping. Paris, 1837 p. 379.
(5) *Obituarium ecclesiæ Parisiensis : Cartulaire de l'Église de Paris*, publié par Guérard, t. IV, p. 38.
(6) Cette charpe est reproduite dans les *Mélanges d'arch.*, t. II, p. 260.
(7) Cette pièce est reproduite dans les *Monuments franç. inédits* de Willemin, t. 1er, p. 68, pl. CXIV.
(8) Tome XXIV, page 73.

de broderie qu'il fallait faire pour décorer la quantité d'étoffe qui entrait dans une chambre complète. La broderie reçut encore une destination plus artistique : elle fut employée à l'exécution de véritables tableaux qui avaient la même destination que ceux d'ivoire et de bois. Voici la description d'un triptyque de ce genre que nous trouvons dans l'inventaire de Charles V : « Ungs tableaulx de broderie où sont Nostre-Dame, sainte Catherine et » saint Jean l'évangéliste, en ung estuy couvert de veluiau vermeil (1). »

Au quinzième siècle, à l'époque où, sous Philippe le Bon, les tapisseries de haute lisse de Flandre avaient acquis une grande perfection et une vogue immense, la broderie continuait à jouir dans ce pays de beaucoup de faveur. On trouve dans l'inventaire de ce prince, daté de 1420, des « chambres » comprenant une grande quantité de pièces de velours et de soie sur lesquelles étaient reproduits, en broderie de soie et d'or, des figures et des sujets (2). Le travail du brodeur atteignit alors un extrême degré de perfection, à en juger par les spécimens assez rares qui en ont été conservés. Les broderies exécutées de nos jours sont loin de rivaliser avec les produits analogues des ouvriers du quatorzième et du quinzième siècle. Les documents qui constatent l'extension considérable que prit alors l'art de la broderie sont fort nombreux, et l'on pourrait remplir plus d'un volume des articles de broderie compris dans les comptes et les inventaires de ce temps ; nous nous contenterons d'en indiquer plusieurs ; ceux de nos lecteurs que cette branche de l'art intéresserait plus particulièrement pourront y recourir (3). On aura surtout des renseignements précieux dans les *Comptes de l'argenterie des rois de France au quatorzième siècle*, publiés par M. Douët d'Arcq, et dans les *Ducs de Bourgogne*, par M. de Laborde, ouvrage qui renferme notamment les inventaires de Philippe le Bon et de Charles le Téméraire, où l'on trouve la description des immenses richesses mobilières de la maison de Bourgogne ; on y lira les noms de plus de trente brodeurs les plus habiles de leur temps.

Nous ajouterons quelques mots sur la broderie en Italie, d'après des documents empruntés aux archives de Florence et de Sienne. L'inventaire du trésor de Saint-François d'Assise, de 1320 (4), renferme la description d'une grande quantité d'ornements sacerdotaux, presque tous de soie, et offrant des dessins brodés. Dans quelques-uns des premiers articles, le rédacteur de l'inventaire spécifie bien la nature du travail par cette expression : *laboratus ad acum*, travaillé à l'aiguille, comme dans cet article : « *Una planeta de dias-» pero laborata ad acum de auro ad figuras,* » Mais le plus souvent il se contente du mot *laboratus* seul, comme dans celui-ci : « *Planeta de samito albo laborata de auro ad grifones...* » On trouve dans l'ornementation des figures de saints et des têtes d'anges ; mais plus fréquemment des griffons et des aigles, qui portent deux têtes dans un certain

---

(1) Ms. Biblioth. nat., n° 2705, ancien 8356, f° 232.

(2) *Inventaire de Philippe le Bon*, dans M. DE LABORDE, *les Ducs de Bourgogne*, t. II, p. 267.

(3) *Les inventaires de la sainte Chapelle du Palais*, de 1340 et 1480. Arch. nat., J, 155, n° 14 ; et Biblioth. nat., n° 9941. — *Les inventaires de Notre-Dame de Paris* de 1343, 1416 et 1431. Arch. nat., L, 509³, 509⁴ et 509². — *Comptes de Estienne de la Fontaine, argentier du Roy* (publiés en partie par M. DOUËT D'ARCQ). Arch. nat., KK, 8. — *L'inventaire du duc de Normandie* de 1363. Ms. Biblioth. nat., n° 2053. — *L'inventaire de Charles V de* 1379. Ms. Biblioth. nat., n° 2705. — *L'inventaire de Charles VI de* 1399. Biblioth. nat., n° 21446. — *L'Inv. de l'abbaye de Saint-Denis*. Arch. nat., LL, 1327. — *Le XIXᵉ compte Guillaume Brunel, trésorier et argentier, du 1ᵉʳ janvier au 30 juin* 1388. Arch. nat., KK, 19.— *Les comptes de Pierre Briçonnet, argentier du Roy*, de 1487 à 1492. Arch. nation., KK, 70, 71 et 72.

(4) *Res recepte de loco Beati Francisci de Asisio...* Archives diplomatiques de Florence.

nombre de pièces. Un peu plus tard, à Florence, en 1367, Cambio, brodeur, faisait pour la corporation des marchands une broderie reproduisant l'histoire de saint Jean sur une étoffe de soie et d'or (1). Vingt ans après, la même corporation faisait faire par le brodeur Salvestro un parement historié pour l'autel de Saint-Jean (2). Dans l'inventaire de Santa-Reparata (aujourd'hui Santa-Maria del Fiore), cathédrale de Florence, daté de 1418 (3), on trouve un très-grand nombre d'ornements sacerdotaux de soie ; mais l'ornementation en broderie a pour motif le plus ordinaire les armoiries des grandes familles de Florence, dont les membres étaient donateurs de ces ornements.

Les livres de la corporation des marchands constatent qu'au quinzième siècle le goût pour la broderie était encore plus vif qu'au quatorzième. Un article du grand livre de l'année 1466 nous apprend un fait assez singulier : c'est que la corporation voulant faire faire des ornements nouveaux pour l'église Saint-Jean, ne se contenta pas de s'adresser aux brodeurs de Florence, mais qu'elle leur adjoignit des artistes étrangers qui s'y étaient sans doute établis. Voici leurs noms : Coppino de Melina, de Flandre ; Piero, fils de Piero, de Venise ; et Giovanni, fils de Pelajo, de Brignana (4). Le même fait se reproduisait en 1470 pour la broderie d'ornements destinés encore à l'église Saint-Jean ; parmi les brodeurs étrangers à Florence on voit figurer alors Nicolas, fils de Jacques, de France, et Pagolo de Vérone (5). Vasari nous apprend que ces broderies furent exécutées sur les dessins d'Antonio del Pollaiuolo. « Les sujets tirés de la vie de saint Jean », dit l'auteur des *Vies des artistes italiens*, « furent brodés avec un art magistral par Paolo de Vérone » (le livre des marchands porte Pagolo), éminent artiste en broderie, le plus habile en ce » genre de travail. Il rendit les figures avec l'aiguille aussi bien qu'Antonio aurait pu le » faire avec le pinceau... Cet ouvrage demanda vingt-six années de travail (6). » Vasari n'a nommé que Paolo ; mais on voit par les livres de la corporation des marchands que plusieurs artistes avaient été employés à ces broderies, et parmi eux le brodeur français Nicolas. Ces ornements ont été usés par le temps, mais les sujets en broderies, placés sous verre, sont conservés dans la sacristie de Saint-Jean. Ils méritent les éloges que Vasari leur a donnés.

L'inventaire du trésor de la cathédrale de Sienne, daté de 1467, qui est rédigé avec beaucoup de soin (7), constate aussi que la broderie était fort recherchée à cette époque : il y a peu d'ornements qui ne soient enrichis de sujets brodés ; ils sont souvent empruntés à des scènes assez compliquées, comme la Passion de Notre-Seigneur. Toutes les broderies sont établies sur de belles étoffes brochées.

Au seizième siècle, l'art de la broderie profita certainement de l'amélioration qui se fit sentir dans tous les arts qui se rattachent au dessin ; mais, sous le rapport de l'exécution technique, elle ne put aller plus loin que dans le siècle précédent. Vasari, en effet, en parlant

---

(1) *Libro uscita di San-Giovanni nel arte de' mercatanti*, anno 1367. Spoglio Strozzi, Bibliot. Magliabecchiana de Florence, cod. 305, cl. XXXVII p. 19.
(2) *Ibid.*, anno 1387. Spoglio Strozzi.
(3) *Inventario di S. Reparata di Firenze... l'anno* 1418 ; Spoglio Strozzi.
(4) *Libro grande dell' arte de' mercatanti*, anno 1466. Spoglio Strozzi.
(5) *Ibid.* seg. L. 1470. Spoglio Strozzi.
(6) Vasari, *Vito, di Antonio e Piero Pollaiuol*. édit. Lemonnier, t. V, p. 101, et note, p. 102.
(7) *Inventario del Duomo et dell' opera di Santa Maria di Siena*, a. di d'aprile MCCCCLAVII. Arch. du Dôme de Sienne.

des broderies de Paolo de Vérone, ajoute à ce que nous avons déjà cité : « Le travail de ce » brodeur était exécuté au point serré, qui, outre la solidité qu'il présente, a l'avantage de » produire exactement l'effet d'une peinture. Cette bonne manière de broder est presque » abandonnée. On a adopté aujourd'hui un point plus large, qui est moins durable et moins » agréable à l'œil. »

Le goût de la broderie resta dominant en France comme en Italie au seizième siècle. Les comptes des argentiers des rois de France renferment des dépenses assez considérables en broderies. Nous n'en citerons qu'un seul, qui, bien que de trente-six folios, ne comprend que les dépenses faites en 1521 pour « le parement de la garniture d'une chambre faite à » fons de veloux vert pour lamesnaigement de Madame mère du Roy » (Louise de Savoie, mère de François I$^{er}$) (1). On y avait employé deux cent huit aunes de velours vert et une grande quantité de toile d'or et de toile d'argent. On y voyait « quatre-vingt-douze histoires » et bergeryes prinses sur les bucolicques de Virgille ». Matthieu Luazar, peintre, en avait fourni les cartons; Barthélemy Guyeti, peintre, avait donné les dessins « des entortailleures » et feuillages »; Cyprian Fulchin et Étienne Brouard avaient exécuté les broderies.

Nous ne pouvons nous dispenser de citer encore un ameublement fait par ordre de François I$^{er}$ et appelé *meuble du sacre*, parce qu'il ne servait qu'aux sacres des rois de France. Il avait été donné par le roi à l'abbaye de Saint-Denis, qui le conserva jusqu'à la révolution de 1792. Cet ameublement « tout de broderie fond or, à grains d'or, avec cartouches et » tableaux en camayeux, rehaussés d'or et représentant divers traits de l'histoire de Moïse », consistait en la garniture d'un lit, quatre fauteuils, dix-huit pliants, un tapis de table, un écran et un dais. On y voyait quarante sujets renfermés dans des cartouches portés par plusieurs figures. Ils avaient été exécutés d'après les dessins de Raphaël, à qui François I$^{er}$ les avait demandés (2). Ce riche ameublement n'existe plus, il a été découpé et dispersé pendant la Révolution. Le musée de Cluny conserve l'un des médaillons représentant l'Adoration du veau d'or (3).

Les musées dans toute l'Europe ont commencé à recueillir, depuis quelques années, des pièces de broderie. On en trouve de fort belles du quinzième et du seizième siècle. Nous venons d'en citer une du musée de Cluny, qui en possède beaucoup d'autres. Nous ne pouvons nous dispenser de signaler encore les ornements sacerdotaux que conserve le trésor impérial de Vienne. Ils servaient, croit-on, aux messes solennelles célébrées à l'occasion de l'institution de l'ordre de la Toison d'or par Philippe le Bon. M. Vaagen pense que les cartons des broderies qui les décorent ont été fournis par Roger van der Weyden l'aîné (4). Outre l'art avancé que ces broderies attestent, on ne saurait trop admirer le talent qui a présidé à la mise en œuvre de l'or et de la soie. Nous indiquerons encore un parement d'autel appartenant à la cathédrale de Milan, ouvrage très-remarquable de Pellegrini, brodeur qui florissait au milieu du seizième siècle.

---

(1) Archives nationales, KK, 90.
(2) *Richesses tirées du trésor de l'abbaye de Saint-Denis...* Paris, 1775. — M. DE LABORDE, *la Renaissance des arts à la cour de France*, t. 1$^{er}$, p. 993.
(3) N° 1705 du catalogue de 1861.
(4) *Manuel de l'histoire de la peinture : École flamande et allemande*, traduction de MM. HYMANS et PETIT, t. I, p. 172.

## § III

#### DE L'ORNEMENTATION BROCHÉE DES ÉTOFFES EN OCCIDENT.

On a vu que, dès le quatrième siècle, les Grecs du Bas-Empire s'étaient montrés fort habiles dans le tissage des étoffes enrichies de dessins et de figures, et que sous Justinien cet art avait pris un grand développement, après que ce prince eut introduit dans ses États la production de la soie (1). Les empereurs tinrent à conserver le monopole de la fabrication de ces belles œuvres de l'industrie, et l'exportation des étoffes brochées fut prohibée, de même que celle des émaux (2). Aussi, pendant bien des années, les riches étoffes brochées byzantines ne parvinrent en Europe que comme présent du souverain, par suite d'une permission de l'empereur, ou par une contrebande assez active dont les Vénitiens étaient en possession. Il est à croire que des fabriques d'étoffes de soie s'étaient établies en Sicile, soit avant l'invasion des Aglabites (827), lorsque cette île était encore une des provinces de l'empire d'Orient, soit à l'époque où, sous Basile le Macédonien († 886), les Grecs rentrèrent en possession d'un assez grand nombre des villes de la Sicile. Les Arabes ne négligèrent pas cette industrie, et s'y adonnèrent, à ce qu'il paraîtrait, avec quelque succès. Toujours est-il qu'il résulte des recherches de M. Amari, l'historien des Musulmans de la Sicile, qu'une princesse du nom d'Abda, fille du calife fatimite Moezz, morte en Égypte à la fin du dixième siècle ou au commencement du onzième, possédait dans son trésor une grande quantité d'étoffes de soie siciliennes (3). Plus tard, Roger II, roi de Sicile, ayant envahi la Grèce et s'étant emparé de Corfou, de Thèbes et de Corinthe (1147), enleva de ces villes non-seulement toutes les richesses qui s'y trouvaient, mais encore les hommes les plus distingués, les plus belles femmes et les plus habiles ouvriers en soie. A la paix, les prisonniers furent renvoyés dans leur patrie, à l'exception, dit Nicétas, des ouvriers qui savaient tisser la soie et des belles et nobles femmes habiles en ce genre de travail. « Aussi, ajoute l'historien, voit-on » aujourd'hui en Sicile des Thébains et des Corinthiens employés au tissage des étoffes pré- » cieuses enrichies d'or (4). » Nicétas († 1216) écrivait dans les premières années du treizième siècle ; il est donc certain qu'à cette époque les fabriques de soie étaient en pleine activité en Sicile et faisaient concurrence aux fabriques byzantines. Le fait est confirmé par Hugo Falcanda, qui a écrit à la fin du douzième siècle une histoire de la Sicile. Il y parle des étoffes de soie enrichies de dessins et d'ornements qu'on y fabriquait (5). M. de Linas a donné la reproduction de l'étoffe d'une chasuble conservée dans l'église de Saint-Rambert sur Loire, qu'il attribue, non sans bonnes raisons, à l'industrie sicilienne (6).

De la Sicile, l'art de tisser les étoffes de soie brochées passa en Italie. C'est à Lucques

---

(1) Voyez plus haut, page 418 et suiv.
(2) Voyez tome III, au titre de l'ÉMAILLERIE, chap. I<sup>er</sup>, § III, art. 3.
(3) MICHELE AMARI, *Storia dei Musulmani di Sicilia*. Firenze, 1858, t. II, p. 448.
(4) NICETÆ CHONIATÆ *Historia*. Bonnæ, 1835, lib. II, § IV, p. 149.
(5) MURATORI, *Antiq. italicæ medii œvi*, t. II, p. 405, E.
(6) *Anciens vêtements sacerdotaux et anciens tissus conservés en France*, p. 33.

que se seraient établis d'abord les ouvriers en soie; et il paraît certain que, dès 1242, ils étaient réunis en corps de métier (1). S'il fallait en croire un auteur italien, Nicolas Tegrimo, ce n'aurait été qu'après la prise et le pillage de cette ville, en 1314, par Uguiccione Fageolano, qu'ils se seraient dispersés dans toute l'Italie et auraient fondé des établissements à Venise, à Florence, à Milan et à Bologne (2). L'inventaire du trésor du saint-siége de 1295 dément le récit de Tegrimo, du moins quant à Venise, car si l'on trouve dans ce document des étoffes de Lucques, « panni Lucani » (3), on y rencontre aussi la mention d'étoffes vénitiennes brochées : « *Unum dorsale de panno de Venetiis ad leones cum rotis.* — » *Unum coxinum de panno de Venetiis cum rotis rubeis et leonibus* (4). » Nous avons dit plus haut que le qualificatif *laboratus*, travaillé, qui souvent précède, dans l'inventaire du saint-siége, la description de l'ornementation d'une étoffe, indiquait un travail exécuté sur une étoffe préexistante, un travail de broderie (5). Or, on remarquera que dans les deux citations ci-dessus le mot *laboratus* n'accompagne pas la description de l'ornementation des étoffes, et nous croyons trouver dans la diversité des expressions employées par le rédacteur de l'inventaire une différence dans la qualité de ces étoffes. Ainsi, dans la phrase : « *Tunicam de diaspro albo laborato ad aves* », nous avons vu un travail de broderie exécutée sur l'étoffe; et dans la phrase : « *Dorsale de panno de Venetiis ad leones* », nous croyons trouver une étoffe dont l'ornementation avait été obtenue par le tissage. Il n'y a pas là de travail indiqué en dehors de l'étoffe, c'est l'étoffe même qui reproduit des lions. Venise, antérieurement à 1295 et avant la dispersion des ouvriers en soie de Lucques (1314), possédait donc des fabriques d'étoffes de soie brochée. De la Sicile, le travail de ce genre de tissu avait été introduit aussi en Espagne. Il y a, en effet, dans l'inventaire du saint-siége un article spécial pour les étoffes espagnoles, et l'on en rencontre plusieurs dont l'ornementation est signalée sans indication d'un travail fait à part sur l'étoffe, comme dans celle-ci : « *Duos pannos hispanicos ad bestias, per longum rubeum et album, in quibus sunt* » *leones et castella ad aurum* (6). » Ces lions et ces châteaux étaient les emblèmes des royaumes de Léon et de Castille. Néanmoins les étoffes brochées, si l'on en excepte celles qui viennent de l'empire d'Orient, de Romanie, sont encore assez rares dans l'inventaire du saint-siége. L'inventaire du trésor de Saint-François d'Assise de 1320 renferme, comme nous l'avons dit, un très-grand nombre d'ornements sacerdotaux de soie, ce qui constate l'activité des différentes fabriques italiennes; mais l'ornementation des tissus est indiquée comme étant obtenue par la broderie, et nous n'en trouvons que fort peu qui soient brochés, comme celle-ci : « *Unum palium ad altare ad giglos* (de *giglio*, lis) *et vites de auro* (7). »

Au quinzième siècle, les fabriques de riches étoffes brochées se multiplièrent en Italie et surtout à Florence. Les dessins de ces étoffes n'étaient autres que des ramages, des écussons

---

(1) G. Sercambi, *Storia di Lucca*, citation de M. de Linas, *Anc. vétem. sacerd.*, p. 66.
(2) *Vita Castrucci, Luc. ducis*, ap. Muratori, *Rerum italic. script.*, t. XI, col. 1321.
(3) *Invent. de omn. rebus inv. in thes. Sedis Apost. factum... sub anno 1295.* Ms. Biblioth. nation., n° 5180, f° 126.
(4) *Ibid.*, f°ˢ 90 et 118.
(5) Voyez plus haut, page 428.
(6) *Invent. de omn. reb. inv. in thes. Sedis Apost...*, f° 125. « Deux morceaux d'étoffes espagnoles avec des bêtes, sur bandes longitudinales rouges et blanches, où sont des lions et des châteaux. »
(7) « Un parement d'autel aux lis et feuillages d'or. » (*Res recepte de loco beati Francisci de Asisio*, Arch. dipl., de Florence.)

et quelques animaux copiés sur les étoffes byzantines et arabes. Lorsqu'on voulait avoir, sur un tissu broché ou non, des figures ou des sujets, on avait recours à la broderie. L'inventaire fort bien rédigé du Dôme de Sienne de 1467, que nous avons déjà cité bien des fois, nous en apporte la preuve. On y trouve en effet un grand nombre d'ornements en étoffes brochées qui reproduisent des ramages et des animaux; mais généralement, lorsqu'on y voit des figures humaines ou des sujets, ils sont brodés sur l'étoffe façonnée, comme sur celle-ci : « Une paire de dalmatiques de velours cramoisi haut et bas, broché d'or, c'est-à-
» dire à champ d'or et à ornements vermeils, avec des bustes d'or et beaucoup de figures
» de saints brodées en or. — Une paire de dalmatiques de velours cramoisi figuré, avec
» ornementation brodée de la Passion de Notre-Seigneur (1). »

La France fut longtemps tributaire de l'Orient et de l'Italie pour les étoffes de soie. Les Comptes de l'argenterie des rois de France comprennent des dépenses trop considérables en draps de Turquie, de Damas, de Lucques et de Venise, pour qu'on puisse admettre qu'il ait existé en France, au treizième siècle, des fabriques d'étoffes de soie et surtout de soie brochée. Il est vrai que dans les *Registres des métiers* d'Étienne Boiliaue on trouve un titre concernant « l'ordenance du mestier des ouvriers de draps de soye de Paris et de veluyaus », et encore des titres pour les « fillaresses » de soie à grands et petits fuseaux. Mais il est à croire que ces ouvrières ne s'occupaient que de filer la soie pour la broderie ; et quant aux ouvriers en draps de soie, comme le titre qui les concerne n'est pas écrit de la même main que les autres dans le manuscrit de la Sorbonne, le plus ancien de ceux qui nous restent, on doit supposer que ce statut y a été ajouté postérieurement et ne date que du commencement du quatorzième siècle. C'est sans doute à ces ouvriers que l'on dut les « trois draps d'or de
» Paris, ouvrez pour faire une chappe à la Royne, qu'elle ot à l'entrée de Rains », qu'on voit figurer dans les comptes de Geoffroi de Fleury, argentier de Philippe le Long, pour les dix derniers mois de 1316 (2). Il est très-probable au surplus que cette fabrication d'étoffes de soie et d'or à Paris, qui ne comprenait sans doute que des tissus unis, n'aura pu soutenir la concurrence des manufactures orientales et italiennes, et sera tombée; car vers 1470 Louis XI fit venir en France divers artisans d'Italie et de Grèce, habiles à travailler la soie. Il les avait établis à Tours, et par une ordonnance de 1480 il les exempta de tout impôt et leur accorda des priviléges qui furent confirmés par Charles VIII en 1497. Cependant on prétend que dès 1450 Lyon possédait des fabriques de soieries, mais ce ne fut réellement qu'aux encouragements donnés par Henri IV qu'elles durent leur prospérité. Malgré tout, en 1788, sur plus de quatorze mille métiers, Lyon n'en comptait encore que deux cent

---

(1) « Uno pajo di paramenti di velluto cremisi alto e basso, brochato d'oro, cioè champo d'oro et le ficure vermiglie,
» con bruste d'oro con piu ficure di piu sancti, rachamate d'oro... — Uno pajo di paramenti di velluto cremisi
» figurato, con fregi rachamati della Passione di Nostro Singniore... » (*Invent. del Duomo e dell' opera di S. Maria di Siena.*) Le mot *paramenti* signifie ornements sacerdotaux; mais il est évident que dans l'inventaire du Dôme de Sienne ce mot s'appliquait particulièrement aux dalmatiques destinées aux diacres et aux sous-diacres. Ce qui l'établit, c'est que les *paramenti* décrits sont toujours par paire (il y en a quinze), et que les chasubles et les chapes sont inventoriées ensuite et dans des chapitres particuliers sous les titres de *pianete* et *piviale*. L'expression de *figuré* ou *façonné* est encore employée aujourd'hui dans l'industrie des tissus pour désigner ceux dans lesquels un dessin quelconque est reproduit par la levée des fils de la chaîne en nombre et à des moments déterminés. (MM. LORENTZ et JULIEN, *Nouveau Manuel du tisserand*. Paris, 1844, p. 2.)

(2) M. DOUET D'ARCQ, *Comptes de l'argenterie*, p. 57.

quarante pour les étoffes façonnées (1). Aujourd'hui cette ville n'a pas de rivale dans le monde entier, et produit les plus belles étoffes de soie façonnées qui aient jamais été faites.

## § IV

### DES TAPISSERIES.

Il règne beaucoup d'incertitude sur l'époque à laquelle on a commencé à faire des tapisseries au métier en Occident. Suivant le père Labbe (2), Angelelme, évêque d'Auxerre à l'époque de Charlemagne, aurait fait faire un grand nombre de tapis pour son église; mais le texte du vieux chroniqueur qui nous a fait connaître la vie du saint évêque ne nous paraît pas se prêter à cette interprétation; il dit seulement que Angelelme avait donné ou fourni à son église un grand nombre de tapis, pour en couvrir et orner les siéges (3). Il résulte d'un texte plus précis que, vers 984, les moines de l'abbaye de Saint-Florent de Saumur savaient tisser des tapis de laine ornés de fleurs et de figures d'animaux (4). Une autre fabrique est signalée à Poitiers, en 1025, par une lettre de Guillaume, duc d'Aquitaine, à Léon, évêque de Verceil (5). Ces fabriques ne paraissent pas avoir acquis un grand développement, et l'on n'a du reste aucune notion sur le mode de fabrication qui y était employé. Vers la fin du douzième siècle, les tapissiers de la Flandre commencèrent à se servir de métiers de basse et de haute lisse. Grâce à leurs excellents procédés de teinture et à la facilité qu'ils avaient de s'approvisionner de laines à bon marché, ils se mirent bientôt à la tête de cette industrie, et ne tardèrent pas à produire des tapisseries historiées.

Ces nouvelles tapisseries firent dès lors une grande concurrence aux tapisseries sarrasinoises, qui n'étaient originairement que des broderies. Les ouvriers en ce genre de travail durent s'efforcer de modifier leur industrie, afin de soutenir la concurrence. Il résulte, en effet, des *Registres des métiers* d'Etienne Boileau, de 1258 à 1268, que les tapissiers de tapis sarrasinois avaient eu à soutenir l'opposition des tisserands (6), ce qui doit faire supposer qu'ils s'étaient mis à tisser leurs tapis au métier. Ce fait ressort bien plus clairement d'une ordonnance du prévôt des marchands de 1277, par laquelle « nus des tapi-
» ciers de tapiz sarrasinois ne puet ne ne doit estre tesseranz se il bien et loyalement n'en
» a fait le service; et que nus tesseranz ne puisse (ouvrer) en tapiz sarrasinois, se il n'en
» a aussinc fet le service (7). » Il y avait donc dès cette époque des tapissiers sarrasinois qui s'étaient mis à produire des tapis sur le métier. Il y a mieux, l'ordonnance de 1277 constate qu'ils ouvraient en laine. On doit donc voir dans la transformation de l'industrie des tapis-

---

(1) MM. LORENTZ et JULIEN, *Nouveau Manuel du tisserand*, p. 182.
(2) *Histoire de l'Église d'Auxerre*, chap. XXXV.
(3) « Tapetia etiam optima ad sedilia basilicæ exornanda plurima contulit. » (*Hist. episc. Autissiod.*, ap. LABBE, *Novæ Bibl. mss. librorum tomus primus*. Parisiis, 1657, p. 432.)
(4) *Hist. monast. Florent. Salmur.*, cap. XXIV, ap. MARTÈNE et DURAND, *Vet. script. ampl. collectio*, t. V, col. 1106.
(5) GUILL. AQUIT. DUCIS *Epist. ad Leonem episc. Vercellens.*, ap. *Rerum Gall. et Franc. script.*, t. X, p. 484.
(6) *Règlements sur les arts et métiers de Paris*, publiés par DEPPING. Paris, 1837, p. 128.
(7) *Ibid.*, p. 128.

siers sarrasinois, vers le milieu du treizième siècle, l'origine de la production des tapisseries historiées en France. On sait au surplus, par les ordonnances d'Étienne Boiliaue, que les produits de ces industriels étaient des objets de prix, destinés aux églises, au roi et à la noblesse.

Les tapissiers sarrasinois ne travaillaient sans doute que sur des métiers à basse lisse, car en 1302 ils voulurent s'opposer au travail d'une autre classe de tapissiers, que l'on appelait « ouvriers en la haute lice », établis depuis peu, jusqu'à ce qu'ils fussent « jurez et sere- » mentez ». Une ordonnance du prévôt, de 1302, incorpora ces ouvriers dans la maîtrise des tapissiers sarrasinois (1). Nous n'avons pas à nous occuper des tapis nostrez, dont on voit figurer les ouvriers dans les règlements des métiers de Paris au treizième siècle, parce que ces tapis n'étaient, à ce qu'il paraît, que de gros tissus de laine de couleur servant de couverture et à d'autres usages.

On trouve, dans les comptes et les inventaires faits en France au quatorzième siècle, beaucoup de tapisseries historiées; la provenance en est rarement indiquée, mais il ne peut être douteux que les tapissiers sarrasinois et de haute lisse, constitués en corporation en 1302, n'en aient fourni un assez grand nombre jusque vers 1390. Une quittance du 20 décembre 1348 (2) constate l'acquisition faite par le duc de Normandie (Jean, fils de Philippe de Valois et roi en 1350), de Amaury de Goire, tapissier, d'un « drap de lainne ouquel » estoit compris le Viez et Nouvel Testament ». Le nom de de Goire ne paraît pas se rattacher à la Flandre, et l'on peut croire que ce tapissier était de Paris. L'inventaire de Charles V renferme un très-grand nombre de « tappiz à ymages » (3). La provenance de Flandre est parfois indiquée; ne doit-on pas supposer que les autres venaient de Paris? Il faut dire que celle de ces tapisseries qui paraît présenter la plus grande dimension venait d'Arras; elle avait été achetée pour le château de Beauté, et est ainsi décrite : « Ung grant drap, de l'œuvre d'Arras, ystorié des faiz et batailles de Judas Macabeus » et d'Anthiogus, et contient de l'un des pignons de la gallerie de Beaulté jusques » après le pignon de l'autre bout d'icelle, et est du haut (de la hauteur) de ladicte » gallerie. »

Les malheurs qui accablèrent la France sous Charles VI durent porter un coup funeste aux fabricants de tapisseries de Paris. On trouve encore, dans le catalogue de Joursanvault, à la date de 1396, la preuve de l'existence d'un fabricant dans cette ville : « Chambre » de tapisserie de soie de plusieurs couleurs, faite par Lebourebien, bourgeois de Paris » (4); mais, en général, à partir de cette époque, les tapissiers de Paris ne sont plus que des marchands. En 1391, Colin (Nicolas) Bataille, prenant la qualité de tapissier et bourgeois de Paris, vend au duc d'Orléans un « drap de haulte lice de l'ystoire de Theseus et de l'Aigle » d'or ». Ce tapissier ayant perdu la reconnaissance qui lui avait été faite pour le prix de cette fourniture, le duc d'Orléans lui accorde, en 1392, un nouveau titre, dans lequel on ne lui donne plus la qualité de tapissier, mais seulement celle de marchand et bourgeois de

---

(1) *Reglements sur les arts et métiers de Paris*, publiés par Depping. Paris, 1827, p. 416.
(2) Cabinet des chartes de la Biblioth. nation., carton G, série des titres O, X. Citation de M. Jubinal, *Recherches sur les tapisseries à personnages.*
(3) Ms. Biblioth. nation., n° 2705.
(4) *Catalogue Joursanvault*, n° 793. Citation de M. de Laborde, *les Ducs de Bourgogne*, t. III, n° 5769.

Paris (1). On ne lui donne pas d'autre qualité en 1396, dans une ordonnance de payement, au sujet d'une vente qu'il avait faite à ce prince de trois tapis de haute lisse historiés (2). Ce qui prouve encore mieux que la fabrication des tapisseries avait cessé à Paris, c'est que les tapissiers de cette ville s'approvisionnaient en Flandre. Ce fait résulte des archives de la maison du duc d'Orléans. Une lettre patente de ce prince, du 24 novembre 1395, ordonne à son trésorier de délivrer à Jaquet Dordin, marchand et bourgeois de Paris, dix-huit cents francs « pour trois tappiz de haulte lice de fin fil d'Arras ». Une quittance de ce Dordin, du 30 janvier 1400, ne peut laisser aucun doute : « Je Jaquet Dordin, tapis-
» sier, demourant à Paris, confesse avoir eu et receu de Denis Mariette, argentier de Ms. le
» duc d'Orléans, la somme de cinq cens fr., sur certaine tapisserie de fine laine d'Arras sur
» champ vermeil, que Mds. m'a ordonné faire faire pour lui (3).... » Ainsi, les tapissiers de Paris se font les commissionnaires des fabricants de la Flandre. Les archives de la maison du duc d'Orléans, dépouillées avec tant de soin par M. de Laborde, fournissent cependant encore à la date de 1402 la mention d'un ouvrier tapissier à Paris; mais qu'avait fait le pauvre diable ? il avait « rappareillé (réparé) deux draps de laine de tappisserie, lesquelz
» estoient despeciez en plusieurs lieux, et yceulx rubannez de nouvel (4). » On trouvait donc encore à Paris, au commencement du quinzième siècle, quelques vieux ouvriers tapissiers pour faire des raccommodages, mais les achats et les commandes se faisaient à Arras et dans les autres villes de Flandre. C'est que tandis que la France, dévastée et ruinée par la guerre civile et la guerre étrangère, voyait ses fabriques se fermer, la Flandre, sous la riche et puissante maison de Bourgogne, jouissait d'une grande prospérité. Non-seulement Philippe le Hardi (1384 † 1404) encourageait les fabricants d'Arras, soit en leur achetant de fort belles tapisseries historiées, soit en leur donnant des subventions, ainsi que le constatent les comptes des receveurs de ses finances, qui sont conservés dans les archives de Lille (5); mais dès 1383 ce prince engageait à son service d'habiles ouvriers en tapisserie, qui travaillaient pour son compte et à ses gages (6). Les tapisseries de ce prince étaient en si grand nombre, qu'il y avait un de ses officiers spécialement préposé à leur conservation : il prenait le titre de garde de la tapisserie (7). Les comptes des officiers des finances de Philippe le Bon (1419 † 1467) constatent que ce prince avait hérité du goût de son aïeul pour les belles tapisseries, et que, durant son long règne, il fit de nombreuses commandes aux fabricants de tapisseries de la Flandre (8). L'inventaire de son trésor dressé à Dijon le 12 juillet 1420, tout au commencement de son règne, constate qu'il possédait déjà, dans son palais de cette ville, cinq chambres (9) de tapisserie, comprenant chacune plusieurs pièces, et plus de soixante-dix tapis historiés de haute lisse,

---

(1) M. DE LABORDE, les Ducs de Bourgogne., t. III, nos 5523 et 5540.
(2) Ibid., n° 5705.
(3) Ibid., nos 5675 et 5928, et encore tome I, n° 88a.
(4) Ibid., n° 5944.
(5) Ibid., nos 13, 23, 24, 26, 27, 39, 40, 41.
(6) Ibid., t. I, nos 8 et 55.
(7) Ibid., n° 27.
(8) Archives de Lille publiées par M. DE LABORDE, les Ducs de Bourgogne, t. I, nos 876, 877, 1401, 1412, 1426, 1605, 1871, et passim.
(9) Voyez page 429 l'explication de ce mot.

pour orner les salles et la chapelle (1). Ces tapisseries reproduisaient des sujets souvent très-compliqués, et un grand nombre de personnages. La plupart étaient rehaussées de fils d'or; quelques-unes offraient des portraits comme celles-ci : « Neuf grans tapiz et deux » mendres de haulte lice, ouvrez à or, de volerie, de plouviers et perdriz, esquelz sont » les personnages de feux Ms. le duc Jehan et madame la duchesse sa femme, tant à pié » comme à cheval (2). »

Le quinzième siècle fut l'époque qui produisit le plus de tapisseries historiées. Arras, Valenciennes, Tournay, Audenarde et Bruxelles devinrent les centres de cette fabrication. Mais la ville d'Arras, dès le milieu du quatorzième siècle, avait acquis une telle réputation, qu'elle avait donné son nom à toutes les tapisseries de haute lisse, qu'on nomme encore aujourd'hui en Angleterre *arras* et en Italie *arazzi*. A ces manufactures, il faut ajouter celle que Philippe le Bon avait fondée à Bruges. Elle devint la plus importante de toute la Flandre. On croit que c'est de là qu'est sortie la belle tapisserie du château des Aygalades, dont Millin a publié la gravure dans le troisième volume de son *Voyage dans le midi de la France*. Elle représente allégoriquement, sous les figures d'Esther et d'Assuérus, le mariage de Charles VIII et d'Anne de Bretagne. On en attribue les cartons à l'un des grands artistes sortis de l'école de Jean Van Eyck (3).

Au seizième siècle, les fabriques de Flandre continuèrent à jouir d'une grande vogue, et c'est là que s'approvisionnaient tous les princes de l'Europe. L'Italie, qui produisait de si belles broderies, ne possédait pas de métiers de haute lisse au quinzième siècle, ni même au seizième. La communauté des marchands de Florence voulant, en 1404, enrichir de tapis l'église Saint-Jean, en faisait la commande en Occident, dit le document (4); ce qui ne peut s'entendre que de la Flandre. Léon X, voulant compléter la décoration de la chapelle Sixtine par onze tapisseries, en commanda en 1512 les cartons à Raphaël (5). Dès qu'ils furent terminés, le pape les fit envoyer à Arras, où l'on exécuta les tapisseries sous la direction de Van Orley. Elles sont encore exposées aujourd'hui dans le palais du Vatican à l'admiration des amis des arts. En 1518, François I$^{er}$, voulant faire un cadeau au pape, demanda à Raphaël douze compositions tirées de la vie du Christ, sur lesquelles il fit exécuter à Arras douze tapisseries qui furent exposées quelques années après dans la basilique de Saint-Pierre. De 1518 à 1539, les comptes des trésoriers de France constatent le payement de fortes sommes pour acquisitions faites par le roi de tapisseries en Flandre (6). En 1533, il avait commandé à Jules Romain des dessins ayant pour sujet des faits de la vie de Scipion. Ces dessins servirent de modèle à des tapisseries qui eurent de leur temps une grande célébrité. Ces faits constatent péremptoirement qu'aucune fabrique de tapisserie de

---

(1) M. DE LABORDE, *les Ducs de Bourgogne*, t. II, p. 267.

(2) *Ibid.*, t. II, n° 4295.

(3) M. JUBINAL, *Rech. sur les tapisseries à personnages*, p. 74.

(4) « Tappeti si fanno fare in ponente con l'arme dell' arte dei mercatanti per la chiesa di S. Giovani. » (*Spoglio ms. del Gori dai libri de' mercatanti*. Bibl. Marucelliana de Florence, cod. A, 199, f° 220.)

(5) Sept de ces cartons, qu'on peut placer au nombre des chefs-d'œuvre de Raphaël, sont conservés en Angleterre, dans le château de Hampton-Court.

(6) M. DE LABORDE, *la Renaissance des arts à la cour de France*, p. 977 et suiv., a donné des extraits de ces comptes en ce qui touche les tapisseries.

haute lisse en laine n'existait à Paris ni même en France dans le premier tiers du seizième siècle. Cependant la faveur accordée aux tapisseries avait engagé quelques industriels à tenter des travaux de ce genre, mais ces nouvelles tapisseries, exécutées en soie, ne devaient pas avoir une grande dimension. On trouve dans le premier compte de maître Haligre, trésorier des menus plaisirs du roi, à la date de 1529, un article qui fait connaître ces tapisseries : « A Nicollas et Pasquier de Mortaigne, la somme de 410 livres tournois pour » convertir à achapter des soyes et estoffes et autres choses nécessaires pour besongner à » une tappisserie de soye que ledit seigneur leur a ordonné faire, pour son service, suyvans » les patrons que leur a faict bailler à ceste fin. En laquelle tappisserie seront figurées une » Léda avec certaines mises et satirres et autres deppendances (1)... »

Soit que François I$^{er}$ ait voulu se soustraire au tribut qu'il payait à la Flandre pour les acquisitions qu'il y faisait faire, soit qu'il ait désiré porter la fabrication à un plus haut degré de perfection et la diriger dans une voie purement italienne, il se décida, en 1539, à créer à Fontainebleau, à grands frais, une manufacture de tapisseries de haute lisse. Il y réunit des tapissiers de la Flandre et les plus habiles de ceux qui recommençaient à travailler à Paris, et les plaça sous la direction de Philibert Babou, sieur de la Bourdaizière, et de Sébastien Serlio, peintre. Le roi demanda des cartons à plusieurs des peintres qui travaillaient à l'ornementation du château de Fontainebleau ; Claude Badouyn fut celui de tous le plus habituellement chargé de ces sortes de travaux. Henri II ne laissa pas dépérir la manufacture de Fontainebleau ; il en confia la direction à Philibert de Lorme (2). En consultant les comptes des bâtiments, on peut juger des sacrifices considérables que firent les deux rois pour entretenir en France la fabrication des tapisseries de haute lisse (3). Voulant en multiplier les produits, Henri II créa à Paris, dans l'hospice de la Trinité, une nouvelle fabrique, qui, par suite de la concession de certains priviléges, parvint bientôt à une grande prospérité. C'est de cette fabrique que sortit, sous la régence de Catherine de Médicis, une tapisserie de soixante-trois aunes de longueur sur quatre de hauteur, où l'on voyait l'histoire de Mausole et d'Artémise, représentée sous les traits de la reine elle-même, dont les armes, les chiffres et les emblèmes étaient tissés dans la tapisserie. Cette tenture, exécutée en plusieurs pièces sur trente-neuf dessins du peintre Lerambert (4), a été reproduite dix fois dans les ateliers royaux, de 1570 à 1660. Un inventaire des meubles de la couronne de 1704 en décrit une en onze pièces, qui avait été faite sur les dessins d'Antoine Caron (5). Il paraît que ce fut sous le règne de Charles IX que fut établie à Tours une nouvelle fabrique, qui exécuta, concurremment avec celle de Paris, une tapisserie où les faits du règne de Henri III étaient représentés en vingt-sept pièces de dix-sept aunes, comme le disent les comptes royaux (6).

---

(1) *Compte premier de maistre Claude Haligre... des receptes et dépenses par lui faites à cause des menuz plaisirs durant 13 mois, du 1$^{er}$ jour de décembre 1528 et finissant le dernier jour de décembre en suivant 1529...* Arch. nation., Ms., KK, 100, f° 70.

(2) M. Lacordaire, *Notice histor. sur les manuf. des Gobelins et de la Savonnerie.* Paris, 1853, p. 21.

(3) Consulter M. de Laborde, *la Renaissance des arts à la cour de France*, p. 990, et surtout ses *Études sur le seizième siècle*.

(4) Les trente-neuf dessins de Lerambert sont conservés dans le cabinet des estampes de la Bibl. nation., n° 3145, A. D

(5) M. Lacordaire, *Not. histor. sur les manuf. de tapisseries*, p. 25.

(6) M. Alf. Darcel, *Not. histor. sur les manuf. de tapisseries des Gobelins et de la Savonnerie.* Paris, 1861, p. 45.

Malgré les désordres que la guerre civile avait engendrés, il paraît que la fabrique de la Trinité avait continué de travailler. C'est là en effet que du Bourg, enfant de cet hospice, devenu un habile tapissier, exécuta en 1594, sur les dessins de Lerambert(1), de magnifiques tapisseries pour l'église Saint-Merry. « Elles firent si grand bruit, dit Sauval(2), que » Henri IV les ayant été voir et les ayant trouvées à son gré, résolut de rétablir à Paris les ». manufactures de tapisseries que le désordre des règnes précédents avait abolies. »

Henri IV s'attacha en effet à leur donner un nouvel essor. Des ouvriers en or et en soie furent, par ses ordres, appelés d'Italie, et des tapissiers de haute lisse furent installés en 1597, sous la direction de Laurent, excellent tapissier, dans la maison professe des Jésuites, au faubourg Saint-Antoine. Le peintre Dubreuil, logé dans l'établissement, fut chargé de faire les cartons. Non content de cela, le roi fit venir de Flandre des tapissiers de haute lisse qu'il plaça sous la direction de Fourcy, intendant des bâtiments, et auxquels il accorda de nombreux privilèges. Ils furent établis dans les bâtiments qui restaient encore debout du palais des Tournelles, auquel on ajouta de nouvelles constructions. Cette manufacture, après avoir occupé divers lieux dans la ville de Paris, fut transférée en 1630 dans la maison des Gobelins. Notre historique de la peinture en matières textiles doit s'arrêter au dix-septième siècle; on trouvera dans des auteurs spéciaux l'histoire de cette manufacture, qui a su conquérir une immense illustration (3).

Aucune tapisserie du treizième siècle n'est parvenue jusqu'à nous, celles du quatorzième sont extrêmement rares; mais il en reste encore un certain nombre du quinzième et du seizième. La composition des sujets, de même que le dessin, dans les tapisseries du quatorzième siècle et du quinzième, offre une grande conformité avec les miniatures des manuscrits, qui existent en grand nombre et dont nous avons apprécié le style. Au quatorzième siècle, il n'y a pas d'arrière-plans; un fond de couleur uniforme fait détacher les personnages, et leur donne de loin un grand effet. Au quinzième, un trait dessine les contours des figures et les plis des vêtements; les couleurs sont établies entre les traits, et un modelé très-léger est obtenu à l'aide de trois tons au plus; les fonds sont enrichis de fleurs et de rinceaux. A la fin de cette période, les arrière-plans apparaissent et la perspective s'introduit dans les tapisseries. Le dessin, au seizième siècle, offre tout ce qu'on pouvait attendre des grands artistes qui fournirent des cartons aux tapissiers; mais ces cartons ne donnaient que de simples indications quant au coloris, qui était abandonné au travail du tisserand. Celui-ci ne cherchait pas à reproduire le coloris habituel du peintre, auteur du dessin; il avait ses gammes invariables, composées d'un petit nombre de couleurs franches, fixées sur la laine et sur la soie par le teinturier. Aujourd'hui les tapissiers cherchent le coloris vrai et s'efforcent d'imiter le tableau qu'on leur donne pour modèle.

Nous terminerons en citant quelques-unes des tapisseries qui nous ont été conservées(4):

---

(1) Ces dessins sont conservés à la Bibliothèque nationale.
(2) *Histoire des antiquités de Paris*, liv. IX, p. 506 et suiv.
(3) M. A. L. LACORDAIRE, *Notice historique sur les manufactures nationales de tapisseries des Gobelins et de la Savonnerie*. Paris, 1853. — M. ALF. DARCEL, *Notice histor. sur les manuf. des Gobelins et de la Savonnerie, précédée du Catalogue des tapisseries*; Paris, 1861.
(4) On trouvera de très-bonnes reproductions d'anciennes tapisseries dans le grand ouvrage de M. JUBINAL, *Anciennes tapisseries historiées*.

LABARTE.

Du quatorzième siècle, trois des pièces de la tapisserie de l'Apocalypse conservées dans la cathédrale d'Angers : elles avaient été faites pour Louis I$^{er}$ d'Anjou († 1384) et Marie de Bretagne († 1404), et furent léguées à l'église par René d'Anjou.

Du quinzième siècle : 1° Quatre pièces de cette tapisserie appartenant aussi à la cathédrale d'Angers : elles furent faites pour Yolande d'Aragon, femme de Louis II d'Anjou et mère de René. — 2° Une tapisserie du musée de Cluny (n° 1688 du catal.), reproduisant saint Pierre sortant de prison : elle fut exécutée pour Guillaume, évêque de Beauvais de 1444 à 1462. — 3° A l'hôpital d'Auxerre, une tenture de la légende de saint Germain, qu'on regarde comme un don de Jean Baillet, évêque de cette ville de 1477 à 1513. — 4° A Nancy, une tapisserie de la tente de Charles le Téméraire. — 5° La belle tapisserie du château de Bayard, que M. Jubinal a donnée à la Bibliothèque nationale, où elle est exposée. — 6° A l'hôtel de ville de Ratisbonne, une tapisserie représentant le Combat des Vices et des Vertus. — 7° Au musée de Cluny, une suite de dix belles tapisseries de Flandre, de l'époque de Louis XII (n$^{os}$ 1692 à 1701 du catal.), ayant pour sujets l'histoire de David et de Bethsabée, et une belle tapisserie de Bruges, représentant l'Arithmétique.

Du seizième siècle : 1° Au musée de Cluny, trois tapisseries de Flandre, représentant, l'une la bataille de Saint-Denis de 1567, et les deux autres la bataille de Jarnac de 1569 (n°$^{os}$ 3246 à 3248 du catal.). — 2° A la cathédrale d'Angers, la tapisserie en trois pièces, dite des Instruments de la Passion, exécutée de 1513 à 1520. — 3° Dans la même église, une tapisserie flamande, dite de la Passion, en quatre pièces : elle appartenait autrefois à l'église Saint-Maurice de Chinon. — 4° Au Musée historique de Dresde, un assez grand nombre de tapisseries, parmi lesquelles il y en a six qu'on peut citer comme les plus belles qu'on puisse rencontrer, tant pour la finesse du travail que pour la conservation. — 5° Enfin, au musée de Cluny, un fragment (n° 3249 du catal.) des tapisseries faites par du Bourg pour Saint-Merry, dont nous avons parlé.

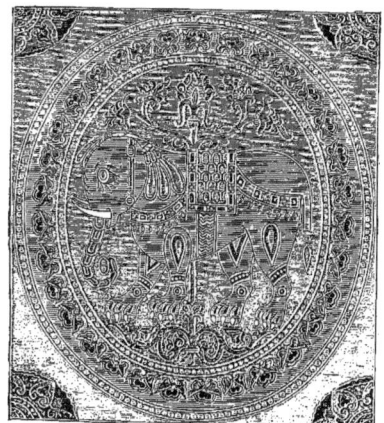

# SUPPLÉMENT

AUX EXPLICATIONS DONNÉES, DANS LE TEXTE, DES PLANCHES, VIGNETTES ET CULS-DE-LAMPE

COMPRIS DANS LE SECOND VOLUME.

## PLANCHES

PLANCHE XXXIII. — Autel Saint-Jacques a Pistoia (p. 78).

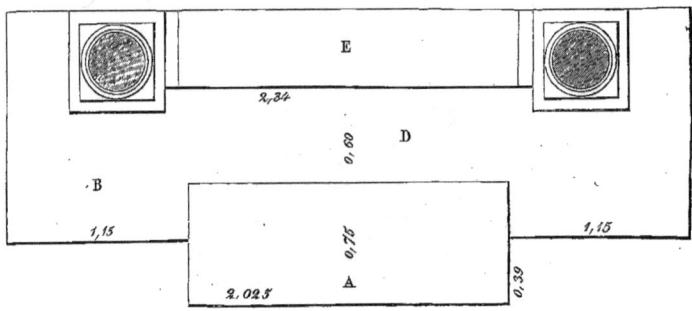

Plan de l'autel dont notre planche XXXIII a donné l'élévation.

A. L'autel, dont la face antérieure est couverte par le paliotto d'Andrea Ognabene (voy. page 78).
B. Partie latérale que couvre le panneau de neuf bas-reliefs exécuté par Piero (voy. page 79).
C. Partie latérale couverte par le panneau de neuf bas-reliefs que fit Leonardo (voy. page 80).
D. Emplacement du gradin mobile où l'on pose le tabernacle, le crucifix et les cierges.
E. Emplacement du retable.

PLANCHES XXXIV A XXXVII. — Autel du Baptistère de Saint-Jean (p. 97, 98, 101 et 103).

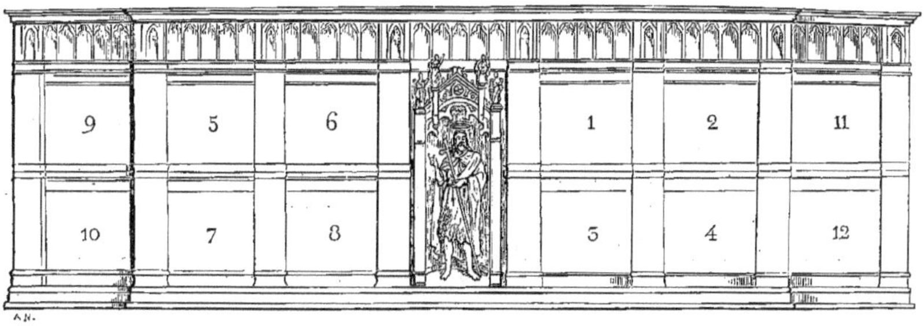

Pour l'intelligence de la description que nous avons donnée page 97 et suivantes, nous reproduisons ici le plan en élévation du parement de l'autel du Baptistère de Saint-Jean de Florence, tel qu'on le voit aujourd'hui dans le garde-meuble de la cathédrale et qu'on le dispose quand il est exposé dans le Baptistère, au devant de l'autel principal.

Grand panneau côté de l'épître, à la gauche de la statue n°ˢ 1 à 4.
Grand panneau côté de l'évangile, à la droite de la statue n°ˢ 5 à 8.
Demi-panneau côté de l'évangile, n°ˢ 9 et 10.
Demi-panneau côté de l'épître, n°ˢ 11 et 12.

PLANCHE XXXVIII. — Croix de l'autel du Baptistère de Saint-Jean de Florence (p. 104).

Cette croix se compose de deux parties : le crucifix, qui repose sur un rocher garni de tourelles, et le pied qui porte le crucifix. Le crucifix est de Betto; le pied, y compris les quatre ravissantes statuettes portées par des piédouches, est d'Antonio del Pollaiuolo.

Les statuettes sur les piédouches supérieurs sont celles de la Vierge et de saint Jean; des anges sont reproduits sur les piédouches inférieurs. La figurine assise sur le nœud du pied représente saint Jean ; les autres figurines du nœud sont des anges.

La croix est enrichie de ravissants émaux de basse taille dans les bras et sur le milieu du crucifix, dans les médaillons à la base des piédouches, dans la partie triangulaire du pied et sur le dessus de la base du pied. La matière vitreuse qui colorait la ciselure a malheureusement été brisée presque partout; mais la ciselure qui reste à découvert est intacte : elle offre un dessin excellent et une délicatesse achevée dans l'exécution. Le revers de la croix est également enrichi d'émaux aux endroits où l'on en voit sur la face principale.

La hauteur totale est de 1 mètre 95 centimètres; celle du crucifix de 84 centimètres environ.

La pièce d'orfèvrerie repose sur un petit socle de bois argenté en mauvais état.

PLANCHE XXXIX. — Coupe d'argent doré (p. 131).

La hauteur de la coupe est de 18 centimètres 2 millimètres; le diamètre de la vasque de 23 centimètres.

PLANCHE XL. — Bijoux divers (p. 132).

Tous les bijoux compris dans cette planche sont reproduits dans la grandeur de l'exécution.

N°ˢ 1 et 1 bis. — Fermail de manteau d'or, du treizième siècle, présenté sous deux aspects. Nous l'avons décrit page 17.

Nº 2. — Pendant d'or ciselé et émaillé, enrichi de diamants et de rubis. L'Annonciation y est représentée en figures de ronde bosse. Le revers est décoré d'ornements découpés à jour en or ciselé et émaillé. Ouvrage du commencement du seizième siècle.

Nº 3. — Pendant d'or ciselé et émaillé, enrichi de diamants et de rubis. Une jeune femme (l'Astronomie?) tient un compas à la main et paraît faire une démonstration scientifique à un vieillard debout auprès d'elle. Il existait sans doute entre les deux figures un piédestal sur lequel était posée une sphère. Ce bijou est attribué à Benvenuto Cellini (voy. pages 118 et 133).

Nº 4. — Enseigne. Adam et Ève nus et debout. Figures en or repoussé et émaillé, détachées de la feuille d'or, puis appliquées sur un champ de prime d'émeraude. Ce bijou est attribué à Cellini (voy. p 118 et 133).

Nº 5. — Cartouche ovale d'or ciselé et émaillé, qui devait renfermer un portrait de femme; c'est ce que paraît indiquer la légende *Extincta vivet* qu'on lit sur le contour. Il est attribué à Cellini (voy. page 118).

Nº 6. — Enseigne. Buste de nègre d'agate-onyx appliqué sur agate blanche. La coiffure, les draperies et les ornements sont en or ciselé et émaillé. La bordure d'or est enrichie de diamants, de rubis et d'émeraudes (voy. page 133).

Nº 7. — Pendant d'or ciselé et émaillé. La France, une épée à la main, est assise sur une licorne à côté de la Victoire. La poitrine et la croupe de la licorne sont formées de perles baroques du côté où se présentent les figures.

Nº 8. — Pendant d'or ciselé et émaillé. Une autruche, tenant dans son bec un fer à cheval, porte sur son dos un nègre qui la conduit armé du crochet des cornacs. Le corps de l'animal, du côté où il se fait voir, est d'une perle baroque (voyez, sur les Pendants, page 134).

Nº 9. — Anneau d'or ciselé et émaillé. Un enroulement, terminé par deux petites têtes, attache le chaton, qui enchâsse un rubis cabochon. Ouvrage du seizième siècle (voy. page 134).

Nº 10. — Bague d'or. L'anneau est couvert de feuillages ciselés en relief et émaillés en blanc; le chaton renferme un rubis. Ouvrage du seizième siècle ou des premières années du dix-septième.

Tous les bijoux compris dans cette planche faisaient partie de la collection Debruge Duménil, nº⁸ 979, 991, 992, 993, 994, 1000, 1002, 1003, 999 et 1047 de notre catalogue de cette collection.

## PLANCHE XLI. — Aiguière d'argent doré et émaillé (p. 146).

Les armes disposées au haut de la panse sont émaillées de diverses couleurs, ainsi que les guirlandes et les boucliers qui en décorent le bas. Tout le reste du vase est doré.

## PLANCHE XLII. — Jacob et ses fils. — Miniature tirée d'un manuscrit grec très-ancien (p. 161).

Le sujet de la miniature est indiqué par le titre en grec qui est écrit au-dessus : (ΡΟΥΒ)ΗΝ ΠΡΩ ΤΟΤΟΚΟΣ ΜΟΥ (ΣΥ) ΙΣΧΥΣ ΜΟΥ, ΚΑΙ ΑΡΧΗ ΤΕΚΝΩΝ ΜΟΥ. « Ruben, mon premier-né, toi ma force et la tête de mes enfants... » C'est le commencement du troisième verset du chapitre XLIX de la Genèse, dans lequel on rapporte que Jacob, après avoir donné ses ordres et ses instructions à ses enfants, s'étendit sur son lit et mourut. Joseph est près de son père; il porte la chlamyde grecque ornée du tablion. Les autres enfants de Jacob sont devant lui; Ruben, l'aîné, est en tête du groupe. Le patriarche est assis sur son lit, comme le dit le verset 2 du chapitre XLVIII, mais le peintre n'a figuré la chambre où devait être le lit que par une porte, ne voulant pas, sans doute, se priver de représenter un paysage pittoresque.

Notre copie a été calquée sur l'original, dont les couleurs sont rendues avec exactitude : c'est un véritable *fac-simile*. La couleur pourpre du fond seule ne donne pas absolument celle du parchemin, auquel le temps a imprimé un cachet qu'il est impossible de rendre. Nous pensons que les peintures du manuscrit de Vienne doivent être considérées comme un spécimen des premières peintures exécutées pour l'ornementation des manuscrits dans la partie grecque de l'empire romain, après la translation du siége de l'empire à Constantinople. On y retrouve tous les caractères de l'art romain en décadence, tel qu'il fut importé à Constantinople par les artistes que Constantin avait appelés dans la nouvelle capitale; elles nous ont donc servi de point de départ dans l'examen que nous avons fait des destinées de l'art byzantin.

PLANCHE XLIII. — JULIANA ANICIA. — MINIATURE BYZANTINE DU VI° SIÈCLE (p. 163).

Le livre auquel nous avons emprunté cette miniature est un manuscrit sur parchemin, in-folio presque carré, qui renferme les œuvres de Dioscoride, célèbre médecin né en Cilicie au commencement de l'ère chrétienne. Lambecius, dans ses *Commentaires* sur la Bibliothèque impériale de Vienne, en a fourni une longue description qu'il a accompagnée de gravures reproduisant les six grandes miniatures dont il est orné. Montfaucon, dans sa *Paléographie grecque*, a reproduit la description de Lambecius et a fait apprécier toute l'importance de ce magnifique manuscrit. Il avait été écrit pour la princesse Juliana Anicia, dont on voit le portrait dans la sixième miniature; notre planche la reproduit dans l'état de détérioration où elle se trouve aujourd'hui. L'historien Théophanes parle de cette princesse, à l'année 505 de sa *Chronographie*, comme ayant construit à Constantinople une très-belle église dédiée sous le vocable de la Mère de Dieu. On lui attribue encore la construction et la restauration d'autres églises.

Juliana Anicia est représentée assise sur un trône d'or porté par des aigles. Elle est accompagnée, à droite, de la Magnanimité, Μεγαλοψυχία, qui tient dans un pli de son manteau une grosse somme d'or, et à gauche, de la Prudence, Φρόνησις, principales vertus de la princesse. Auprès d'elle se tient un enfant ailé qui lui présente un livre ouvert : c'est le Génie de l'art de la construction : Πόθος τῆς σοφίας κτίστου. Une femme vêtue de blanc est prosternée aux pieds de Juliana, pour la remercier de ses bienfaits; c'est ce que peut faire supposer une inscription effacée en partie, qui est écrite au-dessus de cette femme : Εὐχαριστία τιχ..... Une inscription à peu près indéchiffrable aujourd'hui, contournait l'octogone qui renferme le tableau. Le nom de la princesse est inscrit dans les huit triangles à fond rouge, ΙΟΥΛΙΑΝΑ. Dans les huit petits tableaux qui bordent le sujet principal, on voit de petits génies occupés à peindre, à sculpter, et à différents travaux de construction, par allusion à l'édification de l'église que Juliana avait élevée à Constantinople en l'honneur de la sainte Vierge. En avant du trône sont deux mesures pour les grains, afin d'indiquer les distributions de blé que la princesse faisait aux pauvres.

Les couleurs des miniatures étaient d'une vivacité merveilleuse, vivacité qu'elles ont conservée en grande partie après tant de siècles; mais ces couleurs, posées en couches très-épaisses, se sont détachées du parchemin en certains endroits : ainsi le manteau de la Prudence et le coussin du trône, qui paraissent roses, étaient d'un rouge très-éclatant dont on voit encore quelques traces. La peinture a beaucoup souffert aussi du frottement. La miniature a vingt-sept centimètres de diamètre, mesurés entre les points extrêmes du contour en vermillon.

PLANCHE XLIV. — MINIATURE TIRÉE D'UN MANUSCRIT SYRIAQUE DU VI° SIÈCLE (p. 164).

Plusieurs savants, Assemani, Biscioni et Montfaucon entre autres, se sont occupés du curieux livre qui nous a fourni cette miniature, et en ont apprécié l'importance. Il a été constaté, d'après les mentions qui s'y trouvent, qu'il avait été écrit dans le monastère de Saint-Jean à Zagba, ville de la Mésopotamie, par Rabula, en l'année 897 de l'ère des Séleucides, qui était en usage dans les provinces de Syrie de l'empire grec : cette année correspond à l'an 586 de l'ère chrétienne. Ce manuscrit, écrit sur parchemin, de trente-trois centimètres de hauteur sur vingt-six de largeur, renferme vingt-six miniatures.

La miniature à pleine page que nous reproduisons contient deux tableaux. Le plus grand représente le Crucifiement du Sauveur. La Vierge et saint Jean, à côté l'un de l'autre, sont à sa droite, les saintes femmes à sa gauche. Les soldats jouent la robe de Jésus à la morra, jeu des doigts, très-ancien, qui est encore usité en Italie. Dans le tableau du bas, on voit au centre le tombeau ouvert où le Christ avait été déposé; il n'est pas taillé dans le roc, comme le dit l'Évangile, mais il se rapproche d'une forme qu'on rencontre souvent dans les tombeaux antiques. A gauche, les saintes femmes venant au tombeau y trouvent l'ange qui leur annonce la résurrection; à droite, elles se prosternent aux pieds du Christ qui leur apparaît.

Dans la peinture originale, les deux tableaux réunis ont vingt-six centimètres de hauteur, non compris une bordure d'encadrement d'un centimètre, composée de cinq petites lignes accolées l'une à l'autre, en tout semblable à celle que nous avons conservée.

## PLANCHE XLV. — DAVID ET SALOMON. — MINIATURE TIRÉE D'UN MANUSCRIT GREC DU VI$^e$ SIÈCLE (p. 165).

La miniature dont nous donnons ici la reproduction est tirée d'un manuscrit sur parchemin, de trente-quatre centimètres carrés, qui appartient à la Bibliothèque du Vatican (n° 699); elle se trouve au folio 63. Ce livre renferme la *Topographie chrétienne* de Cosmas, surnommé l'Indicopleustès, à cause des voyages qu'il fit dans l'Inde. Après avoir été marchand et navigateur, Cosmas embrassa l'état monastique, et publia dans sa retraite plusieurs ouvrages en grec. Sa *Topographie* est le seul qui soit venu jusqu'à nous; Montfaucon l'a publiée avec une version latine dans sa *Collection des Pères et des écrivains grecs* (tome II, page 1). Cosmas mourut sous le règne de Justinien.

Les miniatures, qui sont en grand nombre, sont loin d'avoir le caractère des peintures du neuvième siècle, elles sont encore empreintes du style de l'antiquité. Nous allons faire connaître le sujet de celle dont nous offrons la reproduction. Elle n'est pas la meilleure, il s'en faut; mais nous l'avons choisie parce qu'elle a été citée par Winckelmann (voyez notre tome I$^{er}$, page 27).

David est au centre du tableau, assis sur un trône d'or, couronné du stemma et revêtu du costume que porte Justinien dans la mosaïque de Saint-Vital de Ravenne. Son fils Salomon est auprès de lui. Au-dessus du trône est la figure du prophète Samuel ; au-dessous, un groupe de deux danseuses : OPXHCHC (Ὄρχησις, danse).

Les deux princes sont entourés des services liturgiques qu'ils avaient institués : les six médaillons renferment chacun en effet un chœur dont le nom est donné par une légende en caractères cursifs. Le calligraphe qui a rédigé les légendes ignorait complètement l'orthographe de sa langue, et il s'est souvent servi d'abréviations peu usitées; elles sont en outre en partie effacées, et il nous aurait été presque impossible de les déchiffrer sans le secours que nous a prêté notre vieux camarade, le savant helléniste M. Pierre Giguet, traducteur d'Homère, d'Hérodote et de la Bible des Septante, qui les a collationnées avec nous sur l'original à la bibliothèque Vaticane. Voici comment elles doivent être lues, en commençant par le médaillon en haut à gauche, et en continuant la lecture des trois lignes horizontales.

1$^{er}$ : Χορὸς υἱῶν Αἰθάμ, chœur des fils d'Æthan.

Cet Æthan ou Éthan est celui sans doute qu'on appelait aussi Idithun; il avait comme chantre le même rang qu'Asaph (I *Paralip.*, xxv, 1.)

2$^e$ : Χορὸς τοῦ Ἀσάφ, chœur d'Asaph.

Asaph, avec Héman et Idithun, fut établi par David chef suprême des chantres sacrés. (I *Paralip.*, xxv, 1):

3$^e$ : Χορὸς τῶν υἱῶν Κορέ, chœur des fils de Coré.

Coré, de la tribu de Lévi, ourdit dans le désert une conspiration contre Moïse et Aaron. Dathan, Abiram et On embrassèrent son parti; mais le feu céleste tomba sur eux et les dévora tous (*Nombres*, XVI, 35). Cependant les fils de Coré ne périrent pas avec lui; ses descendants exercèrent les charges de gardiens et de chantres (I *Paralip.*, IX, 19 ; II, XX, 19).

4$^e$ : Χορὸς τῶν υἱῶν Ἰσορί, chœur des fils d'Isari ou Sori.

Isari, ses fils et ses frères, au nombre de douze, formaient un des groupes de chanteurs du temple. (I Paralip., XXV, 11).

5$^e$ : Χορὸς Ἐθὰμ τοῦ Ἰσραηχίτου, chœur d'Éthan l'Esrahite.

Il y avait deux Éthan attachés à la chapelle des rois juifs. Le premier, appelé aussi Idithun, est fils de Curi et descend de Lévi. Le second, l'Esrahite, est regardé comme l'auteur du LXXXVIII$^e$ psaume.

6$^e$ : Χορὸς Μωϋσέως ἀνθρώπου τοῦ Θεοῦ, chœur de Moïse, homme de Dieu.

Homme de Dieu était l'une des qualifications de Moïse.

On comprend que dans le temple un chœur ait reçu le nom de chœur de Moïse. Il était chargé sans doute du chant des cantiques contenus dans le Pentateuque (*Deutér.*, XXII).

La miniature dans le manuscrit du Vatican est de trente centimètres de hauteur sur vingt-neuf, sans la bordure rouge et or.

PLANCHE XLVI. — Miniature d'un manuscrit grec du IXe siècle (p. 174).

C'est le chapitre XXXVII du livre d'Ézéchiel qui a fourni le sujet de cette miniature.

« 1. Un jour la main du Seigneur fut sur moi; et m'ayant mené dehors par l'esprit du Seigneur, elle me conduisit au milieu d'une campagne qui était toute pleine d'os.

» 2. Elle me mena tout autour de ces os : il y en avait une très-grande quantité qui étaient sur la face de la terre et extrêmement secs.

» 3. Alors le Seigneur me dit : Fils de l'homme, croyez-vous que ces os puissent revivre ? Je lui répondis : Seigneur Dieu, vous le savez.

» 4. Et il me dit : Prophétisez sur ces os, et dites-leur : Os secs, écoutez la parole du Seigneur.

» 5. Voici ce que le Seigneur Dieu dit à ces os : Je vais envoyer un esprit en vous, et vous vivrez.

» 6. Je ferai naître des nerfs sur vous, j'y formerai des chairs et des muscles.....

» 7. Je prophétisai donc comme le Seigneur me l'avait commandé, et lorsque je prophétisais, on entendit un bruit, et aussitôt il se fit un grand remuement parmi ces os ; ils s'approchèrent l'un de l'autre, et chacun se plaça dans sa jointure.

» 8. Je vis tout à coup que des nerfs se formèrent sur ces os, des chairs les environnèrent, et de la peau s'étendit par-dessus ; mais l'esprit n'y était point encore.

» 9. Alors le Seigneur me dit : Prophétisez à l'esprit; prophétisez, fils de l'homme, et dites à l'esprit : Voici ce que dit le Seigneur Dieu : Esprit, venez des quatre vents, et soufflez sur ces morts, afin qu'ils revivent.

» 10. Je prophétisai donc comme le Seigneur me l'avait commandé, et en même temps l'esprit entra dans ces os ; ils devinrent vivants et animés ; ils se tinrent tout droits sur leurs pieds, et il s'en forma une grande armée.

» 11. Alors le Seigneur me dit : Fils de l'homme, tous ces os sont les enfants d'Israël..... »

L'auteur de la peinture a représenté toutes les scènes indiquées dans les onze premiers versets du chapitre. A droite, Ézéchiel, ΙΕΖΕΚΙΗΑ, est amené dans une campagne où sont des ossements, conduit par l'esprit du Seigneur, qui est représenté par l'archange Gabriel. La qualification de ϹΤΡΑΤΗΓΟϹ écrite au-dessus de sa tête le désigne ici. Il est vrai que les Grecs donnent ordinairement le nom de Στρατηγὸς, chef ou général des milices célestes, à l'archange Michel, mais ils le donnent aussi à Gabriel. Ainsi, dans le troisième folio de notre manuscrit, l'empereur Basile est représenté entre le prophète Élie et un ange qui est désigné par l'inscription ὁ Ἀρχιστρατηγὸς Γαβριήλ, le chef des milices, Gabriel.

A gauche, dans le haut du tableau, Dieu, représenté par une main de laquelle s'échappent des rayons, s'entretient avec Ézéchiel. Ces mots du troisième verset, un peu altérés par le peintre, sont tracés en majuscules au-dessous de la main : Εἶπε εἰ ζήσεται τὰ ὀστέα ταῦτα.

Plus bas, au-dessous des os secs, les chairs ont environné les os, et les corps sont redevenus vivants et animés ; ils s'avancent, encore couverts de leur linceul.

PLANCHE XLVII. — Miniatures tirées d'un manuscrit grec du Xe siècle (p. 178).

Ce manuscrit sur parchemin, de dix-huit centimètres de hauteur sur quatorze de largeur, appartient à la Bibliothèque nationale de Paris (n° 64 gr.). Il commence par la lettre d'Eusèbe à Carpianus, renfermée dans des compartiments carrés au-dessus desquels sont peints de jolis oiseaux. Puis vient la concordance des Évangiles, du même auteur, qui est écrite au-dessous de dix portiques à colonnes d'une ornementation ravissante, différente dans chacun. Au-dessus des portiques sont des oiseaux ou d'autres animaux. Le portique que nous reproduisons se trouve au verso du folio 6 du livre.

A la suite des canons d'Eusèbe on trouve les quatre Évangiles. La figure de chaque évangéliste, peinte à pleine page au verso d'un feuillet, précède son œuvre. Au recto du folio qui suit la miniature est une vignette carrée reproduisant des rinceaux d'une grande élégance, au milieu desquels se jouent des oiseaux de l'Orient. A la suite de cette tête de page est une préface qui occupe deux folios, puis vient le texte de l'Évangile. Ainsi, au folio 9 verso, on voit la figure de saint Mathieu; au folio 63 verso, celle de saint Marc; au folio 101 verso, celle de saint Luc; au folio 157 verso, celle de saint Jean.

Au verso du premier folio des préfaces et au recto du second, le texte est disposé en forme de croix et laisse ainsi les quatre angles des pages en blanc. Dans ces espaces ménagés, le calligraphe a peint des figures et même des sujets. Nous avons voulu faire connaître ces charmantes peintures à nos lecteurs, et, au lieu du fragment des canons d'Eusèbe écrit au-dessous du portique que reproduit notre planche, nous avons placé trois des quatre figures qui se voient au folio 11, au-dessus et au-dessous des branches de la croix figurée par le texte : elles représentent deux empereurs et la Vierge. Nous pensons que l'artiste, en peignant près l'un de l'autre deux empereurs, l'un vieux et l'autre jeune, était amené à cela par le fait qu'il avait sous les yeux, et qu'on doit voir dans ces deux personnages Romain Lecapène et son gendre Constantin Porphyrogénète, qui régnèrent ensemble de 919 à 944. Cette circonstance nous donne la date du manuscrit, que son écriture désigne d'ailleurs d'une manière certaine comme appartenant au dixième siècle. Nous en avons apprécié les belles peintures en traitant de l'art byzantin dans notre tome I$^{er}$, page 43. Nous offrons, dans notre planche, le portique et les figures de la grandeur de l'exécution.

## PLANCHE XLVIII. — L'empereur Basile II, miniature (p. 181).

Cette planche reproduit une miniature à pleine page d'un manuscrit grec sur parchemin, de quarante centimètres de hauteur sur trente de largeur, qui appartient à la bibliothèque de Saint-Marc de Venise.

On y a représenté l'empereur Basile II (976 † 1025), pour qui le livre a été écrit. Dans le haut du tableau, le Christ apparaît dans le ciel, tenant une couronne. Au-dessous, à droite, l'archange Gabriel pose sur la tête de l'empereur le stemma enrichi de cataseista de perles qui lui tombent sur les joues (voy. tome I$^{er}$ p. 301); à gauche, l'archange Michel, ὁ ἀρχ. μιχ., lui met une lance dans la main. Basile porte l'habillement militaire à une brigandine d'or à écailles lui couvre le corps; un manteau léger, attaché sur la poitrine, est rejeté sur le dos. Les seigneurs de la cour sont prosternés à ses pieds.

L'écriture du manuscrit est de la fin du dixième siècle, et il est indiqué comme étant de cette époque dans le Catalogue des manuscrits grecs de la bibliothèque de Saint-Marc (*Græca D. Marci Bibliotheca codicum manuscriptorum per titulos digesta, preside et moderatore* Laurentio Theupolo, 1740). L'âge que paraît avoir l'empereur dans la peinture correspond aussi à la fin du dixième siècle ou aux premières années du onzième. On voit là, en effet, un homme dont la barbe a grisonné aux rudes travaux de la guerre, qui ont constamment occupé sa vie, mais dont les traits annoncent la force de l'âge, et auquel on ne saurait donner plus de quarante-cinq ans. Basile succéda en 963, n'étant âgé que de cinq ans, à son père Romain II. Durant sa minorité, Nicéphore Phocas et Jean Zimiscès, vaillants capitaines, gouvernèrent tour à tour l'empire avec le titre d'empereur; mais en 976, à la mort de Zimiscès, Basile, âgé de dix-huit ans, prit en main les rênes de l'État. Ainsi c'est en 1003 qu'il atteignit l'âge de quarante-cinq ans. Notre miniature et celle du même livre que nous reproduisons dans la planche suivante, offrent donc des spécimens de la peinture byzantine des premières années du onzième siècle.

Une inscription en caractères cursifs superposés à droite et à gauche de l'empereur est ainsi conçue et accentuée : Βασίλειος ἐν Χριστῷ πιστός — Βασιλεὺς ῥωμαίων ὁ Νέος. « Basile le Jeune, croyant au Christ, empereur des Romains. »

À droite et à gauche de Basile, on voit les figures en buste de six guerriers, dont il invoquait sans doute l'assistance dans les nombreux combats qu'il a livrés; ils portent tous la brigandine, la lance et le bouclier. À droite, saint Théodore et saint Démétrius; le nom du troisième est complètement effacé : ce doit être le second Théodore. A gauche, saint Georges, saint Procope et saint Mercure.

Nous avons cité cette miniature dans notre tome I$^{er}$, page 50.

LABARTE.

PLANCHE XLIX. — Miniatures tirées d'un manuscrit grec du XI° siècle (p. 181).

Les six miniatures reproduites dans cette planche remplissent, ainsi réunies, le recto du second folio du manuscrit grec de la bibliothèque de Saint-Marc, écrit pour l'empereur Basile II, que nous avons suffisamment décrit dans les explications de la planche précédente.

Les sujets sont tous tirés de l'histoire de David. Des légendes grecques, écrites en caractères cursifs au-dessus des deux tableaux du haut, sur le côté des deux tableaux intermédiaires, et au-dessous de ceux du bas, expliquent les sujets représentés. Il était inutile pour notre objet d'en fournir le texte; nous allons en donner la traduction en commençant par celle qui est au-dessus du tableau de la première ligne à gauche, et en suivant ensuite de ligne en ligne et de gauche à droite.

Premier tableau : Là David est sacré roi avec une corne par Samuel le prophète.
Deuxième tableau : Là David tue avec un bâton l'ourse qui était survenue contre les brebis.
Troisième tableau : Là David déchire le lion qui était survenu contre les brebis.
Quatrième tableau : Là David tue avec cette fronde le Philistin Goliath.
Cinquième tableau : Là David chante, avec la mélodie de la cithare et avec le rhythme, pour (calmer) le roi Saül troublé par le souffle (de Dieu).
Sixième tableau : David est blâmé par le prophète Nathan à cause de l'adultère et du meurtre, et David, par son repentir, détourne la colère de Dieu.

Ces six miniatures présentent, avec celle qui est reproduite dans la planche précédente, des spécimens de la peinture byzantine au commencement du onzième siècle.

PLANCHE L. — Charles le Chauve. — David et ses quatre compagnons. Miniatures tirées d'un livre d'Heures de Charles le Chauve (p. 210).

Sur le premier feuillet du livre on lit cette note, écrite et signée par Baluze, bibliothécaire de Colbert :
« Hunc librum precum Karoli Calvi regis Francorum diu in cathedrali ecclesia Metensi servatum, canonici » Metenses bibliothecæ Colbertinæ donarunt, anno Christi MDCLXXIV. »
« Ce livre de prières ayant appartenu à Charles le Chauve, roi des Français, qui était conservé depuis longtemps dans l'église cathédrale de Metz, a été donné à la bibliothèque Colbertine, en 1674, par les chanoines de Metz. »
Ce vers, tracé au bas de la page 106, constate que le livre a été fait pour Charles le Chauve (840 † 877) :

Rex regum Karolo pacem tribuatque salutem.

Le nom de la reine Hirmentrude, qu'on rencontre dans cette prière : *ut Hirmendrudim conjugem nostram conservare digneris te rogamus,* établit encore qu'il n'a pu être écrit qu'entre le 14 décembre 842, date du mariage de cette princesse avec le roi Charles, et le 6 octobre 869, date de sa mort.
Le calligraphe s'est nommé par ce vers qu'on lit au bas de la dernière page :

Hic calamus facto Liuthardi fine quievit.

« L'ouvrage étant achevé, la plume de Liuthard s'est reposée. »
Le manuscrit contient trois grandes miniatures. La première, que nous reproduisons sur notre planche à droite, est placée au verso du premier feuillet. Elle est divisée en deux parties. On voit dans celle du haut, au centre, David jouant d'une harpe d'or ; il est vêtu de la courte tunique et de la chlamyde grecques ; à gauche, Asaph, et à droite, Héman ; dans celle du bas, Ethan et Idithun, tous chantres ou musiciens du roi prophète. On lit en haut du tableau, en lettres d'or :
« Quatuor hic socii comitantur in ordine David. »
« Ces quatre compagnons accompagnent successivement David. »
La seconde miniature, qui occupe le verso du troisième feuillet, représente Charles le Chauve assis sur son

trône. Il est couronné du stemma que surmontent trois fleurons; il tient un sceptre de la main droite, et de la gauche un globe crucifère.

On lit au haut du pignon au-dessous duquel s'élève le trône :

« Cum sedeat Carolus magno coronatus honore, est Josiæ similis, parque Theodosio. »

« Charles assis, couronné de gloire, est semblable à Josias et comparable à Théodose. »

La troisième miniature du manuscrit, que nous ne donnons pas, est au recto du quatrième feuillet; elle représente saint Jérôme.

Nos reproductions sont de la grandeur des originaux, à quelques millimètres près.

PLANCHE LI. — MINIATURES TIRÉES D'UN MANUSCRIT DU X<sup>e</sup> SIÈCLE (p. 215).

Les deux miniatures reproduites sur cette planche sont empruntées à un manuscrit petit in-folio oblong, qui appartient à la Bibliothèque nationale. C'est un antiphonaire contenant des psaumes et des hymnes notés.

La première se trouve au folio 10 verso; elle offre deux sujets: Saint Étienne parlant devant le conseil, où il avait été entraîné par des gens de la synagogue des affranchis, et la Lapidation du saint diacre (*Actes des Apôtres*, VI, 9, 12, et VII). La seconde, qui est au folio 31 recto, représente l'entrée du Christ à Jérusalem, et Jésus apparaissant aux apôtres et leur donnant la mission de prêcher l'Évangile.

Nous avons des renseignements sur la date du livre et sur le lieu où il a été exécuté dans deux notes écrites, l'une sur le premier feuillet, l'autre au folio 48 verso. La première porte : « Hic liber scriptus est sub abbate » Stephano de Saffenburg a Nothero Prumiensi monaco, circa annum 989. » La seconde est ainsi conçue : « Codicem istum cantus modulamine plenum, domni Hilderici venerabilis abbatis tempore, ejusque licentia, » Wickingi, fidelis monachi, impensis atque precatu scribere coeptum, domni vero Stephani successoris prae » fati abbatis tempore atque benedictione diligentissime, ut cernitur, consummatum, sancti Salvatoris Jhesu » Christi altari impositum, huic sancto Prumiensi coenobio perhenni memoria novimus traditum. »

Les deux notes sont très-conciliables, bien qu'il y ait une légère erreur de date dans la première. Ainsi le livre a été exécuté par Nother, moine de Prum, à la demande et aux frais de Wicking, moine de la même abbaye. Nother avait commencé son travail sous l'abbé Hilderic, qui, d'après la *Gallia christiana* (tome XIII, col. 591), est mort en 993, et ne le termina que sous l'abbé Étienne, dont la mort eut lieu en 1001. L'abbaye de Prum, de l'ordre de Saint-Benoît, était située près de la ville de ce nom, dans le diocèse de Trèves; elle avait été fondée en 721. Nous avons donc dans ces miniatures un spécimen de la peinture de l'école rhénane à la fin du dixième siècle.

La miniature de saint Étienne a vingt-cinq centimètres de hauteur sur onze de largeur; l'autre, vingt-quatre centimètres sur dix et demi.

PLANCHE LII. — VITRAIL DE SUGER A L'ÉGLISE SAINT-DENIS, XII<sup>e</sup> SIÈCLE (p. 319).

Suger, après avoir fait reconstruire son église abbatiale de Saint-Denis, en fit décorer les fenêtres de vitraux. Il s'exprime ainsi sur ce sujet dans le livre qu'il a publié sur les actes de son administration (ap. DUCHESNE, *Hist. Franc. scriptores*, t. IV, p. 348): « Nous avons fait peindre, par les habiles mains d'un grand nombre d'artistes de différentes nations, de nouvelles verrières, remarquables par leur éclat et la variété des sujets, afin de fermer toutes les fenêtres de l'église, tant en haut qu'en bas, depuis le chevet, où est l'arbre de Jessé, jusqu'à celle qui surmonte la porte principale de l'entrée. »

Quelques-unes des verrières de Suger ont été sauvées de la destruction par Alexandre Lenoir, et depuis remises à leur place. Celle où l'éminent prélat s'est fait peindre aux pieds de la Vierge nous offrait le plus grand intérêt, puisque, ne pouvant donner que très-peu de planches de vitraux, nous trouvions dans cette fenêtre les motifs d'ornementation le plus en usage vers le milieu du douzième siècle. Nous n'avons donc pas hésité à la comprendre dans nos planches, bien qu'elle ait été publiée plusieurs fois.

Trois jolies rosaces occupent la partie cintrée de la verrière. Les deux médaillons qui sont au-dessous ont pour sujets l'Annonciation et l'Adoration des Mages. Suger s'est fait représenter sur le premier dans son costume monastique, prosterné aux pieds de la Mère du Christ. L'inscription SUGERIUS ABBAS, qu'on y lit, établit l'authenticité du portrait de ce prélat célèbre à plus d'un titre.

Le médaillon qui est au-dessous de celui de Suger représente un sujet mystique. Dieu le Père soutient la croix, où le Fils est attaché, au-dessus d'un autel porté par quatre roues, qu'accompagnent les symboles des évangélistes. Ces deux vers peints sur le fond du tableau, et que Suger a pris soin de rapporter dans le curieux livre qu'il nous a laissé, servent à l'intelligence de l'allégorie :

Federis ex arca cruce XPI sistitur ara,
Federe majori vult ibi vita mori.

« L'autel, sorti de l'arche d'alliance, est consolidé par la croix du Christ, où la Vie veut mourir pour sceller plus profondément l'alliance. »

Le médaillon qui est à côté de celui-ci offre encore un sujet mystique. Le Christ, sur la poitrine duquel on voit une roue dont le centre et les rayons sont décorés de cercles renfermant chacun une colombe blanche, couronne de la main droite l'Église, et de l'autre lève le voile de la synagogue. L'inscription qui expliquait le sujet a presque entièrement disparu ; mais nous la retrouvons dans le livre de Suger :

Quod Moyses velat Christi doctrina revelat,
Denudant legem qui spoliant Moysen.

« La doctrine du Christ révèle ce que Moïse tient caché ; ceux qui enlèvent l'enveloppe dont Moïse s'est couvert font connaître la loi. »

Les sujets des deux médaillons du bas paraissent empruntés à quelque légende des martyrs de la légion thébaine. M. de Lasteyrie les croit postérieurs aux premiers ; ils auraient remplacé deux médaillons du temps de Suger, détruits peu après sa mort.

La fenêtre entière a trois mètres quatre-vingt-quinze centimètres de hauteur sur une largeur d'un mètre quatre-vingt-dix centimètres. La figure de Suger porte dans toute son étendue vingt-huit centimètres.

## PLANCHE LIII. — VITRAIL DU XIII$^e$ SIÈCLE (p. 321).

Saint Louis, après avoir acheté de Baudouin II, empereur d'Orient de la dynastie française, les principaux instruments de la passion du Christ, voulut que ces saintes reliques fussent conservées dans un monument digne d'elles, et chargea le célèbre architecte Pierre de Montereau de leur construire à Paris, dans l'enceinte de son palais, une châsse de pierre travaillée à jour comme une pièce d'orfévrerie, tapissée d'émaux et éclairée par de brillantes verrières. Le roi posa la première pierre de la sainte Chapelle en 1245. En trois années Pierre de Montereau termina ce bel édifice. Les plus habiles peintres verriers furent chargés de remplir les fenêtres d'une foule de sujets tirés de l'Ancien et du Nouveau Testament. Leurs verrières se distinguent par la forme élégante des compartiments, la variété des compositions et le mouvement des figures ; le verre qu'on a employé est d'une telle force, qu'il a résisté jusqu'à présent aux injures de plusieurs siècles. A l'époque de la Révolution, la sainte Chapelle, dégradée à l'extérieur, mutilée en dedans, fut livrée à des usages profanes. Après avoir servi de salle de club, puis de magasin de farine, elle fut destinée à recevoir le dépôt des archives judiciaires. Pour établir des armoires et des casiers, on supprima environ trois mètres de vitraux dans les parties basses des fenêtres. Les œuvres d'art du moyen âge étaient alors traitées avec un tel dédain, que ces vitraux, démontés et regardés comme sans valeur, furent abandonnés ou à peu près à qui les voulut prendre.

Le vitrail que reproduit notre planche en faisait partie : M. Lajoie, dans la collection duquel il se trouve et qui le possède depuis longtemps, s'était assuré de l'origine. On y voit Noé assoupi qui vient d'être couvert d'un manteau par ses deux fils Sem et Japhet, en présence de Cham, qui paraît se moquer de l'action méritante de ses frères (Genèse, IX, 18 à 24). La hauteur est de trente-sept centimètres.

Les verrières de la sainte Chapelle sont aujourd'hui entièrement restaurées. M. Steinheil en a fait les cartons, et M. Lusson les peintures sur le verre.

## PLANCHE LIV. — Vitrail de la cathédrale d'Évreux (p. 323).

L'inscription qu'on lit au haut du vitrail fait connaître le nom du personnage agenouillé, donateur de cette verrière : LÉVESQUE GIEFROY DONNA CETTE VERRIERE. Le prélat, revêtu de la chasuble et mitré, tient dans les mains la verrière qu'il offre à son église. Il est placé sous un porche d'une architecture ogivale très-élégante. Trois évêques du nom de Geoffroy (Gaufridus) ont occupé le siège épiscopal d'Évreux : Geoffroy I$^{er}$ de Barro, jusqu'en 1308; Geoffroy II du Plessis, de 1314 à 1325, et Geoffroy III de Faé, de 1334 à 1340. L'état très-avancé de la peinture de la verrière et le fond bleu damassé couleur sur couleur, dont on trouve peu d'exemples avant cette dernière époque, ont engagé M. de Lasteyrie, à qui nous avons encore emprunté cette planche, à reconnaître dans le prélat représenté Geoffroy de Faé, qui est désigné dans des chartes anciennes comme ayant doté plusieurs chapelles de la cathédrale. Nous ajouterons qu'une particularité de costume ne peut laisser aucun doute sur la personne. Avant d'être évêque d'Évreux, Geoffroy de Faé avait été, pendant sept ans, abbé du monastère du Bec, de l'ordre de Saint-Benoît, dans le diocèse de Rouen. « Malgré son élévation à la dignité épiscopale, dit la chronique du monastère, il ne se départit jamais de la règle de l'église du Bec; toute sa vie et en toute circonstance il fit usage de vêtements blancs et surtout du camail blanc, vêtement particulier à cette église. » (*Gallia christiana*, Lutet. Par., 1656, t. IV, p. 576.) On voit en effet sur le vitrail d'Évreux que l'évêque porte au-dessous de la chasuble jaune, indiquant une étoffe à fond d'or que sa dignité épiscopale le forçait de prendre dans les fonctions du saint ministère, un camail blanc dont le capuchon est indiqué par un trait noir. L'identité du personnage représenté est donc parfaitement établie, et nous avons par cela même la date de l'exécution du vitrail.

## PLANCHE LV. — Saint-Quentin : Vitrail du XV$^e$ siècle (p. 326).

Nous trouvant fort embarrassé de dire quel est le saint personnage représenté avec le costume que portaient les nobles à l'époque de Charles VII, et tenant d'une main son cœur percé en croix, et de l'autre une broche, nous n'avons pu mieux faire, pour résoudre la question, que de nous adresser au révérend père Charles Cahier, l'un des deux savants auteurs de la *Monographie des vitraux de Saint-Étienne de Bourges* et des *Mélanges d'archéologie*. Voici l'explication qu'il a bien voulu nous donner.

« Le vitrail qui vous embarrasse doit représenter saint Quentin, lequel passe pour avoir été soumis à diverses tortures. On le trouve représenté de bien d'autres façons; mais la broche figure parfois dans sa main, parce que, selon quelques auteurs, il aurait été traversé d'une hanche à l'épaule opposée par deux broches ou lances. Le cœur qu'il tient à la main me dépayse davantage, parce que je n'en connais pas d'exemple. Serait-ce une manière de dire que son cœur a dû être traversé en croix par les deux broches? Peut-être aussi serait-ce une façon d'exprimer la grande générosité qu'il montra dans ses tourments. Quant à son costume, il n'a rien de surprenant. Les légendaires du temps traitent saint Quentin de gentilhomme, et vous savez que le moyen âge faisait volontiers des généalogies aux saints qu'il honorait. Si l'on savait pour quel lieu ce vitrail a été exécuté, ce pourrait être une indication pour assurer notre conjecture; mais souvent une dévotion particulière peut avoir dirigé le choix, sans qu'il faille l'expliquer par un patronage local. »

Saint Quentin souffrit le martyre dans le Vermandois, en 287; il a donné son nom à la ville de Saint-Quentin où ses reliques furent transportées.

Nous regardons les plombs qui garnissent le fond comme le produit d'une restauration moderne. Sur ce point, voici ce que nous disait le R. P. Cahier :

« Pour les plombs qui garnissent la partie blanche du vitrail, je me rangerais assez à votre avis, quoique l'époque de ce fenestrage permettre de supposer bien des bizarreries. »

Le vitrail a quatre-vingt-six centimètres de hauteur et quarante-sept de largeur. Il appartient à la collection de M. Lajoie.

PLANCHE LVI. — Vitrail du xvie siècle (p. 328).

Ce vitrail représente la visite de la sainte Vierge à sainte Élisabeth (saint Luc, I, 40); c'est une grisaille avec quelques rehauts de jaune. Les bâtiments qui enrichissent le fond appartiennent au commencement du seizième siècle. Il fait partie de la collection de M. Lajoie.

PLANCHE LVII. — Voute de l'abside de l'église Sainte-Pudentienne a Rome (p. 338).

M. Barbet de Jouy et M. Vitet, dans les ouvrages que nous avons cités, sont tous deux d'accord sur le sujet représenté. Le Christ est assis au milieu d'un portique circulaire, sur un riche trône, bénissant de la main droite, et tenant de la gauche un livre sur lequel on lit : dominus conservator ecclesiae pudentianae. L'apôtre saint Pierre serait à la gauche du Christ ; l'apôtre saint Paul, tenant un livre, serait à la droite ; sainte Pudentienne tient au-dessus de sa tête la couronne des martyrs; de l'autre côté, sainte Praxède va poser une couronne sur la tête de saint Pierre. Dans les autres personnages, ils voient le sénateur Pudens, ses deux fils et cinq autres Romains leurs amis. Au delà du portique où se tient le groupe des personnages on aperçoit la ville de Rome, et, dans le ciel, les symboles des évangélistes : l'ange, le lion, le bœuf et l'aigle.

Nous ne pouvons partager l'opinion des deux savants sur les personnages représentés. Nous voyons là le Christ présidant l'assemblée des apôtres, auxquels il vient d'expliquer sa doctrine divine; les deux saintes, Pudentienne et Praxède, offrent au Christ des couronnes d'or. On comprend que, si la mosaïque avait été exécutée du temps du sénateur Pudens ou quelques années après sa mort, on eût pu y placer les figures de cinq de ses amis. Mais en admettant même, avec M. Vitet, que la mosaïque soit du quatrième siècle, c'est-à-dire du temps de la reconstruction par saint Sirice, deux cents ans au moins se seraient écoulés depuis la mort de Pudens et de ses enfants : comment dès lors supposer que, contrairement à tous les usages, on ait représenté dans le sanctuaire de l'église, à côté du Christ, des personnages qui n'étaient pas placés au rang de saints, des amis du sénateur Pudens, des inconnus? Nous disons que ces personnages, qui semblent parler au Christ et lui adresser des questions, ne sont autres que les apôtres. Le premier à la droite du Christ est saint Mathieu ; il n'y a pas à s'y tromper, car il tient un livre. Et que lit-on sur ce livre ? les premiers mots de son Évangile : liber generationis. L'ange, son symbole, plane dans le ciel au-dessus de sa tête. Le tout jeune homme à charmante figure, qui est le quatrième à la gauche de Jésus, c'est sans doute saint Jean, le plus jeune des apôtres, l'enfant chéri du Sauveur. Le mosaïste, pour le mieux désigner encore, l'a placé au-dessous de l'aigle, son symbole. Dira-t-on qu'il n'y a que dix personnages et qu'il en faudrait douze pour représenter les apôtres? Mais, ainsi qu'il a été reconnu par M. de Rossi, la mosaïque a été rognée de la hauteur d'un mètre environ dans le bas (*Journal des savants*, janvier 1863, p. 34) par les reconstructeurs de 1598, et nous ajouterons qu'il est évident qu'à cette époque le grand arc sur lequel est appuyée la demi-coupole où s'étend la mosaïque a été reconstruit. L'épaisseur qu'il aura fallu lui donner a fait également rogner la mosaïque dans le sens de la hauteur, et les deux dernières figures d'apôtres, l'une à droite, l'autre à gauche, auront disparu dans cette reconstruction.

PLANCHE LVIII. — Tableau au-dessus de la porte impériale du narthex
a Sainte-Sophie de Constantinople (p. 348).

Cette magnifique mosaïque remplit le tympan au-dessus de la porte principale du narthex dans l'église Sainte-Sophie à Constantinople. Nous l'avons décrite et nous en avons apprécié toute la valeur dans notre tome I$^{er}$, page 28, et plus haut, page 348, en la citant comme l'une des œuvres qui pouvaient donner une grande idée du style de l'école qui se forma sous Justinien. Nous ajouterons ici quelques particularités qui ne pouvaient entrer dans notre dissertation.

Sur le livre des Évangiles que tient le Christ, on lit ces paroles qu'il est censé adresser aux fidèles qui entrent dans le temple : ΕΙΡΗΝΗ ΥΜΙΝ ΕΓΩ ΕΙΜΙ ΤΟ ΦΩC ΤΟΥ ΚΟCΜΟΥ. « Salut à vous; je suis la lumière du monde. » Les deux vêtements du Christ sont blancs, mais la robe de dessous, pour imiter la soie, a une teinte violacée que la lithochromie a un peu exagérée. On remarquera que les lumières de la robe de soie sont rendues par des cubes de verre argenté. Ces cubes de verre plaqués d'argent ne se rencontrent pas dans les anciennes mosaïques en Italie; ils sont particuliers aux mosaïstes byzantins, qui en ont tiré un grand parti, soit pour indiquer les parties les plus lumineuses des vêtements blancs, soit pour composer des motifs d'ornementation, comme on le voit dans la riche bordure qui encadre notre tableau. Deux bandes d'or, dont les ombres sont indiquées en rouge, décorent la robe de soie. Le mosaïste a voulu figurer une étoffe de laine dans le grand manteau blanc qui enveloppe le corps du Christ. L'archange saint Michel porte également un vêtement blanc, que la lithochromie a trop violacé. Les lumières sont indiquées par des cubes de verre argenté.

Le costume de l'empereur prosterné au pied du Christ est absolument le même, au surplus, que celui que porte Justinien dans la mosaïque de Saint-Vital. Il est couronné du stemma, et la tunique de dessous, ornée de perles aux poignets, est recouverte par une ample chlamyde d'étoffe qui embrasse tout le corps et descend jusqu'aux pieds.

Circumfusa chlamys, rutiloque ornata metallo.
(CORIPPUS, lib. II, v. 110.)

Au surplus, que la mosaïque de Sainte-Sophie ait été faite sous Justinien ou bien quarante ou quarante-cinq ans après sa mort, à l'époque de Phocas ou d'Héraclius, cela est indifférent à notre point de vue, et l'on trouve toujours dans ce monument un spécimen des travaux d'art de l'école qui se forma à Constantinople sous l'impulsion de Justinien. Les brodequins devraient être rouges, et M. de Salzenberg, dans la description qu'il donne de la mosaïque, parle de brodequins rouges, l'un des signes de la souveraineté; mais ils sont jaunes dans notre planche, comme dans celle qu'a publiée M. de Salzenberg. Serait-ce que la mosaïque, usée en cet endroit, ne laisse voir que du jaune? serait-ce une erreur du peintre? Nous ne savons : la mosaïque est aujourd'hui recouverte d'un épais badigeon, on ne peut plus la voir.

PLANCHE LIX. — 1. TABLEAU DE LA VOUTE DU BÉMA. — 2, 3, 4. MOSAÏQUES DE MARBRE DES MURS DANS L'ÉGLISE SAINTE-SOPHIE (p. 397).

Nous avons donné dans notre tome I<sup>er</sup>, page 287, une description succincte de l'église Sainte-Sophie de Constantinople, à laquelle nos lecteurs peuvent se reporter. Tous les murs, à l'intérieur du temple, sont revêtus de marbres précieux, et les voûtes enrichies de mosaïques de verre resplendissantes d'or et de couleurs. Le sanctuaire est plus magnifiquement décoré que les autres parties de l'église. Les murs sont couverts de panneaux formés d'une mosaïque de marbres et de porphyres de différentes couleurs. Notre planche reproduit l'une des mosaïques de la voûte et quelques spécimens de ces panneaux de marbre.

N° 1. — Grande mosaïque de verre existant sur la voûte du Béma, immédiatement au-dessus de la grande corniche supérieure de l'édifice. Elle représente un ange ailé, vêtu d'une tunique talaire et d'une grande chlamyde à tablion d'or. Il tient de la main droite la longue verge dont sont toujours armés les anges byzantins, et de la gauche un globe. Cette mosaïque a quatre mètres soixante-cinq centimètres environ de largeur, sans la bordure.

N° 3. — Partie de la frise avec la moitié supérieure de deux des quatre panneaux de mosaïque de marbres qui, avec un panneau de porphyre, revêtent la partie supérieure des murs du Béma à droite, immédiatement au-dessous de la grande corniche de l'édifice qui reçoit la retombée des voûtes.

La frise, avec sa bordure, a soixante-dix centimètres environ de hauteur. Les panneaux de mosaïque, sans le fond jaune sur lequel ils se détachent, ont en totalité un mètre quatre-vingts centimètres de hauteur sur un mètre de largeur environ.

N° 4. — La moitié inférieure des deux autres panneaux.

N° 2. — Partie de la frise avec la moitié de l'un des panneaux de mosaïque de marbres qui sont appliqués sur les murs du Béma à droite, immédiatement au-dessous de la corniche qui règne dans tout l'édifice entre le haut du rez-de-chaussée et l'étage supérieur. L'encadrement du panneau est de marbre blanc sculpté.

La hauteur de la frise, y compris sa bordure de porphyre, est de soixante-quinze centimètres environ. La hauteur du panneau, avec son cadre de marbre blanc, de deux mètres soixante-cinq centimètres ; la largeur, d'un mètre quarante-cinq centimètres environ.

Les différents marbres et porphyres qui entrent dans la composition de ces mosaïques sont coupés et juxtaposés avec tant de soin, qu'on n'en voit pas les joints et que les panneaux semblent d'une seule pièce.

# VIGNETTES ET CULS-DE-LAMPE

## ORFÉVRERIE.

### CHAPITRE V.

Vignette, page 1. — Reliquaire de cristal de roche renfermé dans une monture de cuivre doré. Nous l'avons décrit page 18. Sa hauteur totale est de trente-cinq centimètres, la longueur de trente, la largeur de quatorze.

Cul-de-lampe, page 110. — Statuette d'argent doré de la Vierge tenant l'Enfant Jésus. Nous l'avons décrite page 28. A une époque bien postérieure à l'exécution du monument, une ouverture a été pratiquée à l'abdomen de l'enfant pour y placer une lunette ronde garnie d'un verre au-dessous duquel on avait exposé une relique. Dans le dessin que nous offrons de ce joli groupe, nous avons supprimé ce ridicule appendice.

### CHAPITRE VI.

Vignette, page 111. — Salière d'or exécutée par Benvenuto Cellini. Nous l'avons citée page 115. Nous ajouterons ici quelques mots à la description que nous avons donnée de la face que reproduit la vignette. Auprès de Bérécynthe, du côté opposé, est un petit monument représentant un arc de triomphe; les deux figures sont exécutées au repoussé; la mer, les rochers et le soubassement ont différentes parties colorées en émail. La largeur totale du monument est de trente-six centimètres, la hauteur de vingt-huit.

Cul-de-lampe, page 152. — Aiguière d'argent doré attribuée à Étienne de Laulne, artiste français. Nous en avons donné la description page 131.

## PEINTURE.

### PRÉLIMINAIRES.

Vignette, page 153. — L'une des seize compositions disposées, par rangées de quatre, dans la partie centrale d'un triptyque peint sur bois par Lucas de Leyde, suivant les uns, et suivant d'autres, par Hugo Van der Goës. Il appartenait à la collection Debruge Duménil (n° 550 du Catalogue).

Cul-de-lampe, page 156. — Lettre D, miniature tirée du missel du cardinal Colonna, exécuté au commencement du seizième siècle et conservé dans la bibliothèque du palais Sciarra, à Rome. Nous l'avons cité page 277.

## ORNEMENTATION DES MANUSCRITS.

### CHAPITRE PREMIER.

Vignette, page 157. — Miniature tirée du manuscrit des Discours de saint Grégoire de Nazianze, écrit pour l'empereur Basile le Macédonien et qui est conservé à la Bibliothèque nationale de Paris. Nous avons donné la description de ce manuscrit page 169 et suivantes. La miniature reproduit deux scènes dans le même tableau. A droite, l'empereur Valens, assis sur son trône, signe le décret d'exil de saint Basile, qu'un officier du palais pousse dehors. Au-dessus, on lit : Βασίλειος ἐξοριζόμενος, Basile exilé. A gauche, la punition infligée par Dieu à l'empereur. Le fils de Valens est étendu mort sur son lit : Ὁ υἱὸς τοῦ Οὐάλη(ντος) τεθνη(κώς), le fils de Valens mort. L'empereur est éloigné du lit de son fils par un officier qui le soutient : Οὐάλης περιτρεπόμενος, Valens détourné. Nous avons donné quelques détails sur cette miniature, page 172.

Cul-de-lampe, page 190. — Un epsilon, lettre ornée tirée d'un manuscrit grec du dixième siècle, appartenant à la Bibliothèque nationale de Paris. Nous en avons parlé page 179.

### CHAPITRE II.

Vignette, page 191. — La Salutation angélique. Page tirée d'un livre de prières écrit et peint dans la seconde moitié du quatorzième siècle. Ce livre appartenait à la collection Debruge Duménil (n° 643 du Catalogue). La page est reproduite aux deux tiers de l'original.

Cul-de-lampe, page 308. — Les trois premières lettres du mot LIBER enchevêtrées. Elles sont tirées d'un manuscrit anglo-saxon du huitième siècle, appartenant à la Bibliothèque nationale de Paris. Nous en avons parlé page 194.

## PEINTURE SUR VERRE.

Vignette, page 309. — Deux hallebardiers. Entre les deux personnages, l'écu du canton d'Uri, et au-dessus les armoiries de l'empire d'Allemagne. On lit dans la bordure : URI. 1538. Vitrail de la Suisse allemande appartenant au Musée du Louvre et provenant de la collection Sauvageot (n° 1332 du Catalogue de M. Sauzay, de 1861).

Cul-de-lampe, page 332. — Saint Antoine. Vitrail allemand du quinzième siècle. Il faisait partie de la collection Debruge (n° 473 du Catalogue).

## MOSAIQUE.

Vignette, page 333. — Le Christ. Partie centrale supérieure de la mosaïque, exécutée par Rusuti, au commencement du quatorzième siècle, sur la façade de Sainte-Marie Majeure, à Rome. Nous l'avons décrite page 381.

Cul-de-lampe, page 414. — Figure du Christ placée au centre de la mosaïque de l'abside à Saint-Vital de Ravenne. Nous avons décrit cette mosaïque page 356.

## PEINTURE EN MATIÈRES TEXTILES.

Vignette, page 415. — Fragment d'une étoffe byzantine, dont nous avons donné la description page 426 de ce volume.

Cul-de-lampe, page 442. — Fragment d'une étoffe byzantine que nous avons décrite page 425.

## EXPLICATIONS DES PLANCHES ET VIGNETTES

Cul-de-lampe, page 458. — Pendant d'or ciselé et émaillé. Une sirène. D'une main elle tient un miroir formé d'un diamant, de l'autre un serpent. Le ventre est orné d'un rubis. Collection Debruge (n° 996 du Catalogue).

## TABLE DES DIVISIONS.

Le cul-de-lampe qui termine ce volume est une lettre ornée, un O, tirée du missel de Jacques Juvénal des Ursins, que nous avons décrit page 281.

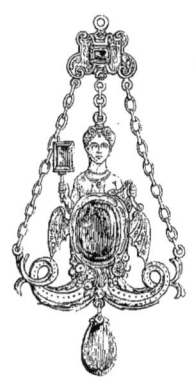

# TABLE DES DIVISIONS

## DU DEUXIEME VOLUME

### ORFÉVRERIE.

CHAPITRE V. — L'orfévrerie a l'époque ogivale. .................. 1

§ I. En Allemagne, en France et dans le nord de l'Europe. ............... 1
    I. Treizième siècle. .......... 1
    II. Quatorzième et quinzième siècles. 19

§ II. En Italie. ................. 60
    I. Treizième siècle. .......... 60
    II. Quatorzième siècle ........ 65
    III. Autel d'argent de Saint-Jacques, dans la cathédrale de Pistoia. 74
    IV. Suite de l'orfévrerie au quatorzième siècle en Italie ..... 83
    V. Quinzième siècle .......... 86
    VI. Autel d'argent du Baptistère de Saint-Jean de Florence .... 97
    VII. Suite de l'orfévrerie du quinzième siècle ............ 105

CHAPITRE VI. — L'orfévrerie au seizième siècle. ................. 111

§ I. En Italie. ................. 111
§ II. En France. ................ 120
    I. L'orfévrerie proprement dite ... 120
    II. La bijouterie. ............ 132
    III. L'émaillerie cloisonnée sur cristal. 136
    IV. Quelques bijoux du seizième siècle signalés. .............. 137
    V. Orfévres français du seizième siècle ............. 138
    VI. L'orfévrerie émaillée de Limoges. 139
    VII. L'orfévrerie d'étain. ........ 141

§ III. Hors de l'Italie et de la France. .... 144

Conclusion. ................... 150

### PEINTURE.

Préliminaires................... 153

### ORNEMENTATION DES MANUSCRITS.

CHAPITRE PREMIER. — De l'ornementation des manuscrits dans l'empire romain, depuis Constantin jusqu'a la destruction de l'empire d'Orient par les Turcs. ..... 157

§ I. Dans l'empire d'Occident en Italie. ... 157
§ II. Dans l'empire d'Orient. ......... 160
    I. De Constantin à Léon l'Isaurien. . 160
    II. De Léon l'Isaurien à Michel III. . 167
    III. De Michel III à Basile II. .... 169
    IV. De Basile II à la fin du douzième siècle ............. 180
    V. Du commencement du treizième siècle à la chute de l'empire. . 189

CHAPITRE II. — De l'ornementation des manuscrits en Occident, depuis la chute de l'empire romain jusqu'a la fin du seizième siècle. ................. 191

§ I. Depuis la chute de l'empire jusqu'à l'avénement de Charlemagne ...... 191
§ II. Depuis l'avénement de Charlemagne jusqu'à la fin du dixième siècle. ... 193
    I. A l'époque de Charlemagne, dans l'empire des Francs et en Italie. 193
    II. Sous les successeurs de Charlemagne, en France et en Italie, jusqu'à la mort de Charles le Chauve 200
    III. Depuis la mort de Charles le Chauve jusqu'à l'avénement de l'empereur Othon II. ...... 211

§ III. Depuis le règne d'Othon II jusqu'à la fin du douzième siècle. . . . . . . . . 214
   I. En Allemagne et dans les Pays-Bas. 214
   II. En Angleterre. . . . . . . . . . . 221
   III. En France, au onzième et au douzième siècle. . . . . . . . . . 223
   IV. En Italie. . . . . . . . . . . . . . 225

§ IV. En Occident, l'Italie exceptée, depuis le commencement du treizième siècle jusque vers 1350. . . . . . . . . . . . 226
   I. En France. . . . . . . . . . . . 226
   II. En Allemagne, dans les Pays-Bas et en Angleterre. . . . . . . . 231

§ V. En Occident, l'Italie exceptée, depuis 1350 jusque vers 1410. . . . . . . . 232

§ VI. Dans la Flandre, en Hollande et en Allemagne, au quinzième et au seizième siècle. . . . . . . . . . . . . . . . . . 238
   I. Dans la Flandre, de 1410 à 1467. 238
   II. Dans la Flandre, de 1467 à la fin du quinzième siècle et au seizième. 244
   III. Influence de l'école flamande en Allemagne, en Angleterre, en Hollande, et dans le midi de l'Europe. . . . . . . . . . . 250

§ VII. En Italie, depuis le treizième siècle jusqu'à la fin du seizième. . . . . . . 252
   I. Au treizième siècle. . . . . . . 252
   II. Au quatorzième siècle. . . . . . 255
   III. Au quinzième et au seizième siècle. 259

§ VIII. En France, depuis 1410 environ jusqu'à la fin du quinzième siècle et au seizième. . . . . . . . . . . . . . . . 278
   I. De 1410 jusque vers le milieu du quinzième siècle. . . . . . . . . 278
   II. Jean Foucquet. . . . . . . . . . 284
   III. Du milieu du quinzième siècle jusqu'au seizième. . . . . . . . . 292
   IV. Au seizième siècle. . . . . . . . 299

## PEINTURE SUR VERRE.

§ I. De l'invention des vitres et de la peinture sur verre. . . . . . . . . . . . . 309
   I. De l'invention des vitres et de leur emploi dans les fenêtres. . . . 309
   II. De l'invention de la peinture sur verre avec des couleurs vitrifiables. . . . . . . . . . . . . . 313

§ II. Des vitraux aux différentes époques du moyen âge et au seizième siècle. . . . 318
   I. Vitraux du onzième, du douzième et du treizième siècle. Technique. 318
   II. Vitraux du quatorzième siècle. . . 321
   III. Vitraux du quinzième siècle. . . . 324
   IV. Vitraux du seizième siècle. . . . . 327
   V. Vitraux héraldiques de la Suisse allemande. . . . . . . . . . . . 330
   VI. Restauration de la peinture sur verre. 331

## MOSAÏQUE.

§ I. Préliminaires. . . . . . . . . . . . . . 333
   I. L'art de la mosaïque dans l'antiquité. 333
   II. Technique de la mosaïque. . . . . 335

§ II. Mosaïques exécutées sous l'influence de l'art romain. . . . . . . . . . . . . . 336
   I. Au quatrième siècle en Italie. . . 336
   II. Au cinquième siècle. . . . . . . 342

§ III. La mosaïque dans l'empire d'Orient. . 346
   I. Au sixième siècle sous Justinien. 346
   II. Depuis Justin II (565) jusqu'à la chute de l'empire. . . . . . . . 350

§ IV. Mosaïques exécutées par les artistes grecs en Occident, du sixième siècle jusque vers la fin du onzième. . . . . . . . . 354
   I. En Italie depuis le sixième siècle jusque vers la fin du neuvième. . 354
   II. Dans l'empire des Francs du sixième au neuvième siècle. . . . . . . . 369
   III. Restauration de la mosaïque en Occident au onzième siècle. . . 370

§ V. De la mosaïque du douzième siècle à la fin du quatorzième. . . . . . . . . . . 372
   I. Douzième siècle. . . . . . . . . 372
   II. Treizième et quatorzième siècles. . 375

§ VI. De la mosaïque à l'époque de la Renaissance en Italie. . . . . . . . . . . . . 384
   I. Quinzième siècle. . . . . . . . . 384
   II. Seizième siècle. . . . . . . . . . 386

§ VII. De la mosaïque de plaques de marbre (opus sectile). . . . . . . . . . . . . 395

| | |
|---|---|
| I. Ce que c'est que la mosaïque de marbre, et du nom qu'on lui donnait dans l'antiquité. . . . . . . 395 | II. De l'ornementation en matières textiles dans l'antiquité. . . . . 417 |
| II. La mosaïque de marbre dans l'empire d'Orient. . . . . . . . . . . 397 | § I. De la broderie et de l'ornementation brochée des étoffes dans l'empire d'Orient. . . . . . . . . . . . . . . 418 |
| III. La mosaïque de marbre en Occident au moyen âge. . . . . . . 403 | § II. De la broderie en Occident. . . . . . 426 |
| IV. La mosaïque de marbre en Italie à l'époque de la Renaissance. . . 406 | § III. De l'ornementation brochée des étoffes en Occident. . . . . . . . . . . . . 433 |
| V. Mosaïque florentine. . . . . . . . 412 | § IV. Des tapisseries. . . . . . . . . . . . . 436 |

PEINTURE EN MATIÈRES TEXTILES.

PRÉLIMINAIRES. . . . . . . . . . . . . . . . 415

I. Difficultés que présente l'historique de cet art. . . . . . . . . . . . . 415

SUPPLÉMENT A L'EXPLICATION DES PLANCHES, VIGNETTES ET CULS-DE-LAMPE compris dans le deuxième volume. . . . . . . . . . . . . 443

## ERRATA.

| | | | | | |
|---|---|---|---|---|---|
| Page 101; | ligne | 42, | *au lieu de* 91 | *lisez* | 464 |
| — 120, | — | 3, | — oublie | — | oubli |
| — 134, | — | 5, | — n° 1 | | |
| — 217, | — | 1, | — πάσι | | |
| — 278, | — | 4, | *ajoutez* riche | | |
| — 278, | — | 32, | *au lieu de* ce livre | | |

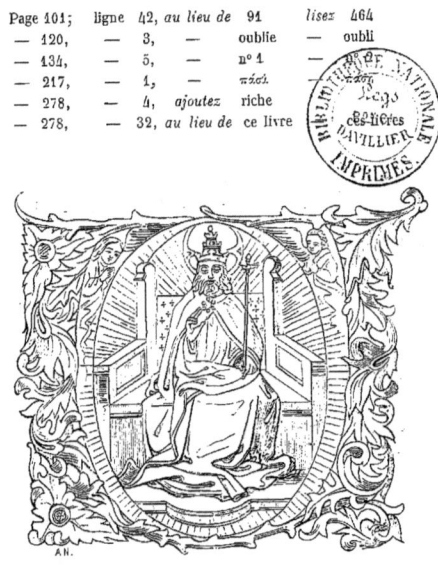

4 Janv 9

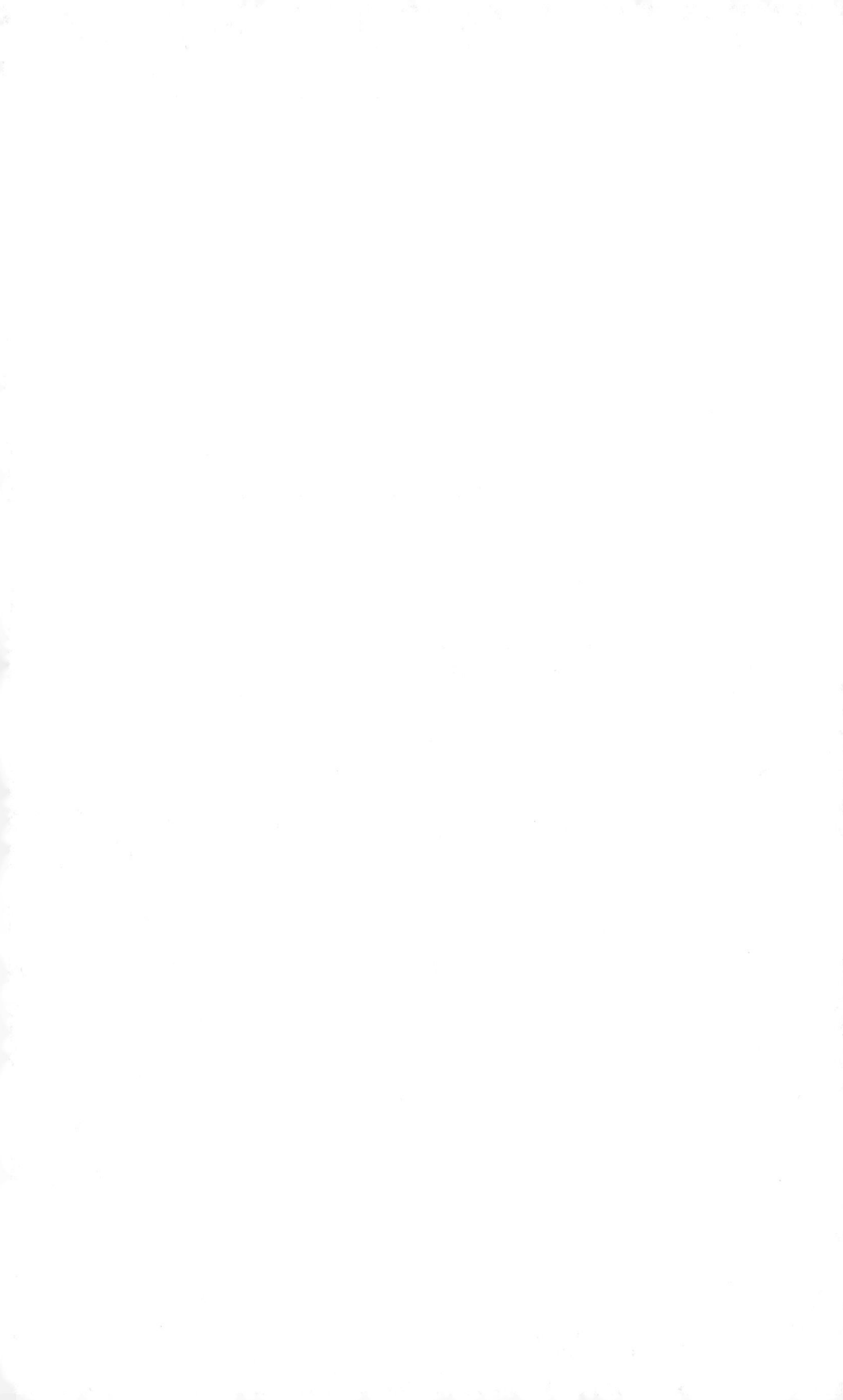

www.ingramcontent.com/pod-product-compliance
Lightning Source LLC
Chambersburg PA
CBHW071040240526
45471CB00014B/8